Node.js 디자인 패턴 바이블

Node.js Design Patterns 3rd Edition

Mario Casciaro, Luciano Mammino 저
김성원, 곽천웅 역

검증된 패턴과 기술을 이용한 수준 높은
Node.js 애플리케이션 설계 및 구현

YoungJin.com Y.
영진닷컴

Node.js 디자인 패턴 바이블

ISBN 978-89-314-6428-3

독자님의 의견을 받습니다

이 책을 구입한 독자님은 영진닷컴의 가장 중요한 비평가이자 조언가입니다. 저희 책의 장점과 문제점이 무엇인지, 어떤 책이 출판되기를 바라는지, 책을 더욱 알차게 꾸밀 수 있는 아이디어가 있으면 이메일, 또는 우편으로 연락주시기 바랍니다. 의견을 주실 때에는 책 제목 및 독자님의 성함과 연락처(전화번호나 이메일)를 꼭 남겨 주시기 바랍니다. 독자님의 의견에 대해 바로 답변을 드리고, 또 독자님의 의견을 다음 책에 충분히 반영하도록 늘 노력하겠습니다.

주 소 서울시 금천구 가산디지털1로 128 STX-V타워 4층 영진닷컴 기획1팀
등 록 2007. 4. 27. 제16-4189호
이 메 일 support@youngjin.com

저자 Mario Casciaro, Luciano Mammino | **번역** 김성원, 곽천웅 | **책임** 김태경 | **진행** 이민혁, 서민지
표지 디자인 김효정 | **본문 편집** 이경숙 | **영업** 박준용, 임용수, 김도현
마케팅 이승희, 김근주, 조민영, 김예진, 채승희, 김민지 | **제작** 황장협 | **인쇄** 제이엠인쇄

저자 소개

Mario Casciaro는 소프트웨어 엔지니어이자 기업가입니다. 그는 어려서부터 레고 우주선을 시작으로 그의 첫 번째 컴퓨터인 코모도어(Commodore) 64에 쓰여진 프로그램들에 이르기까지 무언가를 만드는 일에 푹 빠져 있었습니다. 대학 시절 그는 과제보다는 사이드 프로젝트에 더 많은 노력을 했는데, 2006년 SourceForge에 자신의 첫 오픈 소스 프로젝트를 발표했으며 이것은 약 30,000줄에 이르는 C++ 코드였습니다. 소프트웨어 공학 석사학위를 취득한 Mario는 IBM에서 여러 해 일했는데, 처음에는 로마에서 다음에는 더블린(Dublin) 소프트웨어 연구소에서 일했습니다. 그는 현재 자신의 소프트웨어 회사인 Var7 Technologies를 운영하며 비상대응팀을 위한 소프트웨어를 만드는 D4H Technologies의 수석 엔지니어를 맡고 있습니다. 그는 실용주의와 단순성의 열렬한 지지자입니다.

이 책의 이야기는 이 책을 읽는 독자들로부터 시작됩니다. 여러분은 우리의 모든 노력을 가치있게 해주신 분들입니다. 소중한 피드백을 제공하고, 리뷰를 작성하고, 이 책에 대한 이야기를 퍼뜨려, 이전 책의 성공에 기여해주신 독자들께도 감사를 드립니다.

이 책을 만들기 위해 열심히 노력해준 Packt 팀인 Tom Jacob, Jonathan Malysiak, Saby D'forest, Bhavesh Amin, Tushar Gupta, Kishor Kit, John Lovell에게 감사를 드립니다.

이 책으로 인해 Roberto Gambuzzi, Minwoo Jung, Kyriakos Markakis, Romina Miraballes, Peter Poliwoda, Liran Tal, and Tomas Della Vedova와 같은 최고 수준의 기술 리뷰어 팀과 함께 일할 수 있어 영광이었습니다.

이 책을 완벽하게 만들기 위해 여러분의 전문성을 빌려 주셔서 감사합니다. Node.js 디자인 패턴의 두 번째 버전을 일본어로 번역하고 그 과정에서 개선한 Hiroyuki Musha에게 감사합니다.

하지만 가장 큰 공은 Luciano께 드립니다. 이 책을 그와 공동 집필한 것은 엄청난 경험이었고 영광이었습니다. Luciano가 프로인 동시에 만능인 훌륭한 사람이어서 감사할 뿐입니다. 바라건대, 앞으로 다시 함께 일할 수 있는 기회를 갖기를 바랍니다.

또 멀리 있어도 함께해 주신 아빠, 엄마, Alessandro, Elena에게 감사를 드립니다.

마지막으로, 나를 격려하고 지원해준 내 사랑 Miriam에게 진심으로 감사를 전합니다. 아직 더 많은 모험이 우리를 기다리고 있습니다. Leonardo, 우리 삶을 기쁨으로 채워 주어 고맙구나. 그리고 아빠는 너를 매우 사랑한다는 것을 알아줬으면 한단다.

Luciano Mammino는 1987년에 태어났습니다. 우연히 그가 가장 좋아하는 게임인 슈퍼 마리오가 유럽에 출시된 해였습니다! 그는 12살에 코딩을 시작했으며 MS-DOS와 QBasic 인터프리터로 아버지의 오래된 i386을 해킹했습니다. 그 후로 그는 10년 이상 전문 소프트웨어 개발자로 일했습니다. 루치아노는 클라우드, 풀스택 웹 개발, Node.js 및 서버리스(serverless)를 좋아합니다. 무엇보다도, 루치아노는 야심찬 풀스택 개발자를 위한 주간 뉴스레터 Fullstack Bulletin(fstack.link)과 서버리스 채택을 촉진하기 위한 맞춤형 교육 과정을 운영하고 있습니다.

이 놀라운 프로젝트에 저를 참여시켜준 Mario Casciaro에게 가장 큰 감사를 드립니다. 환상적인 여정이었고, 함께 일하면서 확실히 많은 것을 배우고 성장했습니다. 함께 일할 수 있는 또 다른 기회가 있기를 바랍니다.

이 책은 Packt 팀, 특히 Saby, Tushar, Tom, John Kish, Jonathan 및 Bhavesh의 노력 덕분에 가능했습니다. 거의 1년 동안 우리와 함께 해주셔서 감사하고, 이 책을 지원해준 Packt의 다른 모든 분들께도 감사드립니다!

재능있는 리뷰어들에게도 큰 감사를 드립니다. 그들의 진심 어린 소중한 조언이 없었다면 이 책은 제가 자랑스러워 할 만한 책이 아니었을 것입니다. Romina, Kyriakos, Roberts, Peter, Tomas, Liran 및 Minwoo에게 감사드립니다. 여러분의 도움에 영원히 감사할 것입니다.

이 책의 내용에 대한 추가적인 피드백이 필요할 때 전문지식을 빌려준 Padraig O'Brien, Domagoj Katavic, Michael Twomey, Eugen Serbanescu, Stefano Abalsamo 및 Gianluca Arbezzano 에게 특별히 감사드립니다.

저를 키우고 제 여정에서 가능한 모든 방법으로 저를 지원해준 가족에게 감사합니다. 엄마, 제 삶에서 끊임없는 영감과 힘의 원천이 되어주셔서 감사합니다. 아빠, 모든 교훈과 격려와 조언에 감사드립니다. 항상 보고 싶습니다. 삶의 모든 고통과 기쁨에 함께 해준 Davide와 Alessia에게도 감사드립니다.

Franco, Silvana 그리고 그 가족들이 저의 많은 계획을 지지해주고, 지혜를 공유해주신 것에 감사합니다.

특히 한걸음 더 나아가 리뷰를 남겼던 독자들, 이슈 보고, 패치 제출, 새로운 주제 제안 등 모든 독자들에게 영광을 바칩니다. 이 책을 일본어로 번역해준 Hiroyuki Musha와 책의 내용을 개선할 수 있게 해준 것에도 감사를 드립니다. 당신은 내 영웅이에요!

이 책을 홍보하고 지원해준 친구들, Andrea Mangano, Ersel Aker, Joe Karlsson, Francesco Sciuti, Arthur Thevenet, Anton Whalley, Duncan Healy, Heitor Lessa, Francesco Ciula, John Brett, Alessio Biancalana, Tommaso Allevi, Chris Sevilleja, David Gonzalez, Nicola del Gobbo, Davide De Guz, Aris Markogiannakis 그리고 Simone Gentili 모두 고맙습니다.

리뷰어 소개

Roberto Gambuzzi는 1978년생으로 8살 때 코모도어(Commodore) 16에서 코딩을 시작했습니다. 그의 첫 번째 PC는 1MB 램과 20MB 하드 드라이브를 갖춘 8086이었습니다. 그는 베이직, 어셈블리, 파스칼, C, C++, 코볼, 델파이, 자바, PHP, 파이썬, Go, 자바스크립트 및 기타 다양한 언어로 코딩하였습니다. 그는 더블린에서 아마존과 함께 일했고, 그 후 스타트업 세계로 이동했습니다. 그는 간단하고 효과적인 코드를 좋아하며, Magento Best Practices(https://leanpub.com/magebp)의 리뷰어였습니다.

Luciano Mammino와 Mario Casciaro의 아름다운 책을 리뷰할 기회를 주신 것에 감사드립니다.

정민우(Minwoo Jung)는 Node.js 코어 공동 작업자로 NodeSource에서 풀 타임 소프트웨어 엔지니어로 일하고 있습니다. 그는 10년 이상의 경험을 가진 웹 기술을 전문으로 하며, 공식 Node.js 웹 사이트에 주간 업데이트를 게시하곤 합니다.

Kyriakos Markakis는 소프트웨어 엔지니어와 애플리케이션 설계자로 일해왔습니다. 그는 거의 10년 동안 전자정부, 온라인 투표, 디지털 교육, 미디어 모니터링, 디지털 광고, 여행, 은행 산업에서 광범위한 프로젝트를 수행하며 웹 애플리케이션 개발 경험을 쌓았습니다. 그 기간 동안 Java, 비동기 메시징, AJAX, REST API, PostgreSQL, Redis, Docker 등과 같은 일부 선도적인 기술로 작업할 기회를 가졌습니다. 그는 지난 3년 동안 Node.js에서 헌신적으로 일해왔습니다. 그는 e-learning 프로그램을 통해 초보자에게 새로운 기술을 멘토링하고 책을 검토하여 지식을 제공합니다.

Romina Miraballes는 현재 아일랜드에 거주하는 우루과이 출신의 소프트웨어 엔지니어입니다. 그녀는 의료기기를 만드는 회사에서 C로 펌웨어를 개발하는 개발자로 시작했습니다. 그 후, 광범위한 스타트업을 위한 여러 가지 프로젝트에서 풀스택 개발자로 일하기 시작하여 Node.js를 사용하여

AWS 클라우드에 대한 솔루션을 만들었습니다. 현재, 그녀는 사이버 보안 회사인 Vectra AI에서 일하고 있으며, AWS와 Azure의 Node.js 애플리케이션을 주로 개발하고 있습니다.

우선 저에게 리뷰어로서 이 프로젝트에 참여할 수 있는 기회를 주신 Luchiano에게 감사합니다. 그리고, 항상 저를 응원해주는 제 가족과 제 남자친구 Nicolás에게 감사를 드립니다.

Peter Poliwoda는 아일랜드의 IBM Technology Campus에서 선임 소프트웨어 엔지니어이자 기술 책임자입니다. 그는 은행 및 금융 시스템에서 의료 및 연구에 이르기까지 다양한 산업 분야에서 10년 이상의 소프트웨어 개발 경험을 가지고 있습니다. Peter는 University College Cork에서 비즈니스 정보 시스템을 전공했으며 인공지능, 코그니티브(cognitive) 솔루션 및 IoT에 큰 관심을 가지고 있습니다. 그는 기술을 사용하여 문제를 해결하는 것을 좋아합니다. 오픈 소스를 통해 그리고 유럽 전역의 컨퍼런스, 세미나 및 워크숍에서 연설함으로써 기술 커뮤니티에 적극적으로 기여하고 있습니다. 그리고 학교 및 대학과 협력하여 교육시스템에 지식을 환원하는 것을 즐깁니다.

Larissa에게, 당신은 내게 위대한 일을 할 수 있는 영감을 줘.

Liran Tal은 Snyk의 디벨로퍼 애드보킷이며 Node.js Security 작업 그룹의 멤버입니다. 이러한 보안 활동 중 Liran은 Node.js Security를 저술했으며, O'Reilly의 Serverless Security를 공동 저술했습니다. 또한 OWASP NodeGoat 프로젝트의 핵심 기여자기도 합니다. 그는 오픈 소스 운동, 웹 기술, 소프트웨어 테스트 및 철학에 열정적입니다.

Tomas Della Vedova는 열정적인 소프트웨어 엔지니어로 JavaScript 및 Node.js 프로그래밍에 대부분의 시간을 보냅니다. 그는 Elastic 클라이언트 팀에서 선임 소프트웨어 엔지니어로 일하며 JavaScript 클라이언트에 중점을 두고 있습니다. 또한 Fastify 웹 프레임워크의 작성자이자 생태계에 기여하고 있습니다. Tomas는 지식의 풍부함과 신기술 탐구를 끊임없이 갈구하고 있습니다. 그리고, 그는 오픈 소스 지지자이고 항상 기술, 디자인, 그리고 음악에 대해 열정적입니다.

머리말

많은 사람들은 Node.js를 웹 개발 분야에서 10년동안 가장 큰 혁신으로 간주하고 있습니다. 기술적인 능력뿐만 아니라 웹 개발과 일반적인 소프트웨어 개발 생태계에 노입한 새로운 패러다임의 변화로 인해 사랑받고 있습니다.

첫째, Node.js 애플리케이션은 웹에서 가장 많이 사용되는 언어이자 모든 웹 브라우저에서 기본적으로 지원되는 유일한 프로그래밍 언어인 JavaScript로 작성됩니다. 이 측면은 단일 언어 애플리케이션 스택 및 서버와 클라이언트 간의 코드 공유 같은 시나리오를 가능하게 합니다. 또한 단일 언어는 프론트엔드 엔지니어와 백엔드 엔지니어 간의 격차를 줄이는데 도움이 되며, 개발자가 프론트엔드 백엔드 프로그래밍을 매우 접근하기 쉽고 직관적으로 만들 수 있습니다. 일단 한번 Node.js 및 JavaScript에 익숙해지면 다양한 플랫폼 및 컨텍스트를 위한 소프트웨어를 쉽게 빌드할 수 있게 됩니다.

Node.js 자체는 JavaScript 언어의 발전에 기여하고 있습니다. 사람들은 서버에서 JavaScript를 사용하는 것이 많은 가치를 가져다 준다는 것을 알고 있으며, 그 실용성, 유연성, 이벤트 기반 접근방식, 그리고 객체지향 프로그래밍과 함수 프로그래밍의 중간인 하이브리드적인 특성 때문에 JavaScript를 좋아합니다.

두 번째 요소는 Node.js의 혁신적인 단일 스레드 프로그래밍 모델과 비동기 아키텍처입니다. 성능 및 확장성 관점에서의 명백한 장점 외에도, 이 특성은 개발자가 동시성 및 병렬 처리에 접근하는 방식에 변화를 가져왔습니다. 뮤텍스는 대기열로, 스레드는 콜백으로, 동기화는 인과관계로 대체됩니다. 이러한 추상화는 일반적으로 기존의 추상화보다 채택하기가 더 간단하지만 여전히 매우 강력하여 개발자가 일상적인 문제를 해결하는데 생산성을 높일 수 있습니다.

Node.js의 마지막이자 가장 중요한 측면은 그 생태계에 있습니다. NPM 패키지 관리자, 지속적으로 성장하는 모듈 데이터베이스, 열정적이고 유용한 커뮤니티, 가장 중요한 것으로 단순성, 실용성 그리고 극도의 모듈성을 강조하는 문화 그 자체입니다.

그러나 이러한 특성으로 인해 Node.js 개발은 다른 서버 측 플랫폼들과 매우 다른 느낌을 제공하며, 이 패러다임을 처음 접하는 개발자는 가장 일반적인 디자인과 코딩 문제를 효과적으로 해결할 방법에 대해 확신하지 못하는 경우가 많습니다. 일반적인 질문들은 다음과 같습니다.

어떻게 코드를 구조화할 수 있습니까? 또 이것을 디자인하는 좋은 방법은 무엇입니까? 애플리케이션을 모듈화하려면 어떻게 해야 합니까? 일련의 비동기 호출을 효과적으로 처리하는 방법이 있습니까? 애플리케이션이 커지면서 문제가 발생하지 않도록 하려면 어떻게 해야 합니까?

다행히 Node.js는 충분히 성숙한 플랫폼이 되었으며, 이러한 질문의 대부분은 이제 디자인 패턴, 입증된 코딩 기법 또한 권장 사례로 쉽게 답할 수 있게 되었습니다. 이 책의 목적은 패턴, 기술과 관행의 새로운 세계를 보여주고 가장 일반적인 문제에 대해 검증된 솔루션이 무엇인지 보여주며, 이를 특정 문제에 대한 솔루션으로 만들기 위한 출발점으로 사용하는 방법을 알려주는 것입니다.

이 책에서 여러분은 다음과 같은 것들을 배우게 될 것입니다.

Node way

Node.js 개발에 접근할 때 올바른 관점을 사용하는 방법. 예를 들어 전통적인 디자인 패턴이 Node.js에서 어떻게 보이는지 또는 한 가지만 수행하는 모듈을 디자인하는 방법을 배웁니다.

일반적인 Node.js 설계 및 코딩 문제를 해결하기 위한 일련의 패턴들

일상적인 개발 및 디자인 문제를 효율적으로 해결하기 위해 사용할 수 있는 패턴을 위한 '스위스 만능칼'을 얻게 될 것입니다.

확장 가능하고 효율적인 Node.js 애플리케이션을 작성하는 방법

확장 가능하고 잘 구성된 커다란 Node.js 애플리케이션을 작성하는 데 필요한 기본 컴포넌트들과 그 원리를 이해할 수 있습니다. 기존 패턴의 범위에 포함되지 않는 새로운 문제에 이러한 원칙을 적용할 수 있습니다.

모던 JavaScript 코드

JavaScript는 1995년부터 존재해왔지만, 특히 지난 몇 년 동안 처음 시작된 이래로 가장 많은 변화가 있었습니다. 이 책은 클래스 구문, 프라미스, 제너레이터 함수 그리고 async/await와 같은 최신 JavaScript 기능을 활용하여 사용자에게 적합한 최신 환경을 제공합니다.

이 책의 전반에 걸쳐 LevelDB, Redis, RabbitMQ, ZeroMQ, Express 등 실제 환경의 라이브러리들과 기술들이 소개될 예정입니다. 패턴이나 기술을 시연하는데 사용되며, 예제를 더 유용하게 만드는 의미 외에도 Node.js의 에코시스템과 솔루션들에 대한 상당한 부분을 제공합니다.

여러분의 직업상 혹은 사이드 프로젝트로 또는 오픈 소스 프로젝트에 Node.js를 사용하고 있거나, 사용할 계획이 있는지에 상관없이 잘 알려진 기술과 패턴을 인식하고 사용할 경우, 코드와 디자인을 공유하기 위한 공통의 언어로 사용할 수 있습니다. 또한 Node.js의 미래를 더 잘 이해하고 자신의 기여를 그 일부로 만들 수 있는 방법을 이해하는데 도움이 될 것입니다.

역자의 말

처음 제 방에 있던 컴퓨터가 IBM PC XT 286이었던 것을 생각하면, 지금 클라우드 시대의 서막을 보면서 변화의 크기가 엄청나다는 것을 새삼 체감합니다. 다양한 업종에서 다양한 언어를 사용해 기업 솔루션을 개발하면서 Node.js의 등장처럼 충격적이었던 사례는 찾기 힘들 듯합니다. 말 그대로 패러다임의 변화를 이끌었다고 해도 과언은 아닐 것입니다. 이 책은 전통적인 디자인 패턴을 간단하지만 필요한 예시들을 가지고 JavaScript에 맞게 해석하고 있습니다. 책에서 강조하듯이 그 이면에 대한 이해가 깊어진다면, 다른 언어로도 충분히 활용 가능한 좋은 예제들이 가득합니다. 이 책은 여러분이 어떤 언어를 사용하든지 충분히 도움이 될 것이라 감히 말할 수 있습니다.

김성원 magiciankim@gmail.com

1999년부터 안랩 등 여러 회사에 근무하면서 다양한 언어로 엔터프라이즈용 응용애플리케이션 개발에 참여해 왔으며 최근에는 음성인식, NLP 기술에 관심을 가지고 있다. 저서로는 《새로 쓰는 자바 웹 프로그래밍》, 《쉽게 풀어 쓴 자바 데이터베이스 프로그래밍》, 역서로는 《iPhone 게임 개발자 레퍼런스》, 《코딩 인터뷰 퀘스천》 등이 있다.

이 책을 보게 되는 순간 얻게 되는 것은 단순한 문법적 지식이 아닙니다. 여러분이 프로그래밍할 때 겪는 문제들에 대해서 막강하고 속 시원한 해결책을 거머쥐는 것뿐만 아니라 동기와 비동기에 대한 명확한 이해, Node.js에서 제공하는 코어 모듈과 아키텍처에 대한 이해를 할 수 있게 되고 대부분이 궁금해하는 접근 방법과 문제들이지만 어디에도 설명되어 있지 않은 것들에 대해서 알게 될 것입니다. 특히 비동기 아키텍처 위에 세워진 Node.js는 여러분이 확장 가능한 서버에서의 전문적이고 효율적인 작업을 하기 위한 완벽한 플랫폼입니다. 끝으로 이 책은 여러분이 Node.js의 고급 개발자가 될 수 있게 해줄 것입니다.

곽천웅 cheonwoong91@gmail.com

대학에서 컴퓨터 공학을 전공하였으며, 프랑스 교환학생으로 분자생물학을 부전공하였다. 현재 녹음 관련 IT 기업의 부설 연구소에서 근무하고 있으며, 웹과 관련된 선행 기술이나 언어에 관심을 가지고 있다.

들어가기 전에

이 책을 위한 필요 사항

코드를 테스트하려면 Node.js 버전 14(이상) 그리고 NPM 버전 6(이상)이 제대로 설치되어 있어야 합니다. 일부 예에서 추가적인 도구를 사용해야 하는 경우 적절하게 소개될 것입니다. 또한 커맨드라인에 익숙하면서 npm 패키지를 설치하는 방법과 Node.js 애플리케이션을 실행하는 방법을 알고 있어야 합니다. 마지막으로 코드와 최신 웹 브라우저로 작업하기 위해서는 텍스트 편집기가 필요합니다.

이 책의 대상

이 책은 이미 Node.js를 처음 접한 후 이제 생산성, 디자인 품질 및 확장성 측면에서 최대한 활용하고자 하는 개발자를 대상으로 합니다. 이 책은 몇 가지 기본 개념도 다룰 것이기 때문에, 기본적인 예제를 다루어 보았으면서 JavaScript 언어에 대해 어느 정도의 친숙함만 있으면 됩니다. Node.js의 중급 개발자들에게도 이 책에 제시된 기술들은 유용할 것입니다. 소프트웨어 설계 이론에 대한 배경 지식도 제시된 개념 중 일부를 이해하는 데 유리합니다. 이 책은 웹 애플리케이션 개발, 웹 서비스, 데이터베이스 및 데이터 구조에 대한 실무 지식이 있다고 가정하고 있습니다.

이 책에서 다루는 내용

'1장. Node.js 플랫폼'은 플랫폼 자체의 핵심 패턴을 보여줌으로써 Node.js 애플리케이션 디자인 세계에 대한 개요 역할을 합니다. Node.js 생태계와 그 철학을 다루고 Node.js 내부 및 리액터(reactor) 패턴에 대한 빠른 소개를 제공합니다.

'2장. 모듈 시스템'에서는 Node.js에서 사용할 수 있는 모듈 시스템을 살펴보고 CommonJS와 ECMAScript 2015부터 도입된 최신의 ES 모듈 간의 차이점을 강조합니다.

'3장. 콜백과 이벤트'에서는 비동기 코딩 및 패턴을 학습하고 콜백과 이벤트 이미터(관찰자 패턴)에 대해 논의하고 비교를 위한 첫 번째 단계를 소개합니다.

'4장. 콜백을 사용한 비동기 제어 흐름 패턴'에서는 콜백을 사용하여 Node.js로의 비동기 제어 흐름을 효율적으로 처리하기 위한 일련의 패턴과 기술들을 소개합니다. 이 장에서는 일반 JavaScript를 사용하여 "콜백 지옥" 문제를 완화하는 몇 가지 전통적인 방법을 설명합니다.

'5장. Promise 그리고 Async/Await와 함께 하는 비동기 제어 흐름 패턴'은 비동기 흐름 제어의 보다 정교하고 현대적인 기술을 탐구하면서 진행합니다.

'6장. 스트림 코딩'은 Node.js를 위한 가장 중요한 도구 중 하나인 스트림에 대해 자세히 설명합니다. Transform 스트림을 가지고 데이터를 변환하고 처리하는 방법과 다른 패턴들에서 스트림들을 결합하는 방법을 보여줍니다.

'7장. 생성자 디자인 패턴'에서는 Node.js의 전통적인 디자인 패턴을 탐구하기 시작합니다. 이 장에서는 가장 널리 사용되는 생성 패턴으로 팩토리(Factory) 패턴, 공개 생성자(Revealing Constructor), 빌더(Builder) 패턴 그리고 싱글톤(Singleton) 패턴에 대해 살펴봅니다.

'8장. 구조적 설계 패턴'에서는 Node.js의 전통적인 디자인 패턴을 계속 탐색하여 프록시(Proxy), 데코레이트(Decorator) 및 어댑터(Adapter)와 같은 구조적 디자인 패턴을 다룹니다.

'9장. 행위 디자인 패턴'은 전략(Strategy), 상태(State), 템플릿(Template), 미들웨어(Middleware), 명령(Command) 그리고 반복자(Iterator)와 같은 행위 디자인 패턴을 소개하고 Node.js에서의 전통적인 디자인 패턴에 대한 논의를 마무리합니다.

'10장. 웹 애플리케이션을 위한 범용 JavaScript'는 프론트엔드와 백엔드 간에 코드를 공유할 수 있는 최신 JavaScript 웹 애플리케이션의 가장 흥미로운 기능 중 한가지를 살펴봅니다. 이 장에서는 최신의 도구들과 라이브러리들을 사용해 간단한 웹 애플리케이션을 만들어 보면서 범용 JavaScript의 기본 원리를 배웁니다.

'11장. 고급 레시피'에서는 문제 해결 방법을 사용하여 일반적인 코딩과 디자인 복잡성으로 어떻게 바로 사용할 수 있는 해결책을 도출할 수 있는지를 보여줍니다.

'12장. 확장성과 아키텍처 패턴'에서는 Node.js 애플리케이션을 확장하기 위한 기본 기술과 패턴들을 설명합니다.

'13장. 메시징과 통합 패턴'은 가장 중요한 메시징 패턴을 소개하면서 Node.js와 생태계를 사용하여 복잡한 분산 시스템을 구축하고 통합하는 방법을 보여줍니다.

이 책을 최대한 활용하려면

이 책을 최대한 활용하기 위해 아래의 지침에 따라 예제 코드 파일들과 이미지들을 다운로드할 수 있습니다.

예제 코드 파일 다운로드

영진닷컴 홈페이지(www.youngjin.com)에서 이 책의 예제 코드 파일을 다운로드할 수 있습니다. 책의 코드 번들은 nodejsdp.link/repo의 GitHub에서도 호스팅됩니다. 코드에 대한 업데이트가 있을 경우 기존 GitHub 저장소에 업데이트됩니다. 또한 https://github.com/PacktPublishing/에는 많은 책과 비디오 카탈로그의 다른 코드들도 있습니다. 한번 방문해보세요!

컬러 이미지 다운로드

이 책에 사용된 스크린샷/다이어그램의 컬러 이미지가 있는 PDF 파일도 제공하고 있습니다. https://static.packt-cdn.com/downloads/9781839214110_ColorImages.pdf에서 다운로드할 수 있습니다.

이 책에서 사용된 규칙

이 책에서는 여러 종류의 정보를 구분하는 여러 텍스트 스타일들을 볼 수 있습니다. 다음은 이러한 몇몇 스타일들과 예시 및 그 의미에 대한 설명입니다.

- 텍스트 내의 코드 단어 표현: server.listen(handle)
- 경로명: src/app.js
- 테스트 URL: http://localhost:8080

코드 블록은 일반적으로 StandardJS 규약(nodejsdp.link/standard)을 사용한 형식이며, 다음과 같이 표시됩니다.

```
import zmq from 'zeromq'

async function main () {
  const sink = new zmq.Pull()
  await sink.bind('tcp://*:5017')

  for await (const rawMessage of sink) {
    console.log('Message from worker: ', rawMessage.toString())
  }
}
```

코드 블록의 특정 부분을 강조하기 위한 경우, 아래 코드 블록과 같이 관련 줄이나 항목이 굵게 강조 표시됩니다.

```
const wss = new ws.Server({ server })
wss.on('connection', client => {
  console.log('Client connected')
  client.on('message', msg => {
    console.log(`Message: ${msg}`)
    redisPub.publish('chat_messages', msg)
  })
})
```

모든 커맨드라인 입력 또는 출력은 다음과 같이 보입니다.

```
node replier.js
node requestor.js
```

새로운 용어와 **중요한 단어**는 굵게 표시됩니다. 예를 들어 메뉴 또는 대화상자와 같이 화면에 표시되는 단어는 다음과 같은 텍스트로 나타납니다.

"문제를 설명하기 전에 작은 **web spider**를 만들 것입니다. 이것은 웹 URL을 입력으로 받아들이고 그것의 내용을 로컬 파일로 다운로드하는 커맨드라인 애플리케이션입니다."

경고 또는 중요한 노트는 이렇게 표현됩니다.

팁이나 아이디어는 이렇게 표현됩니다.

대부분의 URL은 독자가 쉽게 접근할 수 있도록 짧은 자체 URL 시스템을 통해 연결됩니다. 이러한 링크는 nodejsdp.link/some-descriptive-id 형식을 가집니다.

Contents

Chapter 01 Node.js 플랫폼

Chapter 02 모듈 시스템

Contents

Contents

Contents

Chapter 08 구조적 설계 패턴

Chapter 09 행위 디자인 패턴

Chapter 10 웹 애플리케이션을 위한 범용 JavaScript

Contents

Chapter 11 고급 레시피

Chapter 12 확장성과 아키텍처 패턴

CHAPTER 01

Node.js 플랫폼

- ✔ Node.js 철학
- ✔ Node.js는 어떻게 작동하는가
- ✔ Node.js에서의 JavaScript

일부 원칙과 디자인 패턴들에는 Node.js 플랫폼과 생태계에 대한 개발자의 경험이 제대로 녹아있습니다. 가장 특별하게 생각할 수 있는 것은 아마도 콜백과 프라미스와 같은 비동기적 구성이 많이 사용되었다는 점입니다. 책을 여는 이번 장에서는 Node.js의 비동기적 작동이 어디서 오게 된 것인지 탐구해 볼 것입니다. Node.js가 어떻게 작동하는지와 핵심 원리를 배우는 것은 단지 이론적 지식을 쌓는 것뿐만이 아닌 우리가 앞으로 이 책에서 다루게 될 복잡한 주제와 패턴들을 이해하는데 큰 도움이 될 것입니다.

Node.js를 특별하게 만드는 중요한 측면들 중 하나는 그것의 철학입니다. Node.js를 알아가는 것은 단순히 새로운 기술을 배우는 것이 아니라 Node.js가 가진 문화와 커뮤니티를 받아들인다는 의미를 갖습니다. 우리는 이 새로운 기술로 애플리케이션과 컴포넌트들을 디자인하는 방식과 그것이 커뮤니티 내 라이브러리들과 상호 작용하게 되는 방식에 어떤 식으로 영향을 끼치게 되는지 보게 될 것입니다.

이 장에서는 다음의 것들을 배울 것입니다.

- Node.js 철학 "Node way"
- Reactor 패턴 – Node.js의 비동기 이벤트 주도 아키텍처의 핵심 메커니즘
- 브라우저와 다르게 서버에서 동작하는 JavaScript의 의미

1-1 Node.js 철학

모든 프로그래밍 플랫폼은 자신들만의 철학, 커뮤니티에서 따르게 되는 일련의 원칙들과 지침, 플랫폼의 진화와 애플리케이션 개발 및 디자인에 영향을 주는 이데올로기를 가지고 있습니다. 이러한 원칙들 중 몇 가지는 기술 자체에서 발생하며, 일부는 그것의 생태계에 의해서 발생하고, 일부는 커뮤니티 내에서의 트렌드이며, 일부는 다른 플랫폼에 있던 이데올로기의 진화에 의해서 발생한 것입니다. Node.js에서는 이러한 원칙들 중 일부가 제작자인 Ryan Dahl에 의해서 직접 만들어졌으며, 일부는 코어 모듈에 기여한 사람들, 커뮤니티에서의 카리스마 있는 인물들, JavaScript의 추세로부터 생겨났습니다.

이러한 규칙들은 강제적인 것이 아니며 항상 따를 필요도 없습니다. 하지만, 우리들이 소프트웨어를 디자인하는 데에 있어서 영감을 얻고자 할 때 많은 도움이 됩니다.

위키피디아(Wikipedia)에서 소프트웨어 개발 철학의 목록들을 확인할 수 있습니다.

- https://en.wikipedia.org/wiki/List_of_software_development_philosophies

1-1-1 경량 코어

Node.js 코어는 몇 가지 원칙들을 기반으로 자신의 기초를 구성하였습니다. 그 중 한 가지는 최소한의 기능 세트를 가지고 코어의 바깥 부분에 **유저랜드(userland)** 혹은 **유저스페이스(userspace)**라 불리는 사용자 전용 모듈 생태계를 두는 것입니다. 이 원칙이 Node.js 문화에 엄청난 영향을 주었습니다. 그 영향으로 엄격하게 관리되어 안정적이지만 느리게 진화하는 해결책을 갖는 대신 커뮤니티가 사용자 관점에서의 폭넓은 해결책을 실험해볼 수 있는 자유를 주었습니다. 코어를 최소한의 기능 세트로 관리하는 것은 관리의 관점에서 편리할 뿐 아니라 전체 생태계 진화에 있어 긍정적인 문화적 영향을 미칠 수 있습니다.

1-1-2 경량 모듈

Node.js는 프로그램 코드를 구성하는 기본적인 수단으로서 모듈 개념을 사용합니다. 이것은 애플리케이션과 재사용 가능한 라이브러리를 만들기 위한 구성 요소입니다. Node.js에서 가장 널리 통용되는 원칙 중 하나는 코드의 양뿐 아니라 범위의 측면에서도 작은 모듈을 디자인하는 것입니다.

이 원칙은 Unix 철학에 근거하는데, 특히 다음의 두 가지 수칙이 있습니다.

- "작은 것이 아름답다."
- "각 프로그램은 한 가지 역할만 잘 하도록 만들어라."

Node.js는 이 개념을 완전히 새로운 차원으로 끌어올렸습니다. Node.js는 **패키지 관리자(npm, yarn)**의 도움을 받아 각 패키지가 자신이 필요로 하는 버전의 종속성 패키지들을 갖도록 함으로써 종속성 지옥에서 벗어나게 해줍니다. 이러한 측면은 패키지가 충돌의 위험 없이 잘 집중화되고 많은 수의 작은 종속성을 가질 수 있도록 해줍니다. 다른 플랫폼에서는 비실용적이고 적용 불가능한 반면, Node.js에서는 이러한 관행이 표준입니다. 이러한 것이 재사용성 측면을 향상시켜 줍니다. 이는 매우 극단적이며, 이메일 형식 매칭을 위한 정규식을 포함한 모듈(https://github.com/sindresorhus/email-regex)은 두 줄의 코드로 이루어져 있기도 합니다.

작은 모듈은 재사용성이라는 장점 외에도 다음의 장점이 있습니다.

- 이해하기 쉽고 사용하기 쉽다.
- 테스트 및 유지보수가 쉽다.
- 사이즈가 작아 브라우저에서 사용하기에 완벽하다.

더 작고 집중화된 모듈을 갖는 것은 모두에게 공유와 재사용을 가능하게 해줍니다. 이것은 완전히 다른 수준에 적용된 **Don't Repeat Yourself(DRY)** 원칙입니다.

1-1-3 작은 외부 인터페이스

Node.js의 모듈들이 갖는 장점은 작은 사이즈와 작은 범위, 그리고 최소한의 기능 노출입니다. 이러한 것들이 명확하게 사용될 수 있고 잘못된 사용에 덜 노출되도록 하는 API 생산 효과를 갖습니다. 대부분의 경우에 컴포넌트 사용자는 기능의 확장을 필요로 하거나 부가적인 고급 기능들의 활용 없이 제한되고 집중화된 기능에만 관심이 있습니다.

Node.js에서 모듈을 정의하는 가장 일반적인 패턴은 명백한 단일 진입점을 제공하기 위해서 단 하나의 함수나 클래스를 노출시키는 것입니다.

Node.js의 많은 모듈들의 특징 중 또 다른 하나는 그들이 확장보다는 사용되기 위해서 만들어졌다는 것입니다. 확장의 가능성을 금지하기 위해 모듈 내부 접근을 제한한다는 것이 덜 유연하다고 생각되지만 사실은 유스케이스(use case)를 줄이고, 구현을 단순화하며, 유지관리를 용이하게 하고, 가용성을 높인다는 장점들을 가지고 있습니다. 실제로 이는 내부를 외부에 노출시키지 않기 위해 클래스보다 함수를 노출시키는 것을 선호한다는 것을 의미합니다.

1-1-4 간결함과 실용주의

Keep It Simple, Stupid(KISS) 원칙에 대해서 들어 본 적이 있습니까?

"단순함이야말로 궁극의 정교함이다." *-레오나르도 다빈치-*

리차드 가브리엘(Richard P.Gabriel)이라는 저명한 컴퓨터 과학자는 부족하지만 간단한 기능이 소프트웨어를 위해서는 더 좋은 디자인이라는 모델을 묘사하기 위해서 "불완전한 것이 낫다"라는 용어를 만들었습니다. 그의 에세이 The Rise of "Worse is Better"에서 그는 다음과 같이 말했습니다.

"디자인은 구현과 인터페이스 모두에서 단순해야 한다. 구현이 인터페이스보다 더 단순해야 한다는 것은 더욱 중요하다. 단순함이 디자인에서 가장 중요한 고려 사항이다."

여러 이유로 인해서 완벽하고 모든 기능을 갖춘 소프트웨어와는 반대로 단순하게 설계하는 것이 좋은 실천입니다. 구현을 위해서 적은 노력이 들고, 가벼워서 빨리 보급 가능하며, 유지보수가 쉽고, 빠른 이해가 가능합니다. 이러한 요인들이 커뮤니티의 기여를 보다 용이하게 하고 소프트웨어 자체의 성장과 향상을 돕습니다.

Node.js에서 이 원칙이 채택되는 것에 가장 큰 영향을 준 것은 매우 실용적인 언어인 JavaScript입니다. 실제로 복잡한 클래스 계층을 대체하기 위해서 간단한 클래스나 함수 그리고 클로저를 사용하는 것을 쉽게 볼 수 있습니다. 순수 객체지향 설계는 실제 세계의 복잡성과 불완전성을 고려하지 않고 종종 컴퓨터 시스템의 수학적 용어들을 사용하여 실제 세계를 흉내내보려 합니다. 사실 우리의 소프트웨어가 항상 현실의 근사치이며, 우리는 많은 노력과 유지보수가 필요한 엄청난 양의 코드로 완벽에 가까운 소프트웨어를 만들어 내려고 애쓰는 것보다 합리적인 복잡성을 가지고 빠르게 일할 때 더 많은 성공을 이뤄낼 것입니다.

우리는 이 책 진반에서 이 원칙이 적용되는 것을 여러 번 보게 될 것입니다. 예를 들어, 싱글톤이나 데코레이터와 같은 상당수의 전통적인 디자인 패턴을 완전하지는 않더라도 간단하게 구현할 수 있으며, 대부분의 경우 완전하고 완벽한 설계보다 복잡하지 않은 실용적인 접근 방식이 얼마나 선호되는지 보게 될 것입니다.

이제 우리는 Node.js 코어 내부 패턴과 이벤트 기반 아키텍처를 파헤쳐보기 위해서 코어 내부를 살펴볼 것입니다.

1-2 Node.js는 어떻게 작동하는가

이 섹션에서 여러분은 Node.js가 내부적으로 어떻게 동작하는지 이해하게 될 것이며 Node.js가 가진 비동기 특성의 핵심인 리액터 패턴에 대해서 소개를 받을 것입니다. 우리는 단일 스레드 아키텍쳐와 논 블로킹 I/O 같은 주요 개념을 살펴보고 이것이 어떻게 Node.js 플랫폼의 전체 기반을 만들게 되었는지 볼 것입니다.

1-2-1 I/O는 느리다

I/O는 컴퓨터의 기본적인 동작들 중에서 가장 느립니다. RAM에 접근하는 데에는 나노초(10^{-9}초)가 걸리는 반면, 디스크와 네트워크에 접근하는 데에는 밀리초(10^{-3}초)가 걸립니다. 대역폭도 마찬가지입니다. RAM의 전송률은 GB/s 단위로 일관되게 유지되는 반면, 디스크나 네트워크의 전송률은 MB/s에서 GB/s까지 다양합니다. CPU의 측면에서는 I/O가 많은 비용을 요구하지 않지만 보내지는 요청과 작업이 완료되는 순간 사이의 지연이 발생하게 됩니다. 게다가 인간이라는 요소를 고려해봐야 합니다. 실제로, 사람이 하는 마우스 클릭처럼 애플리케이션의 입력이 일어나는 많은 상황들에서 I/O의 속도와 빈도는 기술적인 측면에만 의존하지 않으며 디스크나 네트워크보다 느릴 수 있습니다.

1-2-2 블로킹 I/O

전통적인 블로킹 I/O 프로그래밍에서는 I/O를 요청하는 함수의 호출은 작업이 완료될 때까지 스레드의 실행을 차단합니다. 차단 시간은 디스크 접근의 경우 몇 밀리초부터 사용자가 키를 누르는 것과 같은 사용자 액션에 의해서 데이터가 생성되는 경우 몇 분까지 소요되기도 합니다. 다음 의사코드는 소켓을 가지고 작업이 수행되는 일반적인 블로킹 스레드를 보여줍니다.

```
// data가 사용가능해질 때까지 스레드를 블로킹
data = socket.read();
// data 사용 가능
print(data)
```

블로킹 I/O를 사용하여 구현된 웹 서버가 같은 스레드 내에서 여러 연결을 처리하지 못하는 것은 자명한 일입니다. 소켓의 각각의 I/O 작업이 다른 연결의 처리를 차단하기 때문입니다. 이 문제를 해결하기 위한 전통적인 접근 방법은 각각의 동시 연결을 처리하기 위해서 개별의 스레드 또는 프로세스를 사용하는 것입니다.

이 방법은 I/O 작업이 각각의 스레드에서 처리되기 때문에 I/O 작업으로 인해 블로킹된 스레드가 다른 연결들의 가용성에 영향을 미치지 않습니다.

다음 그림은 이 시나리오를 보여줍니다.

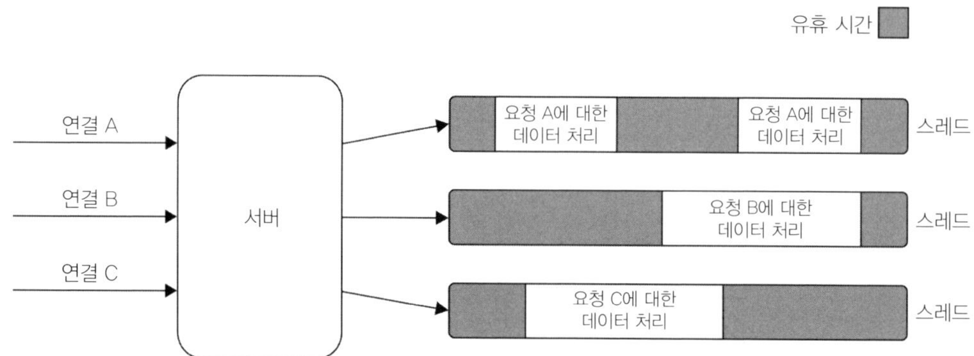

▲ 그림 1.1 다중 커넥션을 처리하기 위한 다중 스레드

그림 1.1은 관련 연결로부터 새로운 데이터를 받기 위해 유휴상태에 있는 각 스레드의 처리 시간을 강조하고 있습니다. 예를 들어, 데이터베이스나 파일 시스템과 상호 작용할 때와 같이 모든 유형의 I/O가 요청의 처리를 차단할 수 있다는 것을 생각해보면 I/O 작업의 결과를 위해서

스레드가 꽤 많이 블로킹된다는 것을 알 수 있습니다. 안타깝게도 스레드는 시스템 리소스 측면에서 비용이 저렴하지 않습니다. 메모리를 소모하고 컨텍스트 전환을 유발하여 대부분의 시간 동안 사용하지 않는 장시간 실행 스레드를 가지게 됨으로써 귀중한 메모리와 CPU 사이클을 낭비하게 됩니다.

1-2-3 논 블로킹 I/O

대부분의 최신 운영체제는 리소스에 접근하기 위해서 블로킹 I/O 외에도 논 블로킹 I/O라고 불리는 다른 메커니즘을 지원합니다. 이 운영모드에서 시스템 호출은 데이터가 읽혀지거나 쓰여지기를 기다리지 않고 항상 즉시 반환됩니다. 호출 순간에 사용 가능한 결과가 없는 경우, 함수는 단순히 미리 정의된 상수를 반환하여 그 순간에 사용 가능한 데이터가 없다는 것을 알립니다.

예를 들어, Unix 운영체제에서 운영모드를 논 블로킹(O_NONBLOCK 플래그 사용)으로 변경하기 위해서 기존 파일 디스크립터를 조작하는 fcntl() 함수가 사용됩니다. 우선 리소스가 논 블로킹 모드에 있고 리소스가 읽힐 준비가 된 데이터를 가지고 있지 않다면 모든 읽기 작업은 실패함과 동시에 코드 EAGAIN을 반환합니다.

이러한 종류의 논 블로킹 I/O를 다루는 가장 기본적인 패턴은 실제 데이터가 반환될 때까지 루프 내에서 리소스를 적극적으로 폴링(poll)하는 것입니다. 이것을 바쁜 대기(busy-waiting)이라고 합니다. 아래 의사코드는 논 블로킹 I/O와 폴링 루프를 사용하여 여러 리소스로부터 읽어 들이는 것이 어떻게 가능한지 보여줍니다.

```
resources = [socketA, socketB, fileA]
while (!resources.isEmpty()) {
    for (resource of resources) {
        // 읽기를 시도
        data = resource.read()
        if (data === NO_DATA_AVAILABLE) {
            // 이 순간에는 읽을 데이터가 없음
            continue
        }
        if (data === RESOURCE_CLOSED) {
            // 리소스가 닫히고 리스트에서 삭제
            resources.remove(i)
        } else {
            // 데이터를 받고 처리
            consumeData(data)
```

```
        }
    }
}
```

보다시피 간단한 기법으로 서로 다른 리소스를 같은 스레드 내에서 처리할 수 있지만 여전히 효율적이지 않습니다. 실제로 앞의 예제에서 루프는 사용할 수 없는 리소스를 반복하는 데에 소중한 CPU를 사용합니다. 폴링 알고리즘은 엄청난 CPU 시간의 낭비를 초래합니다.

1-2-4 이벤트 디멀티플렉싱

바쁜 대기(Busy-waiting)는 논 블로킹 리소스 처리를 위한 이상적인 기법이 아닙니다. 다행히도, 대부분의 운영체제는 논 블로킹 리소스를 효율적인 방법으로 처리하기 위한 기본적인 메커니즘을 제공합니다. 이 메커니즘을 **동기 이벤트 디멀티플렉서** 또는 **이벤트 통지 인터페이스**라고 합니다.

이 용어에 익숙하지 않을 수 있습니다. **멀티플렉싱**은 전기통신 용어로서 여러 신호들을 하나로 합성하여 제한된 수용범위 내에서 매개체를 통하여 쉽게 전달하는 방법을 나타냅니다.

반대로 **디멀티플렉싱**은 신호가 원래의 구성요소로 다시 분할되는 작업입니다. 두 용어는 비디오 처리를 포함한 여러 분야에서 서로 다른 것들을 합성과 분할하는 일반적인 작업을 설명하기 위해서 사용됩니다.

우리가 말하고 있는 동기 이벤트 디멀티플렉서는 여러 리소스를 관찰하고 이 리소스들 중에 읽기 또는 쓰기 연산의 실행이 완료되었을 때 새로운 이벤트를 반환합니다. 여기서 찾을 수 있는 이점은 동기 이벤트 디멀티플렉서가 처리하기 위한 새로운 이벤트가 있을 때까지 블로킹된다는 것입니다.

```
watchedList.add(socketA, FOR_READ)                    // (1)
watchedList.add(fileB, FOR_READ)
while (events = demultiplexer.watch(watchedList)) {   // (2)
    // 이벤트 루프
    for (event of events) {                           // (3)
        // 블로킹하지 않으며 항상 데이터를 반환
        data = event.resource.read()
        if (data === RESOURCE_CLOSED) {
            // 리소스가 닫히고 관찰되는 리스트에서 삭제
            demultiplexer.unwatch(event.resource)
```

```
        } else {
            // 실제 데이터를 받으면 처리
            consumeData(data)
        }
    }
}
```

무슨 일이 일어나는지 앞의 의사코드를 살펴보겠습니다.

1. 각 리소스가 데이터 구조(List)에 추가됩니다. 각 리소스를 특정 연산과 연결합니다.
2. 디멀티플렉서가 관찰될 리소스 그룹과 함께 설정됩니다. demultiplexer.watch()는 동기식으로 관찰되는 리소스들 중에서 읽을 준비가 된 리소스가 있을 때까지 블로킹됩니다. 준비된 리소스가 생기면, 이벤트 디멀티플렉서는 처리를 위한 새로운 이벤트 세트를 반환합니다.
3. 이벤트 디멀티플렉서에서 반환된 각 이벤트가 처리됩니다. 이 시점에서 각 이벤트와 관련된 리소스는 읽을 준비 및 차단되지 않는 것이 보장됩니다. 모든 이벤트가 처리되고 나면, 이 흐름은 다시 이벤트 디멀티플렉서가 처리 가능한 이벤트를 반환하기 전까지 블로킹됩니다. 이를 **이벤트 루프**(event loop)라고 합니다

여기서 흥미로운 점은 우리가 이 패턴을 이용하면 바쁜 대기(Busy-waiting) 기술을 이용하지 않고도 여러 I/O 작업을 단일 스레드 내에서 다룰 수 있다는 것입니다. 이로써 우리가 디멀티플렉싱에 대해 논하는 이유가 명확해졌습니다. 우리는 단일 스레드를 사용하여 여러 리소스를 다룰 수 있게 된 것입니다. 그림 1.2는 동시에 다중 연결들을 다루기 위해 동기 이벤트 디멀티플렉서와 단일 스레드를 사용하는 웹 서버 안에서 어떤 일이 일어나는지 시각화하여 보여줍니다.

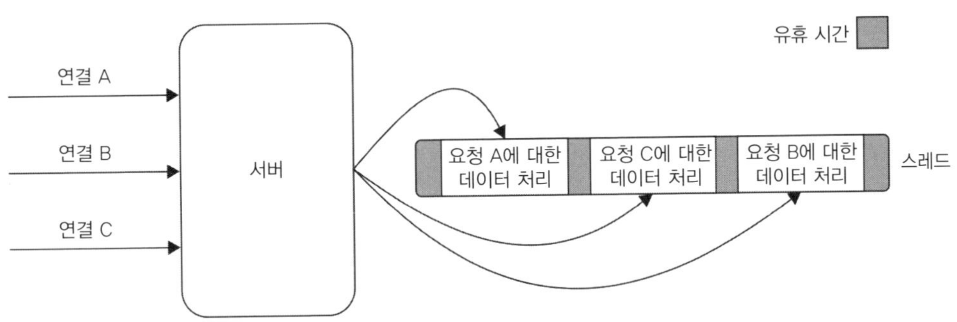

▲ 그림 1.2 다중 커넥션을 처리하기 위한 단일 스레드

그림에서 보여주듯이 오직 하나의 스레드만을 사용하는 것이 동시적 다중 I/O 사용 작업에 나쁜 영향을 미치지 않습니다. 작업은 여러 스레드에 분산되는 대신에 시간에 따라 분산됩니다.

이것이 전체적인 유휴시간을 최소화시키는 데에 확실한 이점이 있다는 것이 그림 1.2를 통해서 명확히 나타납니다.

하지만 이것이 이 I/O 모델을 선택한 유일한 이유는 아닙니다. 실제로 하나의 스레드만 가지는 것은 일반적으로 프로그래머가 동시성에 접근하는 방식에 이로운 영향을 미치게 됩니다. 이 책을 통해서 여러분은 경쟁 상태(Race condition)의 발생 문제와 다중 스레드의 동기화 문제가 없다는 것이 어떻게 우리에게 더 간단한 동시성 전략을 사용하게 해 줄 수 있는지 보게 될 것입니다.

1-2-5 리액터(Reactor) 패턴

이제 우리는 이전 섹션에서 제시된 알고리즘에 특화된 리액터(Reactor) 패턴을 알아보겠습니다. 리액터 패턴의 이면에 있는 주된 아이디어는 각 I/O 작업에 연관된 핸들러를 갖는다는 것입니다. Node.js에서의 핸들러는 콜백 함수에 해당합니다.

이 핸들러는 이벤트가 생성되고 이벤트 루프에 의해 처리되는 즉시 호출되게 됩니다. 리액터 패턴의 구조는 다음과 같습니다.

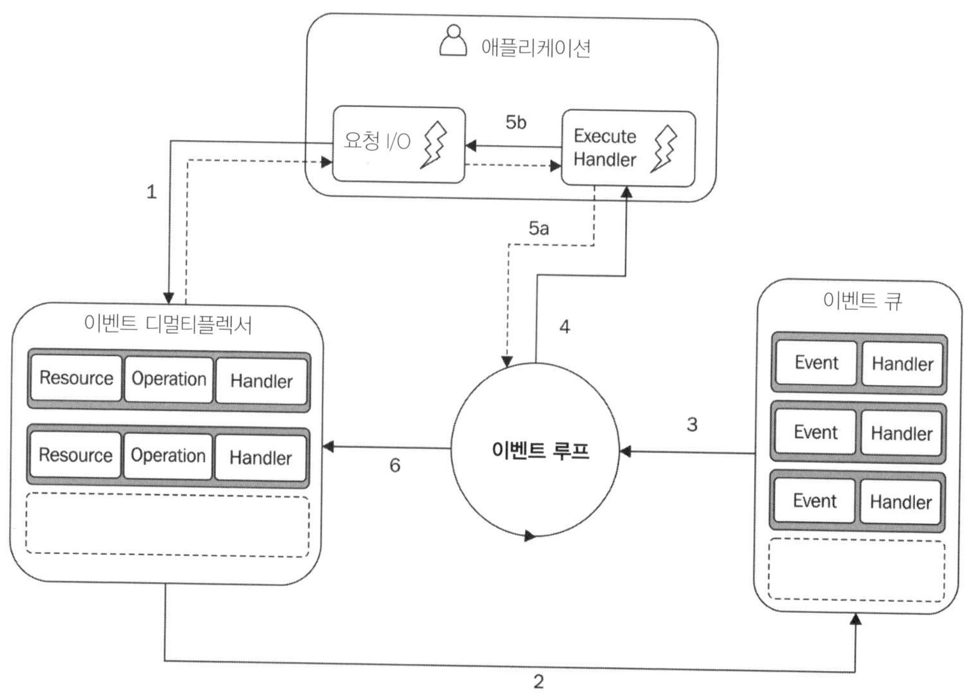

▲ 그림 1.3 Reactor 패턴

위 그림은 리액터 패턴을 사용하는 애플리케이션에서 어떤 일이 발생하는지를 보여줍니다.

1. 애플리케이션은 **이벤트 디멀티플렉서**에 요청을 전달함으로써 새로운 I/O 작업을 생성합니다. 또한, 애플리케이션은 작업이 완료되었을 때 호출될 핸들러를 명시합니다. **이벤트 디멀티플렉서**에 새 요청을 전달하는 것은 논 블로킹 호출이며, 제어권은 애플리케이션으로 즉시 반환됩니다.
2. 일련의 I/O 작업들이 완료되면 **이벤트 디멀티플렉서**는 대응하는 이벤트 작업들을 **이벤트 큐**에 집어 넣습니다.
3. 이 시점에서 **이벤트 루프**가 **이벤트 큐**의 항목들을 순환합니다.
4. 각 이벤트와 관련된 핸들러가 호출됩니다.
5. 애플리케이션 코드의 일부인 핸들러의 실행이 완료되면 제어권을 **이벤트 루프**에 되돌려줍니다(5a). 핸들러 실행 중에 다른 비동기 작업을 요청할 수 있으며(5b), 이는 **이벤트 디멀티플렉서**에 새로운 항목을 추가하는 것입니다(1).
6. **이벤트 큐**의 모든 항목이 처리되고 나면 **이벤트 루프**는 **이벤트 디멀티플렉서**에서 블로킹되며 처리 가능한 새 이벤트가 있을 경우 이 과정이 다시 트리거 됩니다.

이제 비동기적 동작이 명확해졌습니다. 애플리케이션은 특정 시점에 리소스로(블로킹 없이) 접근하고 싶다는 요청과 동시에 작업이 완료되었을 때 호출될 핸들러를 제공합니다.

Node.js 애플리케이션은 이벤트 디멀티플렉서에 더 이상 보류 중인 작업이 없고 이벤트 큐에 더 이상 처리 중인 작업이 없을 경우 종료됩니다.

우리는 이제 Node.js의 핵심에 있는 패턴을 정의할 수 있습니다.

Reactor 패턴

Reactor 패턴은 일련의 관찰 대상 리소스에서 새 이벤트를 사용할 수 있을 때까지 블로킹하여 I/O를 처리하고, 각 이벤트를 관련된 핸들러에 전달함으로써 반응합니다.

1-2-6 Libuv, Node.js의 I/O 엔진

각 운영체제는 Linux의 epoll, macOS의 kqueue, Window의 IOCP(I/O completion port) API와 같은 이벤트 디멀티플렉서를 위한 자체 인터페이스를 가지고 있습니다. 게다가 각 I/O 작업은 동일한 OS 내에서도 리소스 유형에 따라 매우 다르게 동작할 수 있습니다. 예를 들어 Unix에서 일반 파일 시스템은 논 블로킹 작업을 지원하지 않기 때문에 논 블로킹 동작을 위해서는 이벤트 루프 외부에 별도의 스레드를 사용해야 합니다.

서로 다른 운영체제 간의 불일치성은 이벤트 디멀티플렉서를 위해 보다 높은 레벨의 추상화를 필요로 하게 되었습니다. 이러한 이유로 Node.js 코어 팀이 Node.js를 주요 운영체제에서 호환되게 해주며 서로 다른 리소스 유형의 논 블로킹 동작을 표준화하기 위해 **libuv**라고 불리는 C 라이브러리를 만들었습니다. Libuv는 Node.js의 하위 수준의 I/O 엔진을 대표하며 아마도 Node.js의 구성요소 중에서 가장 중요하다고 말할 수 있습니다.

Libuv는 기본 시스템 호출을 추상화하는 것 외에도 리액터 패턴을 구현하고 있으므로 이벤트 루프의 생성, 이벤트 큐의 관리, 비동기 I/O 작업의 실행 및 다른 유형의 작업을 큐에 담기 위한 API들을 제공합니다.

libuv에 대해 더 많은 것을 알 수 있는 훌륭한 자료로 Nikhil Marathe가 만든 무료 온라인 책이 있습니다.

- http://nikhilm.github.io/uvbook/

1-2-7 Node.js를 위한 구성

리액터 패턴과 libuv는 Node.js의 기본 구성 요소지만 전체 플랫폼의 구축을 위해서는 3개의 구성이 더 필요합니다.

- libuv와 다른 저수준 기능들을 랩핑하고 표출시키기 위한 바인딩 세트
- **V8**, 크롬 브라우저를 위해 구글이 개발한 JavaScript 엔진으로 Node.js 가 매우 빠르고 효율적인 이유 중 하나이기도 합니다. V8은 혁신적인 설계와 속도 그리고 효율적인 메모리 관리로 높은 평가를 받고 있습니다.
- 고수준 Node.js API를 구현하고 있는 코어 JavaScript 라이브러리

이것들이 Node.js의 구성요소이며, 그림 1.4에서 최종 아키텍처를 묘사하고 있습니다.

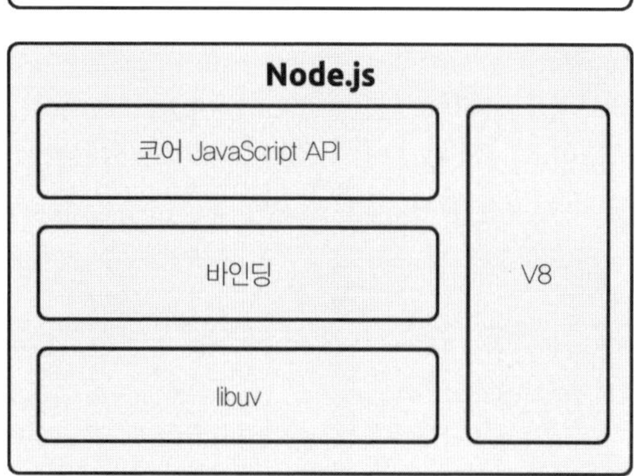

▲ 그림 1.4 Node.js 내부 구성요소

이것으로 Node.js의 내부 구조를 살피는 것을 마무리합니다. 이제부터 Node.js에서 JavaScript로 작업을 할 때 고려해야 하는 중요한 측면들을 알아보겠습니다.

1-3 Node.js에서의 JavaScript

우리가 앞서 분석한 아키텍처에서의 한 가지 중요한 점은 Node.js에서 사용하는 JavaScript는 브라우저에서 사용하는 JavaScript와는 다소 다르다는 것입니다.

가장 눈에 띄는 차이점은 Node.js는 DOM을 가지고 있지 않으며, window와 document 또한 없다는 것입니다. 반면에 브라우저에서는 불가능하지만 Node.js는 운영체제에서 기본적으로 제공하는 서비스들에 접근이 가능합니다. 사실 브라우저는 악성 웹 애플리케이션에 의해서 기본 시스템이 손상되지 않도록 안전 조치가 적용되어 있습니다. 브라우저는 운영체제 리소스에 대해 높은 수준의 추상화를 제공하여 브라우저 안에서 실행되는 코드를 보유하고 조작하기 쉽게 하기 때문에 불가피하게도 사용에 제한이 있습니다. Node.js에서는 사실상 운영체제가 표출하는 거의 모든 서비스에 접근할 수 있습니다.

Node.js에서 JavaScript를 사용할 때 명심해야 할 것들을 살펴보겠습니다.

1-3-1 최신 JavaScript를 실행시켜라

브라우저에서 JavaScript를 사용할 때 주된 고충 중에 하나는 우리의 코드가 다양한 장치와 브라우저에서 실행되는 경향이 있다는 것입니다. 다른 브라우저를 사용한다는 것은 JavaScript 런타임이 프로그램 언어와 웹 플랫폼의 최신 특성들 중 몇 가지를 간과할 수 있다는 것을 의미합니다. 다행히도 오늘날에는 트랜스파일러와 폴리필의 사용으로 이러한 문제들이 어느 정도 줄어들었습니다. 그럼에도 불구하고 이러한 것들은 여러 단점들을 가지고 있으며 모든 것들이 플러그인으로 대체 가능하지 않습니다.

Node.js에서 애플리케이션을 개발할 때에는 이러한 모든 애로사항들이 적용되지 않습니다. 실제로 Node.js 애플리케이션이 이미 잘 알려진 시스템이나 Node.js 런타임 위에서 동작합니다. 이것이 만들어 내는 엄청난 차이점은 우리가 JavaScript나 Node.js의 특정 버전에서 동작하는 코드를 사용할 수 있다는 것입니다. 그리고 그것이 우리로 하여금 그것을 상용에서 실행시켰을 때 우리가 맞이할 당혹스러움이 없다는 것을 보장해줍니다.

이러한 요인과 함께 Node.js가 가장 최신 버전의 V8을 가지고 있다는 사실은 우리가 추가적인 소스 변환단계 없이 확신을 가지고 최신 ECMAScript(ES는 줄임 표현으로 JavaScript

언어는 이 표준에 기반을 두고 있습니다) 사양의 특성들 대부분을 사용 가능하다는 것입니다.

명심해야 할 것이 있는데, 서드파티에서 사용되기 위한 라이브러리를 개발한다면 우리는 여전히 우리의 코드가 다양한 Node.js 버전에서 실행될 수 있음을 고려해야 합니다. 이 경우에 일반적인 패턴은 **LTS(long-term support)** 지원 버전 중에서 가장 오래된 것을 기준으로 삼고 package.json에 engines 섹션을 명시하는 것입니다. 패키지 매니저는 사용자가 해당 Node.js 버전에 호환하지 않는 패키지를 설치하려고 할 때 경고할 것입니다.

Node.js 배포에 대해서 더 많은 것을 다음의 링크에서 찾을 수 있습니다.

- https://nodejs.org/en/about/releases/

또한 섹션에 대한 참조 사항을 다음의 링크에서 찾을 수 있습니다.

- https://docs.npmjs.com/files/package.json#engines

마지막으로, 각 Node.js 버전에서 지원하는 ES 특성은 다음의 링크에서 알 수 있습니다.

- https://node.green/

1-3-2 모듈 시스템

JavaScript가 여전히 어떠한 형식에 대한 공식적인 지원이 없었을 때 Node.js는 모듈 시스템과 함께 시작되었습니다. 본래의 Node.js 모듈 시스템은 CommonJS로 불렸으며 내장모듈 또는 장치의 파일 시스템에 위치한 모듈로부터 외부에 표출된 함수와 변수 그리고 클래스를 임포트하기 위해서 require 키워드를 사용합니다.

CommonJS는 JavaScript 세계 전반에 있어서 혁명이었습니다. 클라이언트 사이드 세계에서 코드 번들을 만들고 브라우저에서 쉽게 실행될 수 있게 해주는 Webpack이나 Rollup과 같은 모듈 번들러의 사용과 함께 인기를 얻으며 시작되었습니다. CommonJS는 개발자들이 다른 서버 사이드 플랫폼처럼 크고 잘 구조화된 애플리케이션을 만들기 위해서 필수적인 구성요소였습니다.

오늘날에 JavaScript는 (import 키워드라고 하면 더욱 친숙한) 소위 ES 모듈 문법이라고 불리는 것을 가지고 있습니다. 이것은 브라우저에서와는 기본적 구현이 다른 것으로 Node.js에서는 문법만 상속받습니다. 실제로 브라우저가 원격에 있는 모듈을 주로 다루는 반면, Node.js는 현재로는 오직 로컬 파일 시스템에 있는 모듈만 다룰 수 있습니다.

다음 챕터에서 모듈에 대해 더욱 자세하게 다뤄보겠습니다.

1-3-3 운영체제 기능에 대한 모든 접근

이미 언급했듯이 Node.js는 JavaScript를 사용하지만 브라우저 영역 안에서 실행되지 않습니다. 이것은 Node.js가 운영체제에서 기본적으로 제공하는 주된 서비스들에 바인딩할 수 있게 해줍니다.

예를 들어 우리는 fs 모듈의 도움으로 파일 시스템에 있는 (운영체제 레벨의 허가를 조건으로) 파일에 접근 가능하며 net과 dgram 모듈로 애플리케이션이 저수준의 TCP 또는 UDP 소켓을 사용하게 할 수 있습니다. 우리는 HTTP(S) 서버를 만들 수 있고 표준 암호화와 OpenSSL의(crypto 모듈을 사용하여) 해시 알고리즘을 사용할 수 있습니다. 또한 우리는 (v8 모듈을 사용하여) V8 내부 여러 곳에 접근이 가능하며 (vm 모듈을 사용하여) V8의 다른 문맥 상에서 코드를 실행시킬 수 있습니다.

우리는 (child_process 모듈을 사용하여) 다른 프로세스들을 실행시키거나 전역 변수 process를 사용하여 우리의 애플리케이션이 돌고 있는 프로세스의 정보를 가져올 수 있습니다. 특히 process 전역변수로부터 (process.env를 사용하여) 프로세스에 할당된 환경변수 목록과 애플리케이션 실행 시 할당된 커맨드라인 인자들을 (process.argv를 사용하여) 가져올 수 있습니다.

이 책을 통해 여기에 서술된 많은 모듈들을 사용할 수 있는 기회를 갖게 될 것입니다. 완벽한 참조를 위해서는 Node.js 공식 문서(https://nodejs.org/en/docs/)를 확인해보기 바랍니다.

1-3-4 네이티브 코드 실행

Node.js가 제공하는 가장 강력한 능력 중 하나는 네이티브 코드에 바인드할 수 있는 사용자 측 모듈을 만들어 내는 것이 가능하다는 것입니다. 이것은 C/C++로 이미 만들어져 있거나 새로 만들어진 컴포넌트를 사용할 수 있다는 엄청난 이점을 플랫폼에 부여하게 됩니다. Node.js는 N-API 인터페이스의 도움으로 네이티브 모듈을 구현하는 데에 있어서 강력한 지원을 하고 있습니다.

어떠한 이점이 있을까요? 그것은 바로 우리가 작은 노력으로도 이미 존재하고 있는 막대한 양의 오픈 소스를 재사용할 수 있으며 더 중요한 점은 기업이 그것을 바꾸어 적용할 필요 없이 C/C++ 레거시들을 재사용할 수 있게 해준다는 것입니다.

또 고려해봐야 하는 중요한 점 하나는 하드웨어 드라이브나 하드웨어 포트(USB나 시리얼과 같은)의 저수준 특성들에 접근이 여전히 필요하다는 것입니다. Node.js는 네이티브 코드와 연결될 수 있는 능력 덕분에 **사물인터넷**(IoT: Internet of things)이나 홈메이드 로보틱스 세계에서 점차 인기를 얻고 있습니다.

마지막으로, V8은 JavaScript 실행에 있어서 매우 빠르게 동작하지만 네이티브 코드와 비교했을 때 여전히 수행능력에 손실이 따릅니다. 일상에서 컴퓨터를 사용할 때에는 드문 문제일 수 있지만 엄청난 양의 데이터를 처리하고 조작하여 네이티브 코드에 위임하는 CPU 집약적 애플리케이션의 경우에는 충분히 마주칠 수 있는 문제입니다.

또 언급해야 할 것이 있는데, 현재 Node.js를 포함한 대부분의 JavaScript **가상머신(VM: Virtual Machine)**은 JavaScript 이외의 언어(C++또는 Rust)를 JavaScript VM들이 "이해 가능"한 형식으로 컴파일 할 수 있게 해주는 저수준 명령 형식인 **웹어셈블리(WASM)**를 지원합니다.

이 프로젝트의 공식 웹사이트(https://webassembly.org/)에서 Wasm에 대해 더 많은 것을 배울 수 있습니다.

요약

이번 챕터에서는 우리가 사용하는 코드와 내부 아키텍처를 규정하는 몇 가지 중요 원칙들에 근거하여 Node.js가 어떻게 만들어졌는지 살펴보았습니다. Node.js가 최소한의 코어를 가지고 있고 "Node way"는 더 작고 간단하며 최소한의 필요 기능만을 노출한다는 의미를 갖고 있음을 배웠습니다.

다음으로 Node.js의 심장인 리액터 패턴을 살펴보았고 플랫폼 런타임의 내부 아키텍처를 해부하여 V8, libuv, Core JavaScript 라이브러리를 좀 더 가까이 들여다 보았습니다. 마지막으로 Node.js와 브라우저에서 사용되는 JavaScript의 주요 특징들을 분석해보았습니다.

추가적으로 Node.js의 내부 아키텍처에 의한 명백한 기술적 이점과 우리가 살펴본 원칙들, 그리고 그것들 주변을 이루고 있는 커뮤니티로 인해서 Node.js는 많은 관심을 끌고 있습니다. 본질적인 것을 이해하는 건 많은 사람들에게 그것의 기원에 다가가는 듯한 느낌을 주고 사람이 친숙한 규모와 복잡성을 지닌 프로그래밍을 하게 만듭니다. 이러한 이유들 때문에 개발자들은 Node.js에 열광합니다.

다음 챕터에서는 Node.js의 주제들 중에서 가장 근본적이고 중요한 모듈 시스템에 대해서 알아보도록 하겠습니다.

CHAPTER 02

모듈 시스템

- ✔ 모듈의 필요성
- ✔ JavaScript와 Node.js에서의 모듈 시스템
- ✔ 모듈 시스템과 패턴
- ✔ CommonJS 모듈
- ✔ 모듈 정의 패턴
- ✔ ESM: ECMAScript 모듈
- ✔ ESM과 CommonJS의 차이점과 상호 운용

우리는 1장에서 Node.js의 모듈에 대한 중요성을 간략하게 알아보았습니다. 우리는 모듈이 어떻게 Node.js의 철학의 중심을 이루는지와 어떻게 프로그래밍 경험에 중요한 역할을 하는지 논해보았습니다. 그러나 우리가 모듈에 대해서 말하는 것이 어떠한 의미가 있고 왜 그렇게 중요한 걸까요?

통칭되는 용어로서의 모듈은 주요 애플리케이션들을 구조화하기 위한 부품입니다. 모듈은 코드베이스를 개별적으로 개발 가능하고 테스트 가능한 작은 유닛으로 나누게 해줍니다. 모듈은 명시적으로 노출시키지 않은 모든 함수들과 변수들을 비공개로 유지하여 정보에 대한 은닉성을 강화시켜주는 주된 장치입니다.

만약 여러분이 다른 언어를 사용하고 있었다면 아마도 **package**(Java, Go, PHP, Rust, Dart) 나 **assembly**(.NET), **library**(Ruby), **unit**(Pascal dialects) 등 다른 이름들로 불리는 비슷한 개념을 봤을 겁니다. 모든 언어와 생태계가 그들만의 특징을 가지고 있기 때문에 용어는 완벽하게 상호 일치될 순 없지만 개념들 사이에는 뚜렷한 공통점이 존재합니다.

흥미롭게도 Node.js는 두 가지 모듈 시스템(**CommonJS** – CJS, **ECMAScript modules** – ESM 또는 ES modules)을 사용하고 있습니다. 이번 장에서는 두 가지 형태가 왜 존재하는지 얘기해보고 각각의 장점과 단점을 알아볼 것입니다. 마지막으로는 Node.js 모듈을 사용하거나 작성할 때의 공통적인 패턴을 분석해 볼 것입니다. 이번 장을 끝마친 후에 여러분은 어떻게 모듈을 효율적으로 사용하고 작성하는지에 대해서 실용적인 결정을 할 수 있게 될 것입니다.

이 책의 모든 챕터들이 여기의 지식에 의존할 만큼 Node.js 모듈 시스템과 모듈 패턴에 대한 이해는 매우 중요합니다.

이번 장에서 논하게 될 주요 주제들입니다.

- 모듈이 왜 필수적이며 Node.js에서 다른 모듈시스템이 가능한 이유
- CommonJS 내부와 모듈 패턴
- ES 모듈(ESM)
- CommonJS와 ESM 사이의 차이점 및 상호 이용

우리는 왜 모듈이 필요한지에 대해서부터 시작하겠습니다.

2-1 모듈의 필요성

좋은 모듈 시스템은 소프트웨어 엔지니어링의 몇 가지 기본적인 필요성을 마주할 때 도움을 줍니다.

- 코드베이스를 나누어 여러 파일로 분할하는 방법을 제시합니다. 이것은 코드를 좀 더 구조적으로 관리할 수 있게 해주고 각각으로부터 독립적인 기능의 조각들을 개발 및 테스트하는 데에 도움을 주며 이해하기 쉽게 해줍니다.
- 다른 프로젝트에 코드를 재사용할 수 있게 해줍니다. 실제로 모듈은 다른 프로젝트에도 유용하고 일반적인 특성을 구현할 수 있습니다. 모듈로서 기능을 구조화하는 것이 그 기능들이 필요한 다른 프로젝트로 좀 더 쉽게 이동시킬 수 있습니다.
- 은닉성을 제공합니다. 일반적으로 복잡한 구현을 숨긴 채 명료한 책임을 가진 간단한 인터페이스만 노출시키는 것이 좋은 방식입니다. 대부분의 모듈 시스템은 함수와 클래스 또는 객체와 같이 모듈 사용자가 이용하도록 공개 인터페이스를 노출시키는 반면, 공개하지 않으려는 코드를 선택적으로 공개되지 않도록 해줍니다
- 종속성을 관리합니다. 좋은 모듈 시스템은 서드파티(third-party)를 포함하여 모듈 개발자로 하여금 기존에 있는 모듈에 의존하여 쉽게 빌드할 수 있게 해줍니다. 또한 모듈 시스템은 모듈 사용자가 주어진 모듈의 실행에 있어 필요한(일시적 종속성들) 일련의 종속성들을 쉽게 임포트할 수 있게 해줍니다.

모듈과 모듈 시스템을 구별하는 것은 중요합니다. 모듈 시스템이 문법이며 우리의 프로젝트 안에서 모듈을 정의하고 사용할 수 있게 해주는 도구인 반면, 모듈은 소프트웨어의 실제 유닛으로 정의할 수 있습니다.

2-2 JavaScript와 Node.js에서의 모듈 시스템

모든 프로그래밍 언어가 내장 모듈 시스템을 가지고 있는 것은 아니며 JavaScript는 오랫동안 이 요소가 결핍되어 왔습니다.

브라우저 관점에서 코드베이스는 여러 파일로 분할될 수 있으며 다른 <script> 태그를 사용하여 임포트될 수 있습니다. 몇 년간은 이러한 접근이 간단하게 상호 작용하는 웹사이트를 위한 빌드에는 충분했고 JavaScript 개발자들은 모든 것을 갖추고 있는 모듈 시스템 없이도 관리상에 별 문제가 없었습니다.

JavaScript 브라우저 애플리케이션이 점점 복잡해지고 jQuery, Backbone, Angular와 같은 프레임워크가 생태계를 점유해나가면서 JavaScript 커뮤니티에는 JavaScript 프로젝트에 효율적으로 사용될 모듈 시스템을 정의하기 위한 여러 시도가 나타나기 시작했습니다. 가장

성공적인 것이 AMD(Asynchronous Module Definition)입니다. AMD는 RequireJS에 의해서 대중화되었고 후에는 UMD(Universal Module Definition)가 나오게 됩니다.

Node.js가 처음 만들어졌을 때, Node.js는 운영체제의 파일 시스템에 직접적으로 접근하는 JavaScript를 위한 서버 런타임으로서 구상되었습니다. 그래서 모듈 관리에 있어서 다른 방법을 도입할 수 있는 특별한 기회가 있었습니다. 이때 도입된 방법이란 HTML <script>과 URL을 통한 리소스 접근에 의존하지 않고 오직 로컬 파일 시스템의 JavaScript 파일들에만 의존하는 것이었습니다. 이 모듈 시스템을 도입하기 위해 Node.js는 브라우저가 아닌 환경에서 JavaScript 모듈 시스템을 제공할 수 있도록 고안된 CommonJS(종종 CJS라 불림)의 명세를 구현하게 되었습니다.

CommonJS는 그것의 시작과 함께 Node.js에서 주된 모듈 시스템이 되었고 Browserify와 Webpack과 같은 모듈 번들러 덕분에 브라우저 환경에서도 유명세를 가지게 되었습니다.

2015년에 ECMAScript 6(ECMAScript 2015 또는 ES2015로 불리기도 하는)의 발표와 함께 표준 모듈 시스템(ESM 또는 ECMAScript Modules)을 위한 공식적인 제안이 나오게 됩니다. ESM은 JavaScript 생태계에 많은 혁신을 불러옵니다. 특히, 모듈 관리에 대한 브라우저와 서버의 차이점을 연결하기 위해 노력합니다.

ECMAScript 6는 문법과 의미론적 관점에서 ESM을 위한 공식적인 명세만을 정의하고 구체적인 구현을 제공하지 않았습니다. 다른 여러 브라우저 회사들과 Node.js 커뮤니티가 확실한 명세를 구현하는데 몇 년이 소요되었습니다. Node.js는 버전 13.2부터 ESM에 대한 안정적인 지원을 합니다.

이 글이 작성되는 시점에는 브라우저와 서버 환경 모두에서 ESM이 JavaScript 모듈을 관리하는 실질적인 방법이 되어 가고 있습니다. 그러나 지금 시점에는 대부분의 프로젝트들이 CommonJS에 절대적으로 의존하고 있으며 ESM이 지배적인 표준이 되는 데에는 어느 정도의 시간이 소요될 것입니다.

Node.js에서 모듈 관련 사항에 대한 포괄적인 개요를 제공하기 위해서 이번 장의 첫 번째 부분에서는 CommonJS의 관점에서 이야기해 볼 것이며, 두 번째 부분에서는 ESM을 사용해 설명을 진행할 것입니다.

이번 장에서는 두 모듈 시스템에 대해 익숙해지는 것이 목표입니다. 하지만 이 책의 남은 부분에서는 최대한 여러분의 코드가 미래에 지속 가능하고 ESM에 대한 여러분의 경험을 위해 오직 ESM을 사용하여 예제를 진행합니다.

출판이 되고 나서 몇 년 후에 이 장을 읽는다면 여러분은 아마도 CommonJS에 대해 읽지 않을 수도 있습니다. 그리고 여러분은 아마 바로 ESM으로 향할 것입니다. 바로 가는 것도 좋지만 책의 모든 내용을 읽는 것을 권장합니다. CommonJS와 특징을 이해하는 것이 ESM과 그것의 강점들을 이해하는 데 분명 도움이 되기 때문입니다.

2-3 모듈 시스템과 패턴

앞서 언급했듯이 모듈은 주요 애플리케이션의 구조화를 위한 부품인 동시에 명시적으로 노출시키지 않은 모든 함수들과 변수들을 비공개로 유지하여 정보에 대한 은닉성을 강화시켜주는 주된 장치입니다.

CommonJS를 구체적으로 알아보기 전에 우리가 간단한 모듈 시스템으로 만들어 보기 위해 사용할 패턴이자 정보를 감추는 데에 도움을 주는 노출식 모듈 패턴을 이야기해 보겠습니다.

2-3-1 노출식 모듈 패턴

JavaScript의 주요 문제점 중 하나는 네임스페이스가 없다는 것입니다. 모든 스크립트는 전역 범위에서 실행됩니다. 따라서 내부 애플리케이션 코드나 종속성 라이브러리가 그들의 기능을 노출시키는 동시에 스코프를 오염시킬 수 있습니다. 이는 매우 위험한 일입니다. 예를 들어 종속성 라이브러리가 전역 변수 utils를 선언했다고 생각해봅시다. 만약 다른 라이브러리나 애플리케이션 코드가 의도치 않게 utils를 덮어쓰거나 대체해버린다면 그것에 의존하던 코드는 예측 불가능한 상황 속에서 충돌이 일어날 것입니다. 다른 라이브러리나 애플리케이션 코드가 내부적으로 사용할 의도를 갖고 함수를 호출할 때에도 예측 불가능한 부작용이 발생할 수 있습니다.

다시 말해서, 전역 범위에 의존하는 것은 매우 위험한 작업입니다. 게다가, 애플리케이션이 확장됨에 따라 더욱 개별적인 기능 구현에 의존해야 하는 상황이 발생합니다.

이러한 문제를 해결하기 위한 보편적인 기법을 **노출식 모듈 패턴(revealing module pattern)**이라고 하며, 다음과 같은 형식을 보입니다.

```
const myModule = (() => {
    const privateFoo = () => { }
    const privateBar = []

    const exported = {
```

```
        publicFoo: () => { },
        publicBar: () => { }
    }

    return exported
})() // 여기서 괄호가 파싱되면, 함수는 호출됩니다.

console.log(myModule)
console.log(myModule.privateFoo, myModule.privateBar)
```

이 패턴은 자기 호출 함수를 사용합니다. 이러한 종류의 함수를 **즉시 실행 함수 표현(IIFE: Immediately Invoked Function Expression)**이라고 부르며 private 범위를 만들고 공개될 부분만 내보내게 됩니다.

JavaScript에서는 함수 내부에 선언한 변수는 외부 범위에서 접근할 수 없습니다. 함수는 선택적으로 외부 범위에 정보를 전파시키기 위해서 return 구문을 사용할 수 있습니다.

이 패턴은 비공개 정보의 은닉을 유지하고 공개될 API를 내보내기 위해서 이러한 특성을 핵심적으로 잘 활용하였습니다.

앞선 코드에서 myModule 변수는 익스포트된(exported) API만 포함하고 있으며, 모듈 내용의 나머지 부분은 사실상 외부에서 접근이 불가능합니다.

로그로 출력한 내용은 다음과 같습니다.

```
{ publicFoo: [Function: publicFoo],
  publicBar: [Function: publicBar] }
undefined undefined
```

위에서 보여주듯이 myModule로부터 직접 접근이 가능한 것은 익스포트된 객체뿐이라는 것을 알 수 있습니다.

우리가 곧 보게 되는 것은 이 패턴을 기반으로 하는 아이디어가 CommonJS 모듈 시스템에서 사용된다는 것입니다.

2-4 CommonJS 모듈

CommonJS는 Node.js의 첫 번째 내장 모듈 시스템입니다. Node.js의 CommonJS는 CommonJS 명세를 고려하여 추가적인 자체 확장 기능과 함께 구현되었습니다.

CommonJS 명세의 두 가지 주요 개념을 요약하면 다음과 같습니다.

- require는 로컬 파일 시스템으로부터 모듈을 임포트하게 해줍니다.
- exports와 module.exports는 특별한 변수로서 현재 모듈에서 공개될 기능들을 내보내기 위해서 사용됩니다.

현재까지는 이 정보만으로 충분하며, 다가오는 단락들에서 세부적인 내용과 CommonJS 명세에서의 몇 가지 미묘한 차이점을 배우게 될 것입니다.

2-4-1 직접 만드는 모듈 로더

Node.js에서 CommonJS가 어떻게 작동하는지 이해하기 위해서 비슷한 시스템을 만들어 보겠습니다. 다음의 코드는 Node.js의 require() 함수의 원래 기능 중 일부를 모방한 함수를 만든 것입니다.

먼저 모듈의 내용을 로드하고 이를 private 범위로 감싸 평가하는 함수를 작성해 보겠습니다.

```
function loadModule(filename, module, require) {
    const wrappedSrc =
        `(function (module, exports, require) {
            ${fs.readFileSync(filename, 'utf8')}
        })(module, module.exports, require)`
    eval(wrappedSrc)
}
```

모듈의 소스 코드는 노출식 모듈 패턴과 마찬가지로 기본적으로 함수로 감싸집니다. 여기서 차이점은 일련의 변수들(module, exports 그리고 require)을 모듈에 전달한다는 것입니다. 눈여겨봐야 할 점은 래핑 함수의 exports 인자가 module.exports 의 내용으로 초기화되었다는 것입니다.

또 다른 주요 사항은 모듈의 내용을 읽어들이기 위해서 readFileSync를 사용했다는 것입니다. 파일 시스템의 동기식 버전을 사용하는 것은 일반적으로 권장되지 않지만 여기서는 이것의 사용이 적절합니다. CommonJS에서 모듈을 로드하는 것이 의도적인 동기 방식이기 때문입니다. 이러한 방식에서는 여러 모듈을 임포트할 때 올바른 순서를 지키는 것이 중요합니다. 이에 대해서는 나중에 얘기해보겠습니다.

주의할 점은 이것은 단시 예제일 뿐이며, 실제 애플리케이션에서 모듈의 소스 코드를 평가하는 경우는 거의 없다는 것입니다. eval() 함수나 vm 모듈(https://nodejs.org/api/vm.html)의 함수들은 잘못된 방식이나 잘못된 인자를 가지고 쉽게 사용될 수 있어, 코드 인젝션 공격에 노출될 수 있습니다. 이러한 것들은 극도로 주의를 기울여 사용하거나 아예 사용하지 않는 것이 좋습니다.

지금부터 require() 함수를 구현해 보겠습니다.

```
function require(moduleName) {
    console.log(`Require invoked for module: ${moduleName}`)
    const id = require.resolve(moduleName)                    // (1)
    if (require.cache[id]) {                                  // (2)
        return require.cache[id].exports
    }

    // 모듈 메타데이터
    const module = {                                          // (3)
        exports: {},
        id
    }
    // 캐시 업데이트
    require.cache[id] = module                                // (4)

    // 모듈 로드
    loadModule(id, module, require)                           // (5)

    // 익스포트되는 변수 반환
    return module.exports                                     // (6)
}
require.cache = {}
require.resolve = (moduleName) => {
    /* 모듈이름으로 id로 불리게 되는 모듈의 전체경로를 찾아냄(resolve) */
}
```

위의 함수는 Node.js에서 모듈을 로드하기 위해 사용되는 Node.js require() 함수의 동작을 모방하고 있습니다. 물론 이는 교육적인 목적을 위한 것이며, 실제 require() 함수의 내부 동작을 정확하고 완전하게 반영하고 있는 것은 아닙니다. 그러나 모듈이 어떻게 정의되고 로드되는지를 포함해서 Node.js 모듈 시스템의 내부를 이해하기에는 부족함이 없을 것입니다.

우리가 작성한 모듈 시스템은 다음과 같이 설명됩니다.

1. 모듈 이름을 입력으로 받아 수행하는 첫 번째 일은 우리가 id라고 부르는 모듈의 전체경로를 알아내는(resolve) 것입니다. 이 작업은 이를 해결하기 위해 관련 알고리즘을 구현하고 있는 require.resolve()에 위임됩니다(나중에 설명할 것입니다).
2. 모듈이 이미 로드된 경우 캐시된 모듈을 사용합니다. 이 경우 즉시 반환합니다.
3. 모듈이 아직 로드되지 않은 경우 최초 로드를 위해서 환경을 설정합니다. 특히 빈 객체 리터럴을 통해 초기화된 exports 속성을 가지는 module 객체를 만듭니다. 이 객체는 불러올 모듈의 코드에서의 public API를 익스포트하는데 사용됩니다.
4. 최초 로드 후에 module 객체가 캐시됩니다.
5. 모듈 소스 코드는 해당 파일에서 읽어오며, 코드는 앞에서 살펴본 방식으로 평가됩니다. 방금 생성한 module 객체와 require() 함수의 참조를 모듈에 전달합니다. 모듈은 module.exports 객체를 조작하거나 대체하여 public API를 내보냅니다.
6. 마지막으로, 모듈의 public API를 나타내는 module.exports의 내용이 호출자에게 반환됩니다.

우리가 본 바와 같이, Node.js 모듈 시스템은 마법이 아닙니다. 트릭이라면 모듈의 소스 코드를 둘러싼 래퍼(wrapper)와 실행을 위해 인위적으로 조정한 실행 환경 정도가 전부입니다.

2-4-2 모듈 정의

우리가 만든 require() 함수가 어떻게 작동하는지 살펴봄으로써, 모듈을 어떻게 정의하는지 이해할 수 있게 되었습니다. 다음의 코드는 그 예를 보여줍니다.

```
// 또 다른 종속성 로드
const dependency = require('./anotherModule')

// private 함수
function log() {
    console.log(`Well done ${dependency.username}`)
}

// 공개적으로 사용되기 위해 익스포트되는 API
module.exports.run = () => {
    log()
}
```

기억해야 할 기본 개념은 module.exports 변수에 할당되지 않는 이상, 모듈 안의 모든 것이 비공개라는 것입니다. require()를 사용하여 모듈을 로드할 때 변수의 내용은 캐시되고 리턴됩니다.

2-4-3 module.exports 대 exports

Node.js에 익숙하지 않은 많은 개발자들이 공통적으로 혼란스러워 하는 것은 public API를 공개하기 위해 사용하는 module.exports와 exports의 차이점입니다. 앞서 작성한 require 함수를 통해 이 차이점을 명확하게 이해할 수 있습니다. 변수 exports는 module.exports의 초기 값에 대한 참조일 뿐입니다. 우리는 이 값이 본질적으로 모듈이 로드되기 전에 만들어지는 간단한 객체 리터럴이라는 것을 확인했습니다.

즉, 다음 코드와 같이 exports가 참조하는 객체에만 새로운 속성(property)을 추가할 수 있습니다.

```
exports.hello = () => {
    console.log('Hello')
}
```

exports 변수의 재할당은 module.exports의 내용을 변경하지 않기 때문에 아무런 효과가 없습니다. 그것은 exports 변수 자체만을 재할당합니다. 따라서 이런 코드는 잘못된 것입니다.

```
exports = () => {
    console.log('Hello')
}
```

함수, 인스턴스 또는 문자열과 같은 객체 리터럴 이외의 것을 내보내려면 다음과 같이 module.exports를 다시 할당해야 합니다.

```
module.exports = () => {
    console.log('Hello')
}
```

2-4-4 require 함수는 동기적이다.

우리가 고려해야 할 또 다른 중요한 사항은 우리가 만든 require() 함수가 동기적이라는 것입니다. 실제로 간단한 직접 스타일을 사용하여 모듈 내용을 반환하므로 콜백이 필요하지 않습니다. 이것은 Node.js의 require() 함수도 마찬가지입니다. 그 결과 module.exports 에 대한 할당도 역시 동기적이어야 합니다. 예를 들어 다음 코드는 올바르지 않습니다.

```
setTimeout(() => {
    module.exports = function () {...}
}, 100)
```

동기적 특성을 지닌 require()는 모듈을 정의할 때 동기적으로 코드를 사용하도록 제한함으로써 우리가 모듈을 정의하는 방식에 영향을 미칩니다. 이것은 Node.js의 핵심 라이브러리가 비동기 방식에 대한 대안으로 동기식 API를 제공하는 가장 중요한 이유들 중 하나입니다.

모듈을 비동기적으로 초기화해야 하는 과정이 필요한 경우에는 모듈이 미래 시점에 비동기적으로 초기화되기 때문에 미처 초기화되지 않은 모듈을 정의하고 내보낼 수 있습니다. 이런 접근 방식의 문제점은 require를 사용하여 모듈을 로드한다고 해서 사용할 준비가 된다는 보장이 없다는 것입니다. "11장. 고급 레시피"에서 이 문제를 자세히 분석하고 이러한 문제를 우아하게 해결할 수 있는 몇 가지 패턴을 제시합니다.

초창기에도 이랬었는지 궁금해 하는 사람도 있을 것입니다. 원래 Node.js는 비동기 버전의 require()를 사용했었습니다. 하지만 과도한 복잡성으로 인해 곧 제거되었습니다. 즉, 실제로는 초기화 시에만 사용되는 비동기 입출력이 장점보다 더 큰 복잡성을 가져온 것입니다.

2-4-5 해결(resolving) 알고리즘

'종속성 지옥(dependency hell)'이라는 용어는 프로그램의 종속성이 서로 공통된 라이브러리에 의존하지만 호환되지 않는 서로 다른 버전을 필요로 하는 상황을 나타냅니다. Node.js는 로드되는 위치에 따라 다른 버전의 모듈을 로드할 수 있도록 하여 이 문제를 우아하게 해결합니다. 이 특성의 장점은 Node.js 패키지 매니저(npm 또는 yarn)가 애플리케이션의 종속성을 구성하는 방식과 require() 함수에서 사용하는 해결(resolving) 알고리즘에도 적용됩니다.

이제 이 알고리즘에 대한 간략한 개요를 살펴보겠습니다. 앞서 보았듯이 resolve() 함수는 모듈 이름을 입력으로 사용하여 모듈 전체의 경로를 반환합니다. 이 경로는 코드를 로드하고 모듈을 고유하게 식별하는데 사용됩니다. 해결(resolving) 알고리즘은 크게 다음 세 가지로 나눌 수 있습니다.

- **파일 모듈**: moduleName이 / 로 시작하면 모듈에 대한 절대 경로라고 간주되어 그대로 반환됩니다. ./ 로 시작하면 moduleName은 상대 경로로 간주되며, 이는 요청한 모듈로부터 시작하여 계산됩니다.
- **코어 모듈**: moduleName이 / 또는 ./ 로 시작하지 않으면 알고리즘은 먼저 코어 Node.js 모듈 내에서 검색을 시도합니다.
- **패키지 모듈**: moduleName과 일치하는 코어 모듈이 없는 경우, 요청 모듈의 경로에서 시작하여 디렉터리 구조를 탐색하여 올라가면서 node_modules 디렉터리를 찾고 그 안에서 일치하는 모듈을 계속 찾습니다. 알고리즘은 파일 시스템의 루트에 도달할 때까지 디렉터리 트리를 올라가면서 다음 node_modules 디렉터리를 탐색하여 계속 일치하는 모듈을 찾습니다.

파일 및 패키지 모듈의 경우 개별 파일과 디렉터리가 모두 moduleName과 일치할 수 있습니다. 알고리즘은 다음과 일치하는지 확인합니다.

- ⟨moduleName⟩.js
- ⟨moduleName⟩/index.js
- ⟨moduleName⟩/package.json의 main 속성에 지정된 디렉터리/파일

해결(resolving) 알고리즘에 대한 공식 문서 전체는 다음 링크에서 찾을 수 있습니다.

- https://nodejs.org/api/modules.html#modules_all_together

node_modules 디렉터리는 실제로 패키지 매니저가 각 패키지의 종속성을 설치하는 곳입니다. 즉, 방금 설명한 알고리즘을 기반으로 각 패키지는 자체적으로 개별적인 종속성을 가질 수 있습니다. 예를 들면, 다음과 같은 디렉터리 구조를 생각해 볼 수 있습니다.

```
myApp
├─ foo.js
└─ node_modules
    ├─ depA
    │    └─ index.js
    ├─ depB
    │    ├─ bar.js
    │    └─ node_modules
    │         └─ depA
    │              └─ index.js
```

```
└── depC
    ├── foobar.js
    └── node_modules
        └── depA
            └── index.js
```

위의 예제에서 myApp, depB 그리고 depC 모두 depA에 종속성을 가지고 있습니다. 그러나 이들은 모두 자신의 개별적인 버전에 대한 종속성을 가지고 있습니다. 해석 알고리즘 규칙에 따라 require('depA')를 사용하면 모듈을 필요로 하는 모듈에 따라 다른 파일이 로드됩니다. 예를 들면 다음과 같습니다.

- /myApp/foo.js에서 require('depA')를 호출할 경우 /myApp/node_modules/depA/index.js가 로드됩니다.
- /myApp/node_modules/depB/bar.js에서 require('depA')를 호출할 경우 /myApp/node_modules/depB/node_modules/depA/index.js가 로드됩니다.
- /myApp/node_modules/depC/foobar.js에서 require('depA')를 호출할 경우 /myApp/node_modules/depC/node_modules/depA/index.js가 로드됩니다.

해결 알고리즘은 Node.js 종속성 관리의 견고성을 뒷받침하는 핵심적인 부분이며, 충돌 혹은 버전 호환성 문제 없이 애플리케이션에서 수백 또는 수천 개의 패키지를 가질 수 있게 합니다.

해결 알고리즘은 require()를 호출할 때 명확하게 적용됩니다. 그러나 필요한 경우 require.resolve()를 호출하여 모듈에서 직접 사용될 수도 있습니다.

2-4-6 모듈 캐시

require()의 후속 호출은 단순히 캐시된 버전을 반환하기 때문에 각 모듈은 처음 로드될 때만 로드되고 평가됩니다. 이것은 우리가 직접 만든 함수의 코드를 보면 분명해집니다. 캐싱은 성능을 위해 매우 중요하지만 다음과 같은 기능적인 영향도 있습니다.

- 모듈 종속성 내에서 순환을 가질 수 있습니다.
- 일정한 패키지 내에서 동일한 모듈이 필요할 때 얼마간 동일한 인스턴스가 항상 반환된다는 것을 보장합니다.

모듈 캐시는 require.cache 변수를 통해 외부에 노출되므로 필요한 경우 모듈 캐시에 직접 접근할 수도 있습니다. 일반적인 사용 사례는 require.cache 변수에서 관련 키를 삭제하여 캐시된 모듈을 무효화하는 것입니다. 이것은 실습을 위한 테스트에서는 매우 유용하지만 일반적인 상황에 적용하는 것은 매우 위험합니다.

2-4-7 순환 종속성

많은 사람들이 순환 종속성을 내재된 설계 문제로 생각하지만, 실제 프로젝트에서 발생할 수 있기 때문에 최소한 CommonJS에서 어떻게 작동하는지 아는 것이 좋을 것입니다. 우리가 직접 만든 require() 함수를 다시 살펴보면 이것이 어떻게 동작하는지, 무엇을 조심해야 하는지 바로 알 수 있을 것입니다.

그래도 CommonJS가 순환 종속성을 다룰 때 어떻게 동작하는지 예시를 통해서 살펴보겠습니다. 그림 2.1에 있는 상황을 가정해봅시다.

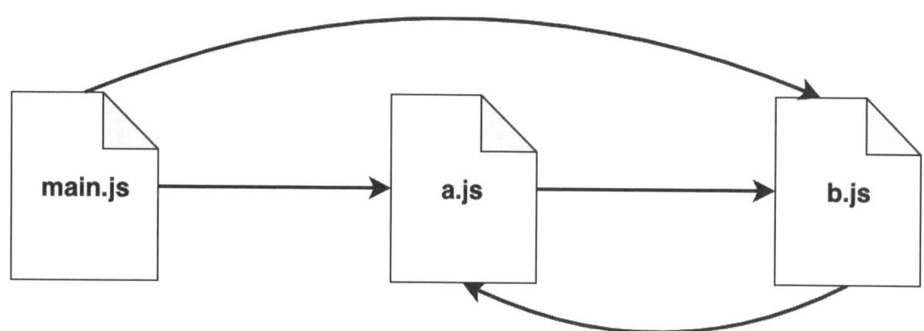

▲ 그림 2.1 순환 종속성 예시

모듈은 main.js에 a.js와 b.js를 require로 불러옵니다. 차례대로 a.js는 b.js를 require로 불러옵니다. 하지만 b.js 또한 a.js에 다시 의존하고 있습니다. 모듈 a.js가 require로 b.js를 부르고 b.js가 require로 a.js를 부르는 것에서 우리는 명백히 순환 종속성을 가지고 있는 걸 알 수 있습니다. 이 두 모듈의 코드를 살펴보겠습니다.

- **모듈 a.js:**

```
exports.loaded = false
const b = require('./b')
module.exports = {
    b,
    loaded: true // 이전 export 문을 오버라이드
}
```

- **모듈 b.js:**

```
exports.loaded = false
const a = require('./a')
module.exports = {
    a,
    loaded: true
}
```

이 두 모듈이 main.js에서 require 되는 것을 보겠습니다.

```
const a = require('./a')
const b = require('./b')
console.log('a ->', JSON.stringify(a, null, 2))
console.log('b ->', JSON.stringify(b, null, 2))
```

main.js 를 실행하였을 때의 결과를 보겠습니다.

```
a -> {
    "b": {
        "a": {
            "loaded": false
        },
        "loaded": true
    },
    "loaded": true
}
b -> {
    "a": {
        "loaded": false
    },
    "loaded": true
}
```

이 결과를 통해 CommonJS에서 종속성의 로드 순서에 따라서 모듈 a.js 와 모듈 b.js에 의해서 익스포트된 것을 우리 애플리케이션의 각 부분이 서로 다르게 가질 수 있다는 순환 종속성의 문제를 살펴보았습니다. 두 모듈 각자 main.js에서 require로 불려지면 완전하게 초기화되지만, b.js에서 a.js 모듈을 로드하면 모듈 a.js는 불완전한 상태가 됩니다. b.js가 require로 호출되는 순간에 다다르게 되는 것입니다.

세부적으로 보이지 않는 부분에서 어떤 일이 일어나는지 이해하기 위해 단계별로 서로 다른 모듈이 어떻게 해석되고 어떻게 자신들의 로컬 범위가 변하는지 분석해보겠습니다.

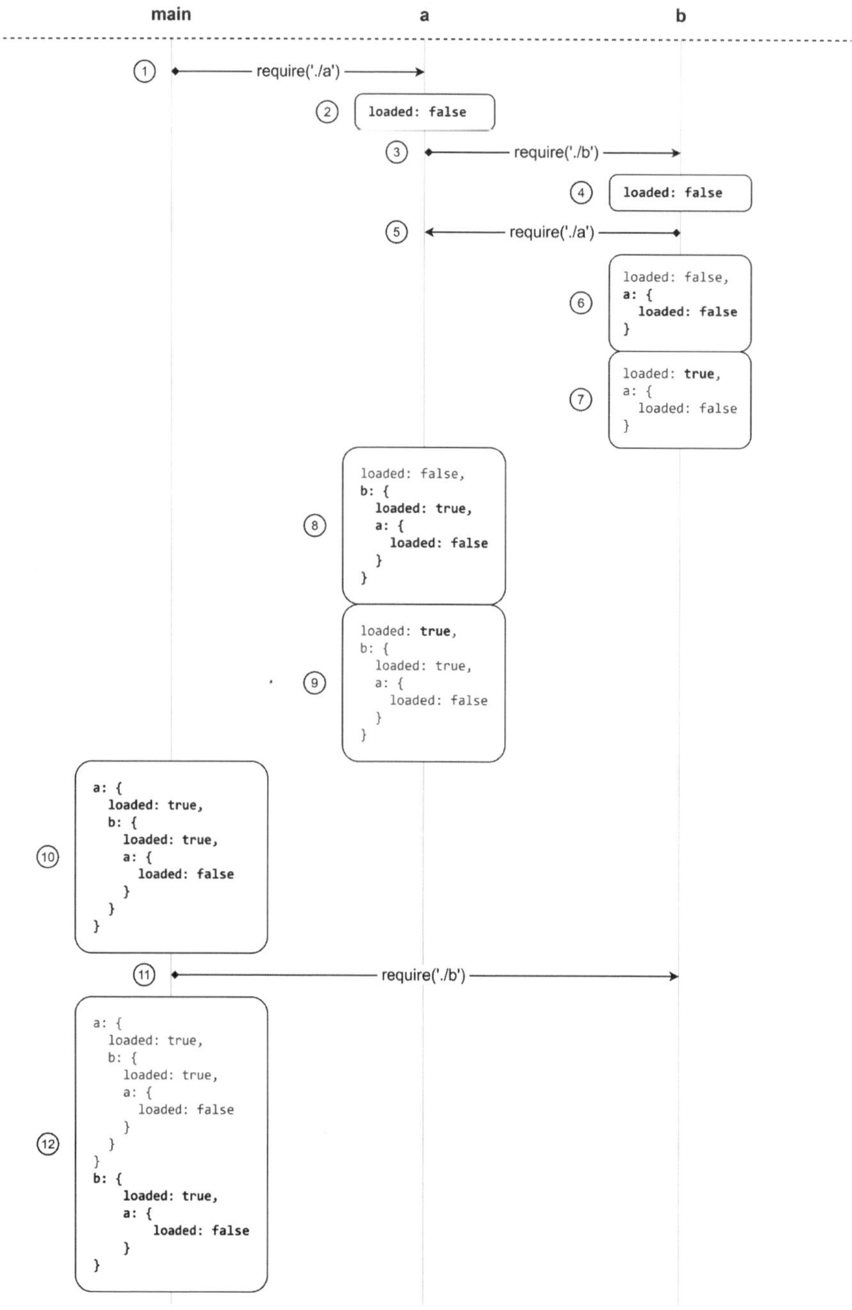

▲ 그림 2-2 Node.js에서 어떻게 종속성의 순환이 관리되는지를 보여주는 그림

다음의 순서대로 진행됩니다.

1. main.js에서 처리가 시작되고 즉각적으로 require로 a.js를 불러옵니다.
2. 모듈 a.js는 처음으로 내보내지는 값인 loaded를 false로 설정합니다.
3. 이 시점에서 모듈 a.js는 모듈 b.js를 require로 불러옵니다.
4. a.js에서와 같이 b.js에서 내보내지는 값인 loaded를 false로 설정합니다.
5. b.js는 require로 a.js를 불러옵니다(순환).
6. a.js는 이미 처리되었기 때문에 이때 내보내지는 값은 즉시 모듈 b.js의 범위로 복사됩니다.
7. 모듈 b.js는 마지막으로 loaded의 값을 true로 바꿉니다.
8. 이제 b.js는 완전히 실행되었고 제어는 a.js로 반환됩니다. 현재 모듈 b.js의 상태 값을 복사하여 a.js의 범위에 갖습니다.
9. 모듈 a.js의 마지막 단계는 loaded의 값을 true로 바꾸는 것입니다.
10. 모듈 a.js는 현재 완전히 실행되었고 제어는 main.js로 반환됩니다. main.js는 현재 모듈 a.js의 상태를 복사하여 내부 범위에 갖습니다.
11. main.js는 require로 b.js를 불러오고 즉각적으로 캐시된 것을 로드합니다.
12. 현재 모듈 b.js의 상태가 모듈 main.js로 복사되었고 우리는 모든 모듈이 마지막 상태를 그림에서 볼 수 있습니다.

앞서 언급하였듯이, 문제는 모듈 b.js가 모듈 a.js의 완전하지 않은 상태를 바라보게 되고, 이것은 b.js가 main.js에서 require될 때 전파된다는 것입니다. 이러한 동작은 우리가 main.js에서 require로 불려지는 두 모듈의 순서를 바꾸어 보았을 때 반대로 b.js의 불완전한 버전을 a.js 가 받게 되는 것을 직관적으로 알 수 있게 해줍니다.

이 예로 우리는 어떤 모듈이 먼저 로딩되는지를 놓치게 되면 매우 헷갈리는 문제가 될 수 있다는 것을 알았습니다. 프로젝트의 규모가 어느 정도 된다면 꽤 쉽게 발생할 수 있는 문제입니다.

다음 장에서는 어떻게 ESM이 순환 종속성 문제를 효과적으로 다루는지 살펴보겠습니다. 그 동안에 여러분이 CommonJS를 사용하고 있다면 여러분의 애플리케이션에 영향을 미치는 동작과 방식을 신중하게 고려해봐야 할 것입니다.

다음 섹션에서는 Node.js에서 모듈을 정의하기 위한 패턴을 알아보겠습니다.

2-5 모듈 정의 패턴

모듈 시스템은 종속성을 로드하는 메커니즘이 되는 것 외에 API를 정의하기 위한 도구이기도 합니다. API 디자인과 관련된 문제들의 경우 고려해야 할 주요 요소는 private 함수와 public 함수 간의 균형입니다. 이것의 목표는 확장성과 코드 재사용 같은 소프트웨어 품질과의 균형을 유지하면서 정보 은닉 및 API 유용성을 극대화하는 것입니다.

이 섹션에서는 Node.js에서 모듈을 정의할 때 export 지정, 함수, 클래스 그리고 인스턴스 내보내기, 몽키 패치와 같이 가장 많이 사용되는 몇 가지 패턴을 분석합니다. 각각 자신만의 정보 은닉, 확장성 및 코드 재사용을 위한 적절한 방식을 가지고 있습니다.

2-5-1 exports 지정하기(Named exports)

public API를 공개하는 가장 기본적인 방법은 **exports**에 할당하는 것입니다. 이렇게 하면 exports에서 참조하는 객체(또는 module.exports)의 속성에 공개할 모든 값을 할당합니다. 그 결과 외부에 공개된 객체는 일련의 관련 기능에 대한 컨테이너 또는 네임스페이스가 됩니다.

다음 코드는 이 패턴을 구현하는 모듈을 보여줍니다.

```
// logger.js 파일
exports.info = (message) => {
    console.log(`info: ${message}`)
}

exports.verbose = (message) => {
    console.log(`verbose: ${message}`)
}
```

그렇게 내보내진 함수들은 다음에 보는 바와 같이 로드된 모듈의 속성처럼 사용이 가능합니다.

```
// file main.js
const logger = require('./logger')
logger.info('This is an informational message')
logger.verbose('This is a verbose message')
```

Node.js 코어 모듈 대부분은 이 패턴을 사용합니다. CommonJS의 명세에는 public 멤버들을 공개하는데 exports 변수만을 사용하도록 하고 있습니다. 따라서 exports로 지정하는 것이 CommonJS의 명세와 호환되는 유일한 방식입니다. module.exports는 Node.js가 제공하는 모듈 정의 패턴의 광범위한 범위를 지원하기 위한 것으로, 우리가 다음에 보게 될 것은 이것의 확장입니다.

2-5-2 함수 내보내기

가장 일반적인 모듈 정의 패턴 중 하나가 module.exports 변수 전체를 함수로 재할당하는 것입니다. 주요 장점은 모듈에 대한 명확한 진입점을 제공하는 단일 기능을 제공하여 그것에 대한 이해와 사용을 단순화하는 것입니다. 또한 최소한의 노출(small surface area)이라는 원리에 잘 맞아떨어집니다. 모듈을 정의하는 이 방법은 James Halliday(https://github.com/substack)가 많이 사용한 이후로, 커뮤니티에서 **서브스택(substack) 패턴**으로 알려져 있습니다. 다음 예제로 이 패턴을 살펴봅시다.

```
// logger.js 파일
module.exports = (message) => {
    console.log(`info: ${message}`)
}
```

생각해 볼 수 있는 이 패턴의 응용은 익스포트된 함수를 다른 public API의 네임스페이스로 사용하는 것입니다. 이렇게 하면, 모듈에 단일 진입점(익스포트된 함수)의 명확성을 제공하므로 매우 강력한 조합이 됩니다. 또한 이 접근 방식을 응용하여 그 이상의 고급 유스케이스(use case)를 만들 수 있는 다른 부가적인 기능들을 노출할 수 있습니다. 다음 코드는 익스포트된 함수를 네임스페이스로 사용하여 앞에 정의한 모듈을 어떻게 확장할 수 있는지 보여줍니다.

```
module.exports.verbose = (message) => {
    console.log(`verbose: ${message}`)
}
```

또 아래 코드는 방금 정의한 모듈을 사용하는 방법을 보여줍니다.

```
// main.js 파일
const logger = require('./logger')
```

```
logger('This is an informational message')
logger.verbose('This is a verbose message')
```

단순히 함수를 내보내는 것이 제약처럼 보일 수 있지만 실제로는 단일 기능에 중점을 두도록 하는 완벽한 방법이며, 내부 형태에 대한 가시성을 줄이면서 이외 보조적인 사항들을 익스포트된 함수의 속성으로 노출하여 단일 진입점을 제공합니다. Node.js의 모듈성은 **한 가지만 책임지는 원칙(SRP: Single Responsibility Principle)**을 지킬 것을 강력히 권장합니다. 모든 모듈은 단일 기능에 대한 책임을 져야 하며, 책임은 모듈에 의해 완전히 캡슐화되어야 합니다.

2-5-3 클래스 내보내기

클래스를 내보내는 모듈은 함수를 내보내는 모듈이 특화된 것입니다. 차이점은 이 새로운 패턴을 통해 사용자에게 생성자를 사용하여 새 인스턴스를 만들 수 있게 하면서, 프로토타입을 확장하고 새로운 클래스를 만들 수 있는 기능을 제공할 수 있다는 것입니다. 다음은 이 패턴의 예시입니다.

```
class Logger {
    constructor(name) {
        this.name = name
    }

    log(message) {
        console.log(`[${this.name}] ${message}`)
    }

    info(message) {
        this.log(`info: ${message}`)
    }

    verbose(message) {
        this.log(`verbose: ${message}`)
    }
}
module.exports = Logger
```

그리고 다음과 같이 위 모듈을 사용할 수 있습니다.

```
// main.js 파일
const Logger = require('./logger')
const dbLogger = new Logger('DB')
dbLogger.info('This is an informational message')
const accessLogger = new Logger('ACCESS')
accessLogger.verbose('This is a verbose message')
```

클래스를 내보내는 것은 여전히 모듈에 대한 단일 진입점을 제공하지만 서브스택 패턴과 비교하면 훨씬 더 많은 모듈의 내부를 노출합니다. 그러나 다른 한편으로는 기능 확장에 있어 훨씬 더 강력할 수 있습니다.

2-5-4 인스턴스 내보내기

우리는 require()의 캐싱 메커니즘의 도움을 통해 생성자나 팩토리로부터 서로 다른 모듈 간에 공유할 수 있는 상태 저장 인스턴스를 쉽게 정의할 수 있습니다. 다음 코드는 이 패턴의 예시입니다.

```
// logger.js 파일
class Logger {
    constructor(name) {
        this.count = 0
        this.name = name
    }
    log(message) {
        this.count++
        console.log('[' + this.name + '] ' + message)
    }
}
module.exports = new Logger('DEFAULT')
```

이렇게 새로 정의된 모듈은 다음과 같이 사용할 수 있습니다.

```
// main.js
const logger = require('./logger')
logger.log('This is an informational message')
```

모듈이 캐시되기 때문에 logger 모듈을 필요로 하는 모든 모듈은 실제로 항상 동일한 객체의 인스턴스를 받아 상태를 공유합니다. 이 패턴은 **싱글톤**을 만드는 것과 매우 비슷합니다. 그러나 전통적인 싱글톤 패턴에서처럼 전체 애플리케이션에서 인스턴스의 고유성을 보장하지는 않습니다. 해결(resolving) 알고리즘을 살펴볼 때 모듈이 애플리케이션의 종속성 트리 내에서 여러 번 설치될 수 있다는 것을 보았습니다. 결과적으로 동일한 논리적 모듈의 여러 인스턴스가 모두 동일한 Node.js 애플리케이션의 컨텍스트에서 실행될 수 있습니다. "7장. 생성자 디자인 패턴"에서 우리는 싱글톤 패턴과 그것의 주의사항을 면밀하게 볼 것입니다.

이 패턴에서 한 가지 흥미로운 점은 비록 우리가 명시적으로 클래스를 내보내지는 않았지만 새로운 인스턴스를 만들지 못하게 막지 않는다는 것입니다. 사실 우리는 익스포트된 인스턴스의 constructor 속성에 기반해서 같은 타입의 새로운 인스턴스를 만들 수 있습니다.

```
const customLogger = new logger.constructor('CUSTOM')
customLogger.log('This is an informational message')
```

위에서 보듯이 logger.constructor()를 이용하여 새로운 Logger 객체를 초기화했습니다. 이 기법은 신중하게 사용하거나 아예 사용하지 않는 것이 좋습니다. 생각해보면 모듈의 제작자가 클래스를 명시적으로 내보내지 않는다는 것은 제작자가 클래스를 private 클래스로 유지하고 싶었다는 것일 수도 있기 때문입니다.

2-5-5 다른 모듈 또는 전역 범위(global scope) 수정

모듈이 아무것도 내보내지 않을 수도 있습니다. 이는 다소 부적절하게 보일 수 있지만, 우리는 모듈이 캐시에 있는 다른 모듈을 포함하여 전역 범위와 그 안에 있는 모든 개체를 수정할 수 있다는 것을 잊어서는 안됩니다. 이것은 일반적으로 권장되지 않지만, 이 패턴은 일부 상황(테스트를 위한 상황)에서 유용하고 안전하며, 가끔 실전에서도 사용되기 때문에 이를 이해하고 있어야 합니다.

앞에서 모듈이 전역 범위의 다른 모듈이나 객체를 수정할 수 있다고 말했습니다. 이것을 **몽키 패치**(monkey patching)라고 합니다. 일반적으로 런타임 시에 기존 객체를 수정하거나 동작을 변경하는 임시 수정 적용 관행을 그렇게 말합니다.

다음의 예는 다른 모듈에 새로운 기능을 추가하는 방법을 보여줍니다.

```
// patcher.js 파일

// ./logger 는 다른 모듈
require('./logger').customMessage = function () {
    console.log('This is a new functionality')
}
```

이 새로운 patcher 모듈을 사용하는 방법은 다음 코드와 같이 간단합니다.

```
// main.js 파일

require('./patcher')
const logger = require('./logger')
logger.customMessage()
```

여기서 설명된 기술은 모두 적용하기에 위험한 기술입니다. 핵심은 전역 네임스페이스나 다른 모듈을 수정하는 모듈을 갖는 데에는 부작용이 있다는 점입니다. 다시 말해, 범위를 벗어난 요소의 상태에 영향을 미치므로, 특히 여러 모듈이 동일한 속성에 대한 작업을 하는 경우에 예측할 수 없는 결과를 초래할 수 있습니다. 두 개의 다른 모듈이 동일한 전역 변수를 설정하려고 하거나, 동일한 모듈의 동일한 속성을 수정하려 한다고 생각해 봅니다. 그 효과는 예측할 수 없습니다(어떤 모듈의 시도가 성공할까요?). 중요한 것은 전체 애플리케이션에 좋지 않은 영향을 미친다는 것입니다.

다시 말하지만, 일어날 수 있는 모든 부작용을 이해하며 신중함을 갖고 이 기법을 사용하세요.

이것이 어떻게 유용할 수 있는지에 대한 실전 예제를 원한다면 nock(http://nodejsdp.link/nock)을 찾아보세요. 이 모듈은 여러분의 테스트에 모의의 HTTP 응답을 만들게 해줍니다. nock이 작동하는 방식은 Node.js http 모듈에 대한 몽키 패치와 http 모듈의 동작을 바꾸어 모의 HTTP 응답을 제공합니다. 이것은 실제 프로덕션 HTTP 엔드 포인트를 두지 않고 유닛 테스트를 할 수 있도록 해줍니다. 종종 다른 API에 의존하는 것보다 테스트 코드를 작성하는 것이 편리할 때가 있습니다.

지금 우리는 CommonJS에 대한 꽤 많은 이해를 하고 있고 일반적으로 사용되는 패턴을 알게 되었습니다. 다음 섹션에서는 ESM으로도 알려진 ECMAScript 모듈을 알아보겠습니다.

2-6 ESM: ECMAScript 모듈

ECMAScript 모듈(ES 또는 ESM으로도 알려진)은 ECMAScript 2015 명세의 일부분으로 JavaScript에 서로 다른 실행 환경에서도 적합한 공식 모듈 시스템을 부여하기 위해 도입되었습니다. ESM 명세는 CommonJS나 AMD와 같은 기존의 모듈 시스템에 있는 좋은 방안들은 유지하려 애썼습니다. 문법은 매우 간단하면서 짜임새를 갖추고 있습니다. 순환 종속성에 대한 지원과 비동기적으로 모듈을 로드할 수 있는 방법을 제공합니다.

ESM과 CommonJS 사이의 가장 큰 차이점은 ES 모듈은 static이라는 것입니다. 즉, 임포트가 모든 모듈의 가장 상위 레벨과 제어 흐름 구문의 바깥쪽에 기술됩니다. 또한 임포트할 모듈의 이름을 코드를 이용하여 실행 시에 동적으로 생성할 수 없으며, 상수 문자열만이 허용됩니다.

예를 들면, 다음의 코드는 ES 모듈 사용시에 적합하지 않습니다.

```
if (condition) {
    import module1 from 'module1'
} else {
    import module2 from 'module2'
}
```

반면, CommonJS에서는 다음과 같이 작성하는 것이 전혀 문제되지 않습니다.

```
let module = null
if (condition) {
    module = require('module1')
} else {
    module = require('module2')
}
```

얼핏 보기에 ESM의 이러한 특성이 불필요한 제약으로 보일 수 있지만, 정적(static) 임포트를 사용하면 CommonJS의 동적인 특성으로 구현했을 때 비효율적인 여러 가지 시나리오가 가능해집니다. 예를 들어, 정적 임포트는 사용하지 않는 코드 제거(tree shaking)와 같이 코드 최적화를 해줄 수 있는 종속성 트리의 정적 분석을 가능하게 해줍니다.

2-6-1 Node.js에서 ESM의 사용

Node.js는 모든 .js 파일이 CommonJS 문법을 기본으로 사용한다고 생각합니다. 따라서 우리가 .js 파일에 ESM 문법을 사용한다면 인터프리터는 에러를 낼 것입니다. Node.js 인터프리터가 CommonJS 모듈 대신 ES 모듈을 받아들일 수 있는 몇 가지 방법이 있습니다.

- 모듈 파일의 확장자를 .mjs 로 합니다.
- 모듈과 가장 근접한 package.json의 "type" 필드에 "module" 을 기재합니다.

이 책의 남은 부분과 제공되는 코드 예제에서는 가급적 대부분의 텍스트 편집기에서 접근할 수 있게끔 하기 위해서 확장자 .js를 사용합니다. 따라서, 이 책에서 곧바로 예제를 복사하거나 붙여 넣을 때 "type": "module"을 진입점으로 갖는 package.json을 만드는 것을 잊지 마세요.

이제 ESM 문법을 보도록 하겠습니다.

2-6-2 exports와 imports 지정하기(named exports and imports)

ESM은 export 키워드를 통해 모듈의 기능을 익스포트하게 해줍니다.

ESM은 CommonJS에서 여러 방법(exports와 module.exports)을 사용하는 것과는 다르게 export한 단어만 사용합니다.

ES 모듈에서는 기본적으로 모든 것이 private이며 export된 개체들만 다른 모듈에서 접근 가능합니다.

export 키워드는 우리가 모듈 사용자에게 접근을 허용하는 개체 앞에 사용합니다. 예제를 보겠습니다.

```
// logger.js

// `log`로서 함수를 익스포트
export function log(message) {
    console.log(message)
}

// `DEFAULT_LEVEL`로서 상수를 익스포트
export const DEFAULT_LEVEL = 'info'
```

```
// `LEVELS`로서 객체를 익스포트
export const LEVELS = {
    error: 0,
    debug: 1,
    warn: 2,
    data: 3,
    info: 4,
    verbose: 5
}

// `Logger`로서 클래스 익스포트
export class Logger {
    constructor(name) {
        this.name = name
    }

    log(message) {
        console.log(`[${this.name}] ${message}`)
    }
}
```

우리가 모듈로부터 원하는 개체를 임포트하고 싶다면 import 키워드를 사용합니다. 문법은 꽤나 유연하고 하나 이상의 개체를 임포트할 수 있으며 다른 이름으로도 지정할 수도 있습니다. 다음 예제를 보겠습니다.

```
import * as loggerModule from './logger.js'
console.log(loggerModule)
```

이번 예제에서 모듈의 모든 멤버를 임포트하고 loggerModule 변수에 할당하기 위해서 * 문법(네임스페이스 임포트로 불림)을 사용하였습니다. 예제의 출력은 다음과 같습니다.

```
[Module] {
    DEFAULT_LEVEL: 'info',
    LEVELS: { error: 0, debug: 1, warn: 2, data: 3, info: 4,
        verbose: 5 },
    Logger: [class: Logger],
    log: [Function: log]
}
```

위에서 볼 수 있듯이 우리의 모듈에서 익스포트된 모든 개체들을 loggerModule 네임스페이스로 접근할 수 있습니다. 예를 들어, log() 함수를 loggerModule.log 와 같이 사용할 수 있습니다.

CommonJS와는 반대로 ESM에서는 파일의 확장자를 구체적으로 명시해야 한다는 것을 주의깊게 봐야 합니다. CommonJS 에서는 ./logger 또는 ./logger.js 모두 사용 가능하며 ESM 에서는 우리가 ./logger.js 를 사용하도록 하고 있습니다.

만약 우리가 규모가 큰 모듈을 사용하고자 할 때, 모듈의 모든 기능들을 원하지 않고 하나 혹은 몇 개의 개체만을 사용하고 싶을 때 다음과 같은 방법이 있습니다.

```
import { log } from './logger.js'
log('Hello World')
```

하나 이상의 개체를 임포트하고 싶을 때에는 다음과 같이 합니다.

```
import { log, Logger } from './logger.js'
log('Hello World')
const logger = new Logger('DEFAULT')
logger.log('Hello world')
```

이와 같은 임포트 구문은 임포트되는 개체가 현재의 스코프로 임포트되기 때문에 이름이 충돌할 가능성이 있습니다. 다음의 코드는 동작하지 않습니다.

```
import { log } from './logger.js'
const log = console.log
```

만약 위의 스니펫을 실행시킨다면 인터프리터는 다음과 같은 에러와 함께 멈춥니다.

```
SyntaxError: Identifier 'log' has already been declared
```

이러한 상황에서 우리는 임포트되는 개체의 이름을 as 키워드로 바꾸어주는 것으로 문제를 해결할 수 있습니다.

```
import { log as log2 } from './logger.js'
const log = console.log

log('message from log')
log2('message from log2')
```

이 방법은 서로 다른 모듈에서 같은 이름을 가진 개체의 임포트로 인해서 충돌이 발생하였을 때 유용하게 사용되는데, 이것이 모듈 사용자가 모듈의 원래 이름을 바꾸는 방법을 별도로 고려하지 않아도 되게 해줍니다.

2-6-3 export와 import 기본값 설정하기(Default exports and imports)

CommonJS에서 가장 많이 사용되는 특성은 이름이 없는 하나의 개체를 module.exports에 할당하여 익스포트할 수 있다는 것입니다. 모듈 개발자에게 단일 책임 원칙을 권장하고 깔끔한 하나의 인터페이스를 노출시킨다는 것이 매우 편리하다는 사실을 확인했습니다. ESM에서 비슷한 동작을 할 수 있는데, **default export**라고 불립니다. 이를 위해서 다음의 예제와 같이 export default 키워드가 사용됩니다.

```
// logger.js
export default class Logger {
    constructor(name) {
        this.name = name
    }

    log(message) {
        console.log(`[${this.name}] ${message}`)
    }
}
```

이 경우에 Logger라는 이름은 무시되며, 익스포트되는 개체는 default라는 이름 아래 등록됩니다. 익스포트된 이름은 특별한 방법으로 다루게 됩니다. 다음의 예제에서처럼 임포트됩니다.

```
// main.js

import MyLogger from './logger.js'
const logger = new MyLogger('info')
logger.log('Hello World')
```

default export는 이름이 없는 것으로 간주되기 때문에 이름을 명시한 ESM의 import와는 다릅니다. 임포트와 동시에 우리가 지정한 이름으로 할당됩니다. 위의 예제에서 MyLogger를 상황에 맞는 것으로 바꿀 수 있습니다. 이것은 CommonJS 모듈에서 우리가 했던 것과 매우 비슷합니다. 주의할 점은 임포트할 모듈의 이름을 중괄호로 감싸지 않아야 하며 이름을 지정할 때에도 마찬가지입니다.

내부적으로 default export는 default라는 이름으로 익스포트되는 것과 동일합니다. 다음의 코드 스니펫을 실행하여 해당 구문을 쉽게 확인해 볼 수 있습니다.

```
// showDefault.js
import * as loggerModule from './logger.js'
console.log(loggerModule)
```

실행 시, 다음과 같이 출력됩니다.

```
[Module] { default: [class: Logger] }
```

한 가지 불가능한 것이 있다면 default 개체를 명시적으로 임포트할 수 없습니다. 실제로 다음의 예제는 동작하지 않습니다.

```
import { default } from './logger.js'
```

SyntaxError: Unexpected reseved word error라 적힌 문법오류를 내면서 실행에 실패하는데, 그 이유는 default 라는 이름의 변수가 사용될 수 없기 때문입니다. 이것은 객체의 속성으로서는 유효하기 때문에 앞선 예제에서 loggerModule.default를 사용해도 문제가 없습니다. 하지만, 스코프 내에서 default라는 이름의 변수를 직접 사용할 수 없습니다.

2-6-4 혼합된 export(mixed exports)

ES 모듈에서는 이름이 지정된 export와 default export를 혼합하여 사용 가능합니다. 예제를 살펴봅시다.

```
// logger.js
export default function log(message) {
    console.log(message)
}

export function info(message) {
    log(`info: ${message}`)
}
```

앞의 코드를 보면 log() 함수가 default export로서 내보내지고 info() 함수는 이름을 가진 export로 내보내집니다. 내부적으로 info()가 log()를 참조할 수 있다는 것을 볼 수 있습니다. log()를 default()로 호출하는 것은 문법 오류(Unexpected token default)를 내기 때문에 불가능합니다.

우리가 default export와 이름을 가진 export를 임포트하기 원한다면 다음과 같은 형식을 사용합니다.

```
import mylog, { info } from './logger.js'
```

이 예제에서 우리는 logger.js로부터 default export를 mylog라는 이름으로, 그리고 info를 임포트합니다.

default export와 이름을 가진 export의 차이점에 대한 몇 가지 사항을 알아보도록 하겠습니다.

- 이름을 가진 export는 명확합니다. 지정된 이름을 갖는 것은 IDE(통합 개발 환경)로 하여금 개발자에게 자동 임포트, 자동 완성, 리팩토링 툴을 지원할 수 있게 합니다. 예를 들어 우리가 writeFileSync를 타이핑한다면 편집기가 자동으로 import { writeFileSync } from 'fs' 를 현재 파일의 시작점에 자동으로 추가하기도 합니다. 하지만 반대로 default export는 주어진 기능이 서로 다른 파일에서 서로 다른 이름을 가질 수 있기에 모든 면에서 좀 더 복잡합니다. 따라서 주어진 이름에 어떠한 모듈이 적용될 것인지 추론하기 힘들어집니다.

- default export는 모듈에서 가장 핵심적인 한 가지 기능과 연결하는 편리한 방법입니다. 또한 사용자의 관점에서 봤을 때, 바인딩을 위한 정확한 이름을 알 필요 없이 기능의 확실한 부분을 쉽게 임포트할 수 있습니다.
- default export는 특정 상황에서, 사용하지 않는 코드의 제거(tree shaking) 작업을 어렵게 만듭니다. 예를 들어, 모듈이 객체의 속성을 이용해서 모든 기능을 노출시키는 default export만 제공할 수도 있습니다. 우리가 이 객체를 임포트했을 때 모듈 번들러는 객체의 전체가 사용되는 것으로 간주하여 노출된 기능 중에 사용되지 않는 코드를 제거할 수 없게 됩니다.

이러한 이유로 명확하게 하나의 기능을 익스포트하고 싶을 때에는 default export를 사용하되, 이름을 사용한 export 사용에 습관을 들이는 것이 일반적으로 좋은 방법이며, 특히 하나 이상의 기능을 내보내고 싶을 때에는 더욱 그렇습니다.

이것은 엄격히 정해진 규칙이 아니며 위의 제안에 대한 주목할 만한 예외사항이 있습니다. 예를 들어, 모든 Node.js 코어 모듈은 default export와 named export를 동시에 갖고 있고 React(https://reactjs.org/) 역시 혼합된 방식을 사용합니다.

여러분의 모듈에 어떤 것이 최선의 방식인지, 그리고 여러분이 만든 모듈로 사용자에게 주고 싶은 개발자 경험이 어떤 것인지 고려해 사용하십시오.

2-6-5 모듈 식별자

모듈 식별자는 import 구문에서 우리가 적재하고 싶은 모듈의 경로를 명시할 때 쓰이는 값입니다.

우리는 지금까지 상대 경로를 사용하였습니다. 하지만 알아두어야 할 다양한 방법이 존재합니다. 어떤 방법들이 있는지 살펴보겠습니다.

- 상대적 식별자(Relative) – ./logger.js 또는 ../logger.js와 같이 임포트하는 파일의 경로에 상대적 경로가 사용됩니다.
- 절대 식별자(Absolute) – file:///opt/nodejs/config.js와 같이 직접적이고 명확하게 완전한 경로가 사용됩니다. 이 방법은 유일하게 ESM에 해당하며 / 또는 // 가 선행하였을 경우에는 동작하지 않습니다. CommonJS와는 확연하게 다른 부분입니다.
- 노출 식별자(Bare) – fastify 또는 http와 같이 node_modules 폴더에서 사용 가능하고 패키지 매니저를 통해서 설치된 모듈 또는 Node.js 코어 모듈을 가리킵니다.
- 심층 임포트 식별자(Deep import) – fastify/lib/logger.js와 같이 node_modules에 있는 패키지의 경로를 가리킵니다.

브라우저 환경에서는 https://unpkg.com/lodash와 같이 모듈의 URL을 명시하여 모듈을 직접 임포트할 수 있습니다. 이것은 Node.js에서는 지원되지 않는 특성입니다.

2-6-6 비동기 임포트

이전 섹션에서 본 것처럼 import 구문은 정적이기에, 두 가지 주요 제약이 존재합니다.

- 모듈 식별자는 실행 중에 생성될 수 없습니다.
- 모듈의 임포트는 모든 파일의 최상위에 선언되며, 제어 구문 내에 포함될 수 없습니다.

이러한 제약점이 과도한 제약이 되는 경우의 몇몇 유스케이스가 존재합니다. 예를 들어 우리가 현재 사용자 언어를 위한 특정 번역 모듈을 임포트해야 하거나, 사용자 운영체제에 의존하는 다양한 모듈을 임포트해야 한다고 생각해보세요.

추가적으로 우리가 상대적으로 무거운 모듈을 사용하고자 할 때, 기능의 특정 부분에만 접근하려 한다면 어떨까요?

ES 모듈은 이러한 제약을 극복하기 위해서 비동기 임포트(동적 임포트로도 불림)를 제공합니다. 비동기 임포트는 특별한 import() 연산자를 사용하여 실행 중에 수행됩니다.

import() 연산자는 문법적으로 모듈 식별자를 인자로 취하고 모듈 객체를 프라미스로 반환하는 함수와 동일합니다.

> "5장. Promise 그리고 Async/Await와 함께 하는 비동기 제어 흐름 패턴"에서 프라미스에 대해 배우게 됩니다. 따라서, 지금은 promise 구문을 이해하는 것에 대해 너무 걱정하지 않으셔도 됩니다.

모듈 식별자는 이전 섹션에서 언급된 것 중에서 어떤 것이든지 사용 가능합니다. 지금부터 간단한 예제와 함께 동적 임포트를 어떻게 사용하는지 살펴보겠습니다.

우리는 여러 나라 언어로 "Hello World"를 출력하는 커맨드라인 애플리케이션을 만들고 싶습니다. 추후에 더 많은 문장과 언어를 지원하고 싶을 수 있기에, 지원되는 언어에 따라 번역을 가지는 파일을 만드는 것이 합당합니다.

우리가 지원하고자 하는 언어를 위한 연습용 모듈을 만들어 봅시다.

```
// strings-el.js
export const HELLO = 'Γεια σου κόσμε'

// strings-en.js
export const HELLO = 'Hello World'

// strings-es.js
export const HELLO = 'Hola mundo'
```

```
// strings-it.js
export const HELLO = 'Ciao mondo'

// strings-pl.js
export const HELLO = 'Witaj świecie'
```

이제 커맨드라인에 사용될 언어 코드를 받고 선택된 언어의 "Hello World"를 출력하는 main 스크립트를 만들어 보겠습니다.

```
// main.js
const SUPPORTED_LANGUAGES = ['el', 'en', 'es', 'it', 'pl']       // (1)
const selectedLanguage = process.argv[2]                          // (2)

if (!SUPPORTED_LANGUAGES.includes(selectedLanguage)) {            // (3)
    console.error('The specified language is not supported')
    process.exit(1)
}

const translationModule = `./strings-${selectedLanguage}.js`      // (4)
import(translationModule)                                         // (5)
    .then((strings) => {                                          // (6)
        console.log(strings.HELLO)
    })
```

스크립트의 첫 번째 부분은 간단합니다. 우리가 한 것은 다음과 같습니다.

1. 지원되는 언어의 리스트를 정의합니다.
2. 선택한 언어를 커맨드라인의 첫 번째 인자를 받습니다.
3. 지원되지 않는 언어가 선택된 경우를 처리합니다.

코드의 두 번째 부분에서 동적 임포트를 사용합니다.

4. 우선 선택된 언어를 사용하여 임포트하고자 하는 모듈의 이름을 동적으로 만듭니다. 모듈의 이름에 상대경로를 사용하기 위해서 ./ 를 파일이름 앞에 붙여줍니다.
5. 모듈의 동적 임포트를 하기 위해서 import() 연산자를 사용합니다.
6. 동적 임포트는 비동기적으로 됩니다. 그러므로, 모듈이 사용될 준비가 되었을 때를 알기 위해서 .then()을 반환된 프라미스에 사용합니다. 모듈이 완전히 적재되었을 때, then()으로 전달된 함수가

실행됩니다. 그리고 strings는 동적 임포트된 모듈의 네임스페이스가 됩니다. 마지막으로 strings.HELLO에 접근할 수 있으며 콘솔에 값이 출력됩니다.

다음과 같이 스크립트를 실행합니다.

```
node main.js it
```

콘솔에 Ciao mondo가 출력되는 것을 볼 수 있습니다.

2-6-7 모듈 적재 이해하기

ESM이 어떻게 동작하고 어떻게 순환 종속성을 다루는지 이해하기 위해서는 ES 모듈을 사용할 때 JavaScript 코드가 어떻게 파싱되고 평가되는지 좀 더 알아봐야 합니다.

이번 섹션에서는 ECMAScript 모듈이 어떻게 적재되는지 배워보고 읽기 전용 라이브 바인딩에 대한 개념을 소개할 것입니다. 마지막으로 순환 종속성 예제를 살펴보겠습니다.

로딩 단계

인터프리터의 목표는 필요한 모든 모듈의 그래프(**종속성 그래프**)를 만들어 내는 것입니다.

일반적인 용어로 **종속성 그래프**는 객체그룹의 종속성들을 나타내는 **직접 그래프**(https://en.wikipedia.org/wiki/Directed_graph)로서 정의됩니다. 이 섹션에서 종속성 그래프를 가리킬 때 우리는 ECMAScript 모듈들 사이의 종속성 관계를 나타낼 것입니다. 앞으로 살펴보겠지만, 종속성 그래프를 사용하는 것은 주어진 프로젝트에서 적재되는 모든 모듈의 순서를 결정할 수 있게 해줍니다.

인터프리터는 모듈이 실행되어야 할 코드의 순서와 함께 모듈 간에 어떠한 종속성을 갖는지 이해하기 위해서 기본적으로 종속성 그래프를 필요로 합니다. Node 인터프리터가 실행되면, 일반적으로 JavaScript 파일 형식으로 실행할 코드가 전달됩니다. 파일은 종속성 확인을 위한 **진입점**(entry point)입니다. 인터프리터는 진입점에서부터 필요한 모든 코드가 탐색되고 평가될 때까지 import 구문을 재귀적인 깊이 우선 탐색으로 찾습니다.

좀 더 구체적으로, 3단계에 걸쳐 작업이 진행됩니다.

- 1단계 – **생성**(또는 **파싱**): 모든 import 구문을 찾고 재귀적으로 각 파일로부터 모든 모듈의 내용을 적재합니다.
- 2단계 – **인스턴스화**: 익스포트된 모든 개체들에 대해 명명된 참조를 메모리에 유지합니다. 또한 모든 import 및 export 문에 대한 참조가 생성되어 이들 간의 종속성 관계(linking)를 추적합니다. 이 단계

에서는 어떠한 JavaScript 코드도 실행되지 않습니다.

- 3단계 – **평가**: Node.js는 마지막으로 코드를 실행하여 이전에 인스턴스화된 모든 개체가 실제 값을 얻을 수 있도록 합니다. 이제 모든 준비가 되었기 때문에 진입점에서 코드를 실행할 수 있습니다.

쉽게 표현하자면 1단계는 모든 점들을 찾는 것, 2단계는 각 점들을 연결하여 길을 만드는 것, 3단계는 올바른 순서로 길을 걷는 것입니다.

이러한 접근 방법은 얼핏 보았을 때 CommonJS와 많이 달라 보이지는 않지만, 근본적인 차이가 존재합니다. CommonJS는 동적 성질로 인해서 종속성 그래프가 탐색되기 전에 모든 파일들을 실행시킵니다. 이전에 있던 모든 코드가 이미 실행되고도 새로운 require 구문이 매번 나타나는 것을 보았습니다. 이러한 이유로 if 구문이나 반복문에서도 require를 사용할 수 있고 변수에 모듈 식별자를 생성할 수 있는 것입니다.

ESM에서는 이러한 3단계가 완전히 분리되어 있습니다. 종속성 그래프가 완전해지기 전까지는 어떠한 코드도 실행되지 않습니다. 그러므로 모듈 임포트와 익스포트는 정적이어야 합니다.

읽기 전용 라이브 바인딩

순환 의존성에 도움이 되는 ES 모듈의 또 다른 기본적인 특성은 임포트된 모듈이 익스포트된 값에 대해 읽기 전용 라이브 바인딩된다는 개념입니다.

이것이 의미하는 것이 무엇인지 간단한 예제와 함께 알아보겠습니다.

```
// counter.js
export let count = 0
export function increment() {
    count++
}
```

이 모듈은 두 개의 값을 내보냅니다. 간단한 정수 카운터인 count와 카운터를 1씩 증가시키는 increment 함수입니다.

이제 이 모듈을 사용하는 코드를 작성해 보겠습니다.

```
// main.js
import { count, increment } from './counter.js'
console.log(count) // 0을 출력
```

```
increment()
console.log(count) // 1을 출력
count++ // TypeError: Assignment to constant variable!
```

코드에서 우리가 볼 수 있는 것은 우리가 count 값을 언제든지 읽을 수 있으며 increment() 함수를 이용하여 이를 변경할 수 있다는 것입니다. 하지만 count 변수를 직접적으로 변경시키려 했을때 마치 우리가 const로 바인딩된 값을 변경하려 했을 때 발생하는 에러가 나타나게 됩니다.

이것이 입증하는 것은 스코프 내에 개체가 임포트되었을 때, 사용자 코드의 직접적인 제어 밖에 있는 바인딩 값은 그것이 원래 존재하던 모듈(live binding)에서 바뀌지 않는 한, 원래의 값에 대한 바인딩이 변경 불가(read-only binding)하다는 것입니다.

이러한 접근 방법은 CommonJS와 근본적으로 다릅니다. 실제로 CommonJS에서는 모듈로부터 require가 되었을 때 exports 객체 전체가 복사(얕은 복사)됩니다. 이것이 의미하는 것은 숫자나 문자열과 같은 원시(primitive) 변수에 있는 값이 나중에 바뀌었을 때 이것을 제공한 모듈은 변화를 알지 못한다는 것입니다.

순환 종속성 분석

이제 순환을 마무리하기 위해서 CommonJS 모듈 섹션에서 보았던 순환 종속성 예제를 ESM 문법을 사용하여 재구현해 보겠습니다.

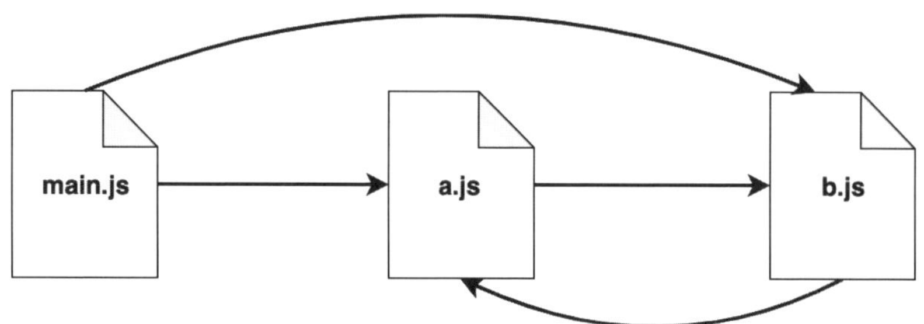

▲ 그림 2.3 순환 종속성에 대한 시나리오 예시

먼저 모듈 a.js와 b.js를 살펴보겠습니다.

```
// a.js
import * as bModule from './b.js'
```

```
export let loaded = false
export const b = bModule
loaded = true

// b.js
import * as aModule from './a.js'
export let loaded = false
export const a = aModule
loaded = true
```

그리고 main.js 파일(진입점)에서 두 모듈을 어떻게 임포트했는지 보겠습니다.

```
// main.js
import * as a from './a.js'
import * as b from './b.js'
console.log('a ->', a)
console.log('b ->', b)
```

이번 예제에서는 a.js와 b.js 사이에 실질적인 순환 참조가 존재하여 JSON.stringify를 사용하면 TypeError: Converting circular structure to JSON 에러가 나기 때문에 이것을 사용하지 않았다는 것을 눈여겨볼 필요가 있습니다.

main.js를 실행시키면 다음과 같이 출력됩니다.

```
a -> <ref * 1 > [Module] {
    b: [Module] { a: [Circular * 1], loaded: true },
    loaded: true
}
b -> <ref * 1 > [Module] {
    a: [Module] { b: [Circular * 1], loaded: true },
    loaded: true
}
```

여기서 흥미로운 점은 서로의 부분적 정보만을 가지고 있었던 CommonJS를 사용했을 때와는 다르게 모듈 a.js와 b.js가 서로에 대한 완전한 내용을 갖는다는 것입니다. 그리고 모든 loaded 값이 true로 설정된 것을 볼 수 있습니다. 또한 현재 스코프에서 사용 가능한 b 인스턴스가 a 내부의 실제 참조이며 b 안의 a 또한 그렇습니다. 이 때문에 우리가 이 모듈들을 직렬화시키기 위한 JSON.stringify()를 사용할 수 없는 것입니다. 마지막으로 모듈 a.js와 b.js의 임포트 순서를 바꿔도, 마지막 결과물은 바뀌지 않습니다. CommonJS와의 동작을 비교할때 또 다른 중요한 차이점입니다.

이 구체적인 예제를 위해 모듈 분석의 3단계(파싱, 인스턴스화, 평가)에서 무슨 일이 발생하는지 관찰하는 것에 더 많은 시간을 할애할만한 가치가 있습니다.

1 단계: 파싱

파싱 단계에서는 진입점(main.js)에서부터 코드의 탐색이 시작됩니다. 인터프리터는 필요한 모든 모듈을 찾고 모듈 파일로부터 소스 코드를 적재하기 위해서 오직 import 구문만을 찾습니다. 깊이 우선적으로 종속성 그래프가 탐색되고 모든 모듈이 한번씩만 방문됩니다. 그림 2.4에서 보는 바와 같이 인터프리터는 트리 구조와 같이 종속성 그래프의 외관을 만듭니다.

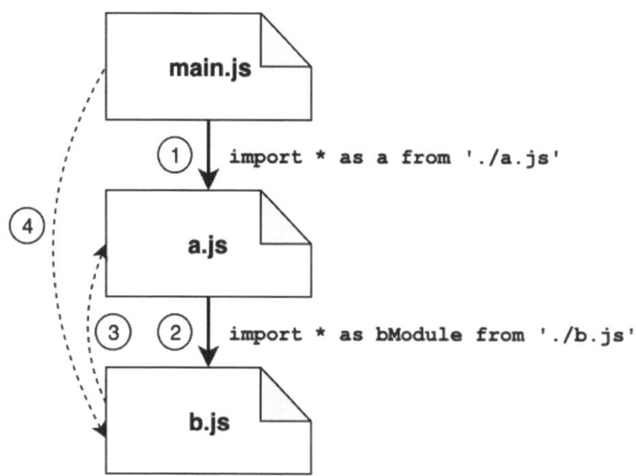

▲ 그림 2.4 ESM의 순환 종속성 파싱

그림 2.4에 주어진 예를 가지고 파싱의 여러 단계를 살펴보겠습니다.

1. main.js에서 처음으로 발견된 import 문이 a.js로 곧장 향하게 합니다.
2. a.js에서 b.js로 향하는 import 문을 발견합니다.
3. b.js에서 a.js로 다시 향하는(순환) import 문이 있습니다. 하지만 a.js는 이미 방문했기 때문에 그 경로는 다시 탐색되지 않습니다.
4. 이 시점에서는 b.js가 다른 import 문을 가지고 있지 않기 때문에 탐색이 a.js로 되돌아 갑니다. 그리고 a.js 에서 다른 import 문을 가지고 있지 않기 때문에 main.js로 돌아갑니다. 여기서 우리는 b.js의 임포트 지점을 발견합니다. 그러나 해당 모듈이 이미 탐색되었기 때문에 그 경로는 무시됩니다.

이제 순환 종속성 그래프의 깊이 우선 방문이 끝나고 그림 2.5에서 보는 바와 같이 선형적인 모듈들의 모습을 갖게 됩니다.

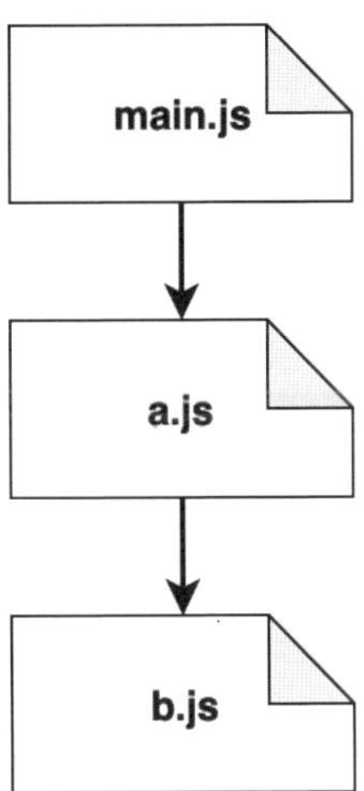

▲ 그림 2.5 순환이 제거된 모듈 그래프의 선형적 외관

이 특별한 구조는 꽤 간단합니다. 더욱 많은 모듈이 있는 실제와 비슷한 시나리오에서는 구조가 트리 구조에 가깝게 보일 것입니다.

2 단계: 인스턴스화

인스턴스화 단계에서는 인터프리터가 이전 단계에서 얻어진 트리 구조를 따라 아래에서 위로 움직입니다. 인터프리터는 모든 모듈에서 익스포트된 속성을 먼저 찾고 나서 메모리에 익스포트된 이름의 맵을 만듭니다.

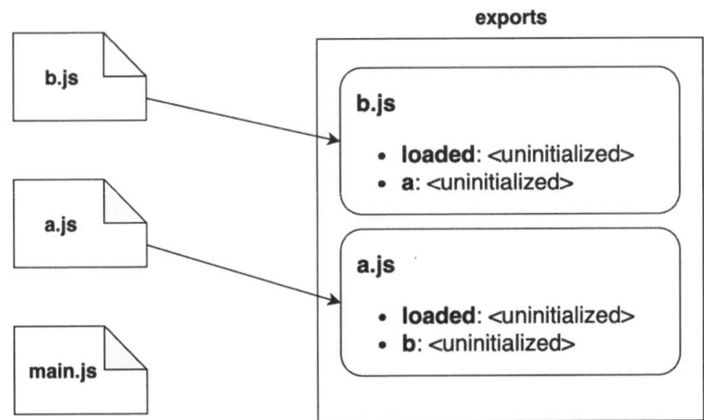

▲ 그림 2.6 인스턴스화 단계의 시각화된 표현

그림 2.6은 모든 모듈이 인스턴스화되는 순서를 묘사합니다.

1. 인터프리터는 b.js에서 시작하며 모듈이 loaded와 a를 익스포트하는 것을 포착합니다.
2. 인터프리터는 loaded와 b를 익스포트하는 a.js로 이동합니다.
3. 마지막으로 main.js로 이동하며, 더 이상의 기능에 대한 익스포트가 없습니다.
4. 마지막 단계에서 익스포트 맵은 익스포트된 이름의 추적만을 유지합니다. 연관된 값은 현재로는 인스턴스화 되지 않은 것으로 간주됩니다.

인터프리터는 이 단계들을 거치고 나서 그림 2.7에서 보는 바와 같이 임포트를 하는 모듈에게 익스포트된 이름의 링크를 전달합니다.

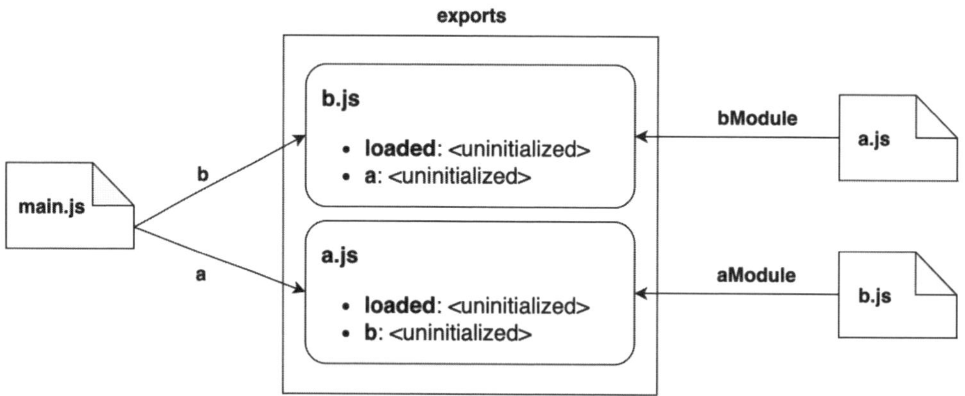

▲ 그림 2.7 모듈 임포트에 대한 익스포트 링크

그림 2.7에서 본 것을 다음의 단계들을 통하여 설명할 수 있습니다.

1. 모듈 b.js는 aModule라는 이름으로 a.js에서의 익스포트를 연결합니다.
2. 모듈 a.js는 bModule라는 이름으로 b.js에서의 익스포트를 연결합니다.
3. 마지막으로 main.js는 b라는 이름으로 b.js에서의 모든 익스포트를 임포트합니다. 비슷하게 a라는 이름으로 a.js에서의 모든 익스포트를 임포트합니다.
4. 다시 말하지만 모든 값이 아직 인스턴스화되지 않았다는 것을 주목하세요. 이 단계에서는 다음 단계의 마지막에 사용 가능한 값에 대한 참조만을 연결합니다.

3 단계: 평가

마지막 단계는 평가 단계입니다. 모든 파일의 모든 코드가 실행됩니다. 실행 순서는 원래의 종속성 그래프에서 후위 깊이 우선 탐색으로 다시 아래에서 위로 올라갑니다. 이러한 접근 방법으로 마지막에 실행되는 파일은 main.js입니다. 이 방식이 우리가 메인 비지니스 로직을 수행하기 전에 익스포트된 모든 값이 초기화되는 것을 보장해줍니다.

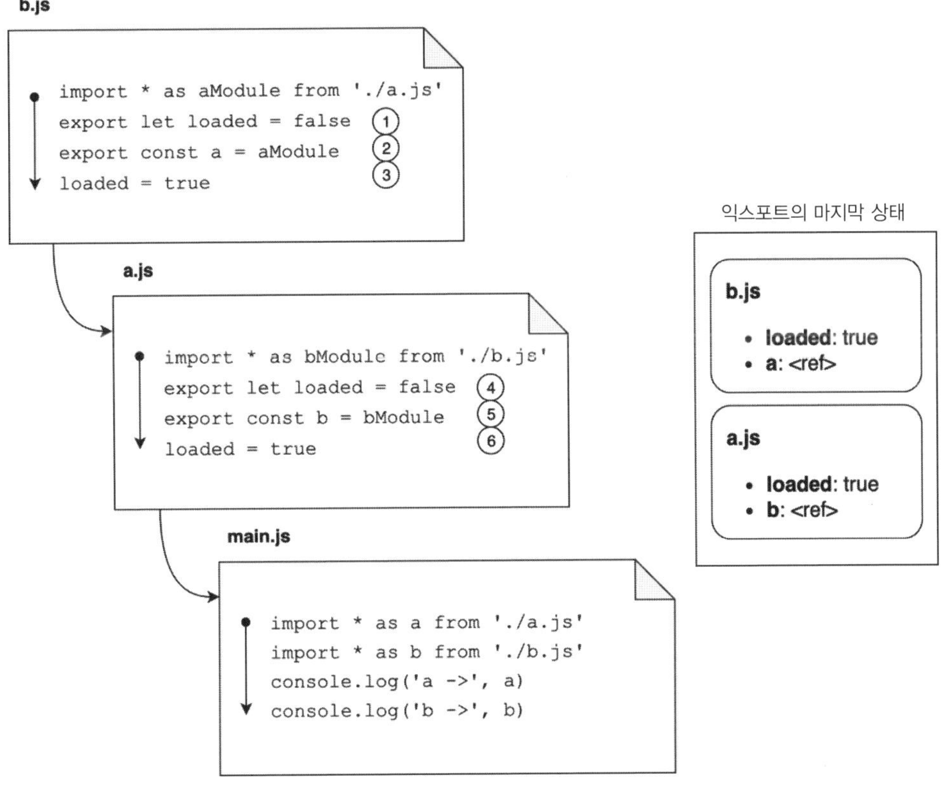

▲ 그림 2.8 평가 단계를 시각화

무슨 일이 일어나는지 그림 2.8에 있는 다이어그램을 따라가보겠습니다.

1. b.js부터 수행되며, 첫 번째 라인은 모듈에서 익스포트되는 loaded 값이 false로 평가됩니다.
2. 마찬가지로, 익스포트되는 속성 a가 평가됩니다. 이번에는 export 맵의 모듈 a.js를 나타내는 모듈 객체에 대한 참조로 평가됩니다.
3. loaded 속성의 값이 true로 바뀝니다. 이 시점에서 모듈 b.js의 익스포트 상태가 완전히 평가되었습니다.
4. 이제 a.js로 수행이 이동되고, 다시 loaded를 false로 설정하는 것으로 시작합니다.
5. 이 때, export b가 익스포트 맵에서 모듈 b.js에 대한 참조로 평가됩니다.
6. 마지막으로 loaded 속성은 true로 바뀝니다. 이제 우리는 모듈 a.js에서도 완전히 평가된 모든 익스포트를 갖게 됩니다.

모든 단계를 거치고 나서 main.js의 코드가 실행되며, 이 때 익스포트된 모든 속성값들은 완전히 평가된 상태입니다. 임포트된 모든 모듈들은 참조로 추적되고 우리는 순환 종속성이 존재하는 상황에서도 모든 모듈이 다른 모듈의 최신 상태를 갖고 있음을 확신할 수 있습니다.

2-6-8 모듈의 수정

우리는 읽기 전용 라이브 바인딩인 ES 모듈을 통해 개체들을 임포트하는 것을 보았고 그러한 이유 때문에 외부 모듈에서 그것들을 재할당하는 것이 불가능합니다.

그러나 주의할 점이 있습니다. 우리가 다른 모듈에서 default export나 이름을 갖는 export의 바인딩을 바꿀 수 없는 것은 사실이지만, 이 바인딩이 객체라면 우리는 여전히 객체의 특정 속성을 재할당하여 변경하는 것이 가능합니다.

이는 다른 모듈의 동작을 바꿀 수 있다는 점에서 주의해야 합니다. 이러한 발상을 증명하기 위해서 코어 모듈 fs의 동작을 바꾸어 파일 시스템의 접근을 막고 모의 데이터를 리턴하도록 하는 모듈을 작성해보겠습니다. 이러한 종류의 모듈은 파일 시스템에 의존하게 되는 컴포넌트를 위한 테스트 작성에 유용할 수 있습니다.

```
// mock-read-file.js
import fs from 'fs'                              // (1)

const originalReadFile = fs.readFile             // (2)
let mockedResponse = null

function mockedReadFile(path, cb) {              // (3)
    setImmediate(() => {
        cb(null, mockedResponse)
    })
}

export function mockEnable(respondWith) {        // (4)
    mockedResponse = respondWith
    fs.readFile = mockedReadFile
}

export function mockDisable() {                  // (5)
    fs.readFile = originalReadFile
}
```

앞의 코드를 살펴보겠습니다.

1. 우리가 처음으로 한 것은 fs 모듈의 default export를 임포트한 것입니다. 이 코드는 금방 다시 짚어볼 것이며, 지금은 fs 모듈의 default export가 파일 시스템과 상호 작용하게끔 해주는 기능들의 집합을 갖고 있는 객체라는 것을 알아두겠습니다.

2. 우리는 모의 구현으로 readFile() 함수를 대체하길 원합니다. 이 작업을 하기 전에 원래의 참조 값을 저장합니다. 또한 나중에 사용할 mockedResponse 값을 선언합니다.
3. mockedReadFile() 함수는 우리가 원래의 구현을 대체하기 위해서 사용하고자 하는 실질적인 모의 구현입니다. 이 함수는 mockedResponse의 현재 값과 함께 콜백을 호출합니다. 이 구현은 간략화된 것입니다. 실제 함수는 options 인자를 callback 인자 전에 받으며 여러 인코딩의 타입을 다룰 수 있습니다.
4. 익스포트된 mockEnable() 함수는 모의 기능을 활성화하기 위해 사용될 수 있습니다. 원래의 구현을 모의 구현으로 바꿉니다. 모의 구현은 responseWith 인자를 통해 전달된 값과 같은 것을 리턴합니다.
5. 마지막으로 익스포트된 mockDisable() 함수는 fs.readFile() 함수의 원래의 구현으로 복구시키기 위해서 사용될 수 있습니다.

이제 이 모듈을 사용하는 간단한 예제를 보겠습니다.

```
// main.js
import fs from 'fs'                                         // (1)
import { mockEnable, mockDisable } from './mock-read-file.js'

mockEnable(Buffer.from('Hello World'))                      // (2)

fs.readFile('fake-path', (err, data) => {                   // (3)
    if (err) {
        console.error(err)
        process.exit(1)
    }
    console.log(data.toString()) // 'Hello World'
})

mockDisable()
```

이 예제에서 어떤 일이 일어나는지 한 단계씩 살펴보겠습니다.

1. 우리가 처음 한 것은 fs 모듈의 default export를 임포트한 것입니다. 우리가 mock-read-file.js에서 한 것과 동일하게 default export를 임포트하였습니다. 이것은 조금만 더 뒤쪽에서 다루겠습니다.
2. 모의 기능을 활성화했습니다. 우리가 해보고 싶은 것은 우리가 읽는 모든 파일이 "Hello World" 문자열을 갖고 있다고 모방하는 것입니다.
3. 마지막으로 가짜 경로를 이용하여 파일을 읽었습니다. 코드는 readFile() 함수의 모의 버전을 사용하여 "Hello World"를 출력할 것입니다. 주목할 점은 우리가 이 함수의 호출이 끝난 뒤에 mockDisable()을 호출하여 원래의 구현을 복구했다는 것입니다.

이러한 접근 방법은 작동하는데 문제가 없지만 취약하기도 합니다. 사실 이것이 작동하지 않는 많은 경우가 존재합니다.

우리는 mock-read-file.js에서 다음의 두 가지 방법으로 fs 모듈을 임포트할 수 있습니다.

```
import * as fs from 'fs' // fs.readFile 사용
```

또는

```
import { readFile } from 'fs'
```

이 경우 fs 모듈은 모든 파일 시스템 함수들을 이름이 지정된 export로 내보내므로 두 import 문 모두 유효합니다(동일한 함수들의 집합을 속성으로 가진 객체인 default exports 제외).

두 임포트 구문은 특정한 문제를 가지고 있습니다.

- 읽기 전용 라이브 바인딩으로서 readFile() 함수를 가져온다면 외부 모듈에서 변경이 불가합니다. 이러한 접근으로 시도할 경우 readFile()을 재할당하는 과정에서 에러가 발생하게 됩니다.
- 두 가지 다른 임포트 스타일을 사용했을때, 또 다른 문제가 main.js의 사용자 측면에서 발생합니다. 이 때, 모의 기능의 사용을 끝내지 못하여 존재하지 않는 파일을 읽을 경우 코드는 에러를 발생시킵니다.

위에서 언급한 두 임포트 구문 중에서 하나를 사용했을 때 동작하지 않는 이유는 모의 유틸이 default export로 익스포트된 객체의 내부에 등록된 readFile()의 복사만을 대체하기 때문이며, 모듈의 최상위 수준에서는 이름이 지정된 export로 사용할 수 없기 때문입니다.

이러한 특정 예제는 ESM의 환경에서 몽키 패치가 얼마나 복잡하고 신뢰하기 힘든지 보여줍니다. 이 때문에 Jest(https://jestjs.io/docs/en/jest-object#jestmockmodulename-factory-options)와 같은 테스트 프레임워크가 더 나은 신뢰를 가지고 ES 모듈을 모의할 수 있도록 특별한 기능들을 제공하고 있는 것입니다.

특별한 Node.js 코어 모듈인 module(https://nodejs.org/api/modules.html#modules_the_module_object_1)에 있는 훅을 이용한 모의 모듈을 사용하는 것 또한 다른 방법이 될 수 있습니다. 이 모듈의 장점들을 이용하는 간단한 mocku(https://www.npmjs.com/package/mocku) 라이브러리가 있습니다. 궁금하다면 이것들의 소스 코드를 확인해 보세요.

또한 module 패키지에 있는 syncBuiltinESMExport() 함수를 이용할 수도 있습니다. 이 함수가 호출되면 default exports 객체에 있는 속성들의 값이 named exports와 동일한 것으로 매핑됩니다. 이것은 효과적으로 named export도 포함하여 모듈 기능에 적용된 외부 변화를 전파하게 해줍니다.

```
import fs, { readFileSync } from 'fs'
import { syncBuiltinESMExports } from 'module'

fs.readFileSync = () => Buffer.from('Hello, ESM')
syncBuiltinESMExports()

console.log(fs.readFileSync === readFileSync) // true
```

모의 동작을 활성화하거나 원래의 기능을 되돌린 뒤에 syncBuiltinESMExports() 함수를 호출하면 우리의 작은 모의 파일 시스템 유틸을 좀 더 유연하게 만들 수 있습니다.

syncBuiltinESMExports()는 우리 예제의 fs 모듈과 같이 오직 내장 Node.js 모듈에서만 동작한다는 것을 알아두세요

이것으로 ESM에 대한 탐구를 결론짓겠습니다. 이제, 우리는 ESM이 어떻게 동작하는지, 그것이 모듈을 어떻게 적재하는지 그리고 순환 종속성을 어떻게 다루는지 이해할 수 있습니다. 이제 이 장을 마무리하기 위해 CommonJS 와 ECMAScript 모듈 사이의 주요 차이점과 몇 가지 흥미로운 상호 운용 기술을 알아볼 준비가 되었습니다.

2-7 ESM과 CommonJS의 차이점과 상호 운용

CommonJS의 require 함수에서는 파일의 확장자 표시를 선택적으로 하는 반면, ESM에서는 명시적으로 파일의 확장자를 표시해야 하는 것과 같이 ESM과 CommonJS 사이의 몇 가지 중요한 차이점에 대해서 알아보았습니다.

ESM과 CommonJS 사이의 또 다른 차이점에 대해서 논해보고, 필요하다면 이 두 모듈 시스템을 어떻게 같이 작동할 수 있는지에 대해서 살펴보며 이 장을 마치겠습니다.

2-7-1 strict 모드에서의 ESM

ES 모듈들은 암시적으로 strict mode에서 실행됩니다. 우리가 명시적으로 "use strict" 구문을 모든 파일의 시작에 추가할 필요가 없다는 의미와 같습니다. Strict mode를 해제할 수 없습니다. 따라서 우리는 선언되지 않은 변수, with 구문 또는 non-strict mode에서만 사용 가능한 것들을 사용할 수 없습니다. 하지만 strict mode가 더 안전한 실행 모드이기 때문에 이것이 확실히 좋은 것이라고 할 수 있습니다.

만일 여러분이 두 가지 모드의 차이점에 대해 궁금하다면 MDN Web Docs에서 상세한 설명을 확인해 볼 수 있습니다.

- https://developer.mozilla.org/en-US/docs/Web/JavaScript/Reference/Strict_mode

2-7-2 ESM에서의 참조 유실

ESM에서는 ES 모듈이 strict mode에서 실행되기 때문에 require, export, module.exports, __filename, 그리고 __dirname을 포함하여 CommonJS 의 몇 가지 중요한 참조가 정의되지 않습니다. 만약 우리가 ES 모듈에서 이러한 것들을 사용한다면 ReferenceError가 발생합니다.

```
console.log(exports) // ReferenceError: exports is not defined
console.log(module) // ReferenceError: module is not defined
console.log(__filename) // ReferenceError: __filename is not defined
console.log(__dirname) // ReferenceError: __dirname is not defined
```

우리는 이미 CommonJS의 exports와 module의 의미에 대해서 자세히 다뤘습니다. __filename은 현재 모듈 파일의 절대 경로를 나타내고 __dirname은 파일이 있는 폴더의 절대 경로를 나타냅니다. 이러한 특별한 변수들은 우리가 현재 파일에 대한 상대 경로를 빌드할 때 매우 유용합니다.

ESM에서는 특별한 객체인 import.meta를 사용하여 현재 파일에 대한 참조를 얻을 수 있습니다. 특히, import.meta.url은 현재 모듈을 참조하며 file:///path/to/current_module.js와 같은 형식입니다. 이 값으로 절대 경로 형식에 대한 __filename과 __dirname을 재구성하는 데 사용할 수 있습니다.

```
import { fileURLToPath } from 'url'
import { dirname } from 'path'
const __filename = fileURLToPath(import.meta.url)
const __dirname = dirname(__filename)
```

또한, require() 함수를 다음과 같이 재구성하는 것이 가능합니다.

```
import { createRequire } from 'module'
const require = createRequire(import.meta.url)
```

이제 우리는 ES 모듈의 문맥상에서 CommonJS 모듈의 기능들을 임포트하는데 require()를 사용할 수 있습니다.

다른 흥미로운 차이점은 this 키워드의 동작입니다.

ES 모듈의 전역 범위에서 this는 undefined인 반면, CommonJS에서는 this가 exports와 같은 참조를 하고 있습니다.

```
// this.js - ESM
console.log(this) // undefined
```

```
// this.cjs – CommonJS
console.log(this === exports) // true
```

2-7-3 상호 운용

이전 장에서는 module.createRequire 함수를 사용하여 EMS 내부에 CommonJS 모듈을 어떻게 임포트하는지 살펴보았습니다. ESM에서 표준 import 문법을 사용하여 CommonJS 모듈을 임포트하는 것 또한 가능합니다. 그러나 이는 default exports에 한정됩니다.

```
import packageMain from 'commonjs-package' // 작동
import { method } from 'commonjs-package'   // 에러
```

안타깝게도 CommonJS 모듈에서 ES 모듈을 임포트하는 것은 불가능합니다.

또한 CommonJS에서 꽤 자주 사용되는 기능인 JSON 파일을 직접적으로 가져오기는 ESM에서 불가능합니다. 따라서, 다음 import 구문은 동작하지 않습니다.

```
import data from './data.json'
```

위의 코드는 TypeError(Unknown file extension: .json)가 발생합니다.

이러한 제한을 극복하기 위해서 module.createRequire 유틸을 사용할 수 있습니다.

```
import { createRequire } from 'module'
const require = createRequire(import.meta.url)
const data = require('./data.json')
console.log(data)
```

ESM에서도 JSON 모듈을 그대로 지원하기 위한 작업은 진행 중입니다. 따라서 우리는 가까운 미래에 createRequire()에 의존할 필요가 없을 수도 있습니다.

요약

이 장에서는 모듈이 무엇인지 그리고 그것들이 왜 유용하고, 왜 우리는 모듈 시스템이 필요한지 깊게 파헤쳐보았습니다. 또한 우리는 JavaScript에서 모듈의 역사와 오늘날에 CommonJS와 ESM이라는 이름으로 Node.js에서 사용 가능한 두 모듈 시스템에 대해서 알아보았습니다. 그리고 모듈을 만들 때와 서드파티 모듈을 사용할 때 유용한 몇 가지 공통 패턴 또한 탐구해보았습니다.

이제 여러분이 CommonJS와 ESM에 대한 특징들의 장점을 살려 코드를 작성하고 이해하는데 조금 더 친숙해졌다고 생각합니다. 이 책의 나머지 부분에서 우리는 전적으로 ES 모듈을 사용하지만 필요하다면 CommonJS를 효과적으로 다룰 수 있어야 하며, 여러분의 선택에 있어서는 유연한 사고방식을 취하는 것이 좋습니다.

다음 장에서는 JavaScript 비동기 프로그래밍의 개념에 대해서 탐구해보고, 콜백과 이벤트 그리고 패턴에 대해서 공부해 볼 것입니다.

CHAPTER 03

콜백과 이벤트

- ✔ 콜백 패턴
- ✔ 관찰자 패턴

우리는 동기식 프로그래밍에서 특정 문제를 해결하기 위해 정의한 일련의 연속적 연산 단계들로 코드를 생각하는 것에 익숙합니다. 모든 작업은 블로킹입니다. 즉, 현재 작업이 완료됐을 때 다음 작업을 실행할 수 있습니다. 이 방법을 사용하면 코드를 쉽게 이해하고 디버깅할 수 있습니다.

반면에 비동기식 프로그래밍에서는 파일 읽기 또는 네트워크 요청 수행과 같은 일부 작업을 백그라운드 작업으로 실행할 수 있습니다. 비동기 작업이 호출되면 이전 작업이 아직 완료되지 않은 경우에도 다음 작업이 즉시 실행됩니다. 이 상황에서는 비동기 작업이 끝났을 때 이를 통지받아 해당 작업의 결과를 사용하여 다음의 작업을 이어나가야 합니다. Node.js에서 비동기 작업의 완료를 통지받는 가장 기본적인 메커니즘은 **콜백**입니다. 콜백은 비동기 작업의 결과를 가지고 런타임에 의해 호출되는 함수일 뿐입니다.

콜백은 다른 모든 비동기 메커니즘을 기초로 하는 것들의 가장 기본적인 구성요소입니다. 실제로 콜백 없이는 프라미스가 존재할 수 없으며 따라서 async/await 또한 존재할 수 없습니다. 또한 스트림이나 이벤트 또한 불가능합니다. 이것이 콜백이 어떻게 작동하는지 알아야 하는 이유입니다.

이번 장에서는 Node.js 콜백 패턴에 대해서 알아볼 것이며, 비동기 코드를 작성하기 위해서 그것이 무엇을 의미하는지도 이해해 볼 것입니다. 우리는 관례와 패턴 그리고 위험요소를 거쳐 이 장의 마지막에서는 기본적인 콜백 패턴에 대해서 숙달하게 될 것입니다.

또한 콜백 패턴과 연관이 있는 관찰자 패턴을 배워볼 것입니다. EventEmitter에 의해서 구현되는 관찰자 패턴은 다양한 다중 이벤트를 다루기 위해서 콜백을 사용하며 Node.js 프로그래밍에 있어서 가장 광범위하게 사용되는 패턴입니다.

이 장에서 무엇을 배우게 될지 요약해 보았습니다.

- 콜백 패턴 – 어떻게 동작하며 Node.js에서 사용되는 관례는 무엇인지 그리고 매우 흔한 위험요소를 어떻게 다룰 것인가.
- 관찰자 패턴 – Node.js에서 EventEmitter 클래스를 사용하여 구현을 어떻게 할 것인가.

3-1 콜백 패턴

콜백은 이전 장에서 소개한 리액터 패턴의 핸들러를 구현한 것입니다. Node.js에 독특한 프로그래밍 스타일을 제공하는 상징 중 하나입니다.

콜백은 작업의 결과를 전달하기 위해서 호출되는 함수이며, 우리가 비동기 작업을 처리할 때 필요한 것입니다. 비동기 세계에서 콜백은 동기적으로 사용되는 return 명령의 사용을 대신합니다. JavaScript는 콜백에 이상적인 언어입니다. 그 이유는 함수가 일급 클래스 객체(first class object)이면서 변수에 할당하거나 인자로 전달되거나 다른 함수 호출에서 반환되거나 자료구조에 저장될 수 있기 때문입니다. 콜백을 구현하는 또 다른 이상적인 구조는 **클로저(closure)**입니다. 클로저를 사용하면 실제로 생성된 함수의 환경을 참조할 수 있습니다. 콜백이 언제 어디서 호출되는지에 관계없이 비동기 작업이 요청된 컨텍스트를 항상 유지할 수 있기 때문입니다.

클로저에 대해 정확한 이해가 필요한 경우 MDN Web Docs(https://developer.mozilla.org/en-US/docs/Web/JavaScript/Closures)를 참조할 수 있습니다.

이 섹션에서는 return 명령을 대신하여 콜백으로 이루어진 프로그래밍 스타일들을 분석해 볼 것입니다.

3-1-1 연속 전달 방식

JavaScript에서 콜백은 다른 함수에 인자로 전달되는 함수이며, 작업이 완료되면 작업 결과를 가지고 호출됩니다. 함수형 프로그래밍에서 이런 식으로 결과를 전달하는 방식을 **연속 전달 방식(CPS: continuation-passing style)**이라고 합니다.

이는 일반적인 개념이며, 항상 비동기 작업과 관련이 있는 것은 아닙니다. 사실, 단순히 결과를 호출자에게 직접 반환하는 대신 결과를 다른 함수(콜백)로 전달하는 것을 말합니다.

동기식 연속 전달 방식

개념을 명확히 하기 위해 간단한 동기 함수를 살펴보겠습니다.

```
function add(a, b) {
    return a + b
}
```

여기에 특별한 것은 없습니다. 결과는 return 문을 통해 호출자에게 전달됩니다. 이것을 **직접 스타일(direct style)**이라고 하며, 동기식 프로그래밍에서 일반적으로 결과를 반환하는 방식을 보여줍니다.

앞의 함수와 동일한 처리를 CPS로 바꾼 코드는 다음과 같습니다.

```
function addCps(a, b, callback) {
    callback(a + b)
}
```

addCps() 함수는 동기 CPS 함수로 콜백 또한 작업이 완료되었을 때 작업을 완료합니다. 다음의 코드는 이를 증명합니다.

```
console.log('before')
addCps(1, 2, result => console.log(`Result: ${result}`))
console.log('after')
```

addCps()가 동기적이기 때문에 앞선 코드는 다음과 같이 순서대로 출력됩니다.

```
before
Result: 3
after
```

이제 비동기 CPS 작업을 살펴보겠습니다.

비동기 연속 전달 방식

addCps() 함수가 비동기인 경우를 생각해 봅시다.

```
function additionAsync(a, b, callback) {
    setTimeout(() => callback(a + b), 100)
}
```

앞의 코드에서 setTimeout()을 사용하여 콜백의 비동기 호출을 가정해보았습니다. setTimeout() 은 이벤트 큐에 주어진 밀리초 후에 실행되는 작업을 추가합니다. 이는 명백한 비동기 작업입니다. 이제 additionAsync()를 사용하여 작업의 순서가 어떻게 변경되는지 살펴보겠습니다.

```
console.log('before')
additionAsync(1, 2, result => console.log(`Result: ${result}`))
console.log('after')
```

앞의 코드는 다음과 같은 결과를 출력합니다.

```
before
after
Result: 3
```

setTimeout()은 비동기 작업을 실행시키기 때문에 콜백의 실행이 끝날 때까지 기다리지 않는 대신, 즉시 반환되어 additionAsync()로 제어를 돌려주어 제어가 호출자에게 반환됩니다. Node.js의 이 속성은 매우 중요한데 그 이유는 비동기 요청이 전달된 후 즉시 제어를 이벤트 루프에 돌려주고 큐(대기열)에 있는 새로운 이벤트가 처리될 수 있도록 하기 때문입니다.

그림 3.1은 이 작동 방식을 보여줍니다.

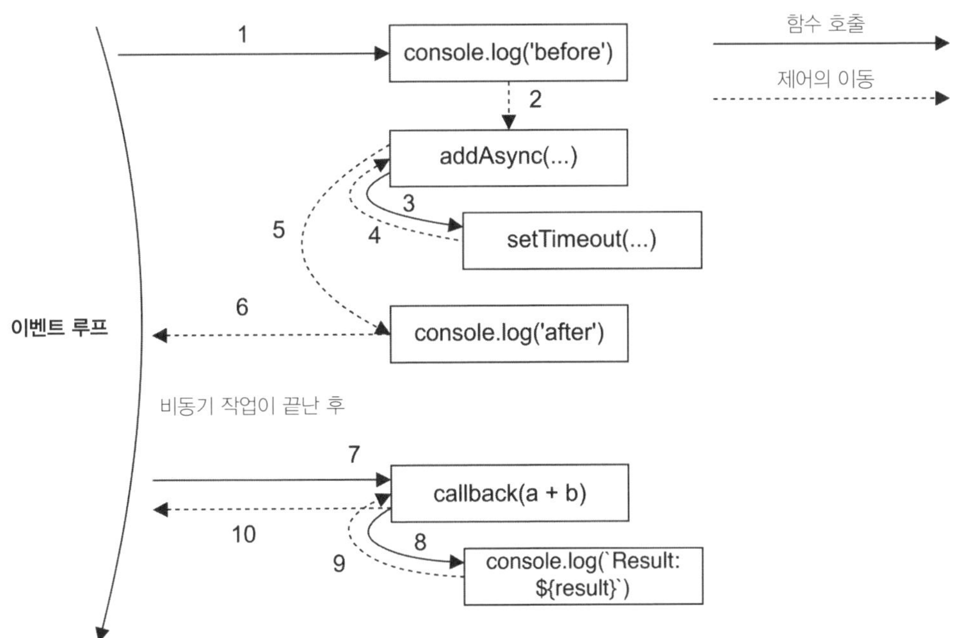

▲ **그림 3.1 비동기 함수 호출의 제어 흐름**

비동기 작업이 완료되면 실행은 비동기 함수에 제공된 콜백에서부터 실행이 재개됩니다. 실행은 이벤트 루프에서 시작되기 때문에 새로운 스택을 갖습니다. 이 부분이 JavaScript가 정말 유용한 지점입니다. 클로저 덕분에 콜백이 다른 시점과 다른 위치에서 호출되더라도 비동기 함수의 호출자 컨텍스트를 유지하기 때문입니다.

정리해보면, 동기 함수는 조작을 완료할 때까지 블로킹합니다. 비동기 함수는 제어를 즉시 반환하고 결과는 이벤트 루프의 다음 사이클에서 핸들러(이 경우에는 콜백)로 전달됩니다.

비연속 전달(Non-CPS) 콜백

콜백 인자가 있는 경우들에는 함수가 비동기식이거나 연속 전달 스타일(CPS)을 사용한다고 생각하게 할 수 있는 상황들이 있습니다. 그러나 항상 그런 것은 아닙니다. 예를 들어 Array 객체의 map() 함수를 살펴보겠습니다.

```
const result = [1, 5, 7].map(element => element - 1)
console.log(result) // [0, 4, 6]
```

콜백은 배열 내의 요소를 반복하는 데 사용될 뿐 연산 결과를 전달하지 않습니다. 실제로 여기서 결과는 직접적인 방식으로 동기적으로 반환됩니다. 연속 전달 방식과 비연속 전달 방식 사이에는 문법적 차이가 없습니다. 따라서 콜백의 목적은 API 문서에 분명하게 명시됩니다.

다음 섹션에서는 모든 Node.js 개발자가 알아둬야 하는 콜백의 중요한 위험요소 중 하나를 살펴보겠습니다.

3-1-2 동기? 비동기?

우리는 함수가 동기식인지 또는 비동기식인지의 특성에 따라 실행 순서가 어떻게 완전히 변화하는지 살펴보았습니다. 이것은 정확성과 효율성 모든 면에서 전체 애플리케이션의 흐름에 많은 영향을 미칩니다. 이제 두 가지 패러다임과 위험에 대한 분석을 해보겠습니다. 일반적으로 반드시 피해야 할 것은 API의 이러한 특성과 관련하여 발견하기 어렵고 재현 불가능한 문제를 일으키는 모순과 혼돈을 만드는 것입니다. 분석을 진행하기 위해, 일관성없는 비동기 함수의 경우를 예를 들어 설명하겠습니다.

예측할 수 없는 함수

가장 위험한 상황 중 하나는 특정 조건에서 동기적으로 동작하고 다른 조건에서는 비동기적으로 동작하는 API를 갖는 것입니다. 다음 코드를 예로 들어보겠습니다.

```
import { readFile } from 'fs'

const cache = new Map()

function inconsistentRead(filename, cb) {
```

```
    if (cache.has(filename)) {
        // 동기적으로 호출됨
        cb(cache.get(filename))
    } else {
        // 비동기 함수
        readFile(filename, 'utf8', (err, data) => {
            cache.set(filename, data)
            cb(data)
        })
    }
}
```

앞의 함수는 cache 변수를 사용하여 서로 다른 파일을 읽어 작업의 결과를 저장합니다. 이것은 예제일 뿐이며, 오류 관리도 없고 캐싱 로직("11장. 고급 레시피"에서 비동기 캐싱을 어떻게 적절히 다루는지 배울 것입니다) 자체가 꼭 이렇게 되야 하는 것이 아님을 명심하세요. 위의 함수는 파일이 처음 읽혀지고 캐싱될 때까지는 비동기적으로 동작하지만 캐시에 이미 있는 파일에 대한 모든 후속 요청에 대해서는 동기적으로 동작하여 즉각적으로 콜백을 호출하므로 매우 위험합니다.

Zalgo를 풀어놓다

이제 앞서 정의한 것과 같이 예측할 수 없는 함수를 사용하면 애플리케이션이 쉽게 손상될 수 있다는 것을 살펴보겠습니다. 다음 코드를 봅시다.

```
function createFileReader(filename) {
    const listeners = []
    inconsistentRead(filename, value => {
        listeners.forEach(listener => listener(value))
    })

    return {
        onDataReady: listener => listeners.push(listener)
    }
}
```

앞의 함수가 호출됐을 때, 통지(notifier) 역할을 하는 새로운 객체를 생성하며 파일 읽기 작업에 대해 다수의 리스너(listener)를 설정할 수 있게 해줍니다. 읽기 작업이 완료되고 데이터를 사용할 수 있게 될 때 모든 리스너가 한번에 호출됩니다. 위의 함수는 앞서 만든 inconsistentRead() 함수를 사용하여 이 기능을 구현합니다. 이제 createFileReader() 함수를 사용해 보겠습니다.

```
const reader1 = createFileReader('data.txt')
reader1.onDataReady(data => {
    console.log(`First call data: ${data}`)

    // 얼마 후 같은 파일을 다시 읽으려고 시도합니다.
    const reader2 = createFileReader('data.txt')
    reader2.onDataReady(data => {
        console.log(`Second call data: ${data}`)
    })
})
```

이 코드는 다음과 같은 결과를 출력합니다.

```
First call data: some data
```

출력에서 볼 수 있듯 두 번째 콜백이 호출되지 않습니다. 왜 그런지 보겠습니다.

- reader1이 생성되는 동안 inconsistentRead() 함수는 사용 가능한 캐시된 결과가 없으므로 비동기적으로 동작합니다. 따라서 우리는 리스너를 등록하는데 충분한 시간을 가질 수 있습니다. 읽기 작업이 완료된 후, 나중에 이벤트 루프의 다른 사이클에서 리스너가 호출되기 때문입니다.
- 그런 다음, reader2는 요청된 파일에 대한 캐시가 이미 존재하는 이벤트 루프의 사이클에서 생성됩니다. 이 경우는 inconsistentRead()에 대한 내부 호출은 동기 방식이 됩니다. 따라서 콜백은 즉시 호출됩니다. 즉, reader2의 모든 리스너들이 동기적으로 호출됩니다. 하지만 우리는 리스너를 reader2의 생성 후에 등록하기 때문에 이들이 호출되는 일은 결코 발생하지 않는 것입니다.

inconsistentRead() 함수의 콜백 동작은 실제로 호출 빈도, 인자로 전달되는 파일명 및 파일을 읽어들이는 데 걸리는 시간과 같은 여러 요인에 의해 달라지므로 실제로 예측할 수 없습니다.

우리가 방금 본 버그는 실제 애플리케이션에서 식별하고 재현하는 것이 매우 어려울 수 있습니다. 동시에 여러 요청이 존재할 수 있는 웹 서버에서 유사한 기능을 사용한다고 가정해봅시다. 명백한 이유도 없이 어떠한 오류도, 로그도 없이 처리되지 않는 요청이 발생한다고 상상해보세요. 이것은 확실히 위험한 결함입니다.

npm을 만들었고 Node.js 프로젝트의 리더인 Issac Z. Schlueter는 자신의 블로그에서 이러한 유형의 예측할 수 없는 함수들을 Zalgo를 풀어놓는 것(unleashing Zalgo)에 비유하였습니다.

Zalgo란 세계의 광기, 죽음, 파괴를 일으키리라 믿어지는 불길한 존재에 대한 인터넷 상의 전설입니다. Zalgo가 무엇인지 궁금하다면 한번 찾아 보시길 바랍니다.

Issac Z. Schlueter의 원본 게시물은 아래 링크에서 찾을 수 있습니다.

- https://blog.izs.me/2013/08/designing-apis-for-asynchrony

동기 API의 사용

Zalgo의 사례에서 알 수 있는 교훈은 API의 동기 또는 비동기 특성을 명확하게 정의하는 것이 필수적이라는 것입니다.

inconsistentRead() 함수를 적절하게 수정할 수 있는 방법 중 한가지는 완전히 동기화시키는 것입니다. 이것은 Node.js가 대부분의 기본 I/O 작업에 대한 동기식 직접 스타일 API 세트를 제공하기 때문에 가능합니다.

예를 들어 비동기 형식 대신 fs.readFileSync() 함수를 사용할 수 있는데, 코드는 다음과 같습니다.

```
import { readFileSync } from 'fs'

const cache = new Map()

function consistentReadSync(filename) {
    if (cache.has(filename)) {
        return cache.get(filename)
    } else {
        const data = readFileSync(filename, 'utf8')
        cache.set(filename, data)
        return data
    }
}
```

전체 기능이 직접 스타일로 변환되었음을 알 수 있습니다. 함수가 동기식이면 함수가 CPS를 가질 이유가 없습니다. 실제로 직접 스타일을 사용하여 동기식 API를 구현하는 것이 항상 최선의 방법이라고 말할 수 있습니다. 이는 애플리케이션을 둘러싼 환경의 혼란을 제거하고 성능 측면에서 보다 효율적일 것입니다.

패턴

순수한 동기식 함수에 대해서는 직접 스타일을 사용하세요.

CPS에서 직접 스타일로 혹은 비동기에서 동기로 또는 그 반대로 API를 변경하면 API를 사용하는 모든 코드의 스타일을 변경해야 할 수도 있습니다. 일례로, 우리의 경우 createFileReader() API의 인터페이스를 완전히 변경하고 항상 동기적으로 동작하도록 수정해야 합니다.

또한 비동기 API 대신 동기 API를 사용하면 몇 가지 주의해야 할 사항이 있습니다.

- 특정 기능에 대한 동기식 API를 항상 사용할 수 있는 것은 아닙니다.
- 동기 API는 이벤트 루프를 블록하고 동시 요청을 보류합니다. JavaScript 동시성 모델을 깨뜨려서 전체 애플리케이션 속도를 떨어뜨립니다. 이 책의 뒷부분에서 이것이 우리의 애플리케이션에 실제로 어떤 의미를 가지는지 알게 될 것입니다.

consistentReadSync() 함수에서 동기식 I/O API는 하나의 파일당 한번의 호출이 일어나고 이후의 호출에는 캐시에 저장된 값을 사용하기 때문에, 이벤트 루프를 블로킹하는 위험은 부분적으로 완화됩니다. 제한된 수의 정적 파일로 작업을 할 경우에는 consistentReadSync()를 사용하는 것이 이벤트 루프에 큰 영향을 미치지 않습니다. 하지만 한 번이라도 큰 파일을 읽는 경우라면 얘기가 완전히 달라집니다.

Node.js에서 동기 I/O를 사용하는 것은 많은 경우에 권장되지 않습니다. 그러나 어떤 경우에는 그것이 가장 쉽고 효율적인 해결이 되기도 합니다. 예를 들어 애플리케이션이 부팅되는(bootstrapping) 동안 동기적 차단 API를 사용하여 환경 파일들을 로드하는 것이 최선입니다.

패턴

애플리케이션이 비동기적 동시성 작업을 처리하는데 영향을 주지 않는 경우에만 블로킹 API를 사용하세요.

지연 실행(deferred execution)으로 비동시성을 보장

inconsistentRead() 함수를 수정하는 또 다른 방법은 완전한 비동기로 만드는 것입니다. 여기서의 트릭은 동기 콜백 호출이 동일한 이벤트 루프 사이클에서 즉시 실행되는 대신 "가까운 미래"에 실행되도록 예약하는 것입니다. Node.js에서는 process.nextTick()을 사용하여 이 작업을 수행할 수 있습니다. process.nextTick()은 현재 진행 중인 작업의 완료 시점 뒤로 함수의 실행을 지연시킵니다. 그 기능은 매우 간단합니다. 콜백을 인수로 취하여 대기 중인 I/O 이벤트 대기열의 앞으로 밀어 넣고 즉시 반환합니다. 그렇게 되면 현재 진행중인 작업이 제어를 이벤트 루프로 넘기는 즉시 콜백이 실행됩니다.

이 기술을 적용하여 inconsistentRead() 함수를 다음과 같이 수정합니다.

```
import { readFile } from 'fs'

const cache = new Map()

function consistentReadAsync(filename, callback) {
    if (cache.has(filename)) {
        // 지연된 콜백 호출
        process.nextTick(() => callback(cache.get(filename)))
    } else {
        // 비동기 함수
        readFile(filename, 'utf8', (err, data) => {
            cache.set(filename, data)
            callback(data)
        })
    }
}
```

이제 함수는 어떤 상황에서도 콜백을 비동기적으로 호출할 수 있게 되었습니다. inconsistentRead() 함수 대신에 이것을 사용하고 Zalgo가 없다는 것을 확실하게 해두는 게 좋습니다.

패턴

process.nextTick()을 사용하여 실행을 연기함으로써 콜백의 비동기적 호출을 보장할 수 있습니다.

코드의 실행을 지연시키는 또 다른 API는 setImmediate()입니다. process.nextTick()과 목적은 유사하지만 그 의미는 크게 다릅니다. process.nextTick()으로 지연된 콜백은 **마이크로 태스크**라 불리며, 그것들은 현재의 작업이 완료된 후에 바로 실행되며 다른 I/O 이벤트가 발생하기 전에 실행됩니다. 반면에 setImmediate()는 이미 큐에 있는 I/O 이벤트들의 뒤에 대기하게 됩니다. process.nextTick()은 이미 예정된 I/O 보다 먼저 실행되기 때문에 재귀 호출과 같은 특정 상황에서 **I/O 기아(starvation)**를 발생시킬 수 있습니다. setImmediate()에서는 이런 일이 절대 일어나지 않습니다.

setTimeout(callback, 0)은 setImmediate()와 비슷한 동작을 가집니다. 하지만 특정 상황에서는 setImmediate()로 예약된 콜백이 setTimeout(callback, 0)으로 예약된 것보다 빨리 실행됩니다. 그 이유를 보자면 이벤트 루프가 모든 콜백을 각기 다른 단계에서 실행시킨다는 것을 고려해야 합니다. 우리는 I/O 콜백 전에 실행되는 타이머(setTimeout())를 가지고 있습니다. 그것은 setImmediate() 콜백 이전에 실행됩니다. 즉, setTimeout() 콜백 안에서, I/O 콜백 안에서 또는 이 두 단계 이후에 큐에 들어가는 마이크로태스크 안에서 setImmediate()로서 큐에 작업을 넣게 되면 현재 우리가 있는 단계 바로 이후에 오는 단계에서 콜백이 실행됩니다. setTimeout() 콜백은 이벤트 루프의 다음 사이클을 기다려야 합니다.

이후에 이 책에서 동기적 CPU 바운딩 작업 실행을 위한 지연 호출의 사용을 파악해 나갈 때 이 API 사이의 차이점에 대해서 더 나은 이해를 하게 될 것입니다.

다음은 Node.js에서의 콜백 정의에 사용되는 규약을 탐구해 볼 것입니다.

3-1-3 Node.js 콜백 규칙

Node.js에서 CPS API 및 콜백은 일련의 특정한 규칙을 따릅니다. 이 규칙은 Node.js 코어 API에 적용되지만 대다수의 사용자 영역 모듈과 애플리케이션에도 적용됩니다. 따라서 콜백이 사용되는 비동기 API를 설계할 때마다 이를 이해하고 반드시 준수해야 합니다.

콜백은 맨 마지막에

모든 Node.js 코어 함수에서 표준 규칙은 함수가 입력으로서 콜백을 허용한다면 콜백이 맨 마지막 인자로 전달되어야 한다는 것입니다.

다음 Node.js 코어 API를 예로 들어보겠습니다.

```
readFile(filename, [options], callback)
```

이 함수의 특성에서 볼 수 있듯이 여러 인자가 있는 경우에도 콜백은 항상 마지막 위치에 놓입니다. 이 규칙이 존재하는 이유는 콜백이 적절한 위치에 정의되어 있는 경우, 함수 호출의 가독성이 더 좋기 때문입니다.

오류는 맨 처음에

CPS에서 오류가 다른 유형의 결과처럼 전달되므로 콜백의 사용이 필요합니다. Node.js에서 CPS 함수에 의해 생성된 오류는 항상 콜백의 첫 번째 인자로 전달되며, 실제 결과는 두 번째 인자에서부터 전달됩니다. 동작이 에러 없이 성공하였을 때, 첫 번째 인자는 null 또는 undefined가 됩니다. 다음의 코드는 이 규칙을 준수하는 콜백을 정의하는 방법을 보여주고 있습니다.

```
readFile('foo.txt', 'utf8', (err, data) => {
    if (err) {
        handleError(err)
    } else {
        processData(data)
    }
})
```

에러가 있는지 항상 체크하는 것이 좋습니다. 그렇지 않으면 코드를 디버깅하고 에러 지점을 찾는 것이 어려울 수 있습니다. 고려해야 할 또 다른 중요한 규칙은 오류는 항상 Error 타입이어야 한다는 것입니다. 즉, 간단한 문자열이나 숫자를 오류 객체로 전달해서는 안됩니다.

오류 전파

동기식 직접 스타일 함수의 오류 전파는 잘 알려진 throw 문을 사용하여 수행되므로 오류가 catch될 때까지 호출 스택에서 실행됩니다.

그러나 비동기식 CPS에서 적절한 에러 전파는 오류를 호출 체인의 다음에서 콜백으로 전달하여 수행됩니다. 일반적인 패턴은 다음과 같습니다.

```
import { readFile } from 'fs'

function readJSON(filename, callback) {
    readFile(filename, 'utf8', (err, data) => {
        let parsed
        if (err) {
            // 에러를 전파하고 현재의 함수에서 빠져 나옴
            return callback(err)
        }

        try {
            // 파일 내용 파싱
            parsed = JSON.parse(data)
```

```
        } catch (err) {
            // 파싱 에러 캐치
            return callback(err)
        }
        // 에러없음, 데이터 전파
        callback(null, parsed)
    })
}
```

주목해야 할 점은 readFile()을 수행하였을 때의 에러결과를 어떻게 전파하는지입니다. 에러를 다시 밖으로 발생시키거나 리턴하지 않습니다. 대신에 다른 결과처럼 단지 콜백을 사용합니다. 또한 우리는 JSON.parse()가 발생시키는 에러를 포착하기 위해서 try...catch 구문을 사용하였습니다. 해당 함수는 동기식 함수이므로 호출자에게 에러를 전달하기 위해서 전통적인 throw를 사용합니다. 마지막으로 모든 것이 잘 작동하였을 경우 콜백은 에러가 없다는 것을 나타내기 위해서 첫 번째 인자로 null과 함께 호출됩니다.

우리가 try 블럭 내에서 콜백 호출을 피하고 있는 방식 또한 흥미로운 부분입니다. 콜백이 자체적으로 발생시키는 에러를 포착하는 것은 우리가 원하는 것이 아니기 때문입니다.

캐치되지 않는 예외

때때로 비동기 함수의 콜백 내에서 에러는 밖으로 전달되거나 포착되지 않는 상황이 발생합니다. 우리가 앞서 정의한 readJSON() 함수 내에서 try...catch 구문으로 JSON.parse()를 둘러싸지 않는다면 그런 상황이 발생할 수 있습니다. 비동기식 콜백 내부에서 예외를 발생시키는 것은 예외가 이벤트 루프로 이동하게 만들며, 이것은 절대 다음 콜백으로 전파되지 않게 됩니다. Node.js에서는 이것이 회복 불능 상태이며 애플리케이션은 0이 아닌 종료 코드와 함께 그냥 종료되고 stderr 인터페이스를 통해 오류를 출력합니다.

이를 재현해보기 위해 앞서 readJSON() 함수에 정의했던 JSON.parse()를 둘러싼 try...catch 블럭을 제거해보겠습니다.

```
function readJSONThrows(filename, callback) {
    readFile(filename, 'utf8', (err, data) => {
        if (err) {
            return callback(err)
        }
        callback(null, JSON.parse(data))
```

```
    })
}
```

이제 방금 정의한 함수에서는 JSON.parse() 에서 발생하는 예외를 잡을 방법이 없습니다. 다음과 같은 코드로 부적합한 JSON 파일을 파싱한다면

```
readJSONThrows('invalid_json.json', (err) => console.error(err))
```

애플리케이션이 갑자기 종료되고 콘솔에 다음과 같은 예외 메세지가 출력됩니다.

```
SyntaxError: Unexpected token h in JSON at position 1
 at JSON.parse (<anonymous>)
 at file:///.../03-callbacks-and-events/08-uncaught-errors/index.
js:8:25
 at FSReqCallback.readFileAfterClose [as oncomplete] (internal/fs/
read_file_context.js:61:3)
```

앞의 스택 트레이스(stack trace)를 살펴보면 내장 fs 모듈에서 시작하여, 정확히 네이티브 API가 읽기를 완료한 후 이벤트 루프를 통해 fs.readFile() 함수로 그 결과를 반환한 지점으로부터 시작됩니다. 이것은 명확히 예외가 콜백에서 스택으로 이동한 다음, 즉시 이벤트 루프로 이동하여 마지막으로 콘솔에서 포착되어 throw 된다는 것을 보여줍니다.

이것은 readJSONThrows() 를 try...catch 블럭으로 둘러싸서 호출한다고 하더라도 블록이 동작하는 스택과 콜백이 호출된 스택이 다르기 때문에 동작하지 않는다는 것을 의미합니다. 다음 코드는 방금 설명된 것에 대한 안티 패턴을 보여줍니다.

```
try {
  readJSONThrows('invalid_json.json', (err) => console.error(err))
} catch (err) {
  console.log('This will NOT catch the JSON parsing exception')
}
```

위의 catch 구문은 JSON 파싱 에러를 절대로 받을 수 없게 됩니다. 에러는 비동기식 실행을 발생시키는 함수 안에서가 아니고 이벤트 루프에 예외가 발생한 별도의 콜 스택을 타고 올라갑니다.

앞서 언급한 것처럼, 예외가 이벤트 루프에 도달하는 순간 애플리케이션은 중단됩니다. 그러나 우리는 어플이케이션이 중단되기 이전에 자원을 정리하거나 로그를 남길 수 있습니다. 실제로 이러한 경우에, Node.js는 프로세스를 종료하기 직전에 uncaughtException이라는 특수 이벤트를 내보냅니다. 다음 코드는 이러한 경우에 사용하는 코드의 예시입니다.

```
process.on('uncaughtException', (err) => {
    console.error(`This will catch at last the JSON parsing exception:
  ${err.message}`)
    // 종료 코드 1(에러)과 함께 애플리케이션 종료
    // 아래의 코드가 없으면 애플리케이션은 계속됨
    process.exit(1)
})
```

캐치되지 않는 예외가 애플리케이션의 일관성을 보장할 수 없는 상태로 만듭니다. 이로 인해 예기치 않는 문제가 발생할 수 있음을 이해하는 것이 중요합니다. 예를 들어, 여전히 불완전한 I/O 요청이 실행 중이거나 클로저가 일치하지 않을 수 있습니다. 캐치되지 않은 예외가 발생한 경우, 특히 운영환경에서는 애플리케이션을 실행상태에 두지 않는 것이 권장됩니다. 선택적으로 필요한 작업의 정리 후에 프로세스는 즉시 종료되어야 하며, 프로세스 관리자가 애플리케이션을 재시작해야 합니다. 이것은 **fail-fast** 접근법으로 알려져 있고 Node.js에서 권장되는 사항입니다.

"12장. 확장성과 아키텍처 패턴"에서 관리에 대한 세부 사항을 더 알아볼 것입니다.

이것으로 콜백 패턴의 소개를 마무리 짓겠습니다. 이제 Node.js와 같은 이벤트 기반 플랫폼에서의 또 다른 주요 구성요소인 관찰자 패턴을 살펴보도록 하겠습니다.

3-2 관찰자 패턴(The observer pattern)

Node.js에서 기본적으로 사용되고 중요한 또 다른 패턴은 **관찰자 패턴**입니다. 리액터(Reactor) 그리고 콜백(Callback)과 함께 관찰자 패턴은 비동기적인 Node.js 세계를 숙달하는 데 필수적인 조건입니다.

관찰자 패턴은 Node.js의 반응적(reactive) 특성을 모델링하고 콜백을 완벽하게 보완하는 이상적인 해결책입니다. 다음과 같이 공식적인 정의를 내릴 수 있습니다.

> 관찰자 패턴은 상태 변화가 일어날 때 관찰자(또는 listener)에게 통지할 수 있는 객체를 정의하는 것입니다.

콜백 패턴과 가장 큰 차이점은 전통적인 CPS 콜백이 일반적으로 오직 하나의 리스너에게 결과를 전달하는 반면, 관찰자 패턴은 주체가 실질적으로 여러 관찰자에게 통지를 할 수 있다는 점입니다.

3-2-1 EventEmitter 클래스

전통적인 객체지향 프로그래밍에서는 관찰자 패턴에 인터페이스, 구체적인 클래스 그리고 계층구조를 요구하지만 Node.js에서는 훨씬 더 간단합니다. 관찰자 패턴은 이미 코어에 내장되어 있으며 EventEmitter 클래스를 통해 사용할 수 있습니다. EventEmitter 클래스를 사용하여 특정 유형의 이벤트가 발생되면 호출되는 하나 이상의 함수를 리스너로 등록할 수 있습니다. 그림 3.2는 이를 시각적으로 보여줍니다.

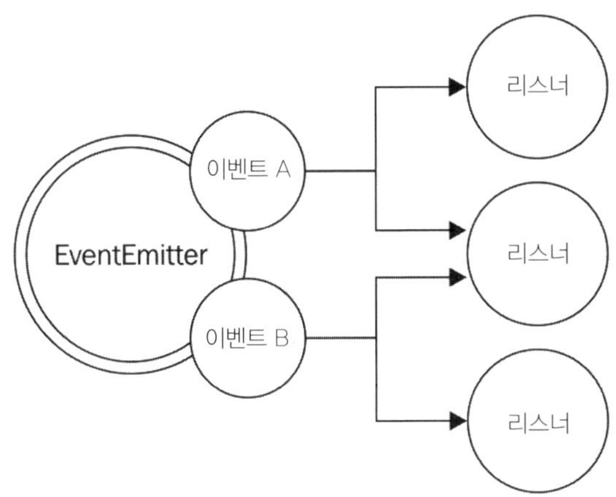

▲ 그림 3.2 EventEmitter로 부터 이벤트를 받는 리스너

EventEmitter는 events 코어 모듈로부터 익스포트됩니다. 다음 코드는 EventEmitter에 대한 참조를 얻을 수 있는 방법을 보여줍니다.

```
import { EventEmitter } from 'events'
const emitter = new EventEmitter()
```

EventEmitter의 필수 메소드는 다음과 같습니다.

- on(event, listener): 이 메소드를 사용하면 주어진 이벤트 유형(문자열)에 대해 새로운 리스너(함수)를 등록할 수 있습니다.
- once(event, listener): 이 메소드는 첫 이벤트가 전달된 후 제거되는 새로운 리스너를 등록합니다.
- emit(event, [arg1], [...]): 이 메소드는 새 이벤트를 생성하고 리스너에게 전달할 추가적인 인자들을 제공합니다.
- removeListener(event, listener): 이 메소드는 지정된 이벤트 유형에 대한 리스너를 제거합니다.

앞의 모든 메소드들은 연결(chaining)을 가능하게 하기 위해 EventEmitter 인스턴스를 반환합니다. listener 함수는 시그니처 함수([arg1], [...])를 가지고 있기 때문에 이벤트가 발생된 순간에 전달되는 인수들을 쉽게 받아들일 수 있습니다.

여러분은 이미 리스너와 전통적인 Node.js 콜백 간의 큰 차이점이 있다는 것을 보았습니다. 첫 번째 인자가 꼭 에러일 필요는 없으며, emit()이 호출될 때 어떤 값이든 전달 가능합니다.

3-2-2 EventEmitter 생성 및 사용

실제로 EventEmitter를 어떻게 사용할 수 있는지 살펴보도록 하겠습니다. 가장 간단한 방법은 새로운 인스턴스를 만들어 바로 사용하는 것입니다. 다음 코드는 EventEmitter를 사용하여 파일 목록에서 특정 패턴이 발견되면 실시간으로 구독자들에게 통지를 하는 함수를 보여줍니다.

```
import { EventEmitter } from 'events'
import { readFile } from 'fs'

function findRegex(files, regex) {
    const emitter = new EventEmitter()
    for (const file of files) {
        readFile(file, 'utf8', (err, content) => {
            if (err) {
                return emitter.emit('error', err)
            }

            emitter.emit('fileread', file)
            const match = content.match(regex)
            if (match) {
                match.forEach(elem => emitter.emit('found', file, elem))
            }
```

```
        })
    }
    return emitter
}
```

우리가 방금 정의한 함수는 3가지의 이벤트를 발생시키는 EventEmitter 인스턴스를 반환합니다.

- fileread, 파일을 읽을 때
- found, 일치하는 항목이 발견되었을 때
- error, 파일을 읽는 동안 에러가 발생하였을 때

findRegex() 함수가 어떻게 사용되는지 보겠습니다.

```
findRegex(
    ['fileA.txt', 'fileB.json'],
    /hello \w+/g
)
    .on('fileread', file => console.log(`${file} was read`))
    .on('found', (file, match) => console.log(`Matched "${match}" in
   ${file}`))
    .on('error', err => console.error(`Error emitted ${err.message}`))
```

findRegex() 함수에서 생성한 EventEmitter에 의해 발생되는 3가지 이벤트 타입에 각각 리스너를 등록하였습니다.

3-2-3 오류 전파

EventEmitter는 콜백에서처럼 에러가 발생하였을 때 예외를 단지 throw할 수 없습니다. 대신 error라는 특수한 이벤트를 발생시키고, Error 객체를 인자로 전달하는 규약을 따릅니다. 이것이 정확히 우리가 앞에서 정의한 findRegex() 함수에서 하고 있는 것입니다.

EventEmitter는 error 이벤트를 특별한 방법으로 다룹니다. 만약 해당 이벤트가 발생하고 관련된 리스너가 없을 경우에 자동으로 예외를 throw하고 애플리케이션을 빠져나옵니다. 이러한 이유로 error 이벤트에 대한 리스너를 항상 등록해주는 것이 권장됩니다.

3-2-4 관찰 가능한 객체 만들기

앞선 예제에서 보았듯이 Node.js 세계에서는 EventEmitter 자체로 사용되는 경우는 매우 드뭅니다. 대신, 다른 클래스의 확장이 일반적입니다. 실제로 어떤 클래스라도 EventEmitter의 기능을 상속받아 관찰 가능한 객체가 되는 것이 가능합니다.

이 패턴을 설명하기 위해서 다음과 같이 findRegex() 함수의 기능을 구현해 보겠습니다.

```
import { EventEmitter } from 'events'
import { readFile } from 'fs'

class FindRegex extends EventEmitter {
    constructor(regex) {
        super()
        this.regex = regex
        this.files = []
    }

    addFile(file) {
        this.files.push(file)
        return this
    }

    find() {
        for (const file of this.files) {
            readFile(file, 'utf8', (err, content) => {
                if (err) {
                    return this.emit('error', err)
                }

                this.emit('fileread', file)

                const match = content.match(this.regex)
                if (match) {
                    match.forEach(elem => this.emit('found', file, elem))
                }
            })
        }
        return this
    }
}
```

우리가 정의한 findRegex 클래스는 EventEmitter를 확장하여 완전한 관찰가능 객체가 되었습니다. EventEmitter 내부 구성을 초기화하기 위해서 constructor 내부에서 항상 super()를 사용하는 것을 기억하세요.

다음은 우리가 방금 정의한 FindRegex() 클래스를 어떻게 사용하는지에 대한 예제입니다.

```
const findRegexInstance = new FindRegex(/hello \w+/)
findRegexInstance
    .addFile('fileA.txt')
    .addFile('fileB.json')
    .find()
    .on('found', (file, match) => console.log(`Matched "${match}" in file ${file}`))
    .on('error', err => console.error(`Error emitted ${err.message}`))
```

FindRegex 객체가 EventEmitter로부터 상속받은 on() 메소드를 어떻게 제공하는지 확인할 수 있습니다. 이것은 Node.js 생태계에서 꽤나 일반적인 패턴입니다. 예를 들어, 핵심 HTTP 모듈의 Server 객체의 EventEmitter 함수 상속은 request(새로운 요청을 받았을 때), connection(새로운 연결이 성립되었을 때), closed(서버 소켓이 닫혔을 때)와 같은 이벤트를 생성하게끔 합니다.

EventEmitter를 확장하는 주목할 만한 또 다른 객체의 예는 Node.js 스트림입니다. "6장. 스트림 코딩"에서 상세하게 다룰 예정입니다.

3-2-5 EventEmitter와 메모리 누수

관찰 가능 주체들에 대해서 오랜 시간 동안 구독을 하고 있을 때 더 이상 그것들이 필요하지 않게 되면 **구독 해지**하는 것이 매우 중요합니다. 구독 해지는 **메모리 누수**를 예방하고 리스너의 스코프에 있는 객체에 의해 더 이상 사용되지 않는 메모리 점유를 풀게 해줍니다. Node.js(일반적으로 JavaScript에서도)에서는 EventEmitter 리스너의 등록을 해지하지 않는 것이 메모리 누수의 주된 원인이 됩니다.

메모리 누수는 메모리가 더 이상 필요하지 않지만 해제되지 않아 애플리케이션의 메모리 사용을 무기한으로 증가시키는 원인을 제공하는 소프트웨어 결함입니다. 예를 들어 다음과 같은 코드를 생각해 볼 수 있습니다.

```
const thisTakesMemory = 'A big string....'
const listener = () => {
    console.log(thisTakesMemory)
}
emitter.on('an_event', listener)
```

변수 thisTakesMemory는 리스너에서 참조되며 리스너가 해제되기 전까지 또는 emitter 자체에 대한 참조가 더 이상 활성되어 있지 않아 도달할 수 없게 되어 가비지 컬렉션에 잡히기 전까지는 메모리에서 유지됩니다.

JavaScript에서의 가비지 컬렉션에 대한 훌륭한 설명과 도달가능 개념에 대해서 다음 링크에서 찾아 볼 수 있습니다.

• https://javascript.info/garbage-collection

즉, 애플리케이션의 전체 주기 동안 EventEmitter는 그것의 모든 리스너들이 참조하는 메모리와 함께 도달 가능한 상태를 유지한다는 것을 의미합니다. 예를 들어 우리가 HTTP의 요청이 올 때마다 해제되지 않는 "영구적인" EventEmitter를 등록한다면 이것은 메모리 누수를 일으키게 됩니다. 애플리케이션에 의해 사용되는 메모리는 무한정 증가할 것이며, 때로는 천천히 때로는 일찍이 그러나 결국에는 애플리케이션을 망가뜨리게 됩니다. 이러한 상황을 예방하기 위해서 EventEmitter의 removeListener() 메소드로 리스너를 해제할 수 있습니다.

```
emitter.removeListener('an_event', listener)
```

EventEmitter는 개발자에게 메모리 누수에 대한 가능성을 경고하기 위해서 매우 간단한 내장 메커니즘을 가지고 있습니다. 리스너의 수가 특정 개수(기본 10개)를 초과할 때 EventEmitter는 경고를 발생시킵니다. 가끔은 10개 이상의 등록이 전혀 무리 없을 때도 있기에 우리가 EventEmitter의 setMaxListeners() 메소드를 사용하여 이것에 대한 제한을 조정할 수 있습니다.

첫 번째 이벤트를 받고 나서 자동으로 리스너를 해지하는 편리한 메소드인 once(event, listener)를 on(event, listener)를 대신해서 사용할 수 있습니다. 그러나 발생되지 않는 이벤트를 명시하였을 경우 리스너는 절대 해지되지 않으며 메모리 누수의 원인이 된다는 점을 상기해야 합니다.

3-2-6 동기 및 비동기 이벤트

이벤트 또한 콜백과 마찬가지로 이벤트를 생성하는 작업이 호출되는 순간에 따라 동기적 또는 비동기적으로 발생될 수 있습니다. 동일한 EventEmitter에서 두 가지 접근 방식을 섞어서는 안됩니다. 더 중요한 것은 동기와 비동기를 혼합하여 동일한 유형의 이벤트를 발생시키면 안됩니다. 앞서 'Zalgo를 풀어놓다'라는 섹션에서 설명한 것과 같은 문제가 발생하지 않도록 하는 것이 중요합니다. 동기와 비동기 이벤트를 발생시키는 주된 차이점은 리스너를 등록할 수 있는 방법에 있습니다.

이벤트가 비동기적으로 발생할 때 현재의 스택이 이벤트 루프에 넘어갈 때까지는 이벤트 발생을 만들어 내는 작업 이후에도 새로운 리스너를 등록할 수 있습니다. 그 이유는 이벤트가 이벤트 루프의 다음 사이클이 될 때까지 실행되지 않는 것이 보장되기 때문입니다. 따라서 어떠한 이벤트도 놓치지 않게 됩니다.

우리가 정의한 FindRegex() 클래스는 find() 메소드가 호출된 이후에 비동기적으로 이벤트를 발생시킵니다. 이것이 이벤트의 손실없이 우리가 find() 메소드 호출 이후에도 리스너를 등록할 수 있는 이유입니다. 다음의 코드와 같습니다.

```
findRegexInstance
    .addFile(...)
    .find()
    .on('found', ...)
```

반면에 작업이 실행된 이후에 이벤트를 동기적으로 발생시킨다면 모든 리스너를 작업 실행 전에 등록해야 합니다. 그렇지 않으면 모든 이벤트를 잃게 됩니다. 어떻게 작동하는지 살펴보기 위해 우리가 앞서 정의한 FindRegex 클래스를 수정하고 find() 메소드를 동기적으로 만들어 보겠습니다.

```
find() {
    for (const file of this.files) {
        let content
        try {
            content = readFileSync(file, 'utf8')
        } catch (err) {
            this.emit('error', err)
        }
```

```
            this.emit('fileread', file)
            const match = content.match(this.regex)
            if (match) {
                match.forEach(elem => this.emit('found', file, elem))
            }
        }
        return this
    }
```

find() 작업을 실행하기 전에 리스너를 등록하겠습니다. 그리고 두 번째 리스너를 작업 이후에 등록해보고 무슨 일이 발생하는지 보도록 하겠습니다.

```
const findRegexSyncInstance = new FindRegexSync(/hello \w+/)
findRegexSyncInstance
    .addFile('fileA.txt')
    .addFile('fileB.json')
    // 리스너가 호출됨
    .on('found', (file, match) => console.log(`[Before] Matched
"${match}"`))
    .find()
    // 이 리스너는 절대 호출안됨
    .on('found', (file, match) => console.log(`[After] Matched
"${match}"`))
```

예상했던 것처럼 find() 작업 이후에 등록한 리스너는 절대 호출되지 않습니다. 앞선 코드의 출력입니다.

```
[Before] Matched "hello world"
[Before] Matched "hello NodeJS"
```

드물게는 동기적 방법에서의 이벤트 발생이 적합할 때가 있습니다. 하지만 EventEmitter의 본성은 비동기적 이벤트를 다루는 데에 근거합니다. 이벤트를 동기적으로 발생시키는 것은 우리가 EventEmitter가 필요하지 않거나 어딘가에서 똑같은 관찰 가능한 것이 또 다른 이벤트를 비동기적으로 발생시키고 있다는 신호입니다. 이것은 잠재적으로 Zalgo의 상황입니다.

동기적 이벤트 발생은 process.nextTick()과 함께 그들이 비동기적으로 발생되는 것을 보장하도록 연기될 수 있습니다.

3-2-7 EventEmitter 대 콜백

비동기식 API를 정의할 때 공통적인 딜레마는 EventEmitter를 사용할지 아니면 단순하게 콜백을 사용할지를 결정하는 것입니다. 일반적인 판단 규칙은 그 의미에 있습니다. 결과가 비동기적으로 반환되어야 하는 경우에는 콜백을 사용하며, 이벤트는 발생한 사건과 연결될 때 사용되어야 합니다.

이처럼 간단한 원리에도 두 패러다임 사이에서 많은 혼동이 생겨나는 게 사실입니다. 대부분의 경우 동일하며 같은 결과를 얻게 해줍니다. 다음의 예제를 살펴보겠습니다.

```
import { EventEmitter } from 'events'

function helloEvents() {
    const eventEmitter = new EventEmitter()
    setTimeout(() => eventEmitter.emit('complete', 'hello world'), 100)
    return eventEmitter
}
function helloCallback(cb) {
    setTimeout(() => cb(null, 'hello world'), 100)
}

helloEvents().on('complete', message => console.log(message))
helloCallback((err, message) => console.log(message))
```

두 함수 helloEvents()와 helloCallback()은 기능적인 면에서 동일하게 생각할 수 있습니다. 첫 번째는 이벤트를 사용하여 타임아웃의 완료를 전달하며, 두 번째는 콜백을 사용합니다. 그러나 실제로 이들을 구별하는 것은 가독성, 의미, 구현 또는 사용되는 데 필요한 코드의 양입니다.

어떤 스타일을 선택할지에 대한 규칙을 제공할 수는 없지만 결정을 내리는 데 도움이 될 수 있는 몇 가지 힌트는 제공할 수 있습니다.

- 콜백은 여러 유형의 결과를 전달하는 데 있어서 약간의 제한이 있습니다. 실제로 콜백의 인자로 타입을 전달하거나 각 이벤트에 적합한 여러 개의 콜백을 취하여 차이를 둘 수 있습니다. 하지만 이것은 깔끔한 API라고 할 수 없습니다. 이 상황에서는 EventEmitter가 더 나은 인터페이스와 군더더기 없는 코드를 만들게 해줍니다.
- EventEmitter는 같은 이벤트가 여러 번 발생하거나 아예 발생하지 않을 수도 있는 경우에 사용되어야 합니다. 사실 콜백은 작업이 성공적이든 아니든 정확히 한번 호출됩니다. 반복 가능성이 있는 상황을 갖는 것은 결과가 반환되어야 하는 것보다는 알려주는 기능인 이벤트와 더 유사합니다.

- 콜백을 사용하는 API는 오직 특정한 콜백 하나만을 호출할 수 있습니다. 반면에 EventEmitter는 같은 이벤트에 대해 다수의 리스너를 등록할 수 있게 해줍니다.

3-2-8 콜백과 EventEmitter의 결합

EventEmitter를 콜백과 함께 사용할 수 있는 특정한 상황도 존재합니다. 이 패턴은 매우 강력합니다. 전통적인 콜백을 사용하여 결과를 비동기적으로 전달할 수 있게끔 해주고 동시에 EventEmitter를 반환하여 비동기 처리 상태에 대해 보다 상세한 판단을 제공하는데 사용될 수 있습니다.

이 패턴의 예시는 glob 스타일로 파일 검색을 수행하는 라이브러리인 glob 패키지(http://nodejsdp.link/npm-glob)에 의해 제공됩니다. 이 모듈의 주요 진입점은 아래와 같은 특징을 가지는 함수입니다.

```
const eventEmitter = glob(pattern, [options], callback)
```

이 함수는 패턴을 첫 번째 인자로 취하고 다음에는 일련의 옵션을 그리고 주어진 패턴과 일치하는 모든 파일 리스트를 가지고 호출될 콜백 함수를 취합니다. 동시에 이 함수는 프로세스 상태에 대해서 보다 세분화된 알림을 제공하는 EventEmitter를 반환합니다. 예를 들어 match 이벤트가 일어날 때 실시간으로 알림을 받거나 end 이벤트와 함께 매칭되는 모든 파일 리스트를 얻거나 abort 이벤트를 받아 프로세스가 수동으로 중단되었는지 아닌지 아는 것이 가능합니다. 다음의 코드는 어떻게 사용되는지 보여줍니다.

```
import glob from 'glob'

glob('data/*.txt',
    (err, files) => {
        if (err) {
            return console.error(err)
        }
        console.log(`All files found: ${JSON.stringify(files)}`)
    })
    .on('match', match => console.log(`Match found: ${match}`))
```

전통적인 콜백과 EventEmitter를 결합하는 것은 같은 API에 두 가지 다른 접근을 제공하는 우아한 방법입니다. 하나의 접근이 일반적으로 더 간단하고 더욱 즉각적으로 사용되는 것으로 여겨지는 반면, 다른 접근은 심화된 시나리오에서 선택됩니다.

또한 EventEmitter는 프라미스("5장. Promises 그리고 Async/Await와 함께 하는 비동기 제어 흐름 패턴"에서 살펴볼 것입니다)와 같이 다른 비동기 메커니즘과 결합될 수도 있습니다. 이 경우에는 단지 프라미스와 EventEmitter를 모두 포함하는 객체(또는 배열)를 반환합니다. 이 객체는 호출자에 의해 {promise, events} = foo()와 같이 해체될 수 있습니다.

요약

이 장에서는 처음으로 실용적 측면의 비동기적 코드 작성을 접해보았습니다. 전체 Node.js에서 비동기적 기반의 큰 두 갈래(EventEmitter와 콜백)를 알아보았습니다. 그리고 그것의 사용에 관한 세부사항과 규약 그리고 패턴을 탐구해보았습니다. 또한 비동기적 코드를 다룰 때 몇 가지 위험한 것들을 살펴보고 그것을 피하는 방법에 대해서 배웠습니다. 이번 장을 숙달하는 것은 앞으로 이 책의 남은 부분에서 소개되는 더 심화된 비동기 기술들을 배우기 위한 토대입니다.

다음 장에서는 콜백을 사용하여 어떻게 복합적인 비동기 흐름 제어를 다루는지 배워보겠습니다.

연습

3.1 단순 이벤트:

입력 파일 리스트를 인자로 넘기고 find 프로세스를 시작할 때 이벤트를 방출하게끔 비동기적 FindRegex 클래스를 수정하세요.

3.2 Ticker:

number와 콜백을 인자로 받는 함수를 작성해보세요. 이 함수는 호출되고 나서 number 만큼의 밀리초가 지나기 전까지 매 50밀리초마다 tick이라는 이벤트를 내보내는 EventEmitter를 반환합니다. 또한 이 함수는 number 만큼의 밀리초가 지났을 때 tick 이벤트가 일어난 횟수를 받는 callback을 호출합니다.

HINT setTimeout()을 예약하기 위해 setTimeout() 을 재귀적으로 사용하세요.

3.3 간단한 수정:

함수 호출 즉시 tick 이벤트를 생성하도록 연습 3.2에서 만든 함수를 수정하세요.

3.4 에러 다루기:

(3.3에서 추가한 초기 발생을 포함하여) tick이 발생할 때 타임스탬프가 5로 나누어지면 에러를 생성하도록 3.3에서 만든 함수를 수정하세요. 콜백과 EventEmitter를 사용하여 에러를 전파시키세요.

HINT Date.now()를 사용하여 타임스탬프를 얻고 나머지 연산자(%)를 사용하여 5로 나누어지는지 아닌지 확인하세요.

CHAPTER 04

콜백을 사용한 비동기 제어 흐름 패턴

✔ 비동기 프로그래밍의 어려움

✔ 콜백 모범 사례와 제어 흐름 패턴

✔ 비동기 라이브러리

동기식 프로그래밍 스타일을 사용하는 플랫폼에서 Node.js와 같이 **연속 전달 스타일(CPS)**과 비동기 API를 일반적으로 사용하는 플랫폼으로의 적응은 쉽지 않을 수 있습니다. 비동기 코드는 구문이 실행되는 순서를 예측하기 어렵게 할 수 있습니다. 일련의 파일들을 반복 탐색하거나, 작업을 순서대로 실행하거나, 일련의 작업들이 완료될 때까지 기다리는 것과 같은 간단한 문제라도 비효율적이고 가독성이 떨어지는 것을 피하기 위해서 개발자에게는 새로운 접근법과 기술들이 요구됩니다. 비동기 제어 흐름을 다루기 위해 콜백을 사용할 때 가장 흔히 하는 실수는 콜백 지옥에 빠지거나 코드가 간단한 루틴에서조차 가독성이 떨어지고 유지하기 힘들어져서 수직적이라기보다 수평적으로 커지는 일입니다.

이 장에서는 몇 가지 규칙과 패턴을 사용하여 실제로 어떻게 콜백을 능숙하게 제어하며, 깔끔하게 관리 가능한 비동기 코드를 작성할 수 있는지 살펴볼 것입니다. 콜백을 올바르게 다루는 법을 알게 되는 것은 프라미스와 async/await와 같이 최근에 쓰이는 접근법을 사용하기 위한 초석이 될 것입니다.

요약하자면 이 장에서 다음을 배우게 됩니다.

- 비동기 프로그래밍에 대한 과제
- 콜백 지옥을 피하는 것과 콜백 모범 사례들
- 연속적 실행, 연속적 반복, 병렬 실행 그리고 제한된 병렬 실행에서 흔히 다루는 비동기 패턴

4-1 비동기 프로그래밍의 어려움

JavaScript에서는 비동기 코드에 대한 제어를 놓치는 일이 정말 흔하게 일어납니다. 클로저와 익명 함수의 in-place 정의는 개발자가 코드베이스 지점들을 옮겨 다니지 않고 원활한 프로그래밍을 하게 해줍니다. 이는 **KISS(Keep It Simple, Stupid)** 원칙과 완전하게 부합합니다. 이는 코드가 매끄럽게 흘러가게 해주고 이를 짧은 시간에 정의할 수 있게 해줍니다. 불행히도 모듈화, 재사용성 그리고 유지보수성과 같은 특성들을 희생하는 것은 일찌감치 혹은 늦게라도 콜백의 중첩을 통제할 수 없이 급증하게 하고 함수의 크기가 커지며 구성 또한 엉망이 되게 합니다. 대부분의 경우 in-place 콜백을 만드는 것이 절대적으로 요구되는 것이 아닙니다. 그래서 비동기 프로그래밍과 관련된 문제보다는 규칙 문제가 더 중요합니다. 코드가 다루기 힘들어지는지 좋아지고 있는지를 인지하며 그것이 통제하기 힘들어지는 것을 미리 알고 그에 따라 최선의 해결책을 가지고 행동하는 것이 전문가와 초보자의 차이입니다.

4-1-1 간단한 웹 스파이더 만들기

이야기를 풀어나가기 위해서 우리는 웹 URL을 입력으로 받아 해당 URL의 내용을 로컬 파일로 다운로드하는 간단한 콘솔용 애플리케이션인 웹 스파이더를 만들어 보겠습니다. 이 장에서 소개될 코드에서는 몇 가지의 npm 종속성들이 사용됩니다.

- superagent: 스트림라인 HTTP 호출 라이브러리(https://www.npmjs.com/package/superagent)
- mkdirp: 재귀적으로 디렉터리를 만드는 작은 유틸리티(https://www.npmjs.com/package/mkdirp)

또한 우리는 애플리케이션에서 사용할 헬퍼들을 가지고 있는 ./utils.js라는 로컬 모듈을 종종 참조할 것입니다. 간결함을 위해 이 파일의 내용을 생략했지만, 공식 레포지토리(https://github.com/PacktPublishing/Node.js-Design-Patterns-Third-Edition)에서 모든 종속성 목록을 포함한 package.json 파일과 전체 구현 코드를 찾아볼 수 있습니다.

애플리케이션의 핵심 기능은 spider.js라는 모듈 안에 있습니다. 사용할 모든 종속성들을 로드하는 것으로 시작해보겠습니다.

```
import fs from 'fs'
import path from 'path'
import superagent from 'superagent'
import mkdirp from 'mkdirp'
import { urlToFilename } from './utils.js'
```

다음으로 다운로드할 URL과 다운로드 프로세스가 완료될 때 호출될 콜백 함수를 취하는 spider() 라는 새로운 함수를 만듭니다.

```
export function spider(url, cb) {
    const filename = urlToFilename(url)
    fs.access(filename, err => {                              // (1)
        if (err && err.code === 'ENOENT') {
            console.log(`Downloading ${url} into ${filename}`)
            superagent.get(url).end((err, res) => {           // (2)
                if (err) {
                    cb(err)
                } else {
                    mkdirp(path.dirname(filename), err => {   // (3)
                        if (err) {
                            cb(err)
```

```
                        } else {
                            fs.writeFile(filename, res.text, err => {    // (4)
                                if (err) {
                                    cb(err)
                                } else {
                                    cb(null, filename, true)
                                }
                            })
                        }
                    })
                }
            })
        } else {
            cb(null, filename, false)
        }
    })
}
```

여기서 많은 것들이 진행됩니다. 단계별로 좀 더 상세하게 다루어 보겠습니다.

1. 해당하는 파일이 존재하는지 확인하여 해당 URL에서 이미 다운로드를 했는지 검사합니다. err가 정의되어있고 타입이 ENOENT이라면 파일이 존재하지 않으므로 파일 생성에 문제가 없습니다.

```
fs.access(filename, err => ...
```

2. 파일을 찾을 수 없을 경우 해당 URL은 다음의 코드를 통해 다운로드됩니다.

```
superagent.get(url).end((err, res) => ...
```

3. 그 다음 파일이 저장될 디렉터리가 있는지 확인합니다.

```
mkdirp(path.dirname(filename), err => ...
```

4. 마지막으로 HTTP응답의 내용을 파일 시스템에 씁니다.

```
fs.writeFile(filename, res.text, err => ...
```

우리의 웹 스파이더 애플리케이션을 완성하기 위해서 URL을 입력으로(우리의 경우, 커맨드라인에서 인자를 읽습니다) 제공하여 spider() 함수만 호출하면 됩니다. spider() 함수는 우리가 방금 정의한 파일에서 익스포트됩니다. 이제 커맨드라인에서 직접 호출될 수 있는 새로운 파일 spider-cli.js 을 만듭니다.

```
import { spider } from './spider.js'

spider(process.argv[2], (err, filename, downloaded) => {
    if (err) {
        console.error(err)
    } else if (downloaded) {
        console.log(`Completed the download of "${filename}"`)
    } else {
        console.log(`"${filename}" was already downloaded`)
    }
})
```

이제 웹 스파이더 애플리케이션을 사용할 준비가 되었습니다. 먼저 utils.js 모듈과 프로젝트 디렉터리에 있는 전체 종속성 목록을 가지고 있는 package.json이 있는지 확인 후, 다음 명령을 통해 모든 종속성을 설치합니다.

```
npm install
```

이제 웹 페이지의 내용을 다운로드하기 위해 커맨드에서 다음과 같이 spider-cli.js 모듈을 실행합니다.

```
node spider-cli.js http://www.example.com
```

예제의 웹 스파이더 애플리케이션은 우리가 제공하는 URL에 항상 프로토콜(예 http://)을 포함시켜야 합니다. 비동기 프로그래밍이 어떻게 동작하는지 보여주는 단순한 예제일 뿐이므로 HTML링크나 이미지 같은 리소스들도 함께 다운로드할 것이라는 기대는 하지 마십시오.

다음 섹션에서는 이 코드의 가독성을 어떻게 향상시키고 가능한 어떻게 콜백 기반 코드를 깔끔하고 가독성 좋게 유지할 수 있는지 배워보겠습니다.

4-1-2 콜백 지옥(Callback hell)

앞에서 정의한 spider() 함수를 살펴보면, 우리가 구현한 알고리즘이 정말 간단하지만 결과적으로는 코드에 여러 수준의 들여쓰기가 존재하므로 읽기가 매우 어렵다는 것을 알 수 있습니다. 직접 스타일의 블로킹 API로 유사한 기능을 구현하는 것이 더 간단할 수 있으며 코드의 가독성이 훨씬 더 올라갈 것이 분명합니다. 그러나 비동기식 CPS를 사용하는 것은 또 다른 이야기이며, in-place 콜백 정의를 잘못 사용하는 것은 좋지 않은 코드를 야기할 수 있습니다.

많은 클로저와 in-place 콜백 정의가 코드의 가독성을 떨어뜨리고 관리할 수 없는 덩어리로 만드는 상황을 **콜백 지옥**이라고 합니다. 이것은 Node.js와 JavaScript에서 일반적으로 가장 잘 알려져 있는 안티 패턴 중 하나입니다. 이 문제가 나타나는 전형적인 코드 구조는 다음과 같습니다.

```
asyncFoo(err => {
    asyncBar(err => {
        asyncFooBar(err => {
            //...
        })
    })
})
```

이런 식으로 작성된 코드가 깊은 중첩으로 인해 피라미드 같은 모양을 취한다는 것을 볼 수 있습니다. 그 때문에 이것이 한편으로는 **죽음의 피라미드(pyramid of doom)**로 알려진 이유입니다.

위와 같은 코드에서 가장 분명하게 드러나는 문제점은 가독성입니다. 중첩이 너무 깊어서 함수가 어디서 끝나고 또 다른 함수는 어디서 시작하는지 추적하는 것이 거의 불가능합니다.

또 다른 문제는 각 스코프에서 사용되는 변수이름의 중복이 발생한다는 점입니다. 흔히 변수의 내용을 설명하기 위해서 유사하거나 동일한 이름을 사용해야 하기 때문입니다. 가장 좋은 예가 각 콜백이 수신하는 인자인 err입니다. 어떤 이들은 같은 이름의 변형(예 err, error, err1, err2)을 사용하여 각 스코프의 객체를 식별하려고 합니다. 또 다른 이들은 err과 같이 항상 같은 이름을 사용하여 스코프에 정의된 변수를 가리는 것을 선호합니다. 두 가지 방법 모두 완벽하지 못하여 혼동을 일으키고 결함을 발생시킬 확률을 높이게 됩니다.

그리고 클로저가 성능 및 메모리 소비 측면에서 부정적인 영향을 미칠 수 있다는 것을 명심해야 합니다. 또한 그것들은 식별하기 쉽지 않은 메모리 누수를 만들어 냅니다. 실제로 활성 클로저에 의해 참조되는 컨텍스트가 가비지(garbage) 수집 시 유지된다는 것을 잊어서는 안됩니다.

V8에서 클로저가 어떻게 작동하는지에 대한 좋은 소개는 V8 팀에서 작업하는 Google 소프트웨어 엔지니어인 Vyachelav Egorov의 블로그 게시물을 참조하십시오.

- https://mrale.ph/blog/2012/09/23/grokking-v8-closures-for-fun.html

spider() 함수를 보면 그것이 콜백 지옥 상황을 명확히 나타내고 방금 설명한 모든 문제들을 가지고 있다는 것을 알아차릴 수 있습니다. 나음 섹션에서 패턴과 기술들을 가지고 고쳐보도록 하겠습니다.

4-2 콜백 모범 사례와 제어 흐름 패턴

콜백 지옥에 대한 첫 번째 예를 보았고, 이제 분명히 피해야 함을 알게 되었습니다. 그러나 비동기 코드를 작성할 때 주의해야 할 사항은 그것뿐만이 아닙니다. 실제로 일련의 비동기 작업들의 흐름을 제어하려면 특정 패턴과 기법을 사용해야만 하는 상황이 있습니다. 특히 외부 라이브러리를 사용하지 않고 일반 JavaScript만 사용하는 경우에는 더욱 그렇습니다. 예를 들어, 순서에 따라 비동기 작업을 적용하여 컬렉션을 반복하는 것은 배열에 forEach()를 호출하는 것과 같이 쉬운 것이 아니며 실제로는 재귀와 유사한 기술을 필요로 합니다.

이 섹션에서는 콜백 지옥을 피하는 방법뿐만 아니라, 단순하고 간단한 JavaScript만 사용하여 가장 일반적인 제어 흐름 패턴을 구현하는 방법에 대해서도 배우게 될 것입니다.

4-2-1 콜백 규칙

비동기 코드를 작성할 때 명심해야 할 첫 번째 규칙은 콜백을 정의할 때 in-place 함수의 정의를 남용하지 않는 것입니다. 모듈화 및 재사용성과 같은 문제에 대한 추가적인 사항을 고려할 필요가 없어 매력적이겠지만, 이는 장점보다 단점이 더 많을 수 있는 방식이라는 것을 이미 앞에서 살펴보았습니다. 대부분의 경우 콜백 지옥 문제를 해결하기 위한 어떤 라이브러리나 멋진 기술 혹은 패러다임의 변화가 필요한 것은 아니며, 간단하고 일반적인 상식이면 충분합니다.

다음은 중첩수준을 낮게 유지하고 일반적으로도 코드 체계를 개선하는데 도움이 되는 몇 가지 기본 원칙입니다.

- 가능한 한 빨리 종료합니다. 문맥에 따라 return, continue, break를 사용하면 if...else문을 모두 작성(및 중첩)하는 대신 현재 구문을 즉시 종료할 수 있습니다. 이렇게 하면 얕은 수준으로 코드를 유지하는데 도움이 됩니다.
- 콜백을 위해 명명된 함수를 생성하여 클로저 바깥에 배치하며 중간 결과를 인자로 전달합니다. 함수의 이름을 지정하면 스택 추적에서 더 잘 보이게 됩니다.
- 코드를 모듈화합니다. 가능하면 작고 재사용 가능한 함수들로 분할하세요.

이제 이 원칙들을 적용해보도록 하겠습니다.

4-2-2 콜백 규칙 적용

앞에서 언급한 아이디어들에 대한 힘을 보여주기 위해서 그것들을 우리의 웹 스파이더 애플리케이션에 있는 콜백 지옥 문제를 해결하는 데 적용해 봅시다.

첫 번째 단계로 else 문을 제거하여 오류 검사 패턴을 재구성할 수 있습니다. 이는 오류를 받는 즉시 함수로부터 복귀가 가능합니다. 따라서 다음과 같은 코드를 사용하는 대신

```
if (err) {
    cb(err)
} else {
    // 에러가 없을 때 실행할 코드
}
```

다음과 같은 코드를 작성하여 코드의 구성을 개선할 수 있습니다.

```
if (err) {
    return cb(err)
}
// 에러가 없을 때 실행할 코드
```

이것은 종종 **빠른 반환 원칙**으로 언급됩니다. 이 간단한 트릭을 사용하여 함수의 중첩 수준을 바로 줄일 수 있습니다. 이 방법은 아주 쉬우며, 복잡한 리팩토링을 필요로 하지 않습니다.

방금 설명한 최적화를 실행할 때 저지를 수 있는 일반적인 실수 중 하나가 콜백이 호출된 후에 함수를 종료하는 것을 잊는 것입니다. 오류 처리 시나리오의 경우 다음 코드가 일반적인 문제의 원인입니다.

```
if (err) {
    callback(err)
}
// 에러가 없을 때 실행할 코드
```

콜백의 실행 후에도 함수의 실행이 계속된다는 것을 잊어서는 절대 안됩니다. 따라서 나머지 함수의 실행을 차단하는 return 명령을 삽입하는 것이 중요합니다. 또한 함수가 반환하는 결과는 중요하지 않습니다. 실제 결과(또는 오류)는 비동기적으로 생성되어 콜백에 전달됩니다. 비동기 반환값은 대개 무시됩니다. 이 속성을 사용하면 다음과 같이 단순하게 작성할 수 있습니다.

```
return callback(...)
```

그렇지 않으면 다음과 같이 좀 더 명확하게 작성해야 합니다.

```
callback(...)
return
```

spider() 함수의 두 번째 최적화로 재사용 가능한 코드의 구분을 시도할 수 있습니다. 예를 들어, 파일에 문자열을 쓰는 기능은 다음과 같이 별도의 함수로 쉽게 분리할 수 있습니다.

```
function saveFile(filename, contents, cb) {
    mkdirp(path.dirname(filename), err => {
        if (err) {
            return cb(err)
        }
        fs.writeFile(filename, contents, cb)
    })
}
```

동일한 원칙에 따라 URL과 파일 이름을 입력으로 사용하여 URL에서 주어진 파일을 다운로드하는 download()라는 일반 함수를 만들 수 있습니다. 내부적으로 앞서 만든 saveFile() 함수를 사용할 수 있습니다.

```
function download(url, filename, cb) {
    console.log(`Downloading ${url}`)
    superagent.get(url).end((err, res) => {
        if (err) {
            return cb(err)
        }
        saveFile(filename, res.text, err => {
            if (err) {
                return cb(err)
            }
            console.log(`Downloaded and saved: ${url}`)
            cb(null, res.text)
        })
    })
}
```

마지막 단계로 spider() 함수를 수정합니다. 변경 사항을 적용하면 spider() 함수는 이제 다음과 같은 형태가 됩니다.

```
export function spider(url, cb) {
    const filename = urlToFilename(url)
    fs.access(filename, err => {
        if (!err || err.code !== 'ENOENT') { // (1)
            return cb(null, filename, false)
        }
        download(url, filename, err => {
            if (err) {
                return cb(err)
            }
            cb(null, filename, true)
        })
    })
}
```

spider() 함수의 기능 및 인터페이스는 완전히 똑같습니다. 코드가 구성된 방식만 바뀌었습니다. 알아보아야 할 한 가지 중요한 세부 사항은 우리가 앞서 언급한 빠른 반환 원칙이 적용될 수 있도록 파일의 존재 유무에 대한 검사의 순서를 뒤바꾸었다는 것입니다.

빠른 반환 원칙과 다른 콜백 규칙들을 적용함으로써 코드의 중첩을 크게 줄일 수 있었으며, 동시에 재사용성 및 테스트 가능성을 높일 수 있었습니다. 사실 우리는 saveFile()과 download()를 모두 익스포트하여 다른 모듈에서 재사용하도록 할 수 있습니다. 또한 이것은 우리로 하여금 그것들의 기능을 독립적으로 테스트할 수 있게 합니다.

이 섹션에서 수행한 리팩토링은 대부분의 경우 클로저와 익명함수를 남용하지 않도록 하는 데 필요한 몇 가지 원칙만을 사용했을 뿐이었습니다. 외부 라이브러리를 사용하지 않고 최소한의 노력만으로 훌륭히 작동하는 코드를 만들어 냈습니다.

이제 콜백을 사용하여 어떻게 비동기 코드를 깔끔하게 작성하는지 알게 되었습니다. 이로써 우리는 순차적 그리고 병렬적 실행과 같은 몇 가지 가장 일반적인 비동기 패턴을 알아볼 준비가 되었습니다.

4-2-3 순차 실행

이 섹션에서는 비동기 제어 흐름 패턴을 살펴보고 순차 실행 흐름을 분석해 보겠습니다.

일련의 작업을 순차적으로 실행한다는 것은 한 번에 하나씩 실행한다는 것을 의미합니다. 목록 상의 작업 결과가 다음 작업의 실행에 영향을 줄 수 있으므로 실행 순서가 중요하고 이를 보존해야 합니다. 다음 그림 4.1은 이 개념을 설명합니다.

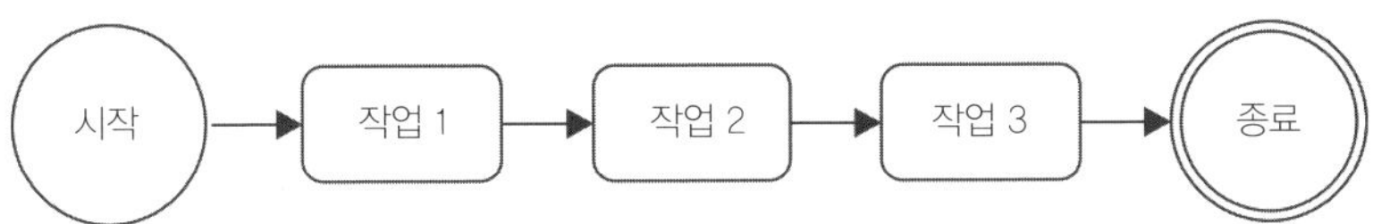

▲ 그림 4.1 3개의 작업에 대한 순차 실행 흐름 예시

이 흐름에는 다양한 변형이 있습니다.

- 데이터의 전파 없이 일련의 작업을 순서대로 실행합니다.
- 작업의 출력을 다음 작업의 입력으로 사용합니다(체인, 파이프라인 또는 폭포수라고도 함).
- 순차적으로 각 요소에 대해 비동기 작업을 실행하면서 일련의 작업들을 반복합니다.

순차 실행은 직접 방식의 블로킹 API를 사용하여 구현할 때에는 비교적 간단하지만 일반적으로 비동기 CPS를 사용하여 구현할 경우 콜백 지옥(callback hell)의 주요 원인이 됩니다.

알려진 일련의 작업을 순차적으로 실행하기

이미 이전 섹션에서 spider() 함수를 구현하면서 순차 실행에 대해 보았습니다. 우리가 살펴본 간단한 규칙들을 적용하여 순차적 실행 흐름에서 알려진 일련의 작업을 구성할 수 있었습니다. 이 코드를 지침으로 삼아 다음의 패턴으로 솔루션을 일반화할 수 있습니다.

```
function task1(cb) {
    asyncOperation(() => {
        task2(cb)
    })
}

function task2(cb) {
    asyncOperation(() => {
        task3(cb)
    })
}

function task3(cb) {
    asyncOperation(() => {
        cb() // 결과적으로 콜백을 실행
    })
}

task1(() => {
    // task1, task2, task3 가 완료되었을 때 실행된다.
    console.log('tasks 1, 2 and 3 executed')
})
```

앞의 패턴은 일반적인 비동기 작업 완료 시, 각 작업이 다음 작업을 호출하는 방법을 보여줍니다. 이 패턴은 작업의 모듈화에 중점을 두어 비동기 코드를 처리하는데 항상 클로저를 사용할 필요가 없다는 것을 보여줍니다.

순차 반복

앞에서 설명한 패턴은 실행될 작업의 수와 양을 미리 알고 있을 경우 완벽하게 작동합니다. 이렇게 하면 시퀀스의 다음 작업 호출을 하드코딩할 수 있습니다. 그러나 컬렉션의 각 항목에 대해 비동기 작업을 실행하고 싶다면 어떻게 될까요? 이와 같은 경우에는 더 이상 작업 순서를 하드코딩할 수 없습니다. 대신 동적으로 구축해야 합니다.

웹 스파이더 버전 2

순차 반복의 예를 보여주기 위해서 웹 스파이더 애플리케이션에 새로운 특징을 도입해보겠습니다. 이제 웹 페이지에 포함된 모든 링크를 재귀적으로 다운로드하고 싶습니다. 그렇게 하기 위해서 우리는 페이지로부터 모든 링크를 추출한 다음 순차적이고 재귀적으로 웹 스파이더를 호출하겠습니다.

첫 번째 단계는 spider() 함수를 수정하여, spiderLinks()라는 함수를 추가해 페이지의 모든 링크를 재귀적으로 다운로드하도록 하는 것입니다. 이 함수는 잠시 후에 작성할 것입니다.

또한 파일이 이미 존재하는지 검사하는 대신, 이제 해당 파일에 대한 읽기를 먼저 시도하여 파일 내의 링크를 수집하기 시작합니다. 이런 방식으로 중단된 다운로드들을 다시 시작할 수 있습니다. 마지막 변경으로 재귀의 깊이를 제한하는데 사용되는 nesting이라는 새로운 인자를 전달합니다. 코드는 다음과 같습니다.

```
export function spider(url, nesting, cb) {
    const filename = urlToFilename(url)
    fs.readFile(filename, 'utf8', (err, fileContent) => {
        if (err) {
            if (err.code !== 'ENOENT') {
                return cb(err)
            }

            // 파일이 존재하지 않기 때문에 다운로드한다.
            return download(url, filename, (err, requestContent) => {
                if (err) {
                    return cb(err)
                }

                spiderLinks(url, requestContent, nesting, cb)
            })
        }

        // 파일이 이미 존재하여, 링크를 처리
        spiderLinks(url, fileContent, nesting, cb)
    })
}
```

다음 섹션에서는 spiderLinks() 함수가 어떻게 구현되었는지 살펴보겠습니다.

링크들의 순차 크롤링

이제 웹 스파이더 애플리케이션의 새로운 버전의 핵심인 spiderLinks() 함수를 만들어야 합니다. spiderLinks() 함수는 순차 비동기 반복 알고리즘을 사용하여 HTML 페이지의 모든 링크를 다운로드합니다. 다음 코드 블록에서 이를 정의하는 방식을 잘 살펴볼 필요가 있습니다.

```
function spiderLinks(currentUrl, body, nesting, cb) {
    if (nesting === 0) {
        // 3장에서의 Zalgo를 기억해보세요.
        return process.nextTick(cb)
    }

    const links = getPageLinks(currentUrl, body)          // (1)
    if (links.length === 0) {
        return process.nextTick(cb)
    }

    function iterate(index) {                             // (2)
        if (index === links.length) {
            return cb()
        }

        spider(links[index], nesting - 1, function (err) { // (3)
            if (err) {
                return cb(err)
            }
            iterate(index + 1)
        })
    }

    iterate(0)                                            // (4)
}
```

새 함수에서 이해해야 할 중요한 단계들은 다음과 같습니다.

1. getPageLinks() 함수를 사용하여 페이지에 포함된 모든 링크들을 획득합니다. 이 함수는 내부적 목적지(동일 호스트네임)를 가리키는 링크들만 반환합니다.
2. iterate()라는 로컬 함수를 사용하여 링크를 반복합니다. iterate()는 분석할 다음 링크의 인덱스를 사용합니다. 이 함수에서 먼저 하는 일은 인덱스가 링크 배열의 길이와 같은지 확인하는 것입니다. 이 경우 모든 항목을 처리했으므로 즉시 cb() 함수를 호출합니다.

3. 이 시점에서 링크를 처리하기 위한 모든 준비가 완료되어야 합니다. 중첩 레벨을 줄여 spider() 함수를 호출하고 작업이 완료되면 다음 단계를 호출합니다.
4. spiderLinks() 함수의 마지막 단계에서 iterate(0)를 호출하여 반복을 시작합니다.

방금 소개된 알고리즘은 순차적으로 비동기 연산을 실행하여 배열을 반복할 수 있게 해줍니다. 이 경우에서는 spider() 함수입니다. 마지막으로, 추가적인 커맨드라인 인터페이스(CLI) 인자로서 중첩 레벨을 명시할 수 있게 하기 위해서 spider-cli.js 를 조금 변경해보겠습니다.

```
import { spider } from './spider.js'

const url = process.argv[2]
const nesting = Number.parseInt(process.argv[3], 10) || 1

spider(url, nesting, err => {
    if (err) {
        console.error(err)
        process.exit(1)
    }
    console.log('Download complete')
})
```

이제 새로운 버전의 스파이더 애플리케이션을 시험해 보면 웹 페이지의 모든 링크를 하나씩 순차적으로 다운로드하는 것을 볼 수 있을 것입니다. 많은 링크가 존재하여 시간이 걸리는 프로세스를 중단하려면 Ctrl +C 를 사용하면 됩니다. 그런 다음 다시 시작하고자 한다면 스파이더 애플리케이션을 실행하고, 첫 번째 실행에서 사용한 URL과 동일한 URL을 제공함으로써 이를 수행할 수 있습니다.

우리의 웹 스파이더 애플리케이션은 잠재적으로 전체 웹 사이트의 다운로드를 유발할 수 있으므로 신중하게 테스트하는 것이 좋습니다. 예를 들어, 높은 중첩 레벨을 설정하거나 스파이더를 몇 초 이상 실행하지 마세요. 수 천 개의 요청으로 서버에 과부하를 거는 것은 바른 사용이 아니며, 잘못되는 경우에는 불법으로 간주될 수도 있기 때문입니다. 책임감있게 사용하시기 바랍니다.

패턴

앞서 살펴본 spiderLinks() 함수의 코드는 비동기 작업을 사용하면서 컬렉션을 반복하는 방법에 대한 명확한 예입니다. 또한 컬렉션의 요소들이나 일반적인 작업 목록에 대해 비동기 순차적으로 반복해야 하는 상황에 사용할 수 있는 패턴이라는 것을 알 수 있습니다. 이 패턴은 다음과 같이 일반화할 수 있습니다.

```
function iterate(index) {
    if (index === tasks.length) {
        return finish()
    }
    const task = tasks[index]
    task(() => iterate(index + 1))
}

function finish() {
    // 반복 완료
}

iterate(0)
```

task()가 동기적 작업인 경우, 이러한 유형의 알고리즘은 완전히 재귀적이 된다는 점에 유의해야 합니다. 이 경우 스택은 매 사이클마다 해지되지 않으며, 최대 콜 스택의 크기 제한을 초과할 위험이 있습니다.

방금 소개된 패턴은 여러 가지 상황에 적용할 수 있기 때문에 매우 강력합니다. 몇 가지 예를 간단히 언급하겠습니다.

- 배열의 값들을 비동기적으로 매핑할 수 있습니다.
- 반복문에서 연산의 결과를 다음 반복에 전달하여 reduce 알고리즘을 구현할 수 있습니다.
- 특정 조건이 충족되면 루프를 조기에 중단할 수 있습니다(Array.some() 헬퍼의 비동기적 구현).
- 무한한 요소에 대한 반복이 가능하기도 합니다.

또한 다음과 같은 형태의 함수로 감싸서 솔루션을 더욱 일반화할 수도 있습니다.

```
iterateSeries(collection, iteratorCallback, finalCallback)
```

위의 컬렉션은 실제 반복하려는 데이터 셋입니다. iteratorCallback은 각 아이템별로 실행시킬 함수입니다. finalCallback은 모든 아이템이 실행을 마치거나 에러인 경우 실행되는 함수입니다. 이 헬퍼 함수의 구현은 여러분의 몫으로 남겨두겠습니다.

순차 반복 패턴

iterator라는 함수를 작성하여 작업의 목록을 실행하십시오. iterator는 컬렉션에서 다음에 사용 가능한 작업을 호출하고 현재 작업이 완료될 때 반복의 다음 단계를 호출하도록 합니다.

다음 섹션에서는 병렬 실행 패턴에 대해서 알아보겠습니다. 이것은 다양한 작업들의 순서가 중요치 않을 때 더욱 편리합니다.

4-2-4 병렬 실행

일련의 비동기 작업들의 실행 순서가 중요하지 않고 단지 이런 작업들의 모든 실행이 끝났을 때 알림을 받으면 되는 경우가 있습니다. 이러한 상황은 다음 그림 4.2와 같은 병렬 실행 흐름을 사용하여 보다 효과적으로 처리할 수 있습니다.

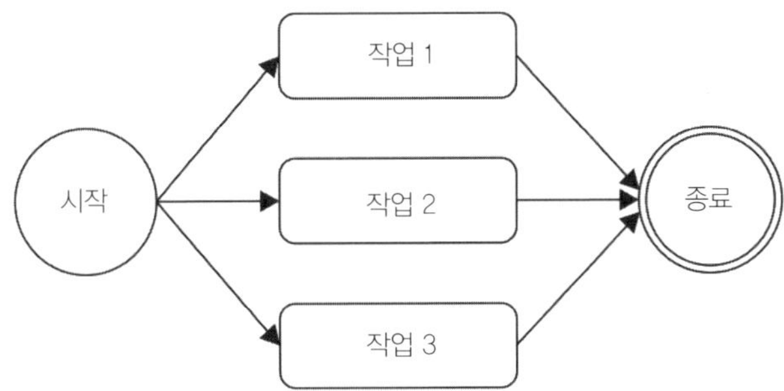

▲ 그림 4.2 3개의 작업에 대한 병렬 실행의 예

Node.js가 단일 스레드라는 것을 생각하면 이상하게 들릴 수도 있지만, "1장. Node.js 플랫폼"에서 설명한 내용을 기억한다면, Node.js의 논 블로킹 성질 덕분에 단 하나의 스레드만 가지고도 동시성을 달성할 수 있다는 것을 알 수 있을 것입니다. 실제로 이 경우 병렬이라는 용어는 부적절합니다. 작업들을 동시에 실행하는 것이 아니라 논 블로킹 API 위에서 실행되고 이벤트 루프에 의해 인터리브된다는 것을 의미하기 때문입니다.

여러분도 알다시피, 작업이 새로운 비동기 작업을 요청할 때, 이벤트 루프가 새로운 작업을 실행할 수 있도록 제어를 이벤트 루프로 돌려줍니다. 이러한 종류의 흐름에 적절한 용어는 동시성이지만, 일단 단순하게 표현하기 위해 병렬이라는 용어를 사용하겠습니다.

다음의 다이어그램은 Node.js 프로그램에서 두 개의 비동기 작업을 병렬로 실행하는 방식을 보여줍니다.

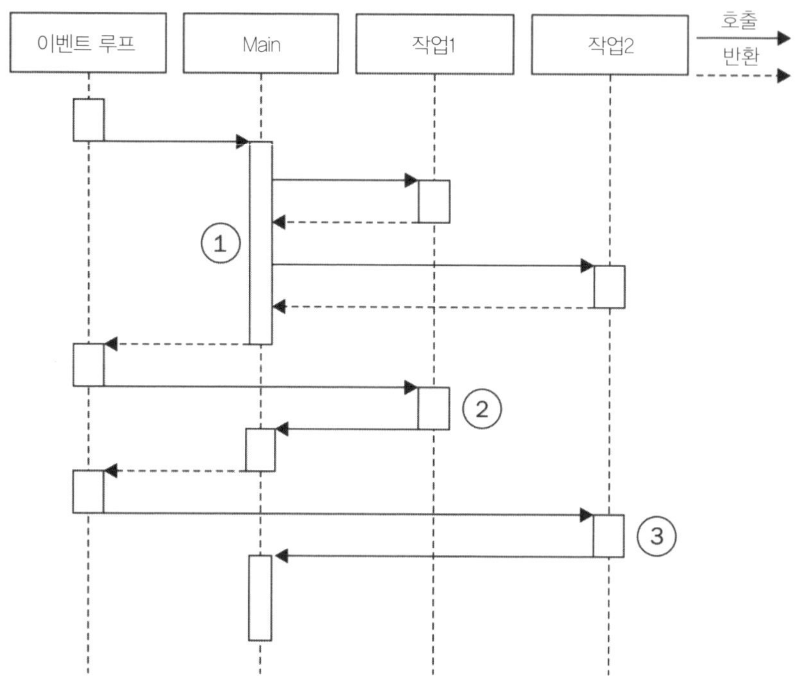

▲ 그림 4.3 비동기 작업이 어떻게 병렬적으로 실행되는지에 대한 예

그림 4.3에서 두 개의 비동기 작업을 실행하는 Main 함수가 있습니다.

1. Main 함수는 작업1과 작업2를 실행시킵니다. 이와 같이 비동기 작업이 시작되면 즉시 컨트롤을 Main 함수로 되돌려 주며, Main 함수는 이를 이벤트 루프로 반환합니다.
2. 작업1의 비동기 작업이 완료되면 이벤트 루프가 제어를 작업1에 돌려줍니다. 작업1이 작업을 완료하면 Main 함수에 이를 통지합니다. 이때 작업1의 자체적인 내부 작업 수행은 동기적입니다.
3. 작업2에 의해 시작된 비동기 작업이 완료되면 이벤트 루프가 해당 콜백을 호출하며 다시 제어를 작업2에 되돌려줍니다. 작업2가 끝나면 Main 함수에 다시 통지됩니다. 이 시점에서 Main 함수는 작업1과 작업2가 모두 완료되었음을 인지하고 있으므로 자신의 실행을 계속하거나 작업 결과를 다른 콜백으로 반환할 수 있습니다.

간단히 말하자면 Node.js에서는 논 블로킹 API에 의해 내부적으로 동시 처리되기 때문에 병렬 비동기 작업으로 실행된다는 것입니다. Node.js에서 동기(블로킹) 작업은 실행을 비동기 작업에 끼워 넣거나 setTimeout() 또는 setImmediate()로 지연시키지 않는 한, 동시에 실행할 수 없습니다. 이에 대해서는 "11장. 고급 레시피"에서 자세히 설명합니다.

웹 스파이더 버전 3

우리의 웹 스파이더 애플리케이션은 병렬 실행의 개념을 적용할 수 있는 완벽한 후보입니다. 현재 우리의 애플리케이션은 재귀를 사용하여 링크된 페이지를 순차적으로 다운로드하고 있습니다. 모든 링크된 페이지들을 병렬로 다운로드하게 하여 프로세스의 성능을 쉽게 향상시킬 수 있습니다.

이를 위해서는 한번에 모든 spider() 작업을 생성하여 이들의 모든 작업이 완료될 때 최종 콜백을 호출하도록 spiderLinks() 함수를 수정해야 합니다. 이제 spiderLinks() 함수를 수정해 보겠습니다.

```
function spiderLinks(currentUrl, body, nesting, cb) {
    if (nesting === 0) {
        return process.nextTick(cb)
    }

    const links = getPageLinks(currentUrl, body)
    if (links.length === 0) {
        return process.nextTick(cb)
    }

    let completed = 0
    let hasErrors = false

    function done(err) {
        if (err) {
            hasErrors = true
            return cb(err)
        }
        if (++completed === links.length && !hasErrors) {
            return cb()
        }
    }

    links.forEach(link => spider(link, nesting - 1, done))
}
```

무엇이 바뀌었는지 살펴보겠습니다. 앞서 언급했듯이 spider() 작업은 이제 모든 작업을 한번에 시작합니다. 이것은 앞선 작업이 완료되기를 기다리지 않고, 단순히 배열 내의 링크에 대해 각각의 작업을 시작시키는 것으로 충분합니다.

```
links.forEach(link => spider(link, nesting - 1, done))
```

그런 다음 애플리케이션이 모든 작업을 완료할 때까지 기다리는 방법은 spider() 함수에 done()이라는 특수한 콜백을 제공하는 것입니다. done() 함수는 spider() 작업이 완료되면 카운터를 증가시킵니다. 완료된 다운로드 수가 링크 배열의 크기에 도달하면 최종 콜백이 호출됩니다.

```
function done(err) {
    if (err) {
        hasErrors = true
        return cb(err)
    }
    if (++completed === links.length && !hasErrors) {
        return cb()
    }
}
```

hasErrors는 하나의 병렬 작업이 실패한다면 주어진 에러를 가지고 콜백을 즉시 호출하기 위해 필요한 변수입니다. 또한 아직 실행 중일 수도 있는 다른 병렬 작업이 콜백을 다시 호출하지 않게 해야 합니다.

이렇게 변경한 후, 웹 페이지에 대해 spider()를 실행한다면 이전 링크가 처리될 때까지 기다리지 않고 모든 다운로드가 병렬로 진행되므로 전체 프로세스의 속도가 크게 향상됩니다.

패턴

마지막으로 병렬 실행 흐름을 위해 작지만 멋진 패턴을 뽑아낼 수 있습니다. 다음 코드를 사용하여 일반적인 버전의 패턴을 표현할 수 있습니다.

```
const tasks = [ /* ... */]

let completed = 0
tasks.forEach(task => {
    task(() => {
        if (++completed === tasks.length) {
            finish()
        }
    })
})
```

```
function finish() {
    // 모든 작업이 완료됨
}
```

적은 수정으로도 우리는 패턴이 각 작업의 결과를 컬렉션에 모으거나, 배열의 요소를 필터링 또는 매핑하거나, 일정한 작업의 수가 완료되면 즉시 finish() 콜백을 호출하도록 할 수 있습니다. 특히, 이 마지막 상황을 **경쟁(competitive race)**이라고 부릅니다.

무한 병렬 실행 패턴

한 번에 모든 항목을 생성하여 일련의 비동기 작업들을 병렬로 실행한 다음, 콜백이 호출된 횟수를 계산하여 모든 작업이 완료되기를 기다립니다.

병렬에서 다중 작업이 실행되고 있을 때, 외부 리소스(예를 들어, 파일이나 데이터베이스의 레코드)에 대한 접근에 대한 경쟁, 즉, 경쟁 상태(race conditions)를 가질 수 있습니다. 다음 섹션에서는 Node.js에서의 경쟁 상태에 대해 얘기해보고 그것들을 확인하고 해결하기 위한 몇 가지 기술들을 알아보겠습니다.

동시 작업과 경쟁 상태 수정

멀티 스레드와 함께 블로킹 I/O를 사용하는 경우 병렬로 작업들을 실행할 때 문제가 발생할 수 있습니다. 그러나 Node.js에서 이것은 완전히 다른 이야기입니다. 실제로 여러 개의 비동기 작업을 병렬로 실행하는 것은 리소스 측면에서 직관적이며 비용이 적게 듭니다.

이것은 Node.js의 가장 중요한 강점 중 하나입니다. 엄격하게 필요한 경우에만 사용하는 복잡한 기술보다는 병렬화를 일반적인 방식으로 사용하기 때문입니다.

Node.js가 가진 동시성 모델의 또 다른 중요한 특징은 작업 동기화 및 경쟁 상태를 다루는 방식입니다. 다중 스레드 프로그래밍에서 이것은 일반적으로 잠금, 뮤텍스, 세마포어 및 모니터와 같은 구조를 사용하여 수행되며, 병렬화의 성능에 상당한 영향을 미칠 뿐만 아니라 가장 복잡한 측면 중 하나일 수 있습니다. Node.js에서는 모든 것이 단일 스레드에서 실행되기 때문에 일반적으로 멋진 동기화 메커니즘을 필요로 하지 않습니다. 그러나 이것이 우리가 경쟁 조건을 가지지 않는다는 것을 의미하지 않으며, 오히려 아주 일반적일 수 있습니다. 문제의 근본적인 원인은 비동기 작업 호출과 그 결과에 대한 통지 사이에 생기는 지연입니다.

구체적인 예를 보기 위해서, 우리의 웹 스파이더 애플리케이션을 다시 언급할 것입니다. 특히 우리가 만든 마지막 버전은 실제로 경쟁 상태를 가지고 있습니다(발견할 수 있나요?).

spider() 함수에서 경쟁 상태가 존재하는 부분은 해당 URL을 다운로드하기 전에 파일이 이미 존재하는지 확인하는 부분입니다.

```
export function spider(url, nesting, cb) {
    const filename = urlToFilename(url)
    fs.readFile(filename, 'utf8', (err, fileContent) => {
        if (err) {
            if (err.code !== 'ENOENT') {
                return cb(err)
            }
            return download(url, filename, (err, requestContent) => {
                // ...
```

문제는 동일한 URL에 대한 두 spider 작업은 다른 하나가 다운로드를 완료하고 파일을 생성하기 전에 같은 파일에 대한 fs.readFile()을 호출한다는 것입니다. 이것이 두 작업에 대하여 다운로드를 하게끔 합니다. 그림 4.4는 이 상황을 설명합니다.

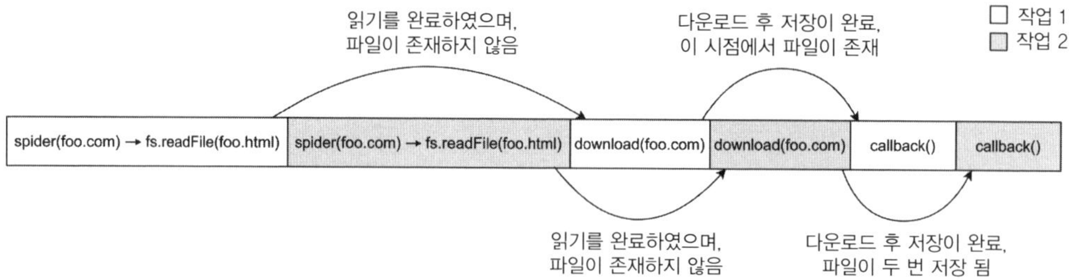

▲ **그림 4.4 spider() 함수의 경쟁 상태의 예**

그림 4.4는 작업1과 작업2가 Node.js의 단일 스레드에서 인터리브되는 방법과 비동기 작업이 실제로 경쟁 상태를 발생시킬 수 있다는 것을 보여줍니다. 이 경우 두 spider 작업이 같은 파일을 다운로드하게 됩니다.

어떻게 고칠 수 있을까요? 대답은 생각보다 훨씬 간단합니다. 사실 우리가 필요로 하는 것은 동일한 URL에서 실행되는 여러 spider() 작업을 상호 배제할 수 있는 변수입니다. 다음과 같은 코드를 사용하면 이 작업을 수행할 수 있습니다.

```
const spidering = new Set()
function spider(url, nesting, cb) {
    if (spidering.has(url)) {
```

```
        return process.nextTick(cb)
    }
    spidering.add(url)

  // ...
```

수정된 것이 많은 설명을 필요로 하지는 않습니다. 주어진 url이 spidering set에 이미 존재하면 함수를 즉시 종료합니다. 그렇지 않을 경우 url을 spidering에 더해주고 다운로드를 계속합니다. 이 경우 spider 작업이 완선히 다른 시점에 실행되더라도 URL을 다시 다운로드하지 않을 것이기 때문에 잠금을 해제할 필요가 없습니다. 만약 당신이 수백 수천 개의 웹페이지를 다운로드해야 하는 spider를 구축한다면 파일이 다운로드되었을 때 set에서 다운로드된 url을 지움으로써 메모리 소비의 무한한 증가로부터 set의 길이를 유지하는 데 도움이 될 것입니다.

경쟁 상태는 단일 스레드 환경에 있어서도 많은 문제를 일으킬 수 있습니다. 경우에 따라서는 데이터 손상으로 이어질 수 있으며 일시적인 특성으로 인해 디버그하기 매우 어렵습니다. 따라서 병렬로 작업을 실행할 때에는 이러한 유형을 명확하게 확인하는 것이 좋습니다.

또한 정해지지 않은 병렬 작업의 수는 매우 위험할 수 있습니다. 다음 섹션에서는 이것이 왜 위험한지, 그리고 병렬 작업의 수를 어떻게 제어할 수 있는지 알아보겠습니다.

4-2-5 제한된 병렬 실행

제어되지 않는 병렬 작업들의 생성은 종종 과부화를 일으킬 수 있습니다. 수천 개의 파일을 읽거나, URL에 접근하거나 또는 데이터베이스에 대한 쿼리를 병렬로 실행한다고 가정해 봅시다. 이러한 상황에서 흔히 발생하는 문제는 리소스의 부족입니다. 가장 일반적인 예는 애플리케이션이 한 번에 너무 많은 파일을 열려고 할 경우, 프로세스에서 가능한 모든 파일 기술자를 써버리는 것입니다.

유저의 요청을 다루기 위해 무한한 병렬 작업을 생성하는 서버는 **DoS(Denial-of-sevice)** 공격에 취약할 수 있습니다. 이것은 악의적인 사용자가 하나 이상의 요청을 서버에 보냄으로써 서버가 리소스를 소비하게 하고 응답을 불가능하게 만들 수 있습니다. 일반적으로 병렬 작업의 수를 제한하는 것이 복원력 있는 애플리케이션을 만드는데 도움이 되는 사례입니다.

우리의 웹 스파이더 버전 3은 병렬 작업의 수를 제한하지 않습니다. 따라서 작동하지 못하게 될 많은 경우에서 취약함을 가집니다. 예를 들어, 엄청나게 방대한 웹 사이트에 대해서 우리의 애플리케이션을 실행할 경우 몇 초도 안되어 ECONNREFUSED 에러 코드와 함께 동작하지 않는 것을 보게 될 것입니다. 우리가 동시적으로 너무 많은 페이지를 다운로드할 때, 서버는 같은 IP에 대해서 새로운 커넥션을 거부하기 시작합니다. 이 경우에 우리의 스파이더는 충돌이 나며 웹 사이트를 계속해서 크롤링하기를 원한다면 강제로 프로세스를 다시 재시작해야 합니다. 우리가 충돌로부터 ECONNREFUSED를 다룰 수 있는 방법은 프로세스를 멈추는 것이지만 너무 많은 병렬 작업을 할당하는 것은 여전히 위험하며 다른 문제를 일으킬 수도 있습니다.

이 섹션에서는 동시성을 제한하여 어떻게 우리의 스파이더를 좀 더 회복력있게 만들 수 있는지 보겠습니다.

다음의 다이어그램은 5개의 작업이 동시성 2개로 제한되어 병렬적으로 실행되는 상황을 보여줍니다.

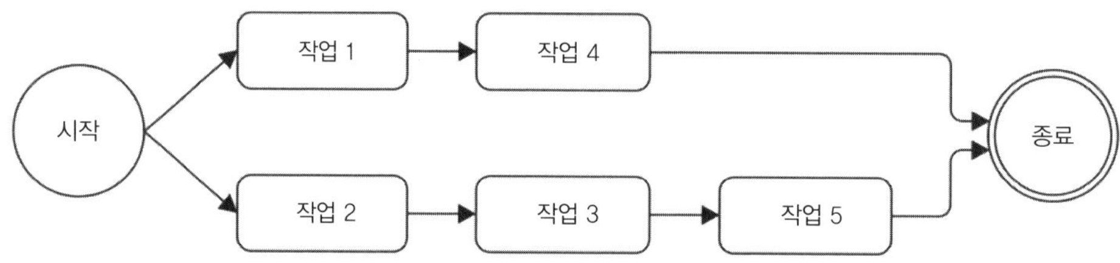

▲ **그림 4.5 최대 2개의 병렬 작업으로 동시성이 어떻게 제한되는지 보여주는 예시**

그림 4.5는 우리의 알고리즘이 어떻게 작동하는지를 명확하게 보여줍니다.

1. 처음에는 동시 실행의 제한을 초과하지 않게 최대한 많은 작업을 생성합니다.
2. 그런 다음 작업이 완료될 때마다 한도에 도달하지 않도록 하나 또는 하나 이상의 작업을 만듭니다.

다음 섹션에서는 제한된 병렬 실행 패턴의 구현을 살펴보겠습니다.

동시성 제한

이제 제한된 동시성과 함께 주어진 일련의 작업들을 병렬로 실행하기 위한 패턴을 살펴보겠습니다.

```
const tasks = [
    // ...
]

const concurrency = 2
let running = 0
```

```
let completed = 0
let index = 0
function next() {                    // (1)
    while (running < concurrency && index < tasks.length) {
        const task = tasks[index++]
        task(() => {                 // (2)
            if (++completed === tasks.length) {
                return finish()
            }
            running--
            next()
        })
        running++
    }
}
next()

function finish() {    // 모든 작업이 끝남.
}
```

이 알고리즘은 순차 실행과 병렬 실행의 혼합으로 생각될 수 있습니다. 사실 이 장에서 제시된 두 패턴과 유사하다는 것을 알 수 있습니다.

1. next()라는 반복 함수가 있으며, 동시성 제한 내에서 가능한 많은 작업을 병렬로 생성하는 내부 루프가 있습니다.
2. 다음으로 중요한 부분은 우리가 각 작업에 넘겨주는 콜백입니다. 콜백은 리스트에 모든 작업을 완료 했는지 검사합니다. 실행할 작업이 있으면 next()를 호출하여 다른 작업을 생성합니다.

아주 간단하지 않습니까?

전역적인 동시성 제한

우리의 웹 스파이더 애플리케이션은 일련의 작업에 대한 동시성 제한에서 배운 것을 적용하기에 완벽합니다. 실제로 수 천 개의 링크가 동시에 크롤링 되는 상황을 피하기 위해 동시 다운로드 수에 대한 예측 가능성을 추가하여 이 프로세스의 동시성에 대한 제한을 강제할 수 있습니다.

우리는 동시성 제한 패턴의 구현을 spiderLinks() 함수에 적용할 수 있으나 그것은 주어진 페이지 내에서 발견된 링크들에 대한 동시 작업을 제한할 뿐입니다. 예를 들어, 동시 실행의 수를 2로 정한다면 각 페이지에 대해 최대 두 개의 링크를 병렬로 다운로드할 수 있게 됩니다. 그러나 한 번에 여러 개의 링크를 다운로드할 수 있게 되면 각 페이지에서 또 다른 두 개의 다운로드가 생성되어 다운로드 작업의 총계가 기하급수적으로 늘어납니다.

일반적으로 제한된 동시성 패턴의 구현은 우리가 실행하기 위해 결정해 놓은 일련의 작업들이 있거나 시간이 지나면서 작업의 수가 선형적으로 증가할 때 잘 작동합니다. 그러나 우리의 웹 스파이더에서처럼 하나의 작업이 두 개 또는 그 이상의 작업들을 직접적으로 생성해 낼 때에는 전역의 동시성을 제한한 구현은 적합하지 않습니다.

큐를 사용한 해결

우리가 정말 원하는 것은 동시에 실행할 수 있는 다운로드 작업의 전체 수를 제한하는 것입니다. 우리는 이전 섹션에서 사용했던 패턴을 약간 수정할 수 있겠지만 그것은 여러분을 위한 연습으로 남겨두겠습니다. 대신, 여러 작업에 대한 동시성을 제한하기 위해 **큐(Queue)**를 사용하는 또 다른 메커니즘을 소개하고자 합니다. 그것이 어떻게 작동하는지 살펴보겠습니다.

우리는 TaskQueue라는 간단한 클래스를 구현할 것입니다. TaskQueue는 앞에서 소개된 알고리즘과 큐를 결합한 것입니다. taskQueue.js라는 이름으로 새로운 모듈을 만들어 보겠습니다.

```
export class TaskQueue {
    constructor(concurrency) {
        this.concurrency = concurrency
        this.running = 0
        this.queue = []
    }

    pushTask(task) {
        this.queue.push(task)
        process.nextTick(this.next.bind(this))
        return this
    }

    next() {
        while (this.running < this.concurrency && this.queue.length) {
            const task = this.queue.shift()
            task(() => {
                this.running--
                process.nextTick(this.next.bind(this))
            })
            this.running++
```

```
      }
    }
  }
```

이 클래스의 생성자는 동시성 제한만을 입력으로 받고 그 외 인스턴스 변수인 running과 queue를 초기화합니다. running 변수는 실행 중인 모든 작업을 추적하는데 사용되는 카운터이며, queue는 보류 중인 작업들을 저장하는 큐로 사용될 배열입니다.

pushTask() 메소드는 단순히 새 작업을 큐에 추가한 다음, 비동기적으로 this.next()를 호출하여 작업을 로드합니다. next 함수가 process.nextTick에 의해 호출될 때 컨텍스트를 잃어버릴 것이기 때문에 bind를 사용한 점에 주목하세요.

next() 메소드는 동시성 제한을 초과하지 않도록 큐로부터 일련의 작업을 만들어 냅니다.

이 메소드는 앞서 소개된 동시성 제한 섹션에 있는 패턴과 몇 가지 유사점이 있음을 알 수 있습니다. 기본적으로 동시 제한을 초과하지 않는 한 가능한 많은 작업을 큐로부터 시작합니다. 각 작업이 완료됐을 때 실행 중인 작업의 수를 갱신하고 비동기적으로 next()를 다시 호출하여 다른 작업을 시작합니다. TaskQueue에서 흥미로운 점은 새 작업을 큐에 동적으로 추가할 수 있다는 것입니다. 다른 장점으로 이제는 작업들의 동시 실행 제한에 대한 엔티티를 중앙에서 가지고 함수 실행의 모든 인스턴스에서 공유할 수 있다는 것입니다. 우리의 경우에는 잠시 후에 보게 될 spider() 함수입니다.

TaskQueue 다듬기

앞에서 구현한 TaskQueue가 큐 패턴을 보여주기에 충분하지만 실제 프로젝트에 사용되기 위해서는 몇 가지 특성이 더 필요합니다. 예를 들어, 작업 중에 하나가 실패했을 때 어떻게 판단할 수 있을까요? 큐에 있는 모든 작업이 완료되었는지 아닌지 어떻게 알 수 있을까요?

"3장. 콜백과 이벤트"에서 살펴보았던 몇 가지 개념을 가져오며 작업 실패를 전파하거나 큐가 비었을 때 관찰자에 알리기 위해 이벤트를 발생시킬 수 있도록 TaskQueue가 EventEmitter를 상속받겠습니다.

우리가 해야 할 첫 번째 수정은 EventEmitter를 임포트하고 TaskQueue를 그것으로 확장하는 것입니다.

```
import { EventEmitter } from 'events'

export class TaskQueue extends EventEmitter {
```

```
    constructor(concurrency) {
        super()
        // ...
    }
    // ...
}
```

이 시점에서 TaskQueue next() 메소드 내에서 이벤트를 발생시키기 위해 this.emit를 사용할 수 있습니다.

```
next() {
    if (this.running === 0 && this.queue.length === 0) {       // (1)
        return this.emit('empty')
    }

    while (this.running < this.concurrency && this.queue.length) {
        const task = this.queue.shift()
        task((err) => {                                        // (2)
            if (err) {
                this.emit('error', err)
            }
            this.running--
            process.nextTick(this.next.bind(this))
        })
        this.running++
    }
}
```

이전에 구현한 것과 비교해보면 두 가지가 추가되었습니다.

- next() 함수가 호출될 때마다, 실행 중인 작업이 없고 큐가 비어있는지 아닌지 검사합니다. 이 경우는 큐가 모두 소진되었고 empty 이벤트를 발생시킬 수 있습니다.
- 이제 각 작업마다 콜백의 완료는 error를 전달받아 호출될 수 있습니다. 에러가 실제로 전달되었는지 아닌지 검사하여 작업이 실패하였는지 나타낼 수 있으며 error 이벤트로 에러를 전파합니다.

에러가 발생한 경우 큐의 동작을 의도적으로 유지합니다. 진행 중인 다른 작업을 정지하거나 대기 중인 작업을 삭제하지 않습니다. 이것은 큐 기반 시스템에서 꽤 흔한 일입니다. 시스템이 충돌하도록 두는 것보다는 에러의 발생을 예상한 뒤 에러를 밝히고 재시도나 복구 전략을 생각하는 것이 낫습니다. "13장. 메시징과 통합 패턴"에서 이 개념들을 좀 더 다뤄보겠습니다.

웹 스파이더 버전 4

이제 제한된 병렬 흐름으로 작업을 실행하기 위한 일반적인 큐를 가지고 있습니다. 우리의 웹 스파이더 애플리케이션에 곧바로 적용해봅시다.

우리는 TaskQueue 인스턴스를 작업 적재소로 사용할 것입니다. 우리가 크롤링하기 원하는 모든 URL을 큐에 작업으로써 추가할 필요가 있습니다. 시작되는 URL은 첫 번째 작업으로써 추가될 것입니다. 그리고 나서 크롤링 처리 중에 발견되는 모든 URL이 추가될 것입니다. 큐는 처리 중인 작업의 수가 TaskQueue 인스턴스에 부여되고 동시성 제한 설정이 된 것을 어느 때에도 절대 넘지 않는다는 것을 확고히 해주며 우리를 위한 모든 스케쥴링을 관리할 것입니다.

우리는 이미 우리의 spider() 안에서 주어진 URL을 크롤링하기 위한 로직을 정의하였습니다. 이것을 일반적인 크롤링 작업으로 생각할 수 있습니다. 좀 더 명확하게 하기 위해서, spiderTask라는 이름으로 함수의 이름을 바꾸겠습니다.

```
function spiderTask(url, nesting, queue, cb) {                    // (1)
    const filename = urlToFilename(url)
    fs.readFile(filename, 'utf8', (err, fileContent) => {
        if (err) {
            if (err.code !== 'ENOENT') {
                return cb(err)
            }

            return download(url, filename, (err, requestContent) => {
                if (err) {
                    return cb(err)
                }

                spiderLinks(url, requestContent, nesting, queue)       // (2)
                return cb()
            })
        }

        spiderLinks(url, fileContent, nesting, queue)                  // (3)
        return cb()
    })
}
```

여러분은 이름을 변경하는 것 외에 몇 가지 작은 다른 변화가 있음을 알아차렸을 것입니다.

- 이제 함수는 queue라는 새로운 파라미터를 받습니다. 이것은 TaskQueue 인스턴스이며 필요할 때 새로운 작업을 추가하기 위해 필요한 것입니다.
- 크롤링 하기 위한 새로운 링크를 추가하는 함수는 spiderLinks입니다. 따라서 새로운 페이지의 다운로드가 끝난 후에 queue 인스턴스를 넘겨주어야 한다는 것을 잊으면 안됩니다.
- 이미 파일이 다운로드되었을 때에도 spiderLinks에 queue 인스턴스를 넘겨줄 필요가 있습니다.

spiderLinks() 함수를 다시 보겠습니다. 이 함수는 매우 간소화되었는데, 작업 완료에 대한 추적을 큐에 위임하였기 때문에 더 이상 그것을 추적할 필요가 없어졌기 때문입니다. 이제 이 함수의 일이 효과적으로 동기화됩니다. 새로 발견되는 링크가 있을 때마다 새로운 작업을 큐에 넣기 위해서 단지 spider() 함수만 호출하면 됩니다.

```
function spiderLinks(currentUrl, body, nesting, queue) {
    if (nesting === 0) {
        return
    }

    const links = getPageLinks(currentUrl, body)
    if (links.length === 0) {
        return
    }

    links.forEach(link => spider(link, nesting - 1, queue))
}
```

이제 spider() 함수를 다시 보겠습니다. 이 함수는 첫 번째 URL을 위한 진입점 역할을 합니다. 또한 새로 발견되는 URL을 큐에 넣을 때 사용될 것입니다.

```
const spidering = new Set()                          // (1)
export function spider(url, nesting, queue) {
    if (spidering.has(url)) {
        return
    }

    spidering.add(url)
    queue.pushTask((done) => {                       // (2)
        spiderTask(url, nesting, queue, done)
```

```
    })
  }
```

보는 바와 같이 이제 이 함수는 두 개의 주된 책무를 갖습니다.

1. spidering set을 사용하여 이미 방문하였거나 진행 중인 URL에 대한 상태 목록을 관리합니다.
2. 새로운 작업을 queue에 추가합니다. 추가될 때 spiderTask() 함수를 호출하며 주어진 URL에 대한 크롤링을 효율적으로 시작합니다.

마지막으로 우리의 스파이더를 커맨드라인에서 호출할 수 있게 하기 위해서 spider-cli.js 스크립트를 수정합니다.

```
import { spider } from './spider.js'
import { TaskQueue } from './TaskQueue.js'

const url = process.argv[2]                                          // (1)
const nesting = Number.parseInt(process.argv[3], 10) || 1
const concurrency = Number.parseInt(process.argv[4], 10) || 2

const spiderQueue = new TaskQueue(concurrency)                       // (2)
spiderQueue.on('error', console.error)
spiderQueue.on('empty', () => console.log('Download complete'))

spider(url, nesting, spiderQueue)                                    // (3)
```

이제 이 스크립트는 세 가지 주요 부분으로 이루어졌습니다.

1. CLI 인자들을 파싱. 스크립트는 동시성 레벨을 조절할 수 있는 3개의 추가적인 인자를 받습니다.
2. TaskQueue 객체가 만들어지고 error와 empty 이벤트를 받는 리스너 역할을 합니다. 에러가 났을 경우 단순히 에러를 출력을 합니다. 큐가 비었을 경우 웹 사이트 크롤링이 끝났다는 것을 의미합니다.
3. 마지막으로 spider 함수를 호출하여 크롤링 프로세스를 시작합니다.

이 수정사항들을 적용한 뒤, 스파이더 모듈을 다시 실행할 수 있습니다. 다음의 커맨드를 실행한다면:

```
node spider-cli.js https://loige.co 1 4
```

동시에 4개를 초과하는 다운로드를 하지 않는다는 것을 알 수 있습니다.

마지막 예제와 함께 콜백 기반 패턴에 대한 탐구를 마무리 짓겠습니다. 다음 섹션에서는 이러한 패턴들과 또 다른 많은 비동기 유틸에 대한 준비된 프로덕션 구현을 제공하는 유명한 라이브러리를 살펴보며 이 장을 마무리하겠습니다.

4-3 비동기 라이브러리

지금까지 분석한 모든 제어 흐름 패턴을 잠깐 살펴본다면, 재사용 가능하고 보다 일반적인 솔루션을 구축하기 위한 기반으로 사용될 수 있음을 알 수 있을 것입니다. 예를 들어 작업 목록을 받아들이는 함수를 무제한 병렬 실행 알고리즘으로 만든 후에 모든 작업이 완료되면 주어진 콜백을 호출하도록 할 수 있습니다. 제어 흐름 알고리즘을 재사용 가능한 함수로 만드는 이 방법은 비동기 제어 흐름을 정의하는데 보다 선언적이고, 표현적인 방식으로 이어질 수 있으며, 정확하게 async(https://caolan.github.io/async/v3/)가 하는 방식이 바로 그것입니다.

async 라이브러리(async/await 키워드와 혼동하지 마세요)는 Node.js와 JavaScript에서 일반적으로 사용되는 비동기 코드 처리 솔루션입니다. 다양한 환경에서 작업들의 실행을 크게 단순화하는 일련의 함수들을 제공하며, 컬렉션을 비동기적으로 처리할 수 있는 유용한 헬퍼들을 제공합니다. 비록 같은 목표를 갖는 다른 라이브러리들이 있지만 async는 꾸준한 인기로 인해 Node.js에서 사실상 표준입니다. 특히, 비동기 작업들을 정의하기 위한 콜백을 사용할 때 그렇습니다.

몇 가지 가장 중요한 async 모듈의 중요 능력들에 대한 아이디어를 보여드리겠습니다. 그것이 제공하는 기능들에 대한 간략한 소개가 여기 있습니다.

- 요소들의 컬렉션 위에서 비동기 함수들을 실행시킵니다(순차적 또는 제한된 동시성과 함께 병렬적으로).
- 모든 함수의 출력이 다음 함수의 입력이 되는 비동기 함수 체인(waterfall) 실행
- TaskQueue와 함께 구현했던 것과 기능적으로 동등한 큐 추상화를 제공
- race(첫 번째 작업이 완료됐을 때 다수의 비동기 함수를 병렬적으로 실행하거나 정지)와 같은 흥미로운 비동기 패턴들을 제공합니다.

모듈을 살펴보고 예제를 보기 위해서 async 문서를 확인해보세요.

이 장에서 소개된 비동기 패턴의 기본을 이해했다면 일상적인 제어 흐름을 위해 소개되었던 간략화된 구현에 얽매이지 않아도 됩니다. 대신에 당신의 유스케이스(use case)가 좀 더 향상되

었거나 사용자만의 알고리즘을 요구하지만 않는다면 async와 같이 널리 사용되며 테스트에 유용한 라이브러리를 적용하는 것이 당신의 상용 애플리케이션에 도움이 될 것입니다.

요약

이 장의 시작 부분에서 우리는 Node.js 프로그래밍이 비동기성으로 인해 어려울 수 있다고 언급했습니다. 특히, 다른 플랫폼에서 개발해온 사람들에게는 더욱 그렇습니다. 그러나 이 장을 통해서 어떻게 비동기 API가 당신에게 친숙해질 수 있는지 보았습니다. 우리가 보았던 수단들은 당신이 가진 대부분의 문제에 좋은 솔루션을 제공하며 다양한 방법으로 사용될 수 있고 추가적으로 다양한 취향에 따른 프로그래밍 스타일을 제공한다는 것을 보았습니다.

이 장에서 우리는 웹 크롤러 예제를 향상시키고 리팩토링 해왔습니다. 비동기 코드를 다룰 때, 당신의 코드가 간단하고 효과적으로 유지하는 설계를 이해하는 것이 그리 쉽지 않을 수 있습니다. 따라서 이 장에서 살펴보았던 개념들을 충분히 이해하고 실험해 보세요.

Node.js 비동기 프로그래밍에 대한 여정이 이제 막 시작되었습니다. 앞으로 만날 장들에서는 promise와 async/await에 영향을 미치고 채택되어 널리 사용되는 기술들에 대한 소개를 할 것입니다. 이 모든 기술들을 배우고 나면 프로젝트에 필요로 하는 솔루션을 선택할 수 있게 되거나 같은 프로젝트에 여러 기술을 함께 사용할 수 있을 것입니다.

연습

4.1 파일 연결:

concatFiles()의 구현을 작성해보세요. 이 콜백 스타일 함수는 파일 시스템에 있는 2개 이상의 텍스트 파일과 목적 파일을 취합니다.

```
function concatFiles(srcFile1, srcFile2, srcFile3, ... , dest, cb) {
    // ...
}
```

이 함수는 인자 리스트로 제공되는 파일의 순서를 지키며 모든 파일의 내용을 목적 파일로 복사해야 합니다. 예를 들어, 두 개의 파일이 주어졌을 때, 첫 번째 파일이 foo를 포함하고 있고 두 번째 파일이 bar를 포함한다면 함수는 foobar(barfoo가 아님.)를 목적파일에 써야 합니다. 앞의 예제는 JavaScript 문법에 적합하지 않습니다. 특정되지 않은 인자의 수를 다룰 수 있는 방법을 찾아보세요. 예를 들어, **Rest 파라미터** 문법을 사용할 수 있습니다(https://developer.mozilla.org/en-US/docs/Web/JavaScript/Reference/Functions/rest_parameters).

4.2 재귀적 파일 리스트:

listNestedFiles()를 작성해보세요. 이 콜백 스타일 함수는 로컬 파일 시스템의 디렉터리 경로를 입력으로 받으며 비동기적으로 반복하여 발견되는 모든 서브 디렉터리를 비동기적으로 반환합니다. 함수는 다음과 같이 생겼습니다.

```
function listNestedFiles (dir, cb) { /* ... */ }
```

콜백 지옥을 피하여 관리한다면 추가 점수가 있습니다. 필요하다면 추가적인 헬퍼 함수를 자유롭게 만들어 보세요.

4.3 재귀적 검색

recursiveFind() 를 작성하세요. 이 콜백 스타일 함수는 로컬 파일 시스템의 디렉터리 경로와 키워드를 입력으로 받습니다.

```
function recursiveFind(dir, keyword, cb) { /* ... */ }
```

이 함수는 주어진 디렉터리에서 주어진 키워드를 포함하는 모든 텍스트 파일을 찾아야 합니다. 모든 검색이 완료되면 매칭되는 파일 리스트가 콜백을 사용하여 리턴되어야 합니다. 매칭되는 파일이 발견되지 않는다면 콜백은 비워진 배열을 가지고 호출되어야 합니다. 예를 들어 foo.txt, bar.txt, baz.txt 파일이 myDir에 있고 'batman'이란 키워드가 foo.txt와 baz.txt에만 있다면 다음과 같은 코드로 실행할 수 있습니다.

```
recursiveFind('myDir', 'batman', console.log)
// 다음과 같이 출력되어야 합니다 ['foo.txt', 'baz.txt']
```

재귀적으로 검색할 경우 추가 점수가 부여됩니다. 다른 파일들과 서브 디렉터리에서 병렬적으로 검색을 수행하고 관리한다면 추가적인 점수가 부여됩니다. 하지만 제어 가능한 병렬 작업의 수를 유지해야 한다는 것을 명심하세요.

CHAPTER 05

Promise 그리고 Async/Await와 함께 하는 비동기 제어 흐름 패턴

- ✔ 프라미스(Promise)
- ✔ Async/await
- ✔ 무한 재귀 프라미스 해결(resolution) 체인의 문제

Node.js에서 콜백은 비동기 프로그래밍의 기본적인 방식이지만 개발자 친화적인 것과는 거리가 멀어 보입니다. 실제로 이전 장에서 콜백을 사용하여 다양한 제어 흐름을 구현하기 위한 기술을 배웠습니다. 그리고 그것들은 우리가 해결하려는 문제에 비해서 매우 복잡하고 장황하다고 볼 수 있습니다. 특히, 우리가 작성하는 대부분의 제어 흐름 구조는 순차적인 함수의 실행인데 이에 익숙하지 않은 개발자들에게 콜백 지옥(Callback hell)이라는 문제를 일으키게 만듭니다. 게다가, 제대로 구현된 경우라 해도 콜백을 통한 순차적인(serial) 실행 흐름은 불필요하게 복잡하고 오류가 발생하기 쉽습니다. 또한 콜백을 사용한 오류의 관리가 얼마나 취약한지 이미 알고 있을 것입니다. 오류를 다음 실행으로 전달하는 것을 잊으면 해당 오류에 대한 컨트롤을 잃게 되며, 동기적 코드에서 발생한 에러 코드를 탐지하지 못하면 프로그램이 망가집니다. 또한 Zalgo를 조심하지 않으면 언제나 우리를 괴롭히며 따라 다닐 것입니다.

Node.js와 JavaScript는 수 년간 일반적이고 흔히 발생하는 문제에 대한 네이티브 솔루션의 부재로 인해 지탄받아왔습니다. 운 좋게도 여러 해 동안 커뮤니티에서 그 문제에 대한 새로운 솔루션을 찾기 위해 노력해 왔습니다. 그리고 마침내 수 많은 반복과 논쟁을 거치며 몇 년을 기다린 끝에 콜백 이슈에 대한 적절한 솔루션을 갖게 되었습니다.

더 나은 비동기 코드를 만들기 위한 해법의 첫 번째는 **프라미스(Promise)**인데, 이것은 상태를 "전달(carries)"하는 객체로 비동기식 작업의 최종 결과를 나타냅니다. 프라미스는 순차 실행 흐름을 구현하기 위해 쉽게 연결할 수 있으며 다른 객체들처럼 전달할 수 있습니다. 프라미스는 많은 비동기 코드를 단순하게 만듭니다. 그러나 아직 개선의 여지가 존재합니다. 따라서 흔히 사용되는 순차 실행 흐름을 가능한 간단하게 만들기 위해 비동기 코드를 동기 코드처럼 보이게 할 수 있는 **async/await**라는 새로운 구조가 도입되었습니다.

오늘날 현대적인 Node.js 프로그래밍에서 async/await는 비동기 코드를 처리할 때 선호되는 구성입니다. 그러나 async/await는 프라미스가 콜백을 기반으로 만들어진 것처럼 프라미스를 가지고 만들어졌습니다. 따라서 올바른 접근과 함께 비동기 프로그래밍의 문제를 다루기 위해서는 이 모든 것을 이해할 필요가 있습니다.

이 장에서는 아래에 적힌 것들을 배워보겠습니다.

- 프라미스가 어떻게 동작하는지 또 우리가 이미 알고 있는 주된 제어 흐름 구조를 구현하기 위해서 어떻게 효과적으로 사용할 수 있는지를 배워봅니다.
- Node.js에서 비동기 코드를 다룰 때 우리의 주된 도구가 될 async/await 문법을 배워봅니다.

이 장을 끝내게 될 때, 우리는 JavaScript에서 비동기 코드를 제어하기 위한 가장 중요한 이 두 컴포넌트에 대해 이해하게 될 것입니다. 프라미스부터 살펴봅시다.

5-1 프라미스(Promise)

프라미스는 표준 ECMA 2015(또는 ES6, ES6 promises로 불리기도 하기 때문에)의 일부이며 Node 버전 4부터는 Node.js에서 기본적으로 사용할 수 있습니다. 프라미스의 역사는 초기의 다른 특징들과 동작을 하는 수 십여 개의 구현체들이 있던 몇 년 전으로 거슬러 올라갑니다. 결과적으로 이들 대부분의 구현체들이 **Promises/A+**라고 불리는 표준에 도달하였습니다.

프라미스는 비동기 결과를 전파하기 위해서 사용한 연속 전달 방식(CPS: Continuation-passing style)의 콜백을 대신할 강력한 대안으로 큰 발걸음을 내딛게 됩니다. 앞으로 보게 되겠지만, 프라미스는 모든 주요 비동기 흐름을 제어하는 대부분의 코드를 콜백 기반의 대안들에 비해 더 읽기 쉽고, 덜 장황하며, 더 강력하게 만들 것입니다.

5-1-1 Promise란 무엇인가?

프라미스는 비동기 작업의 최종적인 결과(또는 에러)를 담고 있는 객체입니다. 프라미스의 용어로, 비동기 작업이 아직 완료되지 않았을 때 **대기중(pending)**이라 하며, 작업이 성공적으로 끝났을 때를 **이행됨(fulfilled)**라고 하고, 작업이 에러와 함께 종료됐을 때 **거부됨(rejected)**이라고 합니다. 프라미스가 이행되거나 거부되면 **결정된(settled)** 것으로 간주합니다.

이행(fulfillment) 값이나 거부(rejection)와 관련된 **에러(원인)**를 받기 위해 프라미스 인스턴스의 then() 함수를 사용할 수 있습니다. 다음은 그 형식입니다.

```
promise.then(onFulfilled, onRejected)
```

위의 형식에서 onFulfilled는 최종적으로 프라미스의 이행값(fulfillment value)을 받는 콜백이며, onRejected는 (이유가 있을 때) 거부 이유를 받는 콜백입니다. 두 콜백 모두 선택 사항입니다. 프라미스가 어떻게 우리의 코드를 변화시킬 수 있는지 보기 위해 다음과 같은 콜백 기반 코드를 생각해보겠습니다.

```
asyncOperation(arg, (err, result) => {
    if (err) {
        // 에러 처리
    }
    // 결과 처리
})
```

다음과 같이 프라미스는 전형적인 연속 전달 방식(CPS)의 코드를 보다 체계적이고 우아한 코드로 바꿀 수 있게 해줍니다.

```
asyncOperationPromise(arg)
    .then(result => {
        // 결과 처리
    }, err => {
        // 에러 처리
    })
```

위의 코드에서 asyncOperationPromise()는 프라미스를 반환합니다. 우리는 함수의 최종적인 결과인 이행값(fulfillment value)이나 거부 사유(reject reason)를 받기 위해 반환된 프라미스를 사용할 수 있습니다. 지금까지는 중대한 일이 없는 것처럼 보이지만 매우 중요한 then() 함수의 특성은 또 다른 프라미스를 동기적으로 반환한다는 것입니다.

게다가 onFulfilled나 onRejected 함수가 x라는 값을 반환한다면 then() 메소드에 의해 반환된 프라미스는 다음과 같이 동작합니다.

- x가 값이면 x를 가지고 이행(fulfill)합니다.
- x가 프라미스라면 프라미스 x의 이행값으로 가지고 이행(fulfill)합니다.
- x가 프라미스라면 프라미스 x의 거부 사유를 최종적인 거부 사유로 하여 거부(reject)합니다.

이러한 동작으로 여러 가지 환경에서 비동기 작업들을 손쉽게 통합하고 배치할 수 있게 해주는 프라미스 체인을 구성할 수 있습니다. 또한 onFulfilled 또는 onRejected 핸들러를 명시하지 않는다면, 이행값 또는 거부 사유는 자동으로 체인 내의 다음 프라미스로 전달됩니다. 예를 들어, onRejected 핸들러에 의해서 에러가 catch될 때까지 에러는 전체 체인을 통과하면서 전파됩니다. 프라미스 체인은 비동기 작업들의 순차 실행을 손쉽게 만들어 줍니다.

```
asyncOperationPromise(arg)
    .then(result1 => {
        // 다른 프라미스를 반환
        return asyncOperationPromise(arg2)
    })
    .then(result2 => {
        // 값을 반환
        return 'done'
    })
```

```
.then(undefined, err => {
    // 체인내의 에러를 여기서 catch 함
})
```

아래의 다이어그램은 프라미스 체인이 동작하는 방식을 설명합니다.

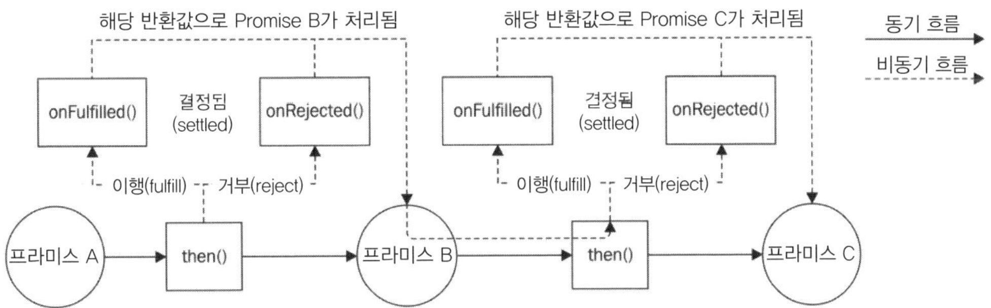

▲ **그림 5.1 프라미스 체인 실행 흐름**

그림 5.1은 우리가 프라미스 체인을 사용할 때의 프로그램의 흐름을 보여줍니다. 우리가 프라미스 A의 then()을 호출하면 그 결과로 동기적으로 프라미스 B를 받고 프라미스 B의 then()을 호출하면 동기적으로 프라미스 C를 호출의 결과로 받게 됩니다. 결국에는 Promise A가 처리될 때 그것이 이행 또는 거부되어, onFulfilled() 또는 onRejected() 콜백을 호출합니다. 이러한 콜백의 실행 결과가 프라미스 B를 이행 또는 거부하고 차례로 그 결과가 프라미스 B의 then() 호출 시 전달되는 onFulfilled() 또는 onRejected() 콜백으로 전파됩니다. 체인 내에서 이와 같은 실행이 프라미스 C 그리고 또 다른 프라미스에도 계속됩니다.

프라미스의 중요 특성은 비록 값을 가지고 프라미스를 동기적으로 해결(resolve)한다 할지라도 적어도 한번은 onFulfilled()와 onRejected() 콜백이 비동기적으로 호출된다는 보장을 한다는 것입니다. 그 뿐만이 아니라, 비록 프라미스 객체가 then이 호출되는 순간 결정되어(settled) 있어도 onFulfilled()와 onRejected() 콜백은 비동기적으로 호출됩니다.

이 동작은 우리가 무심코 Zalgo("3장. 콜백과 이벤트" 참조)를 늘어 놓는 모든 상황에서 우리의 코드를 지켜줍니다. 이는 추가적인 노력 없이도 우리의 비동기 코드를 더욱 굳건하고 일관되게 만들어 줍니다.

이제 가장 중요한 부분입니다. onFulfilled() 또는 onRejected() 핸들러에서 예외를 발생시키면(throw 구문을 사용하여), then() 메소드에서 반환되는 프라미스는 발생된 예외를 거부 사유로 자동 거부됩니다. 이것은 CPS에 비해 매우 큰 이점이 있는데, 프라미스와 함께 예외가 체인 전체에 자동으로 전파되고, 최종적으로 throw 문을 사용할 수 있기 때문입니다.

5-1-2 Promise/A+와 thenable

역사적으로 여러 가지 프라미스 구현이 존재했으며 대부분이 서로 호환되지 않았습니다. 즉, 서로 다른 라이브러리의 프라미스 객체 간에는 체인을 만들 수 없다는 것을 의미합니다.

JavaScript 커뮤니티는 이러한 한계를 극복하고자 많은 노력을 했으며 이러한 노력으로 **Promise/A+** 사양을 만들었습니다. 이 사양은 then() 함수의 동작을 자세히 설명하여 상호 운용 가능한 기반을 제공함으로써, 서로 다른 라이브러리의 프라미스 객체를 바로 사용할 수 있게 하였습니다.

Promise/A+ 명세에 대한 자세한 개요를 보기 위해서 공식 웹 사이트를 참조할 수 있습니다.

- https://promisesaplus.com/

Promises/A+ 표준을 채택한 결과, 네이티브 JavaScript 프라미스의 API를 포함한 많은 프라미스 구현들은 then() 함수가 있는 모든 객체를 **thenable**이라는 Promise와 유사한 객체로 간주합니다. 이 동작을 통해 서로 다른 프라미스 구현들이 서로 원활하게 연결될 수 있습니다.

객체의 실제 타입이 아닌 그것들의 외면적 동작을 기반으로 객체를 인식(또는 타입을 결정)하는 기술을 **덕 타이핑**(duck typing)이라고 하며 JavaScript에서 널리 사용됩니다.

5-1-3 프라미스 API

이제 네이티브 JavaScript 프라미스의 API를 빠르게 살펴보겠습니다. 지금은 프라미스로 무엇을 할 수 있는지에 대한 아이디어를 주는 개요 부분이기 때문에 지금 이 순간에 명확하지 않다고 해서 걱정할 필요가 없습니다. 이 책을 통하여 이 API를 사용할 기회가 충분히 있습니다.

Promise 생성자(new Promise((resolve, reject) => {}))는 새로운 Promise 인스턴스를 생성합니다. Promise 인스턴스는 인자로서 주어진 함수의 동작에 기반하여 이행(fulfill)과 거부(reject)를 합니다.

생성자에 주어지는 함수는 두 개의 인자를 받습니다.

- resolve(obj): 이것은 호출될 때 제공된 이행값으로 프라미스를 이행하는 함수이며, obj가 값이면 obj 자체가 전달되고, obj가 프라미스나 thenable이면 obj의 이행값이 전달됩니다.
- reject(err): err 사유와 함께 프라미스를 거부합니다. err는 Error 인스턴스를 나타내는 규약입니다.

이제 가장 중요한 Promise 객체의 정적 메소드를 살펴보겠습니다.

- Promise.resolve(obj): 이 함수는 다른 프라미스, thenable 또는 값에서 새로운 프라미스를 생성합니다. 프라미스가 전달되면 해당 프라미스가 있는 그대로 반환됩니다. Thenable이 전달되면 해당 라이브러리의 프라미스로 변환됩니다. 값이 제공되면 그 값으로 프라미스가 이행됩니다.
- Promise.reject(err): 이 함수는 err를 이유로 거부하는 Promise를 생성합니다.
- Promise.all(iterable): 이 함수는 입력된 반복 가능한 객체(예를 들어 배열) 내의 모든 프라미스가 이행(fulfill)되면 이행된 결과값들의 배열을 이행값(fulfillment value)으로 하여 이행(fulfill)하는 새로운 프라미스를 생성합니다. 반복 가능한 객체 내의 하나라도 거부(reject)되면 Promise.all()로 반환된 프라미스는 첫 번째 거부 사유를 가지고 거부될 것입니다. 반복 가능한 객체의 각 항목은 프라미스, thenable 또는 값일 수 있습니다.
- Promise.allSettled(iterable): 이 함수는 반복 가능한 객체(iterable) 내의 모든 프라미스가 이행되거나 거부될 때까지 기다린 다음 입력된 각각의 Promise에 대한 이행값 또는 거부 사유를 담은 객체의 배열을 반환합니다. 각 객체는 이행됨('fulfilled') 또는 거부됨('rejected') 같은 status 속성과 이행값(fulfillment value)을 담은 value 속성 그리고 거부 사유가 담긴 reason 속성이 있습니다. Promise.all()과의 차이점은 Promise.allSettlled()는 프라미스 중 하나가 거부될 때 즉시 거부되지 않고 모든 프라미스가 이행되거나 거부될 때까지 기다린다는 것입니다.
- Promise.race(iterable): 이 함수는 반복 가능 객체에서 처음으로 결정된(settled) 프라미스를 반환합니다.

마지막으로, 다음은 Promise 인스턴스에서 사용 가능한 주요 함수들입니다

- promise.then(onFulfilled, onRejected): 이것은 프라미스의 필수 함수입니다. 이 동작은 앞서 언급한 promise/A+ 표준과 호환됩니다.
- promise.catch(onRejected): 이 함수는 promise.then(undefined, onRejected)에 대한 편리한 버전(nodejsdp.link/syntactic-sugar)입니다.
- promise.finally(onFinally): 이 함수를 사용하면 프라미스가 결정(이행되거나 거부됨)될 때 호출되는 onFinally 콜백을 설정할 수 있습니다. onFulfilled 및 onRejected와 달리 onFinally 콜백은 입력으로 인자를 수신하지 않으며 여기에서 반환된 값은 무시됩니다. Finally에서 반환한 프라미스는 현재 프라미스 인스턴스의 이행값 또는 거부 사유로 결정(settle)됩니다.

이제 우리가 생성자를 사용하여 어떻게 프라미스를 생성하는지 예제를 통해 살펴보겠습니다.

5-1-4 프라미스 생성하기

이제 생성자를 사용하여 프라미스를 만드는 방법을 살펴보겠습니다. 프라미스를 처음부터 만드는 것은 저수준의 작업으로 다른 비동기 형식(예: 콜백 기반 형식)을 사용하는 API를 변환해야 할 경우 필요한 작업입니다. 개발자들은 대부분의 경우 다른 라이브러리에서 생성한 프라미스를 사용하는 사용자이며, 그들이 생성하는 대부분의 프라미스는 then() 함수로 획득합니다.

그럼에도 불구하고 일부 고급 시나리오에서는 생성자를 사용하여 수동으로 프라미스를 생성해야 할 필요가 있습니다.

생성자를 사용하는 방법을 보여주기 위해 지정된 밀리초 후에 현재의 시간을 이행하는 프라미스를 반환하는 함수를 만들어 보겠습니다. 코드를 살펴보겠습니다.

```
function delay(milliseconds) {
    return new Promise((resolve, reject) => {
        setTimeout(() => {
            resolve(new Date())
        }, milliseconds)
    })
}
```

이미 짐작하겠지만, 프라미스 생성자의 resolve() 함수를 호출하는데 setTimeout()를 사용했습니다. 함수 본문 전체가 프라미스에 의해 어떻게 감싸졌는지 알 수 있을 것입니다. 이는 프라미스를 만들 때마다 보게 될 흔한 코드 패턴입니다.

우리가 방금 만든 delay() 함수는 다음과 같은 코드처럼 사용될 수 있습니다.

```
console.log(`Delaying...${new Date().getSeconds()}s`)
delay(1000)
    .then(newDate => {
        console.log(`Done ${newDate.getSeconds()}s`)
    })
```

then() 핸들러 안의 console.log() 는 delay() 호출에서부터 대략 1초 뒤에 실행됩니다.

> Promise/A+ 명세는 then() 함수의 onFulfilled와 onRejected 콜백이 단 한번만 그리고 배타적(둘 중 하나만)으로 호출된다고 명시하고 있습니다. 명세에 따르는 프라미스 구현은 비록 우리가 resolve 또는 reject를 여러 번 호출하더라도 한번만 이행되거나 거부됩니다.

5-1-5 프라미스화(promisification)

콜백 기반 함수의 일부 특성을 알고 있을 경우, 콜백 기반함수를 프라미스를 반환하는 동일한 함수로 변환할 수 있습니다. 이 변환을 **프라미스화**(promisification)라고 합니다.

예를 들어, Node.js 방식의 콜백 기반 함수에서 사용되는 규약들을 생각해봅시다.

- 콜백은 함수의 마지막 인자이다.
- 에러(에러가 있다면)는 콜백에 첫 번째 인자로 전달된다.
- 모든 반환값은 콜백 함수의 error 인자 다음에 전달된다.

이 규칙에 기반하여 Node.js 방식의 콜백 기반 함수를 프라미스화하는 일반적인 함수를 쉽게 만들 수 있습니다. 다음 함수를 살펴보겠습니다.

```
function promisify(callbackBasedApi) {
    return function promisified(...args) {
        return new Promise((resolve, reject) => {  // (1)
            const newArgs = [
                ...args,
                function (err, result) {              // (2)
                    if (err) {
                        return reject(err)
                    }

                    resolve(result)
                }
            ]
            callbackBasedApi(...newArgs)              // (3)
        })
    }
}
```

위의 함수는 promisified()라는 또 다른 함수를 반환합니다. 반환되는 함수는 입력으로 주어진 callbackBasedApi의 프라미스 버전입니다.

위 코드는 다음과 같이 동작합니다.

1. promisified() 함수는 프라미스 생성자를 사용하여 새로운 프라미스를 생성하고 즉시 호출자에 그것을 반환합니다.
2. 프라미스 생성자에 전달되는 함수에서 callbackBasedApi에 특별한 콜백을 전달합니다. 우리는 콜백이 항상 마지막에 온다는 것을 알고 있으므로 promisified() 함수에 전달되는 인자 목록(args)에 콜백을 추가해주기만 하면 됩니다. 추가한 특별한 콜백에서 에러를 받는다면 즉시 프라미스를 거부하고 그렇지 않다면 주어진 result를 가지고 이행합니다.
3. 마지막으로 우리가 만든 인자 목록을 가지고 callbackBasedApi를 호출합니다.

이제 새로 만들어진 promisify() 함수를 이용하여 Node.js 함수를 프라미스화 해봅시다.

지정된 수만큼의 랜덤 바이트를 가진 버퍼를 생성하는, 코어 crypto 모듈의 randomBytes() 함수를 사용하겠습니다. randomBytes() 함수는 콜백을 마지막 인자로 받으며 우리가 이미 잘 알고 있는 규칙을 따릅니다. 어떻게 사용하는지 보겠습니다.

```
import { randomBytes } from 'crypto'

const randomBytesP = promisify(randomBytes)
randomBytesP(32)
    .then(buffer => {
        console.log(`Random bytes: ${buffer.toString()}`)
    })
```

위 코드는 콘솔에 이상한 문자들을 출력합니다. 그 이유는 생성된 바이트가 출력 가능한 문자와 모두 대응하는 것은 아니기 때문입니다.

방금 만든 프라미스의 기능은 단지 예시를 보여주기 위한 것으로, 둘 이상의 결과를 반환하는 콜백을 처리하는 기능 같이, 몇몇 기능들이 누락되어있습니다. 실제 환경에서는 Node.js 방식의 콜백 기반 함수를 프라미스화 하기 위해 코어 모듈인 util의 promisify() 함수를 사용합니다. nodejsdp.link/promisify에서 해당 문서를 볼 수 있습니다.

5-1-6 순차 실행과 반복

이제 지금까지의 프라미스에 대한 이해를 가지고 이전 장에서 만들었던 웹 스파이더 애플리케이션을 변환해 보겠습니다. 웹 페이지 링크를 순서대로 다운로드하는 두 번째 버전부터 시작해 보겠습니다.

fs 모듈의 promises 객체를 사용하면, 코어 fs API의 프라미스화된 버전을 사용할 수 있습니다. 이를 위해서는 import { promises } from 'fs' 같은 코드를 입력해 임포트합니다.

spider.js 모듈에서 가장 먼저 필요한 단계는 종속성을 임포트하고 사용할 콜백 기반 함수를 프라미스로 변환하는 것입니다.

```
import { promises as fsPromises } from 'fs'          // (1)
import { dirname } from 'path'
```

```
import superagent from 'superagent'
import mkdirp from 'mkdirp'
import { urlToFilename, getPageLinks } from './utils.js'
import { promisify } from 'util'

const mkdirpPromises = promisify(mkdirp)          // (2)
```

이전 장의 spider.js 모듈과 다른 두 가지의 큰 차이점은 다음과 같습니다.

1. 이미 프라미스화된 fs 함수들에 접근하기 위해서 fs 모듈의 promises 객체를 임포트합니다.
2. mkdirp() 함수는 직접 프라미스로 변환합니다.

이제 download() 함수를 변환합니다.

```
function download(url, filename) {
    console.log(`Downloading ${url}`)
    let content
    return superagent.get(url)          // (1)
        .then((res) => {
            content = res.text          // (2)
            return mkdirpPromises(dirname(filename))
        })
        .then(() => fsPromises.writeFile(filename, content))
        .then(() => {
            console.log(`Downloaded and saved: ${url}`)
            return content              // (3)
        })
}
```

프라미스를 사용한 순차 비동기 작업의 구현이 가독성이 높다는 것을 바로 알 수 있을 것입니다. 여기서는 단순하고 매우 직관적인 then() 호출의 체인을 가지고 있습니다.

이전 버전의 함수에서와는 달리, 이번에는 프라미스를 지원하는 superagent 패키지의 기능을 사용해보겠습니다. superagent.get()에 의해서 반환되는 요청 객체의 end()를 호출하는 대신, then()를 호출해서 요청을 보내고(1) 결과로 이행하거나 거부하는 프라미스를 받습니다.

download() 함수의 마지막 반환값은 체인 마지막의 then() 호출이 반환한 프라미스로 웹페이지의 content를 결과로 이행합니다.(3) content의 값은 첫번째 then() 호출의 onFulfilled 핸들러에서 초기화됩니다.(2) 이를 통해 호출자는 모든 작업(get, mkdir, writeFile)이 완료된 후에 content을 가지고 이행하는 Promise를 받습니다.

방금 본 download() 함수로 이미 알고 있는 일련의 비동기 작업을 순서대로 실행했습니다. 그러나 spiderLinks() 함수에서는 미리 알 수 없는 동적인 일련의 비동기 작업들을 순차적으로 반복 처리해야 합니다. 이를 구현하는 방법을 살펴보겠습니다.

```
function spiderLinks(currentUrl, content, nesting) {
    let promise = Promise.resolve()                          // (1)
    if (nesting === 0) {
        return promise
    }
    const links = getPageLinks(currentUrl, content)
    for (const link of links) {
        promise = promise.then(() => spider(link, nesting - 1))  // (2)
    }

    return promise
}
```

웹 페이지의 모든 링크를 비동기적으로 반복하기 위해 다음과 같이 프라미스 체인을 동적으로 만들어야 했습니다.

1. 먼저 정의되지 않은 "빈" 프라미스를 정의합니다. 이 프라미스는 체인의 시작점으로 사용됩니다.
2. 그런 다음 반복구문에서 체인의 이전 promise에서 then()을 호출하여 얻은 새로운 프라미스로 promise 변수를 갱신합니다. 이것은 실제로 프라미스를 사용하는 비동기 반복의 패턴입니다.

for 루프의 맨 끝에서 promise 변수는 체인에서 마지막 then() 함수를 호출하여 얻은 프라미스를 가지고 있으므로 체인 내의 모든 프라미스들이 해결(resolve)된 경우에만 해결될 것입니다.

패턴(프라미스의 순차 반복)

루프를 사용하여 동적으로 프라미스 체인을 구축.

이제 spider() 함수를 변경해 봅시다.

```
export function spider(url, nesting) {
    const filename = urlToFilename(url)
```

```
    return fsPromises.readFile(filename, 'utf8')
        .catch((err) => {
            if (err.code !== 'ENOENT') {
                throw err
            }

            // 파일이 존재하지 않아, 다운로드를 시작
            return download(url, filename)
        })
        .then(content => spiderLinks(url, content, nesting))
}
```

우리는 이 새로운 spider() 함수에서 readFile()에 의해 발생하는 에러를 다루기 위해 catch()를 사용합니다. 특히, 에러에 **ENOENT** 코드가 존재한다면 파일이 아직 존재하지 않는다는 것을 의미하기 때문에 해당하는 URL을 다운로드해야 합니다. download()로부터 반환되는 프라미스가 이행되면 URL에 있는 내용을 반환할 것입니다. 반면에, 만약 readFile()에 의해 생성된 프라미스가 이행된다면 catch() 핸들러는 건너뛰고 바로 다음의 then()으로 이동합니다. 두 경우 모두 마지막 then() 호출의 onFulfilled 핸들러는 항상 로컬 파일이나 URL로부터 새로 다운로드한 웹 페이지의 내용(content)을 수신할 것입니다.

이제 spider() 함수를 변경했으므로 마침내 spider-cli.js 모듈을 수정할 수 있게 되었습니다.

```
spider(url, nesting)
    .then(() => console.log('Download complete'))
    .catch(err => console.error(err))
```

여기서 catch() 핸들러는 전체 spider() 프로세스에서 발생하는 모든 에러를 잡아낼 것입니다.

지금까지 작성한 모든 코드들을 다시 살펴보면 (콜백을 사용할 때 사용자가 직접 수행해야 했던) 오류를 전파하기 위한 로직을 포함하고 있지 않다는 것에 놀랄 것입니다. 이것은 사용해야 할 코드의 상용구문들(boilerplate)과 비동기 오류를 놓칠 가능성을 크게 줄여주므로 분명히 엄청난 이점입니다.

이것으로 프라미스를 사용한 웹 스파이더 애플리케이션의 버전 2 구현이 끝났습니다.

좀 더 간결한 구현을 위한 프라미스의 순차 반복 패턴의 대안은 reduce() 함수를 사용하는 것입니다.

```
const promise = tasks.reduce((prev, task) => {
    return prev.then(() => {
        return task()
    })
}, Promise.resolve())
```

5-1-7 병렬 실행

프라미스 사용으로 간단해지는 또 다른 실행 흐름은 병렬 실행의 흐름입니다. 실제로 우리에게 필요한 것은 내장 함수인 Promise.all() 뿐입니다. 이 도우미 함수는 입력으로 받은 모든 프라미스가 이행됐을 때만 이행하는 또 다른 프라미스를 생성합니다. 만약 프라미스들에 인과 관계가 없다면 입력으로 주어진 프라미스들은 병렬적으로 실행될 것입니다(예를 들어, 주어진 프라미스들이 동일한 프라미스 체인의 일부가 아닌 경우).

이를 설명하기 위해 우리의 웹 스파이더 애플리케이션 버전 3을 생각해보겠습니다. 이것은 페이지의 모든 링크들을 병렬로 다운로드합니다. 프라미스를 사용한 병렬 실행 흐름을 구현하기 위해서 spiderLinks() 함수를 수정해봅시다.

```
function spiderLinks(currentUrl, content, nesting) {
    if (nesting === 0) {
        return Promise.resolve()
    }
    const links = getPageLinks(currentUrl, content)
    const promises = links.map(link => spider(link, nesting - 1))

    return Promise.all(promises)
}
```

여기서의 패턴은 links.map() 루프에서 한번에 spider() 작업들을 시작하는 것으로 구성됩니다. 동시에 spider()를 호출하여 반환된 각 프라미스는 최종적으로 promises 배열에 수집됩니다. 순차 반복 루프와 비교할 때, 이 루프의 중요한 차이점은 새로운 작업을 시작하기 전에 이전 spider() 작업이 완료될 때까지 기다리지 않는다는 것입니다. 모든 spider() 작업은 이벤트 루프의 동일한 주기에서 한번에 반복적으로 시작됩니다.

모든 프라미스들을 확보하게 되면, 이를 Promise.all() 함수에 전달하여 배열의 모든 프라미스가 이행되면 그 결과를 가지고 이행될 새로운 프라미스를 반환합니다. 즉, 모든 다운로드 작업이 완료되면 이행됩니다. 또 Promise.all()에서 반환된 프라미스는 입력된 배열의 Promise 중 하나가 거부되면 즉시 거부됩니다. 이것이 바로 이 버전의 웹 스파이더에서 원했던 동작입니다.

5-1-8 제한된 병렬 실행

지금까지 프라미스는 우리의 기대에 부응해주었습니다. 직렬 및 병렬 실행 모두에서 코드를 크게 개선할 수 있었습니다. 제한된 병렬 실행도 순차 및 병렬 실행의 조합이라는 점을 고려해보면 크게 다른 점은 없습니다.

이 섹션에서는 웹 스파이더 작업의 동시성을 애플리케이션 전체에서 제한할 수 있는 해결책을 구현하는 방법을 바로 살펴보겠습니다. 즉, 동일한 애플리케이션 내의 다른 함수들에 전달이 가능한 객체를 인스턴스화하는데 사용되는 클래스를 구현할 것입니다. 일련의 작업들의 병렬 실행을 로컬로 제한하는 간단한 솔루션을 원하는 경우, 이 섹션에서 보는 것과 동일한 원칙을 적용하여 Array.map()의 특별한 비동기 버전을 구현할 수 있습니다. 우리는 이것을 연습문제로 남겨두겠습니다. 이 장의 끝에서 자세한 내용과 힌트를 찾을 수 있을 것입니다.

프라미스 및 제한된 동시성을 지원하는 map() 함수의 신뢰성 있는 구현체를 찾는다면 p-map 패키지를 사용할 수 있습니다. 자세한 사항은 nodejsdp.link/p-map에서 찾을 수 있습니다.

프라미스를 사용한 TaskQueue 구현

스파이더 다운로드 작업의 동시성을 전역적으로 제한하기 위해, 이전 장에서 구현한 TaskQueue 클래스를 재사용할 것입니다. 동시성 제한에 도달할 때까지 일련의 작업 실행을 호출하는 next() 함수부터 시작해봅니다.

```
next() {
    while (this.running < this.concurrency && this.queue.length) {
        const task = this.queue.shift()
        task().finally(() => {
            this.running--
```

```
            this.next()
        })
        this.running++
    }
}
```

next() 함수의 핵심적인 변경사항은 task()를 호출하는 곳입니다. 사실, 여기서 task()가 프라미스를 반환할 것으로 예상하므로, 우리가 할 일은 해당 프라미스에서 finally()를 호출하는 것입니다. 그러면 실행 중인 작업이 이행되거나 거부되는 경우 실행 중인 작업의 수를 재설정할 수 있습니다.

이제 새로운 함수인 runTask()를 구현해봅시다. 이 함수는 특수한 래퍼함수를 대기열에 추가하고 새로 만들어진 프라미스를 반환합니다. 이 프라미스는 기본적으로 task()에 의해 최종적으로 반환된 프라미스의 결과(이행 또는 거부)를 전달합니다. 이 함수의 코드를 보겠습니다.

```
runTask(task) {
    return new Promise((resolve, reject) => {                  // (1)
        this.queue.push(() => {                                // (2)
            return task().then(resolve, reject)                // (4)
        })
        process.nextTick(this.next.bind(this))                 // (3)
    })
}
```

이 함수의 설명은 다음과 같습니다.

1. 생성자를 사용하여 새로운 프라미스를 생성합니다.
2. 작업 대기열에 특수한 래핑 함수를 추가합니다. 이 함수는 다음 next() 실행 시 동시성 제한에 여유가 있을 때 실행될 것입니다.
3. next()를 호출하여 실행할 새로운 일련의 작업을 시작시킵니다. runTask()가 호출될 때 task가 항상 비동기적으로 호출될 수 있도록 이벤트 루프의 다음 실행으로 이를 연기시킵니다(process.nextTick). 이렇게 하면 "3장. 콜백과 이벤트"(예: Zalgo)에서 설명한 문제를 방지할 수 있습니다. 실제, next() 함수에는 finally() 핸들러에서 자신을 호출하는 또 다른 next() 호출이 존재하는데, 이것은 항상 비동기적입니다.
4. 대기열에 넣은 래퍼 함수가 마지막으로 실행되면 입력으로 받은 task를 실행하고 그 결과(이행값 또는 거부 사유)를 runTask에서 반환하는 프라미스로 전달합니다.

이것으로 프라미스를 사용한 새로운 TaskQueue 클래스의 구현을 마쳤습니다. 다음에는 웹 스파이더 버전 4를 구현하기 위해서 새로운 버전의 TaskQueue를 사용할 것입니다.

웹 스파이더 수정

새로운 버전의 TaskQueue 클래스를 사용하여 제한된 병렬 실행 흐름을 구현하도록 웹 스파이더를 수정할 차례입니다.

우선 spider() 함수를 두 개의 함수로 나눌 필요가 있습니다. 하나는 간단하게 새로운 TaskQueue 객체를 초기화하고 다른 하나는 실제로 스파이더 작업을 실행합니다. 두 번째 함수를 spiderTask()라고 하겠습니다. 그런 다음 새로 생성된 spiderTask() 함수를 호출하고 입력으로 받은 작업 큐 인스턴스를 전달하도록 spiderLinks() 함수를 수정해야 합니다. 이것이 어떤 형태인지 살펴보겠습니다.

```
function spiderLinks(currentUrl, content, nesting, queue) {
    if (nesting === 0) {
        return Promise.resolve()
    }

    const links = getPageLinks(currentUrl, content)
    const promises = links
        .map(link => spiderTask(link, nesting - 1, queue))

    return Promise.all(promises)                        // (2)
}

const spidering = new Set()
function spiderTask(url, nesting, queue) {
    if (spidering.has(url)) {
        return Promise.resolve()
    }
    spidering.add(url)

    const filename = urlToFilename(url)

    return queue
        .runTask(() => {                               // (1)
            return fsPromises.readFile(filename, 'utf8')
                .catch((err) => {
                    if (err.code !== 'ENOENT') {
```

```
                    throw err
                }

                // 파일이 없다면 다운로드합니다.
                return download(url, filename)
            })
        })
        .then(content => spiderLinks(url, content, nesting, queue))
}

export function spider(url, nesting, concurrency) {
    const queue = new TaskQueue(concurrency)
    return spiderTask(url, nesting, queue)
}
```

방금 본 코드에서 중요한 부분은 queue.runTask()를 호출하는 위치(1)입니다. 여기서는 우리가 큐에 넣었던 작업이 로컬 파일 시스템 또는 원격 URL에 있는 URL의 내용을 가져옵니다. 우리는 queue에 의해 작업이 실행된 후에 웹 페이지 링크들에 대한 스파이더 작업을 계속 진행할 수 있습니다. 의도적으로 spiderLinks()를 우리가 제한하고자 하는 작업의 바깥에 두었다는 것을 주목하십시오. 이는 spiderLinks()가 더 많은 spiderTask()를 실행할 수 있고 스파이더 처리의 깊이가 큐의 동시성 제한보다 커지면 데드락을 초래할 수 있기 때문입니다.

또한 spiderLinks()에서 Promise.all()을 계속 사용하여(2) 웹 페이지의 모든 링크를 병렬로 다운로드하는 방법을 볼 수 있습니다. 이는 작업의 동시성을 제한하는 것이 대기열의 책임이기 때문입니다.

실제 운영을 위한 코드라면 일련의 작업에 대한 동시성을 제한하기 위해서 p-limit 패키지(https://www.npmjs.com/package/p-limit)를 사용할 수 있습니다. 이 패키지는 우리가 봤던 패턴을 기본적으로 구현합니다. 하지만 약간 다른 API에 감싸져 있습니다.

이것으로 JavaScript 프라미스에 대한 탐구를 마칩니다. 다음으로, 비동기 코드를 다루는 방식을 혁신적으로 바꾼 async/await에 대해 배울 것입니다.

5-2 Async/await

방금 봤던 것처럼 프라미스는 콜백에 비해 획기적인 도약입니다. 프라미스는 비동기 코드를 깔끔하고 가독성 있게 작성할 수 있게 해주며, 콜백 기반의 비동기 코드로 작업을 할 때 상용구 코드(보일러플레이트, boilerplate)를 사용하여 얻을 수 있었던 일련의 안전장치를 제공합니다. 그러나 프라미스는 순차적 비동기 코드를 작성할 때 여전히 차선책에 불과합니다. 프라미스 체인이 콜백 지옥을 갖는 것보다는 낫지만 우리는 여전히 then()을 호출해야 하며 체인에서 각 작업에 대한 새로운 함수를 만들어야 합니다. 일상적인 프로그래밍에서 가장 흔히 사용되는 것이 제어 흐름인데, 그때마다 해야 할 작업으로는 여전히 너무 과합니다. JavaScript에 흔한 비동기적 순차 실행 흐름을 처리하기 위한 적절한 방법이 필요했고, 그에 대한 대답으로 **async 함수**와 **await 표현**(짧게 **async/await**)에 대한 ECMAScript 표준이 작성되었습니다.

async/await 구문을 사용하면 각 비동기 작업에서 다음 구문을 실행하기 전에 결과를 기다리며 차단되는 것처럼 보이는 함수를 작성할 수 있습니다. 보게 되겠지만 async/await를 사용한 비동기 코드는 전통적인 동기적 코드에 버금가는 가독성을 가지고 있습니다.

오늘날 async/await는 Node.js와 JavaScript 모두에서 비동기 코드를 처리하는데 권장되는 방식입니다. 그러나 async/await는 우리가 지금까지 배워왔던 모든 비동기 제어 흐름 패턴을 대신하지 못합니다. 그와 반대로 async/await는 프라미스에 크게 의지합니다.

5-2-1 async 함수와 await 표현

async 함수는 주어진 프라미스가 해결될 때까지 함수의 실행을 "일시 정지"하기 위한 표현식인 await를 사용할 수 있는 특별한 유형의 함수입니다. 간단한 예를 들어, 앞서 "프라미스 생성하기" 섹션에서 구현한 delay() 함수를 사용해 보겠습니다. delay()에 의해 반환된 프라미스는 주어진 시간(밀리초) 이후 시점의 현재 날짜(date)를 가지고 해결됩니다. 이 함수에 async/await를 사용해 보겠습니다.

```
async function playingWithDelays() {
    console.log('Delaying...', new Date())

    const dateAfterOneSecond = await delay(1000)
    console.log(dateAfterOneSecond)
    const dateAfterThreeSeconds = await delay(3000)
    console.log(dateAfterThreeSeconds)
```

```
    return 'done'
}
```

앞의 함수에서 볼 수 있듯이 async/await는 마법처럼 작동합니다. 코드가 비동기 작업을 포함하는 것처럼 보이지도 않습니다. 그러나 착각해서는 안됩니다. 이 함수는 동기적으로 실행되지 않습니다(그 때문에 async 함수라 불립니다). 각 await 표현에서 함수의 실행이 보류되고 상태가 저장되며 제어가 이벤트 루프로 반환됩니다. 기다리는 프라미스가 해결될 때 제어는 async 함수로 반환되고 프라미스의 이행값이 반환됩니다.

await 표현은 프라미스뿐 아니라 어떠한 값으로도 작동합니다. 만약 프라미스가 아닌 값이 제공되면 그것의 동작은 Promise.resolve()에 전달된 값을 기다리는 것과 비슷합니다.

이제 새로운 비동기 함수를 어떻게 호출하는지 보겠습니다.

```
playingWithDelays()
    .then(result => {
        console.log(`After 4 seconds: ${result}`)
    })
```

위의 코드를 보면 async 함수가 다른 함수들처럼 호출이 가능하다는 것이 명백합니다. 그러나 여러분 중에 관찰력이 있는 사람이라면 이미 async 함수의 또 다른 중요한 특성을 짚어냈을 겁니다. async 함수는 항상 프라미스를 반환한다는 것입니다. 그것은 async 함수의 반환값이 Promise.resolve()에 전달된 다음 호출자에게 반환된 것과 같습니다.

async 함수를 호출하는 것은 다른 비동기 작업과 마찬가지로 즉시 수행됩니다. 즉, async 함수는 프라미스를 동기적으로 반환합니다. 이 프라미스는 함수에 의해 생성된 결과 또는 에러에 따라 결정됩니다.

우리는 async/await와의 첫 번째 만남에서부터 프라미스가 여전히 우리가 다루는 내용에서 얼마나 중요한지를 알 수 있습니다. 실제로, async/await를 프라미스를 더 간단하게 사용하기 위한 문법적인 편리함이라고 생각할 수 있습니다. 앞으로 보겠지만 async/await를 사용한 모든 비동기 제어 흐름 패턴은 비용이 많이 드는 대부분의 작업들을 위해 프라미스와 해당 API를 사용합니다.

5-2-2 Async/await에서의 에러 처리

Async/await는 일반적인 조건하에 비동기 코드의 가독성을 향상시킬 뿐만 아니라 에러를 다룰 때도 도움이 됩니다. 실제로 async/await의 가장 큰 장점 중 하나는 try...catch 블록의 동작을 정규화하여 동기적 throws와 비동기적 프라미스의 거부 두 상황 모두에서 잘 작동하도록 하는 것입니다. 예를 들어 설명해 보겠습니다.

통일된 try...catch 사용

주어진 밀리초 이후에 에러(Error)와 함께 거부(reject)하도록 작성된 프라미스를 반환하는 함수를 정의해봅시다. 우리가 이미 잘 알고 있는 delay() 함수와 매우 비슷합니다.

```
function delayError(milliseconds) {
    return new Promise((resolve, reject) => {
        setTimeout(() => {
            reject(new Error(`Error after ${milliseconds}ms`))
        }, milliseconds)
    })
}
```

동기적으로 에러가 throw되거나 프라미스가 거부될 때까지 기다리는 async 함수를 구현해봅시다. 이 함수는 동기적인 throw와 프라미스에서의 거부를 어떻게 같은 catch 블록에서 처리할 수 있는지를 잘 보여줍니다.

```
async function playingWithErrors(throwSyncError) {
    try {
        if (throwSyncError) {
            throw new Error('This is a synchronous error')
        }
        await delayError(1000)
    } catch (err) {
        console.error(`We have an error: ${err.message}`)
    } finally {
        console.log('Done')
    }
}
```

이제 함수를 다음과 같이 호출합니다.

```
playingWithErrors(true)
```

콘솔에 다음과 같이 출력됩니다.

```
We have an error: This is a synchronous error
Done
```

반면 false를 입력으로 함수를 다음과 같이 호출하면

```
playingWithErrors(false)
```

다음과 같은 출력이 생깁니다.

```
We have an error: Error after 1000ms
Done
```

"4장. 콜백을 사용한 비동기 제어 흐름 패턴"에서 에러를 어떻게 처리했는지 기억해본다면 프라미스와 async/await로 인해 많은 점들이 개선되었음을 알 수 있습니다. 에러 처리는 간단하고, 가독성이 좋으며 그리고 무엇보다도 비동기적/동기적 에러를 모두 지원해야 합니다.

"return" 대 "return await" 함정

흔한 안티패턴 중 하나는 async/await와 함께 에러를 다룰 때 호출자에 거부하는 프라미스를 반환하고 프라미스를 반환하는 함수의 로컬 try...catch 블록에서 에러가 잡히는 것을 예상하는 것입니다.

예를 들어 다음과 같은 코드를 생각해봅시다.

```
async function errorNotCaught() {
    try {
        return delayError(1000)
    } catch (err) {
        console.error('Error caught by the async function: ' +
```

```
            err.message)
    }
}

errorNotCaught()
    .catch(err => console.error('Error caught by the caller: ' +
        err.message))
```

delayError()에 의해 반환되는 프라미스는 로컬에서 기다리지(await) 않습니다. 즉, 호출자에게 반환됩니다. 결과적으로 로컬의 catch 블록은 영원히 호출되지 않습니다. 실제로 앞의 코드는 다음과 같은 출력을 내보냅니다.

```
Error caught by the caller function: Error after 1000ms
```

만약 호출자가 비동기 작업에 의해서 발생하는 값뿐만 아니라 에러까지 로컬에서 포착할 수 있도록 만들고 싶다면, 반환될 프라미스 앞에 await 표현식을 사용해야 합니다. 다음의 코드는 이를 잘 보여줍니다.

```
async function errorCaught() {
    try {
        return await delayError(1000)
    } catch (err) {
        console.error('Error caught by the async function: ' +
            err.message)
    }
}

errorCaught()
    .catch(err => console.error('Error caught by the caller: ' +
        err.message))
```

우리가 한 일은 return 키워드 뒤에 await를 추가한 것뿐입니다. 이것만으로도 async 함수가 프라미스를 로컬에서 처리하고 프라미스의 거부를 포착하는데 충분합니다. 이를 확인하기 위해 앞의 코드를 실행시키면 다음과 같은 출력을 볼 수 있습니다.

```
Error caught by the async function: Error after 1000ms
```

5-2-3 순차 실행과 반복

async/await를 사용한 제어 흐름 패턴에 대한 탐구를 순차적 실행과 반복에서부터 시작해 보겠습니다. 이미 여러 번 언급했지만 async/await의 최대 강점은 비동기적 순차 실행을 쓰기 쉽고 읽기 쉽게 만드는 능력입니다. 우리가 지금까지 작성했던 모든 코드 샘플에서 확인해 볼 수 있었습니다. 이제 웹 스파이더 버전 2를 변환해보면 더 확실해질 것입니다. async/await는 사용하기가 매우 간단해서 이를 사용하기 위해 더 배워야 할 패턴도 이제는 없습니다. 따라서 바로 본론으로 들어가 보겠습니다.

웹 스파이더의 download() 함수부터 시작해봅시다. async/await에서는 다음과 같습니다.

```
async function download(url, filename) {
    console.log(`Downloading ${url}`)
    const { text: content } = await superagent.get(url)
    await mkdirpPromises(dirname(filename))
    await fsPromises.writeFile(filename, content)
    console.log(`Downloaded and saved: ${url}`)
    return content
}
```

download() 함수가 얼마나 간단하고 간결해졌는지 잠시 살펴봅시다. 총 19줄의 코드를 사용하여 두 개의 서로 다른 함수에서 콜백으로 동일한 기능이 구현되었던 코드가 지금은 7줄 밖에는 안됩니다. 또한 코드는 중첩 하나 없는 완전히 플랫(flat)한 형태를 가졌습니다. 이것은 async/await가 우리 코드에 미치는 긍정적인 영향을 보여줍니다.

이제 async/await를 사용해서 배열을 비동기적으로 반복해보겠습니다. spiderLinks() 함수가 좋은 예시가 될 것입니다.

```
async function spiderLinks(currentUrl, content, nesting) {
    if (nesting === 0) {
        return
    }
    const links = getPageLinks(currentUrl, content)
    for (const link of links) {
        await spider(link, nesting - 1)
    }
}
```

여기서는 심지어 우리가 알아야 할 패턴도 없습니다. 링크 목록에 대한 간단한 반복이 존재하고 각 항목에 대해 spider()가 반환하는 프라미스를 기다립니다.

다음의 코드는 async/await를 사용하여 구현한 spider() 함수입니다. 코드를 보면 try...catch 구문으로 에러를 간단하게 다뤘고, 코드가 읽기 쉽게 바뀐 것을 확인할 수 있습니다.

```
export async function spider(url, nesting) {
    const filename = urlToFilename(url)
    let content
    try {
        content = await fsPromises.readFile(filename, 'utf8')
    } catch (err) {
        if (err.code !== 'ENOENT') {
            throw err
        }

        content = await download(url, filename)
    }

    return spiderLinks(url, content, nesting)
}
```

spider() 함수와 함께 웹 스파이더 애플리케이션의 async/await 변환을 완료했습니다. 보는 바와 같이 간단하지만 결과는 꽤 인상적입니다.

안티패턴 – 순차 실행을 위한 Array.forEach와 async/await의 사용

개발자들이 Array.forEach() 또는 Array.map()과 함께 async/await를 사용한 순차 비동기 반복을 구현하려고 시도하는, 흔한 안티패턴이 존재한다는 점을 언급할 필요가 있습니다. 물론 예상대로 동작하지 않습니다.

그 이유를 알아보기 위해 spiderLinks() 함수에서 비동기 반복의 (잘못된) 대체 구현을 살펴보겠습니다.

```
links.forEach( async function iteration(link) {
    await spider(link, nesting - 1)
} )
```

앞의 코드에서 iteration 함수는 links 배열의 각 요소에 대해 한번씩 호출됩니다. 그런 다음 iteration 함수에서 spider()가 반환하는 프라미스에 await 표현식을 사용합니다. 그러나 iteration 함수에 의해 반환된 프라미스는 forEach()에 의해 무시됩니다. 결과적으로 모든 spider() 함수는 이벤트 루프의 동일한 라운드에서 호출되므로 병렬로 시작되며, 모든 spider() 작업이 완료되기를 기다리지 않고 forEach() 호출 즉시 연속적으로 실행합니다.

5-2-4 병렬 실행

async/await를 사용하여 일련의 작업들을 병렬로 실행하는 방법은 크게 두 가지가 있습니다. 하나는 순수하게 await 표현식을 사용하는 것이고 다른 하나는 Promise.all()에 의존하는 것입니다. 두 가지 모두 구현하기 간단합니다. 그러나 Promise.all()을 사용하는 방법이 권장됩니다.

두 가지 방법에 대한 예를 살펴보겠습니다. 웹 스파이더의 spiderLinks() 함수를 생각해봅시다. 순수하게 await 표현식을 사용해서 무제한 병렬 비동기 실행 흐름을 구현하려면 다음과 같은 코드로 실행합니다.

```
async function spiderLinks(currentUrl, content, nesting) {
    if (nesting === 0) {
        return
    }
    const links = getPageLinks(currentUrl, content)
    const promises = links.map(link => spider(link, nesting - 1))
    for (const promise of promises) {
        await promise
    }
}
```

이게 전부입니다. 매우 간단합니다. 앞의 코드에서 모든 spider() 작업을 병렬로 시작하였고 map()을 사용하여 실행된 작업들의 프라미스를 수집합니다. 그리고 나서 루프를 돌며 각각의 프라미스들을 기다립니다(await).

처음엔 이것이 깔끔하고 기능적으로 보이지만 생각하지 않은 작은 부작용이 있습니다. 배열에서 어떤 프라미스가 거부되면 spiderLinks()에서 반환된 프라미스도 거부되는데 그전에 배열 내의 모든 선행 프라미스들이 해결될 때까지 기다려야 합니다. 일반적으로 작업의 실패를 최대한 빨리 알기 원하기 때문에 이것은 모든 상황에서 최선의 방법이 아닙니다. 다행히도 우리는 이미 원하는 방식으로 정확하게 동작하는 Promise.all()이라는 내장 함수를 가지고 있습니다. 실제로 Promise.all()은 입력 배열에 제공된 프라미스 중 하나가 거부되는 즉시 거부합니다. 더욱이 모든 async/await 코드에 대해서도 이 방법을 사용할 수 있습니다. 그리고 Promise.all()은 또 다른 프라미스만 반환하기 때문에 여러 비동기 작업에서 결과를 얻기 위해 await를 호출할 수 있습니다. 다음의 코드는 그 예를 보여줍니다.

```
const results = await Promise.all(promises)
```

결론적으로, 병렬 실행 및 async/await를 사용하는 spiderLinks() 함수의 구현은 프라미스를 사용하는 것과 거의 동일하게 보입니다. 유일하게 눈에 띄는 차이점은 항상 프라미스를 반환하는 async 함수를 사용한다는 사실입니다.

```
async function spiderLinks(currentUrl, content, nesting) {
    if (nesting === 0) {
        return
    }

    const links = getPageLinks(currentUrl, content)
    const promises = links.map(link => spider(link, nesting - 1))

    return Promise.all(promises)
}
```

병렬 실행 및 async/await에 대해 방금 배운 내용은 async/await가 프라미스와 분리될 수 없다는 사실을 다시 강조합니다. 프라미스와 함께 작동하는 대부분의 유틸리티들은 async/await에서도 원활하게 작동하며 async 함수에서 이를 활용하는 것을 주저해서는 안됩니다.

5-2-5 제한된 병렬 실행

async/await를 사용하여 제한된 병렬 실행 패턴을 구현하기 위해 "프라미스(Promises)" 섹션의 "제한된 병렬 실행"에서 만들었던 TaskQueue 클래스를 간단히 다시 사용할 수 있습니다. 이것을 그대로 사용하거나 내부를 async/await로 변환할 수 있습니다. TaskQueue 클래스를 async/await로 변환하는 것은 쉬운 일이므로 연습문제로 남겨 두겠습니다. 어느 쪽이든 TaskQueue 외부 인터페이스는 변경하지 말아야 합니다. 두 구현 모두 대기열에 의해 작업이 실행될 때 해결되는 프라미스를 반환하는 runTask() 함수를 갖습니다.

이런 가정에서 시작하면 웹 스파이더 버전 4를 프라미스에서 async/await로 변환하는 것도 간단한 작업이며 새로운 기술이 필요하지 않으므로 여기서 모든 단계를 보여주지는 않을 것입니다. 대신 이 섹션에서는 async/await 및 **생산자-소비자(producer-consumer)** 접근 방식을 사용하는 작업 대기열 클래스의 세 번째 변형을 살펴보겠습니다.

이 접근 방식을 우리의 문제에 적용하기 위한 일반적인 아이디어는 다음과 같습니다.

- 한쪽에는 작업을 대기열에 추가하기 위한 정해지지 않는 일련의 생산자들이 존재합니다.
- 반대쪽에는 미리 정의된 일련의 소비자들이 존재하며, 한번에 하나씩 대기열에서 작업을 추출하고 실행할 책임을 가집니다.

다음의 다이어그램은 이러한 구조를 이해하는데 도움이 됩니다.

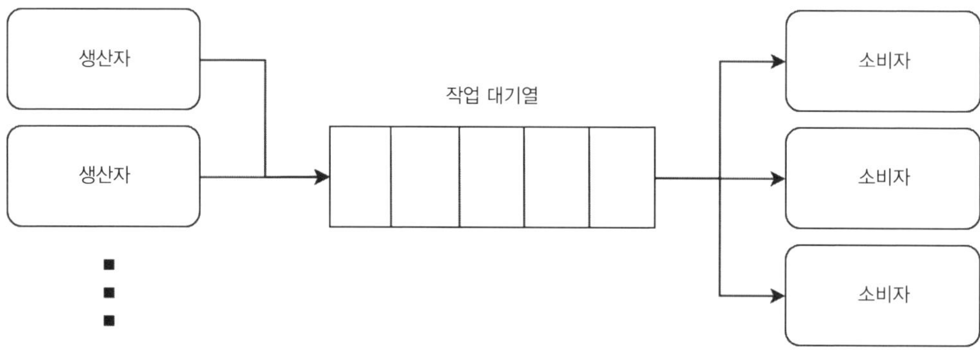

▲ 그림 5.2 제한된 병렬 실행 구현을 위한 생산자-소비자 패턴의 사용

소비자의 수에 따라 작업이 실행되는 동시성이 결정됩니다. 여기서 문제는 큐가 비어있을 때 소비자를 "휴면(sleep)" 상태로 만들고 실행할 새 작업이 있을 때 다시 "깨우는(wake up)" 것입니다. 그러나 다행히도 Node.js는 단일 스레드이므로 작업을 "휴면(sleep)"으로 설정하는 것은 이벤트 루프로 제어권을 되돌리는 것을 의미하고 작업을 "재개(resuming)"하는 것은 콜백을 호출하는 것과 동일합니다.

이를 염두에 두고 몇 가지 코드를 살펴봅시다. 이 장에서 이전에 구현한 TaskQueue 클래스 중 하나와 유사한 공개(public) 인터페이스를 사용해서 TaskQueuePC라는 새로운 클래스를 만들겠습니다. 하향식(top-down) 접근 방식으로 어떻게 이 클래스의 생성자를 구현하는지부터 살펴보겠습니다.

```
export class TaskQueuePC {
    constructor(concurrency) {
        this.taskQueue = []
```

```
        this.consumerQueue = []

        // 소비자를 생성
        for (let i = 0; i < concurrency; i++) {
            this.consumer()
        }
    }

    // ...
```

우선 우리는 두 개의 대기열을 갖습니다. 하나는 우리의 작업들(taskQueue)을 저장하며 다른 하나는 사용되지 않는 소비자(consumerQueue)들을 저장하기 위해서입니다. 이 대기열들이 어떻게 사용되는지 보면 대기열에 대한 이해가 명확해질 것입니다. 생성자의 두 번째 부분에서는 우리가 도달하고자 하는 동시성 수만큼의 소비자를 생성합니다. 소비자가 어떻게 생겼는지 보겠습니다.

```
async consumer() {
    while (true) {                                      // (1)
        try {
          const task = await this.getNextTask()         // (2)
          await task()                                  // (3)
        } catch (err) {
          console.error(err)                            // (4)
        }
    }
}
```

소비자는 무한 while 루프입니다(1). 반복할 때마다 getNextTask()를 사용하여 대기열에서 새로운 작업을 조회(2)합니다. 곧 보겠지만, 큐가 비어있으면 현재 소비자는 "휴면" 상태로 전환됩니다. 새로운 작업이 사용 가능해지면 깨어나 이를 실행합니다(3). 작업에서 발생한 오류로 인해 소비자가 중지되면 안되기 때문에 단순히 로그를 남기고(4) 다음 반복을 계속합니다.

> TaskQueuePC에 있는 각 소비자는 실질적인 스레드처럼 보입니다. 실제로 우리의 consumer() 함수는 무한 루프를 가지며 다른 "스레드"에 의해서 깨어나기 전까지 "휴면" 상태로 전환이 가능합니다. 실제로는 각 소비자가 단지 프라미스와 콜백을 중심으로 구성된 비동기 함수라는 사실을 잊어서는 안됩니다. While 루프는 지속적으로 CPU 사이클을 소모하는 것처럼 보이겠지만, 전통적인 while 루프에 비해 내부적으로는 비동기적인 재귀와 더 유사합니다.

다음 코드로 어떤 동작이 일어나고 있는지에 대한 느낌이 올 것입니다. getNextTask()의 구현을 살펴봅시다.

```
async getNextTask() {
    return new Promise((resolve) => {
        if (this.taskQueue.length !== 0) {
            return resolve(this.taskQueue.shift())      // (1)
        }

        this.consumerQueue.push(resolve)                // (2)
    })
}
```

getNextTask() 함수는 큐가 비어있지 않다면 큐에서 첫 번째 작업을 가지고 해결(resolve)되는 새로운 프라미스를 반환합니다. 첫 번째 작업은 taskQueue에서 제거되고 resolve를 호출할 때 인자로 사용됩니다(1). 만약 큐가 비어있다면 우리는 consumerQueue에 resolve 콜백을 추가하여 프라미스의 해결을 연기합니다. 이것은 프라미스와 프라미스가 반환되기를 기다리고 있는 소비자를 효과적으로 "휴면" 상태가 되도록 만들 것입니다.

이제 알고리즘의 생산자 측에 해당하는 부분으로 전체 TaskQueuePC 클래스를 연결하는 역할을 합니다. 이것은 runTask() 함수에서 구현됩니다.

```
runTask(task) {
    return new Promise((resolve, reject) => {
        const taskWrapper = () => {                     // (1)
            const taskPromise = task()
            taskPromise.then(resolve, reject)
            return taskPromise
        }

        if (this.consumerQueue.length !== 0) {          // (2)
          const consumer = this.consumerQueue.shift()
          consumer(taskWrapper)
        } else {                                        // (3)
          this.taskQueue.push(taskWrapper)
        }
    })
}
```

먼저, 실행 시 입력된 task를 실행하고 task()가 반환한 프라미스의 상태를 runTask()가 반환하는 외부 프라미스로 전달하는 역할을 하는 taskWrapper 함수를 만듭니다(1). 다음으로 consumerQueue가 비어있지 않은 경우(2)인데, 이는 새로운 작업이 실행되기를 기다리는 대기 상태의 소비자가 하나 이상 존재함을 의미합니다. 이 경우 대기열에서 첫 번째 소비자(consumer)를 끄집어내어(기본적으로 getNextTask()에서 반환한 프라미스의 resolve 콜백임을 기억하십시오) taskWrapper를 인자로 바로 호출합니다. 반면 모든 소비자가 이미 실행 중이라면(3), taskWrapper를 taskQueue에 push 합니다.

이로써 TaskQueuePC 클래스의 구현을 마칩니다. TaskQueuePC 클래스의 공개 인터페이스는 우리가 "프라미스(Promise)" 섹션에서 구현한 TaskQueue 클래스에서와 동일합니다. 따라서 우리의 웹 스파이더 코드를 새로운 알고리즘에 마이그레이션하는 것은 간단한 작업이 될 것입니다.

이것으로 async/await 구조에 대한 탐구를 마쳤습니다. 하지만 이 장을 끝내기 전에 프라미스에 영향을 미치는 미묘한 문제에 대해 살펴보겠습니다.

5-3 무한 재귀 프라미스 해결(resolution) 체인의 문제

이 시점에서 여러분은 가장 일반적인 제어 흐름 구조를 구현하기 위해서 프라미스가 어떻게 작동하고 어떻게 그것을 사용하는지에 대해 잘 이해하고 있어야 합니다. 따라서 지금이 Node.js 개발자 모두가 알고 이해해야 하는 고급 주제를 말할 좋은 시간입니다. 이 고급 주제는 무한 프라미스 해결 체인에 의해 생기는 메모리 누수에 대한 것입니다. 이 버그는 실질적인 Promise/A+ 명세에도 해당하는 것처럼 보입니다. 따라서 명세를 지킨 구현이라고 이 버그에 면역을 가지는 것이 아닙니다.

프로그래밍을 할 때 작업들이 미리 정해진 결말을 갖고 있지 않거나 잠재적으로 무한한 데이터 배열을 입력으로 받는 경우는 흔합니다. 스트림 방송 중인 오디오/비디오의 인코딩/디코딩, 실시간 가상화폐 시장 데이터의 처리 그리고 IoT 센서들의 모니터링과 같은 종류가 그 예입니다. 그러나 우리는 사용빈도가 높은 함수형 프로그래밍을 만들 때처럼 더 사소한 상황에서 문제에 부딪힐 수 있습니다.

쉬운 예를 위해서 다음의 코드와 같이 프라미스를 사용한 간단한 무한 동작을 정의해보겠습니다.

```
function leakingLoop() {
    return delay(1)
        .then(() => {
            console.log(`Tick ${Date.now()}`)
            return leakingLoop()
        })
}
```

방금 정의한 leakingLoop() 함수는 비농기 작업을 가정하기 위해서 delay() 함수(이 장의 처음에 만들었던)를 사용합니다. 주어진 밀리초가 지났을 때, 현재의 시간을 출력하고 다시 작업을 시작하기 위해서 leakingLoop()를 재귀적으로 호출하여 작업을 다시 시작합니다. 흥미로운 부분은 leakingLoop()에 의해서 반환되는 프라미스의 상태가 다음 leakingLoop() 호출에 따라 달라지기 때문에 절대로 해결(resolve)되지 않는다는 것입니다. 이 상황은 결정(settle)되지 않는 일련의 프라미스 체인을 만들고 JavaScript ES6 프라미스를 포함하여 Promise/A+ 스펙을 엄격히 따르는 프라미스의 구현에서 메모리 누수를 유발합니다.

이 누수를 보여주기 위해서, leakingLoop() 함수를 매우 많이 실행시켜 누수의 영향을 강조해 보겠습니다.

```
for (let i = 0; i < 1e6; i++) {
    leakingLoop()
}
```

그리고 나서 선호하는 프로세스 검사기(process inspector)를 사용하여 메모리 사용량을 살펴보면 그 프로세스가 완전히 충돌될 때까지(몇 분 후) 메모리 사용량이 계속해서 늘어나는 것을 확인할 수 있습니다.

이 문제에 대한 해결책은 프라미스 해결(resolve)의 체인을 끊는 것입니다. leakingLoop()에 의해 반환된 프라미스의 상태가 다음 leakingLoop() 호출에 의해 반환된 프라미스에 의존하지 않는지를 확인하여 이를 수행할 수 있습니다.

예에서는 return 명령을 제거하기만 하면 됩니다.

```
function nonLeakingLoop() {
    delay(1)
        .then(() => {
```

```
            console.log(`Tick ${Date.now()}`)
            nonLeakingLoop()
        })
}
```

이제 예제 프로그램에서 이 새로운 함수를 사용하면 가비지 컬렉터의 실행 스케줄에 따라서 프로세스의 메모리 사용량이 올라갔다 내려갔다 하는 것을 볼 수 있을 것입니다. 이것은 메모리 누수가 없음을 의미합니다.

그러나 방금 제안한 방법은 원래의 leakingLoop() 함수의 동작을 근본적으로 변경합니다. 특히, 각각의 프라미스들의 상태가 서로 연결되어 있지 않기 때문에 재귀의 깊은 곳에서 생성되는 에러를 전파하지 않습니다. 이러한 애로사항은 함수에 몇몇의 추가적인 로깅을 넣음으로써 완화할 수 있습니다. 그러나 때때로 새로운 동작을 하게끔 변경하는 것이 선택지에 없을 수 있습니다. 따라서 가능한 해답은 다음의 코드 샘플과 같이 재귀함수를 프라미스 생성자로 감싸는 것입니다.

```
function nonLeakingLoopWithErrors() {
    return new Promise((resolve, reject) => {
        (function internalLoop() {
            delay(1)
                .then(() => {
                    console.log(`Tick ${Date.now()}`)
                    internalLoop()
                })
                .catch(err => {
                    reject(err)
                })
        })()
    })
}
```

이 경우 여전히 재귀의 여러 단계에서 생성된 프라미스 사이에 링크가 없습니다. 그러나 nonLeakingLoopWithErrors() 함수에 의해 반환된 프라미스는 발생하는 재귀의 깊이에 관계없이 비동기 작업이 실패하면 바로 거부됩니다.

세 번째 해답은 async/await를 사용하여 만드는 것입니다. 실제로, async/await를 사용하면 다음과 같이 간단하게 무한한 while 루프로 재귀 프라미스 체인을 실험해 볼 수 있습니다.

```
async function nonLeakingLoopAsync() {
    while (true) {
        await delay(1)
        console.log(`Tick ${Date.now()}`)
    }
}
```

이 함수에서도 원래 재귀 함수의 동작을 보존하면서 비동기 작업(이 경우 delay())에서 발생한 모든 오류가 함수 호출자에게 전파됩니다.

우리가 주목해야 할 것은 while 루프 대신에 다음의 코드와 같이 실제 비동기 재귀 단계로 async/await를 사용하는 구현을 선택한다면 여전히 메모리 누수가 발생할 수 있다는 것입니다.

```
async function leakingLoopAsync() {
    await delay(1)
    console.log(`Tick ${Date.now()}`)
    return leakingLoopAsync()
}
```

위의 코드는 결코 해결(resolve)되지 않는 무한 프라미스 체인을 계속해서 생성합니다. 그러므로 프라미스 기반 구현에서와 같은 메모리 누수 문제에 의한 영향을 받습니다.

이 섹션에서 논의한 메모리 누수에 대해 더 알고 싶다면 nodejsdp.link/node-6673에서 관련된 Node.js 문제를 확인하거나 nodejsdp.link/promisesaplus-memleak의 Promises/A+의 GitHub 저장소에서 관련 문제를 확인할 수 있습니다.

따라서 다음에 무한 프라미스 체인을 구축할 때 이 섹션에서 배운 것처럼 메모리 누수를 생성하는 조건이 있는지 다시 한번 확인해보아야 합니다. 문제가 있는 경우 상황에 가장 적합한 솔루션으로 여기서 제시된 해결책 중 하나를 적용하여 해결할 수 있습니다.

요약

이 장에서 좀 더 간결하고 깔끔하며 가독성 좋은 비동기 코드를 작성하기 위해서 프라미스와 async/await를 어떻게 사용하는지 배웠습니다.

우리가 본 것처럼 프라미스와 async/await는 제어 흐름에서 아주 흔히 사용되는 순차 실행 흐름을 훌륭하게 간소화합니다. 실제로 async/await와 함께 순차 비동기 작업을 작성하는 것은 동기적 코드를 작성하는 것만큼이나 쉽습니다. 일련의 비동기 작업들을 병렬로 실행하는 것 또한 Promise.all() 덕분에 매우 간단합니다.

그러나 프라미스와 async/await를 사용하는 것에 대한 이점은 여기서 끝나지 않습니다. 동기/비동기 동작이 혼합된 코드("3장. 콜백과 이벤트"에서 논의했던 일명 Zalgo)와 같은 까다로운 상황에 대해 명료한 방안을 제공한다는 것을 배웠습니다. 또한 프라미스와 async/await를 사용한 오류 관리는 훨씬 더 직관적이며 실수(예: 콜백을 사용하는 코드에서 버그의 심각한 원인인 오류 전달을 잊는 경우)의 여지가 적습니다.

패턴과 기술적 측면에서 프라미스 체인(작업을 순차적으로 실행하기 위해), 프라미스화 그리고 생산자-소비자 패턴을 확실히 기억해야 합니다. 또한, async/await와 함께 (여러분은 아마도 잘못 사용할 수도 있는) Array.forEach()를 사용할 때 주의해야 하며, async 함수에서 단지 return하는 것과 return await하는 것에 대한 차이점을 분명히 기억해야 합니다.

콜백은 Node.js와 JavaScript 세계에서 여전히 널리 사용됩니다. 우리는 이것을 네이티브 라이브러리와 상호 작용하는 코드, 레거시(legacy) API 또는 특정 루틴을 세부적으로 최적화해야 할 때 발견할 수 있습니다. 그러한 이유 때문에 우리 Node.js 개발자들은 콜백을 알아야 합니다. 하지만 일상적인 프로그래밍 작업에서 프라미스와 async/await는 콜백과 비교했을 때 커다란 진보이며, 그러므로 그것들이 현재 Node.js에서 비동기 코드를 다루는데 실질적인 표준입니다. 따라서 우리는 이 책의 남은 부분에서 비동기 코드를 작성할 때 프라미스와 async/await를 사용할 것입니다.

다음 장에서 비동기 코드 실행과 관련된 또 다른 매력적인 주제를 알아볼 것입니다. 그것은 Node.js 전체 생태계에서 또 다른 기본적인 구성요소입니다. 바로 스트림입니다.

연습

5.1 Promise.all() 해부하기:

프라미스, async/await 또는 두 가지 모두를 보완할 수 있는 여러분만의 Promise.all() 함수를 구현해보세요. 함수는 기능적으로 원래 Promise.all()과 동일해야 합니다.

5.2 프라미스를 이용한 TaskQueue:

TaskQueue 내부의 프라미스를 async/await를 사용하며 바꿔보세요.

HINT 모든 곳에 async/await를 사용할 수는 없습니다.

5.3 프라미스를 이용한 생산자-소비자:

async/await 문법의 사용을 없애고 프라미스만을 사용하여 TaskQueuePC 내부를 바꿔보세요.

HINT 무한 반복은 비동기적인 재귀가 되어야 합니다. 재귀적 프라미스 해결의 메모리 누수를 조심하세요.

5.4 비동기적 map():

프라미스와 동시성 제한을 지원하는 Array.map()의 비동기 병렬 버전을 구현하세요. 구현하는 함수는 이 장에서 소개한 TaskQueue 또는 TaskQueuePC를 직접적으로 보완하지 않아야 합니다. 소개된 패턴은 사용해도 좋습니다. 우리가 mapAsync(iterable, callback, concurrency)로 정의한 함수는 다음과 같은 입력을 받아들입니다.

- 배열과 같은 반복가능(iterable) 객체
- 반복 가능 객체의 각 아이템을 입력으로 받고 프라미스와 간단한 값을 반환하는 콜백(callback)
- 주어진 각 시간에 반복가능 객체에서 얼마나 많은 아이템이 병렬로 처리될 수 있는지 정의하는 동시성(concurrency)

CHAPTER 06

스트림 코딩

- ✔ 스트림의 중요성 발견
- ✔ 스트림 시작하기
- ✔ 스트림을 사용한 비동기 제어 흐름 패턴
- ✔ 파이핑(Piping) 패턴

스트림은 Node.js의 가장 중요한 컴포넌트이자 패턴 중의 하나입니다. 커뮤니티에는 "모든 것을 스트리밍 하십시오!"라는 모토가 있으며 이것만으로도 Node.js에서 스트림의 역할을 설명하기에 충분합니다. Node.js 커뮤니티의 최우수 기여자인 Dominic Tarr는 스트림을 "Node에서 최고이자 가장 오해 받는 개념"로 정의하고 있습니다. Node.js 스트림이 매력적인 데는 성능이나 효율성과 같은 기술적 속성과 관련한 부분뿐만 아니라, 우아함과 Node.js 철학에 완벽하게 맞는가 하는 방식 등의 요인이 있습니다.

이 장은 Node.js 스트림에 대한 완전한 이해를 제공하는 것을 목표로 하고 있습니다. 이 장의 전반부는 Node.js 스트림의 주요 개념과 용어 및 라이브러리를 소개합니다. 후반부에서는 더 고급적인 주제를 다룰 것이며, 가장 중요한 것은 여러 상황에서 코드를 더 우아하고 효과적으로 만들 수 있는 유용한 스트리밍 패턴을 살펴볼 것입니다.

이 장에서는 다음 항목에 대해 학습합니다.

- Node.js에서 스트림이 중요한 이유
- 스트림 이해와 사용 및 생성
- 프로그래밍 패러다임으로서의 스트림: I/O 뿐만 아니라, 다양한 상황에서 강력한 기능의 활용
- 여러 환경에서의 스트리밍 패턴 및 스트림 연결

서론은 이쯤하고 스트림이 Node.js에서 초석의 역할을 하는 이유를 함께 알아보겠습니다.

6-1 스트림의 중요성 발견

Node.js와 같은 이벤트 기반 플랫폼에서 I/O를 처리하는 가장 효율적인 방법은 실시간으로 입력을 사용할 수 있게 되는 즉시 사용하고 애플리케이션이 처리하는 즉시 출력을 내보내는 것입니다.

이 섹션에서는 Node.js 스트림과 그 강점에 대한 소개를 제공합니다. 스트림을 사용하고 구성하는 방법에 대한 자세한 사항은 이 장의 뒷부분에서 설명할 것이므로 이곳에서는 개요만 다루겠습니다.

6-1-1 버퍼링 대 스트리밍

지금까지 이 책에서 본 거의 모든 비동기 API는 버퍼모드를 사용하여 동작합니다. 입력 작업의 경우 버퍼모드에서는 작업이 완료될 때까지 리소스에서 들어오는 모든 데이터를 버퍼에 수집합니다. 그런 다음 단일 데이터 blob으로 데이터를 소비하는 곳으로 전달합니다. 다음 다이어그램은 이 패러다임을 시각적으로 보여줍니다.

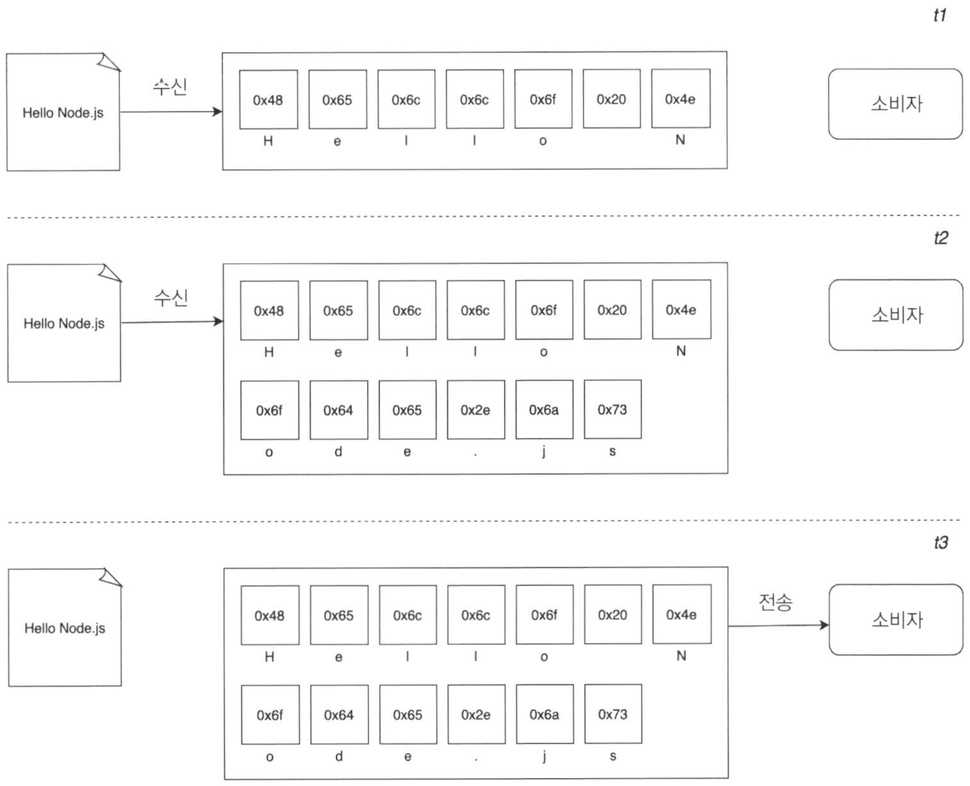

▲ 그림 6.1 buffering 버퍼링

그림 6.1에서 시간 t1에서 일부 데이터가 리소스에 수신되어 버퍼에 저장되는 것을 볼 수 있습니다. 시간 t2에 다른 데이터 청크(최종 데이터 청크)를 수신하여 읽기 작업을 완료하므로, t3에서 전체 버퍼가 데이터를 소비하는 곳으로 전송됩니다.

반면에 스트림을 사용하면 리소스에서 데이터가 도착하자마자 데이터를 처리할 수 있습니다. 다음 다이어그램은 이것을 나타냅니다.

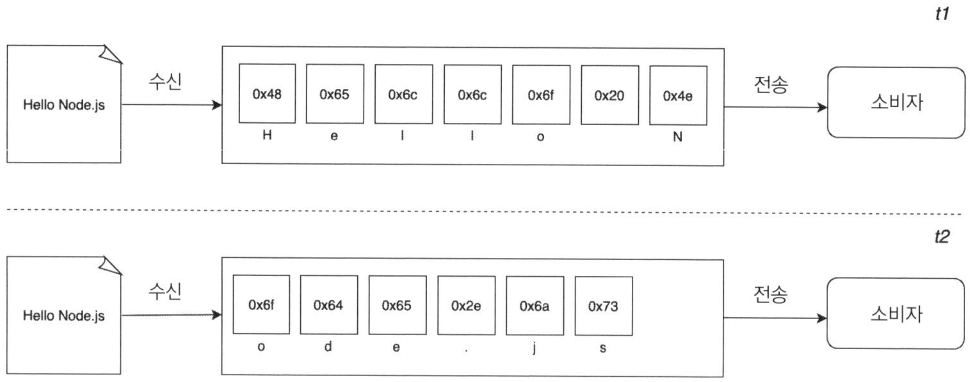

▲ 그림 6.2 스트리밍

그림 6.2에서는 리소스에서 각각의 새로운 데이터 청크가 수신되는 즉시 모든 데이터가 버퍼에 수집될 때까지 기다리지 않고 처리할 수 있는 소비자에게 즉시 전달됨을 보여줍니다.

그렇다면, 두 가지 접근 방식의 차이점은 무엇일까요? 순전히 효율성 관점에서 스트림은 공간(메모리 사용량)과 시간(계산 클락 시간) 측면에서 더 효율적일 수 있습니다. 그러나 Node.js 스트림에는 또 다른 중요한 **결합성**이라는 것이 있습니다. 이제 이러한 특성이 애플리케이션을 설계하고 작성하는 방식에 어떤 영향을 미치는지 살펴보겠습니다.

6-1-2 공간 효율성

우선 스트림을 사용하면 데이터를 버퍼링하고 한번에 처리할 때는 불가능한 일을 할 수 있습니다. 예를 들어, 수백 메가바이트 또는 심지어 기가바이트 정도의 매우 커다란 파일을 읽어야 하는 경우를 생각해봅시다. 분명히 파일을 완전히 읽을 때 큰 버퍼를 반환한다는 것은 좋은 생각이 아닙니다. 이러한 큰 파일 몇 개를 동시에 읽는다고 가정해보십시오. 우리 애플리케이션은 쉽게 메모리가 부족해질 것입니다. 그 외에도 V8의 버퍼는 크기에 제한이 있습니다. 몇 기가바이트 이상의 데이터를 할당할 수 없으므로 실제 메모리가 부족해지기 전에 벽에 부딪힐 수 있습니다.

버퍼의 실제 최대크기는 Node.js의 플랫폼과 버전에 따라 달라집니다. 주어진 플랫폼의 제한을 알고 싶다면 다음 코드를 실행해보십시오.

```
import buffer from 'buffer'
console.log(buffer.constansts.MAX_LENGTH)
```

버퍼링 API를 사용한 Gzipping

구체적인 예제를 만들기 위해 GZIP 형식을 사용하여 파일을 압축하는 간단한 커맨드라인 애플리케이션을 생각해 보겠습니다. Node.js에서 버퍼링된 API를 사용하면 다음과 같습니다(간결성을 위해 오류 처리는 생략됨).

```
import { promises as fs } from 'fs'
import { gzip } from 'zlib'
import { promisify } from 'util'
const gzipPromise = promisify(gzip)

const filename = process.argv[2]

async function main () {
    const data = await fs.readFile(filename)
    const gzippedData = await gzipPromise(data)
    await fs.writeFile(`${filename}.gz`, gzippedData)
    console.log('File successfully compressed')
}

main()
```

앞의 코드를 gzip-buffer.js라는 파일에 넣은 후 다음 명령을 사용하여 실행할 수 있습니다.

```
node gzip-buffer.js <path to file>
```

이때 충분히 큰 파일(예: 약 8GB)을 선택하면 읽으려는 파일이 최대 버퍼 크기보다 크다는 오류 메시지가 발생할 가능성이 큽니다.

```
RangeError [ERR_FS_FILE_TOO_LARGE]: File size (8130792448) is greater
than possible Buffer: 2147483647 bytes
```

이것은 정확히 우리가 의도한 것이며, 우리가 잘못된 접근 방식을 사용하고 있다는 사실을 보여주기 위한 것입니다.

스트림을 사용한 Gzipping

Gzip 애플리케이션을 수정해서 큰 파일로도 작동하게 만드는 가장 간단한 방법은 스트리밍 API를 사용하는 것입니다. 이것을 어떻게 달성할 수 있는지 살펴보겠습니다. 다음 코드로 새로운 모듈을 작성해 보겠습니다.

```
// gzip-stream.js
import { createReadStream, createWriteStream } from 'fs'
import { createGzip } from 'zlib'

const filename = process.argv[2]

createReadStream(filename)
    .pipe(createGzip())
    .pipe(createWriteStream(`${filename}.gz`))
    .on('finish', () => console.log('File successfully compressed'))
```

"이게 전부인가?" 여러분은 의아해할 수 있을 것입니다. 그렇습니다! 말했듯이 스트림은 인터페이스와 결합성으로 인해 놀라우면서 우아하며 깔끔하고 간결한 코드가 가능합니다. 그러나 지금 중요한 것은 프로그램이 모든 크기의 파일에 대해 일정한 메모리를 사용하여 원활하게 실행된다는 것입니다. 직접 실험해보십시오(하지만 큰 파일을 압축하는데 시간이 걸릴 수 있습니다).

> 이전 예에서는 간결함을 위해 오류처리를 생략했었습니다. 이 장의 뒷부분에서 스트림을 사용한 적절한 오류 처리에 관련해 설명합니다. 그때까지 대부분의 예제에는 적절한 오류 처리가 부족하다는 것을 염두에 두십시오.

6-1-3 시간 효율성

이제 파일을 압축하고 원격의 HTTP 서버에 업로드한 다음, 파일을 압축해제하고 파일 시스템에 저장하는 애플리케이션의 경우를 생각해보겠습니다. 애플리케이션의 클라이언트 컴포넌트가 버퍼링된 API를 사용하여 구현된 경우 전체 파일을 읽고 압축한 경우에만 업로드가 시작됩니다. 반면에 압축 해제는 모든 데이터가 수신된 경우에만 서버에서 시작됩니다. 동일한 결과를 얻기 위한 더 나은 솔루션은 스트림을 사용하여 파일 시스템에서 읽은 즉시 데이터 청크(chunk)를 압축하고 전송할 수 있는 반면, 서버에서는 원격 피어(peer)에서 수신하는 즉시 모든 청크를 압축 해제할 수 있습니다. 서버 측에서 시작해서 앞서 언급한 애플리케이션을 빌드하여 이를 시연해 보겠습니다.

다음 코드를 gzip-receive.js이라는 파일에 작성해서 만들어 보겠습니다.

```
import { createServer } from 'http'
import { createWriteStream } from 'fs'
import { createGunzip } from 'zlib'
import { basename, join } from 'path'

const server = createServer((req, res) => {
  const filename = basename(req.headers['x-filename'])
  const destFilename = join('received_files', filename)
  console.log(`File request received: ${filename}`)
  req
    .pipe(createGunzip())
    .pipe(createWriteStream(destFilename))
    .on('finish', () => {
      res.writeHead(201, { 'Content-Type': 'text/plain' })
      res.end('OK\n')
      console.log(`File saved: ${destFilename}`)
    })
})

server.listen(3000, () => console.log('Listening on http://
localhost:3000'))
```

앞의 예에서 req는 네트워크에서 청크(chunk) 단위로 요청 데이터를 수신하기 위해 서버가 사용하는 스트림 객체입니다. Node.js 스트림 덕분에 모든 데이터 청크는 수신되는 즉시 압축 해제되어 디스크에 저장됩니다.

서버 애플리케이션에서 수신된 파일이름에서 경로를 제거하기 위해 basename()을 사용하고 있음을 알 수 있습니다. 수신된 파일이 received_files 폴더 내에 정확히 저장되도록 하려는 것입니다. basename()이 없으면 악의적인 사용자가 시스템 파일을 덮어쓰도록 재 작성하여 악성코드를 삽입할 수 있는 요청을 만들 수 있습니다. 예를 들어, 파일이름이 /usr/bin/node로 설정되면 어떻게 되겠습니까? 이러한 경우 공격자는 Node.js 인터프리터를 임의의 파일로 효과적으로 덮어쓸 수 있습니다.

애플리케이션의 클라이언트 측은 gzip-send.js라는 모듈이며 코드는 다음과 같습니다.

```
import { request } from 'http'
import { createGzip } from 'zlib'
import { createReadStream } from 'fs'
import { basename } from 'path'

const filename = process.argv[2]
const serverHost = process.argv[3]

const httpRequestOptions = {
  hostname: serverHost,
  port: 3000,
  path: '/',
  method: 'PUT',
  headers: {
    'Content-Type': 'application/octet-stream',
    'Content-Encoding': 'gzip',
    'X-Filename': basename(filename)
  }
}

const req = request(httpRequestOptions, (res) => {
  console.log(`Server response: ${res.statusCode}`)
})

createReadStream(filename)
  .pipe(createGzip())
  .pipe(req)
  .on('finish', () => {
    console.log('File successfully sent')
  })
```

앞의 코드에서 다시 스트림을 사용하여 파일에서 데이터를 읽은 다음 시스템에서 읽는 즉시 각 청크를 압축하여 보냅니다.

이제 애플리케이션을 사용해보기 위해 먼저 다음 명령을 사용하여 서버를 시작하겠습니다.

```
node gzip-receive.js
```

그런 다음, 보낼 파일과 서버 주소(예: localhost)를 지정하여 클라이언트를 시작합니다.

```
gzip-send.js <path to file> localhost
```

충분히 큰 파일을 선택하면 데이터가 클라이언트에서 서버로 어떻게 흐르는지 알 수 있을 것입니다. 그렇다면, 이 패러다임(스트림을 사용한)이 버퍼링된 API를 사용하는 것보다 더 효율적인 이유가 무엇일까요? 그림 6.3은 이 개념을 이해하기 쉽게 만들어줍니다.

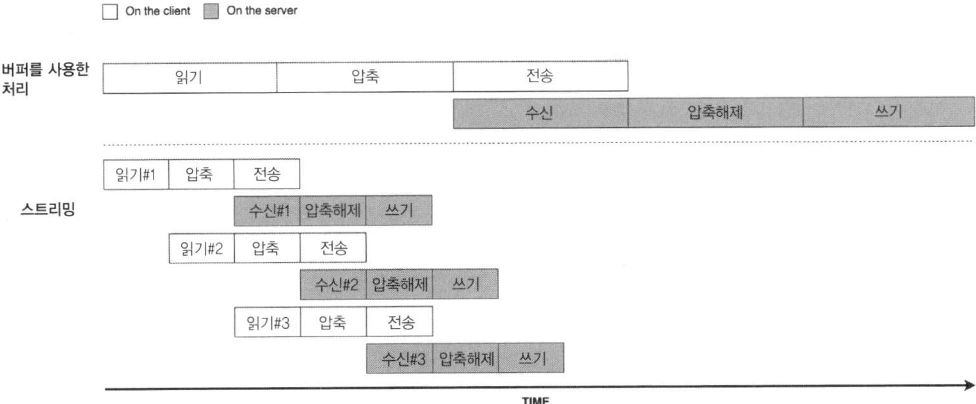

▲ 그림 6.3 버퍼링과 스트리밍 비교

파일이 처리되면 다음과 같은 여러 단계를 거치게 됩니다.

1. [클라이언트] 파일 시스템에서 읽기
2. [클라이언트] 데이터 압축
3. [클라이언트] 서버로 전송
4. [서버] 클라이언트에서 수신
5. [서버] 데이터 압축 해제
6. [서버] 디스크에 데이터 쓰기

처리를 완료하려면 조립 라인에서처럼 각 단계를 순서대로 끝까지 거쳐야 합니다. 그림 6.3에서 버퍼링된 API를 사용하면 프로세스가 완전히 순차적임을 알 수 있습니다. 데이터를 압축하려면 먼저 전체 파일을 읽을 때까지 기다려야 하며, 데이터를 전송하기 위해서는 전체 파일을 읽고 압축될 때까지 기다려야 합니다.

스트림을 사용하면 전체 파일을 읽을 때까지 기다리지 않고 첫 번째 데이터 청크를 수신하자마자 조립라인이 시작됩니다. 더 놀라운 것은 다른 데이터 청크를 사용할 수 있을 때 이전 데이터 청크의 작업이 완료될 때까지 기다릴 필요가 없습니다. 대신 다른 조립라인이 병렬로 시작됩니다. 이것은 우리가 실행하는 각 작업이 비동기적이므로 Node.js에 의해 병렬화 될 수 있기 때문에 완벽하게 동작합니다. 유일한 제약은 청크가 각 단계에 도착하는 순서를 유지해야 한다는 것입니다. Node.js 스트림의 내부 구현이 우리를 위해 이 순서를 유지해줍니다.

그림 6.3에서 볼 수 있듯이 스트림을 사용한 결과는 모든 데이터를 한번에 읽고 처리하는데 시간을 낭비하지 않기 때문에 전체 프로세스에 소요되는 시간이 줄어듭니다.

6-1-4 조립성

지금까지 살펴본 코드는 pipe() 함수 덕분에 스트림을 구성하는 방법에 대한 개요를 제공했습니다. 이 방식은 완벽한 Node.js 스타일로 각각 하나의 단일 기능을 담당하는 여러 프로세스들(Processing unit)을 연결할 수 있게 해줍니다. 이는 스트림이 균일한 인터페이스를 가지고 있고 API 측면에서 서로를 이해할 수 있기 때문에 가능합니다. 유일한 전제조건은 파이프라인의 다음 스트림이 이전 스트림에 의해 생성된 데이터 형태(유형)를 지원해야 한다는 것입니다. 이 장의 뒷부분에서 볼 수 있듯이 이것은 바이너리, 텍스트 또는 객체일 수 있습니다.

이 속성의 힘에 대한 또 다른 예시를 살펴보기 위해 이전에 만든 gzip-send/gzip-receive 애플리케이션에 암호화 계층을 추가해보겠습니다.

이렇게 하려면, 클라이언트와 서버 모두에 약간의 변경을 적용해야 합니다.

클라이언트 암호화 추가

클라이언트부터 시작해 봅시다.

```
// ...
import { createCipheriv, randomBytes } from 'crypto'      // (1)
const filename = process.argv[2]
const serverHost = process.argv[3]
const secret = Buffer.from(process.argv[4], 'hex')        // (2)
const iv = randomBytes(16)                                // (3)
// ...
```

여기서 변경한 내용을 검토해보겠습니다.

1. 먼저 crypto 모듈에서 createCipheriv() Transform 스트림과 randomBytes() 함수를 임포트합니다.
2. 커맨드라인에서 서버의 암호화를 위한 암호를 얻습니다. 문자열이 16진수 문자열로 전달될 것으로 예상되므로 이 값을 읽어 16진수 모드로 설정된 버퍼를 사용하여 메모리에 로드합니다.
3. 마지막으로, 파일 암호화를 위한 초기화 벡터로 사용할 임의의 바이트들의 시퀀스를 생성합니다.

이제 HTTP 요청을 생성하는 부분의 코드를 수정해보겠습니다.

```
const httpRequestOptions = {
  hostname: serverHost,
  headers: {
    'Content-Type': 'application/octet-stream',
    'Content-Encoding': 'gzip',
    'X-Filename': basename(filename),
    'X-Initialization-Vector': iv.toString('hex')         // (1)
  }
}

// ...

const req = request(httpRequestOptions, (res) => {
  console.log(`Server response: ${res.statusCode}`)
})

createReadStream(filename)
  .pipe(createGzip())
  .pipe(createCipheriv('aes192', secret, iv))             // (2)
  .pipe(req)

// ...
```

주요 변경 사항은 다음과 같습니다.

1. 초기화 벡터를 HTTP 헤더로 서버에 전달합니다.
2. Gzip 단계 이후 데이터를 암호화합니다.

지금까지 클라이언트 측에 대한 것이었습니다.

서버 측 복호화 추가

이제 서버를 리팩토링 해보겠습니다. 가장 먼저 해야 할 일은 핵심 암호화 모듈에서 일부 유틸리티 함수를 가져오는 것입니다. 이 모듈을 사용하여 임의의 암호화 키(암호)를 생성할 수 있습니다.

```
// ...
import { createDecipheriv, randomBytes } from 'crypto'
const secret = randomBytes(24)
console.log(`Generated secret: ${secret.toString('hex')}`)
```

생성된 암호는 클라이언트와 공유하기 위해 16진수 문자열로 커맨드라인에 인쇄됩니다.

이제 파일 수신 로직을 업데이트합니다.

```
const server = createServer((req, res) => {
  const filename = basename(req.headers['x-filename'])
  const iv = Buffer.from(
    req.headers['x-initialization-vector'], 'hex')          // (1)
  const destFilename = join('received_files', filename)
  console.log(`File request received: ${filename}`)
  req
    .pipe(createDecipheriv('aes192', secret, iv))           // (2)
    .pipe(createGunzip())
    .pipe(createWriteStream(destFilename))
    // ...
```

여기에서는 두 가지 변경 사항을 적용합니다.

1. 클라이언트가 보낸 암호화 **초기화 벡터**(nodejsdp.link/iv)를 읽습니다.
2. 스트리밍 파이프라인의 첫 번째 단계는 crypto 모듈에서 createDecipheriv Transform 스트림을 사용하여 들어오는 데이터의 암호를 복호화합니다.

최소한의 노력으로(단지 몇 줄의 코드), 우리는 애플리케이션에 암호화 계층을 추가하였습니다. 이미 사용 가능한 일부 Transform 스트림(createCipheriv와 createDecipheriv)을 사용하여 클라이언트와 서버를 위한 스트림 처리 파이프라인에 포함하기만 하면 됩니다. 비슷한 방법으로 레고 블록을 가지고 노는 것처럼 다른 스트림들을 추가하고 결합할 수 있습니다.

이 접근 방식의 주요 장점은 재사용성이지만 지금까지 코드에서 볼 수 있듯이 스트림은 더 깔끔하고 모듈화된 코드를 가능케 합니다. 이러한 이유로 스트림은 순수한 I/O를 처리할 뿐만 아니라 코드를 단순화하고 모듈화하는 수단으로도 자주 사용됩니다.

이제 스트림을 소개했으므로 Node.js에서 사용할 수 있는 다양한 유형의 스트림을 보다 구조화된 방식으로 알아볼 준비가 되었습니다.

6-2 스트림 시작하기

이전 섹션에서 스트림이 왜 그렇게 강력한지 배웠지만, 스트림은 핵심 모듈부터 시작하여 Node.js의 모든 곳에 존재합니다. 예를 들어, fs 모듈에는 파일 읽기용 createReadStream() 및 파일 쓰기용 createWriteStream()이 있으며, HTTP 요청 및 응답 객체는 기본적으로 스트림이며, zlib 모듈을 사용하면 스트림 인터페이스를 사용하여 데이터를 압축 및 압축 해제할 수 있습니다. 마지막으로, 암호화 모듈조차도 createCipheriv와 createDecipheriv와 같은 몇몇 유용한 스트리밍 기본 요소들을 노출시키고 있습니다.

이제 스트림이 중요한 이유를 알았으므로 한걸음 물러서서 더 자세히 살펴보겠습니다.

6-2-1 스트림 해부

Node.js의 모든 스트림은 스트림 코어 모듈에서 사용할 수 있는 네 가지 기본 추상 클래스 중 하나의 구현입니다.

- Readable
- Writable
- Duplex
- Transform

각 스트림 클래스는 EventEmitter의 인스턴스이기도 합니다. 실제로 스트림은 읽기 가능한 스트림이 읽기를 마쳤을 때 'end', 쓰기 스트림이 쓰기를 완료했을 때 'finish', 무언가 잘못되었을 때 'error'와 같은 여러 유형의 이벤트를 생성할 수 있습니다.

스트림이 매우 유연한 이유 중 하나는 바이너리 데이터뿐만 아니라 거의 모든 JavaScript의 값을 처리할 수 있다는 사실입니다.

- **Binary 모드**: 버퍼 또는 문자열과 같은 청크 형태로 데이터를 스트리밍합니다.
- **객체모드**: 데이터를 일련의 개별 객체로 스트리밍합니다(거의 모든 JavaScript 값을 사용할 수 있음).

이 두 가지 작동 모드를 통해 I/O뿐만 아니라 이 장의 뒷부분에서 보게 되겠지만, 함수 방식으로 처리 단위를 우아하게 구성할 수 있는 도구로도 사용할 수 있습니다.

Readable 스트림 클래스의 소개를 시작으로 Node.js 스트림에 대해 자세히 알아보도록 하겠습니다.

6-2-2 Readable 스트림

Readable 스트림은 데이터 소스를 나타냅니다. Node.js에서는 스트림 모듈에서 사용할 수 있는 Readable 추상 클래스를 사용하여 구현됩니다.

스트림에서 읽기

Readable 스트림에서 데이터를 수신하는 방법에는 **non-flowing**(또는 paused) 모드와 **flowing** 모드, 이렇게 두 가지가 있습니다.

non-flowing 모드

non-flowing 또는 pause 모드는 Readable 스트림에서 읽기를 위한 기본 패턴입니다. 이것은 스트림에 읽을 수 있는 새로운 데이터가 있다는 것을 나타내는 readable 이벤트에 대해 리스너를 연결하는 작업이 포함됩니다. 그런 다음 루프에서 내부 버퍼가 비워질 때까지 데이터를 계속 읽습니다. 이는 내부 버퍼에서 동기적으로 데이터를 읽어 데이터 청크를 나타내는 Buffer 객체를 반환하는 read() 함수를 사용하여 수행할 수 있습니다. read() 함수는 다음과 같은 특징이 있습니다.

```
readable.read([size])
```

이 접근 방식을 사용하면 요청 시 스트림에서 데이터를 강제로 가져옵니다.

이것이 어떻게 작동하는지 보여주기 위해, read-stdin.js라는 새로운 모듈을 만들어 보겠습니다. 이것은 표준 입력(Readable 스트림이기도 함)에서 읽고 모든 것을 표준 출력으로 다시 에코(echo)하는 간단한 프로그램을 구현합니다.

```
process.stdin
  .on('readable', () => {
    let chunk
    console.log('New data available')
    while ((chunk = process.stdin.read()) !== null) {
      console.log(
        `Chunk read (${chunk.length} bytes): "${chunk.toString()}"`
      )
    }
  })
  .on('end', () => console.log('End of stream'))
```

read() 함수는 Readable 스트림의 내부 버퍼에서 데이터 청크를 가져오는 동기 작업입니다. 스트림이 바이너리 모드에서 작동하는 경우 반환된 청크는 기본적으로 Buffer 객체입니다.

바이너리 모드에서 작동하는 Readable 스트림에서는 스트림에서 setEncoding(encoding)을 호출하여 유효한 인코딩 형식(예: utf8)을 제공함으로써 버퍼 대신 문자열을 읽을 수 있습니다. 이 접근 방식은 UTF-8 텍스트 데이터를 스트리밍 할 때 권장됩니다. 스트림이 멀티 바이트 문자를 적절하게 처리하므로 필요한 버퍼링을 수행하여 문자가 별도의 청크로 분할되지 않도록 합니다. 즉, 스트림에 의해 생성된 모든 청크는 유효한 UTF-8 바이트 시퀀스입니다.

스트림에서 데이터 사용을 시작한 후에도 Readable 스트림에서 원하는 만큼 setEncoding()을 호출할 수 있습니다. 인코딩은 사용 가능한 다음 청크에서 동적으로 전환됩니다. 스트림은 본질적으로 바이너리입니다. 인코딩은 스트림에 의해 방출된 이진 데이터에 대한 표현(view)일 뿐입니다.

데이터는 새로운 데이터가 사용할 수 있는 즉시 호출되는 readable 리스너에서만 읽힙니다. read() 함수는 내부 버퍼에 더 이상 사용 가능한 데이터가 없을 때 null을 반환합니다. 이 경우 다시 읽을 수 있음을 알려주는 다른 readable 이벤트가 시작될 때까지 기다리거나 스트림의 끝을 알리는 end 이벤트를 기다려야 합니다. 스트림이 바이너리 모드에서 작동할 때, read() 함수에 크기 값을 전달하여 특정 양의 데이터를 읽을 수 있도록 지정할 수도 있습니다. 이는 네트워크 프로토콜을 구현하거나 특정 데이터 형식의 구문을 분석할 때 특히 유용합니다.

이제 read-stdin.js 모듈을 실행하고 테스트해볼 준비가 되었습니다. 콘솔에 몇 가지 문자를 입력한 다음 Enter를 눌러 데이터가 표준 출력에 다시 표시되는지 확인합니다. 스트림을 종료하여 정상적인 종료(end) 이벤트를 생성하려면 EOF(파일의 끝) 문자를 삽입해야 합니다(Windows에서는 Ctrl+Z, Linux 및 macOS에서는 Ctrl+D 사용).

우리 프로그램을 다른 프로세스와 연결해 볼 수도 있습니다. 이는 프로그램의 표준 출력을 다른 표준 입력으로 리다이렉션하는 파이프 연산자(|)를 사용하여 가능합니다. 예를 들어 다음과 같은 명령을 실행할 수 있습니다.

```
cat <path to a file> | node read-stdin.js
```

이것은 스트리밍 패러다임이 작성된 언어에 관계없이 프로그램이 통신할 수 있게 해주는 범용 인터페이스의 훌륭한 예시입니다.

Flowing 모드

스트림에서 읽는 또 다른 방법은 데이터 이벤트에 리스너를 연결하는 것입니다. 이렇게 하면 스트림이 **flowing 모드**를 사용하도록 전환합니다. 여기서 데이터는 read()를 사용하여 가져오지 않고 대신 도착하자마자 데이터 리스너로 바로 전달됩니다. 예를 들어 앞서 만든 read-stdin.js 애플리케이션은 flowing 모드를 사용하면 다음과 같이 보입니다.

```
process.stdin
  .on('data', (chunk) => {
    console.log('New data available')
    console.log(
      `Chunk read (${chunk.length} bytes): "${chunk.toString()}"`
    )
  })
  .on('end', () => console.log('End of stream'))
```

Flowing 모드는 non-flowing 모드에 비해 데이터 흐름을 제어하는 유연성이 떨어집니다. 스트림의 기본 동작모드가 non-flowing 모드이므로 flowing 모드를 활성화하려면 리스너를 데이터 이벤트에 연결하거나 resume() 함수를 명시적으로 호출해야 합니다. 스트림이 데이터 이벤트를 보내는 것을 일시적으로 중단하려면 pause() 함수를 호출하여 들어오는 데이터를 내부 버퍼에 캐시하도록 할 수 있습니다. pause()를 호출하면 스트림이 다시 non-flowing 모드로 전환됩니다.

비동기 반복자

Readable 스트림은 비동기 반복자(Iterator)이기도 합니다. 따라서 다음과 같이 read-stdin.js 예제를 다시 작성할 수 있습니다.

```
async function main () {
  for await (const chunk of process.stdin) {
    console.log('New data available')
    console.log(
      `Chunk read (${chunk.length} bytes): "${chunk.toString()}"`
    )
  }
  console.log('End of stream')
}

main()
```

"9장. 행위 디자인 패턴"에서 비동기 반복자에 대해 자세히 설명할 것이므로 지금은 앞선 예제의 구문에 대해 너무 걱정할 필요는 없습니다. 알아야 할 중요한 것은 전체 Readable 스트림을 소비하고 프라미스를 반환하는 함수를 작성해야 하는 경우 이 구문이 매우 유용할 수 있다는 것입니다.

Readable 스트림 구현

이제 스트림에서 읽는 방법을 알았으므로 다음 단계는 새로운 사용자 지정 Readable 스트림을 구현하는 방법을 배우는 것입니다. 이를 위해 스트림 모듈에서 Readable 프로토타입(prototype)을 상속하여 새로운 클래스를 만들어야 합니다. 구현된 클래스는 다음과 같은 특징을 가진 _read() 함수의 구현을 제공해야 합니다.

```
readable._read(size)
```

Readable 클래스는 내부적으로 _read() 함수를 호출하는데 이 함수는 push() 함수를 사용하여 내부 버퍼를 채우기 시작합니다.

```
readable.push(chunk)
```

read()는 스트림 소비자가 호출하는 함수이고, _read()는 스트림 하위 클래스에 의해 구현되는 함수이므로 직접 호출해서는 안됩니다. '_'은 일반적으로 공용 함수가 아니므로 직접 호출하면 안 된다는 것을 나타냅니다.

새로운 Readable 스트림을 구현하는 방법을 살펴보기 위해 임의의 문자열을 생성하는 스트림을 구현해 보겠습니다. 무작위 문자열을 생성하는 코드를 포함하는 random-stream.js라는 새로운 모듈을 만들어 보겠습니다.

```
import { Readable } from 'stream'
import Chance from 'chance'

const chance = new Chance()

export class RandomStream extends Readable {
  constructor (options) {
    super(options)
    this.emittedBytes = 0
  }
```

```
  _read (size) {
    const chunk = chance.string({ length: size })          // (1)
    this.push(chunk, 'utf8')                               // (2)
    this.emittedBytes += chunk.length
    if (chance.bool({ likelihood: 5 })) {                  // (3)
      this.push(null)
    }
  }
}
```

파일 맨 위에서 종속성을 로드합니다. 숫자에서 문자열, 전체 문장에 이르기까지 모든 종류의 임의 값을 생성하는 라이브러리인 chance(nodejsdp.link/chance)라는 npm 모듈을 로드한다는 점을 제외하면 특별한 것은 없습니다.

다음 단계로 Readable을 부모로 하는 RandomStream이라는 새로운 클래스를 만들 것입니다. 앞의 코드에서, RandomStream 생성자에서 super(options)를 호출하면 부모 클래스의 생성자를 호출하여 스트림의 내부 상태를 초기화할 수 있습니다.

super(options)만 호출하는 생성자가 있는 경우 부모 생성자를 상속하므로 생략할 수 있습니다. 사용자 지정 생성자를 작성해야 할 때마다 super(options)를 호출하는 것을 잊지 마십시오.

options 객체를 통해 전달할 수 있는 매개 변수들은 다음과 같습니다.

- 버퍼를 문자열로 변환하는데 사용되는 인코딩 인자(기본값은 null)
- 객체 모드를 활성화하는 플래그(objectMode, 기본값은 false)
- 내부 버퍼에 저장된 데이터의 상한. 설정된 상한 이상의 데이터는 더 이상 읽지 않아야 합니다(highWaterMark, 기본값은 16KB).

자, 이제 _read() 함수를 설명하겠습니다.

1. 함수는 chance를 사용하여 size와 동일한 길이의 임의의 문자열을 생성합니다.
2. 문자열을 내부 버퍼로 밀어 넣습니다. 문자열을 푸시하기 때문에 인코딩 utf8도 지정해야 합니다(청크가 단순히 바이너리 버퍼인 경우에는 필요하지 않음).
3. EOF 상황, 즉 스트림의 끝을 나타내기 위해 null을 내부 버퍼로 푸시하여 5%의 가능성을 가지고 무작위로 스트림을 종료합니다.

_read() 함수의 size 인자는 권고사항입니다. 필수 사항은 아니지만 이를 존중하고 호출자가

요청한 데이터의 크기만큼만 푸시(push) 하는 것이 좋습니다.

push()를 호출할 때 false를 반환하는지 확인해야 합니다. 이 경우 수신 스트림의 내부 버퍼가 highWaterMark 한계에 도달했음을 의미하며, 더 많은 데이터를 추가하지 말아야 합니다. 이를 배압(backpressure)이라 하며 이 장의 다음 섹션에서 더 자세히 설명하겠습니다.

이것으로 RandomStream을 사용할 준비가 되었습니다. RandomStream 객체를 인스턴스화하고 여기에서 데이터를 가져오는 방법을 살펴보겠습니다.

```
// index.js
import { RandomStream } from './random-stream.js'

const randomStream = new RandomStream()
randomStream
  .on('data', (chunk) => {
    console.log(`Chunk received (${chunk.length} bytes): ${chunk.toString()}`)
  })
  .on('end', () => {
    console.log(`Produced ${randomStream.emittedBytes} bytes of random data`)
  })
```

이제 새로운 사용자 정의 스트림을 테스트해 볼 모든 준비가 되었습니다. 항상 그랬듯이 index.js 모듈을 실행하고 화면에 흐르는 일련의 임의의 문자열을 확인하면 됩니다.

단순화된 생성자

간단한 사용자 정의 스트림의 경우 Readable 스트림의 단순화된 생성자 접근 방식(simplified construction)을 사용하여 사용자 정의 클래스를 만드는 것을 피할 수 있습니다. 이 접근 방식을 사용하면 new Readable(options)을 호출하고 옵션들에 일련의 options 내에 read() 함수를 전달하기만 하면 됩니다. 여기서 read() 함수는 클래스를 확장하는 접근법에서 본 _read() 함수와 정확히 동일한 의미를 가집니다. 단순화된 생성자 접근 방식을 사용하여 RandomStream을 다시 작성해보겠습니다.

```
import { Readable } from 'stream'
import Chance from 'chance'

const chance = new Chance()
```

```
let emittedBytes = 0

const randomStream = new Readable({
  read (size) {
    const chunk = chance.string({ length: size })
    this.push(chunk, 'utf8')
    emittedBytes += chunk.length
    if (chance.bool({ likelihood: 5 })) {
      this.push(null)
    }
  }
})

// 이제 randomStream instance를 직접 사용합니다 ...
```

이 접근 방식은 복잡한 상태를 관리할 필요가 없을 때 유용하며 보다 간결한 구문을 활용할 수 있습니다. 앞의 예에서는 사용자 지정 스트림의 단일 인스턴스를 만들었습니다. 단순화된 생성자 접근 방식을 채택하고 싶지만 사용자 지정 스트림의 여러 인스턴스를 만들어야 하는 경우 해당 인스턴스를 만들기 위해서는 여러 번의 호출을 할 수 있는 팩토리 함수에 초기화 로직을 감쌀 수도 있습니다.

반복가능자(Iterables)에서 Readable 스트림 얻기

Readable.from()을 사용하여 배열 또는 기타 **반복가능자** 객체(**제너레이터**, **반복자**와 **비동기 반복자**)에서 Readable 스트림의 인스턴스를 쉽게 만들 수 있습니다.

이 도우미 함수에 익숙해지기 위해 배열의 데이터를 Readable 스트림으로 변환하는 간단한 예제를 살펴보겠습니다.

```
import { Readable } from 'stream'

const mountains = [
  { name: 'Everest', height: 8848 },
  { name: 'K2', height: 8611 },
  { name: 'Kangchenjunga', height: 8586 },
  { name: 'Lhotse', height: 8516 },
  { name: 'Makalu', height: 8481 }
]
```

```
const mountainsStream = Readable.from(mountains)
mountainsStream.on('data', (mountain) => {
  console.log(`${mountain.name.padStart(14)}\t${mountain.height}m`)
})
```

이 코드에서 볼 수 있듯이 Readable.from() 함수는 사용하기가 매우 간단합니다. 첫 번째 인자는 반복 가능자 인스턴스(이 경우에는 산들의 배열)입니다. Readable.from()은 objectMode와 같은 스트림 옵션을 지정하는데 사용할 수 있는 추가적인 인자를 허용합니다.

objectMode를 명시적으로 true로 설정할 필요가 없습니다. Readable.from()은 명시적으로 objectMode를 설정하지 않는 한, objectMode가 true입니다.

이전 코드를 실행하면 다음과 같은 출력이 나타납니다.

```
       Everest   8848m
            K2   8611m
 Kangchenjunga   8586m
        Lhotse   8516m
        Makalu   8481m
```

메모리에서 큰 배열을 인스턴스화하지 마십시오. 이전 예에서 세계의 모든 산들을 나열한다고 상상해보십시오. 약 1백만 개의 산이 있으므로 모든 산을 배열에 미리 로드하면 상당한 양의 메모리를 할당하게 됩니다. 그런 다음 Readable 스트림을 통해 배열의 데이터를 소비하더라도 모든 데이터가 이미 미리 로드되어 있게 되므로 스트림의 메모리 효율성을 무효화시킵니다. 데이터를 청크 단위로 로드하고 사용하는 것이 항상 바람직하며, fs.createReadStream과 같은 네이티브 스트림을 사용하거나 사용자 지정 스트림을 만들거나 제너레이터, 반복자 또는 비동기와 반복자 함께 Readable.from을 사용하여 그렇게 할 수 있습니다. "9장. 행위 디자인 패턴"에서 후자의 접근 방식에 대한 몇 가지 예를 살펴볼 것입니다.

6-2-3 Writable 스트림

Writable 스트림은 대상 데이터의 목적지를 나타냅니다. 예를 들어, 파일 시스템의 파일, 데이터베이스 테이블, 소켓, 표준 오류 또는 표준 출력 인터페이스를 생각해볼 수 있습니다. Node.js에서는 스트림 모듈에서 사용할 수 있는 Writable 추상 클래스를 사용하여 구현합니다.

스트림에 쓰기

일부 데이터를 Writable 스트림으로 밀어 넣는 것은 간단합니다. 우리가 해야 할 일은 다음과 같은 특징의 write() 함수를 사용하는 것입니다.

```
writable.write(chunk, [encoding], [callback])
```

인코딩 인자는 선택 사항이며 청크가 문자열일 경우 지정할 수 있습니다(기본값은 utf8이고 chunk가 버퍼(buffer)인 경우 무시됩니다). 반면 callback 함수는 청크(chunk)가 기본 리소스로 플러시(flush) 될 때 호출되며 선택사항이기도 합니다.

더 이상 스트림에 기록할 데이터가 없다는 신호를 보내려면 end() 함수를 사용합니다.

```
writable.end([chunk], [encoding], [callback])
```

end() 함수를 통해 최종 데이터 청크를 제공할 수 있습니다. 이 경우 callback 함수는 스트림에 기록된 모든 데이터가 플러시될 때 실행되는 리스너를 finish 이벤트에 등록하는 것과 같습니다.

이제 임의의 문자열 시퀀스를 출력하는 작은 HTTP 서버를 만들어 어떻게 동작하는지 보여드리겠습니다.

```
// entropy-server.js
import { createServer } from 'http'
import Chance from 'chance'

const chance = new Chance()
const server = createServer((req, res) => {
  res.writeHead(200, { 'Content-Type': 'text/plain' })     // (1)
  while (chance.bool({ likelihood: 95 })) {                 // (2)
    res.write(`${chance.string()}\n`)                       // (3)
  }
  res.end('\n\n')                                           // (4)
  res.on('finish', () => console.log('All data sent'))     // (5)
})
server.listen(8080, () => {
  console.log('listening on http://localhost:8080')
})
```

우리가 만든 HTTP 서버는 http.ServerResponse의 인스턴스이자 Writable 스트림인 res 객체에 문자열을 씁니다. 일어나는 일들은 다음과 같습니다.

1. 먼저 HTTP 응답의 헤더를 작성합니다. writeHead()는 Writable 인터페이스의 일부가 아닙니다. 실제로 이것은 http.ServerResponse 클래스에 의해 노출되는 보조 함수로, HTTP 프로토콜에 한정됩니다.
2. 5%의 확률(likelihood)로 종료되는 루프를 시작합니다(우리는 chance.bool()이 95%를 참으로 반환하도록 설정합니다).
3. 루프 내에서 임의의 문자열을 스트림에 씁니다.
4. 루프를 벗어나면 스트림에서 end()를 호출하여 더 이상 기록할 데이터가 없음을 나타냅니다. 또한 스트림을 종료하기 전에 스트림에 기록할 두 개의 개행문자를 가진 최종 문자열을 전달합니다.
5. 마지막으로 모든 데이터가 기본 소켓으로 플러시 될 때 발생하는 finish 이벤트에 대한 리스너를 등록합니다.

서버를 테스트하려면 브라우저에서 http://localhost:8080 주소를 열거나 다음과 같이 터미널에서 curl을 사용할 수 있습니다.

```
curl localhost:8080
```

이 시점에서 서버는 사용자가 선택한 HTTP 클라이언트에 임의의 문자열을 보내기 시작합니다(일부 브라우저는 데이터를 버퍼링 할 수 있으며, 스트리밍 동작이 명확하지 않을 수 있음).

배압(Backpressure)

실제 배관 시스템에서 흐르는 액체와 유사하게 Node.js 스트림은 스트림이 소비할 수 있는 것보다 더 빨리 데이터가 기록되는 병목현상을 겪을 수 있습니다. 이 문제에 대처하는 메커니즘은 들어오는 데이터를 버퍼링하는 것입니다. 그러나 스트림이 데이터 생성자에게 피드백을 제공하지 않는 한, 내부 버퍼에 점점 더 많은 데이터가 축적되어 원하지 않는 수준의 메모리 사용량이 발생하는 상황이 발생할 수 있습니다.

이를 방지하기 위해 writable.write()는 내부 버퍼가 highWaterMark 제한을 초과하면 false를 반환합니다. Writable 스트림에서 highWaterMark 속성은 write() 함수가 false를 반환하기 시작하는 내부 버퍼 크기의 제한으로, 애플리케이션이 쓰기를 중지해야 하는 제한 한도를 나타냅니다. 버퍼가 비워지면 drain 이벤트가 발생하여 다시 쓰기를 시작해도 안전함을 알립니다. 이러한 메커니즘을 **배압(Backpressure)**이라고 합니다.

배압은 권고 메커니즘입니다. write()가 false를 반환하더라도 이 신호를 무시하고 쓰기를 계속할 수 있으므로 버퍼가 무한정으로 커집니다. highWaterMark 임계값에 도달한다고 스트림이 자동으로 차단되지 않습니다. 따라서 항상 주의를 기울이고 배압을 처리해주는 것이 좋습니다.

이 섹션에서 설명하는 메커니즘은 Readable 스트림에도 유사하게 적용됩니다. 실제로 배압은 Readable 스트림에도 존재하며 _read() 내부에서 호출되는 push() 함수가 false를 반환할 때 트리거 됩니다. 그러나 이는 스트림 구현자에게 특정한 문제이므로 일반적으로 덜 자주 다뤄집니다.

이전에 만든 entropy-server.js 모듈을 수정하여 Writable 스트림의 배압을 고려하는 방법을 빠르게 보여 줄 것입니다.

```
// ...
const server = createServer((req, res) => {
  res.writeHead(200, { 'Content-Type': 'text/plain' })
  function generateMore () {                             // (1)
    while (chance.bool({ likelihood: 95 })) {
      const randomChunk = chance.string({                // (2)
        length: (16 * 1024) - 1
      })
      const shouldContinue = res.write(`${randomChunk}\n`)  // (3)
      if (!shouldContinue) {
        console.log('back-pressure')
        return res.once('drain', generateMore)
      }
    }
    res.end('\n\n')
  }
  generateMore()
  res.on('finish', () => console.log('All data sent'))
})
// ...
```

앞의 코드의 가장 중요한 단계는 다음과 같이 요약할 수 있습니다.

1. 우리는 generateMore()라는 함수로 메인 로직을 감쌌습니다.
2. 일부 배압을 받을 가능성을 높이기 위해 데이터 청크의 크기를 16KB에서 1바이트 뺀 값으로 설정했습니다. 이는 기본 highWaterMark 한계에 매우 근접한 값입니다.
3. 데이터 청크를 작성한 후 res.write()의 반환값을 확인합니다. 거짓을 받으면 내부 버퍼가 가득 차서

더 많은 데이터 전송을 중지해야 함을 의미합니다. 이런 일이 발생하면, 함수를 종료하고 drain 이벤트가 발생했을 때 generateMore()를 호출하는 식으로 버퍼가 비워지기를 기다립니다.

이제 서버를 다시 실행한 다음 curl을 사용하여 클라이언트 요청을 생성하면 서버가 기본 소켓이 처리할 수 있는 것보다 빠른 속도로 데이터를 생성하므로 약간의 배압이 발생할 가능성이 높습니다.

Writable 스트림 구현

Writable 클래스를 상속하고 _write() 함수에 대한 구현을 제공함으로써 새로운 Writable 스트림을 구현할 수 있습니다. 순차적으로 세부 사항들을 논의하면서 바로 구현해보겠습니다.

다음 형식의 객체를 수신하는 Writable 스트림을 만들어 보겠습니다.

```
{
  path: <path to a file>
  content: <string or buffer>
}
```

이러한 각각의 객체에 대해 스트림은 주어진 경로에 생성된 파일에 content 속성값을 저장해야 합니다. 스트림의 입력이 문자열이나 버퍼가 아니라 객체라는 것을 즉시 알 수 있습니다. 이는 스트림이 객체 모드에서 작동해야 함을 의미합니다.

모듈을 to-file-stream.js라고 명명하겠습니다.

```
import { Writable } from 'stream'
import { promises as fs } from 'fs'
import { dirname } from 'path'
import mkdirp from 'mkdirp-promise'

export class ToFileStream extends Writable {
  constructor (options) {
    super({ ...options, objectMode: true })
  }

  _write (chunk, encoding, cb) {
    mkdirp(dirname(chunk.path))
      .then(() => fs.writeFile(chunk.path, chunk.content))
      .then(() => cb())
```

```
      .catch(cb)
  }
}
```

스트림 모듈에서 Writable을 확장한 새로운 스트림 클래스를 만들었습니다.

내부 상태를 초기화하기 위해 부모 생성자를 호출해야 합니다. 또한 options 객체가 스트림이 객체모드(objectMode: true)에서 동작하도록 지정하는지 확인해야 했습니다. Writable에서 허용하는 다른 옵션은 다음과 같습니다.

- highWaterMark (기본값은 16KB): 배압 한계를 지정합니다.
- decodeStrings(기본값 true): 문자열을 _write() 함수에 전달하기 전에 이진 버퍼로 자동 디코딩 할 수 있습니다. 이 옵션은 객체 모드에서 무시됩니다.

마지막으로 _write() 함수를 구현했습니다. 보시다시피 이 함수는 데이터 청크와 인코딩을 받아들입니다(바이너리 모드에 있고 stream 옵션 decodeStrings가 false로 설정된 경우에만 의미가 있음). 또한 이 함수는 작업이 완료될 때 호출해야 하는 콜백(cb)를 받습니다. 작업 결과를 전달할 필요는 없지만 필요한 경우 스트림에서 error 이벤트를 발생시키는 오류를 전달할 수 있습니다.

이제 방금 만든 스트림을 테스트하기 위해 새로운 모듈을 만들고 스트림에 대해 몇 가지 쓰기 작업을 수행해보겠습니다.

```
import { join } from 'path'
import { ToFileStream } from './to-file-stream.js'
const tfs = new ToFileStream()

tfs.write({
  path: join('files', 'file1.txt'), content: 'Hello' })
tfs.write({
  path: join('files', 'file2.txt'), content: 'Node.js' })
tfs.write({
  path: join('files', 'file3.txt'), content: 'streams' })
tfs.end(() => console.log('All files created'))
```

여기에서 첫 번째 사용자 지정 Writable 스트림을 만들고 사용했습니다. 평소대로 새로운 모듈을 실행하고 출력을 확인하십시오. 실행 후 files라는 새 폴더에 세 개의 새 파일이 생성되는 것을 볼 수 있을 것입니다.

단순화된 생성자(Simplified construction)

Readable 스트림에 대해 살펴봤던 것처럼 Writable 스트림도 단순화된 생성자 메커니즘을 제공합니다. Writable 스트림에 대해 단순화된 생성자를 사용하여 ToFileStream을 다시 작성하면 다음과 같습니다.

```
// ...
const tfs = new Writable({
  objectMode: true,
  write (chunk, encoding, cb) {
    mkdirp(dirname(chunk.path))
      .then(() => fs.writeFile(chunk.path, chunk.content))
      .then(() => cb())
      .catch(cb)
  }
})
// ...
```

이 접근 방식에서는 단순히 Writable 생성자를 사용하여 Writable 인스턴스의 사용자 정의 로직을 구현한 write() 함수를 전달합니다. 여기서 write() 함수의 이름 앞에 밑줄('_')이 없음에 유의하십시오. objectMode와 같은 다른 설정 옵션들도 전달할 수 있습니다.

6-2-4 Duplex 스트림

Duplex(이중) 스트림은 읽기 및 쓰기가 가능한 스트림입니다. 예를 들어, 네트워크 소켓과 같이 데이터 소스이자 데이터 목적지인 엔티티를 설명하려는 경우 유용합니다. Duplex 스트림은 stream.Readable과 stream.Writable 이렇게 두 스트림의 함수를 상속하는데, 이것은 이제 우리에게 새로울 것이 없습니다. 이것은 우리가 데이터를 read() 또는 write() 할 수 있거나 read 및 drain 이벤트 모두를 수신할 수 있음을 말합니다.

사용자 정의 Duplex 스트림을 생성하려면 _read() 및 _write() 모두에 대한 구현을 제공해야 합니다. Duplex() 생성자에 전달되는 options 객체는 내부적으로 Readable과 Writable 생성자에 모두 전달됩니다. 이 옵션들은 이전 섹션에서 이미 논의한 것과 동일하며 allowHalfOpen(기본값은 true)라는 새로운 옵션이 추가되어 false로 설정하면 Readable 쪽이 끝날 때 스트림이 Writable 쪽을 자동으로 종료하며 그 반대의 경우도 마찬가지입니다.

> 한쪽에서는 객체 모드로, 다른 쪽에서는 바이너리 모드로 작동하는 Duplex 스트림이 필요한 경우 ReadableObjectMode와 writableObjectMode 옵션을 독립적으로 사용할 수 있습니다.

6-2-5 Transform 스트림

Transform 스트림은 데이터 변환을 처리하도록 특별히 설계된 특수한 종류의 Duplex 스트림입니다. 몇 가지 구체적인 예제로 이 장의 시작 부분에서 논의한 zlib.createGzip() 및 crypto.createCipheriv() 함수는 각각 압축 및 암호화를 위한 Transform 스트림을 생성합니다.

단순 Duplex 스트림에서는 스트림에서 읽은 데이터와 스트림 안에 기록된 데이터 사이에 즉각적인 관계가 없습니다(최소한 스트림은 이러한 관계와 무관합니다). 원격 피어와 데이터를 주고 받는 TCP 소켓을 생각해보십시오. 소켓은 입력과 출력 사이의 관계를 인식하지 못합니다. 그림 6.4는 Duplex 스트림의 데이터 흐름을 보여줍니다.

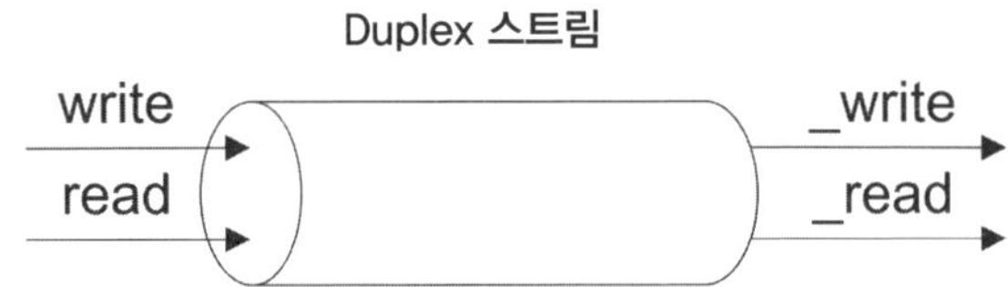

▲ 그림 6.4 Duplex 스트림의 도식적 표현

반면에 Transform 스트림은 쓰기 가능한 쪽에서 받은 각 데이터 청크에 일종의 변환을 적용한 다음, 변환된 데이터를 읽기 가능한 쪽에서 사용할 수 있도록 합니다. 그림 6.5는 Transform 스트림에서 데이터 흐름을 보여줍니다.

▲ 그림 6.5 Transform 스트림의 도식적 표현

외부에서 Transform 스트림의 인터페이스는 Duplex 스트림의 인터페이스와 똑같습니다. 그러나 새로운 Duplex 스트림을 빌드하려면 _read() 및 _write() 함수를 모두 제공해야 하는데, 새로운 Transform 스트림을 구현하려면 다른 함수의 쌍인 _transform()과 _flush()를

제공해야 합니다.

예제를 통해 새로운 Transform 스트림을 만드는 방법을 살펴보겠습니다.

Transform 스트림의 구현

주어진 문자열의 모든 항목을 대체하는 Transform 스트림을 구현해 봅시다. 이를 위해 replaceStream.js라는 새로운 모듈을 만들어야 합니다. 구현으로 바로 들어가겠습니다.

```
import { Transform } from 'stream'

export class ReplaceStream extends Transform {
  constructor (searchStr, replaceStr, options) {
    super({ ...options })
    this.searchStr = searchStr
    this.replaceStr = replaceStr
    this.tail = ''
  }

  _transform (chunk, encoding, callback) {
    const pieces = (this.tail + chunk).split(this.searchStr)  // (1)
    const lastPiece = pieces[pieces.length - 1]               // (2)
    const tailLen = this.searchStr.length - 1
    this.tail = lastPiece.slice(-tailLen)
    pieces[pieces.length - 1] = lastPiece.slice(0, -tailLen)

    this.push(pieces.join(this.replaceStr))                   // (3)
    callback()
  }

  _flush (callback) {
    this.push(this.tail)
    callback()
  }
}
```

이 예제에서는 Transform 기본 클래스를 확장하여 새로운 클래스를 만들었습니다. 클래스의 생성자는 searchStr, replaceStr 및 options 이렇게 세 가지 인자를 받습니다. 상상할 수 있듯이 찾을 텍스트와 찾은 텍스트를 대체할 문자열을 정의하고 기본 Transform 스트림의 고급 설정을 위한 options 객체를 정의할 수 있습니다. 또한 나중에 _transform() 함수에서 내부에서 사용할 tail 변수를 초기화합니다.

이제 새 클래스의 핵심인 _transform() 함수를 분석해 보겠습니다. _transform() 함수는 Writable 스트림의 _write() 함수와 거의 동일한 특성을 갖지만, 리소스에 데이터를 쓰는 대신, Readable 스트림의 _read() 함수에서와 마찬가지로 this.push()를 사용하여 내부 읽기 버퍼로 데이터를 밀어 넣습니다. 이것은 Transform 스트림의 양쪽 측면이 어떻게 연결되는지를 보여줍니다.

ReplaceStream의 _transform() 함수는 우리 알고리즘의 핵심을 구현하고 있습니다. 버퍼에서 문자열을 검색하고 바꾸는 것은 쉬운 작업입니다. 그러나 데이터가 스트리밍 될 때는 완전히 다른 이야기이며, 가능한 일치 항목이 여러 청크에 분산되어 있을 수 있습니다. 코드가 수행하는 절차의 설명은 다음과 같습니다.

1. 우리의 알고리즘은 searchStr을 구분자로 사용하여 메모리에 있는 데이터(tail 데이터와 현재의 chunk)를 split 합니다.
2. 그런 다음 연산에 의해 생성된 배열의 마지막 항목을 가져와서 마지막 searchString.length-1개의 문자들을 추출합니다. 결과를 tail 변수에 저장하고 다음 데이터 청크의 앞에 붙입니다.
3. 마지막으로 split()으로 인한 모든 조각들은 replaceStr을 구분 기호로 사용하여 함께 결합(join)되어 내부 버퍼로 푸시됩니다.

스트림이 종료될 때 내부 버퍼로 푸시되지 않은 tail 변수에 일부 콘텐츠(content)가 있을 수 있습니다. 이것이 바로 _flush() 함수의 용도입니다. 스트림이 종료되기 전에 호출되며, 여기에서 스트림을 완료하거나 스트림을 완전히 종료하기 전에 남은 데이터를 푸시할 수 있는 마지막 기회가 존재합니다.

_flush() 함수는 콜백만을 받는데, 모든 작업이 완료되면 이를 호출하여 스트림을 종료해야 합니다. 이것으로 ReplaceStream 클래스를 완성했습니다.

이제 새로운 스트림을 테스트해 볼 시간입니다. 스트림에 일부 데이터를 쓴 다음 변환된 결과를 읽는 스크립트를 만들어 보겠습니다.

```
import { ReplaceStream } from './replace-stream.js'

const replaceStream = new ReplaceStream('World', 'Node.js')
replaceStream.on('data', chunk => console.log(chunk.toString()))

replaceStream.write('Hello W')
replaceStream.write('orld!')
replaceStream.end()
```

스트림의 처리를 조금 더 어렵게 만들기 위해 검색어(world)를 두 개의 다른 청크에 분산시킨 다음, flowing 모드를 사용하여 동일한 스트림에서 읽은 다음 변환된 각 청크를 기록합니다. 앞의 애플리케이션을 실행하면 다음과 같은 출력이 생성됩니다.

```
Hel
lo Node.js
!
```

앞의 출력은 console.log()를 사용하여 출력하기 때문에 여러 줄로 나뉩니다. 이를 통해 일치하는 텍스트가 여러 데이터 청크에 걸쳐있는 경우에도 일치하는 문자열을 올바르게 대체할 수 있음을 보여줄 수 있습니다.

단순화된 생성자(Simplified construction)

당연히 Transform 스트림도 단순화된 생성자를 지원합니다. 이 시점에서 우리는 이 API를 구현하는 방법에 익숙해져야 하므로 수고스럽지만 앞선 예제를 이 접근 방식으로 다시 구현해 보겠습니다.

```
const searchStr = 'World'
const replaceStr = 'Node.js'
let tail = ''
const replaceStream = new Transform({
  defaultEncoding: 'utf8',

  transform (chunk, encoding, cb) {
    const pieces = (tail + chunk).split(searchStr)
    const lastPiece = pieces[pieces.length - 1]
    const tailLen = searchStr.length - 1
    tail = lastPiece.slice(-tailLen)
    pieces[pieces.length - 1] = lastPiece.slice(0, -tailLen)
    this.push(pieces.join(replaceStr))
    cb()
  },

  flush (cb) {
    this.push(tail)
    cb()
```

```
  }
})// relaceStream에 데이터를 씁니다 ...
```

예상대로, 단순화된 생성자는 새로운 Transform 객체를 직접 인스턴스화하고 options 객체에 특정 변환 로직을 transform()과 flush() 함수에 담아 직접 전달함으로써 동작합니다. 여기에서는 transform()과 flush() 함수에 '_'이 붙지 않습니다.

Transform 스트림을 사용한 데이터 필터링 및 집계

이전 섹션에서 언급했듯이 Transform 스트림은 데이터 변환 파이프라인을 구현하기 위한 완벽한 블록입니다. 이전 섹션에서는 텍스트 스트림에서 단어를 대체할 수 있는 Transform 스트림의 예를 설명했습니다. 그러나 Transform 스트림을 사용하여 다른 유형의 데이터 변환을 구현할 수도 있습니다. 예를 들면, Transform 스트림을 이용해 데이터 필터링 및 데이터 집계를 구현하는 것은 매우 일반적입니다.

실례로, Fortune(포춘) 500대 기업으로부터 이전 연도의 모든 매출을 포함하는 큰 파일을 분석하도록 요청받았다고 가정해 봅시다. 회사는 계산을 위해 CSV 형식의 판매 보고서인 data.csv를 사용하여 이탈리아에서 이루어진 매출 총 수익을 계산하기를 원합니다.

단순화를 위해 CSV 파일에 저장된 판매 데이터에 품목 유형(type), 판매 국가(country) 및 수익(profit)이라는 라인당 세 개의 필드가 포함되어 있다고 가정해보겠습니다. 이 파일은 다음과 같습니다.

```
type,country,profit
Household,Namibia,597290.92
Baby Food,Iceland,808579.10
Meat,Russia,277305.60
Meat,Italy,413270.00
Cereal,Malta,174965.25
Meat,Indonesia,145402.40
Household,Italy,728880.54
[... 더 많은 라인들이 존재]
```

이제 국가가 "Italy"인 모든 레코드를 찾아야 하며 그 과정에서 일치하는 라인의 수익값을 단일 숫자로 합산해야 합니다.

스트리밍 방식으로 CSV 파일을 처리하는데 유용한 csvparse 모듈(nodejsdp.link/csv-parse)을 사용할 것입니다.

데이터를 필터링하고 집계하기 위해 사용자 지정 스트림을 이미 구현했다고 잠시 가정하면 이 작업에 대해 가능한 솔루션은 다음과 같습니다.

```
import { createReadStream } from 'fs'
import parse from 'csv-parse'
import { FilterByCountry } from './filter-by-country.js'
import { SumProfit } from './sum-profit.js'

const csvParser = parse({ columns: true })

createReadStream('data.csv')              // (1)
  .pipe(csvParser)                        // (2)
  .pipe(new FilterByCountry('Italy'))     // (3)
  .pipe(new SumProfit())                  // (4)
  .pipe(process.stdout)                   // (5)
```

여기에서 제안하는 스트리밍 파이프라인은 5단계로 구성됩니다.

1. 소스 CSV 파일을 스트림으로 읽습니다.
2. csv-parse 라이브러리를 사용하여 문서의 모든 줄을 CSV 레코드로 구문 분석을 합니다. 모든 라인에 대해 이 스트림은 속성 type, country 및 profit을 포함한 객체를 내보냅니다.
3. 국가별로 모든 레코드를 필터링하고 "Italy"국가와 일치하는 레코드만 유지합니다. 일치하지 않는 모든 레코드는 삭제됩니다. 즉, 파이프라인의 다른 단계로 전달되지 않습니다. 이것은 우리가 구현해야 하는 커스텀 Transform 스트림 중 하나입니다.
4. 모든 레코드에 대해 우리는 profit을 축적합니다. 이 스트림은 결국 Italy에서 판매된 제품의 총 수익값을 나타내는 단일 문자열을 방출(emit)합니다. 이 값은 원본 파일의 모든 데이터가 완전히 처리된 경우에만 스트림에서 내보냅니다. 이것은 프로젝트를 완료하기 위해 구현해야 하는 두 번째 사용자정의 Transform 스트림입니다
5. 마지막으로 이전 단계에서 내보낸 데이터가 표준 출력에 표시됩니다.

이제 FilterByCountry 스트림을 구현해 보겠습니다.

```
import { Transform } from 'stream'

export class FilterByCountry extends Transform {
  constructor (country, options = {}) {
```

```
    options.objectMode = true
    super(options)
    this.country = country
  }

  _transform (record, enc, cb) {
    if (record.country === this.country) {
      this.push(record)
    }
    cb()
  }
}
```

FilterByCountry는 사용자 지정 Transform 스트림입니다. 생성자가 country라는 인수를 받아 필터링할 국가 이름을 지정할 수 있음을 알 수 있습니다. 생성자에서 스트림이 객체(CSV 파일의 레코드)를 처리하는데 사용된다는 것을 알고 있으므로 objectMode에서 실행되도록 설정합니다.

_transform 함수에서 현재 레코드의 국가가 생성시 지정된 국가와 일치하는지 확인합니다. 일치하는 경우 this.push()를 호출하여 파이프라인의 다음 단계로 레코드를 전달합니다. 레코드가 일치하는지 여부에 관계없이 cb()를 호출하여 현재 레코드가 성공적으로 처리되었으며, 스트림이 다른 레코드를 수신할 준비가 되었음을 나타내야 합니다.

패턴: Transform 필터

조건부 방식으로 this.push()를 호출하여 일부 데이터만 파이프라인의 다음 단계에 도달할 수 있도록 합니다.

마지막으로, SumProfit 필터를 구현해 보겠습니다.

```
import { Transform } from 'stream'

export class SumProfit extends Transform {
  constructor (options = {}) {
    options.objectMode = true
    super(options)
    this.total = 0
  }
```

```
  _transform (record, enc, cb) {
    this.total += Number.parseFloat(record.profit)
    cb()
  }

  _flush (cb) {
    this.push(this.total.toString())
    cb()
  }
}
```

이 스트림은 CSV 파일에서 레코드를 나타내는 객체를 수신하므로 objectMode에서 실행해야 합니다. 생성자에서 total이라는 인스턴스 변수도 초기화하여 그 값을 0으로 설정합니다.

_transform() 함수에서 모든 레코드를 처리하고 현재 수익값을 사용하여 합계를 늘려갑니다. 이번에는 this.push()를 호출하지 않는다는 점이 중요합니다. 이는 데이터가 스트림을 통해 흐르는 동안 값이 방출(emit)되지 않음을 의미합니다. 그러나 현재 레코드가 처리되었고 스트림이 다른 레코드를 수신할 준비가 되었음을 나타내기 위해 여기서도 cb()를 호출해야 합니다.

모든 데이터가 처리되었을 때 최종 결과를 내보려면 _flush() 함수를 사용하여 사용자 정의 flush의 동작을 정의해야 합니다. 여기서 마지막으로 this.push()를 호출하여 결과 합계값의 문자열을 내보냅니다. _flush()는 스트림이 닫히기 전에 자동으로 호출됩니다.

패턴: 스트리밍 집계

_transform()을 사용하여 데이터를 처리하고 부분 결과를 누적한 다음 _flush() 함수에서만 this.push()를 호출하여 모든 데이터가 처리되었을 때 결과를 내보냅니다.

이것으로 예제가 완료되었습니다. 이제 코드 저장소에서 CSV 파일을 가져와 이 프로그램을 실행하여 이탈리아의 총 수익이 얼마인지 확인할 수 있습니다. Fortune 500대 기업의 이익을 계산한 결과이기 때문에, 분명 엄청나게 큰 금액일 것입니다!

6-2-6 PassThrough 스트림

언급할 가치가 있는 다섯 번째 유형의 스트림은 PassThrough입니다. 이 유형의 스트림은 변환을 적용하지 않고 모든 데이터 청크를 출력하는 특수한 유형의 변환입니다.

PassThrough는 아마도 가장 과소평가된 유형의 스트림일 수 있지만, 실제로 많은 도구들 중에 매우 가치있는 도구가 될 수 있는 몇 가지 상황이 존재합니다. 예를 들어, PassThrough 스트림은 관찰이 가능하고 느린 파이프 연결과 지연 스트림을 구현하는데 유용할 수 있습니다.

관찰 가능성(Observability)

하나 이상의 스트림을 통해 흐르는 데이터의 양을 관찰하려면 데이터 이벤트 리스너를 PassThrough 인스턴스에 연결한 다음 스트림 파이프라인의 원하는 지정된 지점에서 이 인스턴스를 파이프라인으로 연결하여 수행할 수 있습니다. 이 개념을 이해할 수 있도록 간단한 예를 살펴보겠습니다.

```
import { PassThrough } from 'stream'

let bytesWritten = 0
const monitor = new PassThrough()
monitor.on('data', (chunk) => {
  bytesWritten += chunk.length
})
monitor.on('finish', () => {
  console.log(`${bytesWritten} bytes written`)
})

monitor.write('Hello!')
monitor.end()
```

이 예에서는 새로운 PassThrough 인스턴스를 만들고 데이터 이벤트를 사용하여 스트림을 통해 흐르는 바이트 수를 계산합니다. 또한 finish 이벤트를 사용하여 총 금액을 콘솔에 출력합니다. 마지막으로 write()와 end()를 사용하여 일부 데이터를 스트림에 직접 씁니다. 이것은 단지 예시에 불과합니다. 보다 현실적인 시나리오에서는 스트림 파이프라인의 지정된 지점에서 monitor 인스턴스를 파이프로 연결합니다. 예를 들어, 이 장의 첫 번째 파일 압축 예제에서 디스크에 기록하는 바이트 수를 모니터링 하려는 경우 다음과 같이 쉽게 작업을 수행할 수 있습니다.

```
createReadStream(filename)
  .pipe(createGzip())
  .pipe(monitor)
  .pipe(createWriteStream(`${filename}.gz`))
```

이 접근 방식의 장점은 파이프라인의 다른 기존 스트림을 건드릴 필요가 없다는 것입니다. 따라서 파이프라인의 다른 부분을 관찰해야 하는 경우(예를 들어, 압축되지 않은 데이터의 바이트 수를 알고 싶다고 상상해 보십시오), 우리는 아주 적은 노력으로 monitor를 이동시킬 수 있습니다.

대신 사용자 정의 Transform 스트림을 사용하여 monitor 스트림의 대체 버전을 구현할 수 있습니다. 이 경우 수신된 청크가 수정이나 지연 없이 푸시되는지 확인해야 합니다. 이는 PassThrough 스트림이 자동으로 수행하는 작업입니다. 두 접근 방식 모두 똑같이 유효하므로 더 자연스러운 접근 방식을 선택하세요.

느린 파이프 연결(Late piping)

어떤 상황에서는 스트림을 입력 매개 변수로 받아들이는 API를 사용해야 할 수도 있습니다. 스트림을 생성하고 사용하는 방법을 이미 알고 있기 때문에 일반적으로 문제가 되지 않습니다. 그러나 주어진 API를 호출하고 나서야 스트림을 통해 읽거나 쓰려는 데이터를 사용할 수 있게 된다면 조금 더 복잡해질 수 있습니다.

이 시나리오를 보다 구체적인 용어로 살펴보도록 데이터 저장소 서비스에 파일을 업로드하기 위해 다음 기능을 제공하는 API를 사용한다고 가정해 보겠습니다.

```
function upload (filename, contentStream) {
  // ...
}
```

이 함수는 Amazon Simple Storage Service(S3) 또는 Azure Blob Storage 서비스와 같은 파일 스토리지 서비스의 SDK에서 일반적으로 사용할 수 있는 기능을 효과적으로 단순화한 버전입니다. 종종 이러한 라이브러리는 사용자에게 다양한 형식(예: 문자열, 버퍼 또는 읽기 가능한 스트림)으로 콘텐츠 데이터를 수신할 수 있는 보다 유연한 기능을 제공합니다.

이제 파일 시스템에서 파일을 업로드하려면 간단히 할 수 있습니다.

```
import { createReadStream } from 'fs'
upload('a-picture.jpg', createReadStream('/path/to/a-picture.jpg'))
```

그러나 업로드 전에 파일 스트림에 대한 처리를 수행하려고 합니다. 예를 들어, 데이터를 압축하거나 암호화하고 싶다고 가정해봅시다. 또한 업로드 함수가 호출된 후 이 변환을 비동기적으로 수행해야 하는 경우 어떻게 해야 할까요?

이러한 경우, 우리는 upload() 함수에 플레이스홀더(Placeholder)로써 PassThrough 스트림을 전달할 수 있습니다. upload()의 내부 구현은 즉시 데이터를 사용하려고 시도하겠지만 실제로 쓰기 전까지는 스트림에서 사용할 수 있는 데이터가 없습니다. 또한 스트림은 닫을 때까지 완료된 것으로 간주되지 않으므로 upload() 함수는 업로드를 시작하기 위해 데이터가 PassThrough 인스턴스를 통과할 때까지 기다려야 합니다.

이 접근 방식을 사용하여 파일 시스템에서 파일을 업로드하고 브로틀리 압축(Brotli compression)을 사용하여 압축이 가능한 커맨드라인 스크립트를 살펴보겠습니다. 서드파티 라이브러리에 있는 upload() 함수가 upload.js라는 파일에서 제공된다고 가정합니다.

```
import { createReadStream } from 'fs'
import { createBrotliCompress } from 'zlib'
import { PassThrough } from 'stream'
import { basename } from 'path'
import { upload } from './upload.js'

const filepath = process.argv[2]                          // (1)
const filename = basename(filepath)
const contentStream = new PassThrough()                   // (2)

upload(`${filename}.br`, contentStream)                   // (3)
  .then((response) => {
    console.log(`Server response: ${response.data}`)
  })
  .catch((err) => {
    console.error(err)
    process.exit(1)
  })

createReadStream(filepath)                                // (4)
  .pipe(createBrotliCompress())
  .pipe(contentStream)
```

이 책의 소스 저장소에는 로컬에서 실행할 수 있는 HTTP 서버에 파일을 업로드할 수 있는 이 예제의 완전한 구현이 존재합니다.

앞의 예제에서 무슨 일이 일어나고 있는지 검토해 보겠습니다.

1. 첫 번째 커맨드라인 인자에서 업로드하려는 파일의 경로를 가져오고 basename을 사용하여 주어진 경로에서 파일 이름을 추정합니다.
2. PassThrough 인스턴스를 콘텐츠 스트림을 위한 플레이스홀더 용으로 생성합니다.
3. 이제 파일 이름(브로틀리 압축을 사용하고 있음을 나타내는 .br 확장자 추가)과 플레이스홀더인 콘텐츠 스트림을 전달하여 업로드 기능을 호출합니다.
4. 마지막으로 파일 시스템 Readable 스트림, 브로틀리 압축 Transform 스트림 그리고 끝으로 콘텐츠 스트림을 목적지로 연결한 파이프라인을 생성합니다.

이 코드가 실행되면 upload() 함수를 호출하자마자 업로드가 시작되지만(원격 서버에 대한 연결 설정 가능), 데이터는 나중에 파이프라인이 초기화 될 때만 흐르기 시작합니다. 처리가 완료되면 파이프라인도 contentStream을 닫고 모든 콘텐츠가 모두 사용되었음을 upload() 함수에 알립니다.

패턴

나중에 읽거나 쓸 데이터에 대한 플레이스홀더를 제공해야 하는 경우 PassThrough 스트림을 사용합니다.

이 패턴을 사용하여 upload() 함수의 인터페이스를 변환할 수도 있습니다. Readable 스트림을 입력으로 받아들이는 대신 Writable 스트림을 반환하도록 만들 수 있습니다. 그러면 반환된 Writable 스트림에 업로드할 데이터를 전달하도록 할 수 있습니다.

```
function createUploadStream (filename) {
  // ...
  // upload 데이터를 사용할 수 있도록 writable 스트림을 반환
}
```

이 함수를 구현해야 할 경우, 다음 예제 구현과 같이 PassThrough 인스턴스를 사용하여 매우 우아한 방식으로 이를 달성할 수 있습니다.

```
function createUploadStream (filename) {
  const connector = new PassThrough()
  upload(filename, connector)
  return connector
}
```

앞의 코드에서는 PassThrough 스트림을 커넥터로 사용하고 있습니다. 이 스트림은 라이브러리를 사용하는 소비자가 나중에 데이터를 쓸 수 있게 되면 완벽한 추상화가 됩니다.

그러면 createUploadStream() 함수를 다음과 같이 사용할 수 있습니다.

```
const upload = createUploadStream('a-file.txt')
upload.write('Hello World')
upload.end()
```

이 책의 소스 저장소에는 이 대체 패턴을 채택한 HTTP 업로드 예제 또한 존재합니다.

6-2-7 지연(Lazy) 스트림

가끔씩 동시에 다수의 스트림을 생성해야 하는 경우가 있습니다. 예를 들어, 추가적인 처리를 위해 함수에 이 다수의 스트림을 전달해야 하는 경우입니다. 일반적인 예는 TAR 및 ZIP과 같은 아카이브를 생성하기 위한 패키지인 archiver(nodejsdp.link/archiver)를 사용하는 경우입니다. archiver 패키지를 사용하면 추가할 파일을 나타내는 일련의 스트림으로부터 아카이브를 만들 수 있습니다. 문제는 파일 시스템의 파일들로부터 많은 수의 스트림을 전달하려는 경우 EMFILE이라는 너무 많은 파일 열기 오류가 발생할 가능성이 있다는 것입니다. 이는 fs 모듈의 createReadStream()과 같은 함수가 해당 스트림에서 읽기를 시작하기 전에 새로운 스트림이 생성될 때마다 실제로 파일 디스크립터(fd)를 열기 때문입니다.

좀 더 일반적인 용어로 말하자면, 스트림 인스턴스를 만드는 것은 실제로 그러한 스트림 사용을 시작하기 전에도 비용이 많이 드는 작업을 바로 초기화합니다(예: 파일 또는 소켓 열기, 데이터베이스에 대한 연결초기화 등). 나중에 사용할 수 있도록 많은 수의 스트림 인스턴스를 만드는 경우에는 바람직하지 않을 수 있습니다.

이런 경우, 실제로 스트림에서 데이터를 소비해야 할 때까지 비용이 많이 드는 초기화를 지연시킬 수 있습니다.

lazystream(nodejsdp.link/lazystream)과 같은 라이브러리를 사용하여 이를 달성할 수 있습니다. 이 라이브러리를 사용하면 실제 스트림 인스턴스에 대한 프록시를 효과적으로 생성하여 실제로 프록시에서 데이터를 소비하기 시작할 때까지 프록시된 인스턴스가 생성되지 않게 합니다.

다음 예제처럼 lazystream을 사용하면 특수 Unix 파일인 /dev/urandom에 대한 지연(lazy) Readable 스트림을 생성할 수 있습니다.

```
import lazystream from 'lazystream'
const lazyURandom = new lazystream.Readable(function (options) {
  return fs.createReadStream('/dev/urandom')
})
```

new lazystream.Readable()에 매개변수로 전달하는 함수는 사실상 필요할 때 프록시 스트림을 생성하는 팩토리 함수입니다.

이러한 이면에서 lazystream은 PassThrough 스트림을 사용하여 구현됩니다. _read() 함수가 처음 호출될 때만 팩토리 함수를 호출하여 프록시된 인스턴스를 생성하고 생성된 스트림을 PassThrough로 파이프합니다. 스트림을 소비하는 코드는 여기서 발생하는 프록시 메커니즘에 대해 완전히 무관하며 PassThrough 스트림에서 직접 흐르는 것처럼 데이터를 소비합니다. lazystream은 lazy Writable 스트림을 생성하기 위한 유사한 유틸리티 또한 구현하고 있습니다.

Lazy Readable 및 Writable 스트림을 처음부터 만드는 것은 흥미로운 연습이 될 수 있습니다. 막히는 경우 lazystream의 소스 코드에서 이 패턴을 구현하는 방법에 대한 아이디어를 얻을 수 있을 것입니다.

다음 섹션에서는 .pipe() 함수에 대해 자세히 설명하고 처리 파이프라인을 형성하기 위해 다른 스트림을 연결하는 여러 방법을 살펴볼 것입니다.

6-2-8 파이프를 사용하여 스트림 연결하기

Unix 파이프의 개념은 Douglas McIlroy가 발명했습니다. 이를 통해 프로그램의 출력이 다음 프로그램의 입력으로 연결될 수 있습니다. 다음 명령을 살펴봅시다.

```
echo Hello World! | sed s/World/Node.js/g
```

앞의 명령에서 echo는 표준 출력에 Hello World!를 쓴 다음, sed 명령의 표준 입력으로 리다이렉션 됩니다(파이프 연산자 덕분). 그런 다음 sed는 World를 Node.js로 바꾸고 결과를 표준 출력(여기서는 콘솔)으로 인쇄합니다.

비슷한 방식으로 Node.js 스트림은 다음의 인터페이스를 가진 Readable 스트림의 pipe() 함수를 사용하여 연결할 수 있습니다.

```
readable.pipe(writable, [options])
```

매우 직관적으로 pipe() 함수는 Readable 스트림에서 방출된 데이터를 가져와서 제공된 Writable 스트림에 전달합니다. 또한 Readable 스트림이 종료 이벤트를 발생시키면 Writable 스트림은 자동으로 종료됩니다({end: false} 옵션을 지정하지 않는 한). pipe() 함수는 첫 번째 인자에 전달된 Writable 스트림을 반환하는데, 이 스트림이 Readable일 경우(Duplex 또는 Transform 스트림처럼) 연결된 호출을 만들 수 있습니다.

두 개의 스트림을 함께 파이프로 연결하면 흡입(suction)이 생성되어 데이터가 자동으로 Writable 스트림으로 흐를 수 있으므로 read() 또는 write()를 호출할 필요가 없으며, 가장 중요한 점은 배압(backpressure)을 제어할 필요가 없다는 것입니다.

빠른 예제를 제공하기 위해 표준 입력에서 텍스트 스트림을 가져와 앞서 사용자 정의 ReplaceStream을 만들며 논의했던 치환 변환을 적용한 후 표준 출력으로 데이터를 내보내는 새로운 모듈을 만들어 보겠습니다.

```
// replace.js
import { ReplaceStream } from './replace-stream.js'

process.stdin
  .pipe(new ReplaceStream(process.argv[2], process.argv[3]))
  .pipe(process.stdout)
```

앞의 애플리케이션은 표준 입력에서 가져온 데이터를 ReplaceStream의 인스턴스로 파이프한 다음 다시 표준 출력으로 파이프합니다. 이제 이 작은 애플리케이션을 사용해보기 위해 다음 예와 같이 Unix 파이프라인을 사용하여 일부 데이터를 표준 입력으로 리다이렉션할 수 있습니다.

```
echo Hello World! | node replace.js World Node.js
```

그러면 다음과 같은 출력이 생성됩니다.

```
Hello Node.js!
```

이 간단한 예제는 스트림(특히 텍스트 스트림)이 범용 인터페이스이며 파이프가 이러한 모든 인터페이스를 거의 마술처럼 구성하고 상호 연결하는 방법임을 보여줍니다.

파이프 및 오류 처리

pipe()를 사용할 때 오류 이벤트는 파이프라인을 통해 자동으로 전파되지 않습니다. 예를 들어 다음 코드를 살펴보십시오.

```
stream1
  .pipe(stream2)
  .on('error', () => {})
```

위의 파이프라인에서는 리스너를 연결한 스트림인 stream2에서 발생하는 오류만 포착합니다. 즉, stream1에서 생성된 오류를 포착하려면 다른 오류 리스너를 여기에 직접 연결해야 합니다. 그러면 예제가 다음과 같은 모양이 됩니다.

```
stream1
  .on('error', () => {})
  .pipe(stream2)
  .on('error', () => {})
```

이것은 특히 많은 단계가 있는 파이프라인을 다룰 때 이상적이지 않아 보입니다. 설상가상으로 오류가 발생할 경우 실패한 스트림은 파이프라인에서 파이프가 해제됩니다. 실패한 스트림이 제대로 파괴되지 않아 리소스(예: 파일 설명자(file descriptor), 연결(connections) 등)가 적재된 채로 있게 되어 메모리 누수가 생길 수 있습니다. 이전 코드 보다 강력한(그러나 우아하지 않은) 구현은 다음과 같은 모양일 수 있습니다.

```
function handleError (err) {
  console.error(err)
  stream1.destroy()
  stream2.destroy()
}
```

```
stream1
  .on('error', handleError)
  .pipe(stream2)
  .on('error', handleError)
```

이 예제에서는 stream1과 stream2 모두에 대한 error 이벤트 처리기를 등록했습니다. 에러가 발생하면 handleError() 함수가 호출되고 에러를 기록하고 파이프라인의 모든 스트림을 삭제할 수 있습니다. 이를 통해 할당된 모든 리소스가 제대로 해제되고 에러가 정상적으로 처리되었는지 확인할 수 있습니다.

pipeline()을 사용한 개선된 오류 처리

파이프라인에서 수동으로 에러를 처리하는 것은 번거로울 뿐만 아니라 에러가 발생하기 쉽습니다. 가능하면 피해야 합니다!

다행히도 코어 스트림 패키지는 파이프라인 구축을 훨씬 더 안전하고 즐겁게 만들 수 있는 뛰어난 유틸리티 함수인 pipeline()이라는 도우미 함수를 제공합니다.

간단히 말해서, 다음과 같이 pipeline() 함수를 사용할 수 있습니다.

```
pipeline(stream1, stream2, stream3, ... , cb)
```

이 도우미 함수는 인자 목록에서 전달된 모든 스트림을 다음 스트림으로 파이프합니다. 각 스트림에 대해서 적절한 에러를 등록하고 리스너를 닫습니다. 이렇게 하면 파이프라인이 성공적으로 완료되거나 오류로 인해 중단될 때 모든 스트림이 제대로 제거됩니다. 마지막 인자는 스트림이 완료될 때 호출되는 옵션인 콜백입니다. 에러로 인해 종료되면 지정된 에러를 첫 번째 인자로 사용하여 콜백이 호출됩니다.

이 도우미를 사용하여 테스트를 만들기 위해 파이프라인을 구현하는 간단한 커맨드라인 스크립트를 작성해보겠습니다.

- 표준 입력에서 Gzip 데이터 스트림을 읽습니다.
- 데이터 압축을 해제합니다.
- 모든 텍스트를 대문자로 만듭니다.
- 결과 데이터를 Gzip으로 압축합니다.
- 데이터를 표준출력으로 다시 내보냅니다.

이 모듈을 uppercasify-gzipped.js 라고 부르겠습니다.

```
import { createGzip, createGunzip } from 'zlib'          // (1)
import { Transform, pipeline } from 'stream'

const uppercasify = new Transform({                      // (2)
  transform (chunk, enc, cb) {
    this.push(chunk.toString().toUpperCase())
    cb()
  }
})

pipeline(                                                // (3)
  process.stdin,
  createGunzip(),
  uppercasify,
  createGzip(),
  process.stdout,
  (err) => {                                             // (4)
    if (err) {
      console.error(err)
      process.exit(1)
    }
  }
)
```

이 예의 설명은 다음과 같습니다.

1. zlib 및 stream 모듈에서 필요한 종속성을 가져옵니다.
2. 모든 청크를 대문자로 만드는 간단한 Transform 스트림을 만듭니다.
3. 모든 스트림 인스턴스를 순서대로 나열하는 파이프라인을 정의합니다.
4. 스트림 완료를 모니터링하기 위해 콜백을 추가합니다. 에러가 발생하면 표준 오류 인터페이스에 에러를 표준 error 인터페이스에 에러를 출력하고 에러코드 1로 종료합니다.

파이프라인은 표준 입력의 데이터를 사용하고 표준 출력용 데이터를 생성하여 자동으로 시작됩니다.

다음 명령으로 스크립트를 테스트할 수 있습니다.

```
echo 'Hello World!' | gzip | node uppercasify-gzipped.js | gunzip
```

그러면 다음과 같은 출력이 생성됩니다.

```
HELLO WORLD!
```

이전 명령 시퀀스에서 gzip 단계를 제거하려고 하면, 다음과 유사한 오류와 함께 스크립트 실행이 실패합니다.

```
Error: unexpected end of file
    at Zlib.zlibOnError [as onerror] (zlib.js:180:17) {
        errno: -5,
        code: 'Z_BUF_ERROR'
}
```

이 오류는 데이터 압축 해제를 담당하는 createGunzip() 함수로 생성된 스트림에 의해 발생합니다. 실제로 데이터가 gzip으로 압축되어 있지 않으면 압축 해제 알고리즘이 데이터를 처리할 수 없으며 실패합니다. 이 경우 pipeline()은 에러 발생의 정리작업 후 파이프라인 안의 모든 스트림을 제거합니다.

pipeline() 함수는 내장 util 모듈의 promisify() 도우미를 사용하여 쉽게 프라미스화(promisify) 할 수 있습니다.

이제 Node.js 스트림에 대해 확실한 이해를 갖게 되었으므로 제어 흐름 및 고급 파이핑(piping) 패턴과 같은 좀 더 관련 있는 스트림 패턴으로 이야기를 옮길 준비가 되었습니다.

6-3 스트림을 사용한 비동기 제어 흐름 패턴

지금까지 제시한 예제를 살펴보면 스트림이 I/O를 처리할 뿐만 아니라, 모든 종류의 데이터를 처리하는데 사용할 수 있는 우아한 프로그래밍 패턴으로도 유용할 수 있음을 분명히 알 수 있었습니다. 그러나 장점은 단순환 이런 형식적인 면으로 끝나지 않습니다. 스트림을 활용하여 "**비동기 제어 흐름**(asynchronous control flow)"을 "**흐름 제어**(flow control)"로 바꿀 수도 있습니다.

6-3-1 순차적 실행

기본적으로 스트림은 데이터를 순서대로 처리합니다. 예를 들어, Transform 스트림의 _transform() 함수는 이전 호출이 callback()을 호출하여 완료될 때까지 다음 데이터 청크를 가지고 호출되지 않습니다. 이것은 스트림의 중요한 속성으로 각 청크를 올바른 순서로 처리하는데 중요하지만, 스트림을 전통적인 제어 흐름 패턴에 대한 우아한 대안으로 전환하는데 이용할 수도 있습니다.

약간의 코드를 보여주는 것이 많은 설명을 부가하는 것보다 낫기 때문에 스트림을 사용하여 비동기 작업을 순서대로 실행하는 방법을 보여주는 예제를 살펴보겠습니다. 입력으로 받은 일련의 파일들을 연결하는 함수를 만들어 제공되는 순서를 준수해봅시다. concat-files.js라는 새로운 모듈을 만들고 다음과 같이 내용을 작성해 보겠습니다.

```
import { createWriteStream, createReadStream } from 'fs'
import { Readable, Transform } from 'stream'

export function concatFiles (dest, files) {
  return new Promise((resolve, reject) => {
    const destStream = createWriteStream(dest)
    Readable.from(files)                                  // (1)
      .pipe(new Transform({                               // (2)
        objectMode: true,
        transform (filename, enc, done) {
          const src = createReadStream(filename)
          src.pipe(destStream, { end: false })
          src.on('error', done)
          src.on('end', done)                             // (3)
        }
      }))
      .on('error', reject)
      .on('finish', () => {                               // (4)
        destStream.end()
        resolve()
      })
  })
}
```

앞의 함수는 파일 배열을 스트림으로 변환하여 순차 반복을 구현합니다. 알고리즘은 다음과 같이 설명할 수 있습니다.

1. 먼저 Readable.from()을 사용하여 파일 배열에서 Readable 스트림을 만듭니다. 이 스트림은 객체 모드(object mode - Readable.from()에서 생성된 스트림의 기본설정)에서 작동하며 파일 이름을 내보냅니다. 모든 청크는 파일 경로를 나타내는 문자열입니다. 청크의 순서는 파일 배열의 순서를 따릅니다.
2. 다음으로, 순서대로 각 파일을 처리할 사용자 정의 Transform 스트림을 만듭니다. 문자열을 수신하고 있으므로 objectMode 옵션을 true로 설정합니다. Transform 로직에서 각 파일에 대해 Readable 스트림을 만들어 파일 내용을 읽고 destStream(대상 파일에 대한 Writable 스트림)으로 파이프합니다. pipe() 옵션에 { end: false }를 지정하여 소스 파일 읽기가 완료된 후에도 destStream을 닫지 않도록 합니다.
3. 소스 파일의 모든 내용이 destStream으로 파이프되면, done 함수를 호출하여 현재 처리의 완료를 알리며, 이는 다음 파일의 처리를 시작시키는데 필요합니다.
4. 모든 파일이 처리되면 종료 이벤트가 발생합니다. 마지막으로 destStream을 종료하고 concatFiles()의 cb() 함수를 호출하여 전체 작업이 완료되었음을 알립니다.

이제 방금 만든 작은 모듈을 사용해 볼 수 있습니다. concat.js 라는 새로운 파일에서 이 작업을 수행합니다.

```
import { concatFiles } from './concat-files.js'

async function main () {
  try {
    await concatFiles(process.argv[2], process.argv.slice(3))
  } catch (err) {
    console.error(err)
    process.exit(1)
  }

  console.log('All files concatenated successfully')
}
main()
```

이제 첫 번째 커맨드라인 인자로 대상 파일을 전달한 다음 연결할 파일 목록을 전달하여 앞의 프로그램을 실행할 수 있습니다. 예를 들면 다음과 같습니다.

```
node concat.js all-together.txt file1.txt file2.txt
```

그러면 file1.txt와 file2.txt의 내용이 순서대로 포함된 all-together.txt라는 새로운 파일이

생성됩니다

concatFiles() 함수에서 오직 스트림만 사용하여 비동기 순차 반복을 얻을 수 있었습니다. 이는 "4장. 콜백을 사용한 비동기 제어 흐름 패턴"과 "5장. Promise 그리고 Async/Await와 함께 하는 비동기 제어 흐름 패턴"에서 이미 살펴본 기술과 함께 우리가 사용할 수 있는 또 하나의 우아하고 간결한 솔루션입니다.

패턴

일련의 비동기 작업을 순서대로 쉽게 반복하려면 스트림 또는 스트림 조합을 사용합니다.

다음 섹션에서는 Node.js 스트림을 사용하여 순서를 무시한 병렬 작업의 실행을 구현하는 방법에 대해 알아보겠습니다.

6-3-2 순서가 없는 병렬 실행

방금 스트림이 각 데이터 청크를 순서대로 처리하는 것을 보았지만 때로는 Node.js의 동시성을 최대한 활용하지 못하기 때문에 병목 현상이 발생할 수 있습니다. 모든 데이터 청크에 대해 느린 비동기 작업을 실행해야 하는 경우, 실행을 병렬화하여 전체 프로세스 속도를 높이는 것이 유리할 수 있습니다. 물론 이 패턴은 각 데이터 청크 사이에 관계가 없는 경우에만 적용할 수 있습니다. 이는 객체 스트림에서는 자주 발생하지만 바이너리 스트림에서는 거의 발생하지 않습니다.

주의

데이터가 처리되는 순서가 중요한 경우 정렬되지 않은 병렬 스트림을 사용할 수 없습니다.

Transform 스트림의 실행을 병렬화하기 위해 "4장. 콜백을 사용한 비동기 제어 흐름 패턴"에서 배운 것과 동일한 패턴을 적용할 수 있지만 몇몇 수정을 통해 스트림과 함께 동작하도록 할 수 있습니다. 이것이 어떻게 작동하는지 보겠습니다.

순서가 없는 병렬 스트림의 구현

예를 들어, 순서가 없는 병렬 스트림을 구현하는 방법을 바로 보여드리겠습니다. parallel-stream.js라는 모듈을 만들고 주어진 변환 함수를 병렬로 실행하는 일반적인 Transform 스트림을 정의해보겠습니다.

```
import { Transform } from 'stream'

export class ParallelStream extends Transform {
  constructor (userTransform, opts) {                     // (1)
    super({ objectMode: true, ...opts })
    this.userTransform = userTransform
    this.running = 0
    this.terminateCb = null
  }

  _transform (chunk, enc, done) {                         // (2)
    this.running++
    this.userTransform(
      chunk,
      enc,
      this.push.bind(this),
      this._onComplete.bind(this)
    )
    done()
  }

  _flush (done) {                                         // (3)
    if (this.running > 0) {
      this.terminateCb = done
    } else {
      done()
    }
  }

  _onComplete (err) {                                     // (4)
    this.running--
    if (err) {
      return this.emit('error', err)
    }
    if (this.running === 0) {
      this.terminateCb && this.terminateCb()
    }
  }
}
```

이 새로운 클래스를 단계별로 분석해 보겠습니다.

1. 보시다시피 생성자는 userTransform() 함수를 받아 인스턴스 변수로 저장합니다. 부모 생성자를 호출하고 편의를 위해 기본적으로 객체 모드를 활성화합니다.
2. 다음으로 _transform() 함수의 차례입니다. 이 함수에서는 userTransform() 함수를 실행한 다음 실행중인 작업의 수를 늘립니다. 마지막으로 done()을 호출하여 현재 변환 단계가 완료되었음을 Transform 스트림에 알립니다. 다른 항목을 병렬로 처리하는 트릭이 바로 이것입니다. done()을 호출하기 전에 userTransform() 함수가 완료되기를 기다리지 않습니다. 대신에 바로 다음을 수행합니다. 반면에 this._onComplete() 함수인 userTransform()에 대한 특수한 콜백이 전달됩니다. 이를 통해 userTransform() 실행이 완료될 때 알림을 받을 수 있습니다.
3. _flush() 함수는 스트림이 종료되기 직전에 호출되므로 아직 작업이 실행중인 경우 done() 콜백을 즉시 호출하지 않음으로써 종료 이벤트를 보류시킬 수 있습니다. 대신 this.terminateCb 변수에 이를 할당합니다.
4. 스트림이 제대로 종료되는 방법을 이해하려면 _onComplete() 함수를 살펴봐야 합니다. 이 마지막 함수는 비동기 작업이 완료될 때마다 호출됩니다. 실행중인 작업이 더 있는지 확인하고, 작업이 없으면 this.terminateCb() 함수를 호출하여 스트림을 종료하고 _flush() 함수에서 보류된 종료 이벤트를 해제시킵니다.

방금 만든 ParallelStream 클래스를 사용하면 작업을 병렬로 실행하는 Transform 스트림을 쉽게 만들 수 있지만 주의해야 할 점이 있습니다. 항목들이 수신될 때의 순서가 보존되지 않습니다. 실제로 비동기 작업은 시작 시점에 관계없이 언제든지 데이터를 완료하고 푸시할 수 있습니다. 우리는 이 특성이 일반적으로 데이터 순서가 중요한 바이너리 스트림에서는 잘 작동하지 않으리라는 것을 바로 이해할 수 있지만, 일부 유형의 객체 스트림에서는 확실히 유용할 수 있습니다.

URL 상태 모니터링 애플리케이션 구현

이제 ParallelStream을 구체적인 예제에 적용해 보겠습니다. 많은 URL 목록의 상태를 모니터링하는 간단한 서비스를 빌드한다고 가정해 보겠습니다. 이러한 모든 URL이 단일 파일에 포함되어 있고 줄 바꿈으로 구분되어 있다고 가정해 봅시다.

특히 ParallelStream 클래스를 사용하여 URL 검사를 병렬화하는 경우, 스트림은 이 문제에 대한 매우 효율적이고 우아한 솔루션을 제공할 수 있습니다.

check-url.js라는 새로운 모듈에서 이 간단한 애플리케이션을 바로 만들어 보겠습니다.

```
import { pipeline } from 'stream'
import { createReadStream, createWriteStream } from 'fs'
import split from 'split'
import superagent from 'superagent'
import { ParallelStream } from './parallel-stream.js'
```

```
pipeline(
  createReadStream(process.argv[2]),                    // (1)
  split(),                                              // (2)
  new ParallelStream(                                   // (3)
    async (url, enc, push, done) => {
      if (!url) {
        return done()
      }
      try {
        await superagent.head(url, { timeout: 5 * 1000 })
        push(`${url} is up\n`)
      } catch (err) {
        push(`${url} is down\n`)
      }
      done()
    }
  ),
  createWriteStream('results.txt'),                     // (4)
  (err) => {
    if (err) {
      console.error(err)
      process.exit(1)
    }
    console.log('All urls have been checked')
  }
)
```

보시다시피 스트림을 사용하면 코드가 매우 우아하고 간단해 보입니다. 모든 것이 단일 스트리밍 파이프라인에 포함되어 있습니다. 작동 원리를 살펴보겠습니다.

1. 먼저 입력으로 제공된 파일에서 Readable 스트림을 만듭니다.
2. 입력 파일의 내용을 split(nodejsdp.link/split)을 통해 파이프합니다. 이는 각 라인이 서로 다른 청크로 방출되도록 하는 Transform 스트림입니다.
3. 그런 다음, ParallelStream을 사용하여 URL을 확인할 시간입니다. head 요청을 보내고 응답을 기다리면 됩니다. 작업이 완료되면 결과를 푸시합니다.
4. 마지막으로 모든 결과가 results.txt 파일로 파이프됩니다.

이제 다음과 같은 명령으로 check-urls.js 모듈을 실행해봅시다.

```
node check-urls.js urls.txt
```

여기에서 urls.txt 파일에는 URL 목록(한 줄에 하나씩)이 포함되어 있습니다. 예를 들면 다음과 같은 식입니다.

```
https://mario.fyi
https://loige.co
http://thiswillbedownforsure.com
```

명령 실행이 완료되면 results.txt 파일이 생성된 것을 볼 수 있습니다. 여기에는 작업 결과가 담겨있습니다. 다음은 결과의 예입니다.

```
http://thiswillbedownforsure.com is down
https://mario.fyi is up
https://loige.co is up
```

결과가 기록되는 순서가 입력 파일에 URL이 지정된 순서와 다를 가능성이 높습니다. 이 결과는 우리 스트림이 작업을 병렬로 실행하고 스트림의 다양한 데이터 청크 사이에 어떤 순서도 적용되지 않는다는 분명한 증거입니다.

호기심 차원에서 ParallelStream을 일반 Transform 스트림으로 대체하고 둘의 동작과 성능을 비교해 볼 수 있을 것입니다(연습문제로 수행할 수 있음). Transform을 직접 사용하면 각 URL이 순서대로 확인되기 때문에 속도가 훨씬 느리지만, 입력 순서가 results.txt 파일의 결과의 순서에서 유지됩니다.

다음 섹션에서는 주어진 시간에 실행되는 병렬 작업의 수를 제한하기 위해 이 패턴을 확장하는 방법을 알아보겠습니다.

6-3-3 순서가 없는 제한된 병렬 실행

수천 또는 수백만 개의 URL이 포함된 파일에 대해 check-urls.js 애플리케이션을 실행하려고 하면 분명히 문제가 발생할 것입니다. 우리의 애플리케이션은 한번에 제어되지 않는 수의 연결을 생성하여 상당한 양의 데이터를 병렬로 전송하고 잠재적으로 애플리케이션의 안정성과 전체 시스템의 가용성을 손상시킬 수 있을 것입니다. 이미 알고 있듯이 부하 및 리소스 사용량을 제어하는 솔루션은 병렬 작업의 동시성을 제한하는 것입니다.

이전 섹션에서 만든 parallel-stream.js를 수정한 limited-parallel-stream.js 모듈을 생성하여 이것이 스트림에서 어떻게 동작하는지 살펴보겠습니다.

생성자에서 시작하여 어떤 형태인지 살펴보도록 하겠습니다(변경된 부분을 강조 표시하였습니다).

```
export class LimitedParallelStream extends Transform {
  constructor (concurrency, userTransform, opts) {
    super({ ...opts, objectMode: true })
    this.concurrency = concurrency
    this.userTransform = userTransform
    this.running = 0
    this.continueCb = null
    this.terminateCb = null
  }
// ...
```

입력으로 받을 동시성의 제한(concurrency)이 필요합니다. 이번에는 보류 중인 _transform 함수에 대한 콜백(continueCb- 다음에 자세히 설명)과 _flush 함수의 콜백(terminateCb), 이렇게 두 개의 콜백을 저장합니다.

다음은 _transform() 함수입니다.

```
  _transform (chunk, enc, done) {
    this.running++
    this.userTransform(
      chunk,
      enc,
      this.push.bind(this),
      this._onComplete.bind(this)
    )
    if (this.running < this.concurrency) {
      done()
    } else {
      this.continueCb = done
    }
  }
```

이번에는 _transform() 함수에서 done()을 호출하고 다음 항목의 처리를 트리거 하기 전에 사용 가능한 실행 슬롯이 있는지 확인해야 합니다. 동시에 실행되는 최대 스트림의 수에 이미 도달한 경우에는 작업이 완료되는 즉시 호출될 수 있도록 continueCb 변수에 done() 콜백을 저장하면 됩니다.

_flush() 함수는 ParallelStream 클래스와 동일하게 유지되므로 _onComplete() 함수 구현으로 직접 이동해 보겠습니다.

```
_onComplete (err) {
  this.running--
  if (err) {
    return this.emit('error', err)
  }
  const tmpCb = this.continueCb
  this.continueCb = null
  tmpCb && tmpCb()
  if (this.running === 0) {
    this.terminateCb && this.terminateCb()
  }
}
```

작업이 완료될 때마다, 저장된 continueCb()를 호출하여 스트림 차단을 해제하고 다음 항목에 대한 처리를 트리거 합니다. 이것이 LimitedParallelStream 클래스에 대한 것입니다.

이제 ParallelStream 대신 check-urls.js 모듈에서 이를 사용하여 설정한 값으로 작업의 동시성을 제한할 수 있습니다.

6-3-4 순서가 있는 병렬 실행

이전에 생성한 병렬 스트림은 내보낸 데이터의 순서를 지키지 않는데, 이것이 허용되지 않는 상황이 있습니다. 때때로 각 청크를 수신한 순서대로 내보내야 합니다. 그러나 희망이 없는 것은 아닙니다. 변환 기능을 병렬로 실행할 수도 있습니다. 우리가 해야 할 일은 각 작업에서 내보내는 데이터를 정렬하여 데이터가 수신된 것과 동일한 순서를 따르게 하는 것입니다.

이 기술은 실행 중인 각 작업에서 청크를 내보내는 동안 버퍼를 사용하여 청크를 재정렬합니다. 간결함을 위해 이러한 스크림의 구현은 제공하지 않을 것입니다. 이 책의 범위에 비하여 매우 장황하기 때문입니다. 대신 우리가 할 일은 이 특정 목적을 위해 만들어진 사용 가능한 패키지 중 하나를 npm에서 골라 사용하는 것입니다. 우리는 parallel-transform(nodejsdp.link/parallel-transform)을 사용할 것입니다.

기존 check-urls 모듈을 수정하여 순서가 있는 병렬 실행의 동작을 빠르게 확인할 수 있습니다. 검사를 병렬로 실행하면서 입력 파일의 URL과 동일한 순서로 결과를 작성하기 원한다고 가정하겠습니다. parallel-transform을 사용하여 이를 수행하겠습니다.

```
//...
import parallelTransform from 'parallel-transform'

pipeline(
  createReadStream(process.argv[2]),
  split(),
  parallelTransform(4, async function (url, done) {
    if (!url) {
      return done()
    }
    console.log(url)
    try {
      await request.head(url, { timeout: 5 * 1000 })
      this.push(`${url} is up\n`)
    } catch (err) {
      this.push(`${url} is down\n`)
    }
    done()
  }),
  createWriteStream('results.txt'),
  (err) => {
    if (err) {
      console.error(err)
      process.exit(1)
    }
    console.log('All urls have been checked')
  }
)
```

이 예제에서 parallelTransform()은 최대 4개의 병렬 실행으로 변환 로직을 실행하는 Transform 스트림을 객체 모드로 생성합니다. 이 새로운 버전의 check-urls.js를 실행해 결과를 볼 수 있습니다. txt 파일은 입력 파일에 나타나는 URL과 동일한 순서로 결과를 나열합니다. 출력의 순서가 입력과 동일하더라도 비동기 작업은 여전히 병렬로 실행되며 임의의 순서로 완료될 수 있다는 점을 인지하는 것이 중요합니다.

정렬된 병렬 실행 패턴을 사용하는 경우 느린 항목이 파이프라인을 차단하거나 메모리를 무한정으로 증가시킬 수 있다는 것을 알아야 합니다. 실제로 완료하는데 매우 긴 시간이 필요한 작업이 존재한다면 구현한 패턴에 따라 다른 일이 벌어집니다. 경우에 따라 결과마다 순서를 정해 저장하는 버퍼가 보류된 결과들을 저장하며 무한히 증가하거나 느린 작업이 완료될 때까지 모든 처리가 차단될 수 있습니다. 우선적으로는 성능을 최적화하는 전략을 사용해볼 수 있고, 다음으로는 예측가능한 메모리 사용량을 얻는 전략을 적용해볼 수 있습니다. parallel-transform의 구현에서는 예측 가능한 메모리 사용률을 선택하고 지정된 최대 동시성 이상으로 증가하지 않는 내부 버퍼를 유지하도록 하는 것입니다.

이것으로 스트림을 사용한 비동기 제어 흐름 패턴 분석을 마칩니다. 다음으로 몇 가지 파이핑(piping) 패턴에 초점을 맞추겠습니다.

6-4 파이핑(Piping) 패턴

실제 배관과 마찬가지로 Node.js 스트림은 서로 다른 패턴들을 조합하여 함께 파이프로 연결할 수도 있습니다. 실제로 두 개의 서로 다른 스트림의 흐름을 하나로 병합하거나 한 스트림의 흐름을 둘 이상의 파이프로 분할하거나 조건에 따라 흐름을 리다이렉션할 수 있습니다. 이 섹션에서는 Node.js 스트림에 적용할 수 있는 중요한 연결 패턴을 살펴볼 것입니다.

6-4-1 스트림 결합

이 장에서는 스트림이 코드를 모듈화하고 재사용할 수 있는 간단한 인프라를 제공한다는 사실을 강조했지만, 이 퍼즐에서 마지막 부분이 누락되었습니다. 전체 파이프라인을 모듈화하고 재사용하려면 어떻게 해야 할까요? 외부에서 하나처럼 보이도록 여러 스트림을 결합하려면 어떻게 해야 할까요? 다음 그림은 이것이 의미하는 바를 보여줍니다.

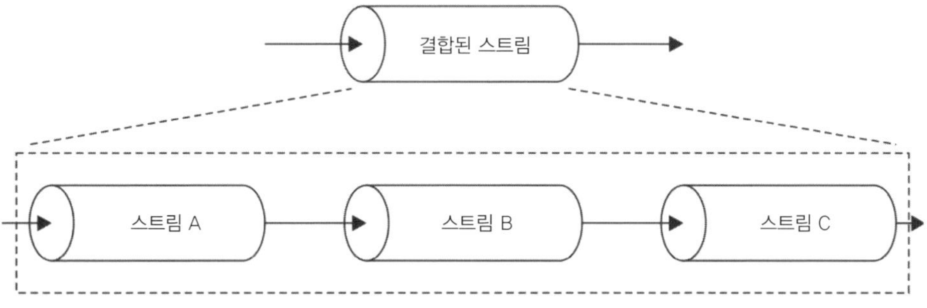

▲ 그림 6.6 스트림 결합

그림 6.6에서 이것이 어떻게 작동하는지에 대한 아이디어를 얻었습니다.

- 결합된 스트림에 쓸 때는 실제 파이프라인의 첫 번째 스트림에 씁니다.
- 결합된 스트림에서 읽을 때는 실제로 파이프라인의 마지막 스트림에서 읽습니다.

결합된 스트림은 일반적으로 Duplex 스트림입니다. 첫 번째 스트림을 Writable 쪽에 연결하고 마지막 스트림을 Readable 측에 연결하여 만들어집니다.

Writable 스트림과 Readable 스트림 두 개로 Duplex 스트림을 생성하려면 dupexer2(nodejsdp.link/duplexer2) 또는 duplexify(nodejsdp.link/duplexify)와 같은 npm 모듈을 사용할 수 있습니다.

하지만 그것만으로는 충분하지 않습니다. 실제로 결합된 스트림의 또 다른 중요한 특징은 파이프라인 내부의 스트림에서 발생하는 모든 에러를 인지하고 전파한다는 것입니다. 이미 언급했듯이 모든 오류 이벤트는 pipe()를 사용할 때 파이프라인을 따라 자동으로 전파되지 않으며 각 스트림에 error 리스너를 명시적으로 연결해야 합니다. pipeline() 도우미 함수를 사용하여 에러 관리를 통해 pipe()의 한계를 극복할 수 있다는 것을 알았습니다. 그러나 pipe()와 pipeline() 도우미 함수의 문제는 두 함수가 마지막 스트림만 반환한다는 것입니다. 따라서 우리는 (첫 번째) Writable 컴포넌트가 아닌 (마지막) Readable 컴포넌트만 얻게 됩니다.

다음 코드에서 이를 매우 쉽게 확인할 수 있습니다.

```
import { createReadStream, createWriteStream } from 'fs'
import { Transform, pipeline } from 'stream'
import { strict as assert } from 'assert'

const streamA = createReadStream('package.json')
const streamB = new Transform({
  transform (chunk, enc, done) {
    this.push(chunk.toString().toUpperCase())
    done()
  }
})
const streamC = createWriteStream('package-uppercase.json')

const pipelineReturn = pipeline(
  streamA,
  streamB,
  streamC,
  () => {
```

```
    // 여기서 에러를 처리
  })
assert.strictEqual(streamC, pipelineReturn) // 유효함

const pipeReturn = streamA.pipe(streamB).pipe(streamC)
assert.strictEqual(streamC, pipeReturn) // 유효함
```

앞의 코드에서 pipe() 또는 pipeline() 만으로는 결합된 스트림을 구성하는 것이 간단하지 않다는 것이 분명합니다.

요약하자면, 결합된 스트림에는 두 가지 중요한 이점이 존재합니다.

- 내부 파이프라인을 숨겨서 블랙박스로 재배포할 수 있습니다.
- 파이프라인의 각 스트림에 error 리스너를 연결할 필요가 없고 결합된 스트림 자체에만 연결하기 때문에 오류 관리가 단순화됩니다.

스트림을 결합하는 것은 매우 일반적인 관행이므로 특별한 이유가 아니면 pumpify (nodejsdp.link/pumpify)와 같은 기존의 라이브러리를 사용할 수도 있습니다.

이 라이브러리는 매우 간단한 인터페이스를 제공합니다. 사실, 결합된 스트림을 얻기 위해서 할 일은 pumpify()를 호출하여 파이프라인에서 원하는 모든 스트림을 전달하는 것입니다. 이것은 콜백이 없다는 점을 제외하면 pipeline()의 특징과 매우 흡사합니다.

```
const combinedStream = pumpify(streamA, streamB, streamC)
```

이와 같은 작업을 수행하면 pumpify는 스트림에서 파이프라인을 생성하고, 파이프라인의 복잡성을 추상화하는 새로운 결합 스트림을 반환하며, 이전에 언급했던 장점들을 제공합니다.

pumpify와 같은 라이브러리를 만드는데 필요한 것이 무엇인지 궁금하다면 GitHub(nodejsdp.link/pumpify-gh)에서 소스 코드를 확인해야 합니다. 한 가지 흥미로운 사실은 내부적으로 pumpify가 Node.js의 pipeline() 도우미 함수 전에 있었던 모듈인 pump(nodejsdp.link/pump)를 사용한다는 것입니다. Pump는 사실상 pipeline() 개발에 영감을 준 모듈입니다. 소스 코드를 비교해보면 당연히 두 모듈이 공통점이 많다는 것을 알 수 있습니다.

결합된 스트림의 구현

스트림 결합의 간단한 예를 설명하기 위해 다음 두 가지 Transform 스트림을 살펴보겠습니다.

- 데이터를 압축하고 암호화
- 데이터의 암호를 복호화하고 압축 해제

Pumpify와 같은 라이브러리를 사용하면 기본 라이브러리에서 이미 사용할 수 있는 일부 스트림을 결합하여 이러한 스트림(combined-stream.js라는 파일)을 쉽게 만들 수 있습니다.

```
import { createGzip, createGunzip } from 'zlib'
import {
  createCipheriv,
  createDecipheriv,
  scryptSync
} from 'crypto'
import pumpify from 'pumpify'
function createKey (password) {
  return scryptSync(password, 'salt', 24)
}

export function createCompressAndEncrypt (password, iv) {
  const key = createKey(password)
  const combinedStream = pumpify(
    createGzip(),
    createCipheriv('aes192', key, iv)
  )
  combinedStream.iv = iv

  return combinedStream
}

export function createDecryptAndDecompress (password, iv) {
  const key = createKey(password)
  return pumpify(
    createDecipheriv('aes192', key, iv),
    createGunzip()
  )
}
```

이제 결합된 스트림을 마치 블랙박스처럼 사용하여 파일을 압축하고 암호화한 후 보관하는 작은 애플리케이션을 만들 수 있습니다. archive.js라는 새로운 모듈에서 이를 수행해보겠습니다.

```
import { createReadStream, createWriteStream } from 'fs'
import { pipeline } from 'stream'
import { randomBytes } from 'crypto'
import { createCompressAndEncrypt } from './combined-streams.js'

const [,, password, source] = process.argv
const iv = randomBytes(16)
const destination = `${source}.gz.enc`

pipeline(
  createReadStream(source),
  createCompressAndEncrypt(password, iv),

  createWriteStream(destination),
  (err) => {
    if (err) {
      console.error(err)
      process.exit(1)
    }
    console.log(`${destination} created with iv: ${iv.toString('hex')}`)
  }
)
```

Archive 파일 내에 얼마나 많은 단계가 있는지 걱정할 필요가 없습니다. 실제로, 현재 파이프라인 내에서 단일 스트림으로 처리합니다. 이렇게 하면, 결합된 스트림을 다른 컨텍스트에서 쉽게 재사용할 수 있습니다.

이제 archive 모듈을 실행하기 위해서 커맨드라인 인자에 암호화할 파일을 지정하기만 하면 됩니다.

```
node archive.js mypassword /path/to/a/file.txt
```

이 명령은 /path/to/a/file.txt.gz.enc라는 파일을 생성하고 생성된 초기화 벡터를 콘솔에 출력합니다. 이제 연습으로 createDecryptAndDecompress() 함수를 사용하여 암호, 초기화 벡터 및 아카이브된 파일을 가져와서 이를 푸는 유사한 스크립트를 생성할 수 있습니다.

실제 애플리케이션에서는 일반적으로 초기화 벡터를 사용자가 직접 전달하도록 요구하는 것보다 암호화된 데이터의 일부로 포함시키는 것이 좋습니다. 이를 구현하는 한 가지 방법은 초기화 벡터를 나타내기 위해 아카이브 스트림에서 처음 16바이트를 방출하는 것입니다. 아카이브를 푸는 유틸리티는 스트리밍 방식으로 데이터 처리를 시작하기 전에 처음 16바이트를 사용하도록 적절히 수정해야 합니다. 이 접근 방식은 이 예제의 범위를 벗어난 몇 가지 추가적인 복잡성을 더하므로 예제에서는 간단한 해결책을 선택했습니다. 스트림에 익숙해진 후 사용자가 초기화 벡터를 전달할 필요가 없는 솔루션을 연습삼아 구현해보는 것도 좋습니다.

이 예제를 통해 스트림을 결합하는 것이 얼마나 중요한지 명확하게 볼 수 있었습니다. 한 편으로는 재사용 가능한 스트림 구성을 만들 수 있고, 다른 편으로는 파이프라인의 오류를 단순화할 수 있습니다.

6-4-2 스트림 분기

단일 Readable 스트림을 여러 Writable 스트림으로 파이핑하여 스트림 분기를 수행할 수 있습니다. 이것은 동일한 데이터를 다른 목적지(예를 들어, 두 개의 다른 소켓 또는 두 개의 다른 파일)로 보내려고 할 때 유용합니다. 동일한 데이터에 대해 다른 변환을 수행하거나 데이터를 분할하려는 경우에도 사용할 수 있습니다. Unix 명령 tee(nodejsdp.link/tee)에 익숙한 분들께는, 이것을 Node.js 스트림에 적용한 것이나 다름없습니다! 그림 6.7은 이 패턴을 시각적으로 보여줍니다.

Node.js에서 스트림을 분기하는 것은 매우 쉽지만 유의해야 할 몇 가지 사항이 있습니다. 이 패턴에 대해 예를 들어 설명하는 것으로 시작하겠습니다. 예를 보면 이 패턴의 주의 사항을 이해하는 것이 더 쉬울 것입니다.

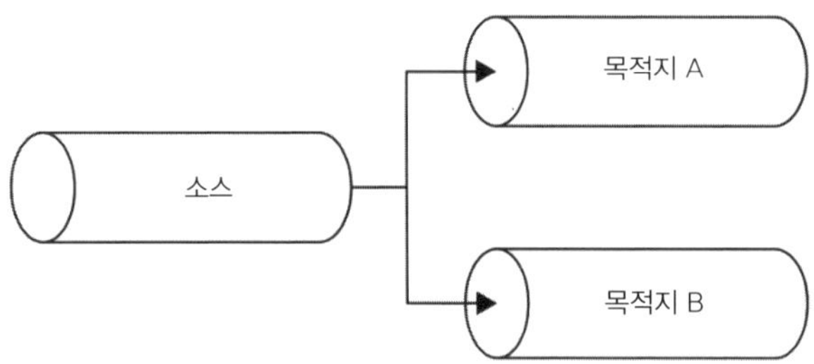

▲ 그림 6.7 스트림 분기

다중 체크썸 생성기 구현

주어진 파일의 sha1 및 md5 해시를 모두 출력하는 작은 도구를 만들어 봅시다. 이 새로운 모듈을 generate-hashes.js라 부르겠습니다.

```
import { createReadStream, createWriteStream } from 'fs'
import { createHash } from 'crypto'

const filename = process.argv[2]
const sha1Stream = createHash('sha1').setEncoding('hex')
const md5Stream = createHash('md5').setEncoding('hex')
const inputStream = createReadStream(filename)

inputStream
  .pipe(sha1Stream)
  .pipe(createWriteStream(`${filename}.sha1`))

inputStream
  .pipe(md5Stream)
  .pipe(createWriteStream(`${filename}.md5`))
```

아주 간단하지 않습니까? inputStream 변수는 한쪽에서는 sha1Stream으로, 다른 한쪽에서는 md5Stream으로 파이프됩니다. 이면에서 발생하는 몇 가지 주의할 사항이 있습니다.

- pipe()를 호출할 때 { end: false }를 옵션으로 지정하지 않는 한, md5Stream과 sha1Stream은 inputStream이 종료될 때 자동으로 종료됩니다.
- 분기된 스트림은 동일한 청크를 수신하므로 데이터를 내보내는 모든 스트림에 영향을 미치게 됩니다. 이때 데이터에 대한 부작용을 주의하여 데이터 처리 작업을 수행해야 합니다.
- 배압(Backpressure)은 바로 발생합니다. InputStream에서 오는 흐름은 매우 빠르나 분기된 스트림은 느립니다. 다시 말해, 한 스트림이 오랜 시간 동안 배압을 처리하기 위해 소스 스트림을 일시 정지 시킨다면 다른 모든 대상 스트림들도 대기하게 됩니다. 또한 하나의 대상을 무기한 차단하게 되면 전체 파이프라인이 차단됩니다!
- 소스(비동기 파이핑)에서 데이터 사용을 시작한 후 추가적인 스트림으로 파이프하면 새로운 스트림은 파이프된 이후의 새로운 데이터 청크만 수신하게 됩니다.

이 경우 PassThrough 인스턴스를 플레이스홀더(placeholder)로 사용하여 스트림 소비를 시작하는 순간부터 모든 데이터를 수집할 수 있습니다. 그런 다음, PassThrough 스트림은 데이터의 손실 위험 없이 나중에 언제든지 읽을 수 있습니다. 이 접근 방식은 이전에 논의한 바와 같이 배압이 발생하게 하고 전체 파이프라인을 차단하게 할 수도 있습니다.

6-4-3 스트림 병합

병합은 분기와 반대되는 작업이며, 그림 6.8과 같이 Readable 스트림 집합을 하나의

Writable 스트림으로 파이프하는 작업이 포함됩니다.

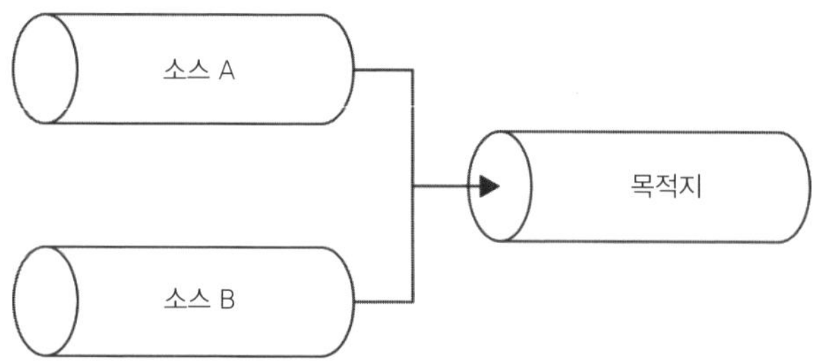

▲ 그림 6.8 스트림 병합

여러 스트림을 하나로 병합하는 것은 일반적으로 간단한 작업입니다. 그러나 기본 옵션({ end: true })을 사용하는 파이핑은 소스 중 하나가 끝나자마자 목적지 스트림을 종료하므로 end 이벤트를 처리하는 방법에 주의를 기울여야 합니다. 활성화된 다른 소스가 이미 종료된 스트림에 계속 쓰는 경우 이로 인해 종종 에러가 발생할 수 있습니다.

이 문제에 대한 해결책은 여러 소스를 단일 대상을 파이핑할 때 { end: false } 옵션을 사용하고 모든 소스가 읽기를 완료한 경우에만 목적지에서 end()를 호출하도록 하는 것입니다.

텍스트 파일 병합

간단한 예제를 만들기 위해 출력할 파일의 경로와 임의의 수의 텍스트 파일을 가져온 다음, 모든 파일의 행들을 목적지 파일에 병합하는 작은 프로그램을 구현해 봅시다. 우리는 이 새로운 모듈을 merge-lines.js라고 부를 것입니다. 몇 가지 초기화 단계부터 시작하여 그 내용을 정의해 보겠습니다.

```
import { createReadStream, createWriteStream } from 'fs'
import split from 'split'
const dest = process.argv[2]
const sources = process.argv.slice(3)
```

앞의 코드에서는 모든 종속성을 로드하고 목적지(dest) 파일과 모든 소스 파일(sources)의 이름을 포함하는 변수를 초기화합니다.

다음으로 목적지 스트림을 만듭니다.

```
const destStream = createWriteStream(dest)
```

이제 소스 스트림을 초기화할 시간입니다.

```
let endCount = 0
for (const source of sources) {
  const sourceStream = createReadStream(source, { highWaterMark: 16 })
  sourceStream.on('end', () => {
    if (++endCount === sources.length) {
      destStream.end()
      console.log(`${dest} created`)
    }
  })
  sourceStream
    .pipe(split((line) => line + '\n'))
    .pipe(destStream, { end: false })
}
```

앞의 코드에서는 모든 소스 파일에 대해 Readable 스트림을 만들었습니다. 그런 다음 각 소스 스트림에 대해 모든 파일을 완전히 읽은 경우에만 목적지 스트림을 종료하도록 end 리스너를 추가하였습니다. 마지막으로 모든 소스 스트림을 텍스트 라인에 대해 청크를 생성하도록 하는 Transform 스트림인 split()으로 파이프하고 마지막으로 결과를 목적지 스트림으로 파이프 했습니다. 여기서 실제 병합이 발생합니다. 여러 소스 스트림을 단일 목적지로 파이프 합니다.

이제 다음 명령으로 이 코드를 실행해볼 수 있습니다.

```
node merge-lines.js <destination> <source1> <source2> <source3> ...
```

충분히 큰 파일로 이 코드를 실행하면 목적지 파일에 모든 소스파일에서 임의로 혼합된 라인들이 포함되어 있음을 볼 수 있습니다(highWaterMark가 16바이트보다 낮으면 이 특성이 더욱 명확해집니다). 이러한 종류의 동작은 일부 유형의 객체 스트림과 줄 단위로 분할된 일부 텍스트 스트림에서 허용될 수 있지만 대부분의 이진 스트림을 처리할 때는 바람직하지 않은 경우가 많습니다.

순서대로 스트림을 병합할 수 있는 한가지 변형이 존재합니다. 소스 스트림을 차례로 소비하는 것으로 구성됩니다. 이전 항목이 끝나면 다음 항목이 청크를 방출하기 시작합니다(모든 소스의 출력을 연결하는 것과 같습니다). 항상 그렇듯이 npm에서 이러한 상황을 처리하기 위한 패키지를 찾을 수 있습니다. 그 중 하나가 multistream(https://npmjs.org/package/multistream)입니다.

6-4-4 멀티플렉싱 및 디멀티플렉싱

병합 스트림 패턴에는 여러 스트림을 결합하는 것이 아니라 공유 채널(shared channel)을 사용하여 일련의 스트림들의 데이터를 전달하는 특별한 변형이 존재합니다. 이는 소스 스트림이 공유 채널 내에서 논리적으로 분리되어 있기 때문에 개념적으로 다른 작업입니다. 데이터가 공유 채널의 다른 끝에 도달하면 스트림을 다시 분할할 수 있습니다. 그림 6.9는 이 상황을 명확하게 보여줍니다.

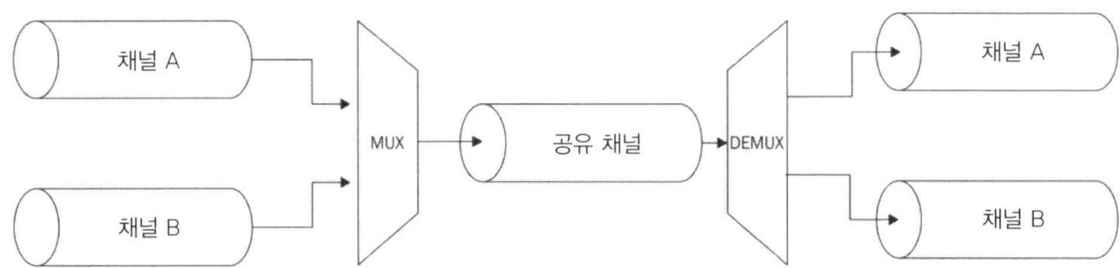

▲ 그림 6.9 멀티플렉싱 및 디멀티플렉싱

단일 스트림을 통한 전송을 허용하기 위해 여러 스트림(이 경우 채널이라고 함)을 결합하는 작업을 **멀티플렉싱**이라고 하며, 반대의 작업, 즉 공유 스트림에서 수신된 데이터를 원래의 스트림으로 재구성하는 작업을 **디멀티플렉싱**이라고 합니다. 이러한 작업을 수행하는 장치를 각각 **멀티플렉서**(혹은 mux) 그리고 **디멀티플렉서**(혹은 demux)라고 합니다.

이것은 전화, 라디오, TV는 물론 인터넷 자체와 같은 거의 모든 유형의 통신 매체의 기초 중 하나이기 때문에 일반적으로 컴퓨터 과학 및 통신 분야에서 널리 연구되는 분야입니다. 이 책의 범위를 넘어서는 방대한 주제이므로 여기서는 너무 많은 설명을 하지 않을 것입니다.

이 섹션에서 보여주고 싶은 것은 Node.js 공유 스트림을 사용하여 논리적으로 분리된 여러 스트림을 전송한 다음, 공유 스트림의 다른 쪽 끝에서 다시 분리하는 방식입니다.

원격 로거(logger) 만들기

이야기를 계속하기 위해 예제를 사용하겠습니다. 우리는 자식 프로세스를 시작하고 표준 출력과 표준 에러를 원격 서버로 리다이렉션하는 작은 프로그램을 만들 것입니다. 원격 서버는 두 스트림을 두 개의 개별 파일에 저장합니다. 따라서 이 경우 공유 매체는 TCP 연결이고 다중화할 두 채널은 자식 프로세스의 stdout 및 stderr입니다. IP, TCP 및 UDP와 같은 프로토콜에서 사용하는 것과 같은 기술인 **패킷스위칭**(packet switching)이라는 기술을 사용합니다. 패킷 스위칭에서는 데이터를 패킷으로 감싸서 멀티플렉싱, 라우팅, 흐름제어, 손상된 데이터 검사 등에 유용한 다양한 메타정보를 설정할 수 있습니다. 예제에서 구현하는 프로토콜은 매우 간단합니다. 그림 6.10과 같이 데이터를 간단한 패킷으로 감쌉니다.

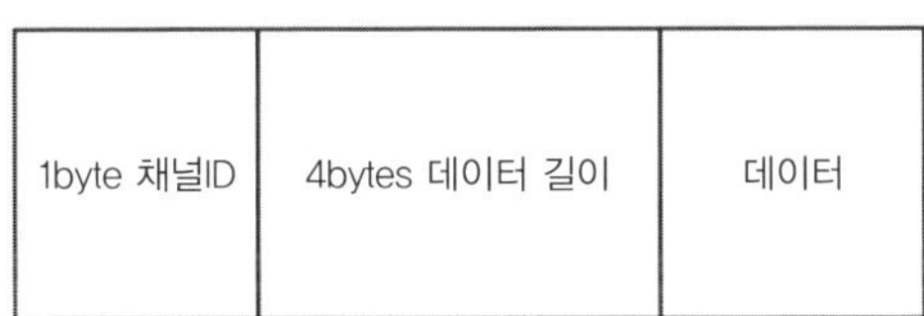

▲ 그림 6.10 원격 로거에 대한 데이터 패킷의 바이트 구조

그림 6.10에서 볼 수 있듯이 패킷에는 실제 데이터가 포함되어있지만 헤더(채널ID+데이터 길이)도 포함되어 있어서 각 스트림을 구분하고 디멀티플렉서가 패킷을 올바른 채널로 라우팅할 수 있습니다.

클라이언트 측 – 멀티플렉싱

클라이언트 측에서부터 애플리케이션 만들기를 시작하겠습니다. 우리는 이 모듈을 client.js라고 부를 것입니다. 이것은 자식 프로세스를 시작하고 스트림을 멀티플렉싱하는 애플리케이션의 일부를 나타냅니다.

먼저 모듈을 정의하는 것으로 시작하겠습니다. 먼저 몇 가지 종속성이 필요합니다.

```
import { fork } from 'child_process'
import { connect } from 'net'
```

이제 소스의 목록을 멀티플렉싱하는 함수를 구현해보겠습니다.

```
function multiplexChannels (sources, destination) {
  let openChannels = sources.length
  for (let i = 0; i < sources.length; i++) {
    sources[i]
      .on('readable', function () {                     // (1)
        let chunk
        while ((chunk = this.read()) !== null) {
          const outBuff = Buffer.alloc(1 + 4 + chunk.length)  // (2)
          outBuff.writeUInt8(i, 0)
```

```
        outBuff.writeUInt32BE(chunk.length, 1)
        chunk.copy(outBuff, 5)
        console.log(`Sending packet to channel: ${i}`)
        destination.write(outBuff)                       // (3)
      }
    })
    .on('end', () => {                                   // (4)
      if (--openChannels === 0) {
        destination.end()
      }
    })
  }
}
```

multiplexChannels() 함수는 다중화(멀티플렉싱)할 소스 스트림과 목적지 채널을 입력으로 받은 후 다음의 단계들을 수행합니다.

1. 각 소스 스트림에 대해 readable 이벤트에 대한 리스너를 등록합니다. 여기서 non-flowing 모드를 사용하여 스트림에서 데이터를 읽습니다.
2. 청크를 읽으면 채널ID로 1byte(UInt8), 패킷의 크기로 4bytes(UInt32BE), 실제 데이터를 순서대로 포함한 패킷으로 묶습니다.
3. 패킷이 준비되면 목적지 스트림에 기록합니다.
4. 마지막으로 모든 소스 스트림이 종료되었을 때 목적지 스트림을 종료할 수 있도록 end 이벤트에 대한 리스너를 등록합니다.

우리의 프로토콜은 채널을 식별하는데 1byte만 있기 때문에 최대 256개의 서로 다른 소스 스트림을 다중화할 수 있습니다.

이제 클라이언트의 마지막 부분이 매우 간단해졌습니다.

```
const socket = connect(3000, () => {                   // (1)
  const child = fork(                                  // (2)
    process.argv[2],
    process.argv.slice(3),
    { silent: true }
  )
  multiplexChannels([child.stdout, child.stderr], socket)  // (3)
})
```

이 마지막 코드에서 다음 작업을 수행합니다.

1. 주소 localhost:3000에 대한 TCP 클라이언트 연결을 엽니다.
2. 첫 번째 커맨드라인 인자를 경로로 하여 자식 프로세스를 시작하고 나머지 process.argv 배열은 자식 프로세스에 대한 인자로 제공합니다. 자식 프로세스가 부모의 stdout 및 stderr를 상속하지 않도록 { silent: true } 옵션을 지정합니다.
3. 마지막으로 자식 프로세스의 stdout과 stderr를 가져와서 mutiplexChannels() 함수를 사용하여 소켓의 Writable 스트림으로 멀티플렉싱합니다.

서버측 - 디멀티플렉스

이제 애플리케이션(server.js)의 서버 측을 만들 수 있습니다. 여기서는 원격 연결로부터 스트림을 디멀티플렉싱해서 두 개의 다른 파일로 파이프합니다.

demultiplexChannel() 이라는 함수를 만들어 보겠습니다.

```
import { createWriteStream } from 'fs'
import { createServer } from 'net'

function demultiplexChannel (source, destinations) {
  let currentChannel = null
  let currentLength = null

  source
    .on('readable', () => {                                // (1)
      let chunk
      if (currentChannel === null) {                       // (2)
        chunk = source.read(1)
        currentChannel = chunk && chunk.readUInt8(0)
      }

      if (currentLength === null) {                        // (3)
        chunk = source.read(4)
        currentLength = chunk && chunk.readUInt32BE(0)
        if (currentLength === null) {
          return null
        }
      }

      chunk = source.read(currentLength)                   // (4)
      if (chunk === null) {
```

```
      return null
    }

    console.log(`Received packet from: ${currentChannel}`)
    destinations[currentChannel].write(chunk)           // (5)
    currentChannel = null
    currentLength = null
  })
  .on('end', () => {                                    // (6)
    destinations.forEach(destination => destination.end())
    console.log('Source channel closed')
  })
}
```

위 코드는 복잡해 보일 수 있지만 그렇지 않습니다. Node.js Readable 스트림의 기능을 사용하면 다음과 같이 작은 프로토콜의 디멀티플렉싱을 쉽게 구현할 수 있습니다.

1. non-flowing 모드를 사용하여 스트림에서 읽기를 시작합니다.
2. 먼저, 아직 채널ID를 읽지 않았다면 스트림에서 1byte를 읽어서 숫자로 변환합니다.
3. 다음 단계는 데이터의 길이를 읽는 것입니다. 이를 위해 4bytes가 필요하므로 내부 버퍼에 아직 충분한 데이터가 들어와 있지 않은 경우에도 처리가 가능합니다. 즉, this.read() 호출이 null을 반환했는데, 아직 데이터 길이만큼을 읽지 못한 경우 파싱을 중단하고 다음 읽기 가능한 이벤트에서 재시도할 수 있습니다.
4. 마지막으로 데이터 크기만큼 읽을 수 있을 경우, 내부 버퍼에서 가져올 데이터의 크기를 알고 있으므로 모두 읽습니다.
5. 모든 데이터를 읽으면 적절한 목적지 채널에 쓸 수 있으며 currentChannel 및 currentLength 변수를 재 설정했는지 확입니다(다음 패킷을 분석하는데 사용됨).
6. 마지막으로 소스 채널이 종료되면 모든 목적지 채널을 종료해야 합니다.

이제 소스 스트림을 디멀티플렉스할 수 있으므로 새로운 함수를 작동시켜 보겠습니다.

```
const server = createServer((socket) => {
  const stdoutStream = createWriteStream('stdout.log')
  const stderrStream = createWriteStream('stderr.log')
  demultiplexChannel(socket, [stdoutStream, stderrStream])
})
server.listen(3000, () => console.log('Server started'))
```

앞의 코드에서 우리는 우선 포트 TCP 서버를 포트 3000에서 대기하도록 시작시킵니다. 그런 다음 수신되는 각 연결에 대해 두 개의 서로 다른 파일을 가리키는 Writable 스트림을 만듭니다. 하나는 표준 출력용이고 다른 하나는 표준 에러용입니다. 이것이 우리의 목적지 채널입니다. 마지막으로 demultiplexChannel()을 사용하여 소켓 스트림을 stdoutStream 및 stderrStream으로 디멀티플렉싱합니다.

Mux/demux 애플리케이션 실행

이제 새로운 mux/demux 애플리케이션을 사용해 볼 준비가 되었습니다. 먼저 샘플 출력을 생성할 작은 Node.js 애플리케이션을 만들어 보겠습니다. 우리는 이 모듈을 generate-data.js라고 부를 것입니다.

```
console.log('out1')
console.log('out2')
console.error('err1')
console.log('out3')
console.error('err2')
```

좋습니다. 이제 원격 로깅 애플리케이션을 사용해볼 수 있습니다. 먼저 서버를 시작합니다.

```
node server.js
```

그런 다음, 하위 프로세스로 시작할 파일을 전달하여 클라이언트를 시작합니다.

```
node client.js generateData.js
```

클라이언트는 거의 바로 실행되지만 프로세스가 끝나면 generate-data.js 애플리케이션의 표준 입력 및 표준 출력이 단일 TCP 연결을 통해 이동한 다음, 서버에서 두 개의 개별 파일로 디멀티플렉싱 되어야 합니다.

child_process.fork()(nodejsdp.link/fork)를 사용하고 있기 때문에 우리의 클라이언트는 다른 Node.js 모듈만 실행할 수 있다는 점에 유의하세요.

멀티플렉싱 및 디멀티플렉싱 객체 스트림

방금 보여준 예제는 바이너리/텍스트 스트림을 멀티플렉싱하고 디멀티플렉싱하는 방법을 보여 주지만 동일한 규칙이 객체 스트림에 적용된다는 점을 언급해야 할 듯합니다. 가장 큰 차이점은 객체를 사용할 때 원자 메시지(객체)를 사용하여 데이터를 전송하는 방법이 이미 존재하기 때문에, 멀티플렉싱은 각 객체 channelID 속성을 설정하는 것으로 충분합니다. 디멀티플렉싱은 단순히 channelID 속성을 읽고 각 객체를 올바른 목적지 스트림으로 라우팅합니다.

디멀티플렉싱에만 관련된 또 다른 패턴은 특정 조건에 따라 소스에서 수신된 데이터를 라우팅하는 것입니다. 이러한 패턴을 통해 그림 6.11과 같은 복잡한 흐름을 구현할 수 있습니다.

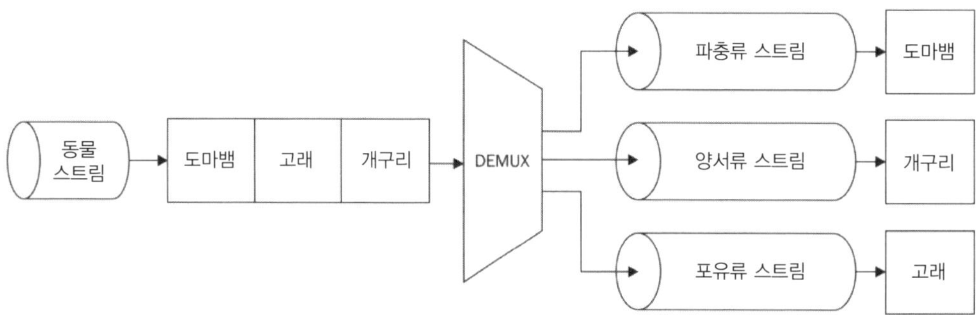

▲ 그림 6.11 객체 스트림 디멀티플렉싱

그림 6.11의 시스템에서 사용된 디멀티플렉서는 동물을 나타내는 객체 스트림을 가져와서 파충류, 양서류, 포유류와 같은 동물의 종류에 따라 올바른 대상 스트림에 각각 배분합니다.

동일한 원칙을 스트림에 대해 if...else 문을 사용하여 구현할 수 있습니다. 참고로 ternary-stream(nodejsdp.link/ternary-stream) 패키지를 고려해 볼 수도 있습니다.

요약

이 장에서는 Node.js 스트림과 가장 일반적인 사용 사례에 대해 설명했습니다. Node.js 커뮤니티에서 스트림이 왜 그렇게 호평을 받는지 알 수 있었고, 기본 기능을 숙달함으로써 이 새로운 세계에서 더 많은 것을 발견하고 탐구할 수 있도록 하였습니다. 우리는 몇 가지 고급 패턴을 분석하면서 다양한 스트림을 연결하는 방법을 이해했으며, 상호 운용성의 중요성을 파악했습니다. 이것이 스트림을 다재다능하고 강력하게 만드는 이유입니다.

하나의 스트림으로 무엇인가를 할 수 없다면, 다른 스트림들을 서로 연결함으로써 원하는 것을 할 수 있을 것입니다. 그리고 이것은 "각 프로그램은 한 가지 역할만 잘 하도록 만들어라."라는 Node.js의 철학과 매우 잘 어울립니다. 이 시점에서 스트림은 알아두면 좋은 Node.js의 기능일 뿐만 아니라 이진 데이터, 문자열 및 객체를 처리하기 위한 중요한 패턴인 필수 요소임을 분명히 인지해야 합니다. 우리가 한 장 전체를 스트림이라는 주제에 할애한 것은 결코 우연이 아닙니다.

다음 몇 장에서는 전통적인 객체지향 디자인 패턴에 중점을 둘 것입니다. 그러나 착각하지 않기 바랍니다. JavaScript가 어느 정도는 객체지향 언어이지만 Node.js에서는 함수 또는 하이브리드 식의 접근방식이 선호되는 경우가 많습니다. 다음 장들을 읽기 전에 여러분이 가진 여러 편견들을 없애기 바랍니다.

연습

6.1 데이터 압축 효율성:

파일을 입력으로 취하고 zlib 모듈(Brotli, Deflate, Gzip)에서 사용할 수 있는 다른 알고리즘을 사용하여 압축하는 커맨드라인 스크립트를 작성합니다. 주어진 파일에서 알고리즘의 압축시간과 압축효율성을 비교하는 요약 테이블을 생성합니다.

HINT 이것은 포크(fork) 패턴의 좋은 활용 사례가 될 수 있지만, 이 장의 앞부분에서 논의할 때 몇 가지 중요한 성능 고려 사항에 대해 언급했었음을 기억하십시오.

6.2 스트림 데이터 처리:

Kaggle에서 London Crime Data(nodejsdp.link/london-crime)와 같이 흥미로운 일련의 데이터들을 많이 찾을 수 있습니다. 데이터를 CSV 형식으로 다운로드하고 데이터를 분석한 다음 질문에 답하는 스트림 처리 스크립트를 작성하십시오.

- 범죄 건수가 수년에 걸쳐 증가했거나 감소했습니까?
- 런던에서 가장 위험한 지역은 어디입니까?
- 지역별로 가장 흔한 범죄는 무엇입니까?
- 가장 흔한 범죄는 무엇입니까?

HINT Transform 스트림과 PassThrough 스트림의 조합을 사용하여 데이터 흐름을 분석하고 관찰할 수 있습니다. 그런 다음, 앞의 질문들에 답하는 데 도움이 되는 데이터들에 대한 인 메모리 집계를 작성할 수 있습니다. 또한 하나의 파이프라인에서 모든 작업을 수행할 필요가 없습니다. 매우 전문화된 파이프라인(예를 들어, 한 질문당 하나씩)을 만들고 포크 패턴을 사용하여 파싱된 데이터를 이들에 분산시킬 수도 있습니다.

6.3 TCP를 통한 파일 공유:

TCP를 통해 파일을 전송할 클라이언트와 서버를 만듭니다. 그 위에 암호화 레이어를 추가하고 한번에 여러 파일을 전송할 수 있는 경우에는 추가적인 가산점을 주겠습니다. 구현이 준비되면 클라이언트 코드와 IP 주소를 친구나 동료들에게 제공한 다음 파일을 보내달라고 요청하십시오.

HINT mux/demux를 사용하여 한번에 여러 파일을 받을 수 있습니다.

6.4 Readable 스트림이 있는 애니메이션:

Readable 스트림만으로 놀라운 터미널용 애니메이션을 만들 수 있다는 것을 알고 있습니까? 무슨 말인지 이해하려면 터미널에서 curl parrot.live를 실행하고 무슨 일이 일어나는지 확인해 보십시오! 이것이 멋지다고 생각한다면 비슷한 것을 만들어 보세요.

HINT 구현 방법을 찾는데 도움이 필요하다면 브라우저를 통해 URL에 접근하여 parrot.live의 실제 소스 코드를 확인해 보면 도움이 될 것입니다.

CHAPTER 07

생성자 디자인 패턴

- ✔ 팩토리
- ✔ 빌더
- ✔ 공개 생성자
- ✔ 싱글톤
- ✔ 모듈 와이어링(Wiring)

디자인 패턴이란 반복된 문제에 대한 재사용 가능한 해결책입니다. 이 용어는 정의가 매우 광범위하며 애플리케이션의 여러 도메인에서 사용할 수 있습니다. 이 용어는 90년대 전설의 4인조(Gang of Four, **GoF**)로 불린 Erich Gamma, Richard Helm, Ralph Johnson, John Vlisside이 쓴, 널리 알려진 책 GoF의 《디자인 패턴(*Design Patterns: Elements of Reusable Object-Oriented Software, Pearson Education*)》에서 유래했습니다. 우리는 흔히 이 일련의 정해진 패턴들을 '전통적인 디자인 패턴' 혹은 'GoF 디자인 패턴'이라고 합니다.

이런 일련의 객체지향 디자인 패턴을 JavaScript에 적용하는 것은 고전적인 객체지향 언어에서처럼 선형적이고 형식적이지 않습니다. 알다시피, Javascript는 객체지향적이고 프로타입 기반이며 동적 타이핑(dynamic typing)을 가지고 있습니다. 또한 함수를 일급 객체로 하여 함수형 프로그래밍의 형식을 허용합니다. 이러한 특성은 JavaScript를 매우 다재다능한 언어로 만들어서 개발자에게 엄청난 힘을 제공하지만, 동시에 프로그래밍 스타일, 규칙, 기술에 이르기까지 궁극적으로는 생태계의 패턴을 분열시킵니다. JavaScript를 사용하면 동일한 결과를 얻을 수 있는 방법이 너무 많아서, 많은 개발자가 문제에 접근하는 데 있어서 자신만의 효과적인 방식을 가지고 있습니다. 이 현상을 단적으로 보여주는 것이 JavaScript 생태계의 풍부한 프레임워크들과 독보적인 라이브러리들입니다. 아마도 다른 언어에서는 찾기 힘든 현상입니다. 특히 Node.js가 JavaScript에 새롭고 놀라운 가능성을 제공함으로써 많은 새로운 시나리오가 만들어졌습니다.

이러한 맥락에서 JavaScript의 특성은 전통적인 디자인 패턴에도 영향을 미칩니다. JavaScript에서는 전통적인 디자인 패턴을 구현할 수 있는 방법이 너무 많아서, 강력한 전통적인 객체지향 구현이 더 이상 적용되지 않습니다.

JavaScript는 실제 클래스나 추상 인터페이스를 가지고 있지 않기 때문에 디자인 패턴의 전통적인 구현 자체가 불가능한 경우도 있습니다. 그러나 변하지 않는 것이 있으니, 각 패턴의 기본에 있는 근본적인 아이디어, 당면한 문제, 해결방식의 핵심 개념이 그것입니다.

7장부터 9장에 걸쳐, Node.js에 적용되고 그 철학에 영향을 준 몇 가지 중요한 GoF 디자인 패턴을 살펴보면서 다른 관점에서 그 중요성을 재발견하게 될 것입니다. 전통적인 디자인 패턴들 사이에서 JavaScript 생태계에서 생겨난 덜 전통적인 디자인 패턴들도 볼 수 있을 것입니다.

특히 이 장에서는 생성(creational)이라 불리는 디자인 패턴들을 살펴보겠습니다. 이름에서 알 수 있듯이 이러한 패턴들은 객체의 생성과 관련된 문제들을 해결합니다. 예를 들어, 팩토리(Factory) 패턴은 함수 내에서 객체 생성을 캡슐화할 수 있습니다. 공개 생성자(Revealing Constructor) 패턴을 사용하면 생성 중에만 객체의 속성 및 함수들을 노출할 수 있으며, 빌더

(Builder) 패턴은 복잡한 객체 생성을 단순화할 수 있습니다. 마지막으로 싱글톤(Singleton) 패턴과 종속성 주입(Dependency Injection) 패턴은 애플리케이션 내에서 모듈들을 연결할 때 복잡성을 제거할 수 있습니다.

이 장과 다음 두 장에서는 JavaScript에서 상속이 작동하는 방식에 대한 이해가 있다고 가정합니다. 또한 표준 UML 대신 패턴을 설명하기 위해 일반적이고 보다 직관적인 다이어그램을 자주 사용한다는 점에 유의하세요. 많은 패턴이 클래스뿐만 아니라 객체 및 함수를 기반으로 구현할 수 있기 때문입니다.

7-1 팩토리

Node.js에서 가장 일반적인 디자인 패턴인 팩토리(Factory) 패턴부터 시작해보겠습니다. 뒤에서 살펴보겠지만, "팩토리" 패턴은 매우 다양하며 한가지 이상의 목적을 가지고 있습니다. 주요 장점은 특정 구현으로부터 객체의 생성을 분리할 수 있다는 것입니다. 예를 들어, 실행 시 생성되는 객체를 결정할 수 있는 것입니다. 또한 Factory는 클래스보다 훨씬 작은 "면"을 노출할 수 있게 합니다. 클래스는 확장되거나 조작될 수 있지만 팩토리는 함수일 뿐이기 때문에 사용자에게 더 적은 유연성을 제공하여 더 강력할 뿐만 아니라 이해하기도 쉽습니다. 끝으로 팩토리는 클로저를 활용하여 캡슐화를 강제하는데 사용될 수도 있습니다.

7-1-1 객체 생성과 구현의 분리

앞서 우리는 JavaScript에서 단순성, 유용성 및 작은 노출 면으로 인해 순수한 객체지향 디자인 보다 함수형 방식이 더 선호된다는 사실을 언급했습니다. 특히 새로운 객체의 인스턴스를 만들 때 그렇습니다. 실제로 new 연산자 혹은 Object.create()를 사용하여 클래스로부터 새로운 객체를 만드는 대신 팩토리를 호출하는 것이 여러 측면에서 훨씬 더 편리하고 유연합니다.

무엇보다도, 팩토리를 사용하면 객체 생성과 구현을 분리할 수 있습니다. 기본적으로 팩토리는 새 인스턴스 생성을 감싸서 객체 생성시 더 많은 유연성과 제어를 제공합니다. 팩토리 내에서 new 연산자를 사용하여 클래스의 새 인스턴스를 만들거나, 클로저를 활용하여 상태를 기억하는 객체 리터럴을 동적으로 작성하거나, 특정 조건에 따라 다른 유형의 객체를 반환하도록 할 수도 있습니다. 팩토리를 사용하는 사람은 인스턴스 생성이 수행되는 방식에 대해 전혀 알 수 없습니다. 사실 new를 사용하면 객체를 생성하는 특정 방법에 코드를 바인딩하는 반면, 팩토리를 사용하면 큰 노력 없이 훨씬 더 많은 유연성을 가질 수 있습니다. 간단한 예로서 Image

객체를 생성하는 간단한 팩토리를 생각해 보겠습니다.

```
function createImage (name) {
  return new Image(name)
}
const image = createImage('photo.jpeg')
```

팩토리 createImage()는 전혀 불필요하게 보입니다. 왜 new 연산자를 사용해 직접 인스턴스를 생성하지 않을까요? 왜 다음처럼 작성하지 않을까요?

```
const image = new Image(name)
```

이미 언급했듯이 new를 사용하면 코드를 특정 유형의 객체에 바인딩합니다. 앞의 경우는 Image 객체 유형입니다. 반면에 팩토리는 훨씬 더 큰 유연성을 제공합니다. 이미지 형식마다 하나의 클래스를 지원하기 위해 Image 클래스를 더 작은 클래스로 분할한다고 생각해 봅시다.

새로운 이미지를 생성하는 방법으로 팩토리 만을 사용하도록 했다면, 기존의 다른 코드들을 손댈 필요 없이, 다음과 같이 코드를 간단히 다시 쓰기만 하면 됩니다.

```
function createImage (name) {
  if (name.match(/\.jpe?g$/)) {
    return new ImageJpeg(name)
  } else if (name.match(/\.gif$/)) {
    return new ImageGif(name)
  } else if (name.match(/\.png$/)) {
    return new ImagePng(name)
  } else {
    throw new Error('Unsupported format')
  }
}
```

팩토리는 또한 클래스를 숨겨, 멋대로 확장하거나 수정하는 것을 막아줍니다(작은 면의 원리를 기억하시나요?). JavaScript에서는 팩토리만 사용하도록 함으로써 클래스를 비공개로 유지할 수 있습니다.

7-1-2 캡슐화를 강제할 수 있는 메커니즘

팩토리는 클로저 덕분에 **캡슐화** 메커니즘으로 사용될 수도 있습니다.

캡슐화는 외부 코드가 컴포넌트의 내부 핵심에 직접 접근하여 조작하는 것을 방지하기 위해 접근을 제어하는 것을 의미합니다. 컴포넌트와의 상호 작용은 오직 공용(public) 인터페이스를 통해서만 가능하여, 컴포넌트의 상세 구현의 변경으로부터 외부 코드를 분리시킬 수 있습니다. 캡슐화는 상속, 다형성 및 추상화와 함께 객체지향 디자인의 기본 원칙입니다.

JavaScript에서 캡슐화를 적용하는 주요 방법 중 하나는 함수의 스코프(Scope)와 클로저(Closure)를 사용하는 것입니다. 팩토리는 쉽게 프라이빗(private) 변수들을 강제할 수 있습니다. 다음과 같은 경우를 생각해 봅시다.

```
function createPerson (name) {
  const privateProperties = {}

  const person = {
    setName (name) {
      if (!name) {
        throw new Error('A person must have a name')
      }
      privateProperties.name = name
    },
    getName () {
      return privateProperties.name
    }
  }

  person.setName(name)
  return person
}
```

코드에서 우리는 클로저를 사용해서 두 개의 객체를 생성했습니다. 하나는 팩토리가 반환하는 퍼블릭 인터페이스인 person 객체이고, 다른 하나는 외부에서는 접근할 수 없고 person 객체가 제공하는 인터페이스만을 통해 접근할 수 있는 privateProperties입니다.

앞의 코드로 예를 든다면, 우리는 person 객체의 name 속성은 반드시 값을 가진다는 것을 알 수 있습니다. 이는 name이 person 객체의 일반 속성일 경우 절대 강제할 수 없습니다.

클로저를 사용하는 것이 캡슐화를 적용할 수 있는 유일한 기술은 아닙니다. 실제, 다른 방법들은 다음과 같습니다.

- Node.js 12에서 도입된 private 클래스 필드(맨 앞에 # 기호로 시작하는 형식)를 사용합니다. 이에 대한 자세한 내용은 nodejsdp.link/tc39-private-fields를 참조하세요. 이것이 가장 현대적인 접근 방식이지만 이 책을 쓸 당시에는 이 기능이 아직 실험적이며 공식 ECMAScript 사양에 포함되지 않았습니다.
- WeakMaps 사용. 자세한 내용은 nodejsdp.link/weakmaps-private에서 확인하십시오.
- nodejsdp.link/symbol-private 문서에서 사용된대로 심볼을 사용합니다.
- 생성자에서 private 변수를 정의(더글라스 크록포드에 의해 제안됨: nodejsdp.link/crockford-private)합니다.
- 변수 앞에 "_"을 붙이는 규칙을 사용합니다. 그러나 이것은 외부에서 멤버들의 값을 읽거나 수정하는 것을 기술적으로 막지는 못합니다.

7-1-3 간단한 코드 프로파일러 만들기

이제 팩토리를 사용하여 완전한 예제를 작성해 봅시다. 다음과 같은 속성을 가진 간단한 코드 프로파일러를 만들어 보겠습니다.

- start() 함수는 프로파일링 세션을 시작시킵니다.
- end() 함수는 세션을 끝내고 실행 시간을 콘솔에 출력합니다.

다음과 같은 내용을 가진 profiler.js 파일을 생성하는 데서 시작합니다.

```
class Profiler {
  constructor (label) {
    this.label = label
    this.lastTime = null
  }

  start () {
    this.lastTime = process.hrtime()
  }

  end () {
    const diff = process.hrtime(this.lastTime)
    console.log(`Timer "${this.label}" took ${diff[0]} seconds ` +
      `and ${diff[1]} nanoseconds.`)
  }
}
```

방금 정의한 Profiler 클래스는 Node.js가 기본적으로 가지고 있는 정밀한 타이머를 사용하여 start()가 호출될 때 현재 시간을 저장한 다음 end()가 실행될 때 경과 시간을 계산하여 콘솔에 출력합니다.

다른 루틴의 실행 시간을 계산하는 이와 같은 프로파일러를 현실의 응용프로그램에서 사용할 경우, 특히 프로덕션 환경에서 콘솔에 엄청난 양의 프로파일링 정보가 출력될 것이라는 것을 예상할 수 있습니다. 이런 경우를 대비해 생각해 볼 수 있는 것은, 프로파일링 정보를 다른 파일에 쓰거나(예: 전용 로그 파일) 애플리케이션이 프로덕션 모드에서 실행 중일 경우 프로파일러를 모두 비활성화하는 것입니다. 이럴 경우 new 연산자를 사용하여 Profile 객체를 직접 인스턴스화하기 위해서는 다른 로직으로 분기하기 위해 프로파일러를 사용하려는 코드의 일부를 수정하거나, Profiler 객체 자체에 일부 코드를 추가해야 할 것입니다.

또는 팩토리를 사용하여 Profile 객체의 생성을 추상화 한 후 애플리케이션이 프로덕션(production) 모드에서 실행되는지 개발(development) 모드에서 실행되는지에 따라 완전하게 동작하거나 인터페이스는 동일하지만 메서드가 비어있는 모의 객체를 반환하도록 할 수 있습니다. 이것이 바로 profiler.js에서 해야 할 일입니다. Profiler 클래스를 익스포트하는 대신 우리가 만든 팩토리를 익스포트할 것입니다. 다음은 그 코드입니다.

```
const noopProfiler = {
  start () {},
  end () {}
}

export function createProfiler (label) {
  if (process.env.NODE_ENV === 'production') {
    return noopProfiler
  }

  return new Profiler(label)
}
```

createProfiler() 함수는 팩토리이고, 그 역할은 구현된 바대로, Profiler 객체의 생성을 추상화 하는 것입니다. 애플리케이션이 프로덕션 모드에서 실행 중인 경우 기본적으로 아무것도 수행하지 않는 noopProfiler를 반환하여 프로파일링을 효과적으로 비활성화합니다. 애플리케이션이 프로덕션 모드에서 실행되고 있지 않으면 완전한 기능을 가진 새로운 Profiler 인스턴스를 만들어 반환합니다.

JavaScript의 동적 타이핑 덕분에 어떤 상황에서는 new 연산자로 인스턴스화된 객체를, 다른 상황에서는 간단한 객체 리터럴을 반환할 수 있었습니다(**덕 타이핑**이라고도 하며 nodejsdp.link/duck-typing 에서 자세한 내용을 얻을 수 있습니다). 이것은 팩토리 함수 내에서 원하는 방식으로 객체를 생성하는 방법을 보여줍니다. 이렇게 하면, 추가적인 초기화 단계를 실행하거나 특정 조건에 따라 다른 유형의 객체를 반환할 수도 있는데, 이 모든 작업은 이러한 모든 세부 사항들로부터 사용자를 분리함으로써 가능한 것입니다. 여러분은 이제 단순한 패턴의 힘을 이제 이해할 수 있을 것입니다.

이제 프로파일러 팩토리를 잠깐 사용해 보겠습니다. 주어진 수의 모든 인자를 계산하는 알고리즘을 만들어 profiler를 사용하여 수행시간을 알아보겠습니다.

```
// index.js
import { createProfiler } from './profiler.js'
function getAllFactors (intNumber) {
  const profiler = createProfiler(
    `Finding all factors of ${intNumber}`)

  profiler.start()
  const factors = []
  for (let factor = 2; factor <= intNumber; factor++) {
    while ((intNumber % factor) === 0) {
      factors.push(factor)
      intNumber = intNumber / factor
    }
  }
  profiler.end()

  return factors
}

const myNumber = process.argv[2]
const myFactors = getAllFactors(myNumber)
console.log(`Factors of ${myNumber} are: `, myFactors)
```

profiler라는 변수는 런타임에 createProfiler() 팩토리에 의해 NODE_ENV라는 환경 변수를 기반으로 생성되는 Profiler 객체를 가지게 됩니다.

예를 들어, 우리가 프로덕션 모드에서 실행하면 프로파일링 정보는 아무것도 얻지 못하게 될 것입니다.

```
NODE_ENV=production node index.js 2201307499
```

반면 개발 모드에서 실행한다면, 프로파일링 정보가 콘솔에 나타납니다.

```
node index.js 2201307499
```

방금 본 예제는 팩토리 함수 패턴의 간단한 프로그램이었지만, 객체 생성과 구현을 분리할 때 가질 수 있는 장점을 명확하게 보여줍니다.

7-1-4 실전에서

앞서 말했듯이 팩토리는 Node.js에서 매우 일반적입니다. 인기있는 Knex(nodejsdp.link/knex) 패키지에서 한 가지 예를 찾을 수 있습니다. Knex는 여러 종의 데이터베이스를 지원하는 SQL 쿼리 빌더입니다. 이 패키지는 단순히 팩토리 함수 하나만을 제공합니다. 팩토리는 다양한 검사를 수행하고, 데이터베이스 엔진에 알맞는 dialect 객체를 선택하고, 마지막으로 Knex 객체를 생성하여 반환합니다. nodejsdp.link/knex-factory 링크에서 예제 코드를 볼 수 있습니다.

7-2 빌더

빌더는 유창한 인터페이스(fluent interface)를 제공하여 복잡한 객체의 생성을 단순화하는 생성 디자인 패턴으로, 단계별로 객체를 만들 수 있습니다. 이렇게 하면 복잡한 객체를 만들 때 가독성과 일반적인 개발자 사용성이 크게 향상됩니다.

빌더 패턴의 장점을 살릴 수 있는 가장 명확한 상황은 인자의 목록이 길거나, 많은 복잡한 매개변수를 입력으로 사용하는 생성자가 있는 클래스입니다. 일반적으로 이러한 종류의 클래스들은 모두 완전하고 일관된 상태의 인스턴스를 만들기 위해, 사전에 너무 많은 매개변수들을 필요로 하기 때문에 잠재적인 솔루션을 생각할 때 이를 고려해볼 필요가 있습니다.

이제 이 패턴의 일반적인 구조를 살펴보겠습니다. 다음과 같은 생성자가 있는 Boat 클래스가 있다고 생각해 봅시다.

```
class Boat {
  constructor (hasMotor, motorCount, motorBrand, motorModel,
               hasSails, sailsCount, sailsMaterial, sailsColor,
               hullColor, hasCabin) {
    // ...
  }
}
```

이러한 생성자를 호출하면 읽기 어려운 코드가 만들어져 오류가 발생하기 쉽습니다(인수들을 알아보기 어렵습니다). 다음 코드를 사용해 봅시다.

```
const myBoat = new Boat(true, 2, 'Best Motor Co. ', 'OM123', true, 1,
                        'fabric', 'white', 'blue', false)
```

이러한 생성자의 디자인을 개선하는 첫 번째 단계는 다음과 같이, 모든 인자를 하나의 객체 리터럴에 모으는 것입니다.

```
class Boat {
  constructor (allParameters) {
    // ...
  }
}

const myBoat = new Boat({
  hasMotor: true,
  motorCount: 2,
  motorBrand: 'Best Motor Co. ',
  motorModel: 'OM123',
  hasSails: true,
  sailsCount: 1,
  sailsMaterial: 'fabric',
  sailsColor: 'white',
  hullColor: 'blue',
  hasCabin: false
})
```

앞선 코드에서 알 수 있듯이, 새로운 생성자는 전달받는 각각의 매개변수 값이 무엇인지 명확하게 볼 수 있도록 하여 원래 생성자보다 훨씬 가독성이 좋습니다. 하지만 우리는 이를 더욱 개선할 수 있습니다. 하나의 객체 리터럴을 사용하여 모든 입력을 한번에 전달할 경우 한 가지 단점은 실제 입력이 무엇인지 알기 위해 클래스를 정의한 문서를 보거나 더 나쁜 경우 클래스의 코드를 봐야 한다는 것입니다. 여기에 더하여, 개발자가 일관된 클래스를 생성할 수 있도록 안내하여 강제하는 방법이 없습니다. 예를 들어, hasMotor: true 를 지정하면 motorCount, motorBrand 및 motorModel도 함께 지정해야 하지만 이러한 정보를 전달하는 인터페이스가 없습니다.

빌더 패턴은 이런 작은 결함까지도 교정하고 읽기 쉬우면서 자체 문서화가 가능한 유연한 인터페이스를 제공하여, 일관된 객체 생성을 위한 지침을 제공할 수 있습니다. Boat 클래스에 대한 빌더 패턴을 구현한 BoatBuilder 클래스를 살펴봅시다.

```
class BoatBuilder {
  withMotors (count, brand, model) {
    this.hasMotor = true
    this.motorCount = count
    this.motorBrand = brand
    this.motorModel = model
    return this
  }

  withSails (count, material, color) {
    this.hasSails = true
    this.sailsCount = count
    this.sailsMaterial = material
    this.sailsColor = color
    return this
  }

  hullColor (color) {
    this.hullColor = color
    return this
  }

  withCabin () {
    this.hasCabin = true
    return this
  }
```

```
  build() {
    return new Boat({
      hasMotor: this.hasMotor,
      motorCount: this.motorCount,
      motorBrand: this.motorBrand,
      motorModel: this.motorModel,
      hasSails: this.hasSails,
      sailsCount: this.sailsCount,
      sailsMaterial: this.sailsMaterial,
      sailsColor: this.sailsColor,
      hullColor: this.hullColor,
      hasCabin: this.hasCabin
    })
  }
}
```

빌더 패턴이 Boat 객체를 생성하는 방식에 미치는 장점을 충분히 이해하기 위해 다음과 같이 사용 예를 보겠습니다.

```
const myBoat = new BoatBuilder()
  .withMotors(2, 'Best Motor Co. ', 'OM123')
  .withSails(1, 'fabric', 'white')
  .withCabin()
  .hullColor('blue')
  .build()
```

보시다시피, BoatBuilder 클래스의 역할은 일부 헬퍼(Helper) 함수를 사용하여 Boat를 생성하는 데 필요한 모든 매개 변수를 모으는 것입니다. 일반적으로 각 매개 변수 또는 일련의 매개 변수들을 위한 함수는 존재하지만 이에 대한 명확한 규칙은 없습니다. 입력 매개 변수 수집을 담당하는 각 함수의 이름과 동작을 결정하는 것은 Builder 클래스를 만드는 이에게 달려 있습니다.

빌더 패턴을 구현하기 위한 몇 가지 일반적인 규칙은 다음과 같이 요약해 볼 수 있습니다.

- 주요 목적은 복잡한 생성자를 더 읽기 쉽고 관리하기 쉬운 여러 단계로 나누는 것입니다.
- 한번에 관련된 여러 매개 변수들을 설정할 수 있는 빌더 함수를 만듭니다.
- setter 함수를 통해 입력받을 값이 무엇일지 명확히 하고, 빌더 인터페이스를 사용하는 사용자가 알 필

요가 없는 파라미터를 셋팅하는 더 많은 로직을 setter 함수 내에 캡슐화합니다.

- 필요하다면, 클래스의 생성자에게 매개 변수를 전달하기 전에 형 변환, 정규화 혹은 추가적인 유효성 검사와 같은 조작을 추가하여 빌더 클래스를 사용하는 사람이 수행해야 할 작업을 훨씬 더 단순화할 수도 있습니다.

JavaScript에서 빌더 패턴은 생성자를 사용하여 객체를 생성할 때뿐만 아니라 함수를 호출할 때도 적용할 수 있습니다. 실제, 기술적인 관점에서 두 절차는 동일합니다. 함수 호출에 사용할 경우 가장 큰 다른 점은 build() 함수 대신 빌더 객체가 받아들인 매개 변수들로 복잡한 함수를 호출하고 최종 결과를 호출자에게 반환하는 invoke() 함수가 존재한다는 것입니다.

다음으로, 방금 배운 빌더 패턴을 사용하는 보다 구체적인 예를 살펴보겠습니다.

7-2-1 URL 객체 빌더 구현하기

표준 URL의 모든 구성 요소를 저장하고 검증한 다음 문자열로 다시 형식을 만들 수 있는 URL 클래스를 만들고자 합니다. 이 클래스는 의도적으로 단순하고 최소한으로 수행되므로 프로덕션 모드에서 사용하기 위해서는 내장 URL 클래스(nodejsdp.link/docs-url)의 사용을 권장합니다.

url.js라는 파일에 Url 클래스를 구현해 보도록 하겠습니다.

```
export class Url {
  constructor (protocol, username, password, hostname,
    port, pathname, search, hash) {
    this.protocol = protocol
    this.username = username
    this.password = password
    this.hostname = hostname
    this.port = port
    this.pathname = pathname
    this.search = search
    this.hash = hash

    this.validate()
  }

  validate () {
    if (!this.protocol || !this.hostname) {
      throw new Error('Must specify at least a ' +
```

```
        'protocol and a hostname')
    }
  }

  toString () {
    let url = ''
    url += `${this.protocol}://`
    if (this.username && this.password) {
      url += `${this.username}:${this.password}@`
    }
    url += this.hostname
    if (this.port) {
      url += this.port
    }
    if (this.pathname) {
      url += this.pathname
    }
    if (this.search) {
      url += `?${this.search}`
    }
    if (this.hash) {
      url += `#${this.hash}`
    }
    return url
  }
}
```

표준 URL은 여러 구성 요소로 구성되어 있으므로 모두 가져오려면 Url 클래스의 생성자가 필연적으로 커야 합니다. 이러한 생성자를 호출하는 것은 어려운 일이 될 수 있습니다. 우리가 전달하는 매개 변수가 이러한 구성요소 중 어떤 값인지를 알고 있어야 하기 때문입니다. 이에 대한 아이디어를 얻기 위해 다음 예제를 살펴봅시다.

```
return new Url('https', null, null, 'example.com', null, null, null,
  null)
```

방금 배운 빌더 패턴을 적용하기에 안성맞춤인 상황입니다. 바로 수행해보겠습니다. 목표는 Url 클래스를 인스턴스화하는 데 필요한 각 매개 변수(혹은 관련된 일련의 매개 변수들)에 대한 setter 함수가 있는 UrlBuilder 클래스를 만드는 것입니다. 마지막으로, 빌더는 빌더에 설정된 모든 매개 변수를 사용하여 생성된 새로운 Url 인스턴스를 만들어 내는 build() 함수를 가질 것입니다. 이제 urlBuilder.js라는 파일에 빌더를 구현해 보겠습니다.

```
export class UrlBuilder {
  setProtocol (protocol) {
    this.protocol = protocol
    return this
  }

  setAuthentication (username, password) {
    this.username = username
    this.password = password
    return this
  }

  setHostname (hostname) {
    this.hostname = hostname
    return this
  }

  setPort (port) {
    this.port = port
    return this
  }

  setPathname (pathname) {
    this.pathname = pathname
    return this
  }

  setSearch (search) {
    this.search = search
    return this
  }

  setHash (hash) {
    this.hash = hash
    return this
  }

  build () {
```

```
    return new Url(this.protocol, this.username, this.password,
      this.hostname, this.port, this.pathname, this.search,
      this.hash)
  }
}
```

매우 직관적입니다. 사용자 이름과 암호 매개 변수를 setAuthentication() 하나의 함수로 결합한 방식에 유의하십시오. 이는 Url에 인증 정보를 지정하려는 경우, 사용자 이름과 비밀번호를 모두 제공해야 한다는 사실을 명확하게 합니다.

이제 UrlBuilder를 사용해보고 Url 클래스를 직접 사용하여 이 방식의 장점을 경험할 수 있게 되었습니다. index.js라는 파일에서 사용해보겠습니다.

```
import { UrlBuilder } from './urlBuilder.js'

const url = new UrlBuilder()
  .setProtocol('https')
  .setAuthentication('user', 'pass')
  .setHostname('example.com')
  .build()

console.log(url.toString())
```

보이는 것처럼, 코드의 가독성이 크게 향상되었습니다. 각 setter 함수는 우리가 설정하는 매개 변수에 대한 힌트를 명확히 제공하며, 그 외에도 이러한 매개변수를 설정하는 방법에 대한 지침을 제공합니다(예: 사용자 이름과 암호를 함께 설정해야 한다는 점).

빌더 패턴은 대상 클래스를 직접 구현할 수도 있습니다. 예를 들어, 별도의 UrlBuilder 클래스를 사용하는 대신 빈 생성자(객체 생성시 유효성 검사 없음)와 다양한 구성요소에 대한 setter 함수를 추가하여 Url 클래스를 재구성할 수 있습니다.

하지만 이와 같은 접근법은 큰 결함이 존재합니다. 대상 클래스와 분리된 빌더를 사용하면 항상 일관된 상태로 보장되는 인스턴스를 만들 수 있다는 장점을 가질 수 있습니다. 예를 들어, UrlBuilder.build()에서 반환된 모든 Url 객체는 유효하고 일관된 상태를 보장합니다. 이러한 객체에서 toString()을 호출하면 항상 유효한 URL이 반환됩니다. Url 클래스에 직접 빌더 패턴을 구현한 경우에는 동일한 결과일 것이라고 확답할 수 없습니다. 실제로 이 경우 다양한 URL 구성요소를 설정하는 동안 toString()을 호출하면 반환된 값이 유효하지 않을 수 있습니다. 이는 부가적인 검증을 추가하여 완화할 수 있지만 복잡성이 늘고 비용이 증가합니다.

7-2-2 실전에서

빌더 패턴은 복잡한 객체를 생성하거나 복잡한 함수를 호출하는 문제에 대해 매우 우아한 해결책을 제공하기 때문에 Node.js 및 JavaScript에서 매우 일반적인 패턴입니다. 완벽한 예시 중 하나가 http와 https에서 내장된 requests() API로 HTTP(S) 클라이언트 요청을 생성하는 것입니다. 관련 문서(nodejsdp.link/docs-http-request 참조)를 살펴보면 많은 옵션을 허용한다는 것을 바로 알 수 있습니다. 이는 빌더 패턴이 잠재적으로 더 좋은 인터페이스를 제공할 수 있다는 일반적인 예시입니다. 실제로 가장 인기있는 HTTP(S) 요청에 대한 래퍼 중 하나인 superagent(nodejsdp.link/superagent)는 빌더 패턴을 구현해 새로운 요청의 생성을 단순화하는 것을 목표로 하며, 따라서 단계적으로 새로운 요청을 생성하는 훌륭한 인터페이스를 제공합니다. 예제로 다음 일부 코드를 봅시다.

```
superagent
  .post('https://example.com/api/person')
  .send({ name: 'John Doe', role: 'user' })
  .set('accept', 'json')
  .then((response) => {
    // 응답을 처리하는 부분
  })
```

앞의 코드에서 이것이 특이한 빌더라는 것을 알 수 있습니다. 실제로, build() 또는 invoke() 함수가 없고(혹은 그와 유사한 목적의 비슷한 함수조차 없습니다) new 연산자를 사용하지 않았습니다. 대신 요청을 실행시키는 것은 then() 함수에 대한 호출입니다. superagent 요청(request) 객체가 프라미스가 아니라 then() 함수가 빌더 객체를 통해 만들어진 요청(request)을 실행하게 하는 thenable이라는 점이 흥미롭습니다.

"5장. Promise 그리고 Async/Await와 함께하는 비동기 제어 흐름 패턴"에서 이미 thenable에 대한 이야기를 했었습니다.

라이브러리 코드를 살펴보면 Request 클래스(nodejsdp.link/superagent-src-builder)에서 동작하는 빌더 패턴을 볼 수 있습니다.

이것으로 빌더 패턴을 마치겠습니다. 다음으로 공개 생성자(Revealing Constructor) 패턴을 살펴보겠습니다.

7-3 공개 생성자

공개 생성자 패턴은 4인조(GoF)가 쓴 책에서 찾을 수 없는 패턴 중 하나입니다. JavaScript와 Node.js의 커뮤니티에서 직접 유래했기 때문입니다. 이것은 "객체가 생성되는 순간에만 객체의 내부적인 기능의 일부를 노출시킬 수 있을까?"라고 하는 매우 까다로운 문제를 해결합니다. 이것은 객체의 내부가 생성 단계에서만 조작되도록 허용하려는 경우, 특히 유용합니다. 이를 통해 다음과 같은 몇 가지 흥미로운 시나리오가 가능합니다.

- 생성시에만 수정할 수 있는 객체의 생성
- 생성시에만 사용자 정의 동작을 정의할 수 있는 객체 생성
- 생성시 한 번만 초기화할 수 있는 객체 생성

이것은 생성자 패턴으로 할 수 있는 몇 가지 상황에 불과합니다. 사용 가능한 사례를 더 잘 이해하기 위해 다음과 같은 코드의 일부를 보고 이 패턴이 무엇인지 살펴보겠습니다.

```
//                    (1)                 (2)           (3)
const object = new SomeClass(function executor(revealedMembers) {
    // 멤버 변수 조작 코드 ...
})
```

앞의 코드에서 볼 수 있듯이 공개 생성자 패턴은 세 가지 기본 요소로 구성됩니다. 생성시 호출되는 함수(**실행자**(2))를 입력으로 받는 **생성자**(1), 함수에 전달되는 객체 내부의 필요 변수들(**공개 멤버 변수들**(3)).

패턴이 동작하려면 객체가 생성된 후에는 객체의 사용자가 공개된 함수에 접근할 수 없어야 합니다. 이는 팩토리 패턴과 관련하여 전장에서 언급한 캡슐화 기술 중 한가지를 사용하여 만들 수 있습니다.

Domenic Denicola의 블로그 게시물 링크 nodejsdp.link/domenic-revealing-constructor에서 패턴을 정의하고 이름을 처음으로 정했습니다.

이제 노출 생성자 패턴이 어떻게 작동하는지 더 잘 이해하기 위해 몇 가지 예를 살펴보겠습니다.

7-3-1 변경 불가능한(Immutable) 버퍼 만들기

변경 불가능한 객체와 데이터 구조는 수많은 상황에서 변경 가능한(mutable) 객체와 데이터 구조를 대신하여 사용하기에 이상적인 훌륭한 속성들을 가지고 있습니다. 변경 불가능(Immutable)이란 객체가 생성된 후, 데이터나 상태를 수정할 수 없게 되는 객체의 특성을 의미합니다.

변경 불가능한 객체를 사용하면 다른 라이브러리나 함수로 전달하기 전에 원본이 변하는 것을 막기 위해 **복사본**을 만들 필요가 없습니다. 우리가 알지 못하거나 제어할 수 없는 코드로 전달되는 경우에도 수정되지 않는다는 것을 확실히 보장할 수 있습니다.

변경 불가능한 객체를 수정하는 것은 새로운 복사본을 통해서만 가능하며, 이는 값의 변경 이유를 명확히 하여 코드의 유지보수를 더 쉽게 합니다.

변경 불가능한 객체의 또 다른 일반적인 사례는 변경을 효율적으로 감지할 수 있다는 것입니다. 모든 변경에 복사본이 필요하고, 복사본을 통해 수정된다고 가정한다면 변경을 감지하는 것은 간단하게 완전 항등 연산자(===)를 사용하면 됩니다.

이제 여기서, 변경 불가능한 Node.js Buffer 컴포넌트(nodejsdp.link/docs-buffer)를 공개 생성자 패턴을 사용하여 만들어 보도록 하겠습니다. 이 패턴을 사용하면 생성시에만 변경 불가능한 버퍼를 조작할 수 있습니다.

다음과 같이 immutableBuffer.js라는 새로운 파일에서 변경 불가능한 버퍼를 구현해 보겠습니다.

```
const MODIFIER_NAMES = ['swap', 'write', 'fill']

export class ImmutableBuffer {
  constructor (size, executor) {
    const buffer = Buffer.alloc(size)                        // (1)
    const modifiers = {}                                     // (2)
    for (const prop in buffer) {                             // (3)
      if (typeof buffer[prop] !== 'function') {
        continue
      }

      if (MODIFIER_NAMES.some(m => prop.startsWith(m))) {    // (4)
        modifiers[prop] = buffer[prop].bind(buffer)
      } else {
        this[prop] = buffer[prop].bind(buffer)               // (5)
```

```
      }
    }

    executor(modifiers)                                   // (6)
  }
}
```

이제, 새로 만든 ImmutableBuffer 클래스가 어떻게 작동하는지 살펴보겠습니다.

1. 먼저 생성자의 인자에 지정된 크기의 새로운 Node.js 버퍼(buffer)를 할당합니다.
2. 그런 다음, buffer를 변경할 수 있는 함수들을 보관하는 객체 리터럴(modifiers)을 만듭니다.
3. 그 후에 buffer 내부의 모든 속성들을 차례차례 살펴보면서 함수가 아닌 속성을 건너뜁니다.
4. 다음으로 속성이 함수이면서 이름 MODIFIER_NAMES 배열에 있는 이름 중 하나인지 살펴봄으로써 현재의 속성이 버퍼를 수정할 수 있는 함수인지를 식별합니다. 만일 맞는다면, buffer 인스턴스에 바인드한 후 modifiers 객체에 추가합니다.
5. 함수가 modifier 함수가 아니면, 현재 인스턴스(this)에 직접 추가합니다.
6. 끝으로, 생성자에서 입력으로 받은 실행 함수를 호출하면서 인자로 modifier 객체를 전달하면 실행 함수가 내부 buffer를 변경할 수 있습니다.

실제로, ImmutableBuffer는 사용자와 내부 buffer 객체 사이에서 **프록시** 역할을 합니다. buffer 인스턴스의 일부 함수는 ImmutableBuffer 인터페이스(주로 읽기 전용)를 통해 직접 호출되는 반면, 다른 함수들은 실행 함수(modifiers 내 함수)에 전달됩니다.

프록시 패턴은 "8장. 구조적 설계 패턴"에서 더 자세히 분석해 볼 것입니다.

> 여기서는 공개 생성자 패턴의 예시를 위해 변경 ImutableBuffer의 구현은 많은 생략을 하였음에 유의하세요. 예를 들어, 버퍼의 크기를 알아보거나, 초기화할 수 있는 다른 함수들을 제공하지 않고 있습니다. 여러분이 직접 연습해보길 바랍니다.

이제 새로운 ImmutableBuffer 클래스를 사용하는 방법을 보여주는 코드를 작성해 봅시다. 다음 코드가 포함된 새로운 index.js 파일을 만들어 보겠습니다.

```
import { ImmutableBuffer } from './immutableBuffer.js'

const hello = 'Hello!'
const immutable = new ImmutableBuffer(hello.length,
  ({ write }) => {                                      // (1)
```

```
    write(hello)
  })

console.log(String.fromCharCode(immutable.readInt8(0)))    // (2)

// 다음과 같은 에러가 발생합니다.
// "TypeError: immutable.write is not a function"

// immutable.write('Hello?')                                // (3)
```

이전 코드에서 가장 먼저 주목할 것은 실행 함수가 write() 함수(수정을 위한 일부 함수들)를 사용하여 문자열을 buffer에(1) 쓰는 방식입니다. 비슷한 방식으로 실행 함수는 fill(), writeLnt8(), swap16() 또는 modifiers 객체를 통해 공개된 다른 함수들을 사용할 수 있습니다.

이 코드를 보면 코드는 새로운 ImmutableBuffer 인스턴스가 readInt8() (2)처럼 buffer를 변경하지 않는 함수들은 공개하지만, buffer의 내용을 변경하는 함수들은 노출하지 않습니다(3).

7-3-2 실전에서

공개 생성자 패턴은 매우 강력한 보장을 제공하는데, 이러한 이유로 주로 완벽한 캡슐화를 제공해야 하는 경우 사용됩니다. 수십만의 개발자들이 사용하는 컴포넌트로, 고정된 인터페이스로 엄격한 캡슐화를 제공해야 하는 컴포넌트일 경우, 이 패턴을 완벽하게 적용할 수 있습니다. 또한 이 프로젝트 패턴을 사용하여 안정성을 높이고 다른 사람 혹은 팀과의 코드 공유를 단순화할 수도 있습니다(제 3자가 객체를 더 안전하게 사용할 수 있기 때문입니다).

공개 생성자 패턴에서 대표적인 프로그램은 JavaScript Promise 클래스입니다. 여러분 중 일부는 이미 눈치를 채셨을 것입니다. 새로운 프라미스를 만들 때 생성자는 Promise의 내부 상태를 변경하는데 사용되는 resolve() 및 reject() 함수를 인자로 하는 실행 함수를 입력으로 받습니다. 이것은 다음과 같은 형태를 가집니다.

```
return new Promise((resolve, reject) => {
  // ...
})
```

일단 생성되면 Promise의 상태를 변경할 수 있는 방법은 없습니다. 우리가 할 수 있는 일은 "5장. Promise 그리고 Async/Await와 함께 하는 비동기 제어 흐름 패턴"에서 배운 방법을 통해 이행(fulfillment) 값이나 거부(rejection) 이유를 수신하는 것뿐입니다.

7-4 싱글톤

이제 객체지향 프로그래밍에서 가장 많이 사용되는 패턴인 **싱글톤** 패턴에 대해 몇 가지 이야기 해봅시다. 앞으로 보게 되겠지만, 싱글톤 패턴은 Node.js에서 논의할 가치가 거의 없는 사소한 구현 패턴 중 하나입니다. 그러나 여기에도 좋은 Node.js 개발자가 알아야 할 몇 가지 주의사항과 제약사항이 있습니다.

싱글톤 패턴의 목적은 클래스의 인스턴스가 하나만 존재하도록 접근을 중앙 집중화하는 것입니다. 애플리케이션의 모든 컴포넌트가 단일 인스턴스를 사용하는 데는 몇 가지 이유가 있습니다.

- 상태 정보의 공유
- 리소스 사용의 최적화
- 리소스에 대한 접근 동기화

상상할 수 있듯이, 이는 매우 일반적인 시나리오입니다. 데이터베이스에 대한 접근을 제공하는 일반적인 Database 클래스로 예를 들어 살펴보겠습니다.

```
// 'Database.js'
export class Database {
  constructor (dbName, connectionDetails) {
    // ...
  }
  // ...
}
```

이러한 클래스의 전형적인 구현은 일반적으로 연결 풀(connection pool)을 유지하므로 각 요청에 대해 새로운 Database 인스턴스를 만드는 것은 의미가 없습니다. 더욱이, Database 인스턴스는 대기중인 트랜잭션 목록 같은 일부 상태 정보를 저장할 수도 있습니다. 따라서 Database 클래스는 싱글톤 패턴을 적용하기 위한 두 가지 기준을 충족하고 있습니다. 우리가 원하는 일반적인 기능은 애플리케이션 시작 시 하나의 Database 인스턴스를 설정하고 만들어, 모든 컴포넌트가 하나의 해당 Database 인스턴스를 공유하도록 하는 것입니다.

Node.js를 처음 접하는 많은 사람들이 싱글톤 패턴을 올바르게 구현하는 방법에 대해 혼란스러워 합니다. 그러나 해답은 우리가 생각하는 것보다 쉽습니다. 모듈에서 인스턴스를 익스포트하는 것만으로도 이미 싱글톤 패턴과 매우 유사한 것을 얻을 수 있습니다. 예를 들어 다음과 같은 코드를 생각해 봅시다.

```
// file 'dbInstance.js'
import { Database } from './Database.js'

export const dbInstance = new Database('my-app-db', {
    url: 'localhost:5432',
    username: 'user',
    password: 'password'
})
```

단순히 데이터베이스 클래스의 새로운 인스턴스를 내보내는 것으로, 이미 현재 패키지 내에 (쉽게 전체 애플리케이션일 수도 있습니다) dbInstance 모듈의 인스턴스가 하나만 존재한다고 가정할 수 있습니다. "2장. 모듈 시스템"에서 알 수 있듯이 Node.js는 모듈을 캐시하여 불러올 때마다 코드를 다시 읽어들이지 않도록 합니다.

예를 들어, 다음 코드 라인을 사용하여 앞에서 정의한 dbInstance 모듈의 공유된 인스턴스를 쉽게 얻을 수 있습니다.

```
import { dbInstance } from './dbInstance.js'
```

그러나 주의할 점이 있습니다. 모듈은 전체 경로를 키로 하여 캐시되므로 현재 패키지 내에서 싱글톤이라는 것이 보장됩니다. 사실, 각 패키지는 자신의 node_modules 디렉터리 내에 자체적인 일련의 종속성들을 가질 수 있습니다. 이로 인해 동일한 패키지의 여러 인스턴스가 생성되어 싱글톤이 더 이상 고유성을 보장하지 못합니다. 물론 드문 시나리오이지만 그 결과가 무엇인지 이해하는 것은 중요합니다.

예를 들어 앞서 살펴본 Database.js 및 dbInstance.js 파일이 mydb라는 패키지에 싸여져 있을 경우를 생각해 봅시다. 다음 코드가 package.json 내에 존재합니다.

```
{
  "name": "mydb",
  "version": "2.0.0",
  "type": "module",
  "main": "dbInstance.js"
}
```

다음으로 두 개의 패키지(package-a와 package-b)를 살펴봅시다. 두 패키지에는 다음 코드가 포함된 index.js라는 파일이 있습니다.

```
import { dbInstance } from 'mydb'

export function getDbInstance () {
  return dbInstance
}
```

package-a와 package-b는 모두 mydb 패키지에 종속성이 있습니다. 그러나 package-a는 mydb 패키지 1.0.0에 종속성이 있는 반면, package-b는 동일한 패키지의 버전 2.0.0에 종속성이 있습니다(이 예에서는 package.json 파일에 서로 다른 버전이 지정되어 있지만, 구현은 동일함).

지금까지 설명한 구조를 보면 결국 다음과 같은 패키지 종속성 트리가 만들어집니다.

```
app/
`-- node_modules
    |-- package-a
    |  `-- node_modules
    |      `-- mydb
    `-- package-b
        `-- node_modules
            `-- mydb
```

결과적으로 package-a와 package-b는 mydb 모듈의 서로 다른 두 가지 버전을 사용하기 때문입니다(예를 들어, 1.0.0과 2.0.0). 이 경우 npm 또는 yarn과 같은 일반적인 패키지 관리자는 최상위 node_modules 디렉터리에서 종속성을 가져오지 않는 대신, 버전의 호환성을 맞추기 위해 각 패키지에 사본을 설치합니다.

방금 본 디렉터리 구조를 사용하면 package-a와 package-b 모두 mydb 패키지에 종속성이 있습니다. 루트 패키지(app)는 다시 package-a와 package-b에 종속성을 가집니다.

이 시나리오는 Database 인스턴스가 고유하다는 가정을 무너뜨릴 것입니다. 실제 app 패키지의 루트 폴더에 있는 index.js 파일을 살펴봅시다.

```
import { getDbInstance as getDbFromA } from 'package-a'
import { getDbInstance as getDbFromB } from 'package-b'

const isSame = getDbFromA() === getDbFromB()
console.log('Is the db instance in package-a the same ' +
  `as package-b? ${isSame ? 'YES' : 'NO'}`)
```

이 파일을 실행하면 여러분은 "package-a의 db 인스턴스와 package-b의 그것과 동일한가?"하는 질문의 답이 '아니오'라는 것을 알 수 있을 것입니다. 실제로 mydb 보듈은 필요로 하는 패키지에 따라 다른 디렉터리로 해석되기 때문에 package-a와 package-b는 서로 다른 dbInstance 객체의 인스턴스를 로드합니다. 이것은 분명 싱글톤 패턴의 가정을 무너뜨립니다.

만일, package-a와 package-b가 서로 호환되는 두 버전의 mydb 패키지(예를 들어, ^2.0.1와 ^2.0.7)를 필요로 하는 경우, 패키지 관리자는 mydb 패키지를 최상위 node_modules 디렉터리에 설치하고(**종속성 호이스팅(dependency hoisting)**이라고 알려진 관행입니다) 동일한 인스턴스를 package-a와 package-b 그리고 루트 패키지가 효과적으로 공유하도록 합니다.

여기서 우리는 다음과 같이 명시적으로 글로벌 변수를 사용하지 않는 한, 문헌에 기술된 대로의 싱글톤 패턴은 Node.js에 존재하지 않는다는 것을 쉽게 이해할 수 있습니다.

```
global.dbInstance = new Database('my-app-db', {/*...*/})
```

이렇게 하면 인스턴스가 패키지 내에서가 아닌 전체 애플리케이션에서 공유되는 유일한 인스턴스임을 보장할 수 있습니다. 그러나 대부분의 경우 순수한 싱글톤이 필요하지 않다는 것을 이해할 필요가 있습니다. Node.js는 일반적으로 애플리케이션의 메인 패키지나 최악의 경우라 하더라도 모듈화된 하위 컴포넌트로부터 싱글톤으로 생성하여 임포트합니다.

이 섹션에서 이야기한 문제를 피하기 위해서는 다른 애플리케이션이 사용할 패키지를 만들 경우, 무상태(stateless)를 유지하십시오.

이 책 전체에서 비록 용어의 엄격한 정의에서 싱글톤이 아니더라도, 모듈에 의해 익스포트된 클래스 인스턴스 또는 무상태 객체를 설명하기 위해 싱글톤이라는 용어를 사용합니다.

다음으로, 모듈간의 종속성을 처리하는 주요한 두 가지 방식을 살펴보겠습니다. 하나는 싱글톤 패턴에 기반하고 다른 하나는 종속성 주입(DI) 패턴을 사용하는 것입니다.

7-5 모듈 와이어링(Wiring)

모든 애플리케이션은 여러 컴포넌트를 연결한 결과이며, 애플리케이션이 커짐에 따라 이러한 컴포넌트들을 연결하는 방식은 프로젝트의 유지보수 및 성공을 위한 중요한 요인이 됩니다.

컴포넌트 A가 주어진 기능을 수행하기 위해 컴포넌트 B를 필요로 할 때, "A는 B에 **종속적**입니다"라고 하거나, 반대로 "B는 A의 **종속성**"이라고 합니다. 이 개념을 이해하기 위해 예를 들어 보겠습니다.

데이터를 저장하는데 데이터베이스를 사용하는 블로깅 시스템을 위한 API를 만든다고 가정해 보겠습니다. 데이터베이스 연결(db.js)을 구현하는 일반 모듈과 데이터베이스에 블로그의 게시물을 저장하고 검색하는 주요 기능을 가진 블로그 모듈(blog.js)이 있을 수 있습니다.

다음 그림은 데이터베이스 모듈과 블로그 모듈의 관계를 보여줍니다.

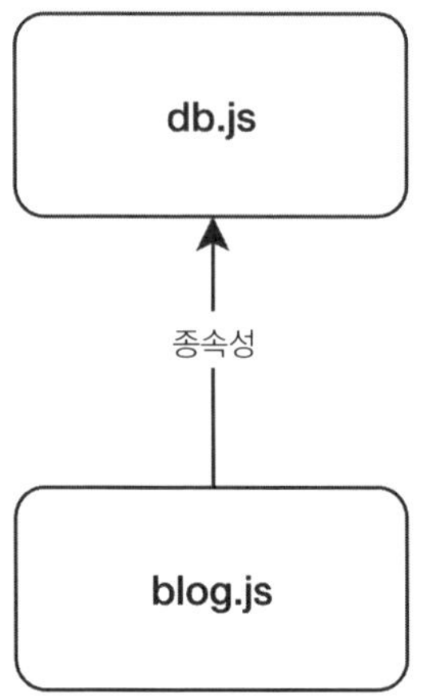

▲ 그림 7.1 blog 모듈과 database 모듈 사이의 종속성 그래프

이 장에서는 싱글톤 패턴과 종속성 주입(DI) 패턴을 사용하는 서로 다른 두 가지 접근 방법을 사용하여 이 종속성을 모델링하는 방법을 살펴보겠습니다.

7-5-1 싱글톤 종속성

두 모듈을 서로 연결하는 가장 간단한 방법은 Node.js의 모듈 시스템을 활용하는 것입니다. 이런 식으로 상태 저장 종속성들을 묶는 방식은 앞서 이야기했던 것처럼 사실상 싱글톤입니다.

실제로 어떻게 작동하는지 보기 위해 데이터베이스 연결을 위한 싱글톤 인스턴스를 사용하여 앞서 설명한 간단한 블로깅 애플리케이션을 구현해 봅시다. 이 방식으로 가능한 구현의 한 예를 살펴봅시다(db.js 파일).

```
import { dirname, join } from 'path'
import { fileURLToPath } from 'url'
import sqlite3 from 'sqlite3'
const __dirname = dirname(fileURLToPath(import.meta.url))
export const db = new sqlite3.Database(
  join(__dirname, 'data.sqlite'))
```

앞서 코드에서는 게시물을 저장하기 위해 SQLite(nodejsdp.link/sqlite)를 데이터베이스로 사용합니다. SQLite와 연동하기 위해 npm의 sqlite3(nodejsdp.link/sqlite3) 모듈을 사용하고 있습니다. SQLite는 모든 데이터를 하나의 로컬 파일에 보관하는 데이터베이스 시스템입니다. 데이터베이스 모듈에서는 모듈과 동일한 폴더에 저장된 data.sqlite라는 파일을 사용하기로 했습니다.

앞의 코드는 데이터 파일을 가리키는 데이터베이스의 새로운 인스턴스를 만들고 데이터베이스 연결 객체를 db라는 이름의 싱글톤으로 내보냅니다.

이제 blog.js 모듈의 구현을 살펴보겠습니다.

```
import { promisify } from 'util'
import { db } from './db.js'

const dbRun = promisify(db.run.bind(db))
const dbAll = promisify(db.all.bind(db))

export class Blog {
  initialize () {
    const initQuery = `CREATE TABLE IF NOT EXISTS posts (
      id TEXT PRIMARY KEY,
      title TEXT NOT NULL,
      content TEXT,
```

```
      created_at TIMESTAMP DEFAULT CURRENT_TIMESTAMP
    );`

    return dbRun(initQuery)
  }

  createPost (id, title, content, createdAt) {
    return dbRun('INSERT INTO posts VALUES (?, ?, ?, ?)',
      id, title, content, createdAt)
  }

  getAllPosts () {
    return dbAll('SELECT * FROM posts ORDER BY created_at DESC')
  }
}
```

blog.js 모듈은 다음 세 가지의 함수를 가지는 Blog라는 클래스를 내보냅니다.

- initialize(): posts 테이블이 없을 경우 테이블을 생성합니다. 이 테이블은 블로그의 게시물 데이터를 저장하는데 사용됩니다.
- createPost(): 게시물을 생성하는 데 필요한 모든 파라미터들을 취합니다. INSERT 문을 실행해서 새로운 게시물을 데이터베이스에 추가합니다.
- getAllPosts(): 데이터베이스에서 사용 가능한 모든 게시물을 검색하고 이를 배열로 반환합니다.

방금 만든 블로그 모듈의 기능을 시험해 볼 모듈(index.js 파일)을 만들어 봅시다.

```
import { Blog } from './blog.js'

async function main () {
  const blog = new Blog()
  await blog.initialize()
  const posts = await blog.getAllPosts()
  if (posts.length === 0) {
    console.log('No post available. Run `node import-posts.js`' +
      ' to load some sample posts')
  }

  for (const post of posts) {
    console.log(post.title)
```

```
    console.log('-'.repeat(post.title.length))
    console.log(`Published on ${new Date(post.created_at)
      .toISOString()}`)
    console.log(post.content)
  }
}

main().catch(console.error)
```

이 모듈은 매우 간단합니다. blog.getAllPosts()를 사용하여 모든 게시물을 가진 배열을 조회한 후 배열을 루프 돌면서 각 게시물을 간단한 형식으로 출력합니다.

여러분은 데이터베이스에 몇몇 샘플 게시물을 저장하기 제공된 import-post.js 모듈을 사용할 수도 있습니다. import-posts.js 모듈은 이 책의 샘플 코드들의 레포지토리에서 다른 파일들과 함께 찾아볼 수 있습니다.

연습삼아 index.js 모듈을 수정해서 HTML 파일을 생성할 수도 있습니다. 하나는 블로그 메인 페이지용이고, 다른 것은 각 블로그 게시물 상세 파일입니다. 이런 식으로 최소한의 정적 웹사이트를 생성하는 모듈을 만들어 볼 수 있습니다!

앞의 코드에서 알 수 있듯이 싱글톤 패턴을 활용하여 db 인스턴스를 전달함으로써 매우 간단한 커맨드라인용 블로그 관리 시스템을 구현할 수 있었습니다. 이것이 많은 경우에서 애플리케이션의 상태 저장 종속성(stateful dependencies)을 관리하는 방식입니다. 그러나 이것이 충분하지 않을 수 있는 상황이 있습니다.

앞서 예제에서 했던 것처럼 싱글톤을 사용하는 것은 확실히 상태 기반 종속성을 전달하는 가장 간단하면서 즉각적이며 가독성이 높은 해결책입니다. 하지만, 테스트 중에 데이터베이스의 모조를 가지고 동작하려면 어떻게 해야 할까요? 사용자가 커맨드라인 인터페이스로 포스트를 작성하게 하거나, 블로그 API를 기본적으로 제공하는 표준 SQLite가 아닌 다른 데이터베이스를 사용하도록 하려면 어떻게 해야 할까요? 이런 경우, 싱글톤은 적절하게 구조화된 해결책을 구현하는데 장애물이 될 수 있습니다.

우리는 db.js 모듈에 if 문을 도입함으로써 어떤 환경 조건 또는 설정에 따라 다른 구현을 선택하도록 할 수 있습니다. 혹은 Node.js 모듈 시스템을 조작하여 데이터베이스 파일 임포트를 가로채서 다른 것으로 바꿀 수도 있습니다. 하지만 여러분이 상상해 볼 수 있듯이 이러한 해결책은 그리 좋은 방법이 아닙니다.

다음 섹션에서는 지금 논의한 몇몇 문제에 대한 이상적인 해결책이 될 수 있는 모듈들을 연결하기 위한 또 다른 전략을 알아보겠습니다.

7-5-2 종속성 주입(DI)

Node.js 모듈 시스템과 싱글톤 패턴은 애플리케이션의 컴포넌트들을 구조화하고 연결하는 훌륭한 도구의 역할을 할 수 있습니다. 그러나 이것이 항상 성공을 보장하는 것은 아닙니다. 한편으로는 사용하기 쉽고 매우 실용적이지만, 다른 한편으로는 컴포넌트 간의 결합을 강하게 만들 수 있습니다.

이전 예시에서 blog.js 모듈이 db.js 모듈과 밀접하게 결합되어 있음을 알 수 있습니다. 실제, blog.js 모듈은 설계상 db.js 모듈 없이는 동작할 수 없으며 필요한 경우 다른 데이터베이스 모듈을 사용할 수도 없습니다. **종속성 주입 패턴**을 활용하면 두 모듈 간의 긴밀한 결합을 간단하게 수정할 수 있습니다.

종속성 주입(Dependency Injection)은 컴포넌트들의 종속성들이 종종 **인젝터(injector)**라고 하는 외부 요소에 의해 공급되는 매우 간단한 패턴입니다.

인젝터는 다른 컴포넌트를 초기화하고 종속성들을 함께 연결합니다. 이것은 간단한 초기화를 위한 스크립트일 수도, 모든 종속성을 맵핑하여 시스템의 모든 모듈들을 연결을 중앙 집중화하는 보다 복잡한 전역 컨테이너일 수도 있습니다. 이 접근 방식의 주요 장점은 향상된 디커플링인데, 특히 상태 저장 인스턴스(예: 데이터베이스 연결)에 대한 종속성을 가진 모듈들에 유효합니다. DI를 사용하면 각 종속성이 모듈에 하드코딩되는 대신 외부에서 주입됩니다. 즉, 종속 모듈은 호환 가능한 종속성을 사용하도록 설정할 수 있으므로, 최소한의 노력으로도 다른 컨텍스트에서 재사용할 수 있습니다.

그림 7.2는 이 개념을 보여줍니다. 일반적인 서비스가 미리 결정된 인터페이스를 통해 종속성을 연결하는 것을 볼 수 있습니다. 이 인터페이스의 구체적인 구현체에 대한 인스턴스를 조회하고 생성한 후 서비스에 전달(주입)하는 것은 **인젝터**가 담당합니다. 즉, 인젝터는 서비스에 대한 종속성을 충족하는 인스턴스를 제공하는 것을 목표로 합니다.

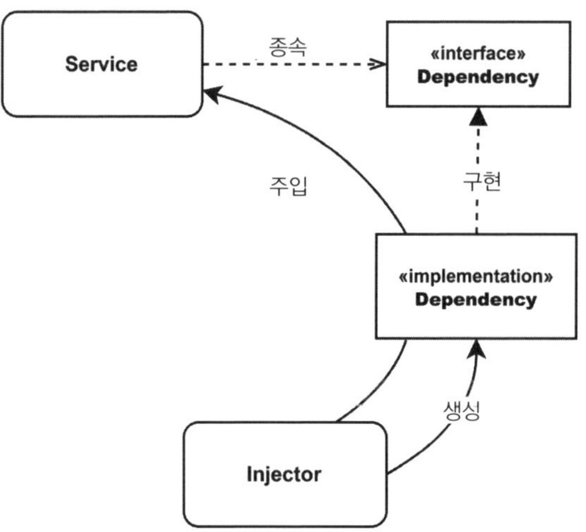

▲ 그림 7.2 종속성 주입 도식

이 패턴을 실제로 살펴보기 위해, 앞서 만들어본 간단한 블로깅 시스템이 DI를 사용하여 모듈을 연결하도록 리팩토링 해보겠습니다. blog.js 모듈의 리팩토링에서 시작해 봅시다.

```
import { promisify } from 'util'

export class Blog {
  constructor (db) {
    this.db = db
    this.dbRun = promisify(db.run.bind(db))
    this.dbAll = promisify(db.all.bind(db))
  }

  initialize () {\
    const initQuery = `CREATE TABLE IF NOT EXISTS posts (
      id TEXT PRIMARY KEY,
      title TEXT NOT NULL,
      content TEXT,
      created_at TIMESTAMP DEFAULT CURRENT_TIMESTAMP
    );`

    return this.dbRun(initQuery)
  }

  createPost (id, title, content, createdAt) {
    return this.dbRun('INSERT INTO posts VALUES (?, ?, ?, ?)',
```

```
      id, title, content, createdAt)
  }

  getAllPosts () {
    return this.dbAll(
      'SELECT * FROM posts ORDER BY created_at DESC')
  }
}
```

새로운 버전을 이전의 것과 비교하면 거의 동일합니다. 사소한 두 가지 차이점을 볼 수 있습니다.

- 더 이상 데이터베이스 모듈을 임포트하지 않습니다.
- Blog 클래스 생성자는 db를 인자로 취합니다.

새로운 생성자의 인자 db는 Blog 클래스의 사용자 컴포넌트로부터 실행(runtime) 시 제공될 것으로 기대되는 종속성입니다. 여기서 사용자 컴포넌트는 인젝터가 될 것입니다. JavaScript는 추상 인터페이스를 표현하는 방법이 없으므로 제공될 종속성은 db.run() 그리고 db.all() 함수를 구현해야 합니다. 이 책의 앞부분에서 언급했듯이 이를 덕 타이핑이라고 합니다.

이제 db.js 모듈을 다시 작성해 보겠습니다. 여기서 목표는 싱글톤 패턴을 제거하고 재사용 및 설정이 가능한 구현체를 만드는 것입니다.

```
import sqlite3 from 'sqlite3'

export function createDb (dbFile) {
  return new sqlite3.Database(dbFile)
}
```

이 새로운 db 모듈의 구현체는 createDb()라는 팩토리 함수를 제공하여 실행 시 데이터베이스의 새 인스턴스를 만들 수 있습니다. 또한 필요 시 다른 파일에 데이터를 쓸 수 있는 독립적인 인스턴스를 만들기 위해, 생성시 데이터베이스 파일 경로를 전달할 수 있습니다.

여기까지 거의 모든 구성 블록들이 준비되었습니다. 이제 인젝터를 고려해야 합니다. index.js 모듈을 다시 구현하여 인젝터의 예를 보도록 합시다.

```
import { dirname, join } from 'path'
import { fileURLToPath } from 'url'
import { Blog } from './blog.js'
import { createDb } from './db.js'

const __dirname = dirname(fileURLToPath(import.meta.url))

async function main () {
  const db = createDb(join(__dirname, 'data.sqlite'))
  const blog = new Blog(db)
  await blog.initialize()
  const posts = await blog.getAllPosts()
  if (posts.length === 0) {
    console.log('No post available. Run `node import-posts.js`' +
      ' to load some sample posts')
  }
  for (const post of posts) {
    console.log(post.title)
    console.log('-'.repeat(post.title.length))
    console.log(`Published on ${new Date(post.created_at)
      .toISOString()}`)
    console.log(post.content)
  }
}

main().catch(console.error)
```

이 코드는 두 가지 중요한 변경 사항을 제외하고는 이전 구현과 매우 유사합니다(코드에서 강조 표시됨)

1. 팩토리 함수 createDb()를 사용하여 데이터베이스 종속성(db)을 생성합니다.
2. Blog 클래스를 인스턴스화 할 때 데이터베이스 인스턴스를 명시적으로 "주입"합니다.

예시된 블로깅 시스템 구현에서 blog.js 모듈은 실제 데이터베이스 구현에서 완전히 분리되어 보다 설정이 가능하고 구성요소들이 격리된 상태로 테스트가 용이하게 되었습니다.

생성자의 인자로 종속성을 주입하는 방법(생성자 주입)을 살펴보았지만, 종속성은 함수나 메서드 호출 시 전달(함수 주입)하거나 객체 내에 관련된 속성을 만들어 명시적으로 주입(속성 주입)할 수도 있습니다.

안타깝게도, 종속성 주입 패턴이 제공하는 디커플링 및 재사용성의 장점에는 대가가 따릅니다. 일반적으로 코딩 시 종속성을 해결할 수 없기 때문에 시스템을 구성하는 여러 컴포넌트 간의 관계를 이해하기가 더 어려워집니다. 이는 복잡한 종속성 그래프를 가지는 상당히 큰 서비스가 존재할 수 있는 대규모 애플리케이션에서 특히 두드러집니다.

또한 앞선 예제 코드에서 데이터베이스 종속성을 인스턴스화한 방식을 살펴보면 Blog 인스턴스에서 함수를 호출하기 전에 데이터베이스 인스턴스가 생성되었는지를 확인해야 한다는 것을 알 수 있습니다. 이것은 종속성 주입이 원시형태로 사용될 때, 종속성이 올바른 순서대로 주입될 수 있도록 하기 위해 전체 애플리케이션의 종속성 그래프를 직접 수동으로 작성해야 한다는 의미입니다.

제어 역전(Inversion of Control)이라는 또 다른 패턴을 사용하면 애플리케이션의 모듈들을 연결하는 책임을 제3의(third-party) 엔티티가 하도록 할 수 있습니다. 이 엔티티는 서비스 로케이터(종속성을 검색하는데 사용되는 간단한 컴포넌트로, 예를 들면 serviceLocator.get(db)와 같이 사용합니다)나 종속성 주입 컨테이너(코드나 환경설정 파일에 있는, 어떤 메타데이터 정의를 기반으로 컴포넌트에 종속성을 주입하는 시스템)일 수 있습니다. 이러한 컴포넌트에 대한 자세한 내용은 Martin Fowler의 블로그 nodejsdp.link/ioc-containers에서 확인할 수 있습니다. 이러한 기술은 Node.js의 작업 방식에서 약간 벗어나있지만 일부는 최근 인기를 얻고 있습니다. 자세한 내용은 inversify(nodejsdp.link/inversify) 및 awilix(nodejsdp.link/awilix)를 확인하세요.

요약

이 장에서는 객체 생성과 관련된 일련의 전통적인 디자인 패턴을 천천히 소개했습니다. 이러한 패턴 중 일부는 매우 기본적인 것이지만 동시에 필수적이어서 어떤 방식으로든 사용해보았을 것입니다.

예를 들어, 팩토리 및 싱글톤과 같은 패턴은 일반적으로 객체지향 프로그래밍에서 가장 널리 사용되는 두 가지 유형입니다. 그러나 JavaScript에서는 그 구현 및 중요성은 4인조(GoF)의 책에서 이야기하는 것과 매우 다릅니다. 한 예로, 팩토리는 JavaScript 언어의 하이브리드 특성, 즉 절반은 객체지향이고 절반은 함수 기반인 특성과 완벽하게 조화를 이루는 매우 다목적으로 쓰이는 패턴입니다. 반면, 싱글톤은 구현하기가 너무 간단해서 거의 패턴이라 보기 힘들지만 고려할 몇 가지 주의 사항이 존재합니다.

이 장에서 배운 패턴 중에서 빌더 패턴은 기존의 객체지향 형식의 대부분을 그대로 유지한 것처럼 보일 수 있습니다. 그러나 객체를 만드는 것뿐만 아니라 복잡한 함수를 호출하는데도 사용할 수 있음을 살펴보았습니다.

반면에 공개 생성자 패턴은 그 자체로 범주를 차지할 만합니다. JavaScript 언어 자체에서 발생한 필수요소로 탄생한 이것은 생성시에만 프라이빗 객체 속성을 "노출"해야 하는 문제에 대한 매끄러운 해결책을 제공합니다. 이것은 본질적으로 느슨한 특성의 언어에서 강력한 보증을 제공합니다.

마지막으로 컴포넌트를 함께 연결하는 두 가지 중요한 기술에 대해 살펴봤습니다. 싱글톤 및 종속성 주입 중 첫 번째 방법이 가장 간단하고 실용적인 방법이고, 두 번째 방법은 더 강력하지만 잠재적으로 구현하기 더 복잡하다는 것을 알게 되었습니다.

이미 언급했듯이, 이번 장은 전통적인 디자인 패턴을 온전히 다루는 세 장 중 첫 번째에 불과합니다. 이 장에서 우리는 창의성과 엄격함 사이의 알맞은 균형을 보여주려 노력했습니다. 우리는 코드를 개선하기 위해 재사용 가능한 패턴이 있을 뿐만 아니라, 그 구현이 전부가 아니라는 것을 보여주고 싶었습니다. 실제, 구현은 매우 다양할 수 있으며, 다른 패턴과 혼합될 수도 있습니다. 그러나 정말 중요한 것은 큰 그림, 지침 그리고 각 패턴이 가지는 기본적인 개념입니다. 이것이 더 나은 Node.js 애플리케이션을 흥미로운 방식으로 설계하기 위해 사용할 수 있는 실제로 재사용 가능한 정보입니다.

다음 장에서는 구조적 패턴(structural patterns)이라는 전통적인 디자인 패턴의 또 다른 범주에 대해 알아봅니다. 이름에서 풍기듯이 이러한 패턴들은 더 복잡한 객체들을 조합하는데 있어서, 유연하고 재사용 가능한 구조로 그 방법을 개선하는데 그 목적이 있습니다.

연습

7.1 콘솔 색상 팩토리:

log()라는 빈 함수만 있는 ColorConsole이라는 클래스를 만듭니다. 그런 다음 RedConsole, BlueConsole 그리고 GreenConsole이라는 세 가지 하위 클래스를 만듭니다. 모든 ColorConsole 하위 클래스의 log() 함수는 문자열을 인자로 받아 클래스 이름에 해당하는 색을 이용하여 해당 문자열을 콘솔에 출력합니다. 그런 다음 'red'와 같은 색상을 입력으로 사용하고 관련된 ColorConsole의 하위 클래스를 반환하는 팩토리 함수를 만듭니다. 링크된 Stack Overflow 답변(nodejsdp.link/console-colors)에서 콘솔에 출력할 색을 참조할 수 있을 것입니다.

7.2 Request 빌더:

내장 http.request() 함수를 가지고 여러분만의 빌더 클래스를 만들어 보십시오. 이 빌더는 HTTP의 Method, URL과 URL의 질의부, 헤더 파라미터들과 전송할 본문 데이터를 지정할 수 있는 최소한의 기본 기능을 제공해야 합니다. 요청을 보내려면 호출에 대한 프라미스를 반환하는 invoke() 함수를 제공해야 합니다. nodejsdp.link/docs-http-request에서 http.request()에 대한 문서를 찾을 수 있습니다.

7.3 변경 방지 큐(tamper-free queue):

dequeue()라는 외부에서 액세스 가능한 함수가 하나만 있는 Queue 클래스를 만듭니다. 이 함수는 queue 내부의 데이터 구조로부터 추출된 항목을 얻을 수 있는(resolve) 프라미스를 반환합니다. 큐가 비어있으면 새 항목이 추가되어야 프라미스가 이 항목을 얻을(resolve) 수 있습니다. Queue 클래스는 새로운 항목이 제공되면 내부 큐의 끝에 이 요소를 추가하는 기능을 수행하는 enqueue()라는 함수를 생성시 받을 수 있는 공개 생성자를 제공해야 합니다. enqueue() 함수는 비동기적으로 호출될 수 있으며, dequeue() 함수에 의해 반환된 프라미스의 차단을 해지하는 작업도 처리해야 합니다. Queue 클래스를 사용해보기 위해 실행 함수에 작은 HTTP 서버를 만듭니다. 이 서버는 클라이언트로부터 메시지나 작업을 수신하여 이를 큐에 넣습니다. 그런 다음 dequeue() 함수를 사용하여 쌓여있는 메시지들을 소비합니다.

CHAPTER **08**

구조적 설계 패턴

- ✔ 프록시
- ✔ 데코레이터
- ✔ 프록시와 데코레이터 사이의 경계
- ✔ 어댑터

이 장에서는 가장 인기있는 구조적 디자인 패턴을 살펴보고 Node.js에 적용하는 방법을 알아봅니다. 구조적 설계 패턴은 엔티티 간의 관계를 실현하는 방법을 제공하는데 중점을 둡니다.

특히 이 장에서는 다음의 패턴들을 살펴보겠습니다.

- 프록시: 다른 객체에 대한 액세스를 제어할 수 있는 패턴
- 데코레이터: 기존 객체의 동작을 동적으로 증강시키는 일반적인 패턴
- 어댑터: 다른 인터페이스를 사용하여 객체의 기능을 액세스 할 수 있는 패턴

이 장을 통해 **반응형 프로그래밍(RP: Reactive Programming)**과 같은 몇 가지 흥미로운 개념을 살펴보고 Node.js 생태계에서 일반적으로 채택되는 데이터베이스 기술인 LevelDB를 사용하여 시간을 보낼 것입니다.

이 장이 끝나면 구조적 디자인 패턴을 사용할 수 있는 여러 시나리오에 익숙해지고, Node.js 애플리케이션에서 이를 효과적으로 구현할 수 있을 것입니다.

8-1 프록시

프록시는 Subject라고 하는 다른 객체에 대한 액세스를 제어하는 객체입니다. 프록시와 Subject는 동일한 인터페이스를 가지며 이를 통해 투명하게 하나를 다른 것으로 바꿀 수 있습니다. 실제로 이 패턴의 다른 이름이 **서로게이트(surrogate)**입니다.

프록시는 Subject에 대해 실행되는 작업의 전부 또는 일부를 가로채서 해당 동작을 증강하거나 보완합니다. 그림 8.1은 이 패턴의 개략적인 표현을 보여줍니다.

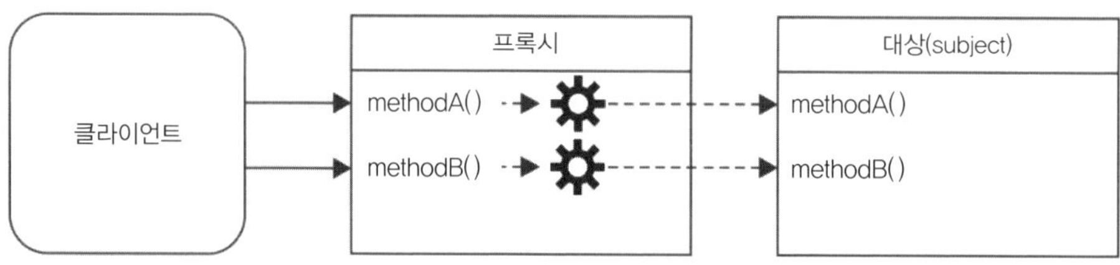

▲ 그림 8.1 프록시 패턴 도식

그림 8.1은 프록시와 Subject가 동일한 인터페이스를 갖는 방법과 이 인터페이스가 클라이언트에게 얼마나 투명한지 보여줍니다. 클라이언트는 둘 중 하나를 서로 바꿔 사용할 수 있습니다. 프록시는 각 작업을 Subject에 전달하여 추가 전처리 또는 후처리를 통해 동작을 향상시킵니다.

> 클래스 간의 프록시 역할을 말하는 것이 아닙니다. 프록시 패턴은 대상(Subject)의 실제 인스턴스를 감싸서 내부 상태를 보존합니다.

프록시는 다음과 같은 몇 가지 상황에서 유용할 수 있습니다.

- **데이터 검증**: 프록시가 입력을 Subject에 전달하기 전에 입력의 유효성을 검사합니다
- **보안**: 프록시는 클라이언트가 작업을 수행할 권한이 있는지 확인하고, 권한이 있는 경우에만 요청을 Subject에게 전달합니다.
- **캐싱**: 데이터가 아직 캐시에 없는 경우에만 프록시 작업이 Subject에서 실행되도록 프록시는 내부에 캐시를 유지합니다.
- **느린 초기화**: Subject을 생성하는데 많은 비용이 드는 경우, 프록시는 실제로 필요할 때까지 이를 지연시킬 수 있습니다.
- **기록**: 프록시는 메서드 호출과 관련 매개 변수를 가로채서 발생시 이를 기록합니다.
- **원격 객체**: 프록시는 원격 개체를 가져와서 로컬로 표시할 수 있습니다.

더 많은 프록시 패턴 애플리케이션들이 있지만 이것들만으로도 그 목적에 대한 개념을 알기에는 충분할 것입니다.

8-1-1 프록시 구현 기술

객체를 프록시할 때, 모든 함수들을 가로채거나 일부만 가로채고 나머지는 Subject가 직접 처리하도록 위임할 수 있습니다. 이를 가능하게 하는 몇 가지 방법이 있는데, 이 섹션에서는 그 중 일부를 소개합니다.

다음과 같은 StackCalculator 클래스의 간단한 예제를 가지고 작업을 해 보겠습니다.

```
class StackCalculator {
  constructor () {
    this.stack = []
  }

  putValue (value) {
    this.stack.push(value)
  }

  getValue () {
    return this.stack.pop()
  }
```

```
  peekValue () {
    return this.stack[this.stack.length - 1]
  }

  clear () {
    this.stack = []
  }

  divide () {
    const divisor = this.getValue()
    const dividend = this.getValue()
    const result = dividend / divisor
    this.putValue(result)
    return result
  }

  multiply () {
    const multiplicand = this.getValue()
    const multiplier = this.getValue()
    const result = multiplier * multiplicand
    this.putValue(result)
    return result
  }
}
```

이 클래스는 스택 계산기를 단순화하여 구현합니다. 이 계산기의 아이디어는 모든 피연산자(값)를 스택에 유지하는 것입니다. 예를 들어 곱셈과 같은 연산을 수행하면 승수와 피승수 값이 스택에서 추출되고 곱셈 결과가 스택으로 다시 푸시됩니다. 이것은 휴대폰의 계산기 프로그램이 실제로 구현되는 방식과 크게 다르지 않습니다.

다음은 StackCalculator를 사용하여 곱셈과 나눗셈을 수행하는 방법의 한가지 예시입니다.

```
const calculator = new StackCalculator()
calculator.putValue(3)
calculator.putValue(2)
console.log(calculator.multiply()) // 3*2 = 6
calculator.putValue(2)
console.log(calculator.multiply()) // 6*2 = 12
```

클래스에는 스택의 맨 위에 있는 값(마지막으로 삽입된 값 또는 마지막 작업의 결과)을 알아볼 수 있는 peekValue() 및 스택을 다시 설정할 수 있는 clear()와 같은 유틸리티 함수들도 있습니다.

재미있는 사실: JavaScript에서는 0으로 나누면 Infinity라는 희한한 값이 반환됩니다. 다른 많은 프로그래밍 언어에서 0으로 나누는 것은 프로그램이 패닉을 일으키거나 런타임 에러를 던지는 결과를 발생시키는 잘못된 연산입니다.

이후 몇 개의 섹션에서는 프록시 패턴을 활용하여 0으로 나눌 때, Infinity를 반환하는 대신 명시적인 오류를 생성시키는 보다 보수적인 동작을 하도록 StackCalculator 인스턴스의 기능을 변경할 것입니다.

객체 컴포지션

컴포지션은 기능을 확장해서 사용하기 위해 객체를 다른 객체와 결합하는 기술입니다. 특정 프록시 패턴의 경우 Subject와 동일한 인터페이스를 가진 객체가 생성되고 Subject에 대한 참조가 인스턴스 변수나 클로저 변수의 형태로 프록시 내부에 저장됩니다. Subject는 생성시 사용자가 주입시키거나 프록시 자체에서 생성될 수 있습니다.

아래 예시에서는 객체 컴포지션을 사용하여 안전한 계산기를 구현하고 있습니다.

```
class SafeCalculator {
  constructor (calculator) {
    this.calculator = calculator
  }

  // 프록시 함수
  divide () {
    // 추가적인 검증 로직
    const divisor = this.calculator.peekValue()
    if (divisor === 0) {
      throw Error('Division by 0')
    }
    // Subject에 대한 유효한 위임자(delegate)일 경우
    return this.calculator.divide()
  }

  // 위임된 함수들
  putValue (value) {
    return this.calculator.putValue(value)
```

```
  }

  getValue () {
    return this.calculator.getValue()
  }

  peekValue () {
    return this.calculator.peekValue()
  }

  clear () {
    return this.calculator.clear()
  }

  multiply () {
    return this.calculator.multiply()
  }
}

const calculator = new StackCalculator()
const safeCalculator = new SafeCalculator(calculator)

calculator.putValue(3)
calculator.putValue(2)
console.log(calculator.multiply())     // 3*2 = 6

safeCalculator.putValue(2)
console.log(safeCalculator.multiply()) // 6*2 = 12

calculator.putValue(0)
console.log(calculator.divide())       // 12/0 = Infinity

safeCalculator.clear()
safeCalculator.putValue(4)
safeCalculator.putValue(0)
console.log(safeCalculator.divide())   // 4/0 -> 에러
```

safeCalculator 객체는 원래의 calculator 인스턴스의 프록시입니다. safeCalculator에서 multiply() 함수를 호출하면 calculator에서 동일한 함수를 호출하게 됩니다. divide()도 마찬가지지만, 이 경우 0으로 나누려고 하면, 이것을 Subject에서 수행하는지 혹은 프록시에서

수행하는지에 따라 다른 결과를 얻을 수 있다는 것을 알 수 있습니다.

컴포지션을 사용하여 이 프록시를 구현하려면 기능을 변경하려는 함수(divide())는 가로채고 그렇지 않은 것들은 간단히 Subject에 위임(putValue(), getValue(), peekValue(), clear() 그리고 multiply()) 합니다.

주의할 점은 calculator(스택 내의 값들) 상태는 여전히 calculator 인스턴스에 의해 유지된다는 것입니다. safeCalculaotr는 필요에 따라 값을 읽거나 값의 변경을 위해 calculator의 함수를 호출합니다.

앞의 코드에서 보여준 프록시 구현의 또 다른 방법으로 객체 리터럴과 팩토리 함수를 사용할 수도 있습니다.

```
function createSafeCalculator (calculator) {
  return {
    // 프록시된 함수
    divide () {
      // 추가적인 검증 로직
      const divisor = calculator.peekValue()
      if (divisor === 0) {
        throw Error('Division by 0')
      }
      // Subject에 대한 유효한 위임자(delegate) 일 경우
      return calculator.divide()
    },
    //위임된 함수들
    putValue (value) {
      return calculator.putValue(value)
    },
    getValue () {
      return calculator.getValue()
    },
    peekValue () {
      return calculator.peekValue()
    },
    clear () {
      return calculator.clear()
    },
    multiply () {
      return calculator.multiply()
    }
```

```
  }
}

const calculator = new StackCalculator()
const safeCalculator = createSafeCalculator(calculator)
   // ...
```

이 구현은 클래스 기반의 구현보다 더 간단하고 간결하지만, 다시 한번 모든 함수들을 Subject에 명시적으로 위임하도록 합니다.

복잡한 클래스의 수많은 함수를 위임해야 하는 것은 매우 반복적일 수 있어 이런 방식의 구현이 더 어려워질 수 있습니다. 대부분의 함수를 위임해야 하는 프록시를 만들 수 있는 한가지 방법은 delegates(nodejsdp.link/delegates)와 같이 모든 함수를 생성해주는 라이브러리를 사용하는 것입니다. 보다 현대적이고 근본적인 대안은 이 장의 뒷부분에서 설명할 Proxy 객체를 사용하는 것입니다.

객체 확장(Object augmentation)

객체 확장(또는 **몽키 패치**)은 아마도 객체가 가진 몇몇 함수를 프록시하는 가장 간단하고 일반적인 방법일 것입니다. 이것은 함수를 프록시의 구현으로 대체하여 Subject를 직접 수정하는 작업들을 포함하고 있습니다.

계산기 예제에는 다음과 같이 적용할 수 있습니다.

```
function patchToSafeCalculator (calculator) {
  const divideOrig = calculator.divide
  calculator.divide = () => {
    //추가적인 검증 로직
    const divisor = calculator.peekValue()
    if (divisor === 0) {
      throw Error('Division by 0')
    }
    //Subject에 유효한 위임자일 경우
    return divideOrig.apply(calculator)
  }

  return calculator
}
```

```
const calculator = new StackCalculator()
const safeCalculator = patchToSafeCalculator(calculator)
// ...
```

이 기술은 한 두 개의 함수를 프록시할 때, 확실히 편리합니다. 여기서 multiply() 함수를 비롯하여 다른 모든 위임된 함수를 구현할 필요가 없다는 것을 눈치채셨나요?

불행하게도, 이 단순함은 대상 객체를 직접 변경하기 때문에 위험할 수 있습니다.

Subject가 코드 기반으로 다른 부분과 공유되었을 경우, 이는 무조건 피해야 하는 방법입니다. 실제로 subject를 "몽키 패치"하면 애플리케이션의 다른 컴포넌트에 영향을 미쳐 바람직하지 않은 부작용이 발생할 수 있습니다. Subject가 제한된 컨텍스트나 프라이빗(private) 범위에 있는 경우에만 이 기술을 사용하십시오. "몽키 패치"가 위험한 행위인 이유를 알고 싶을 경우, 원래의 calculator 인스턴스에서 0으로 나누기를 호출해 보면 알 수 있습니다. 그렇게 하면, 원래 인스턴스가 Infinity를 반환하지 않고 오류를 발생시키는 것을 볼 수 있을 것입니다. 원래의 동작이 변경되어 애플리케이션의 다른 부분에 기대치 않은 영향을 미칠 수 있습니다.

다음 섹션에서는 프록시 패턴 등을 구현하기 위한 강력한 대안으로, 기본적으로 제공하는 Proxy 객체를 살펴보겠습니다.

내장 프록시 객체

ES2015 사양에서 강력한 프록시 객체를 만드는 근원적인 방법을 도입했습니다. ES2015 Proxy 객체는 생성자가 대상(target)과 핸들러를 인자로 받아들입니다.

```
const proxy = new Proxy(target, handler)
```

여기서 target은 프록시가 적용될 객체(우리의 정의에 따르면, Subject)를 나타내며, 핸들러는 프록시의 동작을 정의하는 특수한 객체입니다.

핸들러 객체에는 해당 작업이 프록시 인스턴스에서 수행될 때 자동으로 호출되는 **트랩 함수**(예: apply, get, set 및 has)라는 미리 정의된 이름을 가진 일련의 부가적인 함수들이 포함됩니다.

이 API의 동작 방식을 보다 잘 이해하기 위해 Proxy 객체를 사용하여 "안전한 계산기 프록시"를 구현하는 방법을 살펴보겠습니다.

```
const safeCalculatorHandler = {
  get: (target, property) => {
    if (property === 'divide') {
      //프록시 된 함수
      return function () {
        //추가적인 검증 로직
        const divisor = target.peekValue()
        if (divisor === 0) {
          throw Error('Division by 0')
        }
        //Subject에 대한 유효한 위임자일 경우
        return target.divide()
      }
    }

    //위임된 함수들과 속성들
    return target[property]
  }
}
const calculator = new StackCalculator()
const safeCalculator = new Proxy(
  calculator,
  safeCalculatorHandler
)
// ...
```

Proxy 객체를 사용한 이 "안전한 계산기 프록시"의 구현에서, divide() 함수에 대한 호출을 포함하여 원래 객체의 속성과 함수에 대한 접근을 가로채기 위해 get 트랩 함수를 사용하였습니다. 프록시는 divide()에 대한 액세스를 가로채고 0으로 나누는 것인지를 검사하는 추가적인 로직이 구현된 새로운 버전의 함수를 반환합니다. target[property]을 사용하여 다른 모든 함수와 속성을 변경하지 않고도 간단하게 반환할 수 있다는 점을 잘 살펴두십시오.

결과적으로 Proxy 객체는 Subject의 프로토타입을 상속하므로 'safeCalculator instanceof StackCaculator'를 실행하면 true가 반환된다는 점이 매우 중요합니다.

이 예제를 통해 Proxy 객체를 사용하면 다른 모든 속성과 함수를 명시적으로 위임할 필요가 없으며, 변경하려는 부분만 프록시하기 쉬울 뿐 아니라 Subject의 코드 변경을 방지할 수 있음을 알 수 있습니다.

Proxy 객체의 추가적인 기능과 제약사항

Proxy 객체는 JavaScript 언어 자체에 깊이 통합된 기능으로, 개발자가 객체에서 수행할 수 있는 많은 작업을 가로채고 재지정할 수 있습니다. 이 특성은 메타 프로그래밍, 연산자 오버로딩 및 객체 가상화와 같이 이전에 쉽게 달성할 수 없었던 새롭고 흥미로운 사용 방법을 제공합니다.

이 개념을 명확히 하기 위해 다른 예시를 살펴봅시다.

```
const evenNumbers = new Proxy([], {
  get: (target, index) => index * 2,
  has: (target, number) => number % 2 === 0
})

console.log(2 in evenNumbers) // true
console.log(5 in evenNumbers) // false
console.log(evenNumbers[7])   // 14
```

이 예제에서, 우리는 모든 짝수를 포함한 가상의 배열을 생성하였습니다. 이것은 평범한 배열처럼 사용될 수 있습니다. 즉, 평범한 배열 구문(예: eventNumbers[7])을 사용해서 배열의 항목에 액세스하거나 in 연산자(예: 2 in eventNumbers)를 사용하여 특정 항목이 존재하는지를 검사할 수 있습니다. 배열은 데이터를 내부에 저장하지 않으므로 가상의 배열입니다.

앞의 코드는 Proxy 객체의 고급 기능 중 일부를 보여주기 위한 재미있는 예이지만 프록시(Proxy) 패턴을 구현한 것은 아닙니다. 이 예제를 통해 Proxy 객체는 일반적으로 프록시 패턴(명칭의 유례)을 구현하는 데도 사용되지만 다른 패턴 및 사례를 구현하는 데서도 사용될 수 있음을 알 수 있습니다. 예를 들어, 이 장의 뒷부분에서 Proxy 객체를 사용하여 데코레이션 패턴을 구현하는 방법을 살펴볼 것입니다.

구현을 살펴보면 프록시는 빈 배열을 대상으로 사용하며 핸들러에 get과 has라는 트랩을 정의합니다.

- get 트랩은 배열의 요소에 대한 접근을 가로채서 주어진 인덱스에 대한 짝수를 반환합니다.
- has는 in 연산자의 사용을 가로채서 주어진 숫자가 짝수인지 여부를 확인합니다.

Proxy 객체는 set, delete 그리고 construct같은 또 다른 흥미로운 트랩을 지원하며 요청 시 모든 트랩을 비활성화하고 대상 객체의 원래 동작으로 복원할 수 있는 프록시를 생성할 수 있습니다.

이러한 모든 기능을 분석하는 것은 이 장의 범위를 벗어나며, 여기서 중요한 것은 Proxy 객체가 프록시 디자인 패턴을 구현하기 위한 강력한 기반을 제공하고 있다는 사실을 아는 것입니다.

Proxy 객체가 제공하는 모든 기능과 트랩 함수들이 궁금하다면 nodejsdp.link/mdn-proxy의 Proxy 관련 MDN 글을 참조하십시오. 또 다른 훌륭한 소스는 nodejsdp.link/intro-proxy에 있는 Google의 자세한 글입니다.

Proxy 객체는 JavaScript 언어의 강력한 기능이지만 매우 중요한 제약이 있습니다. Proxy 객체는 완전히 트랜스파일(transpile) 되거나 폴리필(polyfill) 될 수 없습니다. 이는 Proxy 객체 트랩 중 일부는 런타임 수준에서만 구현할 수 있고 일반 JavaScript로 간단히 재작성할 수 없기 때문입니다. 이는 Proxy 객체를 직접적으로 지원하지 않는 예전 브라우저 또는 Node.js의 이전 버전에서 작업해야 할 경우 알아야 할 사항입니다.

Transpilation: Transcompilation의 약자입니다. 소스 코드를 한 소스 프로그래밍 언어에서 다른 소스 프로그래밍 언어로 번역하여 컴파일 하는 동작을 나타냅니다. JavaScript의 경우 이 기술은 JavaScript의 새로운 기능을 사용하는 프로그램을 지원하지 않는 이전 런타임 환경에서도 실행할 수 있는 동등한 프로그램으로 변환하는 것을 의미합니다.

Polyfill: 일반 JavaScript에서 표준 API에 대한 구현을 제공하고 이 API를 사용할 수 없는 환경(일반적으로 이전 브라우저나 런타임)에서 가져다 쓸 수 있는 코드입니다. core-js(nodejsdp.link/corejs)는 JavaScript를 위한 가장 완벽한 Polyfill 라이브러리 중 하나입니다.

여러 프록시 기술의 비교

컴포지션은 원래 동작을 변경하지 않고 대상을 그대로 두기 때문에 프록시를 만드는 간단하고 안전한 방법으로 여길 수 있습니다. 유일한 단점은 함수 중 하나만 프록시하려는 경우에도 모든 함수들을 수동으로 위임해야 한다는 것입니다. 또한 Subject의 속성에 대한 접근 권한을 위임해야 할 수도 있습니다.

Object를 이용해서 Object의 속성을 위임할 수도 있습니다. 이에 대해서는 nodejsdp.link/define-prop를 참고하십시오.

반면에 Subject를 수정하는 객체 확장은 항상 이상적인 것은 아니지만 위임과 관련된 여러 가지 불편함을 겪지 않습니다. 이러한 이유로, 이 두 가지 접근 방식 중 Subject를 수정해야 하는 모든 상황에서는 객체 확장이 선호되는 기술입니다.

그러나 컴포지션이 반드시 필요한 상황이 몇 가지 있습니다. 예를 들어 필요 시에만 생성(초기화 지연- lazy initialization)하는 것과 같이 Subject의 초기화를 제어하려는 경우입니다.

끝으로, Proxy 객체는 함수 호출을 가로채야 하거나 객체 속성(동적 속성 포함)에 대한 다른 형태의 접근이 필요한 경우 선호되는 접근법입니다. Proxy 객체는 다른 기술에서는 사용할 수 없는 고급 수준의 접근 제어를 제공합니다. 예를 들어, Proxy 객체를 사용하면 객체에서 키의 삭제를 가로채 해당 키가 존재하는지 확인하는 동작을 수행할 수 있습니다.

Proxy 객체가 Subject를 변경하지 않으므로, 애플리케이션에서 Subject를 공유하고 있는 다른 컴포넌트들이 안전하게 사용할 수 있다는 점을 다시 한번 강조할 필요가 있을 것 같습니다. 또한 Proxy 객체를 사용하여 Subject의 변경이 필요하지 않는 모든 함수와 속성들은 그대로 위임할 수 있다는 것을 확인할 수 있습니다.

다음 섹션에서는 프록시 패턴을 활용하는 보다 현실적인 예를 제시하고, 이 패턴을 구현하기 위해 지금까지 논의한 다양한 기술을 비교하는데 사용해 보겠습니다.

8-1-2 쓰기가 가능한 로깅 스트림 만들기

실제 예제에 적용되는 프록시 패턴을 확인하기 위해 이제 write() 함수에 대한 모든 호출을 가로채고, 이러한 상황이 발생할 때마다, 메시지를 기록하는 Writable 스트림에 대해 프록시 역할을 하는 객체를 만들어 보겠습니다. Proxy 객체를 사용하여 프록시를 구현하겠습니다. logging-writable.js라는 파일에 코드를 작성해 봅시다.

```
export function createLoggingWritable (writable) {
  return new Proxy(writable, {                        // (1)
    get (target, propKey, receiver) {                 // (2)
      if (propKey === 'write') {                      // (3)
        return function (...args) {                   // (4)
          const [chunk] = args
          console.log('Writing', chunk)
          return writable.write(...args)
        }
      }
      return target[propKey]                          // (5)
    }
  })
}
```

앞의 코드에서 우리는 인자로 전달된 writable 객체의 프록시 버전을 반환하는 팩토리를 만들었습니다. 구현의 중요 지점에 대해 살펴보겠습니다.

1. ES2015 Proxy 생성자를 사용하여 원래 writable 객체에 대한 프록시를 만들고 반환합니다.
2. get 트랩을 사용하여 객체의 속성에 대한 접근을 가로챕니다.
3. 접근한 속성이 writable 함수인지 확인합니다. 이 경우 원래 동작의 프록시 함수를 반환합니다.
4. 여기서 프록시 구현 로직은 간단합니다. 원래 함수에 전달된 인자 목록에서 현재 청크를 추출하고 청크의 내용을 기록한 다음, 마지막으로 주어진 인자 목록으로 원래의 함수를 호출합니다.
5. 다른 모든 속성에 대해서는 변경 없이 반환합니다.

이제 새로 생성된 이 함수를 사용해서 프록시 구현을 테스트해 볼 수 있습니다.

```
import { createWriteStream } from 'fs'
import { createLoggingWritable } from './logging-writable.js'

const writable = createWriteStream('test.txt')
const writableProxy = createLoggingWritable(writable)

writableProxy.write('First chunk')
writableProxy.write('Second chunk')
writable.write('This is not logged')
writableProxy.end()
```

프록시는 stream의 원래 인터페이스를 변경하지 않았지만 앞의 코드를 실행하면 writableProxy 스트림에 기록된 모든 청크가 콘솔에 출력되는 것을 볼 수 있습니다.

8-1-3 프록시를 사용한 변경 옵저버

변경 옵저버 패턴은 객체(Subject)가 하나 이상의 옵저버에게 상태 변경을 알리는 디자인 패턴으로, 변경 사항이 발생하는 즉시 '반응'할 수 있습니다.

변경 옵저버 패턴은 3장의 '콜백과 이벤트'에서 살펴본 옵저버 패턴과 매우 유사하지만 혼동해서는 안됩니다. 변경 옵저버 패턴은 속성 변경을 감지하는데 중점을 두고 있으며, 옵저버 패턴은 시스템에서 발생하는 이벤트에 대한 정보를 전파하기 위해 이벤트 이미터(event emitter)를 사용하는 보다 일반적인 패턴입니다.

프록시는 관찰 가능한 객체를 만드는데 매우 효과적인 도구로 알려져 있습니다. createobservable.js로 구현 사례를 살펴보겠습니다.

```
export function createObservable (target, observer) {
  const observable = new Proxy(target, {
    set (obj, prop, value) {
      if (value !== obj[prop]) {
        const prev = obj[prop]
        obj[prop] = value
        observer({ prop, prev, curr: value })
      }
      return true
    }
  })

  return observable
}
```

앞의 코드에서 createObservable()은 대상 객체(변경 사항을 관찰할 객체)와 관찰자(변경 사항이 감지될 때마다 호출되는 함수)를 받습니다.

여기서는 ES2015 Proxy를 통해 관찰 가능한 인스턴스를 생성합니다. 프록시는 속성이 설정될 때마다 실행되는 set 트랩을 구현하고 있습니다. 이 구현에서는 현재의 값을 새 값과 비교하고 다른 경우 대상 객체가 변경되고 관찰자에게 알림이 전송됩니다. 관찰자를 호출하면서 변경과 관련된 정보(속성명, 이전값, 현재값)가 포함된 객체 리터럴을 전달합니다.

이것은 변경 옵저버 패턴의 단순화된 구현입니다. 더 향상된 구현은 멀티 관찰자를 지원하고 더 많은 트랩을 사용하여 필드 삭제 혹은 프로토타입 변경과 같은 다른 유형의 변경을 탐지합니다. 더욱이 예시에서는 중첩된 객체나 배열에 대해 프록시를 재귀적으로 생성하지 않았습니다. 고급 구현에서는 이러한 경우도 처리할 수 있을 것입니다.

이제 송장(invoice)의 여러 필드에서 관찰된 변경 사항을 가지고 합계가 자동으로 계산되는 간단한 송장 애플리케이션을 가지고, 관찰 가능한 객체를 활용하는 방법을 살펴보겠습니다.

```
import { createObservable } from './create-observable.js'
function calculateTotal (invoice) {                          // (1)
  return invoice.subtotal -
    invoice.discount +
    invoice.tax
```

```
}

const invoice = {
  subtotal: 100,
  discount: 10,
  tax: 20
}
let total = calculateTotal(invoice)
console.log(`Starting total: ${total}`)

const obsInvoice = createObservable(                          // (2)
  invoice,
  ({ prop, prev, curr }) => {
    total = calculateTotal(invoice)
    console.log(`TOTAL: ${total} (${prop} changed: ${prev} -> ${curr})`)
  }
)
                                                              // (3)
obsInvoice.subtotal = 200 // TOTAL: 210
obsInvoice.discount = 20  // TOTAL: 200
obsInvoice.discount = 20  // 변경 사항이 없기 때문에 알람이 없습니다.
obsInvoice.tax = 30       // TOTAL: 210

console.log(`Final total: ${total}`)
```

앞의 예에서 송장은 subtotal 값, discount 값, tax 값으로 구성됩니다. 합계 금액은 세 가지 값으로 계산할 수 있습니다. 구현에 대해 더 자세히 알아봅시다.

1. 주어진 송장의 합계를 계산하는 함수를 선언한 다음, 송장 객체와 합계를 저장할 값을 만듭니다.
2. 여기서 우리는 송장 객체의 관찰 가능한 버전을 만듭니다. 원래의 송장 객체가 변경될 때마다 합계를 다시 계산하고 변경 사항을 추적하기 위해 일련의 로그도 출력합니다.
3. 끝으로 관찰 가능한 송장에 몇 가지 변경 사항을 적용합니다. obsInvoice 객체를 변경할 때마다 관찰자 함수가 호출되고 총계가 업데이트되고 일정 로그가 화면에 출력됩니다.

이 예제를 실행하면 콘솔에는 다음과 같은 로그가 출력됩니다.

```
Starting total: 110
TOTAL: 210 (subtotal changed: 100 -> 200)
TOTAL: 200 (discount changed: 10 -> 20)
```

```
TOTAL: 210 (tax changed: 20 -> 30)
Final total: 210
```

이 예제 코드에, 새로운 필드들(예를 들어 배송비, 기타 세금 등)을 추가함으로써 합계를 계산하는 로직을 좀 더 복잡하게 만들 수 있습니다. 이 경우 invoice 객체에 새로운 필드를 도입하고 calculateTotal() 함수를 수정하는 것은 매우 간단합니다. 이렇게 하면, 새로운 속성에 대한 모든 변경 사항이 관찰되고 변경이 발생할 때마다 합계가 최신 상태로 유지될 수 있습니다.

관찰 가능하다는 것은 **'반응형 프로그래밍'**(RP: Reactive Programming)과 **'함수 반응형 프로그래밍'**(FRP: Functional Reactive Programming)의 초석입니다. 이런 스타일의 프로그래밍에 대해 자세히 알고 싶다면 nodejsdp.link/reactive-manifesto에서 The Reactive Manifesto라는 글을 보십시오.

8-1-4 실전에서

프록시 패턴, 좀 더 구체적으로 변경 옵저버 패턴은 프론트엔드 세계를 비롯해 백엔드 프로젝트들과 라이브러리들에 이르기까지 널리 적용된 패턴입니다. 이러한 패턴을 활용하는 몇몇 유명한 프로젝트들은 다음과 같습니다.

- LoopBack(nodejsdp.link/loopback)은 프록시 패턴을 사용하여 컨트롤러에서 함수의 호출을 가로채서 가공하는 기능을 제공하는 널리 사용되는 Node.js 웹 프레임워크입니다. 이것은 사용자 정의 유효성 검사나 인증 메커니즘을 만드는데 사용할 수 있습니다.
- 매우 인기있는 JavaScript의 반응형 UI 프레임워크인 Vue.js 버전 3(nodejsdp.link/vue)는 프록시 객체로 프록시 패턴을 사용하여 관찰 가능한 속성을 재구현하였습니다.
- MobX(nodejsdp.link/mobx)는 React와 Vue.js와 함께 프론트엔드 애플리케이션에서 일반적으로 사용되는 유명한 반응형 상태관리 라이브러리입니다. Vue.js와 마찬가지로 MobX는 프록시 객체를 사용하여 반응형 관찰가능 기능을 구현합니다.

8-2 데코레이터

데코레이터는 기존 객체의 동작을 동적으로 증대시키는 것으로 구성된 구조적인 디자인 패턴입니다. 동작이 해당 클래스의 모든 객체에 적용되지 않고 명시적으로 데코레이팅된 인스턴스에만 추가되기 때문에 클래스의 상속과는 다릅니다. 구체적으로, 프록시 패턴과 매우 유사하지만 객체의 기존 인터페이스 동작을 개선하거나 수정하는 대신 그림 8.2에 표현된 대로 새로운 기능으로 확장합니다.

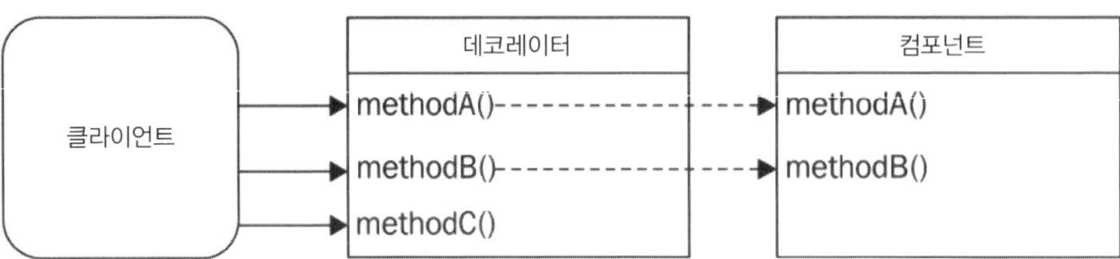

▲ 그림 8.2 데코레이터 패턴 도식

그림 8.2에서 Decorator 객체는 methodC() 동작을 추가하여 컴포넌트 객체를 확장하고 있습니다. 기존 함수는 일반적으로 추가적인 처리없이 데코레이팅된 객체에 위임되지만 경우에 따라 요청을 가로채고 추가적인 동작으로 확대할 수도 있습니다.

8-2-1 데코레이터 구현 기법

프록시와 데코레이터는 개념적으로 서로 다른 의도를 가진 두 개의 다른 패턴이지만 실제로는 동일한 구현 전략을 공유합니다. 곧 살펴볼 것입니다. 이번에는 데코레이터 패턴을 사용하여 StackCalculator 클래스의 인스턴스를 가져와서 데코레이트하여 add()라는 새로운 함수를 노출시키고 두 숫자를 더하는데 사용할 수 있습니다. 또한 데코레이터를 사용하여 divide() 함수에 대한 모든 호출을 가로채고 SafeCalculator 예제에서 본 것과 동일하게 0으로 나누는지 검사하도록 구현합니다.

컴포지션

컴포지션을 사용하면 데코레이트되는 컴포넌트는 일반적으로 이를 상속한 새로운 객체로 감싸집니다. 이 경우 데코레이터는 기존 함수들을 원래 컴포넌트에 위임하면서 새로운 함수를 정의하기만 하면 됩니다.

```
class EnhancedCalculator {
  constructor (calculator) {
    this.calculator = calculator
  }

  //새로운 함수
  add () {
    const addend2 = this.getValue()
    const addend1 = this.getValue()
```

```
    const result = addend1 + addend2
    this.putValue(result)
    return result
  }

  // 수정된 함수
  divide () {
    // 추가적인 검증 로직
    const divisor = this.calculator.peekValue()
    if (divisor === 0) {
      throw Error('Division by 0')
    }
    // Subject에 대한 유효한 위임자(delegates)일 경우
    return this.calculator.divide()
  }

  // 위임된 함수들
  putValue (value) {
    return this.calculator.putValue(value)
  }

  getValue () {
    return this.calculator.getValue()
  }

  peekValue () {
    return this.calculator.peekValue()
  }

  clear () {
    return this.calculator.clear()
  }

  multiply () {
    return this.calculator.multiply()
  }
}

const calculator = new StackCalculator()
const enhancedCalculator = new EnhancedCalculator(calculator)

enhancedCalculator.putValue(4)
```

```
enhancedCalculator.putValue(3)
console.log(enhancedCalculator.add())        // 4+3 = 7
enhancedCalculator.putValue(2)
console.log(enhancedCalculator.multiply()) // 7*2 = 14
```

프록시 패턴에 대한 컴포지션 구현을 기억한다면 여기 있는 코드가 매우 유사하다는 것을 알 수 있을 것입니다. 새로운 add() 함수를 만들고 원래 divide() 함수의 동작을 개선하였습니다(이전 SafeCalculator 예제에서 본 기능을 효과적으로 복제). 끝으로 putValue(), getValue(), peekValue(), clear() 및 multiply() 함수는 원래 객체에 위임했습니다.

객체 확장(augmentation)

다음과 같이 데코레이트되는 객체에 직접 새 함수를 정의해서(몽키 패치) 데코레이트를 수행할 수도 있습니다.

```
function patchCalculator (calculator) {
  // 새로운 함수
  calculator.add = function () {
    const addend2 = calculator.getValue()
    const addend1 = calculator.getValue()
    const result = addend1 + addend2
    calculator.putValue(result)
    return result
  }

  // 수정된 함수
  const divideOrig = calculator.divide
  calculator.divide = () => {
    // 추가적인 검증 로직
    const divisor = calculator.peekValue()
    if (divisor === 0) {
      throw Error('Division by 0')
    }
    // Subject에 대한 유효한 위임자(delegates)일 경우
    return divideOrig.apply(calculator)
  }

  return calculator
}
```

```
const calculator = new StackCalculator()
const enhancedCalculator = patchCalculator(calculator)
// ...
```

이 예제에서 calculator와 enhancedCalculator는 동일한 객체를 참조합니다(calculator == enhancedCalculator). 이는 patchCalculator()가 원래의 계산기 객체를 변형한 후 반환하기 때문입니다. calculator.divide()를 호출하여 이를 확인할 수 있습니다.

Proxy 객체를 이용한 데코레이팅

Proxy 객체를 이용해서 객체를 데코레이트할 수도 있습니다. 일반적인 예는 다음과 같습니다.

```
const enhancedCalculatorHandler = {
  get (target, property) {
    if (property === 'add') {
      // 새로운 함수
      return function add () {
        const addend2 = target.getValue()
        const addend1 = target.getValue()
        const result = addend1 + addend2
        target.putValue(result)
        return result
      }
    } else if (property === 'divide') {
      // 수정된 함수
      return function () {
        // 추가적인 검증 로직
        const divisor = target.peekValue()
        if (divisor === 0) {
          throw Error('Division by 0')
        }
        // Subject에 대한 유효한 위임자(delegates) 일 경우
        return target.divide()
      }
    }

    // 위임된 함수들과 속성들
    return target[property]
  }
```

```
}

const calculator = new StackCalculator()
const enhancedCalculator = new Proxy(
  calculator,
  enhancedCalculatorHandler
)
// ...
```

이러한 서로 다른 구현 방법을 비교하면, 프록시 패턴을 분석하면서 논의된 동일한 주의 사항이 데코레이터에도 적용됩니다. 실제 예제로 패턴을 연습해 봅시다!

8-2-2 LevelUP 데이터베이스 데코레이트

다음 예제 코딩을 시작하기 전에, 우리가 사용할 **LevelUP** 모듈에 대해 간략하게 살펴보겠습니다.

LevelUP 및 LevelDB 소개

LevelUP(nodejsdp.link/levelup)는 원래 Chrome 브라우저에서 IndexedDB를 구현하기 위해 만들어진 키-값 저장소인 Google의 **LevelDB**를 감싼 Node.js 래퍼지만 이것은 그 이상의 가치가 있습니다. LevelDB는 최소주의와 확장성 때문에 "데이터베이스의 Node.js"라 정의되었습니다. Node.js와 마찬가지로 LevelDB는 놀랍도록 빠른 성능과 가장 기본적인 기능만을 제공하여 개발자가 그 위에 모든 종류의 데이터베이스를 구축할 수 있도록 하였습니다.

이 기회를 놓치지 않고 Node.js 커뮤니티와 Rod Vagg는 LevelUP을 만들어 데이터베이스의 힘을 Node.js 세계에 적용하였습니다. LevelDB의 래퍼로 탄생한 이 제품은 메모리 내 저장소에서 Riak 및 Redis와 같은 다른 NoSQL 데이터베이스, IndexedDB 및 localStorage와 같은 웹 저장소 엔진에 이르기까지 여러 종류의 백엔드를 지원하도록 진화하여 동일한 API로 사용할 수 있게 되었습니다. 서버와 클라이언트 모두에서 정말 흥미로운 시나리오를 만들어 냈습니다.

오늘날 LevelUP 주변에는 작은 코어를 확장하여 복제, 보조 인덱스, 라이브 업데이트, 쿼리 엔진 등과 같은 기능을 구현한 플러그인과 모듈들로 구성된 방대한 에코 시스템이 존재합니다. LevelUP 위에 PouchDB(nodejsdp.link/pouchdb)와 같은 CouchDB의 복제를 포함하여 LevelGraph(nodejsdp.link/levelgraph)라는 그래프 데이터베이스에 이르기까지 Node.js와 Browser에서 모두 동작하는 완전한 데이터베이스 또한 만들었습니다!

nodejsdp.link/awesome-level에서 LevelUP 생태계에 대해 자세히 알아보십시오.

LevelUP 플러그인 구현

다음 예에서는 데코레이터 패턴을 사용하여 간단한 LevelUP용 플러그인을 만드는 방법, 특히 객체 확장 기술을 사용하는 방법을 살펴볼 것입니다. 이는 추가적인 기능으로 객체를 데코레이트하는 제일 실질적이면서 효과적인 방법입니다.

편의를 위해 LevelDB를 백엔드로 사용하는 levelup과 기본 어댑터 leveldown을 번들로 제공하는 Level 패키지(nodejsdp.link/level)를 사용할 것입니다.

우리가 만들고자 하는 것은, 특정 패턴의 객체가 데이터베이스에 저장될 때마다 알림을 받을 수 있도록 하는 LevelUP용 플러그인입니다. 예를 들어, {a:1}과 같은 패턴을 구독하는 경우 {a:1, b:3} 혹은 {a:1, c:'x'}와 같은 객체가 데이터베이스에 저장될 경우 알림을 받고자 합니다. levelsubscribe.js라는 새로운 파일(모듈)을 만들어 작은 플러그인의 작성을 시작해 보겠습니다. 만들어진 파일에 다음 코드를 삽입합니다.

```
export function levelSubscribe (db) {
  db.subscribe = (pattern, listener) => {                    // (1)
    db.on('put', (key, val) => {                             // (2)
      const match = Object.keys(pattern).every(
        k => (pattern[k] === val[k])                         // (3)
      )
      if (match) {
        listener(key, val)                                   // (4)
      }
    })
  }

  return db
}
```

이것이 플러그인의 전부입니다. 매우 간단합니다. 앞의 코드를 간단히 살펴봅시다.

1. subscribe()라는 새로운 함수로 db 객체를 데코레이트합니다. 제공된 db 인스턴스에 함수를 직접 연결하기만 하면 됩니다(객체 확장).

2. 데이터베이스에서 수행된 모든 입력 작업을 수신합니다.
3. 데이터가 입력될 때 제공된 패턴의 모든 속성에 대해 존재여부를 검증하는데 간단한 패턴매치 알고리즘을 수행합니다.
4. 일치하는 속성이 있으면 리스너에게 알립니다.

이제 이 새로운 플러그인을 사용하기 위한 코드를 작성해 보겠습니다.

```
import { dirname, join } from 'path'
import { fileURLToPath } from 'url'
import level from 'level'
import { levelSubscribe } from './level-subscribe.js'

const __dirname = dirname(fileURLToPath(import.meta.url))

const dbPath = join(__dirname, 'db')
const db = level(dbPath, { valueEncoding: 'json' })       // (1)
levelSubscribe(db)                                         // (2)

db.subscribe(                                              // (3)
  { doctype: 'tweet', language: 'en' },
  (k, val) => console.log(val)
)
db.put('1', {                                              // (4)
  doctype: 'tweet',
  text: 'Hi',
  language: 'en'
})
db.put('2', {
  doctype: 'company',
  name: 'ACME Co.'
})
```

다음은 코드가 동작하는 방식입니다.

1. 먼저 LevelUP 데이터베이스를 초기화하고 파일이 저장되는 디렉터리와 값을 위한 기본 인코딩을 선택합니다.
2. 그런 다음 원래 db 객체를 데코레이트하는 플러그인을 연결합니다.
3. 이제 플러그인에서 제공하는 새로운 기능인 subscribe() 함수를 사용할 준비가 되었습니다. 여기서 doctype:'tweet' 및 language:'en'을 사용하는 모든 입력 객체를 구독할 것임을 지정합니다.

4. 끝으로 put을 사용하여 데이터베이스에 몇몇 값을 저장합니다. 첫 번째 호출은 구독과 관련된 콜백을 실행하고 콘솔에 저장된 객체가 인쇄되는 것을 볼 수 있습니다. 이 경우 객체가 구독 패턴과 일치하기 때문입니다. 두 번째 호출은 저장된 객체가 구독 패턴과 일치하지 않기 때문에 출력이 생성되지 않습니다.

이 예제는 가장 단순한 객체 확장(object augmentation)의 구현으로 데코레이터 패턴의 실제 적용을 보여줍니다. 사소한 패턴처럼 보일 수 있으나 적절하게 사용하면 강력한 힘을 발휘합니다.

단순화를 위해 플러그인은 put 작업과 함께 동작하지만, 배치 작업에서 동작하도록 쉽게 확장할 수 있습니다.

8-2-3 실전에서

데코레이터가 실제로 어떻게 사용되는지에 대한 더 많은 예를 찾고자 한다면, 몇 가지 LevelUP 플러그인들의 코드를 더 살펴볼 수도 있을 것입니다.

- level-inverted-index(nodejsdp.link/level-inverted-index): 데이터베이스에 저장된 값에 대한 간단한 텍스트 검색을 수행할 수 있도록 LevelUP 데이터베이스에 역(inverted) 인덱스를 추가하는 플러그인입니다.
- levelplus(nodejsdp.link/levelplus): LevelUP 데이터베이스에 원자 연산으로 업데이트를 추가하는 플러그인입니다.

LevelUP 플러그인 외에도 아래의 프로젝트들 또한 데코레이터 패턴을 채택한 훌륭한 예제들입니다.

- json-socket (nodejsdp.link/json-socket): 이 모듈을 사용하면 TCP(또는 Unix) 소켓을 통해 JSON 데이터를 더 쉽게 보낼 수 있습니다. 기존의 net.Socket 인스턴스를 데코레이트하도록 설계되었으며, 추가적인 동작과 함수로 확장됩니다.
- fastify(nodejsdp.link/fastify)는 추가적인 기능 또는 설정으로 Fastify 서버 인스턴스를 데코레이트하기 위한 하나의 API를 노출하고 있는 웹 애플리케이션 프레임워크입니다. 이 접근 방식을 사용하면 애플리케이션의 다른 부분에서 추가적인 기능에 접근할 수 있습니다. 이것은 데코레이트 패턴의 매우 일반화된 구현입니다. 자세한 내용은 nodejsdp.link/fastify-decorators에서 전용 도큐먼트를 확인하십시오.

8-3 프록시와 데코레이터 사이의 경계

이쯤에서 프록시와 데코레이터 패턴의 차이점에 대한 당연한 의문이 생길 수 있습니다. 이 두 패턴은 실제로 매우 유사하며 때때로 서로 바꿔서 사용할 수 있습니다.

고전적인 정의에서, 데코레이션 패턴은 새로운 동작을 기존의 객체에 추가할 수 있는 메커니즘으로 정의하고 있으며, 반면 프록시 패턴은 고정적이거나 가상의 객체에 접근을 제어하는데 사용됩니다.

두 패턴 사이에는 개념적인 차이가 있으며 대부분 런타임에 사용되는 방식에 기인합니다.

데코레이터 패턴은 래퍼로 볼 수 있습니다. 다양한 유형의 객체를 가져와 데코레이터로 감싸서 추가적인 기능을 추가할 수 있습니다. 프록시는 대신 객체에 대한 접근을 제어하는 데 사용되며 원래의 인터페이스를 변경하지 않습니다. 이런 이유로 프록시 인터페이스를 만든 후에는 원래 객체를 참조하는 다른 객체들은 안전할 수 있습니다.

구현과 관련한 이러한 차이점은 일반적으로 전달하는 객체의 유형이 컴파일 시에 결정되는 강력한 유형의 언어에서 더욱 분명하게 드러납니다. Node.js 생태계에서는 JavaScript 언어의 동적 특성을 고려할 때 프록시와 데코레이터 패턴 사이의 경계가 매우 모호하며 종종 두 이름이 서로 바뀌어서 사용되기도 합니다. 또한 동일한 기술을 사용하여 두 패턴을 구현하는 방식도 살펴보았습니다.

JavaScript와 Node.js를 다룰때 중요한 점은 이 두 패턴의 명명법과 표준적인 정의에 얽매이지 않아야 한다는 것입니다. 프록시와 데코레이터가 전체적으로 해결하는 문제의 종류를 살펴보고, 이 두 패턴을 상호 보완적이며 때로는 상호 교환 가능한 도구로 다루는 것이 좋습니다.

8-4 어댑터

어댑터 패턴을 사용하면 다른 인터페이스로도 객체의 기능을 사용할 수 있습니다.

어댑터의 실제 예시로 USB Type-A 케이블을 USB Type-C 포트에 연결할 수 있는 장치를 들 수 있습니다. 일반적인 의미에서 어댑터는 다른 인터페이스를 사용하는 컨텍스트에서 사용할 수 있도록 객체의 인터페이스를 변환시켜 줍니다.

소프트웨어에서 어댑터 패턴은 객체의 인터페이스를 가져와서 주어진 클라이언트가 예상하는 다른 인터페이스와 호환되도록 하는데 사용됩니다. 이 아이디어를 명확히 하기 위해 그림 8.3을 살펴보겠습니다.

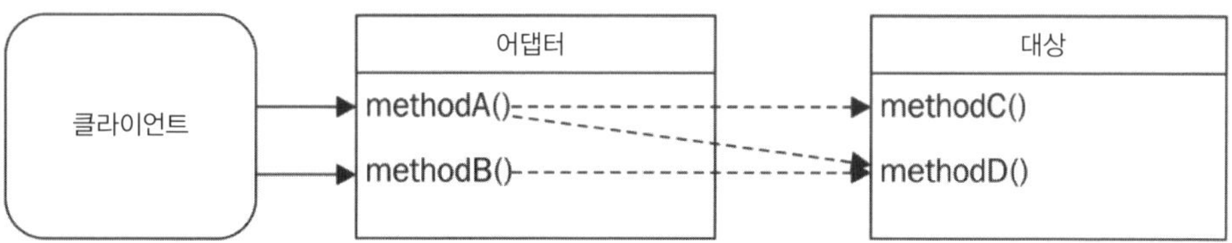

▲ 그림 8.3 어댑터 패턴의 도식

그림 8.3은 어댑터가 본질적으로 다른 객체의 래퍼가 되어 다른 인터페이스를 노출하는 방법을 보여줍니다. 다이어그램은 어댑터의 작업이 다른 객체에 대한 하나 이상의 함수 호출로 구성될 수도 있다는 것을 알 수 있습니다. 구현 관점에서 가장 일반적인 기술은 컴포지션입니다. 여기서 어댑터의 함수는 다른 객체의 함수로 연결을 제공합니다. 이 패턴은 매우 간단하므로 바로 예를 들어보겠습니다.

8-4-1 파일 시스템 API로 LevelUP 사용하기

이제 LevelUP API를 중심으로 어댑터를 만들어 기본 fs 모듈과 호환되는 인터페이스로 변화시킬 것입니다. 특히 readFile() 및 writeFile()에 대한 모든 호출이 db.get() 및 db.put()에 대한 호출로 변환되도록 할 것입니다. 이렇게 하면, 간단한 파일 시스템 작업을 위한 백엔드 저장소로 LevelUP 데이터베이스를 사용할 수 있습니다.

fs-adapter.js라는 새로운 파일을 만들어 시작하겠습니다. 종속성을 불러오고 어댑터를 만드는데 사용하는 createFsAdapter() 팩토리를 익스포트하는 것으로 시작합니다.

```
import { resolve } from 'path'

export function createFSAdapter (db) {
  return ({
    readFile (filename, options, callback) {
      // ...
    },
    writeFile (filename, contents, options, callback) {
      // ...
    }
  })
}
```

다음으로, 팩토리에서 readFile() 함수를 구현하여 이 인터페이스가 fs 모듈의 원래 함수 중 하나와 호환되도록 만듭니다.

```
readFile (filename, options, callback) {
  if (typeof options === 'function') {
    callback = options
    options = {}
  } else if (typeof options === 'string') {
    options = { encoding: options }
  }

  db.get(resolve(filename), {                          // (1)
    valueEncoding: options.encoding
  },
  (err, value) => {
    if (err) {
      if (err.type === 'NotFoundError') {              // (2)
        err = new Error(`ENOENT, open "${filename}"`)
        err.code = 'ENOENT'
        err.errno = 34
        err.path = filename
      }
      return callback && callback(err)
    }
    callback && callback(null, value)                  // (3)
  })
}
```

앞의 코드에서 새로운 함수의 동작이 원래의 fs.readFile() 함수에 최대한 유사하도록 만들기 위해 몇 가지 추가적인 작업을 해야 했습니다. 이를 위한 단계는 다음과 같습니다.

1. db 인스턴스에서 파일을 검색하려면 파일 이름을 키로 사용하여 항상 전체 경로를 사용하도록(resolve() 사용) 해서 db.get() 함수를 호출합니다. 데이터베이스에서 사용하는 valueEncoding 옵션의 값을 입력에서 받은 인코딩 옵션으로 설정합니다.
2. 데이터베이스에서 키를 찾을 수 없는 경우 ENOENT를 코드로 하여 오류를 생성합니다. 이 코드는 원래 fs 모듈에서 찾을 수 없는 파일을 표시하는데 사용하는 코드입니다. 다른 모든 유형의 오류는 콜백으로 전달됩니다(이 예제의 범위에서는 가장 일반적인 오류에 대해서만 처리합니다).
3. 데이터베이스에서 키-값 쌍이 성공적으로 검색되면 콜백을 사용하여 호출자에게 값을 반환합니다.

우리가 만든 함수는 fs.readFile() 함수를 완벽하게 대체하지는 않지만, 매우 일반적인 상황에서는 확실히 의도대로 동작합니다.

이 작은 어댑터를 완성하기 위해 이제 writeFile() 함수를 구현하는 방법을 살펴보겠습니다.

```
    writeFile (filename, contents, options, callback) {
      if (typeof options === 'function') {
        callback = options
        options = {}
      } else if (typeof options === 'string') {
        options = { encoding: options }
      }

      db.put(resolve(filename), contents, {
        valueEncoding: options.encoding
      }, callback)
    }
```

보시다시피 이 경우도 완전한 래퍼는 아닙니다. 파일 권한(options.mode)과 같이 일부 옵션을 무시하고 데이터베이스에서 받은 오류를 있는 그대로 전달합니다.

이제 새 어댑터가 준비되었습니다. 간단한 테스트 모듈을 작성해서 사용해보도록 합시다.

```
import fs from 'fs'

fs.writeFile('file.txt', 'Hello!', () => {
  fs.readFile('file.txt', { encoding: 'utf8' }, (err, res) => {
    if (err) {
      return console.error(err)
    }
    console.log(res)
  })
})

// 누락된 파일 읽기를 시도
fs.readFile('missing.txt', { encoding: 'utf8' }, (err, res) => {
  console.error(err)
})
```

앞의 코드는 원본 fs API를 사용하여 파일 시스템에서 몇 가지 읽기 쓰기 작업을 수행하고 다음과 같은 내용을 콘솔에 출력해야 합니다.

```
Error: ENOENT, open "missing.txt"
Hello!
```

이제 다음과 같이 fs 모듈을 어댑터로 교체할 수 있습니다.

```
import { dirname, join } from 'path'
import { fileURLToPath } from 'url'
import level from 'level'
import { createFSAdapter } from './fs-adapter.js'

const __dirname = dirname(fileURLToPath(import.meta.url))
const db = level(join(__dirname, 'db'), {
  valueEncoding: 'binary'
})
const fs = createFSAdapter(db)
// ...
```

프로그램을 다시 실행하면 파일 시스템 API를 사용하여 직접 지정한 파일의 일부를 읽거나 쓰지 않는다는 점을 제외하면 동일한 출력이 생성됩니다. 대신 어댑터를 사용하여 수행된 모든 작업은 LevelUP 데이터베이스에서 수행되는 작업으로 전환됩니다.

지금 만든 어댑터가 어리석은 것처럼 보일 수 있습니다. 실제 파일 시스템 대신 데이터베이스를 사용하는 목적이 무엇일까요? LevelUP 자체는 데이터베이스를 브라우저에서도 실행할 수 있는 어댑터가 있다는 것을 기억해야 합니다. 이러한 어댑터 중 하나가 level-js(nodejsdp.link/level-js)입니다. 이제 어댑터가 완벽하게 이해되었을 것입니다. 비슷한 방법으로 fs 모듈을 활용하는 코드를 Node.js와 브라우저 모두에서 실행할 수 있습니다. 브라우저와 코드를 공유할 때 어댑터가 매우 중요한 패턴이라는 것을 알게 되었을 것입니다. "10장. 웹 애플리케이션을 위한 범용 JavaScript"에서 자세히 살펴보겠습니다.

8-4-2 실전에서

어댑터 패턴에 대한 실제 사례가 많이 있습니다. 여기 분석하고 살펴볼 만한 몇 가지 가장 주목할 만한 예들을 나열해 보겠습니다.

- LevelUP이 브라우저의 기본 LevelDB에서 IndexedDB에 이르기까지 다양한 스토리지의 백엔드로 실행할 수 있다는 것을 이제 알게 되었습니다. 이것은 내부(private) LevelUP API를 사용하기 위해 생성된 다양한 어댑터들에 의해 가능한 것입니다. nodejsdp.link/level-stores에서 몇 가지를 살펴보고 어

떻게 구현되었는지 확인해 보십시오.

- JugglingDB는 다중 데이터베이스 ORM으로 여러 어댑터를 사용하여 서로 다른 데이터베이스와 호환되도록 합니다. nodejsdp.link/jugglingdb-adapters를 참조해 보십시오.
- nanoSQL(nodejsdp.link/nanosql)은 다양한 데이터베이스를 지원하기 위해 어댑터 패턴을 많이 사용하는 최신 다중 모델 데이터베이스 추상화 라이브러리입니다.
- 우리가 만든 예제를 완벽하게 보완한 것이 LevelUP 위에 fs API를 완벽하게 구현한 level-filesystem(nodejsdp.link/level-filesystem)입니다.

요약

구조적 디자인 패턴은 확실히 소프트웨어 공학에서 가장 널리 사용된 디자인 패턴 중 일부이며, 이것들을 이해하는 것은 매우 중요합니다. 이 장에서 우리는 프록시(Proxy), 데코레이터(Decorator), 어댑터(Adapter) 패턴을 살펴보고 Node.js 분야에서 이를 구현하는 다양한 방법에 대해 논의했습니다.

프록시 패턴이 기존 객체에 대한 액세스를 제어하는 데 매우 유용한 도구가 되는 방법을 살펴보았습니다. 또 프록시 패턴이 어떻게 변경 옵저버(Change Observer) 패턴을 사용하는 반응형 프로그래밍과 같은 다양한 프로그래밍 패러다임을 가능하게 하는지도 언급하였습니다.

이 장의 두 번째 부분에서 데코레이터 패턴이 기존 객체에 추가적인 기능을 부여할 수 있는 중요한 도구라는 것을 알게 되었습니다. 우리는 그 구현이 프록시 패턴과 크게 다르지 않다는 것을 알았고, LevelDB 생태계를 중심으로 구축된 몇 가지 예제를 살펴보았습니다.

마지막으로 기존의 객체를 감싸서 인터페이스를 다른 형태로 변경하여 노출할 수 있는 어댑터 패턴에 대해 알아보았습니다. 이 패턴이 기존 기능의 일부를 다른 인터페이스로 변환하여 다른 환경에서 호환성을 유지하는데 매우 유효하다는 것을 확인했습니다. 이를 위해 fs 모듈이 제공하는 인터페이스와 호환되는 대체 저장소 계층을 구현하는 방안을 예시로 살펴보았습니다.

프록시, 데코레이터 및 어댑터는 매우 유사하며 인터페이스를 통해 기능을 사용하는 클라이언트 관점에서 그 차이를 알 수 있습니다. 프록시는 감싸인 객체와 동일한 인터페이스를 제공하고, 데코레이터는 추가적인 인터페이스를 제공하며, 어댑터는 다른 형태의 인터페이스를 제공합니다. 다음 장에서는 행위(Behavioral) 디자인 패턴에 대해 살펴보고 Node.js에서의 전통적인 디자인 패턴을 알아보는 여정을 끝낼 것입니다. 이 범주에는 전략 패턴, 미들웨어 패턴 및 반복자 패턴과 같이 중요한 패턴이 포함될 것입니다. 행위 디자인 패턴을 알아볼 준비가 되었습니까?

연습

8.1 HTTP 클라이언트 캐시:

즐겨 찾는 HTTP 클라이언트 라이브러리들에 대하여 지정된 HTTP 요청의 응답을 캐시하도록 프록시를 작성하여 동일한 요청을 다시 수행하면 응답을 가져오는 대신 로컬 캐시에서 즉시 반환하도록 합니다. 아이디어가 필요하다면 superagent-cache 모듈(nodejsdp.link/superagent-cache)을 참고하세요.

8.2 로그의 타임스탬프 찍기:

로그에 출력할 메시지에 현재 타임스탬프를 추가하여 모든 로깅 함수(log(), error(), debug() 및 info())의 기능을 개선하도록 console 객체에 대한 프록시를 만드세요. 예를 들어, consoleProxy.log('hello')를 실행하면 콘솔에 "2020-02-18T15:59:30.699Z hello"과 같은 내용이 인쇄되어야 합니다.

8.3 컬러 콘솔 출력:

red(message), yellow(message), green(message) 함수를 추가하는 콘솔용 데코레이터를 작성합니다. 이러한 함수들은 각각 메시지를 빨간색, 노란색, 초록색으로 인쇄한다는 것을 제외하면 console.log(message)처럼 동작해야 합니다. 이전 장의 연습 중 하나에서 색상이 지정된 콘솔 출력을 생성하는 데 유용한 몇 가지 패키지를 이미 언급했습니다. 다른 방법으로 도전하고 싶다면 ansi-styles(nodejsdp.link/ansi-styles)를 참고하세요.

8.4 가상 파일 시스템:

LevelDB가 아닌 메모리에 파일 데이터를 쓰도록 LevelDB 파일 시스템 어댑터 예제를 수정하세요. 객체 또는 Map 인스턴스를 사용하여 파일 이름 및 관련 데이터의 키-값 쌍을 저장할 수 있어야 합니다.

8.5 지연 버퍼:

주어진 크기의 버퍼에 대한 가상 프록시를 생성하는 팩토리 함수인 createLazyBuffer(size)를 구현해보세요. 프록시 인스턴스는 write()가 처음 호출될 때만 Buffer 객체(주어진 메모리 크기를 효과적으로 할당)를 인스턴스화 해야 합니다. 버퍼에 쓰기를 시도하지 않으면 Buffer 인스턴스는 생성되지 않아야 합니다.

CHAPTER 09

행위 디자인 패턴

- 전략 패턴
- 상태(State)
- 템플릿
- 반복자(Iterator)
- 미들웨어
- 명령

앞선 두 장을 통해 복잡한 객체 구조를 만들고 생성하는데 도움이 되는 패턴을 살펴보았습니다. 이제 컴포넌트들의 동작과 관련된 소프트웨어의 다른 측면을 살펴볼 때가 되었습니다. 이 장에서는 확장 가능하고, 모듈화되고, 재사용 가능하며 적용성을 높일 수 있도록 객체를 결합하는 방법과 상호 작용할 수 있는 방법을 정의할 것입니다. "어떻게 런타임에 알고리즘의 일부를 변경할 수 있을까?", "어떻게 객체의 상태에 따라 동작을 변경할 수 있을까?", "어떻게 구현과 상관없이 컬렉션을 반복할 수 있을까?"와 같은 유형의 문제들은 전형적으로 이 장에서 살펴볼 패턴으로 해결할 수 있습니다.

이 패턴의 범주에 있는 주목할 만한 패턴을 여러분은 이미 살펴보았습니다. 바로 옵저버(Observer) 패턴으로 "3장. 콜백과 이벤트"에서 설명했습니다. 옵저버 패턴은 Node.js 플랫폼의 기본 패턴 중 하나입니다. Node.js의 이벤트 기반 아키텍처의 핵심인 이벤트와 구독을 처리하기 위한 간단한 인터페이스를 제공하기 때문입니다.

이미 **GoF**의 디자인 패턴에 익숙하다면, 이 장에서 이러한 패턴의 구현이 순수한 객체지향 접근 방식과 비교할 때 JavaScript에서 어떻게 근본적으로 다를 수 있는지, 다시 한번 보게 될 것입니다. 이 논의의 좋은 예를 이 장의 뒷부분에서 보게 될 반복자(Iterator) 패턴에서 찾을 수 있습니다. 반복자 패턴을 구현하기 위해 실제로 클래스를 확장하거나 복잡한 계층 구조를 만들 필요가 없습니다. 대신 클래스에 특별한 함수를 추가하기만 하면 됩니다. 또한 이 장의 특별한 패턴인 미들웨어(Middleware)는 GoF의 유명한 패턴인 책임 사슬(Chain of Responsibility) 패턴과 매우 유사하지만 Node.js에서 구현은 Node.js 자체의 패턴으로 간주될 수 있는 표준이 되었습니다.

이제 행위(Behavioral) 디자인 패턴을 좀 더 깊이 살펴보겠습니다. 이 장에서는 다음에 대해 학습합니다.

- 특정 요구사항에 맞게 컴포넌트의 일부를 변경하는데 도움이 되는 전략(Strategy) 패턴
- 상태(State) 패턴: 상태에 따라 컴포넌트의 동작을 변경시킬 수 있습니다.
- 새로운 것을 정의하기 위해 컴포넌트의 구조를 재사용할 수 있는 템플릿(Template) 패턴
- 컬렉션을 반복하기 위한 공통의 인터페이스를 제공하는 반복자(Iterator) 패턴
- 미들웨어(Middleware) 패턴: 모듈식 처리 절차를 정의할 수 있는 패턴
- 커맨드 패턴(Command) 패턴: 루틴 실행에 필요한 정보를 구체화하여 이러한 정보를 쉽게 전송, 저장 및 처리할 수 있는 명령(Command) 패턴

9-1 전략 패턴

전략 패턴을 사용하면 **컨텍스트**라는 객체를 활성화시켜 변수 부분을 **전략(Strategy)**이라는 별도의 상호 교환 가능한 객체로 추출하여 로직의 변경을 지원합니다. 컨텍스트는 알고리즘 제품군의 공통적인 로직을 구현하는 반면, **전략**은 가변적인 부분을 구현하여 컨텍스트가 입력값, 시스템 설정 또는 사용자 기본 설정과 같은 다양한 요소에 따라 동작을 조정할 수 있도록 합니다.

전략은 일반적으로 솔루션 제품군의 일부이며 모두 컨텍스트에서 예상하고 있는 동일한 인터페이스를 구현합니다. 다음 그림은 방금 설명한 상황을 보여줍니다.

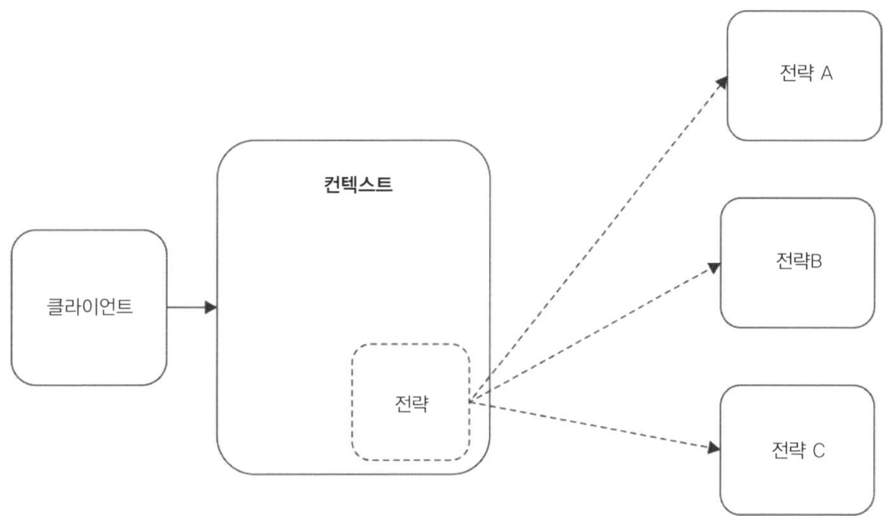

▲ 그림 9.1 전략 패턴의 일반적인 구조

그림 9.1은 마치 기계의 교체 가능한 부품처럼 컨텍스트 객체가 자신의 구조에 다른 전략으로 전환하여 연결하는 방식을 보여주고 있습니다. 자동차를 상상해 봅시다. 타이어는 다양한 도로 조건에 적응하기 위한 전략으로 생각할 수 있습니다. 볼트, 너트 덕분에 겨울용 타이어를 눈길에 장착할 수 있고, 고속도로를 중심으로 장거리 여행을 할 때는 고성능 타이어를 장착할 수 있습니다. 이것이 가능한 다른 방법은 자동차 전체를 바꾸거나 모든 도로를 주행할 수 있도록 8개의 바퀴가 달린 차를 만드는 것인데, 이런 것은 원하지 않을 것입니다.

여러분은 이 패턴이 얼마나 강력한지를 금방 이해할 수 있을 것입니다. 주어진 문제 내에서 우려되는 사항을 분리하는데 도움이 될 뿐만 아니라, 더 나은 유연성을 가진 솔루션으로 동일한 문제의 다양한 변형에 적용할 수 있도록 할 수 있습니다.

전략 패턴은 컴포넌트 동작이 경우에 따라 달라지는 것을 지원하기 위해 복잡한 조건문(많은

if...else 또는 switch 문)을 사용하거나, 동일한 역할의 범위에서 다른 컴포넌트를 혼합해야 하는 상황들에서 특히 유용합니다. 전자상거래 웹 사이트에서 온라인 주문을 나타내는 Order라는 객체를 생각해 봅시다. 객체에는 주문을 완료하고 사용자로부터 온라인 상점으로 자금을 이체하는 pay()라는 함수가 있습니다.

다양한 결제 시스템을 지원하기 위한 몇 가지 옵션이 존재합니다.

- pay() 함수에서 if...else 문을 사용하여 선택한 지불 옵션에 따라 작업을 완료합니다.
- 지불의 처리를 사용자가 선택한 특정 결제 게이트웨이에 대한 로직을 구현한 전략 객체에 위임합니다.

첫 번째 해결방법에서 Order 객체의 코드를 수정하지 않는 한, 다른 결제 방법을 지원할 수 없습니다. 또한 지불 옵션의 수가 증가하면 이것은 매우 복잡해질 수 있습니다. 대신 전략(Strategy) 패턴을 사용하면 Order 객체가 사실상 무제한의 결제 방법을 지원할 수 있으며, 다른 객체가 결제 작업을 위임받아 처리하고 Order 객체는 사용자, 구매 항목 및 해당 항목의 가격 같은 세부 정보만 관리하도록 범위를 제한할 수 있습니다.

이제 간단하고 현실적인 예시를 통해 이 패턴을 시연해 보겠습니다.

9-1-1 여러 형식을 지원하는 환경설정 객체

데이터베이스 URL 서버의 수신 포트와 같이 애플리케이션에서 사용하는 일련의 설정 매개 변수들을 가진 Config라는 객체를 생각해봅시다. Config 객체는 이러한 매개 변수에 접근하기 위한 간단한 인터페이스를 제공할 수 있어야 하지만, 파일과 같은 영구적인 저장소를 사용하여 구성을 가져오고 내보내는 방법도 제공할 수 있어야 합니다. 환경설정을 저장하기 위해 JSON, INI 또는 YAML과 같은 다양한 형식을 지원할 수 있어야 합니다.

전략 패턴에 대해 배운 내용을 적용하면 Config 객체에서 동작이 변경될 부분을 즉시 식별할 수 있는데, 이는 설정정보를 직렬화하거나 역직렬화할 수 있는 기능입니다. 이것은 우리의 전략에 따라 구현될 것입니다.

config.js라는 새로운 모듈을 만들어 환경설정을 관리하기 위한 일반적인 부분들을 정의해 봅시다.

```
import { promises as fs } from 'fs'
import objectPath from 'object-path'

export class Config {
  constructor (formatStrategy) {                          // (1)
```

```
    this.data = {}
    this.formatStrategy = formatStrategy
  }

  get (configPath) {                                    // (2)
    return objectPath.get(this.data, configPath)
  }

  set (configPath, value) {                             // (2)
    return objectPath.set(this.data, configPath, value)
  }
  async load (filePath) {                               // (3)
    console.log(`Deserializing from ${filePath}`)
    this.data = this.formatStrategy.deserialize(
      await fs.readFile(filePath, 'utf-8')
    )
  }

  async save (filePath) {                               // (3)
    console.log(`Serializing to ${filePath}`)
    await fs.writeFile(filePath,
      this.formatStrategy.serialize(this.data))
  }
}
```

앞의 코드에서 벌어지는 작업들은 다음과 같습니다.

1. 생성자에서 환경설정 데이터를 보관하기 위해 data라는 인스턴스 변수를 만듭니다. 그런 다음 데이터 구문을 분석하고 직렬화하는데 사용할 컴포넌트를 나타내는 formatStrategy도 저장합니다.
2. object-path(nodejsdp.link/object-path)라는 라이브러리는 점 경로 표기법(예: property.subProperty)을 사용하여 환경설정 속성에 접근할 수 있는 set()과 get() 두 가지 함수를 제공합니다.
3. load() 및 save() 함수는 각각 데이터의 직렬화 및 역직렬화를 전략에 위임하는 곳입니다. 즉, 생성자에서 입력으로 전달된 formatStrategy에 따라 Config 클래스의 로직이 변경되는 곳입니다.

보시다시피 매우 깔끔한 이 디자인을 통해 Config 객체는 데이터를 적재하고 저장할 때 다양한 파일 형식을 원활하게 지원할 수 있습니다. 가장 좋은 점은 이러한 다양한 형식을 지원하는 로직이 어디에도 하드코딩되지 않기 때문에 Config 클래스는 올바른 전략이 주어지면 사실상 모든 파일 형식을 수정하지 않고도 적용할 수 있다는 것입니다.

이 특성을 설명하기 위해 이제 strategies.js라는 파일에 몇 가지 형식의 전략을 생성해 보겠습니다. 널리 사용되는 환경설정 형식인 INI 파일 형식을 사용하여 데이터의 구문을 분석하고 직렬화하는 전략부터 시작해보겠습니다(자세한 내용은 nodejsdp.link/ini-format을 참고하십시오).

작업을 위해 ini라는 npm 패키지(nodejsdp.link/ini)를 사용하겠습니다.

```
import ini from 'ini'

export const iniStrategy = {
  deserialize: data => ini.parse(data),
  serialize: data => ini.stringify(data)
}
```

정말 깔끔합니다! 우리의 전략은 단순히 합의된 인터페이스를 구현하기만 하면 Config 객체에서 사용할 수 있게 되었습니다.

마찬가지로, 우리가 만들 다음 전략을 통해 JavaScript 및 일반적으로 웹 개발 에코 시스템에서 널리 사용되는 JSON 파일 형식을 지원하게 될 것입니다.

```
export const jsonStrategy = {
  deserialize: data => JSON.parse(data),
  serialize: data => JSON.stringify(data, null, '  ')
}
```

이제 모든 것이 어떻게 결합되는지 보여주기 위해 index.js라는 파일을 만들어 다른 형식을 사용해 환경설정의 샘플을 불러오고 저장해 보겠습니다.

```
import { Config } from './config.js'
import { jsonStrategy, iniStrategy } from './strategies.js'

async function main () {
  const iniConfig = new Config(iniStrategy)
  await iniConfig.load('samples/conf.ini')
  iniConfig.set('book.nodejs', 'design patterns')
  await iniConfig.save('samples/conf_mod.ini')

  const jsonConfig = new Config(jsonStrategy)
  await jsonConfig.load('samples/conf.json')
```

```
  jsonConfig.set('book.nodejs', 'design patterns')
  await jsonConfig.save('samples/conf_mod.json')
}

main()
```

테스트 모듈은 전략 패턴의 핵심적인 속성들을 보여주고 있습니다. 환경설정 관리자의 공통 부분을 구현하는 하나의 Config 클래스만을 정의하고 데이터 직렬화 및 역직렬화를 위한 서로 다른 전략을 사용하여 다른 형식의 파일을 지원하는 Config 클래스의 인스턴스를 만들었습니다.

방금 본 예는 전략을 선택하는데 사용할 수 있는 가능한 대안 중 하나만 보여준 것입니다. 다른 유효한 접근 방법은 다음과 같을 수 있습니다.

- **두 가지 다른 전략 제품군 생성**: 하나는 역직렬화를 위한 것이고 다른 하나는 직렬화를 위한 것입니다. 이렇게 하면 한 형식으로 읽고 다른 형식으로 저장할 수 있습니다.
- **전략을 동적으로 선택**: 제공된 파일의 확장자에 따라 Config 객체는 확장자 맵을 가지고 주어진 확장자에 따라 알맞은 알고리즘을 선택할 수 있습니다.

이와 같이 사용할 전략을 선택할 수 있는 몇 가지 옵션이 있으며, 올바른 옵션은 요구사항과 기능, 그리고 얻고자 하는 단순성 측면에 따라 달라집니다.

또한 패턴 자체의 구현도 많이 다를 수 있습니다. 예를 들어, 가장 간단한 형식으로 컨텍스트와 전략은 모두 간단한 함수일 수도 있습니다.

```
function context(strategy) {...}
```

중요하지 않은 것처럼 보일 수 있지만 JavaScript와 같은 프로그래밍 언어에서는 과소평가되어서는 안됩니다. JavaScript와 같은 프로그래밍 언어에서는 함수가 일급 객체이고 완전한 조건을 갖춘 객체보다도 많이 사용됩니다.

그러나 이러한 모든 변형 사이에서 변경되지 않는 것은 이 패턴이 가진 사상입니다. 항상 그렇듯이 구현은 어느 정도 변경될 수 있으나 패턴을 움직이게 하는 핵심 개념은 항상 동일한 것입니다.

> 전략 패턴의 구조는 어댑터 패턴의 구조와 유사할 수 있습니다. 그러나 둘 사이에는 상당한 차이가 있습니다. 어댑터 객체는 어댑터에 동작을 추가하지 않습니다. 단지 다른 인터페이스에서도 사용할 수 있는 호환성을 위한 인터페이스를 가지고 있기 때문에 다른 인터페이스에서도 사용할 수 있습니다. 물론 하나의 인터페이스를 다른 인터페이스로 변환하기 위한 추가적인 로직을 구현해야 할 수도 있으나 이 로직은 인터페이스만으로 제한됩니다. 전략 패턴에서는 컨텍스트와 전략(Strategy) 알고리즘 이렇게 두 가지 다른 부분을 구현하므로 둘 다 어떤 종류의 로직을 구현하고 있으며, 둘 다 최종적인 문제 해결을 위한 알고리즘을 구축하는데 필수적이게 됩니다(함께 결합해야 합니다).

9-1-2 실전에서

Passport(nodejsdp.link/passportjs)는 Node.js용 인증 프레임워크로, 웹 서버가 다양한 인증 체계를 지원할 수 있도록 합니다. Passport를 사용하면 최소한의 노력으로 Facebook에 로그인하거나 Twitter의 기능을 사용하여 웹 애플리케이션에 로그인할 수 있습니다. Passport는 전략 패턴을 사용하여 인증 프로세스 중에 사용되는 공통된 로직을 실제 인증단계와 같이 변경할 수 있는 부분과 분리합니다. 예를 들어, Facebook 또는 Twitter 프로필에 접근하기 위한 액세스 토큰을 얻기 위해 OAuth를 사용하거나 단순히 사용자 아이디/비밀번호 쌍을 확인하기 위해 로컬 데이터베이스를 사용할 수도 있습니다. Passport의 경우 이는 모두 인증 프로세스를 처리하기 위한 서로 다른 전략이며, 상상해 볼 수 있듯이 라이브러리가 사실상 제한 없이 인증 서비스를 지원할 수 있도록 합니다. nodejsdp.link/passport-strategies에서 지원되는 다양한 인증 공급자의 수를 살펴보고 전략 패턴이 무엇을 할 수 있는지 살펴보십시오.

9-2 상태(State)

상태(State) 패턴은 컨텍스트의 상태에 따라 전략이 변경되는 특별한 전략 패턴입니다.

이전 섹션에서 환경설정의 속성 또는 입력 인자와 같은 다양한 변수에 따라 전략을 선택하는 방법을 살펴보았으며, 이 선택이 완료되면 한번 생성된 컨텍스트에서는 전략이 변경되지 않은 상태로 유지됩니다. 대신 상태 패턴에서는 전략(상태 패턴에서는 **상태**라고도 함)은 동적이며 컨텍스트의 생존 주기 동안 변경될 수 있으므로 내부 상태에 따라 동작을 조정할 수 있습니다.

다음 그림은 이 패턴을 보여줍니다.

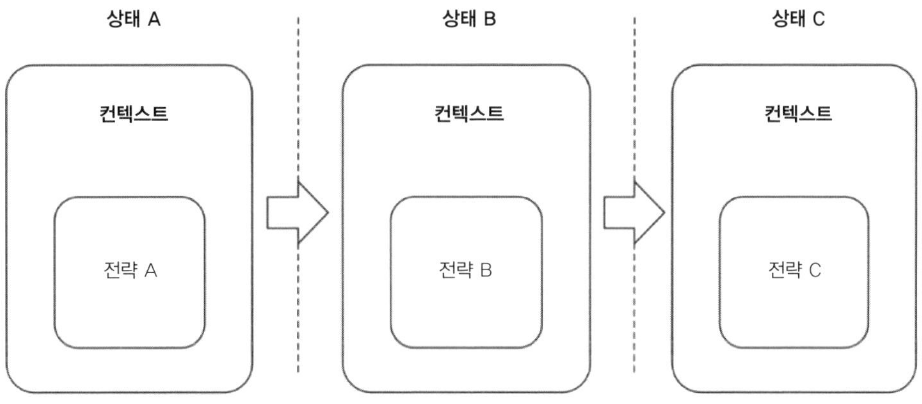

▲ 그림 9.2 상태 패턴

그림 9.2는 컨텍스트 객체가 세 가지 상태(A, B, C)를 통해 어떻게 전환되는지를 보여줍니다. 상태(State) 패턴을 사용하면 서로 다른 컨텍스트 상태에서 서로 다른 전략을 선택합니다. 이는 컨텍스트 객체가 상태에 따라 다른 동작을 채택한다는 것을 뜻합니다.

더 쉽게 이해할 수 있도록 예를 들어보겠습니다. 호텔 예약 시스템과 객실 예약을 모델링하는 Reservation이라는 객체가 있다고 가정해 보겠습니다. 이것은 상태에 따라 객체의 동작을 조정해야 하는 일반적인 상황입니다.

다음과 같은 일련의 이벤트를 생각해 봅시다.

- 예약이 처음 생성되면 사용자가 예약을 확인할 수 있습니다(confirm()이라는 함수 사용). 물론 아직 예약이 완료되지 않았기 때문에 취소(cancel() 함수 사용)할 수 없습니다(예를 들면 호출자는 에러를 전달받을 것입니다). 그러나 구매하기 전에 마음이 바뀌면 삭제(delete() 사용)할 수 있습니다.
- 예약이 완료되면 confirm() 함수를 다시 사용하는 것은 의미가 없습니다. 그러나 이제는 예약을 취소할 수 있지만 기록을 위해 보관해야 하므로 더는 객체를 삭제할 수 없습니다.
- 예약일 전날에는 더 이상 예약을 취소할 수 없습니다. 취소하기에는 너무 늦었습니다.

이제 하나의 모놀리식 객체에서 방금 설명한 예약 시스템을 구현해야 한다고 상상해 보십시오. 여러분의 머릿속에 예약 상태에 따라 각 작업을 활성화/비활성화하기 위해 작성해야 하는 모든 if...else 또는 switch 문이 이미 그려졌을 것입니다.

▲ 그림 9.3 상태 패턴 적용 예시

그림 9.3에서 볼 수 있듯이 상태 패턴은 이 상황에서 완벽한 해결책입니다. 여기에는 3가지 전략(상태)이 있는데, 설명된 세 가지 함수(confirm(), cancel(), delete())입니다. 이들 모두 각자 하나의 동작만 하도록 구현합니다. 즉, 각각의 모델링된 상태에 해당합니다. 이 패턴을 사용하면 Reservation 객체가 한 동작에서 다른 동작으로 쉽게 전환할 수 있습니다. 이것은 단순히 각각의 상태 변경에 따라 다른 전략(상태 객체)의 **활성화**가 필요합니다.

상태 전환은 컨텍스트 객체, 클라이언트 코드 또는 상태 객체 자체에 의해 시작되고 제어될 수 있습니다. 이때 마지막 옵션은 컨텍스트가 가능한 모든 상태와 이들 사이의 전환 방법에 대해 알 필요가 없기 때문에 일반적으로 유연성과 디커플링 측면에서 최상의 결과를 제공합니다.

이제 상태 패턴에 대해 배운 내용을 적용할 수 있도록 구체적인 예제를 살펴보겠습니다.

9-2-1 기본적인 안전 소켓 구현

서버와 연결이 끊어져도 실패하지 않는 TCP 클라이언트 소켓을 만들어 봅시다. 대신 서버가 오프라인 상태인 동안 전송된 모든 데이터를 큐에 넣은 다음, 연결이 다시 설정되는 즉시 다시 전송할 것입니다. 이 소켓을 간단한 모니터링 시스템의 맥락에서 활용하고자 합니다. 일련의 시스템이 정기적으로 리소스 사용에 대한 통계를 전송합니다. 이러한 리소스를 수집하는 서버가 다운되면 서버가 다시 온라인 상태가 될 때까지 소켓이 계속해서 데이터를 로컬 큐에 담습니다.

컨텍스트 객체를 정의하기 위한 failsafeSocket이라는 새로운 모듈을 만들어 시작하겠습니다.

```
import { OfflineState } from './offlineState.js'
import { OnlineState } from './onlineState.js'

export class FailsafeSocket {
  constructor (options) {                                  // (1)
    this.options = options
    this.queue = []
    this.currentState = null
    this.socket = null
    this.states = {
      offline: new OfflineState(this),
      online: new OnlineState(this)
    }
    this.changeState('offline')
  }
  changeState (state) {                                    // (2)
    console.log(`Activating state: ${state}`)
    this.currentState = this.states[state]
    this.currentState.activate()
  }

  send (data) {                                            // (3)
    this.currentState.send(data)
  }
}
```

FailsafeSocket 클래스는 세 가지 주요 요소로 구성됩니다.

1. 생성자는 소켓이 오프라인일 때 전송된 모든 데이터를 담을 큐를 포함하여 다양한 데이터 구조를 초기화합니다. 또한 두 가지 상태 집합을 생성합니다. 하나는 오프라인일 때 소켓 동작을 구현하기 위한 것이고 다른 하나는 소켓이 온라인일 때입니다.
2. changeState() 함수는 한 상태에서 다른 상태로 전환하는 역할을 합니다. 단순히 currentState 인스턴스 변수를 업데이트하고 대상 상태에서 activate()를 호출합니다.
3. send() 함수에서는 FailsafeSocket 클래스의 주요 기능이 포함되어 있습니다. 온라인/오프라인 상태에 따라 다른 동작을 처리하는 곳입니다. 보시다시피 현재 활성 상태로 작업을 위임하면 됩니다.

이제 offlineState.js에서 시작하여 두 상태가 어떻게 표현되는지 보겠습니다.

```
import jsonOverTcp from 'json-over-tcp-2'                    // (1)

export class OfflineState {
  constructor (failsafeSocket) {
    this.failsafeSocket = failsafeSocket
  }

  send (data) {                                              // (2)
    this.failsafeSocket.queue.push(data)
  }
  activate () {                                              // (3)
    const retry = () => {
      setTimeout(() => this.activate(), 1000)
    }

    console.log('Trying to connect...')
    this.failsafeSocket.socket = jsonOverTcp.connect(
      this.failsafeSocket.options,
      () => {
        console.log('Connection established')
        this.failsafeSocket.socket.removeListener('error', retry)
        this.failsafeSocket.changeState('online')
      }
    )
    this.failsafeSocket.socket.once('error', retry)
  }
}
```

방금 만든 모듈은 오프라인 상태에서 소켓의 동작을 관리합니다. 작동 방식은 다음과 같습니다.

1. 원시 TCP 소켓을 사용하는 대신 jsonover-tcp-2(nodejsdp.link/json-over-tcp-2)라는 작은 라이브러리를 사용합니다. 라이브러리가 소켓을 통과하는 JSON 객체 데이터의 모든 구문 분석 및 형식화를 처리하므로 작업이 크게 단순화됩니다.
2. send() 함수는 수신한 데이터를 큐에 넣는 작업만 담당합니다. 우리는 오프라인이라고 가정하고 나중을 위해 데이터 객체를 저장할 것입니다. 그것이 우리가 지금 할 일의 전부입니다.
3. activate() 함수는 json-over-tcp2 소켓을 사용하여 서버와의 연결을 설정하려고 합니다. 작업이 실패하면 1초 후에 다시 시도합니다. 유효한 연결이 설정될 때까지 계속 시도합니다. 연결이 될 경우 failsafeSocket 상태가 온라인으로 전환됩니다.

다음으로, OnlineState 클래스를 구현할 onlineState.js 모듈을 만들어 보겠습니다.

```
export class OnlineState {
  constructor (failsafeSocket) {
    this.failsafeSocket = failsafeSocket
    this.hasDisconnected = false
  }
  send (data) {                                           // (1)
    this.failsafeSocket.queue.push(data)
    this._safeWrite(data)
  }
  _safeWrite (data) {                                     // (2)
    this.failsafeSocket.socket.write(data, (err) => {
      if (!this.hasDisconnected && !err) {
        this.failsafeSocket.queue.shift()
      }
    })
  }

  activate () {                                           // (3)
    this.hasDisconnected = false
    for (const data of this.failsafeSocket.queue) {
      this._safeWrite(data)
    }

    this.failsafeSocket.socket.once('error', () => {
      this.hasDisconnected = true
      this.failsafeSocket.changeState('offline')
    })
  }
}
```

OnlineState 클래스는 서버와의 활성화된 연결이 있을 때 FailsafeSocket의 동작을 모델링합니다. 다음은 그 작동 방식입니다.

1. send() 함수는 데이터를 큐에 넣은 다음 온라인 상태라고 가정하므로 즉시 소켓에 직접 쓰려고 합니다. 이를 위해 내부의 _safeWrite() 함수를 사용합니다.
2. _safeWrite() 함수는 소켓의 쓰기 가능한 스트림(writable stream)에 데이터 쓰기를 시도하고(nodejsdp.link/writable-write의 공식 문서를 참조하세요) 데이터가 리소스를 통해 전송되기를 기다립니다. 오류가 반환되지 않고, 그동안 소켓의 연결 해지되지 않았다면 데이터가 성공적으로 전송되었으므로 큐에서 제거됩니다.

3. activate() 함수는 소켓이 오프라인일 때 대기열에 있던 모든 데이터를 비웁니다. 반면 소켓이 오프라인이면 에러 메시지가 수신되기 시작합니다. 우리는 이것을 소켓이 오프라인이 된 증상으로 인식할 것입니다(간단히 하기 위해). 이런 일이 발생하면 오프라인 상태로 전환됩니다.

이것이 FailsafeSocket을 위한 모든 것입니다. 이제 샘플 클라이언트와 이를 시험해볼 서버를 만들 준비가 되었습니다. server.js라는 모듈에 서버 코드를 작성합니다.

```
import jsonOverTcp from 'json-over-tcp-2'

const server = jsonOverTcp.createServer({ port: 5000 })
server.on('connection', socket => {
  socket.on('data', data => {
    console.log('Client data', data)
  })
})

server.listen(5000, () => console.log('Server started'))
```

그런 다음 우리가 정말 관심을 가지고 있는 클라이언트 측 코드를 client.js에 작성합니다.

```
import { FailsafeSocket } from './failsafeSocket.js'

const failsafeSocket = new FailsafeSocket({ port: 5000 })

setInterval(() => {
  // 현재 메모리 사용량을 전달
  failsafeSocket.send(process.memoryUsage())
}, 1000)
```

서버는 수신한 JSON 메시지를 콘솔에 간단히 출력하고, 클라이언트는 FailsafeSocket 객체를 활용하여 매초마다 메모리 사용률 측정값을 전송합니다.

우리가 만든 작은 시스템을 시험해보기 위해서는 클라이언트와 서버를 모두 실행해야 합니다. 그런 다음 서버를 중지했다가 다시 시작하여 failsafeSocket의 기능을 테스트할 수 있습니다. 클라이언트의 상태가 온라인과 오프라인 사이에서 변경되고, 서버가 오프라인일 때 수집된 메모리 측정이 대기열에 들어간 다음, 서버가 다시 온라인으로 전환되는 즉시 다시 전송되는지 확인합니다.

이 샘플은 상태 패턴이 상태에 따라 동작을 조정해야 하는 컴포넌트의 모듈성과 가독성을 높이는데 어떻게 도움이 될 수 있는지에 대한 명확한 예시가 됩니다.

이 섹션에서 만든 FailsafeSocket 클래스는 상태 패턴을 보여주기 위한 것일 뿐, TCP 소켓과 연결 문제를 처리하기 위한 완전하고 100% 신뢰할 수 있는 솔루션이 되지는 못합니다. 예를 들어, 소켓 스트림에 기록된 모든 데이터가 서버에서 수신되는지 확인하지 않습니다. 이 경우 설명하려는 패턴과 엄격하게 관련되지 않은 코드가 더 필요합니다. 실제 운용일 경우 ZeroMQ(nodejsdp.link/zeromq)가 신뢰할 만한 대안이 될 수 있습니다. "13장. 메시징과 통합 패턴"에서 ZeroMQ를 사용하는 일부 패턴에 대해 설명할 것입니다.

9-3 템플릿

분석하려는 다음 패턴은 **템플릿** 패턴이라고 하며 전략 패턴과 공통점이 많습니다. 템플릿 패턴은 먼저 컴포넌트의 스켈레톤(공통부분을 나타냄)을 구현하는 추상 클래스를 정의합니다. 그렇게 되면 일부 단계는 정의되지 않은 상태로 남아 있게 됩니다. 그런 다음 하위 클래스는 **템플릿 함수**라고 하는 누락된 함수 부분을 구현하여 컴포넌트의 빈 부분을 채울 수 있습니다. 이 패턴의 목적은 모든 컴포넌트의 모든 변형 집합을 정의할 수 있도록 하는 것입니다. 다음 UML 다이어그램은 방금 설명한 구조를 보여줍니다.

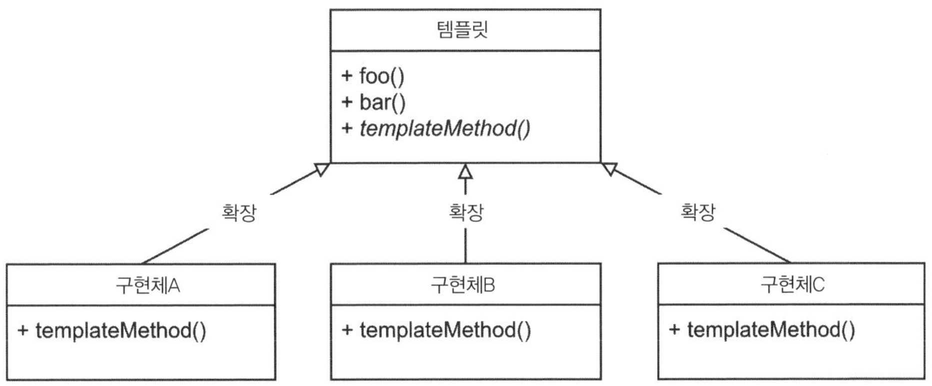

▲ 그림 9.4 템플릿 패턴의 UML 다이어그램

그림 9.4에 표현된 세 가지 구체적인 클래스는 템플릿 클래스를 확장하고, C++ 용어를 사용하자면, 추상 또는 순수 가상인 templateMethod()에 대한 구현을 제공하게 됩니다. JavaScript에서는 추상 클래스를 정의하는 공식적인 방법이 없으므로 함수를 정의하지 않은 상태로 두거나 항상 예외를 발생시키는 함수에 할당하여 함수를 구현해야 함을 나타냅니다. 상

속이 구현의 핵심적인 부분이기 때문에 템플릿 패턴은 지금까지 본 다른 패턴보다 더 전통적인 객체지향 패턴으로 여겨질 수 있습니다.

템플릿(Template)과 전략(Strategy)의 목적은 매우 유사하지만 두 가지 중요한 차이점은 그 구조와 구현에 있습니다. 둘 다 공통 부분을 재사용하면서 구성 요소의 가변 부분을 변경할 수 있습니다. 그러나 전략(Strategy)을 사용하면 실행 시에 동적으로 수행할 수 있지만 템플릿(Template)을 사용하면 구체적인 클래스가 정의되는 그 순간, 전체 컴포넌트 동작이 결정됩니다. 이러한 가정하에서 템플릿 패턴은 컴포넌트의 사전에 패키징된 변형을 생성하려는 상황에 더 적합할 수 있습니나. 항상 그렇듯이 한 패턴과 다른 패턴 사이의 선택은 개발자가 각각의 사용 사례에 대해 다양한 장단점을 고려해 적용해야 합니다.

이제 예제를 살펴보겠습니다.

9-3-1 환경설정 관리 템플릿

전략(Strategy)과 템플릿(Template)의 차이점을 더 잘 이해하기 위해 전략 패턴 섹션에서 정의한 Config 객체를 다시 한번 구현해 보겠습니다. 이번에는 템플릿 패턴을 사용합니다. 이전 버전의 Config 객체에서와 다른 파일 형식을 사용하여 일련의 환경설정 속성들을 로드하고 저장할 수 있도록 할 것입니다.

템플릿 클래스를 정의하는 것으로 시작하겠습니다. 이를 ConfigTemplate라 부를 것입니다.

```
import { promises as fsPromises } from 'fs'
import objectPath from 'object-path'

export class ConfigTemplate {
  async load (file) {
    console.log(`Deserializing from ${file}`)
    this.data = this._deserialize(
      await fsPromises.readFile(file, 'utf-8'))
  }

  async save (file) {
    console.log(`Serializing to ${file}`)
    await fsPromises.writeFile(file, this._serialize(this.data))
  }

  get (path) {
    return objectPath.get(this.data, path)
```

```
  }

  set (path, value) {
    return objectPath.set(this.data, path, value)
  }

  _serialize () {
    throw new Error('_serialize() must be implemented')
  }

  _deserialize () {
    throw new Error('_deserialize() must be implemented')
  }
}
```

ConfigTemplate 클래스는 환경설정 관리 로직의 공통 부분, 즉 속성에 대한 설정들의 setting과 getting 및 로드 및 디스크에 저장하는 부분을 구현합니다. 그러나 _serialize() 및 _deserialize() 함수의 구현은 열어둡니다. 이는 실제로 특정 환경설정 형식을 지원하는 구체적인 Config 클래스를 생성할 수 있도록 하는 템플릿 함수입니다. 템플릿 함수 이름의 시작 부분에 있는 밑줄은 보호된 함수에 플래그를 지정하는 간편한 방법으로 내부 전용임을 나타냅니다. JavaScript에서는 함수를 추상으로 선언할 수 없기 때문에 **단순한 모형**(stubs)으로 정의하여 호출되면 (즉, 구체적인 하위 클래스에 의해 재정의되지 않은 경우) 오류를 발생시킵니다.

이제 템플릿을 사용하여 구체적인 클래스를 생성해 보겠습니다. 예를 들어 JSON 형식을 사용하여 구성을 로드하고 저장할 수 있습니다.

```
import { ConfigTemplate } from './configTemplate.js'

export class JsonConfig extends ConfigTemplate {
  _deserialize (data) {
    return JSON.parse(data)
  }

  _serialize (data) {
    return JSON.stringify(data, null, '  ')
  }
}
```

JsonConfig 클래스는 템플릿 클래스인 ConfigTemplate를 확장하고 _deserialize() 및 _serialize() 함수에 대한 구체적인 구현을 제공합니다.

마찬가지로 동일한 템플릿 클래스를 사용하여 .ini 파일 형식을 지원하는 IniConfig 클래스를 구현할 수도 있습니다.

```
import { ConfigTemplate } from './configTemplate.js'
import ini from 'ini'

export class IniConfig extends ConfigTemplate {
  _deserialize (data) {
    return ini.parse(data)
  }

  _serialize (data) {
    return ini.stringify(data)
  }
}
```

이제 구체적인 환경설정 관리자 클래스를 사용하여 일부 환경설정 데이터를 로드하고 저장할 수 있습니다.

```
import { JsonConfig } from './jsonConfig.js'
import { IniConfig } from './iniConfig.js'

async function main () {
  const jsonConfig = new JsonConfig()
  await jsonConfig.load('samples/conf.json')
  jsonConfig.set('nodejs', 'design patterns')
  await jsonConfig.save('samples/conf_mod.json')

  const iniConfig = new IniConfig()
  await iniConfig.load('samples/conf.ini')
  iniConfig.set('nodejs', 'design patterns')
  await iniConfig.save('samples/conf_mod.ini')
}

main()
```

전략 패턴과의 차이점에 유의해야 합니다. 환경설정 데이터를 형식화하고 구문을 분석하는 로직은 런타임에 결정되지 않고 클래스 자체에 포함되어 있습니다.

템플릿 패턴을 사용하여 부모 템플릿 클래스에서 상속된 로직과 인터페이스들을 재사용하고 몇 가지 추상 함수의 구현만을 제공함으로써 최소한의 작업만으로도 새로운 환경설정 관리자를 만들 수 있었습니다.

9-3-2 실전에서

이 패턴은 우리에게 완전히 새로운 것처럼 보이지 않을 것입니다. "6장. 스트림 코딩"에서 사용자 정의 스트림을 구현하기 위해 다른 스트림 클래스를 확장할 때 이미 접해 보았습니다. 이때의 템플릿 함수는 구현하려는 스트림 클래스에 따라 _write(), _read(), _transform() 혹은 _flash() 함수였습니다. 새로운 사용자 정의 스트림을 생성하려면 특정 추상 스트림 클래스에서 상속을 받아 템플릿 함수들에 대한 구현을 제공해야 했습니다.

다음으로, JavaScript 언어 자체에 내장되어 매우 중요하고 어느 곳에나 사용하는 패턴인 반복자(Iterator) 패턴에 대해 알아보겠습니다.

9-4 반복자(Iterator)

반복자 패턴은 기본적인 패턴으로 매우 중요하고 일반적으로 사용되므로 프로그래밍 언어 자체에 내장됩니다. JavaScript(ECMAScript 2015 사양에서 시작)를 비롯하여 모든 주요 프로그래밍 언어에서 어떤 방식으로든 이 패턴을 구현하고 있습니다.

반복자 패턴은 배열 또는 트리 데이터 구조와 같은 컨테이너의 요소들을 반복하기 위한 공통 인터페이스 또는 프로토콜을 정의합니다. 일반적으로 컨테이너의 요소들을 반복하는 알고리즘은 데이터의 실제 구조에 따라 다릅니다. 배열을 반복하는 것과 트리를 순회하는 것에 대해 생각해봅시다. 배열의 경우 단순한 루프만이 필요합니다. 트리는 더 복잡한 트리 순회 알고리즘이 필요합니다(nodejsdp.link/tree-traversal). 반복자 패턴을 사용하면 사용중인 알고리즘 또는 데이터 구조에 대한 세부 정보는 숨기고 모든 유형의 컨테이너를 반복하는 데 필요한 공통의 인터페이스를 제공합니다. 본질적으로 반복자 패턴을 사용하면 순회 연산의 결과(요소)를 처리하는 방식과 순회 알고리즘의 구현을 분리할 수 있습니다.

그러나 JavaScript에서 반복자는 이벤트 이미터와 스트림처럼 반드시 컨테이너일 필요 없이 다른 유형의 구조에서도 잘 동작합니다. 따라서 반복자 패턴은 순서대로 생성되거나 조회된 요소들을 반복하는 인터페이스를 정의하고 있다고 일반화하여 말할 수 있을 것입니다.

9-4-1 반복자(iterator) 프로토콜

JavaScript에서 반복자 패턴은 상속과 같은 형식적인 구조보다는 **프로토콜**을 통해 구현됩니다. 이것은 본질적으로 반복자 패턴의 구현자와 소비자간의 상호 작용이 사전에 합의된 형태의 인터페이스와 객체를 이용한다는 것을 의미합니다.

JavaScript에 있어서 반복자 패턴을 구현하는 시작점은 값들의 시퀀스를 생성하기 위한 인터페이스를 정의하는 '**반복자 프로토콜**'(iterator protocol)입니다. 따라서 우리는 다음과 같은 동작을 가지는 next() 함수를 구현한 객체를 '반복자'(iterator)라고 부를 것입니다. 함수가 호출될 때마다 함수는 반복의 다음 요소를 객체에 담아 반환하며 이를 '**반복자 결과**'(iterator result)라 합니다.

- 반복이 완료되면 done이라는 변수가 true로 설정됩니다. 즉, 반환할 요소가 더 이상 없을 때입니다. 그렇지 않으면 done은 undefined거나 false일 것입니다.
- value는 반복의 현재 요소를 포함하며 done이 참일 때 undefine으로 남을 수 있습니다. done이 true라 해도 value가 설정될 수 있는데, 이는 반복에서 값을 반환했다고는 하지만, 요소의 값이 아닌 반복 전체 동작에 대한 정보와 관련된 값이 됩니다(예를 들어, 모든 요소를 반복하는데 소요된 시간 또는 요소가 숫자인 경우 반복된 모든 요소의 평균).

반복자가 추가적인 속성을 반환하는 것을 막을 수는 없습니다. 그러나 이러한 속성은 내장된 구조나 반복자를 사용하는 API에 의하여 무시될 것입니다(잠시 후에 보게 될 것입니다).

반복자 프로토콜을 구현하는 간단한 예를 보겠습니다. createAlphabetIterator()라는 팩토리 함수를 구현해 보겠습니다. 이 함수는 영어 알파벳의 모든 문자를 순회할 수 있는 반복자를 생성합니다. 이 함수는 다음과 같습니다.

```
const A_CHAR_CODE = 65
const Z_CHAR_CODE = 90

function createAlphabetIterator () {
  let currCode = A_CHAR_CODE

  return {
    next () {
```

```
        const currChar = String.fromCodePoint(currCode)
        if (currCode > Z_CHAR_CODE) {
          return { done: true }
        }

        currCode++
        return { value: currChar, done: false }
      }
    }
  }
```

반복 로직은 정말 간단합니다. next() 함수를 호출할 때마다 문자에 해당하는 문자코드를 나타내는 숫자를 증가시키고 이를 문자로 변환한 다음, 반복자 프로토콜에 정의된 객체의 형식을 사용하여 반환합니다.

반복자에서 done: true를 반환하는 것이 반복을 끝내는데 항상 필요한 것은 아닙니다. 실제로 반복자가 무한히 반복되는 상황이 많이 있을 수 있습니다. 예를 들어 각 반복에서 난수를 반환하는 반복자가 있습니다. 또 다른 예로, 피보나치 수열이나 pi 상수의 숫자와 같은 수학적 급수를 계산하는 반복자입니다(연습 삼아 다음 알고리즘을 반복자를 사용하도록 변환할 수 있습니다: nodejsdp.link/pi-js). 반복자가 이론적으로 무한하게 반복될 수 있다 하더라도 계산 또는 공간의 제약이 없다는 뜻은 아닙니다. 예를 들어 피보나치 수열이 반환하는 숫자는 금방 매우 커질 것입니다.

주목해야 할 중요한 측면은 반복자의 현재 위치를 어떤 방식으로든 추적해야 하기 때문에 많은 경우 반복자는 상태저장 객체라는 것입니다. 이전 예제에서 상태를 클로저(currCode 변수)로 보관했지만 이것은 우리가 할 수 있는 방법 중 한가지일 뿐입니다. 예를 들어 인스턴스 변수에 상태를 보관할 수 있습니다. 이는 일반적으로 반복자 자체에서 반복 상태를 언제든지 읽을 수 있기 때문에 디버깅 관점에서 더 좋지만, 다른 면에서는 외부 코드가 인스턴스 변수를 수정하여 반복의 상태를 변경하는 것을 막지 못합니다. 각각의 방식의 장단점을 결정하는 것은 여러분에게 달려있습니다.

반복자는 실제로 완전히 상태 비저장일 수도 있습니다. 예를 들어 무작위 요소를 반환하고 무작위로 종료하거나 무한 반복을 하는 반복자거나 첫 번째 반복에서 중지하는 반복자를 예로 들 수 있습니다.

이제 방금 만든 반복자를 사용하는 방법을 살펴봅시다. 다음 코드를 보십시오.

```
const iterator = createAlphabetIterator()

let iterationResult = iterator.next()
while (!iterationResult.done) {
  console.log(iterationResult.value)
  iterationResult = iterator.next()
}
```

코드에서 알 수 있듯이 반복자를 사용하는 코드는 패턴 자체로 간주될 수 있습니다. 그러나 이 섹션의 뒷부분에서 보게 되겠지만 이것이 반복자를 사용하는 유일한 방법은 아닙니다. 사실 JavaScript는 반복자를 사용하는 훨씬 더 편리하고 멋진 방법을 가지고 있습니다.

반복자는 선택적으로 두 가지 추가적인 함수 return([value]) 및 throw(error)를 지정할 수 있습니다. 첫 번째는 규약에 따라 사용자가 반복이 완료되기 전에 중단했음을 알리는데 사용되고, 두 번째는 오류가 발생했음을 반복자에 전달하는데 사용됩니다. 두 함수 모두 기본적인 반복자에서는 거의 사용되지 않습니다.

9-4-2 반복가능자(Iterable) 프로토콜

반복가능자(Iterable) 프로토콜은 객체가 반복자를 반환하는 표준화된 방법을 정의합니다. 이러한 객체를 **반복가능자(Iterable)**라고 합니다. 일반적으로 반복가능자는 요소들의 컨테이너로 데이터구조와 같은 것이지만, 디렉터리의 파일들을 반복할 수 있도록 하는 Directory 객체와 같이 요소들의 집합을 가상적으로 나타내는 객체일 수도 있습니다.

JavaScript에서 우리는 **@@iterator 함수**, 달리 말해, 내장 심볼인 Symbol.iterator 함수를 통해 접근 가능한 함수를 구현하여 반복가능자를 정의할 수 있습니다.

@@name 규칙은 ES6 사양에 따라 잘 알려져 있는 기호입니다. 자세한 내용은 nodejsdp.link/es6-well-known-symbols를 참조하시기 바랍니다.

이러한 @@iterator 함수는 반복자 객체를 반환해야 하며, 반복자 객체는 객체에서 표현되는 요소들을 반복하는 데 사용할 수 있습니다. 예를 들어, Iterable이 클래스라면 다음과 같은 형태가 될 것입니다.

```
class MyIterable {
  // 다른 함수들...
```

```
  [Symbol.iterator] () {
    // 반복자(iterator)를 반환
  }
}
```

이것이 실제로 어떻게 동작하는지를 보여주기 위해 2차원 행렬 구조로 구성된 정보를 관리하는 클래스를 만들어 봅시다. 반복자를 사용하여 행렬의 모든 요소를 스캔할 수 있도록 이 클래스에 Iterable 프로토콜을 구현하려 합니다. 다음 내용을 가지는 matrix.js라는 파일을 만들어 보겠습니다.

```
export class Matrix {
  constructor (inMatrix) {
    this.data = inMatrix
  }

  get (row, column) {
    if (row >= this.data.length ||
      column >= this.data[row].length) {
      throw new RangeError('Out of bounds')
    }
    return this.data[row][column]
  }

  set (row, column, value) {
    if (row >= this.data.length ||
      column >= this.data[row].length) {
      throw new RangeError('Out of bounds')
    }
    this.data[row][column] = value
  }

  [Symbol.iterator] () {
    let nextRow = 0
    let nextCol = 0

    return {
      next: () => {
        if (nextRow === this.data.length) {
          return { done: true }
```

```
        }

        const currVal = this.data[nextRow][nextCol]

        if (nextCol === this.data[nextRow].length - 1) {
          nextRow++
          nextCol = 0
        } else {
          nextCol++
        }

        return { value: currVal }
      }
    }
  }
}
```

보시다시피, 클래스에는 행렬의 값을 획득하고 설정하는 기본적인 함수들과 반복가능자 프로토콜을 구현하는 @@iterator 함수가 포함되어 있습니다. @@iterator 함수는 반복가능자 프로토콜에 지정된 대로 반복자를 반환하며 이 반복자는 반복자 프로토콜을 준수합니다. 반복자의 로직은 매우 간단합니다. 각 행의 각 열을 스캔하여 왼쪽 상단에서 오른쪽 하단으로 이동하며 반환합니다. 우리는 nextRow와 nextCol이라는 두 인덱스를 사용하여 이를 수행합니다.

이제 반복가능자 Matrix 클래스를 시험해볼 시간입니다. index.js라는 파일에서 이를 수행해보겠습니다.

```
import { Matrix } from './matrix.js'

const matrix2x2 = new Matrix([
  ['11', '12'],
  ['21', '22']
])

const iterator = matrix2x2[Symbol.iterator]()
let iterationResult = iterator.next()
while (!iterationResult.done) {
  console.log(iterationResult.value)
  iterationResult = iterator.next()
}
```

앞의 코드가 하는 일은 간단한 Matrix 인스턴스를 생성하고 @@iterator 함수를 사용해 반복자를 얻는 것이 전부입니다. 이미 알고 있듯이 다음에 나머지 코드는 반복자가 반환하는 요소를 반복하는 일반적인 코드입니다. 반복 출력은 '11', '12', '21', '22' 이어야 합니다.

9-4-3 네이티브 JavaScript 인터페이스로서의 Iterator와 Iterable

이 시점에서 "반복자(Iterator)와 반복가능자(Iterable)를 정의하기 위해 이런 프로토콜들을 갖는 이유가 무엇일까?"라는 질문이 생길 것입니다. 표준화된 인터페이스를 가지면 우리가 방금 본 두 가지 프로토콜을 중심으로 언어 자체뿐만 아니라 제3자의 코드를 모델링할 수 있습니다. 이런 식으로 반복가능자(Iterable)를 입력 받는 문장뿐 아니라 API도 가질 수 있게 됩니다.

예를 들어, 반복가능자를 허용하는 가장 분명한 구문은 for...of 루프입니다. 앞선 마지막 코드 샘플에서처럼 JavaScript 반복자에 대한 반복은 꽤 표준적인 작업이며 해당 코드는 대부분 천편일률적입니다. 실제, 우리는 항상 next()를 호출하여 다음 요소를 검색하고 반복 결과의 done 속성이 반복의 끝을 나타내는 true로 설정되었는지 확인합니다. 하지만 걱정할 필요는 없습니다. for...of 명령에 반복가능자를 전달하면, 반복자가 반환하는 요소를 원활하게 반복하는 것을 볼 수 있습니다. 이렇게 하면 직관적이고 간결한 구문으로 반복을 처리할 수 있습니다.

```
for (const element of matrix2x2) {
  console.log(element)
}
```

반복가능자와 호환되는 또 다른 구조는 전개 구문(spread operator)입니다.

```
const flattenedMatrix = [...matrix2x2]
console.log(flattenedMatrix)
```

비슷하게, 우리는 구조 분해 할당(destructuring assignment)과 함께 반복가능자를 사용할 수도 있습니다.

```
const [oneOne, oneTwo, twoOne, twoTwo] = matrix2x2
console.log(oneOne, oneTwo, twoOne, twoTwo)
```

다음은 반복가능자를 허용하는 몇 가지 JavaScript 내장 API입니다.

- Map([iterable]): nodejsdp.link/map-constructor
- WeakMap([iterable]): nodejsdp.link/weakmap-constructor
- Set([iterable]): nodejsdp.link/set-constructor
- WeakSet([iterable]): nodejsdp.link/weakset-constructor
- Promise.all(iterable): nodejsdp.link/promise-all
- Promise.race(iterable): nodejsdp.link/promise-race
- Array.from(iterable): nodejsdp.link/array-from

Node.js 측면에서 반복가능자를 허용하는 주목할 만한 API는 stream.Readable.from(iterable, [options]) (nodejsdp.link/readable-from)이며, 반복가능자 객체를 읽어 스트림을 생성합니다.

지금까지 살펴본 모든 API와 구문 구조는 반복자가 아닌 반복가능자를 받아들입니다. 그러나 createAlphabetIterator() 예제처럼 반복자를 반환하는 함수가 있으면 어떻게 할까요? 모든 내장 API와 구문 구조를 어떻게 활용할 수 있을까요? 가능한 해결책은 반복자 객체 자체에 @@iterator 함수를 구현하는 것입니다. 이 함수는 단순히 반복자 객체 자체를 반환합니다. 이렇게 하면 다음과 같은 코드를 작성할 수 있습니다.

```
for (const letter of createAlphabetIterator()) {
  // ...
}
```

JavaScript 자체는 방금 본 API 및 구조에서 함께 사용할 수 있는 많은 반복가능자를 정의하고 있습니다. 가장 볼만한 반복가능자는 Array이지만, Map 및 Set과 같은 다른 데이터 구조, 심지어는 String 조차도 @@iterable 함수를 구현하고 있습니다. Node.js 영역에서 Buffer는 아마도 가장 주목할 만한 반복가능자일 것입니다.

배열에 중복 요소가 포함되어 있지 않은지 확인하는 방법은 다음과 같습니다. uniqArray = Array.from(new Set(arrayWithDuplicates)). 이것은 또한 반복가능자가 어떻게 공유 인터페이스를 사용하여 서로 다른 구성 요소끼리 통신할 수 있는 방법을 제공하는지를 보여줍니다.

9-4-4 제네레이터

ES2015 사양은 반복자와 밀접하게 관련된 구문 구조를 도입했습니다. 우리는 **세미코루틴**

(semicoroutines)이라고도 하는 **제네레이터**에 대해 이야기할 것입니다. 이것은 다른 진입점이 있을 수 있는 표준 함수를 일반화합니다. 표준 함수에서는 함수 자체의 호출에 해당하는 진입점을 하나만 가질 수 있지만 제네레이터는 (yield 문을 사용하여) 일시 중단된 다음 나중에 해당 지점에서 다시 시작할 수 있습니다. 무엇보다도, 제네레이터는 반복자를 구현하는데 매우 적합합니다. 사실 조금 후에 살펴보겠지만 제네레이터 함수에서 반환하는 제네레이터 객체는 실제로 반복자면서 반복가능자입니다.

이론상의 제네레이터

```
function * myGenerator () {
  // 제네레이터의 바디 부분
}
```

제네레이터 함수를 호출해도 바로 본문이 실행되지는 않습니다. 오히려 이미 언급되었듯이 반복자이면서 반복가능자인 **제네레이터 객체**를 반환할 것입니다. 하지만 여기서 끝나지 않습니다. 제네레이터 객체에서 next()를 호출하면 yield 명령어가 호출되거나 제네레이터에서 반환이 발생할 때까지(암시적 혹은 명시적인 반환 명령어로) 제네레이터의 실행을 시작하거나 재개합니다. 제네레이터 내에서 yield 키워드 다음에 값 x를 반환하는 것은 반복자에서 {done: false, value: x}를 반환하는 것과 같지만, 제네레이터가 종료되며 x를 반환하는 것은 반복자에서 {done: true, value: x}를 반환하는 것과 같습니다.

간단한 제네레이터 함수

방금 설명한 내용을 보여주기 위해 fruitGenerator() 라는 간단한 제네레이터를 살펴봅시다. 이 제네레이터는 두 개의 과일 이름을 생성하고 과일이 익는 계절을 반환합니다.

```
function * fruitGenerator () {
  yield 'peach'
  yield 'watermelon'
  return 'summer'
}

const fruitGeneratorObj = fruitGenerator()
console.log(fruitGeneratorObj.next())                    // (1)
console.log(fruitGeneratorObj.next())                    // (2)
console.log(fruitGeneratorObj.next())                    // (3)
```

앞의 코드는 다음 텍스트를 출력합니다.

```
{ value: 'peach', done: false }
{ value: 'watermelon', done: false }
{ value: 'summer', done: true }
```

다음은 동작에 대한 설명입니다.

1. fruitGeneratorObj.next()가 처음 호출되었을 때 제네레이터는 첫 번째 yield 명령에 도달할 때까지 실행을 계속하여 제네레이터를 일시 중지하고 호출자에게 'peach' 값을 반환합니다.
2. fruitGeneratorObj.next()의 두 번째 호출에서 제네레이터는 두 번째 yield 명령에서 다시 일시 정지하고 호출자에게 'watermelon' 값을 반환합니다.
3. fruitGeneratorObj.next()의 마지막 호출로 인해 제네레이터의 실행은 마지막 명령인 return 문에서 재개됩니다. 이는 제네레이터를 종료하고 'summer' 값과 함께 done 속성이 true로 설정된 객체를 반환합니다.

제네레이터 객체도 반복 가능하므로 for...of 루프에서 사용할 수 있습니다. 예를 들면 다음과 같습니다:

```
for (const fruit of fruitGenerator()) {
  console.log(fruit)
}
```

앞의 루프는 다음과 같이 출력합니다.

```
peach
watermelon
```

왜 summer가 출력되지 않을까요? 그건, summer는 제네레이터에 의해 생성되는 값이 아니라 반복이 종료되어 반환되는(요소가 아닌) 값이기 때문입니다.

제네레이터 반복자 제어

제네레이터 객체는 일반 반복자보다 유용합니다. 실제 next() 함수는 선택적으로 인자를 허용합니다(반복자 프로토콜에 지정된 대로 반드시 한 개의 인자를 받을 필요는 없습니다). 이러한 인수는 yield 명령어의 반환값으로 전달됩니다. 이를 보여주는 새로운 간단한 제네레이터를 만들어 보겠습니다.

```
function * twoWayGenerator () {
  const what = yield null
  yield 'Hello ' + what
}

const twoWay = twoWayGenerator()
twoWay.next()
console.log(twoWay.next('world'))
```

실행되면 앞의 코드는 Hello world를 출력합니다. 이는 다음과 같이 작동합니다.

1. next() 함수가 처음 호출되면 제네레이터는 첫 번째 yield 문에 도달한 다음 일시 중단됩니다.
2. next('world')가 호출되면 제네레이터는 yield 명령에 있는 일시 중지된 지점에서 다시 시작되지만 이번에는 제네레이터로 전달되는 값이 존재합니다. 이 값은 what 변수에 설정됩니다. 그런 다음 제네레이터는 문자열 'Hello'에 what 변수를 더하여 결과를 출력합니다.

제네레이터 객체에서 제공하는 다른 두 가지 추가적인 함수는 throw() 및 return() 함수입니다. 첫 번째는 next() 함수처럼 동작하지만 제네레이터 내에 마지막 yeild 지점에서 throw된 것처럼 예외를 발생시키고 done 및 value 속성이 있는 표준 반복자 결과 객체를 반환합니다. 두 번째인 return() 함수는 제네레이터를 강제로 종료하고 {done: true, value: returnArgument}와 같은 객체를 반환합니다. 여기서 returnArgument는 return() 함수에 전달된 인자입니다.

다음 코드는 이러한 두 가지 함수의 데모를 보여줍니다.

```
function * twoWayGenerator () {
  try {
    const what = yield null
    yield 'Hello ' + what
  } catch (err) {
    yield 'Hello error: ' + err.message
  }
}

console.log('Using throw():')
const twoWayException = twoWayGenerator()
```

```
twoWayException.next()
console.log(twoWayException.throw(new Error('Boom!')))

console.log('Using return():')
const twoWayReturn = twoWayGenerator()
console.log(twoWayReturn.return('myReturnValue'))
```

앞의 코드를 실행하면 다음이 출력됩니다.

```
Using throw():
{ value: 'Hello error: Boom!', done: false }
Using return():
{ value: 'myReturnValue', done: true }
```

보시다시피, twoWayGenerator() 함수는 첫 번째 yield 명령어가 반환되는 즉시 예외가 발생합니다. 이것은 제네레이터 내부에서 예외가 발생하는 것과 똑같이 동작하며 이것은 try...catch 블록을 사용하여 다른 예외처럼 포착하고 처리할 수 있음을 의미합니다. 대신 return() 함수는 제네레이터의 실행을 중지하고 주어진 값이 제네레이터에 의해 반환값으로 제공되도록 합니다.

반복자 대신 제네레이터를 사용하는 방법

제네레이터 객체도 반복자입니다. 즉, 제네레이터 함수를 사용하여 반복가능자 객체의 @@iterator 함수를 구현할 수 있습니다. 이를 증명하기 위해 이전 Matrix 반복 예제를 제네레이터로 변환해 보겠습니다. 다음과 같이 matrix.js 파일을 수정해 보겠습니다.

```
export class Matrix {
  // ...다른 나머지 함수들(변경 없음)

  * [Symbol.iterator] () {                              // (1)
    let nextRow = 0                                     // (2)
    let nextCol = 0

    while (nextRow !== this.data.length) {              // (3)
      yield this.data[nextRow][nextCol]

      if (nextCol === this.data[nextRow].length - 1) {
```

```
        nextRow++
        nextCol = 0
      } else {
        nextCol++
      }
    }
  }
}
```

방금 본 코드 블록에서는 몇 가지 흥미로운 면이 있습니다. 자세히 분석해 봅시다.

1. 가장 먼저 주목할 점은 @@iterator 함수가 이제 제네레이터라는 것입니다(함수명 앞에 *가 존재).
2. 반복의 상태를 유지하기 위해 사용하는 변수가 이제 제네레이터의 로컬 변수일 뿐인데, 이전 버전의 Matrix 클래스에서는 이 두 변수가 클로저의 일부였습니다. 이는 제네레이터가 호출될 때 재진입 사이에 로컬의 상태가 유지되기 때문에 가능합니다.
3. 매트릭스의 요소를 반복하기 위해 표준 루프를 사용하고 있습니다. 이것은 반복자의 next() 함수를 호출하는 루프보다 확실히 더 직관적입니다.

살펴본 바와 같이, 제네레이터는 처음부터 반복자를 작성하는 것보다 훌륭한 대안입니다. 반복 루틴의 가독성을 향상시키고 동일한 수준의 (또는 더 나은) 기능을 제공하고 있습니다.

제네레이터 위임 지시자 yield * iterable은 iterable을 인수로 받아들이는 JavaScript 내장 구문의 또 다른 예입니다. 명령어는 iterable의 요소를 반복하고 각 요소를 하나씩 생성합니다.

9-4-5 비동기 반복자

지금까지 본 반복은 next() 함수에서 동기적으로 값을 반환합니다. 그러나 JavaScript, 특히 Node.js에서는 비동기 연산이 필요한 항목에 대해 반복작업을 하는 것이 매우 일반적입니다.

예를 들어, HTTP 서버에서 요청한 SQL 쿼리의 결과 또는 페이지가 특정 REST API 요소에 대한 반복 작업을 한다고 생각해 봅시다. 이러한 모든 상황에서 next() 함수는 Promise를 반환하는 것이 편리하거나 또는 async/await 구문을 사용해 동기화하는 것이 더 좋습니다.

바로 이것이 **비동기 반복자**입니다. 비동기 반복자들은 Promise를 반환합니다. 그래서 이들은 비동기 함수를 사용하여 반복자의 next() 함수를 정의합니다. 마찬가지로, **비동기 반복가능자**(async iterables)는 @@asyncIterator 함수, 즉 Symbolic.asyncIterator 키를 통해 접근할 수 있는 함수를 구현한 객체로 비동기 반복자를 반환(동기적으로)합니다.

비동기 반복가능자는 for await...of 구문을 사용하여 반복할 수 있으며, 이는 비동기 함수에만 사용할 수 있습니다. for await...of 구문을 사용하면 본질적으로 반복자 패턴 위에 순차적인 비동기 실행을 구현합니다. 이것은 아래와 같은 구문에 대한 문법적인 편리한 표현일 뿐입니다.

```
const asyncIterator = iterable[Symbol.asyncIterator]()
let iterationResult = await asyncIterator.next()
while (!iterationResult.done) {
  console.log(iterationResult.value)
  iterationResult = await asyncIterator.next()
}
```

즉, for await...of 구문은 Promise 들의 배열과 같이 간단한 반복가능자를 반복하는데 사용할 수 있습니다. 이것은 반복자의 모든 요소가 Promise가 아니더라도 동작합니다.

이를 빠르게 설명하기 위해 URL 목록을 입력으로 받아 사용가능 상태(up/down)를 반복하여 체크할 수 있는 클래스를 만들어 보겠습니다. 이를 CheckUrls 클래스라고 하겠습니다.

```
import superagent from 'superagent'

export class CheckUrls {
  constructor (urls) {                                    // (1)
    this.urls = urls
  }

  [Symbol.asyncIterator] () {
    const urlsIterator = this.urls[Symbol.iterator]()     // (2)

    return {
      async next () {                                     // (3)
        const iteratorResult = urlsIterator.next()        // (4)
        if (iteratorResult.done) {
          return { done: true }
        }

        const url = iteratorResult.value
        try {
          const checkResult = await superagent            // (5)
            .head(url)
```

```
          .redirects(2)
        return {
          done: false,
          value: `${url} is up, status: ${checkResult.status}`
        }
      } catch (err) {
        return {
          done: false,
          value: `${url} is down, error: ${err.message}`
        }
      }
    }
  }
 }
}
```

앞 코드의 가장 중요한 부분을 살펴보겠습니다.

1. CheckUrls 클래스 생성자는 URL 목록을 인자로 받습니다. 반복자와 반복가능자를 사용하는 방법을 알고 있으므로, URL 목록은 어떤 반복가능자라고 할 수 있을 것입니다.
2. @@asyncIterator 함수에서 this.urls 객체로부터 반복자를 얻습니다. 방금 언급했듯이 이것은 반복가능자이어야 합니다. 이를 위해 @@Iterable 함수를 호출하기만 하면 됩니다.
3. 여기서 next() 함수가 async 함수인 것에 유의할 필요가 있습니다. 즉, 비동기 반복가능자 프로토콜에서 요청된 대로 항상 프라미스를 반환합니다.
4. next() 함수에서 urlsIterator를 사용하여 목록의 다음 URL을 가져옵니다. 더 이상 존재하지 않을 경우 {done: true}를 반환합니다.
5. 여기서 await 명령을 사용하여 비동기적으로 현재 URL로 전송된 HEAD 요청의 결과를 가져오는 과정을 유의해서 살펴보십시오.

이제 앞에서 언급한 for await...of 구문을 사용하여 CheckUrls 객체를 반복해 봅시다.

```
import { CheckUrls } from './checkUrls.js'

async function main () {
  const checkUrls = new CheckUrls([
    'https://nodejsdesignpatterns.com',
    'https://example.com',
    'https://mustbedownforsurehopefully.com'
  ])
```

```
  for await (const status of checkUrls) {
    console.log(status)
  }
}

main()
```

앞에서처럼 for await...of 구문은 비동기 반복가능자를 반복할 수 있는 매우 직관적인 문법을 제공할 뿐만 아니라, 잠시 후에 보게 되겠지만 몇몇 흥미로운 내장 반복가능자와 함께 비동기 정보에 접근하는 새로운 대안을 만들 수 있습니다.

for await ... of 루프(및 동기 버전)는 break, return 또는 exception으로 인해 조기에 중단된 경우 선택적으로 반복자의 return () 메서드를 호출합니다. 일반적으로 이것은 반복이 완료될 때 수행되는 정리 작업을 즉각적으로 실행하는데 사용할 수 있습니다.

9-4-6 비동기 제네레이터

비동기 반복자(Iterator)뿐만 아니라 **비동기 제네레이터**를 사용할 수도 있습니다. **비동기 제네레이터 함수**를 정의하려면 함수 정의 앞에 async 키워드를 추가하면 됩니다.

```
async function * generatorFunction() {
  // ...제네레이터의 바디 부분
}
```

생각해 볼 수 있듯이, 비동기 제네레이터는 본문 내에서 await 명령을 사용할 수 있으며 next() 함수의 반환값은 규약에 정의된 done 및 value 속성을 가진 객체를 이행값으로 반환하는 프라미스입니다. 이런 맥락에서 **비동기 제네레이터**는 유효한 비동기 반복자이기도 합니다. 또한 유효한 비동기 반복가능자이므로 for await...of 루프로 사용할 수 있습니다.

비동기 제네레이터가 어떻게 비동기 반복자의 구현을 단순화하는지 보여주기 위해 이전 예제에서 보았던 CheckUrls 클래스를 비동기 제네레이터를 사용하여 변환해 보겠습니다.

```
export class CheckUrls {
  constructor (urls) {
```

```
    this.urls = urls
  }

  async * [Symbol.asyncIterator] () {
    for (const url of this.urls) {
      try {
        const checkResult = await superagent
          .head(url)
          .redirects(2)
        yield `${url} is up, status: ${checkResult.status}`
      } catch (err) {
        yield `${url} is down, error: ${err.message}`
      }
    }
  }
}
```

흥미롭게도, 순수 비동기 반복자 대신 비동기 제네레이터를 사용하면 코드가 단순해지고 결과적으로 로직 또한 가독성이 높아지며 명확해집니다.

9-4-7 비동기 반복자 및 Node.js 스트림

잠시 멈추고 비동기 반복자와 Node.js 읽기 스트림 사이의 관계에 대해 생각해보면 목적과 동작이 얼마나 비슷한지 놀라게 될 것입니다. 실제 비동기 반복자는 읽기 스트림과 똑같이 비동기적인 리소스의 데이터를 조각별로 처리하는 데 사용할 수 있기 때문에 읽기 스트림 구조와 같다고 할 수 있습니다.

stream.Readable이 @@asyncIterator 함수를 구현하여 비동기 반복가능자로 만든 것은 우연이 아닙니다. 이것은 for await...of 구조 덕분에 읽기 스트림에서 데이터를 읽을 수 있는 추가적이면서 더 직관적인 메커니즘을 제공합니다.

이를 빠르게 설명하기 위해, 현재 프로세스의 stdin 스트림에서 개행 문자를 발견하면 새로운 청크를 발출하는 split()이라는 변환 스트림(transform stream)에 파이프로 연결합니다. 그런 다음 for await...of 루프를 사용하여 각 줄을 반복하는 예를 생각해봅시다.

```
import split from 'split2'

async function main () {
```

```
  const stream = process.stdin.pipe(split())
  for await (const line of stream) {
    console.log(`You wrote: ${line}`)
  }
}

main()
```

이 간단한 코드는 Return 키를 눌러야 표준 입력에 기록한 내용을 출력합니다. 프로그램을 종료하려면 Ctrl + C를 누르면 됩니다.

보시다시피, 읽기 스트림을 사용할 수 있는 이 새로운 대안은 실제 매우 직관적이고 간결합니다. 앞의 예는 반복자와 스트림의 두 패러다임이 얼마나 유사한지 보여줍니다. 매우 유사해서 쉽게 상호 운용할 수 있습니다. 이 점을 명확히 하기 위해서는 stream.Readable.from(iterable, [options]) 함수가 반복가능자(iterable)를 인자로 취한다는 점을 기억하십시오. 이 인자는 동기 혹은 비동기일 수 있습니다. 이 함수는 전달된 반복가능자를 감싸 읽기 스트림을 반환하는데 반복자의 인터페이스를 읽기 스트림의 인터페이스로 "변환"(adapting)합니다(여기에 대해서는 이미 "8장. 구조적 설계 패턴"에서 살펴보았습니다).

이렇게 스트림과 비동기 반복자가 밀접하게 연관되어 있다면 실제 어떤 인터페이스를 사용해야 할까요? 이것은 항상 그렇듯이 사용 사례와 기타 여러 요인에 달려있습니다. 그러나 이 결정을 돕기 위해 다음과 같은 사항들을 고려해 볼 수 있을 것입니다.

- 스트림은 push됩니다. 즉, 데이터가 스트림에 의해 내부 버퍼로 주입된 다음 버퍼에서 소비됩니다. 비동기 반복자는 기본적으로 데이터를 제공합니다(반복자가 다른 로직을 명시적으로 구현하지 않는 한). 즉, 데이터는 사용자의 요청 시에만 조회/생성됩니다.
- 스트림은 기본적으로 내부 버퍼링 및 백프레셔를 제공하기 때문에 이진데이터를 처리하는 데 더 적합합니다.
- 스트림은 잘 알려져 있고 간편한 API인 pipe()를 사용하여 연결할 수 있지만, 비동기 반복자는 표준화된 연결 방법을 제공하지 않습니다.

EventEmitter도 반복할 수 있습니다. events.on(emitter, eventName) 유틸리티 함수를 사용하면 eventName으로 지정된 이름과 일치하는 모든 이벤트를 반환하는 반복자를 얻을 수 있는 반복가능자를 획득할 수 있습니다.

9-4-8 실전에서

반복자, 특히 비동기 반복자는 Node.js 생태계에서 빠르게 인기를 얻고 있습니다. 실제로 많은 상황에서 스트림 대신 선호되는 대안이 되고 있으며 사용자 정의로 만들어진 반복 메커니즘을 대체하고 있습니다.

예를 들어, @databases/pg, @databases/mysql 그리고 @databases/sqlite 패키지는 각각 Postgres, MySQL과 SQLite 데이터베이스와 연결하는 유명한 라이브러리들입니다(자세한 사항은 nodejsdp.link/atdatabases을 참조하세요).

이들은 모두 쿼리 결과를 쉽게 반복하는데 사용할 수 있는 비동기 반복가능자를 반환하는 queryStream()이라는 함수를 제공합니다. 예를 들어 다음 코드를 보겠습니다.

```
for await (const record of db.queryStream(sql`SELECT * FROM my_table`))
{
  // 레코드를 가지고 필요한 작업을 수행
}
```

내부적으로 반복자는 쿼리 결과에 대한 커서를 자동으로 처리하므로 for await...of 구문을 사용하여 간단히 루프를 수행하면 됩니다.

API에서 반복자에 크게 의존하는 라이브러리의 또 다른 예는 zeromq(nodejsdp.link/npm-zeromq) 패키지입니다. 미들웨어 패턴인 다른 종류의 행위 패턴으로 넘어가면서 좀 더 상세한 예를 볼 수 있을 것입니다.

9-5 미들웨어

Node.js에서 가장 독특한 패턴 중 하나는 확실히 **미들웨어** 패턴입니다. 불행히도, 이것은 경험이 없는 사람들, 특히 엔터프라이즈 프로그래밍 세계에서 온 개발자들에게 있어서는 가장 혼란스러운 용어 중 하나입니다. 혼란의 원인은 아마도 미들웨어라는 용어의 전통적인 의미와 관련이 있을 것입니다. 엔터프라이즈 아키텍처에서 이 전문 용어는 OS API, 네트워크 통신, 메모리 관리 등과 같은 하위 수준 메커니즘을 추상화하는데 도움이 되는 다양한 소프트웨어 제품군을 나타냅니다. 개발자는 응용 프로그램의 비즈니스 사례에만 집중할 수 있습니다. 이러한 맥락에서, 미들웨어라는 용어는 CORBA, 엔터프라이즈 서비스 버스, Spring, JBoss 그리고 WebSphere와 같은 용어들을 떠올리게 하지만, 하위 계층의 서비스들과 응용프로그램 사이에서 접착제 역할을 하는 소프트웨어 계층(말 그대로 중간에 있는 소프트웨어)이라고 일반화할 수 있을 것입니다.

9-5-1 Express에서 미들웨어

Express(nodejsdp.link/express)는 미들웨어라는 용어를 대중화하여 매우 구체적으로 디자인 패턴을 구현했습니다. 실제로 Express의 미들웨어는 파이프라인으로 구성되어 들어오는 HTTP 요청과 해당 요청에 대한 응답을 처리하는 서비스 집합(일반적으로 함수)을 나타냅니다.

Express는 매우 자유롭고 작은 웹 프레임워크로 유명하며, 미들웨어 패턴이 그 주요한 원인입니다. 사실 Express의 미들웨어는 개발자가 프레임워크의 핵심에 손대지 않고도 새로운 기능을 쉽게 만들고 배포하여 기능을 추가할 수 있도록 하는 효과적인 전략입니다.

Express 미들웨어는 다음과 같은 특징이 있습니다.

```
function (req, res, next) { ... }
```

여기서 req는 수신된 HTTP 요청이고, res는 응답이며, next는 현재 미들웨어가 작업을 완료하고 파이프라인의 다음 미들웨어를 트리거할 때 호출되는 콜백입니다.

Express 미들웨어가 수행하는 작업의 예는 다음과 같습니다.

- 요청의 본문 분석
- 요청과 응답의 압축/압축해제
- 접근 로그 생성
- 세션 관리
- 암호화된 쿠키 관리
- CSRF(Cross-Site Request Forgery) 보호 제공

생각해보면, 이러한 작업들은 애플리케이션의 주요 비즈니스 로직과 엄격하게 관련되지 않으며 웹 서버의 필수적인 핵심 기능도 아닙니다. 이것들은 나머지 애플리케이션에 대한 지원을 제공하고 실제 요청을 처리하는 핸들러가 주요 비즈니스 로직에만 집중할 수 있도록 하는 액세서리들입니다. 기본적으로 이러한 작업들을 "중간에 위치한 소프트웨어"라고 말할 수 있습니다.

9-5-2 패턴으로서의 미들웨어

Express에서 미들웨어를 구현하는데 사용되는 기술은 새로운 것이 아니며, 실제로 Node.js

의 **인터셉터 필터(Intercepting Filter)** 패턴 및 **책임 사슬(Chain of Responsibility)** 패턴으로 여겨질 수 있습니다. 보다 일반적인 용어로 스트림을 연상하게 하는 **파이프라인** 처리로 보입니다. 오늘날 Node.js에서 미들웨어라는 단어는 Express 프레임워크의 경계를 훨씬 넘어서 사용되며, 함수 형태의 처리 장치, 필터 및 핸들러들의 집합이 모든 종류의 데이터 전처리 및 후처리를 수행하기 위해 비동기적으로 연결되어 형성된 특정 패턴을 말합니다. 이 패턴의 주요 장점은 유연성입니다. 실제로 미들웨어 패턴을 사용하면 매우 적은 노력으로 플러그인 인프라를 얻을 수 있으며, 새로운 필터와 핸들러로 시스템을 확장하는 간결한 방법을 제공합니다.

> 인터셉터 필터 패턴에 대해 더 알고 싶다면 nodejsdp.link/intercepting-filter가 좋은 출발점이 될 것입니다. 마찬가지로, 책임 사슬 패턴에 대한 소개는 nodejsdp.link/chain-of-responsibility에서 확인할 수 있습니다.

다음 다이어그램은 미들웨어 패턴의 컴포넌트를 보여줍니다.

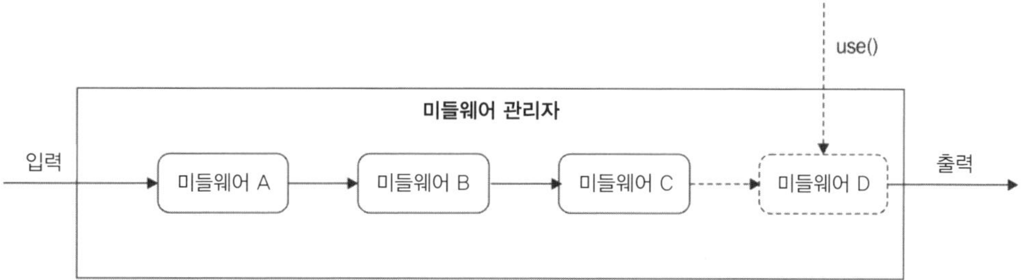

▲ 그림 9.5 미들웨어 패턴의 구조

이 패턴의 필수적인 컴포넌트는 미들웨어 함수들을 조직하고 실행하는 **미들웨어 관리자**(Middleware Manager)입니다. 패턴의 가장 중요한 구현 세부 사항은 다음과 같습니다.

- 새로운 미들웨어는 use() 함수를 호출하여 등록할 수 있습니다(함수의 이름은 많은 미들웨어 패턴의 구현에서 일반적인 규칙이지만 어떤 이름이든 여러분이 선택할 수 있습니다). 일반적으로 추가되는 미들웨어는 파이프라인의 끝에만 추가할 수 있지만, 엄격한 규칙인 것은 아닙니다.
- 처리를 위해 새 데이터가 수신되면 등록된 미들웨어들이 비동기 순차 실행 흐름으로 호출됩니다. 파이프라인의 각 유닛은 이전 유닛의 실행 결과를 입력으로 받습니다.
- 각 미들웨어는 데이터의 추가적인 처리를 중단시킬 수 있습니다. 이는 특수한 함수를 호출하거나, 콜백을 호출하지 않거나(미들웨어가 콜백을 사용할 경우), 오류를 전파하여 동작합니다. 오류 상황은 일반적으로 오류 처리 전용의 다른 미들웨어들의 시퀀스를 시작시킵니다.

파이프라인에서 데이터가 처리되고 전파되는 방식에 대한 엄격한 규칙은 없습니다. 파이프라인에서 데이터 수정 사항을 전파하기 위한 전략은 다음과 같습니다.

- 추가 속성 또는 함수를 사용하여 입력된 데이터를 증강합니다.
- 데이터의 불변성을 지키면서 처리하고 항상 새로운 복사본으로 처리 결과를 반환합니다.

올바른 접근 방식은 미들웨어 관리자가 구현된 방식과 미들웨어 자체에서 수행되는 처리가 무엇인가에 따라 다릅니다.

9-5-3 ZeroMQ를 위한 미들웨어 프레임워크 만들기

이제 **ZeroMQ**(nodejsdp.link/zeromq) 메시징 라이브러리를 중심으로 미들웨어 프레임워크를 만들어 이 패턴을 시연해 보겠습니다. ZeroMQ(ZMQ 또는 ØMQ라고 함)는 다양한 프로토콜을 사용하여 네트워크에서 원자 메시지를 교환하기 위한 간단한 인터페이스를 제공합니다. 성능 면에서 빛을 발하며, 일련의 추상화들은 사용자 지정 메시징 아키텍처의 구현을 용이하게 하기 위해 특별히 만들어져 있습니다. 이러한 이유로 ZeroMQ는 종종 복잡한 분산 시스템을 구축하는 데 사용됩니다.

"13장. 메시징과 통합 패턴"에서 ZeroMQ의 기능을 좀 더 자세히 들여다 볼 수 있는 기회를 갖게 될 것입니다.

ZeroMQ의 인터페이스는 매우 낮은 수준으로 메시지에 문자열과 바이너리 버퍼만 사용할 수 있습니다. 따라서 데이터의 인코딩이나 사용자 정의 데이터 형식은 라이브러리의 사용자가 구현해야 합니다.

예제에서는 ZeroMQ 소켓을 통해 전달되는 데이터의 전처리 및 후처리를 추상화하는 미들웨어 인프라를 만들어, JSON 객체로 투명하게 작업할 수 있을 뿐만 아니라, 전달되는 메시지를 원활하게 압축할 수 있도록 할 것입니다.

미들웨어 관리자

ZeroMQ를 중심으로 미들웨어 인프라를 구축하기 위한 첫 번째 단계는 새로운 메시지를 받거나 보낼 때 미들웨어 파이프라인을 실행하는 컴포넌트를 만드는 것입니다. 이를 위해 zmqMiddlewareManager.js라는 새로운 모듈을 만들어 정의해 보겠습니다.

```
export class ZmqMiddlewareManager {
  constructor (socket) {                                    // (1)
    this.socket = socket
    this.inboundMiddleware = []
    this.outboundMiddleware = []
```

```
    this.handleIncomingMessages()
      .catch(err => console.error(err))
  }

  async handleIncomingMessages () {                        // (2)
    for await (const [message] of this.socket) {
      await this
        .executeMiddleware(this.inboundMiddleware, message)
        .catch(err => {
          console.error('Error while processing the message', err)
        })
    }
  }

  async send (message) {                                   // (3)
    const finalMessage = await this
      .executeMiddleware(this.outboundMiddleware, message)
    return this.socket.send(finalMessage)
  }

  use (middleware) {                                       // (4)
    if (middleware.inbound) {
      this.inboundMiddleware.push(middleware.inbound)
    }
    if (middleware.outbound) {
      this.outboundMiddleware.unshift(middleware.outbound)
    }
  }

  async executeMiddleware (middlewares, initialMessage) {   // (5)
    let message = initialMessage
    for await (const middlewareFunc of middlewares) {
      message = await middlewareFunc.call(this, message)
    }
    return message
  }
}
```

ZmqMiddlewareManager를 구현하는 방법에 대해 자세히 논의하겠습니다.

1. 클래스의 첫 번째 부분에서는 ZeroMQ 소켓을 인자로 받아들이는 생성자를 정의합니다. 생성자에서 미들웨어 함수를 포함할 두 개의 빈 목록을 만듭니다. 하나는 인바운드 메시지용이고 다른 하나는 아웃바운드 메시지용입니다. 다음으로 소켓에서 오는 메시지 처리를 즉시 시작합니다. handleIncomingMessages() 함수에서 이를 수행합니다.
2. handleIncomingMessages() 함수에서 ZeroMQ 소켓을 비동기 반복가능자로 사용하고 for await...of 루프를 사용하여 들어오는 메시지를 처리한 후 미들웨어의 inboundMiddleware 목록에 전달합니다.
3. handleIncomingMessages()와 유사하게 send() 함수는 수신된 메시지를 outboundMiddleware 파이프라인의 인자로 전달합니다. 처리 결과는 finalMessage 변수에 저장되고 소켓을 통해 전송됩니다.
4. use() 함수는 내부 파이프라인에 새로운 미들웨어 함수를 추가하는데 사용됩니다. 구현에서 각 미들웨어는 쌍으로 제공됩니다. 인바운드와 아웃바운드라는 두 가지 속성이 포함된 객체입니다. 각 속성을 사용하여 각각의 목록에 추가할 미들웨어 함수를 정의할 수 있습니다. 여기서 인바운드 미들웨어는 inboundMiddleware 목록의 마지막에 삽입되는 반면, 아웃바운드 미들웨어는 outboundMiddleware 목록의 시작 부분에 삽입(unshift() 사용)되는 것을 주의하여 보십시오. 이는 상호 보완적인 인바운드/아웃바운드 미들웨어 함수가 일반적으로 역순으로 실행되어야 하기 때문입니다. 예를 들어 JSON을 사용하여 인바운드 메시지를 압축 해제한 다음 역직렬화하려면, 아웃바운드에서는 먼저 직렬화한 다음 압축을 해야 합니다. 미들웨어를 쌍으로 구성하는 이 규칙은 엄격한 패턴의 일부가 아닌 특정 예시를 구현하는 세부적인 사항일 뿐입니다.
5. 마지막 함수인 executeMiddleware()는 미들웨어 기능을 실행하는 부분이므로 컴포넌트의 핵심이라고 할 수 있습니다. 입력으로 받은 미들웨어 배열의 각 함수는 차례로 실행되고 미들웨어 함수의 실행 결과는 다음 함수로 전달됩니다. 각 미들웨어 함수가 반환하는 각각의 결과에 대해 await 명령을 사용하고 있습니다. 이를 통해 미들웨어 함수는 프라미스를 사용한 비동기적인 방식뿐만 아니라, 동기적으로도 값을 반환할 수 있습니다. 끝으로 마지막 미들웨어 함수의 결과가 호출자에게 반환됩니다.

간결함을 위해 오류를 처리하는 미들웨어 파이프라인은 지원하지 않았습니다. 일반적으로 미들웨어 함수가 오류를 전파할 때는 오류 전용 미들웨어 함수 집합이 실행됩니다. 이것은 우리가 여기서 보여주는 것과 동일한 기술을 사용하여 쉽게 구현할 수 있습니다.

메시지 처리를 위한 미들웨어 구현

이제 미들웨어 관리자를 구현했으므로 인바운드 및 아웃바운드 메시지를 처리하는 방법을 보여주기 위해 첫 번째 미들웨어 함수 쌍을 만들어 봅시다. 앞서 말했듯이 미들웨어 인프라의 목표 중 하나는 JSON 메시지를 직렬화 및 역직렬화하는 필터를 갖는 것입니다. 따라서 이를 처리할 새로운 미들웨어를 만들어 보겠습니다. jsonMiddleware.js라는 파일에 다음 코드를 작성합니다.

```
export const jsonMiddleware = function () {
  return {
```

```
    inbound (message) {
      return JSON.parse(message.toString())
    },
    outbound (message) {
      return Buffer.from(JSON.stringify(message))
    }
  }
}
```

미들웨어의 인바운드 부분은 입력으로 수신된 메시지를 역직렬화하는 반면, 아웃바운드 부분은 데이터를 문자열로 직렬화한 다음 버퍼로 변환됩니다.

비슷한 방식으로 zlib 코어 모듈(nodejsdp.link/zlib)을 사용하여 메시지를 압축/압축해제하기 위해 zlibMiddleware.js라는 파일에 한 쌍의 미들웨어 함수를 구현할 수 있습니다.

```
import { inflateRaw, deflateRaw } from 'zlib'
import { promisify } from 'util'

const inflateRawAsync = promisify(inflateRaw)
const deflateRawAsync = promisify(deflateRaw)

export const zlibMiddleware = function () {
  return {
    inbound (message) {
      return inflateRawAsync(Buffer.from(message))
    },
    outbound (message) {
      return deflateRawAsync(message)
    }
  }
}
```

JSON 미들웨어와 비교할 때 zlib 미들웨어 함수는 비동기적이므로 프라미스를 반환합니다. 이미 알고 있듯이 미들웨어 관리자는 이를 완벽하게 지원합니다.

프레임워크에서 사용하는 미들웨어가 Express에서 사용되는 미들웨어와 얼마나 다른지 알 수 있습니다. 이 예제는 지극히 일반적인 것이며 특정 요구에 맞추어 이 패턴을 적용할 수 있는 방법을 정확하게 보여주기 위한 것입니다.

ZeroMQ 미들웨어 프레임워크 사용

이제 방금 만든 미들웨어 인프라를 사용할 수 있습니다. 이를 위해 클라이언트는 주기적으로 서버에 ping을 보내고 서버는 수신된 메시지를 되돌려주는 매우 간단한 애플리케이션을 만들 것입니다.

구현 측면에서 ZeroMQ(nodejsdp.link/zmq-req-rep)에서 제공하는 req/rep 소켓 쌍(nodejsdp.link/zmq-req-rep)을 사용하는 요청과 응답 메시징 패턴에 의존할 것입니다. 그 후에 JSON 메시지를 직렬화/역직렬화하기 위한 미들웨어를 포함하여, 우리가 만든 미들웨어 인프라를 사용하기 위해 ZmqMiddlewareManager로 이 소켓들을 감쌀 것입니다.

"13장. 메시징과 통합 패턴"에서 요청/응답 패턴 및 기타 메시징 패턴을 살펴볼 것입니다.

서버

server.js라는 파일에 애플리케이션의 서버 측 코드를 작성하는 것으로 시작하겠습니다.

```
import zeromq from 'zeromq'                                    // (1)
import { ZmqMiddlewareManager } from './zmqMiddlewareManager.js'
import { jsonMiddleware } from './jsonMiddleware.js'
import { zlibMiddleware } from './zlibMiddleware.js'

async function main () {
  const socket = new zeromq.Reply()                            // (2)
  await socket.bind('tcp://127.0.0.1:5000')

  const zmqm = new ZmqMiddlewareManager(socket)                // (3)
  zmqm.use(zlibMiddleware())
  zmqm.use(jsonMiddleware())
  zmqm.use({                                                   // (4)
    async inbound (message) {
      console.log('Received', message)
      if (message.action === 'ping') {
        await this.send({ action: 'pong', echo: message.echo })
      }
      return message
    }
  })
```

```
  console.log('Server started')
}

main()
```

애플리케이션의 서버는 다음과 같이 동작합니다.

1. 먼저 필요한 종속성을 로드합니다. Zeromq 패키지는 기본적으로 기본 ZeroMQ 라이브러리에 대한 JavaScript 인터페이스입니다. nodejsdp.link/npm-zeromq를 참조하십시오.
2. 다음으로 main() 함수에서 새로운 ZeroMQ Reply 소켓을 만들고 localhost의 포트 5000에 바인딩합니다.
3. 그리고 나서 ZeroMQ를 미들웨어 관리자로 감싼 다음 zlib 및 JSON 미들웨어를 추가하는 부분이 나옵니다.
4. 마지막으로 클라이언트에서 오는 요청을 처리할 준비가 되었기 때문에 요청 핸들러로 사용하는 또 다른 미들웨어를 추가해서 이를 수행합니다.

요청 핸들러는 zlib 및 JSON 미들웨어 다음에 나오므로 수신된 메시지의 압축해제 및 역직렬화된 메시지를 받게 됩니다. 반면 send()로 전달된 모든 데이터는 아웃바운드 미들웨어에 의해 처리되며, 여기서는 데이터를 직렬화한 다음 압축합니다.

클라이언트

client.js 라는 파일에는 클라이언트 측을 맡는 작은 애플리케이션 코드가 다음과 같이 작성될 수 있습니다.

```
import zeromq from 'zeromq'
import { ZmqMiddlewareManager } from './zmqMiddlewareManager.js'
import { jsonMiddleware } from './jsonMiddleware.js'
import { zlibMiddleware } from './zlibMiddleware.js'

async function main () {
  const socket = new zeromq.Request()                    // (1)
  await socket.connect('tcp://127.0.0.1:5000')

  const zmqm = new ZmqMiddlewareManager(socket)
  zmqm.use(zlibMiddleware())
  zmqm.use(jsonMiddleware())
  zmqm.use({
    inbound (message) {
```

```
      console.log('Echoed back', message)
      return message
    }
  })

  setInterval(() => {                                    // (2)
    zmqm.send({ action: 'ping', echo: Date.now() })
      .catch(err => console.error(err))
  }, 1000)

  console.log('Client connected')
}

main()
```

대부분의 클라이언트 응용 프로그램 코드는 서버의 코드와 매우 유사합니다. 주목할 만한 차이점은 다음과 같습니다.

1. 응답 소켓이 아닌 요청 소켓을 만들고 로컬 포트에 바인딩하는 대신 원격(혹은 로컬) 호스트에 연결합니다. 나머지 미들웨어 설정은 요청 처리자가 수신한 모든 메시지를 출력한다는 사실을 제외하고는 서버에서와 동일합니다. 메시지는 ping 요청에 대한 pong 응답이어야 합니다.
2. 클라이언트 애플리케이션의 핵심 로직은 매초마다 ping 메시지를 보내는 타이머입니다.

이제 클라이언트/서버 쌍을 실행하고 애플리케이션이 동작하는 것을 볼 수 있게 되었습니다. 먼저 서버를 시작합니다.

```
node server.js
```

그리고 다음 명령으로 다른 터미널에서 클라이언트를 시작합니다.

```
node client.js
```

이 시점에서 클라이언트가 메시지를 보내면 서버가 메시지에 대한 응답을 보내는 것을 볼 수 있습니다.

미들웨어 프레임워크가 제대로 동작했습니다. 이를 통해 메시지를 투명하게 압축/압축해제하고 직렬화/역직렬화를 할 수 있으므로 핸들러가 비즈니스 로직에 집중할 수 있게 되었습니다.

9-5-4 실전에서

Node.js에서 미들웨어 패턴을 대중화한 라이브러리가 Express(nodejsdp.link/express)라 이야기하며 이 섹션을 시작했었습니다. 따라서 Express가 미들웨어 패턴의 가장 주목할 만한 예라고 쉽게 말할 수 있습니다.

두 가지의 또 다른 흥미로운 예를 든다면 다음과 같습니다.

- Express의 후속 제품으로 알려진 Koa(nodejsdp.link/koa)는 Express 뒤에 동일한 팀에 의해 만들어졌으며 철학과 주요 디자인 원칙을 공유합니다. Koa의 미들웨어는 콜백 대신 async/await와 같은 최신 프로그래밍 기술을 사용하기 때문에 Express의 미들웨어와 약간 다릅니다.
- Middy(nodejsdp.link/middy)는 웹 프레임워크와 다른 것에 적용된 미들웨어 패턴의 전형적인 예입니다. 실제로 Middy는 AWS Lambda 함수들을 위한 미들웨어 엔진입니다.

다음으로, 매우 유연하고 다양한 형태의 패턴인 명령(Command) 패턴을 살펴보겠습니다.

9-6 명령

Node.js에서 매우 중요한 또 하나의 디자인 패턴은 명령(Command) 패턴입니다. 가장 일반적인 정의로는 실행에 필요한 모든 정보들을 캡슐화하고 이렇게 만든 모든 객체를 명령(command)이라고 할 수 있습니다. 따라서 함수나 기능을 직접적으로 호출하는 대신 이러한 호출을 수행하려는 의도를 나타내는 객체를 만듭니다. 그런 다음 의도를 구체화하여 실제 작업으로 변환하는 것은 다른 컴포넌트가 담당합니다. 전통적으로 이 패턴은 그림 9.6과 같이 4가지 주요 컴포넌트를 중심으로 만들어집니다.

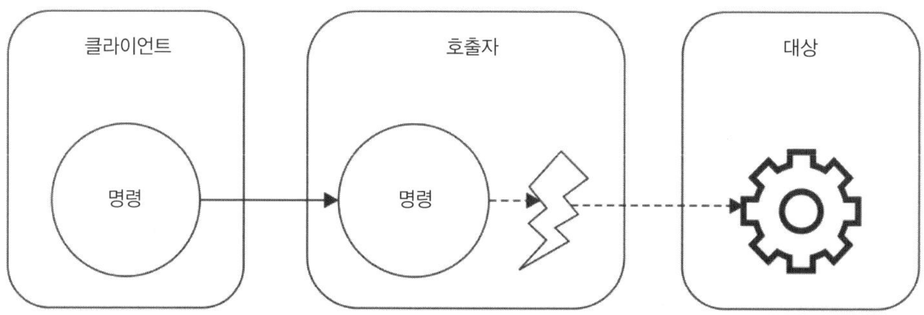

▲ 그림 9.6 명령 패턴의 컴포넌트들

명령 패턴의 일반적인 구성은 다음과 같이 설명할 수 있습니다.

- **명령**(Command)은 함수 또는 함수를 호출하는 데 필요한 정보를 캡슐화하는 객체입니다.
- **클라이언트**(Client)는 명령을 생성하고 호출자(Invoker)에게 제공하는 컴포넌트입니다.
- **호출자**(Invoker)는 대상(target)에서 명령의 실행을 담당하는 컴포넌트입니다.
- **대상**(Target)은 호출의 주체입니다. 이것은 단일한 함수거나 객체의 멤버 함수일 수 있습니다.

살펴보겠지만 네 가지 컴포넌트는 패턴을 구현하려는 방식에 따라 크게 달라질 수 있습니다. 이 시점에서 이것은 새로운 것이 아닙니다. 작업을 직접 실행하는 대신 명령 패턴을 사용하는 여러 애플리케이션들이 있습니다.

- 명령은 나중에 실행하도록 예약할 수 있습니다.
- 명령을 쉽게 직렬화하여 네트워크를 통해 전송할 수 있습니다. 이 간단한 속성을 통해 원격 시스템에 작업을 배포하고, 브라우저에서 서버로 명령을 전송하고, **RPC(Remote Procedure Call, 원격 프로시저 호출)** 시스템을 만드는 등의 작업을 수행할 수 있습니다.
- 명령을 사용하면 시스템에서 실행된 모든 작업의 기록을 쉽게 유지할 수 있습니다.
- 명령은 데이터를 동기화하고 충돌을 해결하기 위한 몇몇 알고리즘에서 중요한 부분입니다.
- 실행 예약된 명령은 아직 실행되지 않은 경우 취소시킬 수 있습니다. 명령이 실행되기 전의 시점으로 애플리케이션의 상태를 가져와서 되돌릴 수도 있습니다(취소).
- 여러 명령을 함께 그룹화할 수 있습니다. 이는 원자적 트랜잭션을 생성하거나, 그룹의 모든 작업을 한 번에 실행하는 메커니즘을 구현하는데 사용할 수 있습니다.
- 중복제거, 결합 및 분할 같은 일련의 명령에 대해 다양한 종류의 변환을 수행하거나, 텍스트 편집 협업과 같이 오늘날 대부분의 실시간 협업 소프트웨어 기반인 **OT(Operational transformation)**와 같은 더 복잡한 알고리즘을 적용할 수 있습니다.

OT의 작동 원리에 대한 설명은 nodejsdp.link/operational-transformation에서 찾을 수 있습니다.

앞서의 목록은 특히 네트워킹 및 비동기 실행이 핵심적인 동작인 Node.js와 같은 플랫폼에서 이 패턴이 얼마나 중요한지를 명확하게 보여줍니다.

이제 우리는 단지 그 범위에 대해 알아보기 위해 명령 패턴의 두 가지 다른 구현으로 상세하게 살펴볼 것입니다.

9-6-1 작업(Task) 패턴

명령 패턴의 가장 기본적이고 사소한 구현인 **작업(Task) 패턴**부터 시작할 수 있습니다. JavaScript에서 호출을 나타내는 객체를 만드는 가장 쉬운 방법은 함수 주위에 클로저를 만들거나 **함수를 바인드**하는 것입니다.

```
function createTask(target, ...args) {
  return () => {
    target(...args)
  }
}
```

이는 다음을 수행하는 것과 동일합니다.

```
const task = target.bind(null, ...args)
```

이것은 이제 익숙할 것입니다. 사실, 우리는 이 책 전체에서 이미 이 패턴을 여러 번 사용했으며 특히 "4장. 콜백을 사용한 비동기 제어 흐름 패턴"에서 사용했었습니다. 이 기술을 사용하면 별도의 컴포넌트를 통해 작업 실행을 제어하고 예약할 수 있습니다. 이는 본질적으로 명령 패턴의 호출자(Invoker)와 동일합니다.

9-6-2 좀 더 복잡한 명령

이제 명령 패턴을 활용하여 보다 명확한 예제를 살펴보겠습니다. 이번에는 실행 취소 및 직렬화를 지원하려 합니다. Twitter와 유사한 서비스에 상태 업데이트를 전송하는 작은 객체인 명령의 '대상(Target)' 객체부터 시작하겠습니다. 단순화를 위해 연동이 필요한 서비스는 목업(mockup)을 사용하도록 하겠습니다(statusUpdateService.js 파일).

```
const statusUpdates = new Map()

// 대상(Target)
export const statusUpdateService = {
  postUpdate (status) {
    const id = Math.floor(Math.random() * 1000000)
    statusUpdates.set(id, status)
    console.log(`Status posted: ${status}`)
    return id
  },

  destroyUpdate (id) => {
    statusUpdates.delete(id)
    console.log(`Status removed: ${id}`)
```

```
    }
  }
```

방금 만든 statusUpdateService는 명령 패턴의 '대상(Target)'을 나타냅니다. 이제 새로운 상태로 업데이트하여 게시하도록 하는 명령을 생성하기 위한 팩토리 함수를 구현해 보겠습니다. createPostStatusCmd.js라는 파일로 작성합니다.

```
export function createPostStatusCmd (service, status) {
  let postId = null

  // 명령(Command)
  return {
    run () {
      postId = service.postUpdate(status)
    },
    undo () {
      if (postId) {
        service.destroyUpdate(postId)
        postId = null
      }
    },
    serialize () {
      return { type: 'status', action: 'post', status: status }
    }
  }
}
```

앞의 함수는 POST로 최신의 상태를 전달한다는 의도를 모델링한 명령(Command)을 생성하는 팩토리입니다. 각 명령은 다음 세 가지 기능을 구현합니다.

- 호출 시 작업을 시작시키는 run() 함수. 즉, 이전에 보았던 작업(Task) 패턴을 구현합니다. 명령이 실행되면 대상 서비스의 함수를 사용하여 새로운 상태로 상태를 갱신합니다.
- 실행 후 작업을 취소하는 undo() 함수. 이 경우 단순히 대상 서비스에서 destroyUpdate() 함수를 호출합니다.
- 동일한 명령 객체를 다시 만드는데 필요한 모든 정보를 담고 있는 JSON 객체를 만들기 위한 serialize() 함수.

그런 다음 호출자를 만들 수 있습니다. 생성자와 run() 함수(invoker.js 파일)를 구현합니다.

```
//호출자(Invoker)
export class Invoker {
  constructor () {
    this.history = []
  }

  run (cmd) {
    this.history.push(cmd)
    cmd.run()
    console.log('Command executed', cmd.serialize())
  }

  // ...클래스의 나머지 부분
```

run() 함수는 호출자(Invoker)의 기본 기능입니다. 명령을 history 인스턴스 변수에 저장한 다음 명령 자체를 실행시키는 역할을 합니다.

다음으로, 명령 실행을 지연시키는 새로운 함수를 호출자에 추가할 수 있습니다.

```
delay (cmd, delay) {
  setTimeout(() => {
    console.log('Executing delayed command', cmd.serialize())
    this.run(cmd)
  }, delay)
}
```

그런 후, 마지막 명령을 되돌리는 undo() 함수를 구현합니다.

```
undo () {
  const cmd = this.history.pop()
  cmd.undo()
  console.log('Command undone', cmd.serialize())
}
```

마지막으로 웹 서비스를 사용하여 직렬화한 다음 네트워크를 통해 전송하여 원격 서버에서 명령을 실행하도록 할 수도 있습니다.

```
async runRemotely (cmd) {
  await superagent
    .post('http://localhost:3000/cmd')
    .send({ json: cmd.serialize() })

  console.log('Command executed remotely', cmd.serialize())
}
```

이제 명령(Command), 호출자(Invoker) 및 대상(Target)이 작성되었으므로 누락된 유일한 컴포넌트는 client.js라는 파일에 구현할 클라이언트입니다. 필요한 모든 종속성을 가져오고 호출자(Invoker)를 인스턴스화하여 시작합니다.

```
import { createPostStatusCmd } from './createPostStatusCmd.js'
import { statusUpdateService } from './statusUpdateService.js'
import { Invoker } from './invoker.js'

const invoker = new Invoker()
```

그 후에 다음 코드 라인을 사용하여 명령을 만들 수 있습니다.

```
const command = createPostStatusCmd(statusUpdateService, 'HI!')
```

이제 상태 메시지 게시를 나타내는 명령을 가지게 되었습니다. 다음 코드로 바로 명령을 실행하도록 할 수 있습니다.

```
invoker.run(command)
```

앗! 뭔가 잘못되었습니다. 이럴 때는 타임 라인을 메시지를 게시하기 전의 상태로 되돌립니다.

```
invoker.undo()
```

또한 지금부터 3초 후 메시지를 보내도록 예약할 수도 있습니다.

```
invoker.delay(command, 1000 * 3)
```

또는 작업을 다른 컴퓨터로 마이그레이션하여 애플리케이션의 부하를 분산시킬 수도 있습니다.

```
invoker.runRemotely(command)
```

방금 구현한 작은 예시는 명령으로 작업을 감싸는 것으로 어떤 작업이 가능한지를 보여줍니다. 이것은 빙산의 일각에 불과합니다.

마지막으로 반드시 필요한 경우에만 완벽한 명령 패턴을 사용해야 한다는 점에 주의해야 합니다. 사실 우리는 단순히 statusUpdateService의 함수를 호출하기 위해 얼마나 많은 코드가 작성되어야 하는지 보았습니다. 우리가 필요한 것이 단지 호출뿐이라면 복잡한 명령은 불필요한 노력을 동반하게 될 것입니다. 그러나 작업 실행을 예약해야 하거나, 비동기 작업을 실행해야 하는 경우 간단한 작업(Task) 패턴이 최상의 절충안을 제공합니다. 대신 실행 취소, 변환, 충돌 해결 또는 앞서 설명한 다른 멋진 사용 사례 중 하나와 같은 고급 기능이 필요한 경우라면, 좀 더 복잡한 명령 패턴을 사용하는 것이 필요합니다.

요약

우리는 전략, 상태 및 템플릿이라는 밀접하게 연관된 세 가지 패턴으로 이 장을 열었습니다.

전략을 사용하면 밀접하게 관련된 컴포넌트들의 집합에서 공통 부분을 컨텍스트라는 컴포넌트로 추출하고 컨텍스트가 특정 동작을 실현하는데 사용할 전략 객체를 따로 정의할 수 있었습니다. 상태 패턴은 서로 다른 상태에 있을 때 컴포넌트의 동작을 모델링해야 할 경우 전략을 사용하는, 전략 패턴의 변형입니다. 대신 템플릿 패턴은 전략 패턴의 "정적인" 버전으로 여길 수 있는데, 서로 다른 특정 동작들을, 공통 부분을 모델링한 템플릿 클래스의 하위 클래스들로 구현하게 됩니다.

다음으로 우리는 이제 반복자(Iterator)가 Node.js에서 핵심 패턴이 되었다는 것을 배웠습니다. JavaScript가 (반복자와 반복가능자 프로토콜과 함께) 이 패턴에 대해 언어 차원에서 지원하는 방법을 살펴보았으며 비동기 반복자가 복잡한 비동기 반복 패턴과 심지어 Node.js 스트림에 대한 대안으로 사용될 수 있는 방법을 배웠습니다.

그런 다음 Node.js 생태계에서 태어난 매우 독특한 패턴인 미들웨어 패턴을 알아봤습니다. 이것으로 데이터와 요청을 전처리, 후처리하는데 어떻게 사용할 수 있는지 배웠습니다.

마지막으로 명령 패턴이 제공하는 가능성을 보았습니다. 명령 패턴은 단순한 실행, 취소/재실행, 직렬화, 보다 복잡한 운영 변환 알고리즘에 이르기까지 무수히 많은 기능을 구현하는데 사용될 수 있습니다.

이제 "전통적인" 디자인 패턴에 관한 마지막 장의 끝에 도달했습니다. 지금쯤이면 일상적인 프로그래밍 작업에 엄청나게 유용한 일련의 패턴들이 여러분의 지식 창고에 쌓여있어야 합니다.

다음 장에서는 서버 측 개발의 경계를 넘어서는 주제로 주의를 돌리게 됩니다. 실제로 Node.js 덕분에 "범용(Universal)" JavaScript 애플리케이션을 만들 수 있습니다. 즉, 브라우저에서 실행되는 것처럼 서버에서 원활하게 실행될 수 있는 애플리케이션을 만들 수 있습니다. 가장 유용한 범용 JavaScript 패턴에 대해 알아보기 위해 다음 장을 계속 지켜봐 주십시오.

연습

연습 9.1 전략을 사용한 로깅:

최소한 debug(), info(), warn() 그리고 error() 함수를 가진 로깅 컴포넌트를 구현합니다. 로깅 구성요소는 로그 메시지가 기록되는 위치를 정의할 수 있는 전략들을 가지고 있어야 합니다. 예를 들어, 콘솔에 메시지를 출력하는 ConsoleStrategy 또는 파일에 로그 메시지를 저장하는 FileStrategy가 있을 수 있습니다.

연습 9.2 템플릿을 사용한 로깅:

이전 연습에서 정의한 것과 동일한 로깅 컴포넌트를 구현하되, 이번에는 템플릿 패턴을 사용합니다. 그런 다음 ConsoleLogger 클래스를 이용하여 콘솔에 기록하거나 FileLogger 클래스를 이용하여 파일에 기록합니다. 템플릿과 전략 접근 방식의 차이점을 이해합니다.

연습 9.3 아이템 저장소:

창고를 관리하는 프로그램을 작업 중이라고 상상해 봅시다. 다음 작업은 창고 아이템을 모델링하고 추적하는데 도움이 되는 클래스를 만드는 것입니다. 이러한 WarehouseItem 클래스에는 ID와 아이템의 초기상태(준비, 입고 또는 배달 중 하나)를 받아들이는 생성자가 있습니다. 여기에는 다음과 같은 세 가지 공개 함수가 있습니다.

- store(locationId)는 아이템을 입고 상태로 변경하고 아이템이 보관된 위치 ID를 기록합니다.
- deliver(address)는 아이템의 상태를 배송됨으로 변경하고 배송지 주소를 설정하고 localtionId를 지웁니다.
- describe()는 아이템의 현재 상태에 대한 문자열을 반환합니다(예: "아이템 5821이 창고로 이동 중입니다." 혹은 "아이템 36470이 위치 1ZH3에 입고됨" 혹은 "아이템 3452가 John Smith, 1st Avenue, New York에게 배달되었습니다."). 입고 상태는 다른 상태에서 전환될 수 없으므로 객체가 생성될 경우에만 설정할 수 있습니다. 아이템은 한번 입고 또는 배송되면 준비 상태로 다시 이동할 수 없고, 한번 배송되면 다시 입고 상태로 이동할 수 없으며, 먼저 입고하지 않으면 배송할 수 없습니다. 상태 패턴을 사용하여 WarehouseItem 클래스를 구현해 보십시오.

연습문제 9.4 미들웨어를 사용한 로깅:

연습문제 9.1과 9.2에서 구현한 로깅 컴포넌트를 다시 작성하는데, 이번에는 미들웨어 패턴을 사용하여 각 로그 메시지를 후처리하여 서로 다른 미들웨어로 메시지 처리 방식과 출력 방식을 사용자 성의할 수 있도록 합니다. 예를 들어 serialize() 미들웨어를 추가하여 네트워크를 통해 전달된 로그 메시지를 어딘가에 저장할 수 있는 문자열 형식으로 변환할 수 있습니다. 그런 다음 각 메시지를 파일에 저장하는 saveToFile() 미들웨어를 추가할 수 있습니다. 이번 연습문제로 미들웨어 패턴의 유연성과 보편성을 확실히 알 수 있을 것입니다.

연습문제 9.5 반복자를 사용한 대기열(queue):

"5장. Promise 그리고 Async/Await와 함께 하는 비동기 제어 흐름 패턴"에서 정의한 클래스 중 하나와 유사한 AsyncQueue 클래스를 구현하는데, 그 동작과 인터페이스가 약간 다릅니다. 이 AsyncQueue 클래스에서는 대기열에 새로운 항목을 추가한 다음 @@asyncIterable 함수를 노출하는 enqueuer()라는 함수가 있습니다. 이 함수는 대기열 내의 요소를 한번에 하나씩 비동기적으로 처리할 수 있는 기능을 제공해야 합니다(즉, 동시성(concurrency)이 1입니다). @@asyncIterable은 함수가 여러 곳에서 호출될 수 있으므로, 대기열(queue)이 사용되는 동시성을 높일 수 있도록 추가적인 비동기 반복자(Iterator)를 반환합니다.

CHAPTER 10

웹 애플리케이션을 위한 범용 JavaScript

- ✔ 브라우저와 코드 공유
- ✔ 크로스 플랫폼 개발의 기초
- ✔ React 개요
- ✔ 범용 JavaScript 앱 만들기

JavaScript는 웹 개발자에게 브라우저에서 직접 코드를 실행하고 동적인 대화형 웹 사이트를 구축할 수 있는 능력을 제공한다는 목표로 탄생했습니다.

지금까지 JavaScript는 많은 성장을 했습니다. 처음 JavaScript가 매우 간단하고 제한된 언어였다면 오늘날에는 거의 모든 종류의 애플리케이션을 빌드하기 위해 브라우저 외부에서도 사용할 수 있는 완전한 범용 언어로 간주될 수 있습니다. 실제로 JavaScript는 이제 프론트엔드 애플리케이션, 웹 서버 및 모바일 애플리케이션은 물론 웨어러블 장치, 온도 조절기, 비행 드론과 같은 임베디드 장치를 지원하고 있습니다.

여러 플랫폼과 장치에서의 언어 지원은 새로운 추세에 JavaScript 개발자들의 동참을 촉진하고 있습니다. 동일한 프로젝트의 여러 환경에서 코드의 재사용을 단순화할 수 있습니다. Node.js를 사용하면 개발자는 서버(백엔드)와 브라우저(프론트엔드) 간에 코드를 쉽게 공유할 수 있는 웹 애플리케이션을 만들 수 있습니다. 코드 재사용에 대한 연구는 원래 **동형(Isomorphic) JavaScript**라는 용어로 불렸지만, 오늘날에는 대부분 **범용(Universal) JavaScript**로 인식되고 있습니다.

이 장에서는 특히 웹 개발 분야에서 범용 JavaScript의 경이로움을 탐구하고 서버와 브라우저 간에 코드를 공유하는 데 사용할 수 있는 많은 도구와 기술들을 발견할 수 있을 것입니다.

먼저 모듈 번들러가 무엇이며 왜 필요한지 살펴볼 것입니다. 그런 다음 모듈 번들러의 작동 방식을 배우고 가장 인기가 많은 번들러 중 하나인 웹팩을 통해 번들러의 사용법을 연습할 것입니다. 그런 후 플랫폼 간에 코드를 재사용하는데 도움이 될 수 있는 몇 가지 일반적인 패턴에 대해 설명합니다.

마지막으로 React의 기본 기능을 배우고 이를 사용하여 범용 렌더링, 범용 라우팅 및 범용 데이터로드 기능을 갖춘 완전한 범용 JavaScript 애플리케이션을 만들 것입니다.

이 장에서 다룰 주제를 요약한 목록은 다음과 같습니다.

- 브라우저와 Node.js 간에 코드를 공유하는 방법
- 크로스 플랫폼 개발의 기초(코드 분기, 모듈 교체 및 기타 유용한 패턴)
- React에 대한 간략한 소개
- React 및 Node.js를 사용하여 완전한 범용 JavaScript 애플리케이션을 만드는 방법

이 과정은 정말 흥미로울 것입니다. 집중해 보십시오.

10-1 브라우저와 코드 공유

Node.js의 주요 관심 포인트 중 하나는 실제로 일부 브라우저(Google Chrome, Microsoft Edge)에서 구동하는 가장 인기 있는 JavaScript 엔진인 V8입니다. 동일한 JavaScript 엔진을 공유하는 것만으로도 Node.js와 브라우저 간에 코드를 쉽게 공유할 수 있다고 생각할 수 있습니다. 그러나 이 장에서 볼 수 있듯이 이 단순하고 독립적이면서 일반적인 일부의 코드만을 공유하려는 경우가 아닌 한, 항상 가능한 일은 아닙니다.

클라이언트와 서버 모두에 대한 코드를 개발하려면 동일한 코드가 본질적으로 다른 두 환경에서 제대로 실행될 수 있도록 하는데 무시할 수 없는 수준의 노력이 필요합니다. 예를 들어, Node.js에는 DOM이나 수명이 긴 뷰(View)가 없지만 브라우저에서는 기본적으로 운영체제와 상호 작용할 파일 시스템 및 기타 인터페이스가 존재하지 않습니다.

또 다른 점은 최신 JavaScript 기능에 대한 지원 수준입니다. Node.js를 대상으로 한다면 서버에서 실행되는 Node.js의 버전을 알고 있기 때문에 최신 언어 기능을 안전하게 채택할 수 있습니다. 예를 들어, 서버 코드의 경우 Node.js 버전 8(또는 최신 버전)에서 실행된다는 것을 미리 알고 있다면 async/await의 채택을 안전하게 결정할 수 있습니다. 불행히도 브라우저용 JavaScript 코드를 작성할 때 동일한 확신을 가질 수 없습니다.

이는 사용자마다 브라우저가 달라 최신 언어 기능과의 호환성 수준이 다르기 때문입니다. 일부 사용자는 async/await를 완벽하게 지원하는 최신 브라우저를 사용하는 반면, 다른 사용자는 async/await를 지원하지 않는 예전의 브라우저가 있는 오래된 장치를 계속 사용할 수도 있습니다.

따라서 두 플랫폼을 모두 개발할 때 필요한 대부분의 노력은 이러한 차이를 해소하는 것입니다. 이는 애플리케이션이 브라우저 호환 코드와 Node.js 코드간에 전환을 동적으로 또는 빌드 시에 할 수 있도록 하는 추상화, 패턴 및 도구들의 도움을 받아 수행할 수 있습니다.

운 좋게도 이 새로운 가능성에 대한 관심이 높아지면서 생태계의 많은 라이브러리와 프레임워크가 두 환경을 모두 지원하기 시작했습니다. 이러한 발전은 수년에 걸쳐 개선되고 완성된 새로운 종류의 워크플로우를 지원하는 더 많은 도구들에 의해 뒷받침되고 있습니다. 즉, Node.js에서 npm 패키지를 사용하는 경우 브라우저에서도 원활하게 작동할 가능성이 높습니다. 그러나 이것이 브라우저와 Node.js 모두에서 문제없이 애플리케이션을 실행할 수 있다는 것을 보장하기에는 충분하지 않은 경우가 많습니다. 앞으로 살펴보겠지만 크로스 플랫폼 코드를 개발할 때는 항상 신중한 디자인이 필요합니다.

이 섹션에서는 Node.js와 브라우저 모두에 대한 코드를 작성할 때 발생할 수 있는 근본적인 문제를 살펴보고, 이 새롭고 흥미로운 과제를 해결하는데 도움이 되는 몇 가지 도구와 패턴을 알아볼 것입니다.

10-1-1 크로스 플랫폼 컨텍스트의 JavaScript 모듈

브라우저와 서버 간에 일부 코드를 공유하고 싶을 때 가장 먼저 부딪히는 장벽이 Node.js에서 사용하는 모듈 시스템과 브라우저에서 사용되는 모듈 시스템의 이기종 환경 간의 불일치입니다. 또 다른 문제는 브라우저에는 require() 함수나 모듈을 해결할 수 있는 파일 시스템이 없다는 것입니다. 대부분의 최신 브라우저는 import 및 ES 모듈을 지원하지만 웹 사이트를 방문하는 일부 사용자는 이러한 최신 브라우저를 사용하지 않을 수도 있습니다.

이러한 문제 외에도 서버와 브라우저에 대한 코드 배포의 차이점도 고려해야 합니다. 서버에서 모듈은 파일 시스템에서 직접 로드됩니다. 이것은 일반적으로 성능이 요구되는 작업이므로 개발자는 코드를 작은 모듈로 분할하여 서로 다른 로직 단위를 작고 체계적으로 유지하는 것이 좋습니다.

브라우저에서 스크립트를 적재하는 모델은 완전히 다릅니다. 이 프로세스는 일반적으로 브라우저가 원격 엔드포인트에서 HTML 페이지를 다운로드하는 것으로 시작됩니다. HTML 코드는 브라우저에 의해 구문이 분석되어 다운로드 및 실행해야 하는 스크립트 파일에 대한 참조를 알아냅니다. 대규모 애플리케이션을 처리할 경우 다운로드할 스크립트가 많을 수 있으므로 브라우저는 애플리케이션을 완전히 초기화하기 전에 상당한 수의 HTTP 요청을 발생시키고 여러 스크립트 파일을 다운로드하고 구문을 분석해야 합니다. 스크립트 파일 수가 많을수록 특히 느린 네트워크의 브라우저에서 애플리케이션을 실행하기 위해 지불해야 하는 성능 저하는 매우 큽니다. 이러한 성능 저하의 일부는 **HTTP/2 Server Push**(nodejsdp.link/http2-server-push), 클라이언트 측의 캐싱, 사전로드 또는 유사한 기술을 채택하여 완화할 수 있지만 근본적인 문제는 여전히 존재합니다. 많은 수의 파일을 수신하고 구문을 분석해야 하는 것은 일반적으로 최적화된 파일 몇 개를 처리하는 것보다 성능이 훨씬 나쁩니다.

이 문제를 해결하는 일반적인 방법은 브라우저용 패키지(또는 **번들**)를 "빌드"하는 것입니다. 일반적인 빌드 프로세스는 모든 소스 파일을 매우 적은 수의 번들(예: 페이지당 하나의 JavaScript 파일)로 조합하여 브라우저가 각 페이지 방문에 대해 많은 수의 스크립트를 다운로드할 필요가 없도록 합니다. 빌드 프로세스는 파일 수를 줄이는 것에만 국한되지 않으며 실제로 다른 흥미로운 최적화들을 수행할 수 있습니다. 또 다른 일반적인 최적화는 코드 축소로, 기능을 변경하지 않고도 문자 수를 최소화할 수 있습니다. 이것은 일반적으로 주석을 제거하고, 사용하지 않는 코드를 제거하고, 함수 및 변수 이름을 변경함으로써 수행됩니다.

모듈 번들러

서버와 브라우저 모두에서 최대한 원활하게 작동할 수 있는 코드의 상당부분을 작성하려면 빌드 시 모든 종속성을 함께 "번들"하는데 도움을 주는 도구가 필요합니다. 이러한 도구를 일반적으로 **모듈 번들러**라고 합니다. 모듈 번들러를 사용하여 공유 코드를 서버와 클라이언트에 적재할 수 있는 방법의 예시를 통해 이를 시각화해 보겠습니다.

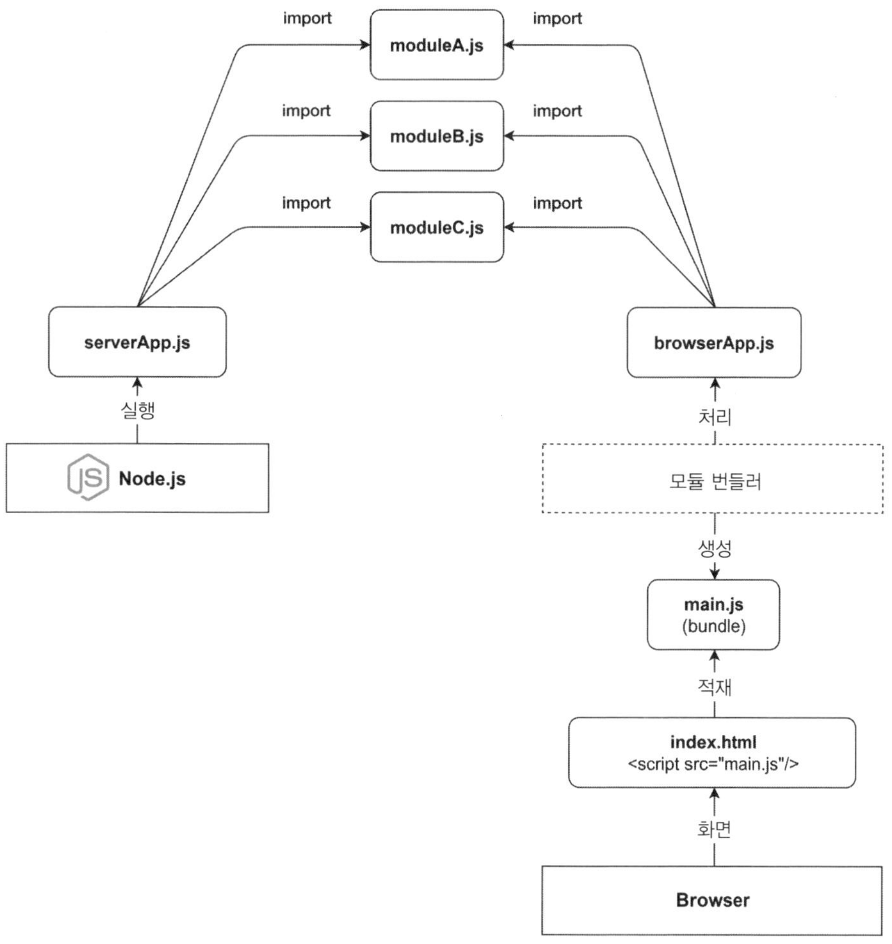

▲ 그림 10.1 서버와 브라우저에서 공유 모듈 로드(모듈 번들러 사용)

그림 10.1을 보면 코드가 서버 측과 브라우저에서 다르게 적재되고 처리되는 것을 볼 수 있습니다.

- **서버 측**: Node.js는 serverApp.js를 직접 실행하고, serverApp.js 파일은 차례로 moduleA.js, mdouleB.js 그리고 moduleC.js 모듈을 가져옵니다.

- **브라우저**: moduleA.js, moduleB.js 및 moduleC.js를 임포트하는 browserApp.js가 있습니다. 인덱스 파일에 browserApp.js가 포함되어 있다면 앱이 완전히 초기화되기 전에 총 5개의 파일(index.html, browserApp.js 및 3개의 종속 모듈)을 다운로드해야 합니다. 모듈 번들러를 사용하면 browserApp.js 및 모든 종속성을 사전에 처리하고 main.js라는 하나의 번들을 생성하여 총 파일 수를 2개로 줄일 수 있습니다. 그런 다음 index.html에서 참조하여 브라우저에서 로드합니다.

요약하면 브라우저에서는 일반적으로 **빌드**와 **런타임**이라는 두 가지 논리적인 단계를 처리해야 하는 반면, 서버에서는 일반적으로 빌드 단계가 필요하지 않으며 소스 코드를 직접 실행할 수 있습니다.

모듈 번들러를 선택할 때 가장 인기 있는 옵션은 아마도 **웹팩**(Webpack, nodejsdp.link/webpack)일 것입니다. 웹팩은 현재 사용 가능한 가장 완전하고 성숙한 모듈 번들러 중 하나이며, 이 장에서 사용해 볼 것입니다. 그러나 웹팩의 대안으로 각각 고유한 장점을 가진 상당히 성장한 생태계가 있다는 점을 기억해두어야 합니다. 다음은 참고할만한 웹팩의 대안들입니다.

- **Parcel(nodejsdp.link/parcel)**: 빠른 환경설정 없이 "자동 마법사처럼" 작동하는 것을 목표로 합니다.
- **Rollup(nodejsdp.link/rollup)**: ESM을 완전히 지원하고 트리 쉐이킹 및 불필요한 코드 제거와 같은 다양한 최적화를 제공하는 최초의 모듈 번들러 중 하나입니다.
- **Browserify(nodejsdp.link/browserify)**: CommonJS를 지원하는 첫 번째 모듈 번들러이며 여전히 널리 채택되고 있습니다.

다른 트렌드 모듈 번들러로는 **FuseBox**(nodejsdp.link/fusebox), **Brunch**(nodejsdp.link/brunch) 그리고 **Microbundle**(nodejsdp.link/microbundle)이 있습니다.

다음 섹션에서는 모듈 번들러가 작동하는 방식에 대해 자세히 설명하겠습니다.

모듈 번들러의 작동 원리

모듈 번들러는 애플리케이션의 소스 코드(입력 모듈 및 해당 종속성의 형식)를 가져와 하나 이상의 번들 파일을 생성하는 도구로 정의할 수 있습니다. 번들을 만드는 프로세스는 앱의 비즈니스 로직을 변경하지 않습니다. 브라우저에서 실행되도록 최적화된 파일만 생성합니다. 어떤 면에서 우리는 번들러를 브라우저용 컴파일러라고 생각할 수 있습니다.

이전 섹션에서 번들러가 브라우저가 로드해야 할 총 파일 수를 줄이는데 어떻게 도움이 되는지 살펴보았지만 실제로는 번들러는 그 이상을 수행할 수 있습니다. 예를 들어 **Babel**(nodejsdp.link/babel)과 같은 **트랜스파일러**(transpiler)를 사용할 수 있습니다. '트랜스파일러'는 소스 코드를 처리해서 최신 JavaScript 구문을 동등한 ECMAScript5 구문으로 변환하여 다양한 브라우저(과거 브라우저 포함)에서 애플리케이션을 올바르게 실행할 수 있도록 하는 도구입니다. 일부 '모듈 번들러'를 사용하면 JavaScript 코드뿐만 아니라 이미지 및 스타일 시트와 같은 다른 리소스들도 전처리하고 최적화할 수 있습니다.

이 섹션에서는 모듈 번들러가 작동하는 방식과 브라우저에 최적화된 동등한 번들을 생성하기 위해 지정된 애플리케이션의 코드를 탐색하는 방법에 대한 간단한 보기를 제공합니다. 모듈 번들러의 작업은 **종속성 해결** 및 **패킹**이라는 두 단계로 나눌 수 있습니다.

종속성 해결

'종속성 해결' 단계는 기본 모듈(**진입점**이라고도 함)에서 시작하여 코드를 탐색하고 모든 종속성을 발견하는 것을 목표로 합니다. 번들러가 이를 수행할 수 있는 방법은 종속성을 **종속성 그래프**라고 하는 비순환 직접 그래프로 나타내는 것입니다.

가상 계산기 애플리케이션을 예로 들어 이 개념을 살펴보겠습니다. 모듈 구조 즉, 다른 모듈이 서로 어떻게 의존하는지와 모듈 번들러가 애플리케이션의 종속성 그래프로 빌드할 수 있는 방법에만 초점을 맞출 것이기 때문에 사용하는 코드는 불안전할 수 있습니다.

```
// app.js                                              (1)
import { calculator } from './calculator.js'
import { display } from './display.js'
display(calculator('2 + 2 / 4'))

// display.js                                          (5)
export function display () {
  // ...
}

// calculator.js                                       (2)
import { parser } from './parser.js'
import { resolver } from './resolver.js'
export function calculator (expr) {
  return resolver(parser(expr))
}

// parser.js                                           (3)
export function parser (expr) {
  // ...
}
```

```
// resolver.js                                        (4)
export function resolver (tokens) {
  // ...
}
```

모듈 번들러가 이 코드를 통해 종속성 그래프를 파악하는 방법을 알아보겠습니다.

1. 모듈 번들러는 애플리케이션의 진입점인 모듈 app.js에서 분석을 시작합니다. 이 단계에서 모듈 번들러는 import 문을 찾아 종속성을 발견합니다. 번들러가 진입점의 코드를 스캔하여 찾은 첫 번째 import 문은 calculator.js 모듈입니다. 이제 번들러는 app.js 분석을 중단하고 즉시 calculator.js로 이동합니다. 번들러는 열린 파일에 대한 탭을 유지합니다. 나중에 번들러는 app.js의 첫 번째 라인을 이미 살펴본 것을 기억하고 바로 다음 두 번째 라인에서 탐색을 계속할 것입니다.
2. calculator.js에서 번들러는 parse.js에 대한 새로운 import 문을 다시 찾게 되므로 calculator.js의 처리가 중단되고 parse.js로 이동합니다.
3. parser.js에는 import 문이 없으므로 파일을 완전히 스캔한 후 번들러는 calculator.js로 되돌아 갑니다. 여기서 다음 import 문은 resolver.js를 참조하고 있습니다. 다시, 번들러는 calculator.js의 분석을 중단하고 resolver.js로 이동합니다.
4. 모듈 resolver.js에는 import 문이 포함되어 있지 않으므로 컨트롤이 calculator.js로 돌아갑니다. calculator.js 모듈에는 다른 import 문이 존재하지 않으므로 컨트롤이 app.js로 되돌아갑니다. app.js에서 다음 import는 display.js이고 번들러는 바로 그곳으로 이동합니다.
5. display.js는 import 문을 포함하지 않습니다. 따라서 컨트롤은 다시 app.js로 돌아갑니다. app.js에는 더 이상 import 문이 없으므로 코드가 완전히 탐색되었으며 종속성 그래프 또한 완전히 구성되었습니다. 모듈 번들러가 한 파일에서 다른 파일로 이동할 때마다 새 종속성이 발견되고 종속성 그래프에 새 노드를 추가합니다. 이 목록에서 설명한 단계를 시각적으로 표현하면 그림 10.2와 같습니다.

이러한 종속성 해결 방법은 순환 종속성에서도 작동합니다. 실제로 번들러가 두 번째로 동일한 종속성을 발견하면 이미 종속성 그래프 내에 존재하므로 해당 종속성을 건너 뜁니다.

트리 쉐이킹(Tree shaking)

프로젝트 모듈 내에서 가져오지 않은 항목(예: 함수, 클래스 또는 변수)들이 있는 경우, 이러한 항목은 이 종속성 그래프에 표시되지 않으므로 최종 번들에 포함되지 않습니다.

고급 번들러는 모든 모듈에서 가져온 엔티티와 종속성 그래프에서 찾은 익스포트된 엔티티들을 추적할 수 있습니다. 이를 통해 번들을 최종 번들에서 정리할 수 있도록 애플리케이션에서 사용되지 않는 익스포트된 기능들이 있는지 파악할 수 있습니다. 이 최적화 기술을 '**트리 쉐이킹**'이라고 합니다(nodejsdp.link/tree-shaking).

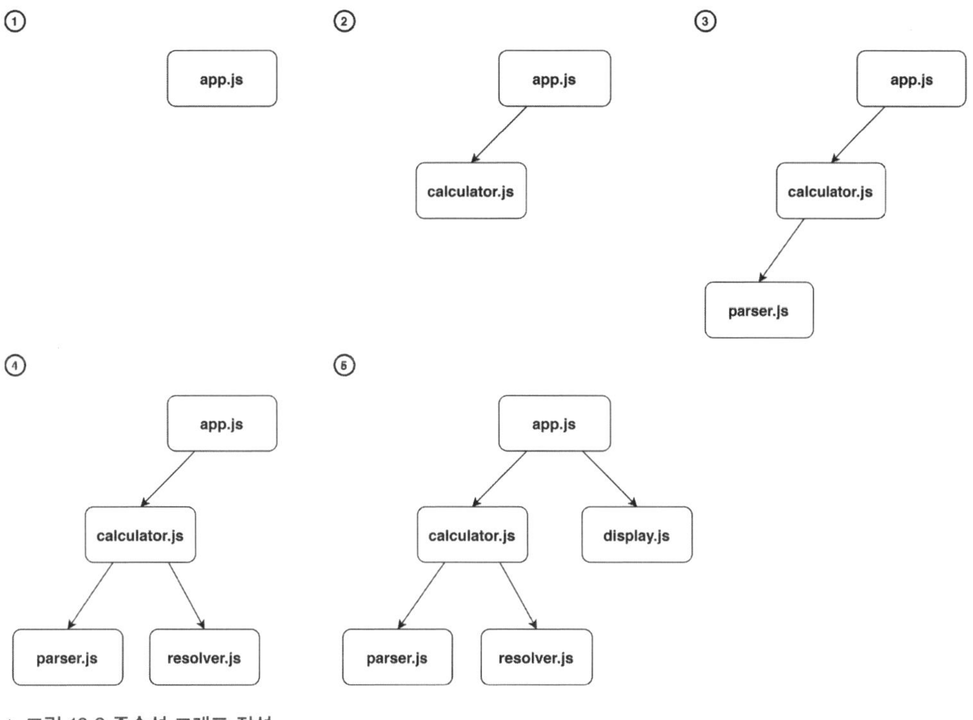

▲ 그림 10.2 종속성 그래프 작성

종속성 해결 단계에서 모듈 번들러는 **모듈맵**이라는 데이터 구조를 빌드합니다. 이 데이터 구조는 고유한 모듈 식별자(예: 파일 경로)를 키(Key)로 하고 모듈 소스 코드를 값(Value)으로 표현한 해시 맵입니다. 이 예에서 모듈맵의 단순화된 코드는 다음과 같습니다.

```
{
  'app.js': (module, require) => {/* ... */},
  'calculator.js': (module, require) => {/* ... */},
  'display.js': (module, require) => {/* ... */},
  'parser.js': (module, require) => {/* ... */},
  'resolver.js': (module, require) => {/* ... */}
}
```

모듈맵의 모든 모듈들은 module 및 require 이렇게 두 개의 인자를 받는 팩토리 함수입니다. 다음 섹션에서 이러한 인자가 무엇인지 살펴보겠습니다. 지금 이해해야 할 중요한 사항은, 여기에 있는 모든 모듈은 원본 소스 모듈에 있는 완전한 코드라는 것입니다. 예를 들어 calculator.js 모듈의 코드를 취하면 다음과 같을 것입니다.

```
(module, require) => {
  const { parser } = require('parser.js')
  const { resolver } = require('resolver.js')
  module.exports.calculator = function (expr) {
    return resolver(parser(expr))
  }
}
```

ESM 구문이 얼마나 CommonJS 모듈 시스템의 구문과 유사하게 변경되는지에 주목해 봅시다. 브라우저는 CommonJS를 지원하지 않으며, 이러한 변수는 전역이 아니므로 변수명이 충돌할 위험이 없습니다. 이 단순화된 구현에서 우리는 CommonJS(module, require 및 module.exports)에서와 똑같은 식별자를 사용하여 CommonJS와 유사성이 분명하게 보이도록 하였습니다. 실제로 모든 모듈 번들러는 고유한 식별자를 사용합니다. 예를 들어, 웹팩은 '__webpack_require__' 및 '__webpack_exports__'와 같은 식별자를 사용합니다.

패킹(Packing)

모듈맵은 종속성 해결 단계의 최종 출력입니다. '패킹' 단계에서 모듈 번들러는 모듈맵을 가져와서 원래 애플리케이션의 모든 비즈니스 로직을 포함하는 단일 JavaScript 파일인 실행 가능한 번들로 변환합니다.

아이디어는 간단합니다. 모듈맵 안에 애플리케이션의 원래 코드베이스를 이미 작성해 놓았습니다. 브라우저가 올바르게 실행할 수 있는 것으로 변환하고 결과 번들 파일에 저장하는 방법을 찾는 것입니다.

모듈맵의 구조를 감안할 때 모듈맵을 감싸는 몇 줄의 코드만으로 실제로 이를 수행할 수 있습니다.

```
((modulesMap) => {                                  // (1)
  const require = (name) => {                       // (2)
    const module = { exports: {} }                  // (3)
    modulesMap[name](module, require)               // (4)
    return module.exports                           // (5)
  }
  require('app.js')                                 // (6)
})(
  {
    'app.js': (module, require) => {/* ... */},
    'calculator.js': (module, require) => {/* ... */},
```

```
    'display.js': (module, require) => {/* ... */},
    'parser.js': (module, require) => {/* ... */},
    'resolver.js': (module, require) => {/* ... */},
  }
)
```

긴 코드는 아니지만 여기서 많은 일이 발생하므로 단계별로 함께 살펴보겠습니다.

1. 이 코드는 전체 모듈맵을 인자로 받는 IIFE(Immediately Invoked Function Expression)입니다.
2. 함수가 실행되면 사용자 정의 require 함수를 정의합니다. 이 함수는 모듈 이름을 입력으로 받고 modulesMap에서 해당 모듈을 로드하고 실행합니다.
3. require 함수에서 module 객체가 초기화됩니다. 이 객체에는 속성을 가지지 않는 exports라는 속성 하나만 존재합니다.
4. 이 시점에서 주어진 모듈의 팩토리 함수가 호출되는데, 방금 생성한 module 객체와 require 함수 자체에 대한 참조를 전달합니다. 이것은 본질적으로 서비스 로케이터 패턴(nodejsdp.link/service-locator-pattern)의 구현입니다. 여기서 팩토리 함수가 실행되면 모듈이 익스포트하는 함수들을 추가하여 module 객체를 수정합니다. 팩토리 함수는 인자로 전달된 require 함수를 사용하여 다른 모듈을 재귀적으로 요청할 수 있습니다.
5. 마지막으로 require 함수는 이전 단계에서 호출된 팩토리 함수가 추가한 module.exports 객체를 반환합니다.
6. 마지막 단계는 종속성 그래프의 진입점을 require하는 것입니다. 여기서는 모듈 app.js입니다. 이 마지막 단계가 전체 애플리케이션을 시작시킵니다. 실제로 진입점을 로드하면 모든 종속성을 올바른 순서로 로드하고 실행한 다음 자체 비즈니스 로직을 실행합니다.

이 프로세스를 통해 우리는 본질적으로 동일한 파일 내에서 적절하게 구성된 모듈들을 로드할 수 있는 자급자족 모듈 시스템을 만들었습니다. 다시 말해서, 원래 여러 파일로 구성된 앱을 모든 코드가 단일 파일에 포함된 동등한 앱으로 변환할 수 있었습니다. 그 결과가 번들 파일입니다.

앞의 코드는 모듈 번들러의 작동 방식을 설명하기 위해 의도적으로 단순화시켰습니다. 우리가 고려하지 않은 많은 경우가 있습니다. 예를 들어, 모듈맵에 없는 모듈이 필요할 경우는 어떻게 될까요?

웹팩 사용하기

모듈 번들러의 작동 방식을 알았으니 이제 Node.js와 브라우저에서 모두 작동할 수 있는 간단한 애플리케이션을 만들어 보겠습니다. 이 연습을 통해 브라우저 앱과 서버에서 변경 없이 사용할 수 있는 간단한 라이브러리를 작성하는 방법을 배웁니다. 웹팩(webpack)을 사용하여 브라우저용 번들을 만들 것입니다.

단순화를 위해서 당장 살펴볼 애플리케이션은 "hello world"에 지나지 않을 것이지만 걱정할 필요는 없습니다. 이 장의 뒷부분의 범용(Universal) JavaScript 앱 만들기 섹션에서 보다 현실적인 애플리케이션을 만들 것입니다.

다음을 사용하여 시스템에 webpack CLI를 설치하겠습니다.

```
npm install --global webpack-cli
```

이제 다음을 사용하여 새 폴더에서 새로운 프로젝트를 초기화하겠습니다.

```
npm init
```

프로젝트의 초기화가 완료되면 Node.js에서 ESM을 사용하고자 하므로 package.json에 "type":"module" 속성을 추가해야 합니다.

이제 다음 명령을 실행합니다.

```
webpack-cli init
```

커맨드 프롬프트를 통한 가이드는 프로젝트에 웹팩을 설치하고 웹팩 설정 파일들을 자동으로 생성해 줍니다. 이 글을 쓰는 시점에는 웹팩4를 사용하여 커맨드 프롬프트를 통한 가이드에는 Node.js에 ESM을 사용하겠다는 것을 설정하지 못하므로 생성된 파일에 작은 변경 두 가지를 해야 합니다.

- webpack.config의 이름을 webpack.config.cjs로 바꿉니다.
- package.json에서 다음처럼 npm 스크립트를 변경합니다.

```
"build": "webpack --config webpack.config.cjs"
"start": "webpack-dev-server --config webpack.config.cjs"
```

이제 애플리케이션 작성을 시작할 수 있는 준비가 완료되었습니다.

먼저 src/say-hello.js에서 공유하려는 모듈을 작성해 보겠습니다.

```
import nunjucks from 'nunjucks'

const template = '<h1>Hello <i>{{ name }}</i></h1>'

export function sayHello (name) {
  return nunjucks.renderString(template, { name })
}
```

이 코드에서 npm과 함께 설치해야 하는 nunjucks 템플릿 라이브러리(nodejsdp.link/nunjucks)를 사용하고 있습니다. 이 모듈은 name을 유일한 인자로 받아들이고 이를 사용해서 HTML 문자열을 생성하는 간단한 sayHello 함수를 익스포트합니다.

이제 이 모듈을 사용할 브라우저 애플리케이션을 작성해 보겠습니다(src/index.js).

```
import { sayHello } from './say-hello.js'

const body = document.getElementsByTagName('body')[0]
body.innerHTML = sayHello('Browser')
```

이 코드는 sayHello 함수를 사용하여 hello Browser라는 HTML 조각을 만든 다음 현재 HTML 페이지의 body 섹션에 삽입합니다.

이 애플리케이션을 미리 보려면 터미널에서 npm start를 실행하면 됩니다. 그러면 기본 브라우저가 열리고 애플리케이션이 실행 중인 것을 볼 수 있습니다.

애플리케이션의 정적인 버전을 생성하려면 다음과 같이 실행합니다.

```
npm run build
```

이렇게 하면 index.html과 번들 파일(이름이 main.12345678901234567890.js와 같은 파일)이 있는 dist라는 폴더가 생성됩니다.

번들의 파일명은 파일 내용의 해시를 이용하여 생성됩니다. 이렇게 하면 소스 코드가 변경될 때마다 다른 이름의 새 번들을 얻을 수 있습니다. 이는 웹팩이 기본적으로 채택하는 캐시 무효화(cache busting)라고 하는 유용한 최적화 기술이며, 특히 컨텐츠 전송 네트워크(CDN)에 리소스를 배포할 때 편리합니다. CDN을 사용할때 일반적으로 여러 서버에 분산되어 있고 사용자의 브라우저를 포함하여 이미 여러 계층에 캐시된 파일을 재정의하는 것은 비용이 많이 드는 일입니다. 웹팩은 변경될 때마다 새 파일을 생성함으로써 이 캐시를 완전히 무효화합니다.

브라우저에서 index.html 파일을 열어 애플리케이션 미리 보기를 할 수 있습니다.

궁금할 때 생성된 번들 파일을 살펴볼 수 있습니다. 이전 섹션에서 설명한 샘플 번들보다 다소 복잡하고 장황한 것을 알 수 있을 것입니다. 그러나 여러분은 그 구조를 인식할 수 있을 것이므로, 우리의 say Hello 모듈뿐만 아니라 전체 nunjucks 라이브러리와 sayHello 모듈이 번들 코드에 포함되어 있음을 볼 수 있을 것입니다.

이제 Node.js에서 실행되는 동등한 애플리케이션을 만들려면 어떻게 해야 할까요? 예를 들어 sayHello 함수를 사용하여 결과 코드를 터미널에 출력하려면 말입니다.

```
// src/server.js
import { sayHello } from './say-hello.js'
console.log(sayHello('Node.js'))
```

이게 전부입니다!

이 코드를 다음과 같이 실행한다면

```
node src/server.js
```

다음과 같은 출력이 표시되는 것을 볼 수 있습니다.

```
<h1>Hello <i>Node.js</i></h1>
```

그렇습니다! 터미널에 HTML을 표시하는 것은 특별히 유용한 것은 아니지만, 방금 라이브러리 코드를 변경하지 않고 브라우저와 서버에서 라이브러리를 사용할 수 있는 목표를 달성했습니다. 다음 섹션에서는 브라우저 또는 Node.js에서 보다 특화된 동작을 제공하려는 경우 실제로 코드를 변경할 수 있는 몇 가지 패턴에 대해 설명하겠습니다.

10-2 크로스 플랫폼 개발의 기초

다른 플랫폼 용으로 개발할 때 가장 일반적인 문제는 가능한 한 많은 코드를 재사용하는 동시에 플랫폼 별로 세부 사항에 대한 특수한 구현을 제공하는 방법입니다. 이제 코드 분기 및 모듈

스와핑과 같은 문제에 당면할 때 사용할 수 있는 몇 가지 원칙과 패턴을 살펴보겠습니다.

10-2-1 런타임 코드 분기

호스트 플랫폼을 기반으로 다양한 구현을 제공하는 가장 간단하고 직관적인 기술은 코드를 동적으로 분기하는 것입니다. 이를 위해서 런타임에 호스트 플랫폼을 인식한 다음 if...else 문으로 구현을 동적으로 전환하는 메커니즘이 있어야 합니다. 일부 일반적인 접근 방식에는 Node.js 또는 브라우저에서만 사용할 수 있는 전역 변수를 확인하는 방식이 포함됩니다.

예를 들어, 전역 변수 window의 존재를 확인하는 것을 들 수 있습니다. 이 기술을 사용하여 모듈이 브라우저에서 실행되는지 서버에서 실행되는지에 따라 약간 다른 기능을 제공하도록 say-hello.js 모듈을 수정해 보겠습니다.

```
import nunjucks from 'nunjucks'

const template = '<h1>Hello <i>{{ name }}</i></h1>'

export function sayHello (name) {
  if (typeof window !== 'undefined' && window.document) {
    // client-side code
    return nunjucks.renderString(template, { name })
  }

  // Node.js code
  return `Hello \u001b[1m${name}\u001b[0m`
}
```

이스케이프 시퀀스 '\u001b[1m'은 텍스트를 굵게 설정하는 특별한 터미널 서식 표시 문자입니다. 이와는 반대로 시퀀스 '\u001b[0'은 형식을 정상으로 재설정합니다. 이스케이프 시퀀스와 그 히스토리에 대해 자세히 알고 싶다면 ANSI 이스케이프 시퀀스(nodejsdp.link/ansi-escape-sequences)를 확인해 보십시오.

Node.js와 브라우저에서 애플리케이션을 다시 실행하고 차이점을 확인해 보십시오! 그렇게 하면 Node.js에서 애플리케이션을 실행할 때 터미널에 HTML 코드가 표시되지 않습니다. 대신 적절한 터미널 형식의 문자열이 표시됩니다. 브라우저의 프론트엔드 애플리케이션은 변화가 없습니다.

런타임 코드 분기의 문제점

Node.js와 브라우저 사이를 전환하기 위해 런타임 분기 방식을 사용하는 것은 확실히 목적을 위해 사용할 수 있는 가장 직관적이고 간단한 패턴입니다. 그러나 몇 가지 불편함이 있습니다.

- 두 플랫폼의 코드는 동일한 모듈에 포함되어 있으므로 최종 번들에 포함됩니다. 이는 사용되지 않는 불필요한 코드를 추가시켜 번들의 크기를 증가시킵니다. 사용되지 않는 코드에 암호화 키나 API 키 같이 사용자의 브라우저로 전송하면 안되는 중요한 정보가 포함되어 있을 수도 있습니다. 이 경우 이러한 접근 방식은 심각한 보안 문제를 초래할 수 있습니다.
- 너무 광범위하게 사용하면 비즈니스 로직이 플랫폼 간 호환성을 추가하기 위한 로직과 섞이기 때문에 코드의 가독성을 상당히 저해할 수 있습니다.
- 동적 분기를 사용하여 플랫폼에 따라 다른 모듈을 적재하면 대상 플랫폼에 관계없이 모든 모듈이 최종 번들에 추가됩니다. 예를 들어, 다음 코드를 생각해보면 clientModule과 serverModule은 둘 중 하나를 빌드에서 명시적으로 제외하지 않는 한, 웹팩으로 생성된 번들에 포함됩니다.

```
import { clientFunctionality } from 'clientModule'
import { serverFunctionality } from 'serverModule'
if (typeof window !== 'undefined' && window.document) {
  clientFunctionality()
} else {
  serverFunctionality()
}
```

마지막 불편함은 다음과 같은 이유로 발생합니다.

- 번들러는 빌드 시 런타임 변수의 값을 알 수 있는 명확한 방법이 없으므로(변수가 상수가 아닌 한) 이전 예에서 if...else 문의 두 분기는 브라우저가 항상 그 중 하나만 실행할 것이 분명하더라도 항상 최종 번들에 포함됩니다.
- ES 모듈 import는 항상 파일 맨 위에 선언적으로 정의되며 현재 환경을 기반으로 import 문을 필터링할 방법이 없습니다. 번들러는 여러분이 조건부로 임포트된 기능 중에서 어느 부분을 사용하는지 파악하지 않으며 임포트된 모든 코드를 포함시킵니다.

이러한 특성으로 인해, 변수를 사용해서 동적으로 임포트한 모듈들은 번들에 포함되지 않습니다. 예를 들어, 다음 코드에서는 모듈들이 번들로 제공되지 않습니다.

```
moduleList.forEach(function(module) {
  import(module)
})
```

웹팩이 이러한 제약사항 중 일부를 극복하고 특정 상황에서 동적 요구사항에 대해 가능한 모든 값을 추측할 수 있다는 점은 인상적입니다. 예를 들어 다음과 같은 코드의 일부가 있을 경우를 봅시다.

```
function getControllerModule (controllerName) {
  return import(`./controller/${controllerName}`)
}
```

웹팩은 최종 번들의 controller 폴더에 있는 사용 가능한 모든 모듈들을 포함시킵니다.

이러한 것이 지원되는 모든 경우에 대해 알고 싶다면 공식 문서를 확인해 보십시오(nodejsdp.link/webpack-dynamic-imports).

10-2-2 빌드 시 코드 분기

이 섹션에서는 빌드 시 서버에서만 실행하려는 모든 코드 부분을 제거하기 위해 웹팩 플러그인을 사용하는 방법을 살펴보겠습니다. 이를 통해 더 가벼운 번들 파일을 얻고 서버에만 존재해야 하는 민감한 정보(예: 비밀번호, 암호키 또는 API 키)가 포함된 코드가 실수로 노출되는 것을 방지할 수 있습니다.

웹팩은 플러그인을 지원하므로 웹팩의 기능을 확장하고, 번들 파일을 생성하는데 새로운 처리 단계를 추가하여 번들 파일을 생성할 수 있습니다. 빌드 시 코드 분기를 수행하기 위해서는 DefinePlugin이라는 내장 플러그인과 terser-webpack-plugin(nodejsdp.link/terser-webpack)이라는 외부 플러그인을 활용할 수 있습니다.

DefinePlugin은 소스 파일의 특정 코드를 사용자 정의 코드 또는 변수로 대체하는데 사용할 수 있습니다. terser-webpack-plugin을 사용하면 결과 코드를 압축하고 사용되지 않는 코드들을 제거할 수 있습니다(**Dead code 제거**).

say-hello.js 모듈을 다시 작성하여 이러한 개념을 살펴보겠습니다.

```
import nunjucks from 'nunjucks'
export function sayHello (name) {
  if (typeof __BROWSER__ !== 'undefined') {
    // 클라이언트 측 코드
    const template = '<h1>Hello <i>{{ name }}</i></h1>'
    return nunjucks.renderString(template, { name })
```

```
    }
    // Node.js 코드
    return `Hello \u001b[1m${name}\u001b[0m`
  }
```

브라우저 코드를 활성화하기 위해 __BROWSER__라는 일반 변수가 있는지 확인합니다. 이것은 DefinePlugin을 사용하여 빌드시 대체하는 변수입니다.

이제 다음을 명령으로 terser-webpack-plugin을 설치하겠습니다.

```
npm install --save-dev terser-webpack-plugin
```

끝으로 webpack.config.cjs 파일을 업데이트합니다.

```
// ...
const TerserPlugin = require('terser-webpack-plugin')
module.exports = {
  mode: 'production',
  // ...
  plugins: [
    // ...
    new webpack.DefinePlugin({
      __BROWSER__: true
    })
  ],
  // ...
  optimization: {
    // ...
    minimize: true,
    minimizer: [new TerserPlugin()]
  }
}
```

여기서 첫 번째 변경 사항은 mode 옵션을 production으로 설정하는 것입니다. 이 옵션은 코드 **축소**(혹은 최적화)와 같은 최적화를 활성화시킵니다. 최적화의 옵션은 전용 optimization 객체에 정의되어 있습니다. 여기서 minimize를 true로 설정하여 최소화를 활성화하고 terser-webpack-plugin의 새 인스턴스를 minimizer로 제공합니다. 마지막으로,

webpack.DefinePlugin을 추가하고 문자열 __BROWSER__를 true 값으로 대체하도록 설정합니다.

DefinePlugin의 환경설정 객체에 있는 모든 값들은 빌드 시 웹팩에서 평가한 다음 일치하는 코드의 부분을 대체하기 위한 값들을 나타냅니다. 예를 들어 환경 변수의 내용, 현재 타임 스탬프 또는 마지막 git 커밋의 해시를 포함한 외부의 동적인 값들을 번들에 추가할 수 있습니다.

예시된 환경설정을 사용하면 새로운 번들을 빌드할 때 모든 __BROWSER__가 true로 대체됩니다. 첫 번째 if 문은 내부적으로 if(true !== 'undefined')와 같이 될 것이라 생각하겠지만 웹팩은 이 표현식이 항상 true로 평가된다는 것을 알고 있으므로 결국 if(true)로 결과 코드를 반환합니다.

웹팩이 모든 코드의 처리를 마치면 terser-webpack-plugin을 호출하여 결과 코드를 최소화합니다. terser-webpack-plugin은 최신 JavaScript minifier인 Terser(nodejsdp.link/terser)를 감싼 래퍼입니다. Terser는 최소화 알고리즘의 일부로 불필요한 코드(Dead code)를 제거할 수 있으므로 이 단계에서 코드는 다음과 같습니다.

```
if (true) {
  const template = '<h1>Hello <i>{{ name }}</i></h1>'
  return nunjucks.renderString(template, { name })
}
return `Hello \u001b[1m${name}\u001b[0m`
```

Terser는 이를 다음과 같이 줄입니다.

```
const template = '<h1>Hello <i>{{ name }}</i></h1>'
return nunjucks.renderString(template, { name })
```

이런 식으로 브라우저 번들의 모든 서버 측 코드를 제거했습니다.

빌드 시 분기가 훨씬 더 간결한 번들 파일을 생성하기 때문에 런타임 코드 분기보다 훨씬 좋다고 하더라도, 남용될 경우 소스 코드를 번거롭게 만들 수 있습니다. 실제로 이 기술을 남용하면 if 문이 너무 많이 포함된 코드가 생성되어 이해하고 디버깅하기가 어렵습니다.

이 경우 일반적으로 모든 플랫폼 별 코드를 전용 모듈로 옮기는 것이 좋습니다. 다음 섹션에서 이 대안의 접근 방식에 대해 설명하겠습니다.

10-2-3 모듈 스와핑

대부분의 경우 우리는 빌드 시 클라이언트 번들에 포함해야 하는 코드와 포함하지 않아야 하는 코드를 이미 알고 있습니다. 이는 우리가 이 결정을 미리 내리고 빌드 시 모듈 구현 전체를 대체하도록 번들에 지시할 수 있음을 의미합니다. 이로 인해 불필요한 모듈을 제외하고 런타임 및 빌드 타임 분기에 필요한 모든 if...else 문을 없앨 수 있기 때문에 더 가독성이 높은 코드는 물론이고 간결한 번들이 생성되도록 할 수 있습니다.

예제를 수정하여 웹팩으로 모듈 스와핑을 적용하는 방법을 알아봅시다.

핵심 개념은 sayHello 기능을 두 가지로 각각 구현한다는 것입니다. 하나는 서버(say-hello.js)에 최적화되고 다른 하나는 브라우저(say-hello-browser.js)에 최적화됩니다. 그런 다음 웹팩에 import say-hello.js를 import say-hello-browser.js로 대체하도록 지시합니다. 이제 새로운 구현이 어떤 모습인지 살펴보겠습니다.

```
// src/say-hello.js
import chalk from 'chalk'
export function sayHello (name) {
  return `Hello ${chalk.green(name)}`
}

// src/say-hello-browser.js
import nunjucks from 'nunjucks'
const template = '<h1>Hello <i>{{ name }}</i></h1>'
export function sayHello (name) {
  return nunjucks.renderString(template, { name })
}
```

서버 측 버전에서는 터미널의 텍스트 서식을 지정할 수 있는 유틸리티 라이브러리인 새로운 종속성으로 chalk(nodejsdp.link/chalk)를 도입했습니다. 이것은 이 접근 방식의 주요 이점 중 하나를 보여주기 위함입니다. 이제 서버 측 코드와 클라이언트 측 코드를 분리했으므로 프론트엔드 전용 번들에 미칠 수 있는 영향에 대해 걱정하지 않고 새로운 기능과 라이브러리를 도입할 수 있게 되었습니다. 여기서, 웹팩에게 빌드 시 모듈을 바꾸라고 말하려면, webpack.config.cjs 내 webpack.DefinePlugin을 새로운 플러그인으로 교체해야 합니다.

```
plugins: [
  // ...
```

```
  new webpack.NormalModuleReplacementPlugin(
    /src\/say-hello\.js$/,
    path.resolve(__dirname, 'src', 'say-hello-browser.js')
  )
]
```

우리는 두 개의 인자를 받는 webpack.NormalModuleReplacementPlugin을 사용하고 있습니다. 첫 번째 인자는 정규식이고, 두 번째 인자는 리소스 경로를 나타내는 문자열입니다. 빌드 시 모듈 경로가 지정된 정규식과 일치하면 두 번째 인수에 제공된 경로로 대체됩니다.

이 기술은 내부 모듈에 국한되지 않고 node_modules 폴더의 외부 라이브러리들과 함께 사용할 수 있습니다.

웹팩과 모듈 교체 플러그인 덕분에 플랫폼 간의 구조적 차이를 쉽게 처리할 수 있습니다. 플랫폼별 코드를 제공하기 위한 별도의 모듈을 작성하는데 집중할 수 있으며, 최종 번들에서 Node.js 전용 모듈을 브라우저 별 모듈로 바꿀 수 있습니다.

10-2-4 크로스 플랫폼 개발을 위한 디자인 패턴

이제 이전 장에서 논의한 몇 가지 디자인 패턴을 수정하여 크로스 플랫폼 개발에 어떻게 활용할 수 있는지 살펴보겠습니다.

- **전략 및 템플릿**: 이 두 가지는 브라우저와 코드를 공유할 때 가장 유용한 패턴일 것입니다. 실제로 이들의 의도는 알고리즘의 공통 단계를 정의하여 일부 부분을 교체할 수 있도록 하는 것입니다. 이것이 바로 우리가 필요로 하는 것입니다! 크로스 플랫폼 개발에서 이러한 패턴을 사용하면 컴포넌트의 플랫폼에 구애받지 않는 부분을 공유할 수 있으며, 다른 전략 또는 템플릿 방법(코드 분기(실행 시 혹은 빌드 시) 또는 모듈 교환을 사용하여 변경할 수 있음)을 사용하여 플랫폼에 따른 부분을 변경할 수 있습니다.
- **어댑터**: 이 패턴은 전체 컴포넌트를 교체해야 할 때 가장 유용할 것입니다. 우리는 이미 "8장. 구조적 설계 패턴"에서 몇 가지 예를 보았습니다. 서버 애플리케이션이 SQLite와 같은 데이터베이스를 사용하는 경우 어댑터 패턴을 사용하여 브라우저에서 작동하는 데이터 저장소를 대체하는 구현을 제공할 수 있습니다.
- **프록시**: 서버에서 실행되는 코드가 브라우저에서 실행될 때 브라우저에서도 사용할 수 있도록 서버에서 사용되는 기능들이 필요한 경우가 많습니다. 원격 프록시 패턴이 유용할 수 있는 경우입니다. 브라우저에서 서버의 파일 시스템에 액세스하고 싶다면 Ajax 또는 WebSocket으로 명령과 반환값을 교환하는 방법을 사용하여 클라이언트의 fs 객체가 모든 요청을 프록시하여 서버에 존재하는 fs 로 명령을 전달하고 결과값을 받도록 할 수 있습니다.

- **종속성 주입 및 서비스 로케이터**: 종속성 주입과 서비스 로케이터는 모듈이 주입되는 순간의 구현을 대체하는 데 유용할 수 있습니다. 모듈맵의 개념을 소개했을 때 '패킹(Packing)' 섹션에서 본질적으로 모듈 번들러가 서비스 로케이터 패턴을 사용하여 다른 모듈의 모든 코드를 하나의 파일로 조합하는 방법을 살펴봤습니다.

보시다시피 우리가 처리할 수 있는 패턴들은 매우 강력하지만, 가장 강력한 것은 여전히 개발자가 최선의 접근 방식을 선택하고 당면한 특정 문제에 적용할 수 있는 능력입니다.

이제 모듈 번들러의 기본 사항을 이해하고 크로스 플랫폼 코드를 작성하는데 유용한 여러 패턴을 배웠으므로, 이 장의 두 번째 주제로 이동할 준비가 되었습니다. 두 번째 주제에서는 React에 대해 배우고 첫 번째 범용 JavaScript를 작성할 것입니다.

10-3 React 개요

React는 Facebook에서 만들고 유지 관리하는 인기있는 JavaScript 라이브러리입니다. React는 웹 애플리케이션에서 뷰 레이어를 만들기 위한 포괄적인 기능과 도구들을 제공하는데 중점을 둡니다. React는 **컴포넌트** 개념에 초점을 맞추어 뷰의 추상화를 제공합니다. 컴포넌트는 버튼, 입력 폼, HTML div와 같은 간단한 컨테이너 혹은 사용자 인터페이스의 다른 요소일 수 있습니다. 개념은 특정 책임이 있는 재사용성이 높은 컴포넌트를 정의하고 구성하여 애플리케이션의 사용자 인터페이스를 구성할 수 있어야 한다는 것입니다.

React가 웹용 다른 뷰 라이브러리와 다른 점은 설계상 DOM에 바인딩되지 않는다는 것입니다. 실제로 웹에 매우 적합하지만 모바일 앱 빌드, 3D 모델링과 같은 다른 컨텍스트에서도 사용할 수 있는 **가상 DOM**(nodejsdp.link/virtual-dom)이라는 높은 수준의 추상화를 제공합니다. 환경 또는 하드웨어 컴포넌트간의 상호 작용을 정의할 수도 있습니다. 간단히 말해서 가상 DOM은 트리와 같은 구조로 구성된 데이터를 다시 렌더링하는 효율적인 방법으로 볼 수 있습니다.

> *"한 번 배우고 어디서나 사용하세요(Learn it once, use it everywhere)."*
>
> *– Facebook*

이것은 Facebook이 React를 소개하기 위해 사용한 모토입니다. Java 철학에서 근본적인 변화를 강조하려는 명확한 의도로 유명한 Java 모토인 '한번 만들면 모든 곳에서 실행할 수 있습니다(Write in once, run it).'를 의도적으로 차용한 것입니다. Java의 원래 디자인 목표는 개발자가 애플리케이션을 한번만 작성하고 변경 없이 가능한 많은 플랫폼에서 실행할 수 있도록 하는 것이었습니다. 반대로 React 철학은 모든 플랫폼이 본질적으로 다르므로 개발자가 관련 대상 플랫폼에 최적화된 다양한 애플리케이션을 작성하도록 권장합니다. React는 라이브러리로서 설계 및 아키텍처 원칙과 한 번 마스터하면 플랫폼별 코드를 작성하는데 쉽게 사용할 수 있는 도구들을 제공하는 것에 초점을 맞춥니다.

웹 개발 분야와 밀접한 관련이 없는 맥락에서 React의 응용 프로그램에 대해 궁금하다면 다음 프로젝트를 살펴볼 수 있습니다. 모바일 앱용 **React Native**(nodejsdp.link/react-native), OpenGL을 사용한 2D 렌더링용 **React PIXI**(nodejsdp.link/react-pixi), 3D 장면을 만드는 **React-Three-Fiber**(nodejsdp.link/react-three-fiber) 및 **React Hardware**(nodejsdp.link/react-hardware)가 그것입니다.

범용 JavaScript 개발의 맥락에서 React가 그토록 흥미로운 주된 이유는 거의 동일한 코드를 사용하여 클라이언트와 서버 모두에서 React 컴포넌트를 렌더링할 수 있다는 것입니다. 다시 말해, React를 사용하면 Node.js에서 페이지를 직접 표시하는 데 필요한 HTML 코드를 렌더링할 수 있습니다. 그런 다음 페이지가 브라우저에 로드되면 React는 **hydration**(nodejsdp.link/hydration)이라는 프로세스를 수행하여 클릭 핸들러, 애니메이션, 추가 비동기 데이터 로딩, 동적 라우팅과 같은 모든 프론트엔드 측의 효과를 추가합니다.

이 접근방식은 우리에게 최초의 렌더링이 대부분 서버에서 일어나는 **싱글 페이지 애플리케이션(SPA: Single Page Application)**을 구축할 수 있게 해줍니다. 그러나, 일단 페이지가 브라우저에 로드되고 사용자와 상호 작용을 시작하면, 변경해야 할 페이지의 부분만 동적으로 새로 고쳐지고, 전체 페이지에 대한 재로딩이 필요없게 됩니다.

이 디자인은 두 가지 주요 장점을 제공합니다.

- **향상된 검색 엔진 최적화(SEO: Search Engine Optimization)**: 페이지 마크업이 서버에 의해 미리 렌더링되기 때문에 다양한 검색 엔진이 서버에서 반환한 HTML만 보고도 페이지의 내용을 이해할 수 있습니다. 브라우저 환경을 시뮬레이션하고 페이지가 완전히 로드될 때까지 기다릴 필요가 없습니다.
- **성능 향상**: 마크업을 미리 렌더링하고 있기 때문에, 브라우저가 페이지에 포함된 JavaScript 코드를 다운로드하고 구문 분석 및 실행하는 동안에도 브라우저에 표출될 수 있습니다. 이 접근 방식은 콘텐츠가 더 빨리 로드되는 것처럼 보이고, 렌더링 중에 브라우저 깜박거림이 적기 때문에 더 나은 사용자 경험을 제공할 수 있습니다.

React 가상 DOM으로 변경 사항이 렌더링되는 방식을 최적화할 수 있다는 점은 인상적입니다. 즉, React에서는 DOM이 모든 변경에 따라 전체가 렌더링되지 않고, 뷰를 업데이트하기 위해 DOM에 적용할 최소 변경 수를 미리 계산할 수 있는 스마트 인 메모리 비교 알고리즘을 사용합니다. 이는 빠른 브라우저 렌더링을 위한 매우 효율적인 메커니즘을 제공합니다.

이제 React가 무엇인지 알았으니 다음 섹션에서 첫 번째 React 컴포넌트를 작성하겠습니다.

10-3-1 Hello React

서론은 이쯤하고 간단하게 React의 사용을 시작할 수 있는 구체적인 예제로 넘어가겠습니다. 이것은 "Hello World" 유형의 예제지만 보다 현실적인 예제로 이동하기 전에 React의 기본 아이디어를 설명하는데 도움이 될 것입니다.

다음 명령으로 새 폴더에 새 웹팩 프로젝트를 생성하여 시작하겠습니다.

```
npm init -y
npm install --save-dev webpack webpack-cli
node_modules/.bin/webpack init
```

그런 다음 안내 지침을 따르십시오. 이제 React를 설치하겠습니다

```
npm install --save react react-dom
```

다음 내용으로 src/index.js 파일을 생성해 보겠습니다.

```
import react from 'react'
import ReactDOM from 'react-dom'

const h = react.createElement                        // (1)

class Hello extends react.Component {                // (2)
  render () {                                        // (3)
    return h('h1', null, [                           // (4)
      'Hello ',
      this.props.name || 'World'                     // (5)
    ])
  }
}

ReactDOM.render(                                     // (6)
  h(Hello, { name: 'React' }),
  document.getElementsByTagName('body')[0]
)
```

이 코드에서 무슨 일이 일어났는지 살펴봅시다.

1. 가장 먼저 할 일은 react.createElement 함수에 대한 편리한 별칭을 만드는 것입니다. 이 예제에서는 이 함수를 두 번 사용하여 React 엘리먼트를 만들 것입니다. 일반 DOM 노드(일반 HTML 태그) 또는 React 엘리먼트의 인스턴스일 수 있습니다.
2. 이제 react.Component 클래스를 확장하는 Hello 컴포넌트를 정의합니다
3. 모든 React 컴포넌트는 render() 함수를 구현해야 합니다. 이 함수는 컴포넌트가 DOM에서 렌더링되고 React 엘리먼트를 반환할 때 화면에 표시되는 방식을 정의합니다.
4. 우리는 react.createElement 함수를 사용하여 h1 DOM 엘리먼트를 생성합니다. 이 함수에는 세 개 이상의 인자가 필요합니다. 첫 번째 인자는 태그 이름(문자열) 또는 React 컴포넌트 클래스입니다. 두 번째 인자는 속성(또는 **props**)을 컴포넌트에 전달하는데 사용되는 객체입니다(속성을 지정할 필요가 없는 경우 null). 마지막으로 세 번째 인자는 자식 엘리먼트의 배열(또는 여러 인자도 전달할 수 있음)입니다. 이 예제에서와 같이 엘리먼트는 텍스트(텍스트 노드)일 수 있습니다.
5. 여기서는 this.props를 사용하여 실행 시 이 컴포넌트에 전달된 속성에 접근합니다. 예제에서는 name 속성을 찾고 있습니다. 이것이 전달되면 이를 사용해서 텍스트 노드를 생성합니다. 그렇지 않으면 "World" 문자열을 기본값으로 사용합니다.
6. 이 마지막 코드 블록에서는 ReactDOM.render()를 사용하여 애플리케이션을 초기화합니다. 이 함수는 React 애플리케이션을 기존 페이지에 연결하는 역할을 합니다. 애플리케이션은 React 컴포넌트의 인스턴스일 뿐입니다. 여기서는 Hello 컴포넌트를 인스턴스화하고 name 속성에 "React" 문자열을 전달합니다. 마지막 인자로 페이지의 어느 DOM 노드가 애플리케이션의 부모 엘리먼트가 될지 지정해야 합니다. 이 경우 페이지의 body 엘리먼트를 사용하지만 페이지의 기존의 다른 DOM 엘리먼트를 타깃으로 할 수도 있습니다.

이제 다음 명령을 실행하여 애플리케이션의 미리 보기를 할 수 있습니다.

```
npm start
```

이제 브라우저 창에 "Hello React"가 표시됩니다. 축하합니다! 첫 번째 React 애플리케이션을 만들었습니다.

10-3-2 react.createElement의 대안

react.createElement()를 반복적으로 사용하면 React 컴포넌트의 가독성이 떨어질 수 있습니다. 사실, 우리의 h() 별칭을 사용하더라도 react.createElement()의 호출을 많이 중첩하게 되면 컴포넌트가 렌더링할 HTML 구조를 이해하기 어렵습니다.

이러한 이유로 react.createElement()를 직접 사용하는 경우는 그리 일반적이지 않습니다.

이 문제를 해결하기 위해 React 팀은 **JSX**(nodejsdp.link/jsx)라는 대체 구문을 제공하며, 사용을 권장합니다.

JSX는 HTML과 유사한 코드를 JavaScript 코드에 포함할 수 있는 JavaScript의 상위 집합입니다. JSX는 HTML 코드 작성과 유사한 React 엘리먼트를 생성합니다. JSX를 사용하면 React 컴포넌트가 일반적으로 더 읽기 쉽고 작성하기가 용이합니다. 구체적인 예를 살펴보면 여기서 의미하는 바를 더 쉽게 알 수 있을 것이므로, JSX를 사용하여 "Hello React" 애플리케이션을 다시 작성해 보겠습니다.

```
import react from 'react'
import ReactDOM from 'react-dom'

class Hello extends react.Component {
  render () {
    return <h1>Hello {this.props.name || 'World'}</h1>
  }
}

ReactDOM.render(
  <Hello name="React"/>,
  document.getElementsByTagName('body')[0]
)
```

훨씬 가독성 있지 않습니까?

불행히도 JSX는 표준 JavaScript 기능이 아니기 때문에 JSX를 채택하려면 JSX 코드를 표준 JavaScript 코드로 "컴파일" 해야 합니다. 범용 JavaScript 애플리케이션의 맥락에서 우리는 클라이언트 측 코드와 서버 측 코드 모두에서 이 작업을 수행해야 하므로 단순성을 위해 이번 장의 나머지 부분에서는 JSX를 사용하지 않을 것입니다.

표준 JavaScript 태그 템플릿 리터럴을 사용하는, 비교적 새로운 JSX의 대안이 있습니다(JavaScript 태그 템플릿 리터럴에 대한 자세한 내용은 nodejsdp.link/template-literals을 참조하십시오). 템플릿 리터럴을 사용하는 것은 읽고 쓰기가 매우 쉽고 중간 컴파일 프로세스를 수행할 필요가 없는 코드에서 좋은 절충안이 됩니다. 이 기능을 제공하는 가장 유명한 두 라이브러리는 HTM(nodejsdp.link/htm)과 ESX(nodejsdp.link/esx)입니다.

이 장의 나머지 부분에서는 HTM을 사용할 것이므로 이번에는 HTM을 사용해서 "Hello React" 예제를 다시 작성해 보겠습니다.

```
import react from 'react'
import ReactDOM from 'react-dom'
import htm from 'htm'

const html = htm.bind(react.createElement)              // (1)
class Hello extends react.Component {
  render () {                                            // (2)
    return html`<h1>
      Hello ${this.props.name || 'World'}
    </h1>`
  }
}

ReactDOM.render(
  html`<${Hello} name="React"/>`,                         // (3)
  document.getElementsByTagName('body')[0]
)
```

이 코드는 꽤 읽기 쉬워 보이지만 여기서 HTM을 사용하는 방법을 빠르게 설명하겠습니다.

1. 가장 먼저 해야 할 일은 템플릿 태그 함수 html을 만드는 것입니다. 이 함수를 사용하면 템플릿 리터럴을 사용하여 React 엘리먼트를 생성할 수 있습니다. 런타임에 이 템플릿 태그 함수는 필요할 때 react.createElement()를 호출합니다.
2. 여기서 우리는 h1 태그를 생성하기 위해 html 태그 함수와 함께 태그된 템플릿 리터럴을 사용합니다. 이것은 표준 태그 템플릿 리터럴이므로 정규 자리 표시자(${expression})를 사용하여 동적 표현식을 문자열에 삽입할 수 있습니다. 템플릿 리터럴과 태그가 지정된 템플릿 리터럴은 작은 따옴표(') 대신 백틱(`)을 사용하여 템플릿 문자열을 구분합니다.
3. 마찬가지로, 자리 표시자 구문을 사용하여 React 컴포넌트의 인스턴스(〈${ComponentClass}〉)를 만들 수 있습니다. 컴포넌트 인스턴스에 자식 엘리먼트가 포함된 경우 특수 태그 〈/〉를 사용하여 엘리먼트의 끝을 나타낼 수 있습니다(예: 〈${Component}〉〈child/〉〈/〉). 마지막으로 props를 일반 HTML 속성으로 컴포넌트에 전달할 수 있습니다.

여기서 우리는 간단한 "Hello World" React 컴포넌트의 기본 구조를 이해할 수 있어야 합니다. 다음 섹션에서는 대부분의 실제 애플리케이션에서 중요한 개념인 React 컴포넌트에서 상태를 관리하는 방법을 보여 줄 것입니다.

10-3-3 상태 저장 컴포넌트

이전 예제에서 상태를 저장하지 않는 React 컴포넌트를 만드는 방법을 보았습니다. 상태를 저장하지 않는다는 것(상태 비저장)은 컴포넌트가 외부에서 입력만 받아(이 예에서는 name 속성을 수신함) DOM을 렌더링할 수 있도록 내부에서 정보를 계산하거나 관리할 필요가 없음을 의미합니다.

상태 비저장 컴포넌트를 갖는 것도 좋지만 때로는 일종의 상태를 관리해야 합니다. React를 사용하면 그렇게 할 수 있으므로 예제를 통해 방법을 알아보겠습니다.

최근 GitHub에 업데이트된 프로젝트 목록을 표시하는 React 애플리케이션을 만들어 보겠습니다.

GitHub에서 데이터를 비동기적으로 가져와서 화면에 표출하기 위한 모든 로직을 전용 컴포넌트인 RecentGithubProjects 컴포넌트에 캡슐화할 것입니다.

이 컴포넌트는 GitHub에서 프로젝트를 필터링할 수 있는 query 속성(prop)을 통해서 설정할 수 있습니다. query 속성은 "javascript" 또는 "react"와 같은 키워드를 수신하며 이 값은 GitHub에 대한 API 호출을 구성하는데 사용됩니다.

이제 RecentGithubProjects 컴포넌트의 코드를 살펴봅시다.

```
// src/RecentGithubProjects.js
import react from 'react'
import htm from 'htm'

const html = htm.bind(react.createElement)

function createRequestUri (query) {
  return `https://api.github.com/search/repositories?q=${
    encodeURIComponent(query)
  }&sort=updated`
}

export class RecentGithubProjects extends react.Component {
  constructor (props) {                                    // (1)
    super(props)                                           // (2)
    this.state = {                                         // (3)
      loading: true,
      projects: []
    }
```

```
  }

  async loadData () {                                   // (4)
    this.setState({ loading: true, projects: [] })
    const response = await fetch(
      createRequestUri(this.props.query),
      { mode: 'cors' }
    )
    const responseBody = await response.json()
    this.setState({
      projects: responseBody.items,
      loading: false
    })
  }

  componentDidMount () {                                // (5)
    this.loadData()
  }

  componentDidUpdate (prevProps) {                      // (6)
    if (this.props.query !== prevProps.query) {
      this.loadData()
    }
  }

  render () {                                           // (7)
    if (this.state.loading) {
      return 'Loading ...'
    }
                                                        // (8)
    return html`<ul>
      ${this.state.projects.map(project => html`
        <li key=${project.id}>
          <a href=${project.html_url}>${project.full_name}</a>:
          ${' '}${project.description}
        </li>
      `)}
    </ul>`
  }
}
```

이 컴포넌트에는 몇 가지 새로운 React 개념이 있으므로 잠시 주요 세부 사항에 대해 살펴보겠습니다.

1. 이 새 컴포넌트에서 기본 생성자를 다시 정의합니다. 생성자는 컴포넌트에 전달된 props를 인자로 받아들입니다.
2. 가장 먼저 해야 할 일은 원래 생성자를 호출하고 props를 전파하여 컴포넌트가 React에 의해 올바르게 초기화될 수 있도록 하는 것입니다.
3. 이제 초기 컴포넌트 상태를 정의할 수 있습니다. 최종 상태는 GitHub 프로젝트 목록이 될 것이지만 동적으로 로드하므로 목록을 즉시 사용할 수는 없습니다. 따라서 데이터를 로딩 중인지를 나타내는 부울 플래그를 true로, 로드한 프로젝트 목록 데이터를 빈 배열로 하여 state를 설정하고 있습니다.
4. loadData() 함수는 API에 대한 요청을 작성하여 필요한 데이터를 가져오고 this.setState()를 사용하여 내부 상태를 업데이트하는 함수입니다. this.setState()는 HTTP 요청을 실행하기 전(로딩 중)과 요청이 완료될 때(로딩 플래그 설정 해제 및 프로젝트 목록 채우기) 두 번 호출됩니다. React는 상태가 변경되면 컴포넌트를 자동으로 다시 렌더링합니다.
5. 여기서 compoentDidMount 라이프사이클 함수라는 또 다른 새로운 개념을 소개합니다. 이 함수는 컴포넌트가 성공적으로 인스턴스화되고 DOM에 연결(또는 마운트)되면 React에 의해 자동으로 호출됩니다. 이것은 처음으로 데이터를 로드하기에 완벽한 지점입니다.
6. componentDidUpdate 함수는 또 다른 react 생명주기 함수이며 컴포넌트가 업데이트될 때마다(예: 새로운 props가 컴포넌트에 전달된 경우) 자동으로 호출됩니다. 여기서는 마지막 업데이트 이후 쿼리 prop이 변경되었는지 확인합니다. 이 경우 프로젝트 목록을 다시 로드해야 합니다.
7. 마지막으로 render() 함수에서 무슨 일이 일어나는지 봅시다. 여기서 주목해야 할 중요한 점은 컴포넌트의 로딩중인 상태 및 표시할 수 있는 프로젝트 목록 데이터가 있는 상태와 같이, 두 가지 다른 상태를 처리해야 한다는 것입니다. React는 state 또는 props가 변경될 때마다 render() 함수를 호출하므로 여기에 if 문만 있으면 충분합니다. 이 기술을 종종 **조건부 렌더링**이라고 합니다.
8. 이 마지막 단계에서는 Array.map()을 사용하여 엘리먼트들을 렌더링해서 GitHub API를 사용하여 가져온 모든 프로젝트 목록에 대한 엘리먼트를 만듭니다. 모든 목록 엘리먼트는 key 속성에 대한 값을 받습니다. key 속성은 엘리먼트의 배열을 렌더링할 때마다 필요한 특별한 속성입니다. 모든 엘리먼트는 고유한 키를 제공해야 합니다. 이 속성은 가상 DOM이 모든 렌더링 패스를 최적화하는데 도움이 됩니다(이 상황에서 React가 무엇을 하는지 자세히 이해하고 싶다면 nodejsdp.link/react-reconciliation을 살펴보십시오).

> 데이터를 가져오는 동안 잠재적인 오류를 처리하지 않고 있는 것을 눈치채셨을 것입니다. React에서 이를 수행할 수 있는 몇 가지 방법이 있습니다. 가장 우아한 해결책은 아마도 ErrorBoundary 컴포넌트(nodejsdp.link/error-boundary)를 구현하는 것입니다. 하지만 이건 연습으로 남겨 놓겠습니다.

이제 메인 애플리케이션 컴포넌트를 작성해 보겠습니다. 여기에서는 사용자가 다양한 쿼리("JavaScript", "Node.js", "React")를 선택하여 다양한 유형의 GitHub 프로젝트를 필터링할 수 있는 탐색 메뉴를 표시하려고 합니다.

```
// src/App.js
import react from 'react'
import htm from 'htm'
import { RecentGithubProjects } from './RecentGithubProjects.js'

const html = htm.bind(react.createElement)

export class App extends react.Component {
  constructor (props) {
    super(props)
    this.state = {
      query: 'javascript',
      label: 'JavaScript'
    }
    this.setQuery = this.setQuery.bind(this)
  }

  setQuery (e) {
    e.preventDefault()
    const label = e.currentTarget.text
    this.setState({ label, query: label.toLowerCase() })
  }

  render () {
    return html`<div>
      <nav>
        <a href="#" onClick=${this.setQuery}>JavaScript</a>
        ${' '}
        <a href="#" onClick=${this.setQuery}>Node.js</a>
        ${' '}
        <a href="#" onClick=${this.setQuery}>React</a>
      </nav>
      <h1>Recently updated ${this.state.label} projects</h1>
      <${RecentGithubProjects} query=${this.state.query}/>
    </div>`
  }
}
```

이 컴포넌트는 내부 state 변수를 사용하여 현재 선택된 쿼리를 저장합니다. 처음에는 "javascript" 쿼리가 설정되어 RecentGithubProjects 컴포넌트로 전달됩니다. 그런 다음 탐색 메뉴에서 키워드를 클릭할 때마다 새로 선택된 키워드로 state를 업데이트합니다. 이 경우 render() 함수가 자동으로 호출되고 새로운 쿼리 속성값이 RecentGithubProjects에 전달됩니다. 순차적으로 최근 GithubProjects가 업데이트됨으로 표시되며, 내부적으로 다시 로드되어 결국 새 쿼리에 대한 프로젝트 목록을 업데이트하게 됩니다.

관찰해야 할 흥미로운 세부 사항 중 하나는 생성자에서 setQuery() 함수를 현재 컴포넌트 인스턴스에 명시적으로 바인딩한다는 것입니다. 이렇게 하는 이유는 이 함수가 클릭 이벤트에 대한 이벤트 핸들러로 직접 사용되기 때문입니다. 이 경우에는 this에 대한 참조는 바인드가 없이는 undefined 일 것이며 this.setState()를 핸들러에서 호출할 수 없습니다.

이제 애플리케이션을 실행하기 위해 App 컴포넌트를 DOM에 연결하기만 하면 됩니다. 다음과 같이 합니다.

```
// src/index.js
import react from 'react'
import ReactDOM from 'react-dom'
import htm from 'htm'
import { App } from './App.js'

const html = htm.bind(react.createElement)

ReactDOM.render(
  html`<${App}/>`,
  document.getElementsByTagName('body')[0]
)
```

끝으로 npm start로 애플리케이션을 실행하고 브라우저에서 테스트해 보겠습니다.

애플리케이션에서 async/await를 사용했기 때문에 웹팩에서 생성된 기본 구성이 바로 동작하지 않을 수 있습니다. 문제가 있는 경우, 이 책에서 제공하는 코드 예제(nodejsdp.link/wpconf)의 설정 파일과 비교해 보십시오.

페이지를 새로 고치고 탐색 메뉴에서 다양한 키워드를 클릭해 보십시오. 몇 초 후에 새로 고침되는 프로젝트 목록이 표시됩니다.

이 시점에서 React의 작동 방식, 컴포넌트를 함께 구성하는 방법, 상태 및 속성(props)들을 활용하는 방법이 명확히 보여야 합니다. 바라건대, 이 간단한 연습이 여러분이 원하는 새롭고 흥미로운 JavaScript 오픈 소스 프로젝트를 찾는데 도움이 되기 바랍니다!

> 우리는 첫 번째 범용 React 애플리케이션을 만들 수 있을 만큼 충분한 기초를 다루었습니다. 하지만 React에 능숙해지려면 공식 React 문서(nodejsdp.link/react-docs)를 익히고 라이브러리에 대한 전체적인 개요를 읽어 보는 것이 좋습니다.

마침내 우리가 웹팩과 React에 대해 배운 것을 기반으로 간단하면서도 완성한 범용 JavaScript 애플리케이션을 만들 준비가 되었습니다.

10-4 범용 JavaScript 앱 만들기

이제 기본 사항은 다루었으므로 보다 완전한 범용 JavaScript 애플리케이션을 만들어 보겠습니다. 우리는 서로 다른 저자를 나열하고 그들의 전기와 그들의 걸작을 볼 수 있는 간단한 "도서 라이브러리" 애플리케이션을 만들 것입니다. 매우 간단한 애플리케이션이지만 **범용 라우팅**, **범용 렌더링** 및 **범용 패치**와 같은 고급 주제를 다룰 수 있습니다. 이 예시 애플리케이션을 가지고 나중에 실제 프로젝트의 골격으로 사용하여 그 위에 다음 범용 JavaScript 애플리케이션을 만들어 갈 것입니다.

여기서는 다음 기술들을 사용합니다.

- 방금 소개한 **React**(nodejsdp.link/react)
- React 용 라우팅 계층인 **React Router**
- Node.js에서 웹 서버를 만들기 위한 빠르고 사용하기 편리한 프레임워크인 **Fastify**(nodejsdp.link/fastify)
- 모듈 번들러로서의 **웹팩**

예제를 만들면서 실제 유용한 기술들의 소개를 겸해서 구체적으로 일련의 기술들을 선택했지만 기술 자체보다는 디자인 원칙과 패턴에 최대한 집중하려고 노력할 것입니다. 이러한 패턴을 배움으로써 이런 기술 조합들과 함께 다른 습득한 지식들을 사용하여 유사한 결과를 얻을 수 있어야 할 것입니다.

단순화를 위해 우리는 프론트엔드 코드를 처리하는데 웹팩을 사용하면서 ESM에 대한 Node.js의 네이티브 지원을 활용하여 백엔드 코드를 변경하지 않은 채 그대로 둘 것입니다.

이 책을 기술할 당시를 기준으로, 웹팩은 ESM import의 의미를 해석하는데 있어서 Node.js와 약간의 차이가 있습니다. 특히 CommonJS 구문을 사용하여 작성된 모듈을 가져올 때 그렇습니다. 따라서 이러한 차이를 최소화하기 위한 방법으로, Node.js 라이브러리로 ESM import를 처리하는 esm(nodejsdp.link/esm)을 사용하여, 이 장의 나머지 부분에 있는 예제를 실행하는 것이 좋을 것입니다. 프로젝트에 esm 모듈을 설치했으면 다음과 같이 esm을 사용하여 스크립트를 실행할 수 있을 것입니다.

```
node -r esm script.js
```

10-4-1 프론트엔드 전용 앱

이 섹션에서는 웹팩을 개발용 웹 서버로 사용하여 프론트엔드 전용 앱을 만드는데 집중할 것입니다. 다음 섹션에서는 이 기본 앱을 확장하고 업데이트하여 완전한 범용 자바 스크립트 애플리케이션으로 변환할 것입니다.

이제, 웹팩을 사용자 정의로 구성할 것이므로 새 폴더를 만들고, 이곳에 이 책과 함께 제공된 코드의 저장소(nodejsdp.link/frontend-only-app)에서 package.json 및 webpack.config.cjs 파일을 복사해오는 것으로 시작하겠습니다. 다음 명령으로 필요한 종속성을 설치합니다.

```
npm install
```

우리가 사용할 데이터는 JavaScript 파일(데이터베이스의 간단한 대체)에 저장되므로 data/authors.js 파일도 프로젝트에 복사해와야 합니다. 이 파일에는 일부 샘플 데이터가 다음 형식으로 포함되어 있습니다.

```
export const authors = [
  {
    id: 'author\'s unique id',
    name: 'author\'s name',
    bio: 'author\'s biography',
    books: [ // 저자의 저서들
      {
        id: 'book unique id',
        title: 'book title',
```

```
        year: 1914 // 책이 출판된 해
      },
      // ...다른 책들
    ]
  },
  // ...다른 저자들
]
```

물론 좋아하는 작가와 책을 추가하기 위해서 이 파일의 데이터를 자유롭게 변경해도 됩니다!

이제 모든 구성이 준비되었으니 애플리케이션의 모양을 빠르게 살펴보겠습니다.

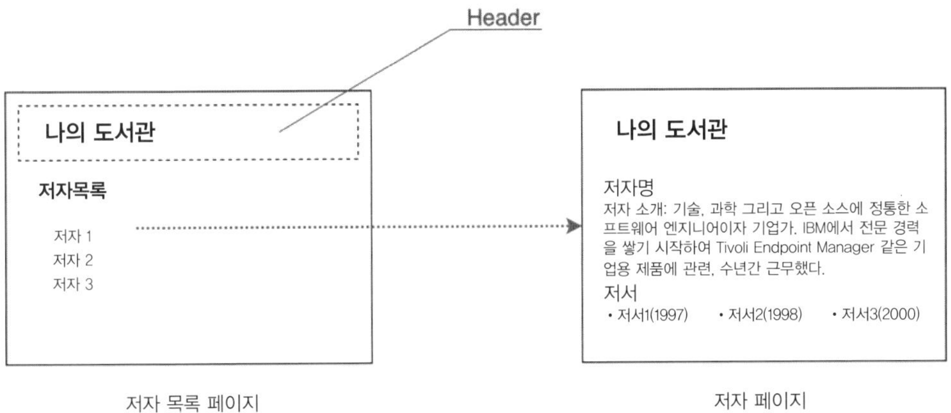

▲ 그림 10.2 목업 애플리케이션

그림 10.2는 애플리케이션에 두 가지 유형의 페이지가 있음을 보여줍니다. 하나는 데이터 저장소에서 사용 가능한 모든 작가들을 나열하는 인덱스 페이지이고 다른 하나는 지정된 작가의 전기와 그들의 저서들 중에서 일부를 보여주는 페이지입니다.

이 두 가지 유형의 페이지에는 공통된 헤더가 존재합니다. 이렇게 하면 언제든지 인덱스 페이지로 돌아갈 수 있습니다.

서버의 루트 경로(/)에 인덱스 페이지를 노출시킬 것이며, 저자 페이지의 접근에는 /author/:authorId 경로를 사용할 것입니다.

끝으로 404 페이지 또한 존재합니다.

파일들의 구조는 다음과 같이 프로젝트를 구성합니다.

```
src
├── data
│   └── authors.js              - data file
└── frontend
    ├── App.js                  - application component
    ├── components
    │   ├── Header.js           - header component
    │   └── pages
    │       ├── Author.js       - author page
    │       ├── AuthorsIndex.js - index page
    │       └── FourOhFour.js   - 404 page
    └── index.js                - project entry point
```

프론트엔드 애플리케이션의 진입점인 index.js 모듈을 작성하는 것으로 시작할텐데 이것은 DOM에 추가됩니다.

```
import react from 'react'
import reactDOM from 'react-dom'
import htm from 'htm'
import { BrowserRouter } from 'react-router-dom'
import { App } from './App.js'

const html = htm.bind(react.createElement)

reactDOM.render(
  html`<${BrowserRouter}><${App}/></>`,
  document.getElementById('root')
)
```

이 코드는 주로 App 컴포넌트를 가져와서 DOM의 root와 동일한 ID를 가진 엘리먼트에 컴포넌트를 추가하는 매우 간단한 컴포넌트입니다. 눈에 띄는 부분은 애플리케이션을 BrowserRouter 컴포넌트로 감싼다는 것입니다. 이 컴포넌트는 react-router-dom 라이브러리에서 가져오며 앱에 클라이언트 측의 라우팅 기능을 제공합니다. 다음에 작성할 컴포넌트 중 일부는 이러한 라우팅 기능을 활용하는 방법과 링크를 사용하여 서로 다른 페이지를 함께 연결하는 방법을 보여줄 것입니다. 나중에 서버 측에서도 사용할 수 있도록 이 라우팅 구성을 다시 살펴볼 것입니다.

당장은 App.js의 소스 코드에 집중하겠습니다.

```
import react from 'react'
import htm from 'htm'
import { Switch, Route } from 'react-router-dom'
import { AuthorsIndex } from './components/pages/AuthorsIndex.js'
import { Author } from './components/pages/Author.js'
import { FourOhFour } from './components/pages/FourOhFour.js'

const html = htm.bind(react.createElement)

export class App extends react.Component {
  render () {
    return html`
      <${Switch}>
        <${Route}
          path="/"
          exact=${true}
          component=${AuthorsIndex}
        />
        <${Route}
          path="/author/:authorId"
          component=${Author}
        />
        <${Route}
          path="*"
          component=${FourOhFour}
        />
      </>
    `
  }
}
```

이 코드에서 알 수 있듯이 App 컴포넌트는 모든 페이지 컴포넌트들을 적재하고 이에 대한 라우팅을 구성합니다.

여기서는 react-router-dom의 Switch 컴포넌트를 사용하고 있습니다. 이 컴포넌트를 이용해 Route 컴포넌트를 정의할 수 있습니다. 모든 Route 컴포넌트에는 자신의 path와 component 속성을 정의해야 합니다. 렌더링 시 Switch는 현재 URL을 Route에 정의된 path와 비교하여 확인하고 일치하는 첫 번째 Route 컴포넌트를 렌더링합니다.

JavaScript switch 문에서 case 문의 순서가 중요한 것처럼, 여기서는 Route 컴포넌트의 순서가 중요합니다. 마지막의 Route는 경로를 앞선 정의에서 찾을 수 없는 모든 경우를 위한 것입니다.

또 다른 중요한 점은 첫 번째 Route에서 exact 속성을 설정하고 있다는 것입니다. 이는 react-router-dom이 접두어를 기준으로 일치 여부를 판단하기 때문에 '/'은 모든 URL과 일치하게 됩니다. exact:true를 지정하게 되면 라우터에게 경로가 정확히 '/'인 경우만 일치하도록 지시하게 됩니다('/'로 시작하는 경우가 아님)

이제 빠르게 Header 컴포넌트를 살펴봅시다.

```
import react from 'react'
import htm from 'htm'
import { Link } from 'react-router-dom'

const html = htm.bind(react.createElement)

export class Header extends react.Component {
  render () {
    return html`<header>
      <h1>
        <${Link} to="/">My library</>
      </h1>
    </header>`
  }
}
```

이것은 제목으로 "My library"라는 문자열을 h1 속성으로 표시하는 간단한 컴포넌트입니다. 여기서 집고 넘어갈 부분은 제목이 react-router-dom 라이브러리의 Link 컴포넌트로 싸여진다는 것입니다. 이 컴포넌트는 애플리케이션 라우터와 상호 작용하여 전체 페이지를 새로 고치지 않고 동적으로 새로운 경로로 전환할 수 있는 클릭 가능한 링크를 렌더링하는 역할을 담당합니다.

이제 페이지 컴포넌트들을 하나씩 작성해야 합니다. AuthorsIndex 컴포넌트부터 시작하겠습니다.

```
import react from 'react'
import htm from 'htm'
import { Link } from 'react-router-dom'
import { Header } from '../Header.js'
import { authors } from '../../../data/authors.js'

const html = htm.bind(react.createElement)

export class AuthorsIndex extends react.Component {
  render () {
    return html`<div>
      <${Header}/>
      <div>${authors.map((author) =>
        html`<div key=${author.id}>
          <p>
            <${Link} to="${`/author/${author.id}`}">
              ${author.name}
            </>
          </p>
        </div>`)}
      </div>
    </div>`
  }
}
```

또 하나의 매우 간단한 컴포넌트입니다. 여기서는 데이터 파일에서 사용할 수 있는 작가의 목록을 기반으로 일부 마크업을 동적으로 렌더링합니다. 다시 한번 react-router-dom의 Link 컴포넌트를 사용하여 작가 페이지에 대한 동적 링크를 생성합니다.

이제 Author 컴포넌트를 살펴보겠습니다.

```
import react from 'react'
import htm from 'htm'
import { FourOhFour } from './FourOhFour.js'
import { Header } from '../Header.js'
import { authors } from '../../../data/authors.js'

const html = htm.bind(react.createElement)

export class Author extends react.Component {
```

```
  render () {
    const author = authors.find(
      author => author.id === this.props.match.params.authorId
    )

    if (!author) {
      return html`<${FourOhFour} error="Author not found"/>`
    }
    return html`<div>
      <${Header}/>
      <h2>${author.name}</h2>
      <p>${author.bio}</p>
      <h3>Books</h3>
      <ul>
        ${author.books.map((book) =>
          html`<li key=${book.id}>${book.title} (${book.year})</li>`
        )}
      </ul>
    </div>`
  }
}
```

이 컴포넌트에는 약간의 로직이 존재합니다. render() 함수에서 요청된 저자를 찾기 위해 authors 데이터 셋을 필터링합니다. 요청된 저자의 아이디를 얻는데 props.match.params.authorId를 사용합니다. match 속성은 렌더링 시 라우터에 의해 컴포넌트로 전달되며 현재 경로에 동적 매개 변수가 존재할 경우 params 객체에 덧붙여집니다.

> render() 함수에서 수행된 복잡한 계산 결과는 저장(nodejsdp.link/memoization)하는 것이 일반적입니다. 이렇게 하면 마지막 렌더링 이후 입력이 변경되지 않는 한, 복잡한 계산을 처음부터 다시 실행할 필요가 없습니다. 이 예에서 이런 형식으로 최적화가 가능한 부분은 authors.find()에 대한 호출입니다. 이것은 여러분의 연습 문제로 남겨 놓겠습니다. 이 기술에 대해 더 알고 싶다면 nodejsdp.link/react-memoization을 살펴보십시오.

데이터 셋 내의 작가와 일치하지 않는 ID를 수신할 가능성이 있는데, 이 경우 우리는 작가를 찾을 수 없게 됩니다. 이럴 때는 작가 페이지를 렌더링하는 대신 404 오류 페이지를 렌더링할 것이고, 우리가 404 오류 페이지의 렌더링을 위임할 컴포넌트가 FourOhFour 컴포넌트입니다. 끝으로 FourOhFour 컴포넌트의 소스 코드를 살펴보겠습니다.

```
import react from 'react'
import htm from 'htm'
import { Link } from 'react-router-dom'
import { Header } from '../Header.js'

const html = htm.bind(react.createElement)
export class FourOhFour extends react.Component {
  render () {
    return html`<div>
      <${Header}/>
      <div>
        <h2>404</h2>
        <h3>${this.props.error || 'Page not found'}</h3>
        <${Link} to="/">Go back to the home page</>
      </div>
    </div>`
  }
}
```

이 컴포넌트는 404 페이지 렌더링을 담당합니다. error 속성(props)을 통해 오류 메시지를 설정할 수 있게 했으며 사용자가 이 오류 페이지를 방문할 때 홈페이지로 돌아갈 수 있도록 react-router-dom 라이브러리의 Link를 사용합니다.

상당히 많은 양의 코드였지만 마침내 프론트엔드 전용 React 애플리케이션을 실행할 준비가 되었습니다. 콘솔에 npm start를 입력하기만 하면 브라우저에서 애플리케이션이 실행되는 것을 볼 수 있습니다. 최소한의 필요한 부분만 만들었지만 모든 과정을 올바르게 수행하여 예상대로 동작한다면 좋아하는 작가와 그들의 걸작을 볼 수 있게 될 것입니다.

브라우저 개발자 도구를 연 상태에서 앱을 사용하면 동적 라우팅이 적절하게 작동하는지 확인할 수 있습니다. 즉, 첫 번째 페이지가 로드되면 페이지의 새로 고침 없이 다른 페이지로의 전환이 발생하는지 확인할 수 있습니다.

React 애플리케이션과 상호 작용할 때 어떤 일이 발생하는지 더 잘 이해하기 위해서는 Chrome(nodejsdp.link/react-dev-tools-chrome) 또는 Firefox(nodejsdp.link/react-dev-tools-firefox)에 React Developer Tools 브라우저 확장 앱을 설치하여 사용할 수도 있습니다.

10-4-2 서버 측 렌더링

우리가 만든 애플리케이션이 잘 작동한다는 것은 좋은 소식입니다. 그러나 이 앱은 클라이언트 측에서만 실행됩니다. 즉, 페이지 중 하나를 curl로 수집할 경우 다음과 같은 내용이 표시됩니다.

```
<!DOCTYPE html>
<html>
  <head>
    <meta charset="UTF-8">
    <title>My library</title>
  </head>
  <body>
  <div id="root"></div>
  <script type="text/javascript" src="/main.js"></script></body>
</html>
```

내용이 전혀 없습니다! 런타임에 애플리케이션이 마운트되는 빈 컨테이너(최상위 div) 만이 존재합니다.

이 섹션에서는 서버에서도 콘텐츠를 렌더링할 수 있도록 애플리케이션을 수정해 보겠습니다.

다음 명령으로 프로젝트에 fastify 및 esm을 추가하여 시작하겠습니다.

```
npm install --save fastify fastify-static esm
```

이제 src/server.js에서 서버 애플리케이션을 만들 수 있습니다.

```
import { resolve, dirname } from 'path'
import { fileURLToPath } from 'url'
import react from 'react'
import reactServer from 'react-dom/server.js'
import htm from 'htm'
import fastify from 'fastify'
import fastifyStatic from 'fastify-static'
import { StaticRouter } from 'react-router-dom'
import { App } from './frontend/App.js'
```

```
const __dirname = dirname(fileURLToPath(import.meta.url))
const html = htm.bind(react.createElement)

// (1)
const template = ({ content }) => `<!DOCTYPE html>
<html>
  <head>
    <meta charset="UTF-8">
    <title>My library</title>
  </head>
  <body>
    <div id="root">${content}</div>
    <script type="text/javascript" src="/public/main.js"></script>
  </body>
</html>`

const server = fastify({ logger: true })                     // (2)

server.register(fastifyStatic, {                             // (3)
  root: resolve(__dirname, '..', 'public'),
  prefix: '/public/'
})

server.get('*', async (req, reply) => {                      // (4)
  const location = req.raw.originalUrl
                                                             // (5)
  const serverApp = html`
    <${StaticRouter} location=${location}>
      <${App}/>
    </>
  `
  const content = reactServer.renderToString(serverApp)      // (6)
  const responseHtml = template({ content })

  reply.code(200).type('text/html').send(responseHtml)
})

const port = Number.parseInt(process.env.PORT) || 3000       // (7)
const address = process.env.ADDRESS || '127.0.0.1'

server.listen(port, address, function (err) {
  if (err) {
```

```
    console.error(err)
    process.exit(1)
  }
})
```

코드가 길기 때문에 여기서 소개해야 할 주요 개념을 단계별로 살펴보겠습니다.

1. 웹팩 개발 서버를 사용하지 않을 것이므로 서버에서 페이지의 전체 HTML 코드를 반환해야 합니다. 여기서는 함수와 템플릿 리터럴을 사용하여 모든 페이지에 대한 HTML 템플릿을 정의합니다. 서버에서 렌더링한 React 애플리케이션의 결과 content를 이 템플릿에 전달하여 최종 HTML을 클라이언트로 반환합니다.
2. 여기서 Fastify 서버 인스턴스를 만들고 로깅을 활성화합니다.
3. 템플릿 코드에서 알 수 있듯이 웹 애플리케이션은 /public/main.js 스크립트를 로드합니다. 이 파일은 웹팩에 의해 생성되는 프론트엔드 번들입니다. 여기서는 Fastify 서버 인스턴스가 fastify-static 플러그인을 사용하여 public 폴더의 모든 정적 파일들을 서비스하도록 합니다.
4. 이 줄에서는 서버에 대한 모든 GET 요청을 가로채는 catch-all 라우트를 정의합니다. 우리가 catch-all 라우트를 정의하는 이유는 실제 라우팅 로직이 이미 React 애플리케이션에 포함되어 있기 때문입니다. React 애플리케이션이 렌더링할 때 현재 URL을 기반으로 적절한 페이지 컴포넌트를 표시합니다.
5. 서버 측에서 react-router-dom의 StaticRouter 인스턴스를 사용하여 애플리케이션 컴포넌트를 감싸야 합니다. StaticRouter는 서버 측 렌더링에 사용할 수 있는 React Router 버전입니다. 이 라우터는 브라우저 윈도우에서 현재의 URL을 획득하지 않고 location 속성을 통해 서버로부터 직접 현재 URL을 전달할 수 있습니다.
6. 끝으로 React의 renderToString() 함수를 사용하여 serverApp 컴포넌트에 대한 HTML 코드를 생성할 수 있습니다. 생성된 HTML은 주어진 URL에서 클라이언트 측 애플리케이션에 의해 생성한 HTML과 동일합니다. 다음 몇 줄에서는 template() 함수를 사용하여 페이지 템플릿으로 생성된 HTML코드인 content을 감싸고 그 결과를 클라이언트에 전송합니다.
7. 코드의 마지막 몇 줄에서 Fastify 서버 인스턴스가 localhost:3000인 기본 주소와 포트에서 요청을 수신하도록 지정하고 있습니다.

이제 npm run build를 실행하여 프론트엔드 번들을 만든 후, 마지막으로 다음과 같이 서버를 실행할 수 있습니다.

```
node -r esm src/server.js
```

브라우저를 열고 http://localhost:3000/ 주소로 접근하여 예상대로 작동하는지 확인합니다. 잘되나요? 좋습니다! 이제 서버 생성 코드가 보이는지를 확인하기 위해 웹 페이지를 curl로 수

집해 보겠습니다.

```
curl http://localhost:3000/
```

이번에는 다음과 같이 보여야 합니다.

```
<!DOCTYPE html>
<html>
  <head>
    <meta charset="UTF-8">
    <title>My library</title>
  </head>
  <body>
    <div id="root"><div><header><h1><a href="/">My library</a></h1></
header><div><h2>Authors</h2><div><div><a href="/author/joyce"><p>James Joyce</p></
a></div><div><a href="/author/h-g-wells"><p>Herbert George Wells</p></a></div><div>
<a href="/author/orwell"><p>George Orwell</p></a></div></div></div></div></div>
    <script type="text/javascript" src="/public/main.js"></script>
  </body>
</html>
```

그렇습니다! 이번에는 컨테이너가 비어있지 않군요. 서버에서 직접 저자의 목록을 렌더링합니다. 또한 일부 저자 페이지를 열어보고 해당 페이지에서도 올바르게 작동하는지 확인해야 합니다. 정상적으로 동작합니다. 정말 그럴까요? 저자가 없는 페이지를 호출해 봅시다. 어떻게 될까요? 한 번 살펴보겠습니다.

```
curl -i http://localhost:3000/blah
```

앞의 요청은 다음과 같은 페이지를 출력합니다.

```
HTTP/1.1 200 OK
content-type: text/html
content-length: 367
Date: Sun, 05 Apr 2020 18:38:47 GMT
Connection: keep-alive
```

```
<!DOCTYPE html>
<html>
  <head>
    <meta charset="UTF-8">
    <title>My library</title>
  </head>
  <body>
    <div id="root"><div><header><h1><a href="/">My library</a></h1></
header><div><h2>404</h2><h3>Page not found</h3><a href="/">Go back to the home page</
a></div></div></div>
    <script type="text/javascript" src="/public/main.js"></script>
  </body>
</html>
```

언뜻 보기에는 404 페이지를 렌더링하고 있기 때문에 올바른 것처럼 보일 수 있지만 실제로는 상태 코드를 200으로 반환하고 있습니다. 좋은 결과는 아닙니다.

약간의 추가적인 작업으로 이 문제를 해결할 수 있기 때문에 시도해 보겠습니다.

React의 StaticRouter는 React 애플리케이션과 서버 애플리케이션 간에 정보를 교환하는 데 사용할 수 있는 일반적인 컨텍스트 속성(prop)을 전달할 수 있게 해줍니다. 이 기능을 활용하면 404 페이지에서 약간의 정보를 주입할 수 있기 때문에 서버 측에서 상태 코드로 200이나 404를 반환해야 하는지 여부를 결정할 수 있습니다.

먼저 서버 측에서 catch-all 라우트를 업데이트하겠습니다.

```
server.get('*', async (req, reply) => {
  const location = req.raw.originalUrl
  const staticContext = {}
  const serverApp = html`
    <${StaticRouter}
      location=${location}
      context=${staticContext}
    >
      <${App}/>
    </>
  `
  const content = reactServer.renderToString(serverApp)
  const responseHtml = template({ content })
```

```
  let code = 200
  if (staticContext.statusCode) {
    code = staticContext.statusCode
  }

  reply.code(code).type('text/html').send(responseHtml)
})
```

이전 버전의 변경 사항은 굵게 강조 표시됩니다. 보시다시피 staticContext라는 빈 객체를 만들고 컨텍스트의 라우터 인스턴스의 context 속성에 전달합니다. 잠시 후 서버 측에서 React 애플리케이션의 렌더링이 완료된 후 렌더링 프로세스 중에 staticContext.statusCode가 채워졌는지 확인합니다. 상태 코드가 채워졌다면, 렌더링된 HTML 코드와 함께 클라이언트에 응답의 상태 코드를 보낼 수 있게 됩니다.

이제 실제로 이 값을 채우도록 FourOhFour 컴포넌트를 변경해 보겠습니다. 그렇게 하려면 렌더링할 엘리먼트를 반환하기 전에 다음 코드로 render() 함수를 갱신해야 합니다.

```
if (this.props.staticContext) {
  this.props.staticContext.statusCode = 404
}
```

StaticRouter에 전달된 context 속성은 staticContext 속성을 통해 Route 컴포넌트의 직접적인 하위에만 전달됩니다. 이러한 이유로 프론트엔드 번들을 다시 빌드하고 서버를 다시 시작하면 이번에는 http://localhost:3000/blah에 대해 적절하게 404 상태로 표시되지만 http://localhost:3000/author/blah와 같이 author와 매칭되는 경로에 대한 요청에서는 작동하지 않습니다.

여기서도 동작하도록 하려면 Author 컴포넌트에서도 FourOhFour 컴포넌트로 staticContext를 전달해야 합니다. 이를 위해 Author 컴포넌트의 render() 함수에 다음의 변경 사항을 적용해야 합니다.

```
if (!author) {
  return html`<${FourOhFour}
    staticContext=${this.props.staticContext}
    error="Author not found"
  />`
```

```
}
// ...
```

이제 404 상태 코드가 존재하지 않는 작가의 페이지를 요청하는 경우 서버에서 적절하게 반환됩니다.

좋습니다. 이제 서버 측 렌더링을 사용하는 완전한 React 애플리케이션이 생겼습니다! 하지만 아직 자축하긴 이릅니다. 아직 해야 할 일이 있으니까요...

10-4-3 비동기 데이터 조회

자, 우리가 세계에서 가장 유명한 도서관 중 하나인 더블린에 있는 Trinity College의 도서관 웹 사이트를 만들어 달라는 요청을 받았다고 상상해 보십시오. 약 300년의 역사와 약 700만 권의 책이 있습니다. 자, 이제 사용자가 이 방대한 책들을 탐색할 수 있도록 해야 한다고 가정해 봅시다. 그렇습니다, 7백만 권의 책 모두 말입니다. 간단한 데이터 파일은 좋은 생각이 아닙니다.

더 좋은 접근 방식은 책에 대한 데이터를 검색하고 주어진 페이지를 렌더링하는 데 필요한 최소한의 데이터만 동적으로 가져오기 위한 전용 API를 사용하는 것입니다. 사용자가 웹 사이트의 다양한 페이지를 탐색할 때 더 많은 데이터를 가져올 것입니다.

이 방식은 대부분의 웹 애플리케이션에서 유용하기 때문에 동일한 원리를 데모 애플리케이션에 적용해 보겠습니다. 다음과 같이 조회를 위한 두 가지 API를 사용합니다.

- 저자의 목록을 가져오기 위한 /api/authors
- 지정된 저자에 대한 정보를 가져오는 /api/author/:authorId

이 데모 애플리케이션은 될 수 있는 한 단순하게 유지하겠습니다. 여기서는 비동기적으로 데이터를 가져오려면 애플리케이션을 어떻게 변경해야 하는지를 보여주려는 것이므로, 실제 데이터베이스를 사용하여 API를 지원하거나 페이징, 필터링 또는 검색과 같은 고급 기능을 도입하는 데는 신경쓰지 않을 것입니다.

기존 데이터 파일을 활용해서 이러한 API 서버를 구축하는 것은 다소 간단한 작업이므로(이 장의 맥락에서 많은 추가적인 설명이 필요없는 작업), API 구현 과정은 건너 뛰겠습니다. 이 책의 코드 저장소(nodejsdp.link/authors-api-server)에서 API 서버의 소스 코드를 얻을 수 있습니다.

> 이 단순한 API 서버는 백앤드 서버와 독립적으로 실행되므로 다른 포트(또는 잠재적으로 다른 도메인)를 사용합니다. 브라우저가 서로 다른 포트나 도메인에 대해 비동기 HTTP 요청을 할 수 있도록 하려면 API 서버가 CORS(nodejsdp.link/cors)를 지원해야 하는데, 이것은 http(cross-origin)나 https(secure cross-origin)를 사용한 접근에 대해서 리소스 공유를 허용하는 메커니즘입니다. 고맙게도 Fastify를 사용하여 CORS를 활성화하는 것은 fastify-cors(nodejsdp.link/fastify-cors) 플러그인을 설치하는 것만큼 간단합니다.

또한 브라우저와 Node.js 모두에서 잘 작동하는 HTTP 클라이언트가 필요합니다. 좋은 옵션은 superagent(nodejsdp.link/superagent)입니다.

다음 명령으로 종속성을 설치해 봅시다.

```
npm install --save fastify-cors superagent
```

이제 API 서버를 실행할 준비가 되었습니다.

```
node -r esm src/api.js
```

그리고 몇 가지 요청을 시도해 보겠습니다. 예를 들어 curl을 사용하면 다음과 같은 요청입니다.

```
curl -i http://localhost:3001/api/authors
curl -i http://localhost:3001/api/author/joyce
curl -i http://localhost:3001/api/author/invalid
```

모든 것이 예상대로 작동한다면 정보를 이제 저자들의 데이터 셋에서 직접 읽는 대신, 새로운 엔드포인트 API를 사용하도록 React 컴포넌트를 수정할 준비가 된 것입니다. AuthorsIndex 컴포넌트를 수정하는 것으로 시작하겠습니다.

```
import react from 'react'
import htm from 'htm'
import { Link } from 'react-router-dom'
import superagent from 'superagent'
import { Header } from '../Header.js'

const html = htm.bind(react.createElement)
```

```
export class AuthorsIndex extends react.Component {
  constructor (props) {
    super(props)
    this.state = {
      authors: [],
      loading: true
    }
  }

  async componentDidMount () {
    const { body } = await superagent.get('http://localhost:3001/api/authors')
    this.setState({ loading: false, authors: body })
  }

  render () {
    if (this.state.loading) {
      return html`<${Header}/><div>Loading ...</div>`
    }

    return html`<div>
      <${Header}/>
      <div>${this.state.authors.map((author) =>
        html`<div key=${author.id}>
          <p>
            <${Link} to="${`/author/${author.id}`}">
              ${author.name}
            </>
          </p>
        </div>`)}
      </div>
    </div>`
  }
}
```

이전 버전에서 주요 변경 사항은 강조 표시됩니다. 본질적으로 우리는 React 컴포넌트를 stateful 컴포넌트로 변환했습니다. 생성시 state에 authors를 빈 배열로 초기화하고 loading 플래그를 true로 설정합니다. 그런 다음 새로운 API를 사용하여 작가들의 데이터를 불러오는데 생명 주기 함수인 componentDidMount를 사용했습니다. 마지막으로 데이터가 비동기적으로 로드되는 동안 loading 메시지가 표시되도록 render() 함수를 수정했습니다.

```
import react from 'react'
import htm from 'htm'
import superagent from 'superagent'
import { FourOhFour } from './FourOhFour.js'
import { Header } from '../Header.js'

const html = htm.bind(react.createElement)

export class Author extends react.Component {
  constructor (props) {
    super(props)
    this.state = {
      author: null,
      loading: true
    }
  }

  async loadData () {
    let author = null
    this.setState({ loading: false, author })
    try {
      const { body } = await superagent.get(
        `http://localhost:3001/api/author/${
          this.props.match.params.authorId
        }`)
      author = body
    } catch (e) {}
    this.setState({ loading: false, author })
  }

  componentDidMount () {
    this.loadData()
  }

  componentDidUpdate (prevProps) {
    if (prevProps.match.params.authorId !==
      this.props.match.params.authorId) {
      this.loadData()
    }
  }
```

```
  render () {
    if (this.state.loading) {
      return html`<${Header}/><div>Loading ...</div>`
    }

    if (!this.state.author) {
      return html`<${FourOhFour}
        staticContext=${this.props.staticContext}
        error="Author not found"
      />`
    }

    return html`<div>
      <${Header}/>
      <h2>${this.state.author.name}</h2>
      <p>${this.state.author.bio}</p>
      <h3>Books</h3>
      <ul>
        ${this.state.author.books.map((book) =>
          html`<li key=${book.id}>
            ${book.title} (${book.year})
          </li>`
        )}
      </ul>
    </div>`
  }
}
```

여기의 변경 사항은 이전 컴포넌트에 적용한 변경 사항과 매우 유사합니다. 또한 이 컴포넌트에서는 loadData() 함수로 데이터 로딩 작업을 일반화했습니다. 이 컴포넌트는 생명 주기 함수 componentDidMount() 뿐만 아니라 componentDidUpdate() 함수도 구현하기 때문입니다. 이것은 동일한 컴포넌트 인스턴스에 새로운 속성(props)을 전달하면 컴포넌트가 알맞게 갱신되기를 원하는 경우에 필요한데, 예를 들어 "관련 작가" 기능과 같이 작가 페이지에 다른 작가 페이지로 이동하는 링크가 있는 경우의 애플리케이션을 구현할 때 필요한 작업입니다.

이제 새 버전의 코드를 사용해 볼 준비가 되었습니다. npm run build를 사용하여 프론트엔드 번들을 생성하고 백엔드 서버와 API 서버를 모두 시작한 다음 브라우저를 http://localhost:3000/으로 지정합니다.

여기저기 페이지를 탐색하면서 모든 것이 예상대로 작동하는지 확인합니다. 페이지를 탐색할 때 페이지 내용이 대화식으로 로딩되는 것을 확인할 수도 있을 것입니다.

하지만 서버 측 렌더링은 어떻게 될까요? 페이지를 curl로 획득하게 되면 다음과 같은 HTML 마크업이 반환되는 것을 볼 수 있습니다.

```
<!DOCTYPE html>
<html>
  <head>
    <meta charset="UTF-8">
    <title>My library</title>
  </head>
  <body>
    <div id="root"><div><header><h1><a href="/">My library</a></h1></
header><div>Loading ...</div></div></div>
    <script type="text/javascript" src="/public/main.js"></script>
  </body>
</html>
```

내용 없이 불필요해 보이는 "Loading..." 메시지가 나타난다는 것을 눈치채셨습니까? 이것은 제대로 동작하는 것처럼 보이지 않는군요. 또한 이것이 유일한 문제는 아닙니다. 유효하지 않은 작가 페이지에서 curl을 사용해 수집하면 내용 없이 loading 표시가 있는 HTML을 얻게 되고 반환된 상태 코드가 404가 아닌 200임을 알 수 있습니다!

componentDidMount 생명 주기 함수는 서버 측 렌더링 중 React에 의해 무시되는 반면, 브라우저에서는 실행되므로 서버 측에서 렌더링된 마크업에서는 실제 내용을 볼 수 없습니다.

또한 서버 측 렌더링은 동기 작업이므로 loading 코드를 다른 위치로 이동하더라도 서버에서 렌더링하는 동안에 비동기 데이터 로딩은 수행할 수 없습니다.

다음 섹션에서는 완전한 범용 렌더링 및 데이터 로드를 달성하는데 도움이 될 수 있는 패턴을 살펴볼 것입니다.

10-4-4 범용 데이터 조회

서버 측 렌더링은 동기식 작업이므로 필요한 모든 데이터를 효과적으로 미리 로드하기가 까다롭습니다. 앞선 섹션의 끝에 언급된 문제를 피하는 방법은 생각만큼 간단하지 않습니다.

문제의 근원은 우리가 React 애플리케이션 내에 라우팅 로직을 유지하고 있기 때문에 서버에서 renderToString()을 호출하기 전에 실제로 렌더링할 페이지를 알 수 없다는 것입니다. 이것이 서버가 특정 페이지에 대한 일부 데이터를 미리 로드해야 하는지 여부를 선택할 수 없는 이유입니다.

범용 데이터 조회는 여전히 React에서 매우 모호한 영역이며, React 서버 측 렌더링을 용이하게 하는 다양한 프레임워크나 라이브러리들이 이 문제에 대한 다른 해결책을 제시합니다.

오늘날 우리가 논의할 가치가 있는 두 가지 패턴은 **two-pass 렌더링**과 **비동기 페이지(Async Page)**입니다. 이 두 기술은 미리 로드해야 하는 데이터를 파악하는데 서로 다른 방법을 사용합니다. 두 경우 모두 데이터가 서버에 완전히 로드되면 생성된 HTML 페이지는 애플리케이션이 브라우저에서 실행될 때 서버에 이미 로드된 동일한 데이터를 클라이언트에서 다시 로드할 필요가 없도록 전역 변수(window 개체)에 모든 데이터를 주입한 인라인 스크립트 블록을 제공합니다.

Two-pass 렌더링

two-pass 렌더링의 아이디어는 React router static context를 벡터로 사용하여 React와 서버 간에 정보를 교환하는 것입니다. 그림 10.4는 이것이 어떻게 동작하는지 보여줍니다.

two-pass 렌더링의 단계는 다음과 같습니다.

1. 서버는 renderToString()을 호출하여 클라이언트로부터 받은 URL과 static context 객체를 React 애플리케이션에 전달합니다.
2. React 애플리케이션은 라우팅 프로세스를 수행하고 주어진 URL에 대하여 렌더링해야 하는 컴포넌트를 선택합니다. 일부 데이터를 비동기적으로 로드해야 하는 모든 컴포넌트는 이러한 데이터를 서버에 미리 로드할 수 있도록 몇 가지 추가적인 로직을 구현해야 합니다. 이는 데이터 로드 작업의 결과를 나타내는 프라미스를 router static context에 첨부함으로써 수행할 수 있습니다. 이렇게 하면 렌더링 프로세스가 끝날 때 서버가 불완전한 마크업(현재 loading 상태를 나타냄)을 받게 되며 static context에는 데이터로딩 작업을 나타내는 다양한 프라미스들이 포함되어 있을 것입니다.
3. 이 시점에서 서버는 static context를 검사하고 모든 데이터가 완전히 로드되었는지 확인하기 위해 모든 프라미스가 해결될 때까지 기다리게 됩니다. 이 프로세스 동안 서버는 프라미스가 반환한 결과를 포함하는 새로운 static context를 만듭니다. 이 새로운 static context는 두 번째 렌더링 시에 사용됩니다. 이것이 이 기술을 two-pass 렌더링이라고 하는 이유입니다.
4. 이제 공은 다시 React 쪽으로 넘어갑니다. URL이 변경되지 않았으므로 라우팅 프로세스는 첫 번째 렌더링 단계에서 사용된 것과 동일한 컴포넌트를 선택해야 합니다. 이번에는 렌더링 전에 데이터 로딩이 필요했던 컴포넌트가 필요한 데이터를 static context에서 사용할 수 있으며 바로 뷰를 렌더링할 수 있게 됩니다. 이 단계에서는 서버가 사용할 수 있는 완전한 정적 마크업을 생성합니다.

5. 이 시점에서 서버는 완성된 마크업을 가지고 있으며, 이를 사용하여 최종 HTML 페이지를 렌더링합니다. 서버는 또한 미리 로드된 모든 데이터를 script 태그에 포함시킬 수 있어 브라우저에서 데이터를 사용할 수 있으므로 애플리케이션의 첫 페이지에 머무는 동안 다시 로드할 필요가 없게 됩니다.

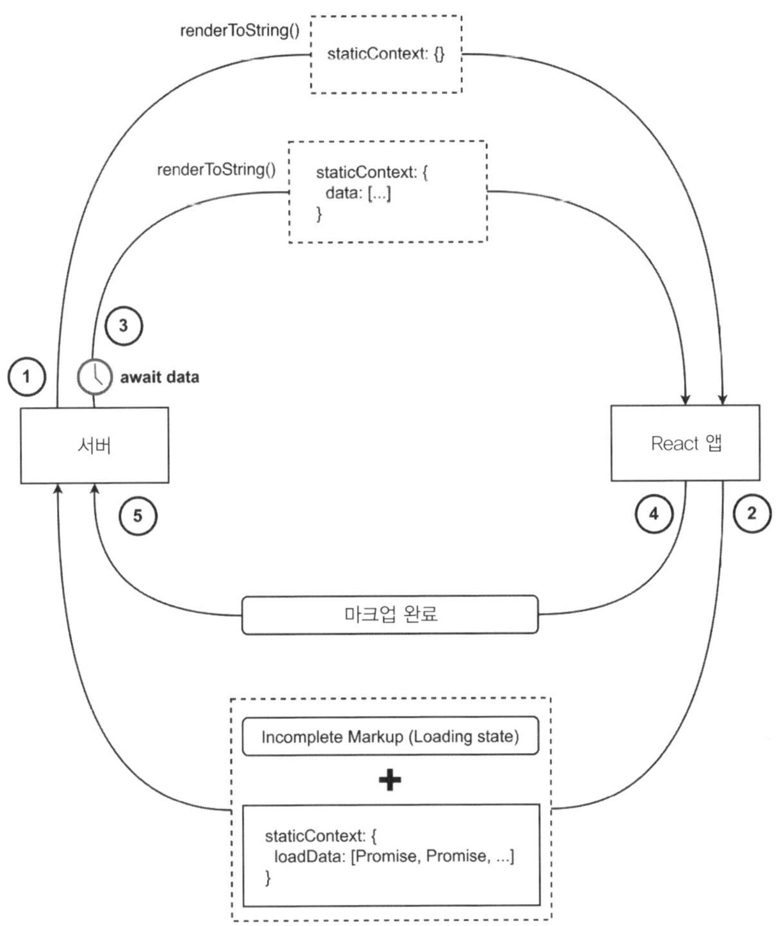

▲ 그림 10.4 two-pass 렌더링 도식

이 기술은 매우 강력하며 몇 가지 흥미로운 장점이 있습니다. 예를 들어, 매우 유연한 방식으로 React 컴포넌트 트리를 구성할 수 있습니다. 비동기로 데이터를 요청하는 여러 컴포넌트를 가질 수 있으며, 컴포넌트 트리의 모든 레벨에 배치할 수 있습니다.

좀 더 고급 사용의 예로는, 여러 렌더링 패스를 통해 데이터를 로드할 수도 있습니다. 예를 들어 두 번째 단계에서 트리의 새로운 컴포넌트가 렌더링될 수 있으며, 이 컴포넌트는 static context에 새로운 프라미스를 추가하여 비동기식으로 데이터를 로드해야 할 수도 있습니다. 이런 특별한 경우를 지원하기 위해, 서버는 static context에 더 이상 프라미스가 남아 있지 않을 때까지 렌더링 루프를 계속해야 합니다. two-pass 렌더링 기술의 이 특별한 변형을

multi-pass **렌더링**이라고 합니다.

이 기술의 가장 큰 단점은 renderToString()에 대한 모든 호출 비용이 비싸기 때문에 실제 애플리케이션에서 이 기술을 사용하면 서버가 여러 렌더링 과정을 거치게 되어 전체 프로세스가 매우 느려질 수 있다는 것입니다.

이로 인해 전체 애플리케이션에서 심각한 성능 저하가 발생하여 사용자 경험에 큰 영향을 미칠 수 있습니다.

더 간단하면서 잠재적으로 성능이 좋은 대안은 다음 섹션에서 설명합니다.

비동기 페이지(Async pages)

여기서 설명할 기술은 **비동기 페이지**라고 부르며 React 애플리케이션의 보다 제한된 구조를 기반으로 합니다.

아이디어는 애플리케이션 컴포넌트 트리의 최상위 계층을 매우 특정한 방식으로 구성하는 것입니다. 구조를 먼저 살펴보면 이 접근 방식이 비동기적인 데이터 로드에 어떻게 도움이 되는지 더 쉽게 논의할 수 있을 것입니다.

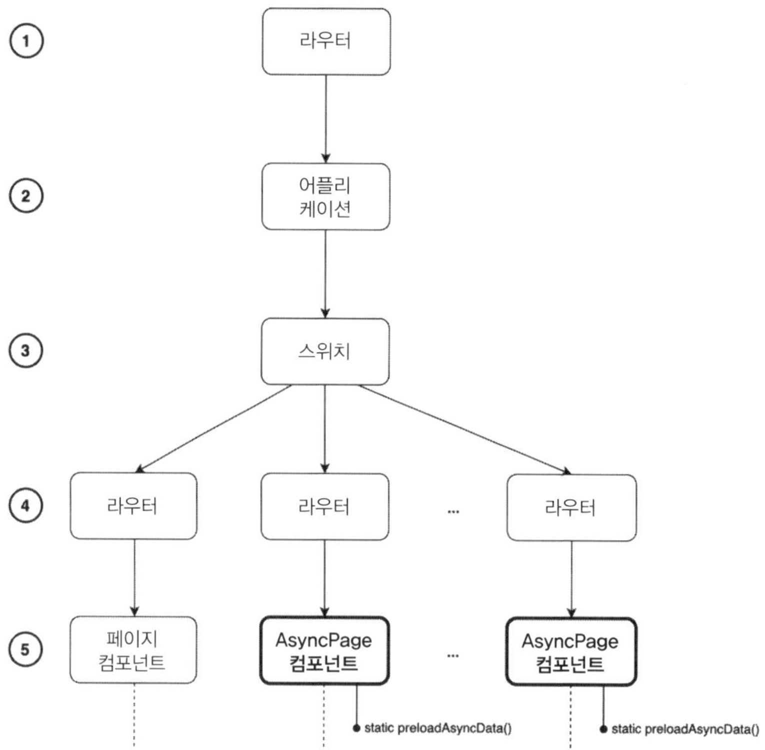

▲ 그림 10.5 비동기 페이지 컴포넌트들의 트리 구조

그림 10.5에서는 비동기 페이지 기술을 적용할 수 있는 구조를 보여주고 있습니다. 컴포넌트 트리에 있는 모든 계층의 범위에 대해 자세히 설명하겠습니다.

1. 애플리케이션의 루트는 항상 라우터 컴포넌트입니다(서버의 StaticRouter 및 클라이언트의 BrowserRouter).
2. 애플리케이션 컴포넌트는 라우터 컴포넌트의 유일한 자식입니다.
3. 애플리케이션 컴포넌트의 유일한 자식은 react-router-dom 패키지의 Switch 컴포넌트입니다.
4. Switch 컴포넌트에는 자식으로 하나 이상의 Route 컴포넌트가 있습니다. 이들은 가능한 모든 경로와 모든 경로에 대해 렌더링해야 하는 컴포넌트들을 정의하는데 사용됩니다.
5. "페이지 컴포넌트(page component)"라는 개념을 실제로 도입한 가장 흥미로운 계층입니다. 아이디어는 페이지 컴포넌트가 전체 페이지의 룩앤필을 담당한다는 것입니다. 페이지 컴포넌트에는 현재 뷰를 렌더링하는 데 사용되는 컴포넌트의 임의의 하위 트리가 있을 수 있습니다. 예를 들면, 머리글, 본문 및 바닥글 같은 것입니다. 우리는 두 가지 유형의 페이지 컴포넌트를 가질 수 있습니다. 다른 모든 React 컴포넌트처럼 작동하는 일반 페이지 컴포넌트와 AsyncPage 컴포넌트가 그것입니다. 비동기 페이지는 서버 측과 클라이언트 측 모두에서 렌더링될 페이지에 대한 데이터를 미리 로드해야 하는 특수한 상태 저장 컴포넌트입니다. 주어진 페이지에 대한 데이터를 미리 로드하는 데 필요한 로직을 포함하는 preloadAsyncData()라는 특수한 정적 함수를 구현합니다.

레이어 1~4는 라우팅 로직을 담당하는 반면, 레이어 5는 데이터 로드 및 현재 페이지 렌더링을 담당합니다. 추가적인 라우팅 및 데이터 로드를 위한 다른 중첩된 레이어는 존재하지 않습니다.

기술적으로는 레이어 5 이후 라우팅 및 데이터 로드를 위한 추가 레이어가 있을 수 있지만 페이지가 렌더링된 후 클라이언트 측에서만 해결되므로(resolved) 일반적으로는 사용할 수 없습니다.

이제 보다 엄격한 구조에 대해 논의했으므로 다중 렌더링 패스를 방지하고 범용 데이터 검색을 달성하는 것이 어떻게 유용할 수 있는지를 살펴보겠습니다.

아이디어는 이렇습니다. 전용 파일에 경로와 컴포넌트의 배열로 패스를 정의하면 서버 측에서 이 파일을 쉽게 재사용할 수 있으며, React 렌더링 단계 이전에 실제로 렌더링하게 될 페이지 컴포넌트를 결정할 수 있습니다.

그런 다음 이 페이지 컴포넌트가 AsyncPage인지 확인할 수 있습니다. 그렇다면 렌더링 전에 서버 측에 일부 데이터를 미리 로드해야 합니다. 주어진 컴포넌트에서 preloadAsyncData() 함수를 호출하여 이를 수행할 수 있습니다.

데이터가 미리 로드되면 static context에 추가할 수 있으며, 전체 애플리케이션을 렌더링할 수 있습니다. 렌더링 단계 동안 AsyncPage 컴포넌트는 이미 로드된 데이터를 static context

에서 사용할 수 있는지 확인하고 로딩 상태를 건너 뛰고 바로 렌더링할 수 있습니다.

일단 렌더링이 완료되면 서버는 미리 로드된 동일한 데이터를 script 태그에 추가할 수 있으므로 사용자는 브라우저 측에서 데이터가 다시 로드될 때까지 기다릴 필요가 없습니다.

Next.js 프레임워크(nodejsdp.link/nextjs)는 범용 JavaScript 애플리케이션을 위한 인기있는 프레임워크이며, 여기에 설명된 것과 유사한 기술을 채택하므로 이 패턴의 좋은 예시입니다.

비동기 페이지 구현

이제 데이터 패치 문제를 해결하는 방법을 알았으므로 애플리케이션에서 비동기 페이지 기술을 구현해 보겠습니다.

우리의 컴포넌트 트리는 이미 이 기술에서 필요로 하는 것과 호환되는 방식으로 구성되어 있습니다. 우리 페이지는 AuthorsIndex 컴포넌트, Author 컴포넌트 및 FourOhFour 컴포넌트입니다. 처음 두 개는 범용 데이터 로드가 필요하므로 이를 비동기 페이지로 변환해야 합니다.

경로 정의(route)를 전용 파일인 src/frontend/routes.js로 끄집어내어 애플리케이션 수정을 시작합니다.

```
import { AuthorsIndex } from './components/pages/AuthorsIndex.js'
import { Author } from './components/pages/Author.js'
import { FourOhFour } from './components/pages/FourOhFour.js'

export const routes = [
  {
    path: '/',
    exact: true,
    component: AuthorsIndex
  },
  {
    path: '/author/:authorId',
    component: Author
  },
  {
    path: '*',
    component: FourOhFour
  }
]
```

이 설정 파일이 애플리케이션의 다양한 부분에서 라우터 구성에 대한 유일한 솔루션이 되어야 하므로, 프론트엔드 App 컴포넌트도 이 파일을 사용하도록 리팩토링합시다.

```
// src/frontend/App.js
import react from 'react'
import htm from 'htm'
import { Switch, Route } from 'react-router-dom'
import { routes } from './routes.js'

const html = htm.bind(react.createElement)

export class App extends react.Component {
  render () {
    return html`<${Switch}>
      ${routes.map(routeConfig =>
        html`<${Route}
          key=${routeConfig.path}
          ...${routeConfig}
        />`
      )}
    </>`
  }
}
```

보시다시피 여기서 유일한 변경 사항은 다양한 Route 컴포넌트를 인라인으로 정의하는 대신 경로 설정 배열 routes를 이용하여 동적으로 만든다는 것입니다. route.js 파일의 변경 사항은 애플리케이션에도 자동으로 반영됩니다.

이제 src/server.js에서 서버 측 로직을 수정할 수 있습니다.

우리가 하려는 첫 번째 일은 주어진 URL이 React 라우터 경로 정의와 일치하는지 확인하기 위해 react-router-dom 패키지로부터 유틸리티 함수를 임포트하는 것입니다. 또 새로운 route.js 모듈에서 경로들이 설정된 배열을 임포트해야 합니다.

```
// ...
import { StaticRouter, matchPath } from 'react-router-dom'
import { routes } from './frontend/routes.js'
// ...
```

이제 페이지에 미리 로드된 데이터를 포함할 수 있도록 서버 측 HTML 템플릿을 생성하는 함수를 갱신해 보겠습니다.

```
// ...
const template = ({ content, serverData }) => `<!DOCTYPE html>
<html>
  <head>
    <meta charset="UTF-8">
    <title>My library</title>
  </head>
  <body>
    <div id="root">${content}</div>
    ${serverData ? `<script type="text/javascript">
window.__STATIC_CONTEXT__=${JSON.stringify(serverData)}
    </script>` : ''}
    <script type="text/javascript" src="/public/main.js"></script>
  </body>
</html>`
// ...
```

보시다시피, 우리 템플릿은 이제 serverData라는 새로운 인자를 받습니다. 이 인자가 템플릿 함수에 전달되면 이 데이터를 window.__STATIC_CONTEXT__라는 전역 변수에 삽입하는 스크립트 태그를 렌더링합니다.

이제 중요한 부분을 살펴보겠습니다. 서버 측 렌더링 로직을 다시 작성해 보겠습니다.

```
// ...
server.get('*', async (req, reply) => {
  const location = req.raw.originalUrl
  let component                                    // (1)
  let match
  for (const route of routes) {
    component = route.component
    match = matchPath(location, route)
    if (match) {
      break
    }
  }
```

```
  let staticData                                           // (2)
  let staticError
  let hasStaticContext = false
  if (typeof component.preloadAsyncData === 'function') {
    hasStaticContext = true
    try {
      const data = await component.preloadAsyncData({ match })
      staticData = data
    } catch (err) {
      staticError = err
    }
  }
  const staticContext = {
    [location]: {
      data: staticData,
      err: staticError
    }
  }
                                                           // (3)
  const serverApp = html`
    <${StaticRouter}
      location=${location}
      context=${staticContext}
    >
      <${App}/>
    </>
  `
  const content = reactServer.renderToString(serverApp)
  const serverData = hasStaticContext ? staticContext : null
  const responseHtml = template({ content, serverData })

  const code = staticContext.statusCode
    ? staticContext.statusCode
    : 200
  reply.code(code).type('text/html').send(responseHtml)
// ...
```

여기에 꽤 많은 변화가 있습니다. 주요 블록을 하나씩 이야기해보겠습니다.

1. 첫 번째 변경 사항은 현재 URL에 대해 렌더링될 페이지를 감지하는 것입니다. 배열에 정의되어 있는 경로들을 반복하면서 matchPath 유틸리티를 사용해 현재 주어진 location이 일치하는 정의가 있는지

확인합니다. 만일 일치한다면 루프를 중지하고 component 변수에 렌더링될 컴포넌트를 할당합니다. 마지막 경로(404 페이지)는 항상 일치하므로 컴포넌트가 일치하는지 여부를 확인할 필요가 없습니다. match 변수에는 매칭된 정보가 포함됩니다. 예를 들어 경로에 일부 매개 변수가 포함된 경우 match에는 모든 매개 변수와 일치하는 경로의 일부가 포함됩니다. 예를 들어 URL 경로가 /author/joyce인 경우 match는 {authorId:'joyce'}라는 params 속성을 가지게 됩니다. 이것은 페이지 컴포넌트가 렌더링될 때 라우터에서 수신하는 것과 동일한 속성입니다.

2. 두 번째 변경 블록에서 선택한 컴포넌트가 AsyncPage인지 확인합니다. 컴포넌트에 preloadAsyncData라는 정적 함수가 있는지를 가지고 이를 판단합니다. 이 경우 match 객체가 포함된 객체를 인자로 전달하여 해당 함수를 호출합니다(이렇게 하면 authorId와 같은 데이터를 가져오는 데 필요한 모든 매개 변수를 전달할 수 있습니다). 이 함수는 프라미스를 반환해야 합니다. 프라미스가 해결(resolve)되면 컴포넌트가 필요로 하는 데이터를 성공적으로 미리 로드한 것이 됩니다. 거부(reject)되면 오류를 기록합니다. 끝으로 staticContext 객체를 생성합니다. 이 객체는 미리 로드된 데이터(또는 거부된 오류)를 현재의 location에 매핑합니다. location을 키로 유지하는 이유는 어떤 이유로든 브라우저가 미리 로드한 페이지로부터 다른 페이지를 렌더링하는 경우(프로그래밍 오류 또는 페이지가 완전히 로드되기 전에 브라우저의 '뒤로 가기' 버튼을 누르는 것과 같은 사용자 작업으로 인해)를 확인하여 브라우저의 현재 페이지와 관련이 없는 사전에 로드된 데이터를 사용하지 않게 하기 위함입니다.
3. 마지막 변경 블록에서 renderToString() 함수를 호출하여 애플리케이션의 렌더링된 HTML을 가져옵니다. 미리 로드된 데이터를 포함한 static context를 전달하기 때문에, 애플리케이션은 loading 상태 뷰를 반환하지 않고도 페이지를 완전히 렌더링할 수 있을 것입니다. 물론 이것은 그냥 발생하는 것은 아닙니다. static context에 담긴 필요한 데이터가 사용 가능한지를 확인하기 위해 React 컴포넌트에 로직을 추가해야 합니다. 일단 HTML이 작성되면, template() 함수를 사용하여 전체 페이지의 마크업을 생성하고 이를 브라우저로 반환합니다. 우리는 또한 상태 코드도 신경을 써야 합니다. 예를 들어 FourOhFour 컴포넌트를 렌더링한 경우 static context의 statusCode 속성이 변경되므로 이 경우 최종 상태 코드에 해당 값을 사용합니다. 그렇지 않으면 기본값은 200입니다.

이것이 바로 서버 측 렌더링입니다.

이제 React 애플리케이션에서 추상화된 비동기 페이지를 만들 차례입니다. 두 개의 별개의 비동기 페이지를 가질 것이므로 일부 코드를 재사용하기 위한 좋은 방법은 기본 클래스를 만들고 "9장. 행위 디자인 패턴"에서 이미 논의한 템플릿 패턴을 사용하는 것입니다. 기본 클래스를 src/frontend/components/pages/AsyncPage.js에 정의해 보겠습니다.

```
import react from 'react'

export class AsyncPage extends react.Component {
  static async preloadAsyncData (props) {                    // (1)
    throw new Error('Must be implemented by sub class')
  }
```

```
render () {
  throw new Error('Must be implemented by sub class')
}

constructor (props) {                                    // (2)
  super(props)
  const location = props.match.url
  this.hasData = false

  let staticData
  let staticError

  const staticContext = typeof window !== 'undefined'
    ? window.__STATIC_CONTEXT__ // 클라이언트 측
    : this.props.staticContext  // 서버 측

  if (staticContext && staticContext[location]) {
    const { data, err } = staticContext[location]
    staticData = data
    staticError = err
    this.hasStaticData = true

    typeof window !== 'undefined' &&
      delete staticContext[location]
  }

  this.state = {
    ...staticData,
    staticError,
    loading: !this.hasStaticData
  }
}

async componentDidMount () {                             // (3)
  if (!this.hasStaticData) {
    let staticData
    let staticError
    try {
      const data = await this.constructor.preloadAsyncData(
        this.props
      )
```

```
          staticData = data
        } catch (err) {
          staticError = err
        }
        this.setState({
          ...staticData,
          loading: false,
          staticError
        })
      }
    }
  }
```

이 클래스는 아래와 같은 세 가지 시나리오를 처리할 수 있는 상태 저장 컴포넌트를 만들기 위한 헬퍼 코드를 제공합니다.

- 서버에서 렌더링 중이며 이미 데이터가 미리 로드되어 있는 경우(데이터를 로드 할 필요가 없음)
- 클라이언트에서 렌더링 중이며 __STATIC_CONTEXT__ 변수를 통해 페이지에서 이미 데이터를 사용할 수 있는 경우(데이터를 로드할 필요 없음).
- 클라이언트에서 렌더링 중이며 데이터를 사용할 수 없는 경우(예: 이 페이지가 서버에서 렌더링되지 않았지만 사용자가 처음으로 로드한 후 탐색한 페이지인 경우). 이 경우 컴포넌트가 마운트될 때 클라이언트에서 데이터를 동적으로 로드해야 합니다.

이 구현의 중요한 점들을 함께 검토해 보겠습니다.

1. 이 컴포넌트 클래스는 직접 인스턴스화 되지 않아야 하며 실제 사용할 비동기 페이지를 구현할 때 확장되어야 합니다. 이 클래스를 확장한 비동기 페이지 컴포넌트는 static async preloadAsyncData(props) 및 render() 함수를 구현해야 합니다.
2. 생성자에서 컴포넌트 상태를 초기화해야 합니다. 여기에는 두 개의 상태가 가능한데, 하나는 데이터가 이미 사용 가능하거나(따라서 state에서 설정할 수 있음), 다른 하나는 데이터를 사용할 수 없는 것이 그것입니다(state를 "loading"으로 설정하고 컴포넌트가 페이지에 마운트된 후 데이터를 로드하도록 해야 함). 브라우저에서 static context에 데이터를 로드할 수 있다면 이 데이터를 삭제할 수도 있어야 합니다. 이렇게 하면 사용자가 다른 페이지에서 이 페이지로 되돌아 올 경우 새로운 데이터를 볼 수 있습니다.
3. componentDidMount() 함수는 브라우저에서만 React에 의해 실행됩니다. 여기서 데이터가 미리 로드되지 않은 경우를 처리하고 런타임에 데이터를 동적으로 로드해야 합니다.

유용한 추상화 클래스가 준비되었다면 AuthorsIndex 및 Author 컴포넌트를 다시 작성하고 비동기 페이지로 변환할 수 있습니다. AuthorsIndex부터 시작해보겠습니다.

```
import react from 'react'
import htm from 'htm'
import { Link } from 'react-router-dom'
import superagent from 'superagent'
import { AsyncPage } from './AsyncPage.js'
import { Header } from '../Header.js'

const html = htm.bind(react.createElement)

export class AuthorsIndex extends AsyncPage {
  static async preloadAsyncData (props) {
    const { body } = await superagent.get(
      'http://localhost:3001/api/authors'
    )
    return { authors: body }
  }

  render () {
    //변경 사항 없음...
  }
}
```

여기서 볼 수 있듯이 AuthorsIndex 컴포넌트는 이제 AsyncPage를 확장합니다. AsyncPage 템플릿이 생성자의 모든 상태 관리를 처리할 것이기 때문에 여기에 생성자가 더 이상 필요하지 않습니다. preloadAsyncData() 함수에서 데이터를 로드할 비즈니스 로직을 명시하기만 하면 됩니다.

이 구현을 이전 구현과 비교하면 이 메소드의 로직이 이전에 componentDidMount()에서 가졌던 것과 거의 동일하다는 것을 알 수 있습니다. componentDidMount() 함수는 여기에서 제거되었습니다. AsyncPage에서 상속한 함수로 충분하기 때문입니다. 이전 버전의 componentDidMount()와 preloadAsyncData()의 유일한 차이점은 preloadAsyncData()에서 내부 상태를 직접 설정하지 않는다는 것입니다. 단지 data를 반환하면 됩니다. AsyncPage의 기본 코드가 필요에 따라 상태를 업데이트합니다.

이제 Author 컴포넌트를 다시 작성해 보겠습니다.

```
import react from 'react'
import htm from 'htm'
import superagent from 'superagent'
import { AsyncPage } from './AsyncPage.js'
import { FourOhFour } from './FourOhFour.js'
import { Header } from '../Header.js'

const html = htm.bind(react.createElement)

export class Author extends AsyncPage {
  static async preloadAsyncData (props) {
    const { body } = await superagent.get(
      `http://localhost:3001/api/author/${
         props.match.params.authorId
      }`
    )
    return { author: body }
  }

  render () {
    // 변경 사항 없음...
  }
}
```

여기서 변경한 사항은 AuthorsIndex 컴포넌트에 대한 변경과 완벽하게 일치합니다. 데이터 로딩 로직을 preloadAsyncData()로 옮기고 기본 추상화 클래스가 상태 전환을 관리하도록 합니다.

이제 /src/frontend/index.js 파일에 마지막으로 약간의 최적화를 적용할 수 있습니다. reactDom.render() 함수 호출을 reactDOM.hydrate()로 바꿀 수 있습니다. 서버 측과 클라이언트 측 모두에서 정확히 동일한 마크업을 생성하므로 첫 번째 브라우저의 로딩 중에 React를 초기화하는 속도가 조금 빨라질 것입니다.

마침내 모든 변경을 테스트해 볼 준비가 되었습니다. 프론트엔드 번들을 다시 빌드하고 서버를 다시 시작합니다. 서버에서 생성한 애플리케이션과 코드를 살펴보십시오. 페이지마다 미리 로드된 모든 데이터를 포함해야 합니다. 또한 누락된 저자를 포함한 모든 404 페이지에 대해 404 오류가 알맞게 출력되어야 합니다.

훌륭하군요! 마침내 우리는 클라이언트와 서버 간에 코드, 로직 및 데이터를 효율적으로 공유하는 애플리케이션을 만들었습니다. 진정한 범용 JavaScript 프로그램이 되었습니다!

요약

이 장에서는 혁신적이고 빠르게 움직이는 범용(Universal) JavaScript의 세계를 살펴보았습니다. 범용 JavaScript는 웹 개발 분야에서 많은 새로운 기회를 열어주며, 빠르게 로드되고 접근가능하며 검색 엔진에 최적화된 싱글페이지 애플리케이션을 구축하는데 도움이 될 수 있습니다.

이 장에서는 이 주제에 대해 필요한 기본 사항을 소개하는데 중점을 두었습니다. 모듈 번들러가 필요한 이유 및 작동 방법을 설명하는 것으로 시작했습니다. 웹팩 사용법을 배웠고, React를 소개하고 그 기능에 대해 설명했습니다. 컴포넌트 지향 사용자 인터페이스를 구축하는 방법을 배운 다음 범용 렌더링, 범용 라우팅 그리고 범용 데이터 조회를 이해하기 위해 처음부터 애플리케이션을 만들었습니다.

상세하진 않지만 많은 주제에 대해 다루었으며, 더 많은 것을 탐험할 수 있는 기본적인 지식은 모두 담았습니다. 이 분야가 아직도 매우 빠르게 진화하고 있다는 점을 감안하면 도구와 라이브러리는 향후 몇 년 동안 많이 변경되겠지만 여기서 다룬 기본 개념은 그대로 유지될 것이므로 지속적으로 살펴보고 실험하는 것을 게을리하지 마십시오. 이 주제에 대한 전문가가 되는 것은 이제 습득한 지식을 사용하여 실제 비즈니스 사례를 실제 앱으로 구축하는 일뿐일 것입니다.

여기서 습득한 지식은 모바일 앱 개발과 같이 웹 개발의 경계를 넘는 프로젝트에 유용할 수 있습니다. 이 주제에 관심이 있다면 React Native가 좋은 출발점이 될 수 있습니다.

다음 챕터에서는 문제 해결 접근 방식을 통해 좀 더 발전된 주제를 모색해 보기로 하겠습니다. 준비되셨나요?

연습

10.1 스타일 문제:

이 장에서 작성한 작은 라이브러리의 애플리케이션은 너무 단출해 보입니다. 일부 스타일과 이미지를 사용해 훨씬 더 보기 좋게 할 수 있을 것입니다. 앱의 외관을 개선해 봅시다. 막막하거나 영감이 필요할 경우 GitHub(nodejsdp.link/univ)에서 실습 내용을 확인할 수 있습니다.

10.2 적절한 데이터 관리:

앞서 말했듯이 많은 데이터를 파일에 보관하는 것은 좋은 생각이 아닙니다. 모든 데이터를 가진 실제 데이터베이스를 백엔드로 옮기는 것이 좋습니다. 이 시점에서 이 애플리케이션을 한 단계 개선하기 위해 Open Library 저장소(nodejsdp.link/open-libary-api)와 같이 방대한 서적 자료 데이터를 가져오는 스크립트를 작성할 수도 있습니다.

10.3 페이징과 검색:

이제 쓸만한 데이터베이스를 가지게 되었으니 페이징 및 검색과 같은 몇몇 중요한 기능을 추가할 수 있을 것입니다.

10.4 아! 범용.... 블로그!:

블로그를 구현하는 새로운 범용 JavaScript 앱을 처음부터 만들어 봅시다. 그런 다음 Next.js(nodejsdp.link/nextjs) 또는 Gatsby(nodejsdp.link/gatsby)와 같은 프레임워크를 사용하여 동일한 연습을 해봅시다.

CHAPTER 11

고급 레시피

- ✔ 비동기적으로 초기화되는 컴포넌트 다루기
- ✔ 비동기식 요청 일괄 처리 및 캐싱
- ✔ 비동기 작업 취소
- ✔ CPU 바운드 작업 실행

이 장에서는 요리 책에서처럼 문제 해결 접근 방식으로 일반적인 Node.js 프로그래밍 문제를 해결하는데 바로 사용할 수 있는 일련의 레시피들을 보여줄 것입니다

이 장에서 제시된 대부분의 문제는 비동기식으로 작업을 시도할 때 발생한다는 사실에 놀라지 않기 바랍니다. 사실, 이 책의 이전 장에서 반복적으로 보았듯이 전통적인 동기 프로그래밍에서 사소한 작업이라도 비동기 프로그래밍이 사용될 때는 훨씬 복잡할 수 있습니다. 일반적인 예로는 비동기 초기화 단계에서 필요한 컴포넌트를 사용하는 것입니다. 이 경우 초기화가 완료될 때까지 컴포넌트 사용 시도를 지연시켜야 하는 불편함이 있습니다. 이 문제를 나중에 매너있게 해결하는 방법을 보여드리겠습니다.

그러나 이 장이 비동기 프로그래밍과 관련된 레시피에 관한 것은 아닙니다. 또한 Node.js에서 CPU 집약적인 작업을 실행하는 가장 좋은 방법을 배우게 될 것입니다.

이 장에서 배울 레시피는 다음과 같습니다.

- 비동기적으로 초기화되는 컴포넌트 처리
- 비동기식 요청 일괄 처리 및 캐싱
- 비동기 작업 취소
- CPU 바운드 작업의 취소

자, 시작해봅시다.

11-1 비동기적으로 초기화되는 컴포넌트 다루기

Node.js 핵심 모듈과 많은 npm 패키지에 동기 API가 존재하는 이유 중 하나는 초기화 작업을 구현하는데 사용하기 편리하기 때문입니다. 간단한 프로그램의 경우, 초기화 시간에 동기식 API를 사용하면 일을 많이 간소화할 수 있지만 프로그램이나 특정 컴포넌트가 초기화될 때 단한 번만 사용되기 때문에 이러한 API 사용과 관련된 단점은 여전히 존재합니다.

안타깝지만 동기식 API를 늘 사용할 수 있는 것도 아닙니다. 초기화 단계에서 네트워크를 사용하여 핸드쉐이크 프로토콜을 수행하거나 환경설정 매개 변수를 검색하는 컴포넌트의 경우 특히 사용이 어렵습니다. 이런 경우는 메시지 큐와 같은 미들웨어 시스템을 위한 많은 데이터베이스 드라이버 및 클라이언트에서 흔히 볼 수 있습니다.

11-1-1 비동기적으로 초기화된 컴포넌트의 문제

db라는 모듈을 사용하여 원격 데이터베이스와 상호 작용하는 예를 살펴보겠습니다. db 모듈은 데이터베이스 서버와의 연결 및 핸드 쉐이크가 성공적으로 완료된 후에만 API 요청을 수락합니다. 따라서 초기화가 완료될 때까지 쿼리나 기타 명령을 보낼 수 없습니다.

다음은 이러한 샘플 모듈(db.js)의 코드입니다.

```
import { EventEmitter } from 'events'

class DB extends EventEmitter {
  connected = false

  connect () {
    // 연결 지연 시뮬레이션
    setTimeout(() => {
      this.connected = true
      this.emit('connected')
    }, 500)
  }

  async query (queryString) {
    if (!this.connected) {
      throw new Error('Not connected yet')
    }
    console.log(`Query executed: ${queryString}`)
  }
}

export const db = new DB()
```

이것은 비동기적으로 초기화된 컴포넌트의 일반적인 예입니다. 이러한 가정하에서 일반적으로 이 문제에 대한 두 가지로 빠르고 손쉬운 해결책이 있는데, 이를 로컬 초기화(local initialization) 그리고 지연 시작(delayed startup)이라 부릅니다. 좀 더 상세히 알아봅시다.

로컬 초기화(Local initialization) 확인

첫 번째 솔루션은 API가 호출되기 전에 모듈이 초기화 되었는지 확인합니다. 그렇지 않으면 초기화되기를 기다립니다. 이 검사는 비동기 모듈에서 작업을 호출할 때마다 수행해야 합니다.

```
import { once } from 'events'
import { db } from './db.js'

db.connect()

async function updateLastAccess () {
  if (!db.connected) {
    await once(db, 'connected')
  }

  await db.query(`INSERT (${Date.now()}) INTO "LastAccesses"`)
}

updateLastAccess()
setTimeout(() => {
  updateLastAccess()
}, 600)
```

이미 예상했듯이 db 컴포넌트에서 query() 함수를 호출할 때마다 모듈이 초기화되었는지 확인해야 합니다. 그렇지 않으면 'connected' 이벤트를 수신하여 초기화를 기다립니다. 이 기술의 변형은 query() 함수 자체 내부에서 검사를 수행하는 것으로 사용시 코드의 부담이 사용자에서 라이브러리 공급자로 이동합니다.

지연 시작

비동기적으로 초기화된 컴포넌트에 대한 두 번째 빠르지만 좀 지저분한 해결책은 컴포넌트가 초기화 루틴을 완료할 때까지 비동기적으로 초기화된 컴포넌트에 의존하는 코드의 실행을 지연시키는 것입니다. 다음 코드의 일부에서 이러한 기술의 예를 볼 수 있습니다.

```
import { db } from './db.js'
import { once } from 'events'

async function initialize () {
  db.connect()
  await once(db, 'connected')
}

async function updateLastAccess () {
  await db.query(`INSERT (${Date.now()}) INTO "LastAccesses"`)
```

```
}

initialize()
  .then(() => {
    updateLastAccess()
    setTimeout(() => {
      updateLastAccess()
    }, 600)
  })
```

앞의 코드에서 볼 수 있듯이 먼저 초기화가 완료될 때까지 기다린 다음 db 객체를 사용하는 루틴을 계속 실행합니다.

이 기술의 가장 큰 단점은 비동기적으로 초기화되어야 하는 컴포넌트를 사용하는 컴포넌트가 어떤 것인지를 미리 알아야 한다는 것입니다. 이로 인해 코드가 취약해지고 실수에 노출됩니다. 이 문제에 대한 한 가지 해결책은 모든 비동기 서비스가 초기화될 때까지 전체 응용 프로그램의 시작을 지연시키는 것입니다. 이것은 간단하고 효과적이라는 장점이 있습니다. 그러나 애플리케이션의 전체 시작 시간에 상당한 지연을 초래할 수 있으며, 비동적으로 초기화되어야 하는 컴포넌트를 다시 초기화해야 하는 경우는 고려하지 않고 있습니다.

다음 섹션에서 보게 되겠지만, 비동기 초기화 단계가 완료될 때까지 모든 작업을 투명하고 효율적으로 지연시킬 수 있는 세 번째 대안이 있습니다.

11-1-2 사전 초기화 큐

컴포넌트가 초기화된 후에만 컴포넌트의 서비스가 호출되도록 하는 또 다른 방법은 큐와 명령 패턴을 사용하는 것입니다. 컴포넌트가 아직 초기화되지 않은 상태에서 수신된 함수 호출(컴포넌트를 초기화해야 하는 경우에만 해당)을 큐에 넣은 다음, 모든 초기화 단계가 완료되는 즉시 실행하는 것입니다.

이 기술을 샘플 db 컴포넌트에 어떻게 적용할 수 있을지 살펴보겠습니다.

```
import { EventEmitter } from 'events'

class DB extends EventEmitter {
  connected = false
  commandsQueue = []
```

```
  async query (queryString) {
    if (!this.connected) {
      console.log(`Request queued: ${queryString}`)

      return new Promise((resolve, reject) => {           // (1)
        const command = () => {
          this.query(queryString)
            .then(resolve, reject)
        }
        this.commandsQueue.push(command)
      })
    }

    console.log(`Query executed: ${queryString}`)
  }

  connect () {
    // simulate the delay of the connection
    setTimeout(() => {
      this.connected = true
      this.emit('connected')
      this.commandsQueue.forEach(command => command())      // (2)
      this.commandsQueue = []
    }, 500)
  }
}

export const db = new DB()
```

이미 언급했듯이 여기에 설명된 기술은 두 부분으로 구성됩니다.

1. 컴포넌트가 초기화되지 않은 경우(여기서는 connected 속성이 false인 경우) 현재 호출과 함께 수신된 매개 변수로 명령을 생성하고 commandsQueue 배열에 밀어 넣습니다. 명령이 실행되면 원래 query() 함수를 다시 실행하고 결과를 Promise에 전달하여 호출자에게 반환합니다.
2. 컴포넌트의 연결이 초기화가 완료되면(여기서는 데이터베이스 서버와의 연결이 설정되었음을 의미함) commandsQueue를 통해 이전에 대기열에 있던 모든 명령들을 실행합니다.

방금 구현한 DB 클래스를 사용하면 함수를 호출하기 전에 컴포넌트가 초기화되었는지 확인할 필요가 없습니다. 사실 모든 로직은 컴포넌트 자체에 내장되어 있으며, 모든 소비자는 초기화 상태에 대한 걱정 없이 투명하게 사용할 수 있습니다.

또한 한 단계 더 나아간 방법으로 방금 만든 DB 클래스의 사용 코드를 줄이는 동시에 모듈성을 개선할 수 있습니다. "9장. 행위 디자인 패턴"에서 배운 상태 패턴을 두 가지 상태와 함께 적용하여 이를 달성할 수 있습니다.

- 첫 번째 상태는 컴포넌트가 초기화되면 실행할 함수들을 구현하여 성공적으로 초기화될 경우에만 활성화됩니다. 이러한 함수들은 db 컴포넌트의 초기화 상태에 대한 걱정 없이 자체적인 비즈니스 로직을 구현합니다.
- 두 번째 상태는 초기화가 완료되기 전에 수행되고 첫 번째 상태와 동일한 함수들을 구현하지만 이 함수들의 유일한 역할은 호출에 전달된 매개 변수를 사용하여 큐에 새 명령을 추가하는 것입니다.

방금 설명한 구조를 db 컴포넌트에 적용하는 방법을 살펴 봅시다. 먼저 컴포넌트의 실제 비즈니스 논리를 구현하는 InitializedState를 만들겠습니다.

```
class InitializedState {
  async query (queryString) {
    console.log(`Query executed: ${queryString}`)
  }
}
```

보시다시피 InitializedState 클래스에서 구현해야 하는 유일한 함수는 query() 함수입니다. 이 함수는 새 쿼리를 받으면 이를 단순히 콘솔에 메시지로 출력합니다.

다음으로 레시피의 핵심인 QueuingState를 구현합니다. 이 상태는 큐에 쌓는 로직을 구현합니다.

```
const METHODS_REQUIRING_CONNECTION = ['query']
const deactivate = Symbol('deactivate')

class QueuingState {
  constructor (db) {
    this.db = db
    this.commandsQueue = []

    METHODS_REQUIRING_CONNECTION.forEach(methodName => {
      this[methodName] = function (...args) {
        console.log('Command queued:', methodName, args)
        return new Promise((resolve, reject) => {
          const command = () => {
            db[methodName](...args)
```

```
                .then(resolve, reject)
            }
            this.commandsQueue.push(command)
          })
        }
      })
    }

    [deactivate] () {
      this.commandsQueue.forEach(command => command())
      this.commandsQueue = []
    }
  }
```

QueuingState가 생성될 때 동적으로 만들어지는 과정에 주목하십시오. 활성화된 연결이 필요한 각 함수들을 현재 인스턴스에 대한 새로운 함수로 생성하는데, 이 함수는 나중에 함수 호출 시 실행될 새로운 command 함수를 큐에 넣습니다. 이후, 연결이 설정되어 command 함수가 실행되면 db 인스턴스의 해당 함수의 호출 결과가 (반환된 프라미스를 통해) 호출자에게 전달됩니다.

이 상태 클래스의 다른 중요한 부분은 [deactivate] ()입니다. 이 함수는 QueuingState가 비활성화 될 때(컴포넌트가 초기화 되었을 때) 호출되어 큐의 모든 명령을 실행합니다. Symbol을 사용하여 함수 이름을 지정하는 방법에 주의해 주십시오.

이렇게 하면 상태에 더 많은 함수를 추가할 경우 나중에 이름 충돌을 방지할 수 있습니다(예: DB 클래스의 가상 deactivate() 함수를 데코레이트 할 경우는 어떻게 해야 할까요?)

이제 방금 설명한 두 가지 상태를 사용하는 DB 클래스를 다시 구현해야 할 차례입니다.

```
class DB extends EventEmitter {
  constructor () {
    super()
    this.state = new QueuingState(this)                    // (1)
  }

  async query (queryString) {
    return this.state.query(queryString)                   // (2)
  }
```

```
  connect () {
    // simulate the delay of the connection
    setTimeout(() => {
      this.connected = true
      this.emit('connected')
      const oldState = this.state                          // (3)
      this.state = new InitializedState(this)
      oldState[deactivate] && oldState[deactivate]()
    }, 500)
  }
}

export const db = new DB()
```

새로운 DB 클래스의 가장 중요한 부분을 자세히 분석해 보겠습니다.

1. 생성자에서 인스턴스의 현재 상태(state)를 초기화합니다. 컴포넌트의 비동기 초기화가 아직 완료되지 않았으므로 QueuingState가 됩니다.
2. 일부(stub) 비즈니스 로직을 구현하는 클래스의 함수가 query() 함수입니다. 여기서 해야 할 일은 현재 활성화되어 있는 상태 클래스의 query() 함수를 호출하는 것입니다.
3. 마지막으로 데이터베이스와의 연결을 설정하면(초기화 완료) 현재 상태를 InitializedState로 전환하고 이전 상태를 비활성화합니다. QueuingState가 비활성화하면 이전에 살펴본 것처럼 대기열에 있던 모든 명령이 이제 실행됩니다.

이 접근 방식을 통해 사용 문구를 줄이는 동시에 반복적인 초기화 검사가 필요 없이 순수 비즈니스 로직(InitializedState)으로 구현된 클래스를 생성할 수 있습니다.

방금 본 접근 방식은 비동기적으로 초기화되는 컴포넌트의 코드를 수정할 수 있는 경우에만 동작합니다. 컴포넌트를 수정할 수 없는 모든 경우에는 래퍼나 프록시를 만들어야 하는데, 이 기술은 여기서 본 것과 매우 유사합니다.

11-1-3 실전에서

방금 제시한 패턴은 많은 데이터베이스 드라이버와 ORM 라이브러리에서 사용되고 있습니다. 가장 주목할 만한 것이 **MongoDB**용 ORM인 Mongoose(nodejsdp.link/mongoose)입니다. Mongoose를 사용하면 쿼리를 보내기 위해 데이터베이스 연결이 열릴 때까지 기다릴 필요가 없습니다. 이는 각 작업이 대기열에 들어간 다음 이 섹션에서 설명한 대로 데이터베이스와의 연결이 완전히 설정되면 나중에 실행되기 때문입니다.

이는 좋은 **개발자 경험(DX: Developer eXperience)**을 제공하려는 모든 API의 필수 사항입니다.

Mongoose의 코드를 살펴보고 기본 드라이버의 모든 함수가 사전 초기화 대기열에 추가하기 위해 어떻게 프록시하는지 확인해 보십시오. 이것은 또한 이 섹션에서 제시한 레시피를 구현하는 또 다른 방법을 보여줍니다. 관련 코드는 nodejsdp.link/mongoose-init-queue에서 볼 수 있습니다.

마찬가지로 PostgreSQL 데이터베이스의 클라이언트인 pg 패키지(nodejsdp.link/pg)는 미리 초기화된 대기열을 사용하지만 약간은 다른 방식을 가집니다. pg는 데이터베이스의 초기화 상태와 상관 없이 모든 쿼리를 대기열에 넣은 다음 즉시 대기열의 모든 명령을 실행하려고 시도합니다. nodejsdp.link/pg-queue에서 관련된 코드를 살펴보십시오.

11-2 비동기식 요청 일괄 처리 및 캐싱

부하가 많은 애플리케이션에서 캐싱은 중요한 역할을 하며 웹 페이지, 이미지 및 스타일 시트와 같은 순수한 데이터에 이르기까지 웹의 거의 모든 곳에서 사용됩니다. 이 섹션에서는 캐싱이 비동기 작업에 적용되는 방법과 이를 통한 높은 요청 처리량이 어떤 장점이 있는지에 대해 알아 보겠습니다.

11-2-1 비동기식 요청 일괄 처리란?

비동기 작업을 처리할 때 동일한 API에 대한 일련의 호출을 **일괄 처리**하여 가장 기본적인 수준의 캐싱을 수행할 수 있습니다. 이에 대한 아이디어는 매우 간단합니다. 아직 대기중인 다른 함수가 있는 동안 비동기 함수를 호출하면 새로운 요청을 생성하는 대신 이미 실행 중인 작업에 피기백(piggyback)할 수 있습니다. 다음 다이어그램을 살펴봅시다.

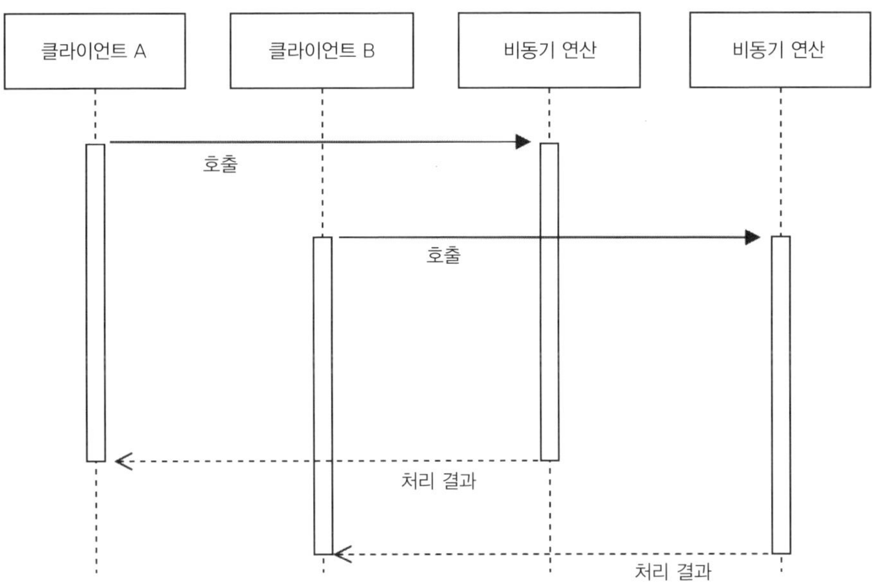

▲ 그림 11.1 일괄 처리 없는 두 개의 비동기식 요청

앞의 다이어그램은 정확히 동일한 입력으로 동일한 비동기 작업을 호출하는 두 클라이언트를 보여줍니다. 물론, 이 상황은 자연스러운 것으로 두 개의 클라이언트가 서로 다른 순간에 완료되는 두 개의 개별 작업을 실행한다는 것입니다.

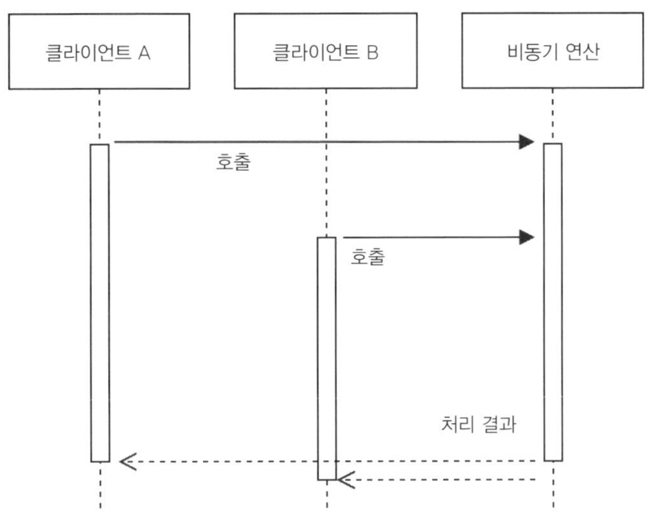

▲ 그림 11.2 두 비동기식 요청의 배치 처리

그림 11.2는 동일한 입력으로 동일한 API를 호출하는 두 개의 동일한 요청이 어떻게 일괄 처리되는지, 다시 말해 동일한 실행 작업에 어떻게 추가될 수 있는지를 보여줍니다. 이렇게 하면 작

업이 완료될 때 비동기 작업이 실제로 한번만 실행됐더라도 두 클라이언트에 결과가 전송됩니다. 이는 일반적으로 적절한 메모리 관리 및 무효화 전략을 필요로 하는 보다 복잡한 캐싱 메커니즘을 사용할 필요 없이 애플리케이션의 로드를 최적화하는 간단하면서도 매우 강력한 방법을 보여줍니다.

11-2-2 최적의 비동기 요청 캐싱

작업이 충분히 빨리 수행되거나 일치하는 요청이 장기간에 걸쳐 분산된 경우, 요청 일괄 처리가 그리 효과적이지는 않습니다. 또한 대부분의 경우 두 개의 동일한 API 호출의 결과가 그렇게 자주 변경되지 않을 것이기 때문에 정적 파일에 대한 일괄 처리는 최상의 성능을 제공하지 못합니다. 이러한 모든 상황에서 애플리케이션의 부하를 줄이고 응답성을 높이는 가장 좋은 방법은 보다 더 공격적인 캐싱 메커니즘입니다.

아이디어는 간단합니다. 요청이 완료되자마자 그 결과를 캐시에 저장합니다. 캐시는 메모리 내 변수 또는 전용 캐싱 서버(예:Redis)의 자료 구조일 수 있습니다. 따라서 다음에 API가 호출될 때 다른 요청을 생성하는 대신 캐시에서 즉시 결과를 검색할 수 있습니다.

캐싱의 개념은 숙련된 개발자에게 새로운 것이 아니겠지만 비동기 프로그래밍이 이 기술을 다르게 만드는 이유는 이것이 최적이 되도록 요청 일괄 처리와 알맞게 결합되어야 한다는 부분일 것입니다. 그 이유는 캐시가 설정되지 않은 동안 여러 요청이 동시에 실행될 수 있고 해당 요청이 완료되면 캐시가 여러 번 설정될 수 있기 때문입니다.

이러한 가정을 기반으로 결합된 요청 일괄 처리 및 캐싱 패턴은 그림 11.3과 같이 설명할 수 있습니다.

그림 11.3은 최적의 비동기 캐싱 알고리즘의 두 단계를 보여줍니다.

- 첫 번째 단계는 배치 패턴과 완전히 동일합니다. 캐시가 설정되지 않은 동안 수신된 모든 요청은 함께 일괄 처리됩니다. 요청이 완료되면 캐시가 한번 설정됩니다.
- 캐시가 최종적으로 설정되면 후속 요청이 캐시에서 직접 제공됩니다.

고려해야 할 또 다른 중요한 세부 사항은 Zalgo("3장. 콜백과 이벤트"에서 확인했습니다) 안티 패턴입니다. 비동기 API를 다루기 때문에 캐시에 액세스하는데 동기 작업만이 존재한다 해도(예: 메모리 내 변수에서 캐시된 값을 검색하는 경우) 항상 캐시된 값을 일관성 있게 비동기적으로 반환해야 합니다.

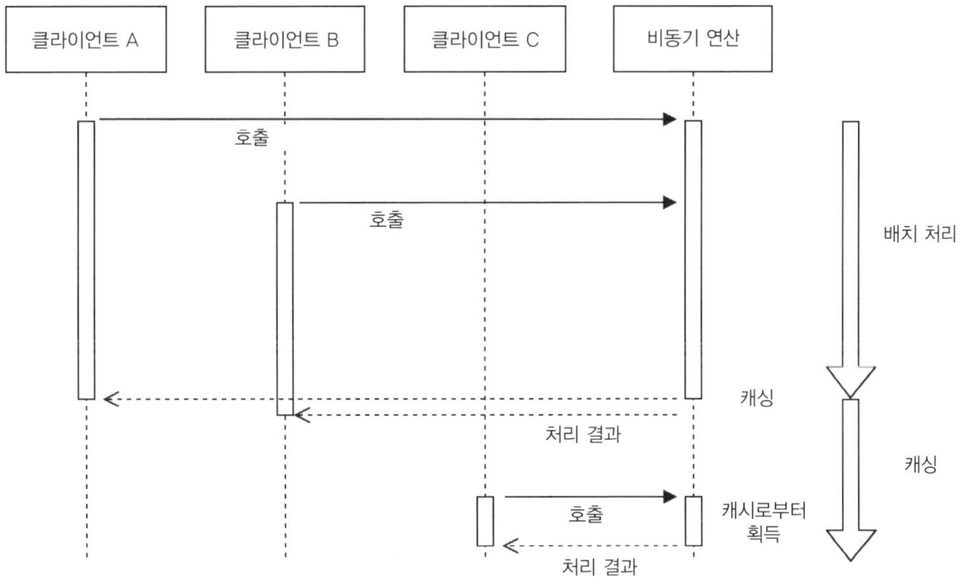

▲ 그림 11.3 일괄 처리와 캐시 조합

11-2-3 캐싱 혹은 일괄 처리가 없는 API 서버

이 새로운 도전에 뛰어들기 전에 우리가 구현할 다양한 기술의 영향을 측정하기 위해 참조로 사용할 작은 데모 서버를 구현해 보겠습니다.

전자상거래 회사의 판매를 관리하는 API 서버를 생각해 보겠습니다. 특히 특정 유형의 상품에 대한 모든 거래의 합계를 서버에 질의하려고 합니다. 이를 위해 우리는 level npm 패키지(nodejsdp.link/level)를 통해 LevelUP 데이터베이스를 사용할 것입니다. 우리가 사용할 데이터 모델은 판매(sales) sublevel에 저장되어 있는 간단한 거래 목록이며, 다음 형식으로 구성됩니다.

```
transactionId {amount, product}
```

키는 transactionId로 표시되고 값은 판매량(amount)과 제품유형(product)이 포함된 JSON 객체입니다. 처리할 데이터는 정말 기본적인 것이므로 예제에 사용할 수 있는 데이터베이스에 대한 간단한 질의를 구현해 보겠습니다. 특정 제품의 총 판매량을 얻고 싶다고 가정해 보겠습니다. 코드는 다음과 같습니다(파일 totalSales.js).

```
import level from 'level'
import sublevel from 'subleveldown'

const db = level('example-db')
const salesDb = sublevel(db, 'sales', { valueEncoding: 'json' })

export async function totalSales (product) {
  const now = Date.now()
  let sum = 0
  for await (const transaction of salesDb.createValueStream()) {
    if (!product || transaction.product === product) {
      sum += transaction.amount
    }
  }

  console.log(`totalSales() took: ${Date.now() - now}ms`)

  return sum
}
```

totalSales() 함수는 sales sublevel의 모든 transaction들을 반복하면서 특정 product의 판매량을 합산합니다. 알고리즘은 나중에 일괄 처리 및 캐싱의 효과를 강조하기 위해 의도적으로 느리게 하였습니다. 실제 애플리케이션에서는 인덱스를 사용하여 제품별로 트랜잭션을 질의하거나 더 나은 방법으로 증분맵/리듀스(incremental map/reduce) 알고리즘을 사용하여 모든 제품의 합계를 지속적으로 계산할 수 있습니다.

이제 totalSales() API를 간단한 HTTP 서버(server.js 파일)를 통해 노출시킬 수 있게 되었습니다.

```
import { createServer } from 'http'
import { totalSales } from './totalSales.js'

createServer(async (req, res) => {
  const url = new URL(req.url, 'http://localhost')
  const product = url.searchParams.get('product')
  console.log(`Processing query: ${url.search}`)

  const sum = await totalSales(product)
```

```
  res.setHeader('Content-Type', 'application/json')
  res.writeHead(200)
  res.end(JSON.stringify({
    product,
    sum
  }))
}).listen(8000, () => console.log('Server started'))
```

처음으로 서버를 시작하기 전에 샘플 데이터로 데이터베이스를 채워야 합니다. 이 책의 이 섹션에 대한 코드 저장소에서 populateDb.js 스크립트를 가지고 와서 이를 수행할 수 있습니다. 이 스크립트는 데이터베이스에 100,000개의 임의 판매 트랜잭션을 생성하므로 질의에 따른 데이터 처리 시간을 충분히 쓰게 만듭니다.

```
node populateDb.js
```

좋습니다! 이제 모든 것이 준비되었습니다. 서버를 시작하겠습니다.

```
node server.js
```

서버에 질의를 수행하려면 브라우저를 사용하여 다음 URL로 이동하면 됩니다.

```
http://localhost:8000?product=book
```

그런 서버의 성능을 더 잘 이해하려면 두 개 이상의 요청이 필요합니다. 따라서 200ms 간격으로 20개의 요청을 보내는 loadTest.js라는 작은 스크립트를 사용합니다. 스크립트는 이 책의 코드 저장소에서 찾을 수 있으며, 이미 서버의 로컬 URL에 요청하도록 구성되어 있으므로 실행하려면 다음 명령을 입력하십시오.

```
node loadTest.js
```

20개의 요청이 완료되는데 시간이 걸리는 것을 볼 수 있습니다. 테스트의 총 실행시간을 기록해둡니다. 이제 최적화를 적용한 후 얼마나 많은 시간을 절약할 수 있는지를 측정할 것입니다.

11-2-4 Promise를 사용한 일괄 처리 및 캐싱

프라미스는 비동기 일괄 처리 및 요청 캐싱을 구현하기 위한 훌륭한 도구입니다. 이유를 알아보겠습니다. "5장. Promise 그리고 Async/Await와 함께 하는 비동기 제어 흐름 패턴"에서 프라미스에 대해 배운 내용을 기억한다면 이 상황에서 이점을 얻을 수 있는 두 가지 점이 있습니다.

- 여러 then() 리스너를 동일한 프라미스에 연결할 수 있습니다.
- then() 리스너는 호출이 보장되며(한 번만) 프라미스가 이미 해결된 후에 연결되어도 동작합니다. 또한 then()은 항상 비동기적으로 호출됩니다.

요컨대, 첫 번째 속성은 요청을 일괄 처리하는 데 정확히 필요한 것이고, 두 번째 속성은 프라미스가 미해결된 값을 반환하는 자연스러운 메커니즘을 제공함을 의미합니다. 즉, 프라미스를 사용하면 일괄 처리 및 캐싱이 매우 간단하고 간결해집니다.

총 판매 웹 서버의 일괄 처리

이제 totalSales API 위에 배치(Batch) 처리 계층을 추가해 보겠습니다. 우리가 사용할 패턴은 매우 간단합니다. API가 호출될 때 다른 동일한 요청이 보류 중인 경우 새 요청을 시작하는 대신 해당 요청이 완료될 때까지 기다립니다. 곧 보게 되겠지만 이는 프라미스로 쉽게 구현할 수 있습니다. 사실 우리가 해야 할 일은 새로운 요청을 시작할 때마다 프라미스를 지정된 요청 매개 변수에 연결해서 맵에 저장하는 것입니다. 그런 다음 모든 후속 요청에서 지정된 product에 대한 프라미스가 이미 존재하는지 확인하고 프라미스가 있을 때 해당 프라미스를 반환합니다. 그렇지 않으면 새 요청을 시작합니다.

이제 이것이 어떻게 코드로 변환되는지 봅시다. totalSalesBatch.js라는 새 모듈을 만들어 보겠습니다. 여기에서는 원래 totalSales() API 위에 일괄 처리 레이어를 구현할 것입니다.

```
import { totalSales as totalSalesRaw } from './totalSales.js'

const runningRequests = new Map()

export function totalSales (product) {
  if (runningRequests.has(product)) {                    // (1)
    console.log('Batching')
    return runningRequests.get(product)
  }
```

```
  const resultPromise = totalSalesRaw(product)          // (2)
  runningRequests.set(product, resultPromise)
  resultPromise.finally(() => {
    runningRequests.delete(product)
  })

  return resultPromise
}
```

totalSalesBatch 모듈의 totalSales() 함수는 원래 totalSales() API에 대한 프록시이며 다음과 같이 작동합니다.

1. 주어진 product에 대한 프라미스가 이미 존재할 경우, 해당 프라미스를 되돌려 줍니다. 여기에서 이미 실행중인 요청에 편승합니다.
2. 주어진 제품에 대해 실행 중인 요청이 없으면 원래 totalSales() 함수를 실행하고 결과 프라미스를 runningRequests 맵에 저장합니다. 다음으로 요청이 완료되는 즉시 runningRequests 맵에서 동일한 프라미스를 제거해야 합니다.

새로운 totalSales() 함수의 동작은 원래 totalSales() API의 동작과 동일하지만, 이제 동일한 입력을 사용하는 API에 대한 여러 호출이 일괄로 처리되므로 시간과 리소스를 절약할 수 있습니다.

totalSales() API의 일괄 처리가 지원되지 않는 초기 버전과 비교하여 얼마나 성능이 향상되었는지 궁금하지 않습니까? 일단 HTTP 서버(server.js)에서 사용하는 totalSales 모듈을 방금 만든 모듈로 바꿉니다.

```
// import { totalSales } from './totalSales.js'
import { totalSales } from './totalSalesBatch.js'

createServer(async (req, res) => {
  // ...
```

이제 서버를 다시 시작하고 부하 테스트를 실행하려고 하면 요청이 배치로 반환되는 것을 가장 먼저 보게 될 것입니다. 이것은 우리가 방금 구현한 레시피의 효과이며 작동 방식에 대한 실질적인 데모입니다.

그 외에도 테스트를 실행하는 데 소요되는 총 시간이 상당히 줄어드는 것을 관찰해야 합니다. 일반 totalSales() API에 대해 수행된 원래 테스트보다 최소 4배 더 빨라졌을 것입니다!

이 결과는 본격적으로 캐시를 관리하는 복잡함 없이, 더 중요한 것은 무효화 전략에 대한 걱정 없이, 단순한 배치 레이어를 적용하여 얻을 수 있는 엄청난 성능 향상을 입증합니다.

> 요청 일괄 처리 패턴은 고부하 애플리케이션 및 느린 API에서 최고의 잠재력을 끌어냅니다. 이는 바로 이러한 상황에서 많은 수의 요청을 일괄 처리할 수 있기 때문입니다.

이제 방금 살펴본 기술을 약간 변형하여 일괄 처리와 캐싱을 모두 구현할 수 있는 방법을 살펴 보겠습니다.

총 판매 웹 서버에서의 요청 캐싱

프라미스를 사용하므로 일괄 처리 API에 캐싱 레이어를 추가하는 것은 간단합니다. 우리가 할 일은 요청이 완료된 후에도 요청 맵에 프라미스를 남겨두는 것입니다. totalSalesCache.js 모듈을 바로 구현해 보겠습니다.

```
import { totalSales as totalSalesRaw } from './totalSales.js'

const CACHE_TTL = 30 * 1000 // 30 seconds TTL
const cache = new Map()

export function totalSales (product) {
  if (cache.has(product)) {
    console.log('Cache hit')
    return cache.get(product)
  }

  const resultPromise = totalSalesRaw(product)
  cache.set(product, resultPromise)
  resultPromise.then(() => {
    setTimeout(() => {
      cache.delete(product)
    }, CACHE_TTL)
  }, err => {
    cache.delete(product)
    throw err
  })

  return resultPromise
}
```

캐싱을 활성화하는 관련 코드가 강조 표시되어 있습니다. 요청이 완료된 후 특정 시간(CACHE_TTL)이 지나거나 요청이 실패한 경우, 즉시 캐시에서 프라미스를 제거하기만 하면 됩니다. 이것은 매우 기초적인 캐시 무효화 기술이며 우리 데모에서 완벽하게 작동합니다.

이제 방금 만든 totalSales() 캐싱 래퍼를 사용할 준비가 되었습니다. 이를 위해 다음과 같이 server.js 모듈만 업데이트합니다.

```
// import { totalSales } from './totalSales.js'
// import { totalSales } from './totalSalesBatch.js'
import { totalSales } from './totalSalesCache.js'

createServer(async (req, res) => {
  // ...
```

이제 이전 예제에서 했던 것처럼 서버를 다시 시작하고 loadTest.js를 사용하여 프로파일링할 수 있습니다. 기본 테스트 매개 변수를 사용하면 간단한 일괄 처리에 비해 실행 시간이 10% 단축됩니다. 물론 이것은 많은 요인에 크게 의존합니다. 예를 들어 수신된 요청 수와 한 요청과 다른 요청 간의 지연 같은 것들이 있습니다. 일괄 처리보다 캐싱을 사용하는 이점은 요청 수가 더 많고 더 긴 기간에 걸쳐 있을 때 훨씬 더 큽니다.

캐싱 메커니즘 구현에 대한 참고 사항

실제 애플리케이션에서는 고급 캐시 무효화 기술과 저장 메커니즘을 사용해야 할 경우가 있다는 점을 기억해야 합니다. 이는 다음과 같은 이유로 필요합니다.

- 캐시된 값이 많으면 많은 메모리를 쉽게 사용할 수 있습니다. 이 경우 **최근 사용(LRU: Least Recently Used)** 또는 **선입선출(FIFO: First In First Out)** 정책을 적용하여 일정한 메모리 사용률을 유지할 수 있습니다.
- 애플리케이션이 여러 프로세스에 분산된 경우, 캐시를 메모리에 유지하면서 각 서버 인스턴스에서 다른 결과가 생성될 수 있습니다. 우리가 구현한 특정 애플리케이션에 바람직하지 않은 경우 해결책은 캐시에 공유 저장소를 사용하는 것입니다. 또한 캐시가 여러 인스턴스에서 공유되므로 단순한 메모리 내 솔루션 보다 성능이 뛰어납니다. 인기 있는 캐싱 솔루션에는 Redis() 그리고 Memcached()가 있습니다.
- 시간 만료와 달리 수동 캐시 무효화(예: 캐시되지 않은 관련 값들이 변경되는 경우)는 수명이 긴 캐시를 활성화하고 동시에 더 최신의 데이터를 제공할 수 있지만 관리하기가 훨씬 더 복잡할 것입니다. Phil Karlton(Netscape, Silicon Graphics 등의 수석 엔지니어)의 유명한 인용문을 되새겨 볼 필요가 있습니다.

"컴퓨터 과학에는 캐시 무효화와 이름 짓기라는 두 가지 어려운 점이 존재한다."

이것으로 요청 일괄 처리 및 캐싱에 대한 이 섹션을 마칩니다. 다음으로, 까다로운 비즈니스를 처리하는 방법, 즉 비동기 작업 취소를 배우겠습니다.

11-3 비동기 작업 취소

오래 실행되는 작업을 중지할 수 있는 기능은 사용자가 작업을 취소하거나 중복된 작업이 실행될 경우에 특히 유용합니다. 다중 스레드 프로그래밍에서는 스레드를 종료할 수 있지만 Node.js와 같은 단일 스레드 플랫폼에서는 상황이 조금 더 복잡해질 수 있습니다.

이 섹션에서는 완전히 다른 문제인 프라미스 취소가 아니라 비동기 작업 취소에 대해 설명합니다. 그런데 Promise/A+ 표준에는 프라미스 취소를 위한 API가 포함되어 있지 않습니다. 그러나 이러한 기능이 필요한 경우 bluebird와 같은 외부에서 제공하는 프라미스를 사용할 수 있습니다(자세한 내용은 nodejsdp.link/bluebird-cancelation을 참조하십시오). 프라미스를 취소한다고 해서 프라미스가 참조하는 작업도 취소되는 것은 아닙니다. 사실, bluebird는 resolve 및 reject 외에도 onCancel 콜백을 제공하며, 프라미스 취소 시 기본 async 연산을 취소하는데 사용할 수 있습니다. 이것이 실제로 이 섹션에서 설명할 내용입니다.

11-3-1 취소 가능한 함수를 만들기 위한 기본 레시피

실제 비동기 프로그래밍에서 함수 실행을 취소하는 기본 원칙은 매우 간단합니다. 모든 비동기 호출 후에 작업 취소가 요청되었는지 확인하고 그럴 경우 작업을 조기에 종료합니다. 예를 들어 다음 코드를 살펴봅시다.

```
import { asyncRoutine } from './asyncRoutine.js'
import { CancelError } from './cancelError.js'

async function cancelable (cancelObj) {
  const resA = await asyncRoutine('A')
  console.log(resA)
  if (cancelObj.cancelRequested) {
    throw new CancelError()
  }

  const resB = await asyncRoutine('B')
  console.log(resB)
  if (cancelObj.cancelRequested) {
    throw new CancelError()
```

```
  }

  const resC = await asyncRoutine('C')
  console.log(resC)
}
```

cancelable() 함수는 cancelRequested라는 하나의 속성을 가진 객체를 입력으로 받습니다. 함수에서 모든 비동기 호출 후 cancelRequested 속성을 확인하고 이것이 참이면, 전용 CancelError 예외를 발생시켜서 함수 실행을 중단합니다.

asyncRoutine() 함수는 콘솔에 문자열을 출력하고 100ms 후에 다른 문자열을 반환하는 데모 함수입니다. 이 책의 코드 저장소에서 CancelError와 함께 전체 구현을 볼 수 있습니다.

cancelable() 함수 외부의 모든 코드는 cancelable() 함수가 이벤트 루프에 제어를 다시 넘긴 후에만 cancelRequested 속성을 설정할 수 있다는 점에 유의하십시오. 그렇기 때문에 비동기 작업이 완료된 후에만 cancelRequested 속성을 확인하는 것이 좋습니다.

다음 코드는 cancelable() 함수를 취소하는 방법을 보여줍니다.

```
const cancelObj = { cancelRequested: false }
cancelable(cancelObj)
  .catch(err => {
    if (err instanceof CancelError) {
      console.log('Function canceled')
    } else {
      console.error(err)
    }
  })

setTimeout(() => {
  cancelObj.cancelRequested = true
}, 100)
```

보시다시피 함수를 취소하기 위해 해야 할 일은 cancelObj.cancelRequested 속성을 true로 설정하는 것입니다. 이로 인해 함수가 중지되고 CancelError가 발생합니다.

11-3-2 비동기 호출 래핑

기초적인 취소 가능한 비동기 함수를 만들고 사용하는 것은 매우 간단하지만, 많은 코드가 추가됩니다. 실제로 추가 코드가 너무 많아서 함수의 실제 비즈니스 논리를 식별하기가 어렵습니다.

비동기 루틴을 호출하는데 사용할 수 있는 래핑 함수 안에 취소 로직을 포함시켜 추가되는 코드를 줄일 수 있습니다. 이러한 래퍼는 다음과 같습니다(cancelWrapper.js 파일).

```
import { CancelError } from './cancelError.js'

export function createCancelWrapper () {
  let cancelRequested = false

  function cancel () {
    cancelRequested = true
  }

  function cancelWrapper (func, ...args) {
    if (cancelRequested) {
      return Promise.reject(new CancelError())
    }
    return func(...args)
  }

  return { cancelWrapper, cancel }
}
```

우리의 래퍼는 createCancelWrapper()라고 하는 팩토리 함수를 통해 생성됩니다. 팩토리는 비동기 실행 함수를 감싸는 래퍼 함수(cancelWrapper)와 비동기 작업 취소(cancel)를 트리거하는 함수, 이렇게 두 가지 함수를 반환합니다. 이를 통해 여러 비동기 호출을 감싸는 래퍼 함수를 만든 다음 cancel() 함수 하나를 사용하여 모두 취소할 수 있습니다.

cancelWrapper() 함수는 호출할 함수(func)와 함수에 전달할 일련의 매개 변수들(args)을 입력으로 받습니다. 래퍼는 단순히 취소가 요청되었는지 확인하고, 취소할 수 있는 경우 거부 사유로 CancelError 객체를 사용한 Promise를 반환합니다. 그렇지 않으면 func을 호출합니다.

이제 래퍼 팩토리가 cancelable() 함수의 가독성과 모듈성을 크게 향상시킬 수 있는지 살펴보겠습니다.

```
import { asyncRoutine } from './asyncRoutine.js'
import { createCancelWrapper } from './cancelWrapper.js'
import { CancelError } from './cancelError.js'

async function cancelable (cancelWrapper) {
  const resA = await cancelWrapper(asyncRoutine, 'A')
  console.log(resA)
  const resB = await cancelWrapper(asyncRoutine, 'B')
  console.log(resB)
  const resC = await cancelWrapper(asyncRoutine, 'C')
  console.log(resC)
}

const { cancelWrapper, cancel } = createCancelWrapper()

cancelable(cancelWrapper)
  .catch(err => {
    if (err instanceof CancelError) {
      console.log('Function canceled')
    } else {
      console.error(err)
    }
  })

setTimeout(() => {
  cancel()
}, 100)
```

취소 로직을 구현하기 위해 래퍼 함수를 사용하는 이점을 바로 확인할 수 있습니다. 사실 cancelable() 함수는 이제 훨씬 더 간결하고 읽기 쉽습니다.

11-3-3 제너레이터를 사용한 취소 가능한 비동기 함수

방금 만든 cancelable 래퍼 함수는 취소 로직을 코드에 직접 포함시키는 것과 비교하면 이미 큰 진전입니다. 그러나 다음 두 가지 이유로 여전히 이상적이지는 않습니다. 오류가 발생하기 쉬우며(하나의 함수를 감싸는 것을 잊었을 경우 어떨까요?), 여전히 코드의 가독성에 영향을 미치므로 크고 복잡한 취소 가능한 비동기 작업을 구현하는 데는 이상적이지 않습니다.

더 깔끔한 솔루션에는 제너레이터를 사용하는 방법이 있습니다. "9장. 행위 디자인 패턴"에서 우리는 반복자를 구현하는 수단으로 제너레이터를 소개했습니다. 그러나 제너레이터는 매우 다재다능한 도구이며 모든 종류의 알고리즘을 구현하는데 사용할 수 있습니다. 이 경우 제너레이터를 사용하여 함수의 비동기 흐름을 제어하는 관리자(supervisor)를 만들 것입니다. 결과적으로 투명하게 취소할 수 있는 비동기 함수가 될 것이며, 그 동작은 await 명령어가 yield로 대체되는 비동기 함수와 유사할 것입니다.

제너레이터(createAsyncCancelable.js 파일)를 사용하여 이 취소 가능한 함수를 구현하는 방법을 살펴보겠습니다.

```
import { CancelError } from './cancelError.js'

export function createAsyncCancelable (generatorFunction) {   // (1)
  return function asyncCancelable (...args) {
    const generatorObject = generatorFunction(...args)         // (3)
    let cancelRequested = false

    function cancel () {
      cancelRequested = true
    }

    const promise = new Promise((resolve, reject) => {
      async function nextStep (prevResult) {                   // (4)
        if (cancelRequested) {
          return reject(new CancelError())
        }

        if (prevResult.done) {
          return resolve(prevResult.value)
        }

        try {                                                  // (5)
          nextStep(generatorObject.next(await prevResult.value))
        } catch (err) {
          try {                                                // (6)
            nextStep(generatorObject.throw(err))
          } catch (err2) {
            reject(err2)
          }
        }
      }
```

```
      nextStep({})
    })

    return { promise, cancel }                        // (2)
  }
}
```

cratcAsyncCancelable() 함수는 복잡해 보일 수 있으므로 좀 더 자세히 분석해 봅시다.

1. 먼저 createAsyncCancelable() 함수가 제너레이터 함수(관리 대상 함수)를 입력으로 받아 이 함수를 관리 로직으로 감싸는 또 다른 함수(asyncCancelable())를 반환합니다. asyncCancelable() 함수는 비동기 작업을 호출하는데 사용할 것입니다.
2. asyncCancelable() 함수는 두 가지 속성을 가진 객체를 반환합니다.
    a. 하나는 비동기 작업의 최종 해결(또는 거부)를 포함하는 프라미스입니다.
    b. 관리 대상의 비동기 흐름을 취소하는데 사용할 수 있는 cancel이 또 다른 하나의 속성입니다.
3. 호출시 asyncCancelable()의 첫 번째 작업은 입력(args)로 받은 인자를 사용하여 제너레이터 함수를 호출하여, 실행 중인 코루틴(coroutine)의 실행 흐름을 제어하는 데 사용할 수 있는 제너레이터 객체를 가져오는 것입니다.
4. 관리자의 전체 로직은 관리 대상의 코루틴(prevResult)이 반환하는 값들(yielded)을 반복하는 nextStep() 함수 내에서 구현됩니다. 이 반환값들은 실제 값이나 프라미스일 수 있습니다. 취소가 요청되면 일반적인 CancelError가 발생합니다. 그렇지 않고 코루틴이 종료된 경우(예: prevresult.done이 true인 경우) 즉시 바깥쪽 프라미스를 해결(resolve)하고 반환을 완료합니다.
5. nextStep() 함수의 핵심 부분은 관리 대상의 코루틴에 의해 생성된 다음 값을 반환받는(yielded) 곳입니다. 프라미스를 처리할 경우 실제 해결값을 얻을 때까지 값을 기다립니다(await). 또한 prevResult.value가 프라미스이고 거부된다면 catch 문으로 끝납니다. 관리 대상 코루틴에 실제 예외가 발생해도 catch 문으로 종료될 수 있습니다.
6. catch 문에서 catch된 오류를 코루틴 내부로 throw합니다. 코루틴에 의해 이미 해당 오류가 발생한 경우 불필요하지만, promise 거부의 결과인 경우에는 그렇지 않습니다. 최선은 아니더라도 이 트릭은 데모를 위해 코드를 약간 단순화할 수 있습니다. 코루틴 내에서 throw한 다음에 생성되는 값을 사용하여 nextStep()을 호출하지만, 결과가 또 다른 예외인 경우(예를 들어 예외가 코루틴 내부에서 포착되지 않거나 다른 예외가 발생한 경우) 즉시 외부 promise를 거부하고 비동기 작업을 완료합니다.

우리가 보았듯이 createAsyncCancelable() 함수에는 처리를 제어하는 부분이 많이 있습니다. 그러나 몇 줄의 코드 만으로 수동으로 일일이 취소하는 로직이 필요 없는 취소 가능 함수를 만들 수 있었다는 사실을 인식해야 합니다. 이제 보게 되겠지만 결과는 인상적입니다.

createAsyncCancelable() 함수에서 구현한 관리자를 사용하여 우리의 취소 가능 비동기 작업을 다시 작성해보도록 하겠습니다.

```
import { asyncRoutine } from './asyncRoutine.js'
import { createAsyncCancelable } from './createAsyncCancelable.js'
import { CancelError } from './cancelError.js'

const cancelable = createAsyncCancelable(function * () {
  const resA = yield asyncRoutine('A')
  console.log(resA)
  const resB = yield asyncRoutine('B')
  console.log(resB)
  const resC = yield asyncRoutine('C')
  console.log(resC)
})

const { promise, cancel } = cancelable()
promise.catch(err => {
  if (err instanceof CancelError) {
    console.log('Function canceled')
  } else {
    console.error(err)
  }
})

setTimeout(() => {
  cancel()
}, 100)
```

await 대신 yield를 사용하는 것을 제외하면 createAsyncCancelable()에 의해 감싸진 제너레이터가 비동기 함수와 매우 유사하다는 것을 즉시 알 수 있을 것입니다. 또한 명시적인 취소 로직이 존재하지 않습니다. 제너레이터 함수는 비동기 함수의 뛰어난 특징을 지니지만(예: 비동기 코드를 동기 코드처럼 보이게 만듦) 비동기 함수와 달리 crateAsyncCancelable()에서 도입한 관리자 덕분에 중간에 작업을 취소할 수도 있게 되었습니다.

두 번째 흥미로운 면은 createAsyncCancelable()이 다른 함수처럼 호출할 수 있는 함수(cancelable)를 만들지만 동시에 작업 결과를 나타내는 promise와 작업을 취소하는 함수를 반환한다는 것입니다.

제너레이터를 사용하는 이 기술은 취소 가능한 비동기 작업을 구현하는 데 필요한 최상의 방법입니다.

실제 제품에서 사용하는 경우 대부분 nodejsdp.link/caf에서 찾을 수 있는 caf()와 같은 Node.js 생태계에서 널리 사용되는 패키지를 사용할 수 있습니다.

11-4 CPU 바운드 작업 실행

비동기 요청 일괄 처리 및 캐싱 섹션에서 구현한 totalSales() API는 (의도적으로) 리소스 측면에서 비용이 많이 들고 실행하는데 수 백 밀리초가 걸립니다. 그럼에도 불구하고 totalSales() 함수의 호출이 동시 수신되는 요청을 처리하는 애플리케이션의 기능에는 영향을 미치지 않습니다. "1장. Node.js 플랫폼"에서 이벤트 루프에 대한 배운 내용으로 이 현상이 설명 가능합니다. 비동기 작업을 호출하면 스택이 항상 이벤트 루프로 다시 되돌아가 다른 요청을 처리할 수 있기 때문입니다.

그러나 완료하는데 오랜 시간이 걸리고 완료될 때까지 이벤트 루프에 제어권을 돌려주지 않는 동기 작업을 실행하면 어떻게 될까요? 이러한 종류의 작업을 **CPU 바인딩**이라고도 합니다. 주된 특징이 I/O 작업이 많지 않고 CPU 사용률이 높기 때문입니다.

이러한 유형의 작업이 Node.js에서 어떻게 작동하는지 보기 위해 바로 예제를 살펴보겠습니다.

11-4-1 부분집합 합계 문제 풀기

이제 실험의 기초로 사용할 계산 비용이 많이 드는 문제를 택해보겠습니다. 좋은 후보는 하나의 정수 집합(또는 여러 집합)에 합계가 0인 비어있지 않은 부분집합이 포함되어 있는지 여부를 결정하는 **부분집합 합계** 문제입니다. 예를 들어 [1, 2, -4, 5, -3] 집합을 입력으로 사용했다면 문제를 충족하는 부분집합은 [1, 2, -3]과 [2, -4, 5, -3]입니다.

가장 간단한 알고리즘은 모든 크기의 하위 집합의 가능한 모든 조합을 검사하는 것인데 이 경우 O(2의 n승)의 계산 비용을 가집니다. 즉, 입력의 크기에 따라 기하급수적으로 증가하는 알고리즘입니다. 예를 들어, 다음과 같은 부분집합 합계 문제의 변형을 생각해 보겠습니다. 정수 집합이 주어지면 합이 0이 아닌, 주어진 임의의 정수와 동일한 가능한 모든 조합을 계산하는 것입니다.

이제 이러한 알고리즘을 구현해 보겠습니다. 먼저, subsetSum.js라는 새 모듈을 생성합니다. 여기에 SubsetSum이라는 클래스를 만듭니다.

```
export class SubsetSum extends EventEmitter {
  constructor (sum, set) {
    super()
    this.sum = sum
    this.set = set
    this.totalSubsets = 0
  }
//...
```

SubsetSum 클래스는 EventEmitter를 확장하고 있습니다. 이를 통해 입력으로 받은 합계와 일치하는 새 하위 집합을 찾을 때마다 이벤트를 생성할 수 있습니다. 앞으로 보겠지만 이것은 우리에게 많은 유연성을 줄 것입니다.

다음으로 가능한 모든 하위 집합의 조합을 생성하는 방법을 살펴보겠습니다.

```
_combine (set, subset) {
  for (let i = 0; i < set.length; i++) {
    const newSubset = subset.concat(set[i])
    this._combine(set.slice(i + 1), newSubset)
    this._processSubset(newSubset)
  }
}
```

알고리즘에 대해 너무 자세히 다루지는 않겠지만 주목해야 할 두 가지 중요한 사항이 있습니다.

- _combine() 함수는 완전히 동기적입니다. 이벤트 루프에 제어권을 다시 부여하지 않고 가능한 모든 하위 집합을 반복적으로 생성합니다.
- 새 조합이 생성될 때마다 추가적인 처리를 위해 _processSubset() 함수에 전달합니다.

_processSubset() 함수는 주어진 부분집합의 요소들의 합이 우리가 찾고 있는 숫자와 같은지 확인하는 역할을 합니다.

```
_processSubset (subset) {
  console.log('Subset', ++this.totalSubsets, subset)
  const res = subset.reduce((prev, item) => (prev + item), 0)
  if (res === this.sum) {
    this.emit('match', subset)
  }
}
```

간단하게 _processSubset() 함수는 요소들의 합을 계산하기 위해 하위 집합에 reduce 연산을 적용합니다. 그런 다음, 결과 합계가 찾고자 하는 합계(this.sum)와 같을 때 'match' 이벤트를 내보냅니다.

마지막으로 start() 함수는 앞의 모든 코드들을 한데 모읍니다.

```
start () {
  this._combine(this.set, [])
  this.emit('end')
}
```

start() 함수는 _combine()을 호출하여 모든 부분집합의 조합을 생성하기 시작하여 마지막으로 'end' 이벤트를 발생시켜(emit) 모든 조합이 계산되었음을 알립니다. 이것은 _combine()이 동기이기 때문에 가능한 것입니다. 따라서 함수가 return 되는 순간 바로 종료 이벤트가 발생하며, 이는 모든 조합의 계산이 완료되었음을 의미합니다.

다음으로 네트워크를 통해 방금 만든 알고리즘을 출력해야 합니다. 항상 그렇듯이 이 작업에 간단한 HTTP 서버를 사용할 수 있습니다. 특히, 주어진 정수 배열과 일치시킬 합계로 SubsetSum 알고리즘을 호출하는 /subsetSum?data=〈Array〉&sum=〈Integer〉 형식의 요청을 처리하는 엔드포인트를 생성하려 합니다.

index.js라는 모듈에서 이 간단한 서버를 구현해 보겠습니다.

```
import { createServer } from 'http'
import { SubsetSum } from './subsetSum.js'

createServer((req, res) => {
  const url = new URL(req.url, 'http://localhost')
  if (url.pathname !== '/subsetSum') {
```

```
    res.writeHead(200)
    return res.end('I\'m alive!\n')
  }

  const data = JSON.parse(url.searchParams.get('data'))
  const sum = JSON.parse(url.searchParams.get('sum'))
  res.writeHead(200)
  const subsetSum = new SubsetSum(sum, data)
  subsetSum.on('match', match => {
    res.write(`Match: ${JSON.stringify(match)}\n`)
  })
  subsetSum.on('end', () => res.end())
  subsetSum.start()
}).listen(8000, () => console.log('Server started'))
```

subsetSum 객체가 이벤트를 사용하여 결과를 반환한다는 사실 덕분에, 일치하는 하위 집합이 알고리즘에 의해 생성되는 즉시 실시간으로 전달받을 수 있습니다. 언급해야 할 또 다른 세부 사항은, 서버가 /subsetSum과 다른 URL에 요청을 보낼 때마다 I'm alive라는 텍스트로 응답한다는 것입니다! 잠시 후, 서버 응답성을 확인하는데 이 기능을 사용할 것입니다.

이제 부분집합 합계 알고리즘을 시험할 준비가 되었습니다. 서버가 어떻게 처리할지 궁금하십니까? 다음과 같이 실행합니다.

```
node index.js
```

서버가 시작되자마자 첫 번째 요청을 처리할 준비가 완료되었습니다. 17개의 난수로 구성된 다중 집합으로 처리를 시도해 봅시다. 그러면 131,071개의 조합이 생성됩니다. 이는 잠시 동안 서버를 바쁘게 만들기에 충분한 양입니다.

```
curl -G http://localhost:8000/subsetSum --data-urlencode "data=[16,19,1,1,-16,9,1,
-5,-2,17,-15,-97,19,-16,-4,-5,15]" --data-urlencode "sum=0"
```

몇 초 후에 서버에서 오는 결과를 볼 수 있습니다. 그러나 첫 번째 요청이 계속 실행되는 동안 다른 터미널에서 다음 명령을 시도하면 큰 문제가 발견됩니다.

```
curl -G http://localhost:8000
```

첫 번째 요청의 하위 집합 합계 알고리즘이 완료될 때까지 이 마지막 요청이 중단되는 것을 즉시 확인할 수 있습니다. 서버가 응답하지 않습니다! 이것은 실제로 예상된 일입니다. Node.js 이벤트 루프는 단일 스레드에서 실행되며 이 스레드가 차단되면 간단한 I'm alive 응답을 위한 단일 주기조차 실행할 수 없습니다!

이 동작은 여러 요청을 처리하는 모든 종류의 애플리케이션에서 작동하지 않는다는 것을 빨리 이해해야 합니다. 그러나 절망하기엔 이릅니다. Node.js에는 여러 가지 방법으로 이러한 유형의 상황을 해결할 수 있습니다. 그럼, 가장 인기있는 세 가지 방법인 "setImmediate를 사용한 인터리빙", "외부 프로세스 사용", "작업자 스레드 사용" 방법을 분석해보겠습니다.

11-4-2 setImmediate를 사용한 인터리빙

일반적으로 CPU 바인딩 알고리즘은 일련의 단계를 기반으로 합니다. 이것은 일련의 재귀 호출, 루프 또는 이들의 변형이거나 조합일 수 있습니다. 따라서 문제에 대한 간단한 해결책은 이러한 각 단계가 완료된 후(또는 특정 횟수 후에) 이벤트 루프에 제어권을 되돌리는 것입니다. 이러한 방식으로 보류 중인 I/O는 장기 실행 알고리즘이 CPU를 되돌려 주는 간격으로 이벤트 루프에 의해 계속 처리될 수 있습니다. 이를 달성하는 간단한 방법은 보류 중인 I/O 요청 후 실행되도록 알고리즘의 다음 단계를 예약하는 것입니다. 이것은 setImmediate() 함수에 대한 완벽한 사용 사례처럼 들립니다(이미 이 API는 "3장. 콜백과 이벤트"에서 소개했었습니다).

부분집합 합계 알고리즘의 단계 인터리빙

이제 이 기술이 부분집합 합계 알고리즘에 어떻게 적용되는지 살펴보겠습니다. 우리가 해야 할 일은 subsetSum.js 모듈을 약간 수정하는 것입니다. 편의를 위해, 원래의 subsetSum 클래스의 코드를 시작점으로 삼는 새로운 모듈인 subsetSumDefer.js를 만들겠습니다.

우리가 만들 첫 번째 변경은 구현하려는 기술의 핵심인 _combineInterleaved()라는 새로운 함수를 추가하는 것입니다.

```
_combineInterleaved (set, subset) {
  this.runningCombine++
  setImmediate(() => {
    this._combine(set, subset)
    if (--this.runningCombine === 0) {
```

```
        this.emit('end')
      }
    })
  }
```

보시다시피, 우리가 한 작업은 원래의(동기) _combine() 함수의 호출을 setImmediate()로 연기하는 것뿐입니다. 그러나 이제 알고리즘이 더 이상 동기화되지 않기 때문에 함수가 모든 조합 생성을 완료한 시기를 알기가 더 어려워졌습니다.

이 문제를 해결하려면 "4장. 콜백을 사용한 비동기 제어 흐름 패턴"에서 본 비동기 병렬 실행 흐름과 매우 유사한 패턴을 사용하여 _combine() 함수의 실행 중인 모든 인스턴스를 추적해야 합니다. _combine() 함수의 모든 인스턴스 실행이 완료되면 end 이벤트를 발생시켜 모든 리스너에게 프로세스가 완료되었음을 알립니다.

부분집합 합계 알고리즘의 리팩토링을 완료하려면 몇 가지 추가적인 조정이 필요합니다. 먼저 _combine() 함수의 재귀 단계를 지연된 알맞은 단계로 대체해야 합니다.

```
  _combine (set, subset) {
    for (let i = 0; i < set.length; i++) {
      const newSubset = subset.concat(set[i])
      this._combineInterleaved(set.slice(i + 1), newSubset)
      this._processSubset(newSubset)
    }
  }
```

앞의 변경으로 알고리즘의 각 단계가 setImmediate()를 사용하여 이벤트 루프에 대기하여 동기적으로 실행되는 대신 보류 중인 I/O 요청 후에 실행되도록 합니다.

다른 사소한 변경은 start() 함수에 있습니다.

```
  start () {
    this.runningCombine = 0
    this._combineInterleaved(this.set, [])
  }
```

앞의 코드에서 _combine() 함수의 실행 중인 인스턴스 수를 0으로 초기화했습니다.

또한 _combine()에 대한 호출을 _combineInterleaved()에 대한 호출로 대체하고 이제 _combineInterleved()에서 비동기로 처리되기 때문에 end 이벤트를 제거했습니다.

이 마지막 변경으로, 부분집합 합계 알고리즘은 이벤트 루프가 다른 보류 중인 요청을 실행하고 처리할 수 있는 간격을 가지도록 인터리브된 단계에서 CPU 바운드 코드를 실행할 수 있습니다.

마지막 누락된 조각은 새 버전의 SubsetSum API를 사용할 수 있도록 index.js 모듈을 수정하는 것입니다. 이 변경은 실제로 매우 사소한 것입니다.

```
import { createServer } from 'http'
// import { SubsetSum } from './subsetSum.js'
import { SubsetSum } from './subsetSumDefer.js'

createServer((req, res) => {
  // ...
```

이제 이 새 버전의 부분집합 합계 서버를 사용해 볼 준비가 되었습니다. 서버를 다시 시작한 다음 주어진 합계와 일치하는 모든 부분집합을 계산하는 요청을 전달합니다.

```
curl -G http://localhost:8000/subsetSum --data-urlencode "data=[16,19,1,1,-16,9,1,
-5,-2,17,-15,-97,19,-16,-4,-5,15]" --data-urlencode
"sum=0"
```

요청이 실행되는 동안 서버가 응답하는지 다시 한번 확인하십시오.

```
curl -G http://localhost:8000
```

멋집니다! 두 번째 요청은 SubsetSum 작업이 여전히 실행 중인 동안에도 거의 즉시 반환되어 우리 기술이 제대로 작동하고 있음을 확인시켜 줍니다.

인터리빙 방식에 대한 고려 사항

우리가 확인했듯이, 애플리케이션의 응답성을 유지하면서 CPU 바운드 작업을 실행하는 것은 그렇게 복잡하지 않습니다. 보류 중인 I/O 후에 실행될 알고리즘의 다음 단계를 예약하려면 setImmediate()를 사용하기만 하면 됩니다. 그러나 이것은 효율성 측면에서 최선의 방법은 아닙니다. 실제로 작업을 연기하면 알고리즘이 실행해야 하는 모든 단계가 곱해진 작은 오버헤드가 전체 실행 시간에 상당한 영향을 미칠 수 있습니다. 이것은 일반적으로 CPU 바운드 작업을 실행할 때 가장 원치 않는 것입니다. 이 문제를 완화할 수 있는 가능한 해결책은 setImmediate()를 매 단계마다 사용하는 대신 특정 수의 단계 후에만 사용하는 것이지만, 그래도 문제의 근원은 해결되지 않습니다.

또한 이 기술은 각 단계를 실행하는데 오랜 시간이 걸리면 잘 작동하지 않습니다. 이 경우 실제로 이벤트 루프는 응답성을 잃고 전체 애플리케이션이 지연되기 시작하므로 실제 환경에서는 바람직하지 않습니다.

이것이 우리가 방금 본 기술을 어떤 대가를 치르더라도 피해야 한다는 말은 아닙니다. 동기 작업이 산발적으로 실행되고, 실행하는데 너무 오래 걸리지 않는 특정 상황에서 setImmediate()를 사용하여 실행을 인터리브하는 것이 이벤트 루프를 차단하지 않는 가장 간단하고 효과적인 방법입니다.

process.nextTick()은 장기 실행 작업을 인터리브하는데 사용할 수 없습니다. "3장. 콜백과 이벤트"에서 보았듯이 nextTick()은 대기중인 I/O 이전에 작업을 실행하도록 예약하며, 이로 인해 반복 호출 시 I/O 부족이 발생합니다. 이전 예제에서 setImmediate()를 process.nextTick()으로 대체하여 직접 확인할 수 있습니다.

11-4-3 외부 프로세스의 사용

알고리즘 단계를 지연하는 것이 CPU 바운드 작업을 실행할 수 있는 유일한 옵션은 아닙니다. 이벤트 루프가 차단되는 것을 방지하는 또 다른 패턴은 **자식 프로세스**를 사용하는 것입니다. 우리는 Node.js가 웹 서버와 같은 I/O 집약적인 애플리케이션을 실행할 때 Node.js의 비동기 아키텍처 덕분에 리소스 활용도를 최적화할 수 있어 최상의 성능을 제공한다는 것을 이미 알고 있습니다. 따라서 응용 프로그램의 응답성을 유지하는 가장 좋은 방법은 기본 애플리케이션의 컨텍스트에서 값 비싼 CPU 바인딩 작업을 실행하지 않고, 대신 별도의 프로세스를 사용하는 것입니다. 이것이 주는 세 가지 주요 장점은 다음과 같습니다.

- 동기 작업은 실행 단계를 인터리브할 필요 없이 최고 속도로 실행할 수 있습니다.
- Node.js에서 프로세스로 작업하는 것은 간단합니다. 아마도 setImmediate()를 사용하도록 알고리즘을 수정하는 것보다 쉬울 것입니다. 메인 애플리케이션 자체를 확장할 필요 없이 여러 프로세서를 쉽게 사용할 수 있습니다.
- 실제로 최대 성능이 필요한 경우 외부 프로세스는 고성능의 오래된 C 또는 Go 혹은 Rust와 같은 최신 컴파일 언어와 같은 하위 수준 언어로 만들어질 수 있습니다. 항상 작업에 가장 적합한 도구를 사용하십시오!

Node.js에는 외부 프로세스와 상호 작용하기 위해 충분한 일련의 API의 도구들이 있습니다. child_process 모듈에서 필요한 모든 것을 찾을 수 있습니다. 또한 외부 프로세스가 다른 Node.js 프로그램일 경우 이를 메인 애플리케이션에 연결하는 것은 매우 쉬우며 로컬 애플리케이션과 원활한 통신이 가능합니다.

이 마법은 child_process.fork() 함수 덕분에 일어납니다. 함수는 새로운 자식 Node.js 프로세스를 생성하고 자동으로 통신 채널을 생성하여 EventEmitter와 매우 유사한 인터페이스를 사용하여 정보를 교환할 수 있습니다. 부분집합 합계 서버를 다시 리팩토링하여 이것이 어떻게 동작하는지 살펴보겠습니다.

부분집합 합계 작업을 외부 프로세스에 위임하기

SubsetSum 작업을 리팩토링하는 목표는 동기 처리를 담당하는 별도의 자식 프로세스를 만들어 주 서버의 이벤트 루프가 네트워크에서 들어오는 요청을 처리할 수 있도록 하는 것입니다. 이것을 가능하게 하기 위해 따라야 하는 레시피는 다음과 같습니다.

1. 실행 중인 프로세스 풀을 만들 수 있는 processPool.js라는 새 모듈을 만듭니다. 새 프로세스를 시작하는 데는 비용이 많이 들고 시간이 필요하므로 지속적으로 실행하고 요청을 처리할 수 있도록 하면서 시간과 CPU 주기를 절약할 수 있습니다. 또한 풀은 동시에 실행되는 프로세스 수를 제한하여 애플리케이션이 **서비스 거부(DoS)** 공격에 노출되는 것을 방지하는데 도움이 됩니다.
2. 다음으로, 하위 프로세스에서 실행되는 SumFork.js라는 모듈을 만듭니다. 그 역할은 자식 프로세스와 통신하고 현재 애플리케이션에서 가져온 것처럼 전달하는 것입니다.
3. 마지막으로, 부분집합 합계 알고리즘을 실행하고 그 결과를 상위 프로세스로 전달하는 목표를 가진 새로운 Node.js 프로그램인 **worker**(하위 프로세스)가 필요합니다.

DoS 공격의 목적은 사용자가 머신을 사용할 수 없도록 만드는 것입니다. 이는 일반적으로 취약성을 악용하거나 요청(DDoS-분산 Dos)으로 대량의 과부하를 발생시켜 이러한 시스템의 용량을 소진함으로써 달성됩니다.

```
import { fork } from 'child_process'

export class ProcessPool {
  constructor (file, poolMax) {
    this.file = file
    this.poolMax = poolMax
    this.pool = []
    this.active = []
```

```
    this.waiting = []
  }
//...
```

모듈의 첫 번째 부분에서는 child_process 모듈에서 fork() 함수를 임포트하여 새 프로세스를 만드는데 사용합니다. 그런 다음 실행할 Node.js 프로그램을 나타내는 파일 매개 변수와 풀에서 실행할 수 있는 최대 인스턴스 수(poolMax)를 ProcessPool 생성자에 전달합니다. 그런 다음 세 가지 인스턴스 변수를 정의합니다.

- pool은 사용할 준비가 된 실행 중인 프로세스 집합입니다.
- active에는 현재 사용중인 프로세스 목록이 포함됩니다.
- waiting은 사용 가능한 프로세스가 없어서, 즉시 처리할 수 없는 모든 요청들을 콜백 대기열에 넣습니다.

ProcessPool 클래스의 다음 부분은 acquire() 함수로, 프로세스가 사용 가능해지면 사용할 준비가 된 프로세스를 반환합니다.

```
acquire () {
  return new Promise((resolve, reject) => {
    let worker
    if (this.pool.length > 0) {                          // (1)
      worker = this.pool.pop()
      this.active.push(worker)
      return resolve(worker)
    }

    if (this.active.length >= this.poolMax) {            // (2)
      return this.waiting.push({ resolve, reject })
    }

    worker = fork(this.file)                             // (3)
    worker.once('message', message => {
      if (message === 'ready') {
        this.active.push(worker)
        return resolve(worker)
      }
      worker.kill()
      reject(new Error('Improper process start'))
```

```
    })
    worker.once('exit', code => {
      console.log(`Worker exited with code ${code}`)
      this.active = this.active.filter(w => worker !== w)
      this.pool = this.pool.filter(w => worker !== w)
    })
  })
}
```

acquire()의 로직은 매우 간단하며 다음과 같이 설명됩니다.

1. pool에 사용할 준비가 된 프로세스가 있으면 이것을 active 목록에 넣은 후 resolve() 함수에 전달하여 외부 Promise를 이행하는데 사용합니다.
2. pool에 사용 가능한 프로세스가 없고 이미 실행중인 프로세스가 최대 프로세스 수에 도달한 경우 사용할 수 있을 때까지 기다려야 합니다. 나중에 사용하기 위해 외부 Promise의 resolve() 및 reject() 콜백을 대기열에 추가하여 이를 수행합니다.
3. 아직 최대 실행 중인 프로세스 수에 도달하지 않은 경우 child_process.fork()를 사용하여 새 프로세스를 만듭니다. 그런 다음 새로 시작된 프로세스로부터 ready 메시지를 기다립니다. 이는 프로세스가 작업을 시작할 준비가 되었음을 의미합니다. 이 메시지 기반 채널은 child_process.fork()로 시작된 모든 프로세스와 함께 자동으로 제공됩니다.

ProcessPool 클래스의 마지막 함수는 release()이며, 그 목적은 프로세스가 완료되면 pool에 다시 넣는 것입니다.

```
release (worker) {
  if (this.waiting.length > 0) {                          // (1)
    const { resolve } = this.waiting.shift()
    return resolve(worker)
  }
  this.active = this.active.filter(w => worker !== w)     // (2)
  this.pool.push(worker)
}
```

다음은 release() 함수가 작동하는 방식입니다.

1. 대기목록에 요청이 있는 경우, 대기열의 선두에 있는 resolve() 콜백에 전달하여 release 중인 작업자를 재할당합니다.
2. 그렇지 않으면 release 중인 작업자를 active 목록에서 제거하고 pool에 다시 넣습니다.

보시다시피 프로세스는 중지되지 않고 재할당되므로 각 요청에서 프로세스 생성부터 다시 시작하지 않아 시간을 절약할 수 있습니다. 그러나 이것이 항상 최선의 선택이 아닐 수 있으며, 이는 응용 프로그램의 요구 사항에 따라 크게 달라진다는 점에 유의하는 것이 중요합니다.

장기 메모리 사용량을 줄이고 프로세스 풀에 복원력을 추가하기 위한 기타 가능한 설정은 다음과 같습니다.

- 일정 시간 동안 사용하지 않으면 메모리를 확보하기 위해 유휴 프로세스를 종료합니다.
- 응답하지 않는 프로세스를 종료하거나 충돌한 프로세스를 다시 시작하는 메커니즘을 추가합니다.

추가해야 할 세부적인 사항들이 정말 많기 때문에 이 예제에서는 프로세스 풀의 구현을 단순하게 유지하는 것으로 하겠습니다.

하위 프로세스와 통신

이제 ProcessPool 클래스가 준비되었으므로 이것을 사용하여 worker와 통신하고 생성된 결과를 전달하는 역할을 하는 SubsetSumFork 클래스를 구현하겠습니다. 이미 언급했듯이 child_process.fork()로 프로세스를 시작하면 간단한 메시지 기반 통신 채널도 제공되므로 subsetSumFork.js 모듈을 구현하여 어떻게 동작하는지 살펴봅시다.

```
import { EventEmitter } from 'events'
import { dirname, join } from 'path'
import { fileURLToPath } from 'url'
import { ProcessPool } from './processPool.js'

const __dirname = dirname(fileURLToPath(import.meta.url))
const workerFile = join(__dirname,
  'workers', 'subsetSumProcessWorker.js')
const workers = new ProcessPool(workerFile, 2)

export class SubsetSum extends EventEmitter {
  constructor (sum, set) {
    super()
    this.sum = sum
    this.set = set
  }

  async start () {
    const worker = await workers.acquire()                // (1)
    worker.send({ sum: this.sum, set: this.set })
```

```
    const onMessage = msg => {
      if (msg.event === 'end') {                        // (3)
        worker.removeListener('message', onMessage)
        workers.release(worker)
      }

      this.emit(msg.event, msg.data)                    // (4)
    }

    worker.on('message', onMessage)                     // (2)
  }
}
```

가장 먼저 주목해야 할 점은 ./work/subsetSumProcessWorker.js 파일을 자식 작업자로 사용하여 새 ProcessPool 객체를 생성한다는 것입니다. 또한 풀의 최대 용량을 2로 설정했습니다.

또 다른 의미있는 점은 원래 SubsetSum 클래스와 동일한 공용의 API를 유지하려고 노력했다는 것입니다. 사실, SubsetSumFork는 생성자가 sum과 set을 받아들이는 EventEmitter이고 start() 함수는 이번에는 별도의 프로세스에서 실행되는 알고리즘을 시작시킵니다. 이것은 start() 함수가 호출될 때 일어납니다.

1. 풀에서 새로운 자식 프로세스를 획득합니다. 작업이 완료되면 즉시 작업자 핸들을 사용하여 실행할 작업 데이터와 함께 메시지를 자식 프로세스에 보냅니다. send() API는 Node.js가 child_process.fork()로 시작된 모든 프로세스에 자동으로 제공됩니다. 이것이 본질적으로 우리가 이야기했던 커뮤니케이션 채널입니다.
2. 그런 후에 새로운 리스너를 연결하기 위해 on() 함수를 사용해서 작업 프로세스로부터 전달되는 메시지를 수신합니다(이는 child_process.fork()로 시작된 모든 프로세스에서 제공하는 통신 채널의 일부이기도 합니다).
3. onMessage 리스너에서 먼저 end 이벤트를 수신했는지 확인합니다. 이는 SubsetSum 작업이 완료되었음을 의미합니다. 이 경우에는 onMessage 리스너를 제거하고 worker를 해제하여 풀에 다시 담습니다.
4. 작업자 프로세스는 {event, data} 형식의 메시지를 생성하여 자식 프로세스에서 생성된 모든 이벤트를 원활하게 전달(재발송)할 수 있습니다.

이것이 SubsetSumFork 래퍼에 대한 것입니다. 이제 작업 프로세스(자식 프로세스)를 구현해 보겠습니다.

> 자식 프로세스 인스턴스에 있는 send() 함수를 사용하여 메인 애플리케이션에서 자식 프로세스로 소켓 핸들을 전파할 수도 있습니다(nodejsdp.link/childprocess-send 문서 참조). 이것은 실제로 여러 프로세스에 걸쳐 HTTP 서버의 부하를 분산하기 위해 클러스터 모듈에서 사용할 수 있는 기술입니다. 다음 장에서 더 자세히 살펴보겠습니다.

작업자 구현

이제 작업 프로세스인 workers/subsetSumProcessWorker.js 모듈을 생성해 보겠습니다.

```
import { SubsetSum } from '../subsetSum.js'

process.on('message', msg => {                                    // (1)
  const subsetSum = new SubsetSum(msg.sum, msg.set)

  subsetSum.on('match', data => {                                 // (2)
    process.send({ event: 'match', data: data })
  })

  subsetSum.on('end', data => {
    process.send({ event: 'end', data: data })
  })

  subsetSum.start()
})

process.send('ready')
```

원래(동기식) SubsetSum을 있는 그대로 재사용하고 있음을 바로 알 수 있습니다. 이제 별도의 프로세스로 존재하므로 더 이상 이벤트 루프를 차단하는 것에 대해 걱정할 필요가 없습니다. 모든 HTTP 요청은 중단 없이 메인 애플리케이션의 이벤트 루프에서 계속 처리될 것입니다.

작업자가 자식 프로세스로 시작되면 다음과 같은 일이 발생합니다.

1. 부모 프로세스에서 오는 메시지 수신을 즉시 시작합니다. process.on() 함수(프로세스가 child_process.fork()로 시작될 때 제공되는 통신 API의 일부)로 쉽게 수행할 수 있습니다. 부모 프로세스에게 원하는 유일한 메시지는 새로운 SubsetSum 작업의 입력을 제공하는 것입니다. 이러한 메시지가 수신되는 즉시 SubsetSum 클래스의 새로운 인스턴스를 만들고 match 및 end 이벤트에 대한 리스너를 등록합니다. 끝으로, subsetSum.start()로 계산을 시작합니다.

2. 실행 중인 알고리즘에서 이벤트가 수신될 때마다 {event, data} 형식의 객체로 감싸서 상위 프로세스로 전달합니다. 이러한 메시지는 이전 섹션에서 살펴본 것처럼 subsetSumFork.js 모듈에서 처리됩니다.

여러분도 알 수 있듯이 내부를 수정하지 않고 이미 만든 알고리즘을 감싼 것뿐입니다. 이것은 애플리케이션의 어떤 부분도 우리가 방금 본 기술을 사용하여 외부 프로세스에 쉽게 넣을 수 있다는 것을 분명히 보여줍니다.

자식 프로세스가 Node.js 프로그램이 아닌 경우, 방금 설명한 간단한 통신 채널(on(), send())을 사용할 수 없습니다. 이러한 상황에서도 여전히 부모 프로세스에 노출된 표준 입력 및 표준 출력 스트림 위에 자체 프로토콜을 구현하여 자식 프로세스와의 인터페이스를 설정할 수 있습니다. child_process API의 모든 기능에 대해 자세히 알아보려면 nodejsdp.link/child_process에서 Node.js의 공식 문서를 참조하십시오.

다중 프로세스 접근 방식에 대한 고려 사항

항상 그러했듯이, 이 새로운 버전의 부분집합 합계 알고리즘을 시도하려면 HTTP 서버(index.js 파일)에서 사용하는 모듈을 교체하면 됩니다.

```
import { createServer } from 'http'
// import { SubsetSum } from './subsetSum.js'
// import { SubsetSum } from './subsetSumDefer.js'
import { SubsetSum } from './subsetSumFork.js'

createServer((req, res) => {
//...
```

이제 서버를 다시 시작하고 테스트 요청을 보내볼 수 있습니다.

```
curl -G http://localhost:8000/subsetSum --data-urlencode "data=[16,
19,1,1,-16,9,1,-5,-2,17,-15,-97,19,-16,-4,-5,15]" --data-urlencode
"sum=0"
```

앞에서 살펴본 인터리빙 방식과 같이, 이 새로운 버전의 subsetSum 모듈을 사용하면 CPU 바인딩 작업을 실행하는 동안 이벤트 루프가 차단되지 않습니다. 이는 다음과 같이 다른 동시 요청을 전송하여 확인할 수 있습니다.

```
curl -G http://localhost:8000
```

앞의 명령은 I'm alive! 라는 텍스트를 즉시 반환해야 합니다.

호기심으로 두 개의 SubsetSum 작업을 동시에 시작해볼 수도 있는데, 실행을 위해 두 개의 서로 다른 프로세서의 전체 성능을 사용할 수 있음을 알 수 있을 것입니다(물론 시스템 프로세서가 두 개 이상인 경우). 반면 세 개의 SubsetSum 작업을 동시에 실행하려 한다면 마지막으로 시작한 작업이 아무런 동작도 하지 않을 것입니다. 이는 메인 프로세스의 이벤트 루프가 차단되었기 때문이 아니라, 부분집합 합계 작업에 대해 동시 실행할 수 있는 프로세스를 두 개로 제한하도록 설정했기 때문이며, 풀에 있는 두 프로세스 중 적어도 하나 이상을 다시 사용할 수 있게 되는 즉시 세 번째 요청이 처리됨을 의미합니다.

살펴본 것처럼, 다중 프로세스 접근 방식은 인터리빙 접근 방식에 비해 많은 장점이 있습니다. 첫째, 알고리즘을 실행할 때 계산상의 불이익이 발생하지 않습니다. 둘째, 다중 프로세서 시스템을 최대한 활용할 수 있습니다.

이제 프로세스 대신 스레드를 사용하는 방법을 살펴보겠습니다.

11-4-4 작업자 스레드(worker threads) 사용

Node 10.5.0부터 **작업자 스레드**라고 하는 메인 이벤트 루프 외부에서 CPU 집약적인 알고리즘을 실행할 수 있는 새로운 메커니즘이 생겼습니다. 작업자 스레드는 몇 가지 추가 기능이 있는 child_process.fork()에 대한 가벼운 대안으로 볼 수 있습니다. 프로세스에 비해 작업자 스레드는 기본 프로세스 내에서 실행되지만 다른 스레드 내에서 실행되기 때문에 메모리 공간이 더 작고 시작 시간이 빠릅니다.

작업자 스레드는 실제 스레드를 기반으로 하지만 Java 또는 Python과 같은 다른 언어에서 지원하는 심층 동기화 및 공유(deep synchronization 및 share) 기능을 지원하지 않습니다. 이는 JavaScript가 단일 스레드 언어이고 여러 스레드들로부터의 변수에 대한 접근을 동기화하는 내장 메커니즘이 없기 때문입니다. 스레드가 있는 JavaScript는 단순한 JavaScript가 아닙니다. 실제로 언어를 변경하지 않고 Node.js 내에서 스레드의 모든 장점을 활용할 수 있는 해결책은 작업자 스레드입니다.

작업자 스레드는 기본적으로 메인 애플리케이션 스레드와 아무것도 공유하지 않는 스레드입니다. 독립적인 Node.js 런타임과 이벤트 루프를 사용하여 자체 V8 인스턴스 내에서 실행됩니다. 메인 스레드와의 통신은 메시지 기반 통신 채널, ArrayBuffer 객체의 전송, 동기화가 (일반적으로 Atomics를 사용하는) 사용자에 의해 관리되는 SharedArrayBuffer 객체의 사용으로 가능합니다.

SharedArrayBuffer와 Atomics에 대한 자세한 내용은 nodejsdp.link/shared-array-buffer 문서에서 확인할 수 있습니다. 이 글은 웹 작업자에 초점을 맞추고 있지만 많은 개념이 Node.js의 작업자 스레드와 유사합니다.

이렇게 광범위한 수준의 작업자 스레드를 기본 스레드에서 격리하면 언어의 무결성이 유지됩니다. 동시에 기본 통신 방식과 데이터 공유 기능은 99%의 사용사례에서 충분한 방법입니다.

이제 SubsetSum 예제에서 작업자 스레드를 사용하겠습니다.

작업자 스레드에서 부분집합 합계 작업 실행

작업자 스레드 API는 ChildProcess와 많은 공통점이 있으므로 코드 변경이 그리 많지 않을 것입니다.

먼저 프로세스 대신 작업자 스레드로 작동하도록 변경된 ProcessPool인 ThreadPool이라는 새로운 클래스를 만들어야 합니다. 다음 코드는 새로운 ThreadPool 클래스와 ProcessPool 클래스의 차이점을 보여줍니다. 강조 표시된 acquire() 함수에 약간의 차이가 존재하며, 나머지 코드는 동일합니다.

```
import { Worker } from 'worker_threads'

export class ThreadPool {
  // ...

  acquire () {
    return new Promise((resolve, reject) => {
      let worker
      if (this.pool.length > 0) {
        worker = this.pool.pop()
        this.active.push(worker)
        return resolve(worker)
      }

      if (this.active.length >= this.poolMax) {
        return this.waiting.push({ resolve, reject })
      }
```

```
      worker = new Worker(this.file)
      worker.once('online', () => {
        this.active.push(worker)
        resolve(worker)
      })
      worker.once('exit', code => {
        console.log(`Worker exited with code ${code}`)
        this.active = this.active.filter(w => worker !== w)
        this.pool = this.pool.filter(w => worker !== w)
      })
    })
  }

  //...
}
```

다음으로 작업자를 조정하고 이를 subsetSumThreadWorker.js라는 새로운 파일로 옮겨야 합니다. 이전 작업자와의 주요 차이점은 process.send() 및 process.on()을 사용하는 대신 parentPort.postMessage() 및 parentPort.on()을 사용해야 한다는 것입니다.

```
import { parentPort } from 'worker_threads'
import { SubsetSum } from '../subsetSum.js'

parentPort.on('message', msg => {
  const subsetSum = new SubsetSum(msg.sum, msg.set)

  subsetSum.on('match', data => {
    parentPort.postMessage({ event: 'match', data: data })
  })

  subsetSum.on('end', data => {
    parentPort.postMessage({ event: 'end', data: data })
  })

  subsetSum.start()
})
```

마찬가지로, 모듈 subsetSumThreads.js는 다음 코드에서 강조 표시된 몇 줄의 코드를 제외하고는 기본적으로 subsetSumFork.js 모듈과 동일합니다.

```
import { EventEmitter } from 'events'
import { dirname, join } from 'path'
import { fileURLToPath } from 'url'
import { ThreadPool } from './threadPool.js'

const __dirname = dirname(fileURLToPath(import.meta.url))
const workerFile = join(__dirname,
  'workers', 'subsetSumThreadWorker.js')
const workers = new ThreadPool(workerFile, 2)

export class SubsetSum extends EventEmitter {
  constructor (sum, set) {
    super()
    this.sum = sum
    this.set = set
  }

  async start () {
    const worker = await workers.acquire()
    worker.postMessage({ sum: this.sum, set: this.set })

    const onMessage = msg => {
      if (msg.event === 'end') {
        worker.removeListener('message', onMessage)
        workers.release(worker)
      }

      this.emit(msg.event, msg.data)
    }

    worker.on('message', onMessage)
  }
}
```

지금까지 살펴본 것처럼 fork된 프로세스 대신 작업자 스레드를 사용하도록 기존 애플리케이션을 변경하는 일은 간단한 작업입니다. 이는 두 컴포넌트의 API가 매우 유사하지만 작업자 스레드가 완전한 Node.js 프로세스와 많은 공통점을 가지고 있기 때문입니다.

마지막으로, 알고리즘의 다른 구현에서 보았듯이 index.js 모듈을 수정하여 새로운 subsetSumThreads.js 모듈을 사용할 수 있도록 해야 합니다.

```
import { createServer } from 'http'
// import { SubsetSum } from './subsetSum.js'
// import { SubsetSum } from './subsetSumDefer.js'
// import { SubsetSum } from './subsetSumFork.js'
import { SubsetSum } from './subsetSumThreads.js'

createServer((req, res) => {
  // ...
```

이제, 작업자 스레드를 사용하여 부분집합 합계 서버의 새 버전을 사용해 볼 수 있습니다. 앞의 두 가지 구현의 경우 메인 애플리케이션의 이벤트 루프는 별도의 스레드에서 실행되므로 부분집합 합계 알고리즘으로 인해 차단되지 않습니다.

> 우리가 본 예제는 작업자 스레드가 제공하는 모든 기능 중 일부만 사용했습니다. ArrayBuffer 객체나 SharedArrayBuffer 객체 전송 같은 고급 주제의 경우 nodejsdp.link/worker-threads에서 공식 API 문서를 참고하십시오.

11-4-5 운영에서 CPU 바인딩된 태스크의 실행

지금까지 본 예제들이 Node.js에서 CPU 집약적인 작업을 실행하기 위한 도구에 대한 아이디어를 제공할 것입니다. 그러나 프로세스 풀 및 스레드 풀과 같은 컴포넌트는 시간 초과, 오류 및 기타 유형의 실패를 처리하기 위한 적절한 메커니즘이 필요한 복잡한 것으로 간결성을 위해 우리의 구현에서는 생략하였습니다. 따라서 특별한 요구사항이 없는 한, 실제 운영 용도로 더 많은 테스트를 거친 라이브러리를 사용하는 것이 좋습니다.

이러한 종류의 라이브러리 중 workerpool(nodejsdp.link/workerpool)과 piscina (nodejsdp.link/piscina), 이 두 가지는 이 섹션에서 살펴본 동일한 개념을 기반으로 하고 있습니다. 이를 통해 외부 프로세스 또는 작업자 스레드를 사용하여 CPU 집약적인 작업의 실행을 제어할 수 있습니다.

마지막으로, 실행할 수 있는 알고리즘이 특히 복잡하거나 CPU 바인딩 작업 수가 단일 노드의 용량을 초과하는 경우 여러 노드에 걸쳐 계산을 확장하는 것을 고려해야 합니다. 이것은 완전히 다른 문제로, 다음 두 장에서 이것에 대해 더 배우게 될 것입니다.

요약

이번 장에서 우리는 지식 창고에 새로운 멋진 무기들을 추가했습니다. 보시다시피, 이 책의 여정은 진보된 문제에 점점 더 초점을 맞추고 있습니다. 이로 인해 더 복잡한 해결책을 깊이 탐구하기 시작했습니다. 이 장에서는 우리의 필요에 맞게 재사용 가능하고 사용자 정의를 적용할 수 있는 일련의 레시피 뿐만 아니라 몇 가지 원칙과 패턴을 습득하는 것이 Node.js 개발에서 매우 복잡한 문제를 해결하는데 어떻게 도움이 될 수 있는지를 보여주는 훌륭한 예시도 제공했습니다.

다음 두 장은 이 책의 여정에 정점을 보여줄 것입니다. Node.js 개발의 다양한 전술을 알았으니, 이제 우리는 전략으로 넘어가 Node.js 애플리케이션을 확장하고 배포하기 위한 아키텍처 패턴을 탐구할 준비가 된 것입니다.

연습

11.1 미리 초기화된 대기열이 있는 프록시:

JavaScript 프록시를 사용하여 모든 객체에 미리 초기화된 대기열을 추가하기 위한 래퍼를 만듭니다. 래퍼의 사용자가 확장할 함수와 컴포넌트가 초기화되었는지 여부를 나타내는 속성 및 이벤트의 이름을 결정할 수 있도록 해야 합니다.

11.2 콜백을 통한 일괄 처리(batch) 및 캐싱(caching):

콜백, 스트림 및 이벤트만 사용하여 totalSales API 예제에 대한 일괄 처리 및 캐싱을 구현합니다(Promise 또는 async/await를 사용하지 않음).

HINT 캐시된 값을 반환할 때 Zalgo에 주의하십시오!

11.3 Deep async cancelable:

취소 가능한 메인 함수 안에서 취소 가능한 함수를 호출할 수 있도록 createAsyncCancelable() 함수를 확장합니다. 메인 작업을 취소하면 중첩된 모든 작업도 취소됩니다.

HINT 제너레이터 함수 내에서 asyncCancelable()의 결과를 yield할 수 있습니다.

11.4 컴퓨팅 팜:

함수 코드(문자열)와 인자 배열을 입력으로 수신하여 작업자 스레드 또는 별도의 프로세스에서 주어진 인자로 함수를 실행하는 POST 엔드포인트가 있는 HTTP 서버를 만듭니다. 처리 후 결과를 클라이언트에 반환해야 합니다.

HINT eval(), vm.runInContext()를 사용하거나 둘 다 사용할 수 있습니다.

참고 이 연습 문제를 위해 어떤 코드를 생성하든, 실 운영 환경에서 사용자가 임의의 코드를 실행하도록 허용하면 심각한 보안 위험이 발생할 수 있으며 그 의미를 정확히 알지 못하는 한 절대로 실제 운영 환경에서 수행해서는 안됩니다.

CHAPTER 12

확장성과 아키텍처 패턴

- ✔ 애플리케이션 확장 소개
- ✔ 복제 및 로드 밸런싱
- ✔ 복잡한 애플리케이션 분해

초기 Node.js는 C++ 및 JavaScript로 작성된 논 블로킹 웹 서버였으며 web.js라고 불렀습니다. 제작자인 Ryan Dahl은 곧 플랫폼의 잠재력을 깨닫고 JavaScript 및 논 블로킹 패러다임을 기반으로 다양한 유형의 서버 측 애플리케이션을 만들 수 있는 도구로 확장하기 시작했습니다.

Node.js의 특성은 몇 개의 노드에서 수천 개의 노드에 이르기까지 네트워크를 통해 통신하는 분산 시스템의 구현에 완벽합니다. Node.js는 분산을 위해 생겨났습니다.

다른 웹 플랫폼과 달리 확장성은 애플리케이션을 개발하는 동안 Node.js에서 상당히 빠르게 당면하는 주제입니다. 이는 흔히 Node.js의 단일 스레드 속성 때문이며, 이는 멀티 코어 시스템의 모든 리소스를 활용할 수 없습니다. 하지만 이것은 동전의 한 면일 뿐입니다. 실제로 Node.j와 함께 확장성에 대해 논의하는 데에는 더 깊은 이유가 있습니다.

이 장에서 살펴보겠지만, 애플리케이션 확장은 용량을 늘려서 더 많은 요청을 더 빠르게 처리할 수 있다는 것을 의미할 뿐만 아니라 고가용성과 오류에 대한 내성을 달성하기 위한 중요한 방법이기도 합니다.

때로는 애플리케이션의 복잡성을 관리하기 쉬운 부분으로 분할하는 방법에 대해 이야기할 때 확장성을 언급하기도 합니다. 확장성은 정육면체에 있는 면 수만큼 많은 측면이 존재하는 개념입니다.

이 장에서는 다음 주제들을 학습합니다.

- 확장성에 관심을 가져야 하는 이유
- 스케일 큐브의 정의 및 확장성을 이해하는 것이 유용한 이유
- 동일한 애플리케이션의 여러 인스턴스를 실행하여 확장하는 방법
- 애플리케이션을 확장할 때 로드 밸런서를 활용하는 방법
- 서비스 레지스트리의 정의 및 사용 방법
- Kubernetes와 같은 컨테이너 오케스트레이션 플랫폼을 사용하여 Node.js 애플리케이션 실행 및 확장
- 모놀리식 애플리케이션에서 마이크로서비스 아키텍처를 설계하는 방법
- 몇 가지 간단한 아키텍처 패턴을 사용하여 많은 서비스를 통합하는 방법

12-1 애플리케이션 확장 소개

확장성은 끊임없이 변화하는 조건에 적응하고 성장하는 시스템의 능력으로 설명할 수 있습니다. 확장성은 순수한 기술 성장에만 국한되지 않습니다. 또는 비즈니스의 성장과 그 뒤에 있는 조직에 따라 달라집니다.

만약 여러분이 차세대 유니콘 스타트업을 만들면서 제품이 전 세계 수 백만 명의 사용자에게 빠르게 전달되기를 원한다면 심각한 확장성 문제에 직면하게 될 것입니다. 여러분의 애플리케이션이 지속적으로 증가하는 수요를 어떻게 감당할 수 있을까요? 시스템이 시간이 지남에 따라 느려지거나 자주 충돌하지는 않을까요? 대량의 데이터를 저장하고 I/O를 제어하려면 어떻게 해야 할까요? 더 많은 직원들을 고용할 때 어떻게 서로 다른 팀을 효과적으로 구성하고 코드베이스의 여러 부분에서 경합 없이 자율적으로 작업을 할 수 있도록 할 수 있을까요?

대규모 프로젝트에서 작업하지 않으면 확장성 문제에서 벗어날 수 있다는 의미는 아닙니다. 다양한 유형의 확장성 문제에 직면하게 될 것입니다. 이러한 도전에 대비하지 않으면 프로젝트의 성공을 심각하게 저해하고 궁극적으로 그 뒤에 있는 회사에 피해를 줄 수 있습니다. 특정 프로젝트의 맥락에서 확장성에 접근하고 현재 및 미래의 비즈니스 요구에 대한 기대치를 이해하는 것이 중요합니다.

확장성은 매우 광범위한 주제이므로 이 장에서는 확장성의 맥락에서 Node.js 애플리케이션을 확장하는데 사용되는 몇 가지 유용한 패턴과 아키텍처에 대해 설명합니다.

이러한 지식의 내용과 비즈니스 영역에 대한 확실한 이해를 바탕으로 비즈니스 요구 사항을 조정 및 충족하고 고객을 만족시킬 수 있는 Node.js 애플리케이션을 설계하고 구현할 수 있습니다.

12-1-1 Node.js 애플리케이션 확장

일반적인 Node.js 애플리케이션의 대부분의 작업 부하가 단일 스레드 컨텍스트에서 실행된다는 것은 이미 알고 있습니다. "1장. Node.js 플랫폼"에서 우리는 이것이 무조건 제약이 아니라 장점이라는 것을 배웠습니다. 애플리케이션이 논 블로킹 I/O 패러다임 덕분에 동시 요청을 처리하는 데 필요한 리소스 사용을 최적화할 수 있기 때문입니다. 이 모델은 초당 적당한 수의 요청(일반적으로 초당 수백 개)을 처리하는 애플리케이션에서 훌륭하게 작동합니다. 특히 애플리케이션이 대부분 I/O 바인딩 작업(예: 파일 시스템 및 네트워크에서 읽기 및 쓰기)을 수행하는 경우 특히 그렇습니다. CPU 바운드(예: 숫자 가공작업이나 데이터 가공 작업)가 아닙니다.

어쨌든 하드웨어를 사용한다고 가정하면 단일 스레드가 지원할 수 있는 용량이 제한됩니다. 이것은 서버가 얼마나 강력할 수 있는지와 관계가 없으므로 고부하 애플리케이션에 Node.js를 사용하려는 경우 유일한 방법은 여러 프로세스와 시스템에 걸쳐 확장하는 것입니다.

그러나 작업 부하가 Node.js 애플리케이션을 확장하는 유일한 이유는 아닙니다. 실제로 작업 부하를 확장할 수 있는 동일한 기술을 사용함으로써 **고가용성** 및 **장애내성** 같은 다른 바람직한 속성들을 얻을 수 있습니다. 확장성은 또한 애플리케이션의 크기와 복잡성에도 적용할 수 있는 개념입니다. 사실, 시간이 지남에 따라 필요한 만큼 성장할 수 있는 아키텍처를 구축하는 것은 소프트웨어를 설계할 때 또 다른 중요한 요소입니다.

JavaScript는 주의해서 사용해야 하는 도구입니다. 유형 검사의 부족과 많은 문제가 애플리케이션의 성장에 걸림돌이 될 수 있지만, 규율과 정확한 설계를 통해 단점들 중 일부를 귀중한 장점으로 바꿀 수 있습니다. JavaScript를 사용하면 애플리케이션을 단순하게 유지하고 컴포넌트를 작고 관리하기 쉬운 부분으로 분할해야 하는 경우가 많습니다. 이러한 사고 방식을 통해 분산되고 확장 가능한 애플리케이션을 더 쉽게 구축할 수 있을 뿐만 아니라 시간이 지남에 따라 더욱 쉽게 발전시킬 수 있습니다.

12-1-2 확장성 3차원

확장성에 대해 이야기할 때, 이해해야 하는 첫 번째 기본 원칙은 부하 분산입니다. 부하 분산은 여러 프로세스와 머신에 걸쳐 애플리케이션의 로드를 분할하는 과학입니다. 이를 달성하기 위한 많은 방법들이 있으며, Martin L. Abbott와 Michael T. Fisher의 책 The Art of Scalability는 이를 표현하는 독창적인 모델인 **스케일 큐브**를 제안합니다. 이 모델은 다음 세 가지 차원에서 확장성을 설명합니다.

- X축 – 복제
- Y축 – 서비스/기능별 분해
- Z축 – 데이터 파티션으로 분할

이 3차원은 그림 12.1과 같이 큐브로 나타낼 수 있습니다.

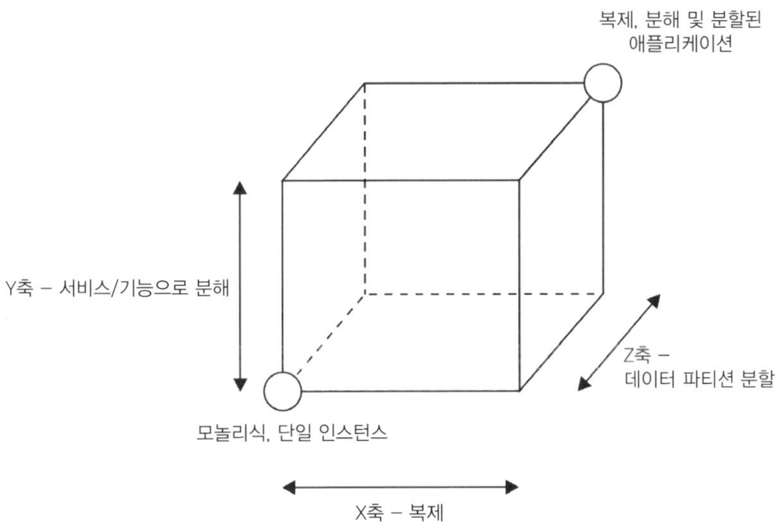

▲ 그림 12.1 스케일 큐브

큐브의 왼쪽 하단 모서리(X축과 Y축 사이의 교차점)는 단일 코드 기반에 모든 기능이 있고 단일 인스턴스에서 실행되는 애플리케이션을 나타냅니다. 이것은 우리가 일반적으로 **모놀리식 애플리케이션**이라고 부르는 것입니다. 이는 소규모 부하를 처리하거나 개발 초기 단계에 있는 애플리케이션의 경우 확장을 위한 세 가지 전략이 있습니다. 스케일 큐브를 보면 이러한 전략은 큐브의 다른 축인 X, Y, Z를 따라 성장하는 것으로 나타납니다.

- **X축 – 복제**: 모놀리식 비확장 애플리케이션의 가장 직관적인 진화는 X축을 따라 바로 이동하는 것입니다. 이는 간단하고 대부분 시간 비용이 저렴하고(개발 비용 측면에서) 매우 효과적입니다. 이 기술의 기본 원리는 동일한 애플리케이션을 n번 복제하고, 각 인스턴스가 1/n의 부하를 처리할 수 있도록 하는 것입니다.
- **Y축 – 서비스/기능 별로 분해**: Y축을 따라 확장한다는 것은 기능, 서비스 또는 사용 사례에 따라 애플리케이션을 분해하는 것을 의미합니다. 이 경우 분해는 각각 고유한 코드 기반을 사용하는 다른 독립형 애플리케이션을 만드는 것을 의미합니다. 예를 들어, 일반적인 상황은 관리를 담당하는 애플리케이션 부분을 사용자에 노출되는 공개 애플리케이션과 분리하는 것입니다. 또 다른 예는 사용자 인증을 담당하는 서비스를 추출하여 전용 인증 서버를 만드는 것입니다. 기능별로 애플리케이션을 분할하는 기준은 이 장의 뒷부분에서 살펴볼 비즈니스 요구사항, 사용사례, 데이터 및 기타 여러 요인에 따라 달라집니다. 흥미롭게도 이것은 애플리케이션의 아키텍처뿐만 아니라 개발 및 운영 관점에서 관리되는 방식에도 가장 큰 영향을 미치는 확장 차원입니다. 앞으로 살펴보겠지만 마이크로서비스는 세분화된 Y축 확장과 일반적으로 가장 관련된 용어입니다.
- **Z축 – 데이터 파티션으로 분할**: 마지막 확장성의 차원은 Z축으로, 각 인스턴스가 전체 데이터의 일부만 담당하는 방식으로 애플리케이션이 분할됩니다. 이는 **수평/수직 분할**이라고도 하는데, 데이터베이스에서 자주 사용되는 기술입니다. 이 설정에는 동일한 애플리케이션의 여러 인스턴스가 있으며, 각 인스

턴스는 서로 다른 기준을 사용하여 결정되는 데이터 파티션에서 작동합니다. 예를 들어 국가(목록분할) 또는 이름의 성을 기준으로(범위 분할) 애플리케이션 사용자를 분할하거나 해시 함수가 각 사용자가 속한 분할 영역을 결정하도록 할 수 있습니다(해시 분할). 그런 다음, 각 파티션을 애플리케이션의 특정 인스턴스에 할당할 수 있습니다. 데이터 파티션을 사용하려면 지정된 데이터를 담당하는 애플리케이션 인스턴스를 판별하기 위한 조회 단계가 선행되어야 합니다. 앞에서 말했듯이 데이터 파티셔닝은 대규모 모놀리식 데이터 셋(제한된 디스크 공간, 메모리 및 네트워크 용량) 처리와 관련된 문제를 해결하는 것이 주 목적이기 때문에 일반적으로 데이터 스토리지 수준에서 적용 및 처리됩니다. 애플리케이션 수준에서 적용하는 것은 복잡한 분산형 아키텍처 또는 데이터의 지속성을 위해 외부 솔루션에 의존하는 애플리케이션을 만드는 경우, 파티셔닝을 지원하지 않는 데이터베이스를 사용하는 경우, 또는 Google 스케일에서 애플리케이션을 만드는 경우와 같이 매우 특별한 사용 사례에서만 고려할 가치가 있습니다.

다음 섹션에서는 Node.js 애플리케이션을 확장하는데 사용되는 가장 일반적이고 효과적인 두 가지 기술, 즉 기능과 서비스 별로 복제하거나 분해하는 데 초점을 맞출 것입니다.

12-2 복제 및 로드 밸런싱

기존의 멀티스레드 웹 서버는 일반적으로 시스템에 할당된 리소스를 더 이상 업그레이드 할 수 없거나 단순히 다른 시스템을 시작하는 것보다 비용이 더 많이 드는 경우에만 수평적으로 확장됩니다.

다중 스레드를 사용하는 전통적인 웹 서버는 사용 가능한 모든 프로세스와 메모리를 사용하여 서버의 모든 처리 능력을 활용할 수 있습니다. 반대로 단일 스레드인 Node.js 애플리케이션은 일반적으로 기존 웹 서버에 비해 훨씬 더 빨리 확장되어야 합니다. 단일 머신의 맥락에서도 사용 가능한 모든 리소스를 활용하려면 애플리케이션을 "확장"하는 방법을 찾아야 합니다.

Node.js에서 **수직 확장**(단일 머신에 더 많은 리소스 추가)과 **수평 확장**(인프라에 더 많은 머신 추가)은 거의 동일한 개념입니다. 두 가지 모두, 사용 가능한 모든 처리 능력을 활용하기 위해 유사한 기술을 사용합니다.

이것을 단점이라고 오해하지 마십시오. 반대로 확장이 강제되면 애플리케이션의 다른 속성, 특히 가용성 및 내결함성에 유익한 효과를 가져다 줍니다. 실제로 복제에 의한 Node.js 애플리케이션의 확장 작업은 비교적 간단하며, 단지 이중화, 내결함성 설정을 목적으로 더 많은 리소스가 필요가 없는 경우에도 종종 구현됩니다.

이는 또한 개발자가 애플리케이션의 초기 단계부터 확장성을 고려하도록 하여 애플리케이션이 여러 프로세스 또는 시스템에서 공유할 수 없는 리소스에 의존하지 않도록 합니다. 실제로 애플리케이션을 확장하기 위한 절대적인 전제 조건은 각 인스턴스가 메모리나 디스크와 같이 공유할 수 없는 리소스에 공통정보를 저장할 필요가 없다는 것입니다. 예를 들어, 웹 서버에서 세션 데이터를 메모리나 디스크에 저장하는 것은 확장에 적합하지 않은 관행입니다. 대신 공유 데이터베이스를 사용하면 배포된 위치에 관계없이 각 인스턴스가 동일한 세션 정보에 접근할 수 있습니다.

이제 Node.js 애플리케이션을 확장하기 위한 가장 기본적인 메커니즘인 클러스터 모듈을 소개하겠습니다.

12-2-1 클러스터 모듈

Node.js에서 단일 머신에서 실행되는 여러 인스턴스에 애플리케이션 부하를 분산하는 가장 간단한 패턴은 코어 라이브러리의 일부인 cluster 모듈을 사용하는 것입니다. cluster 모듈은 그림 12.2와 같이 동일한 애플리케이션의 새 인스턴스 분기를 단순화하고 들어오는 연결을 자동으로 배분합니다.

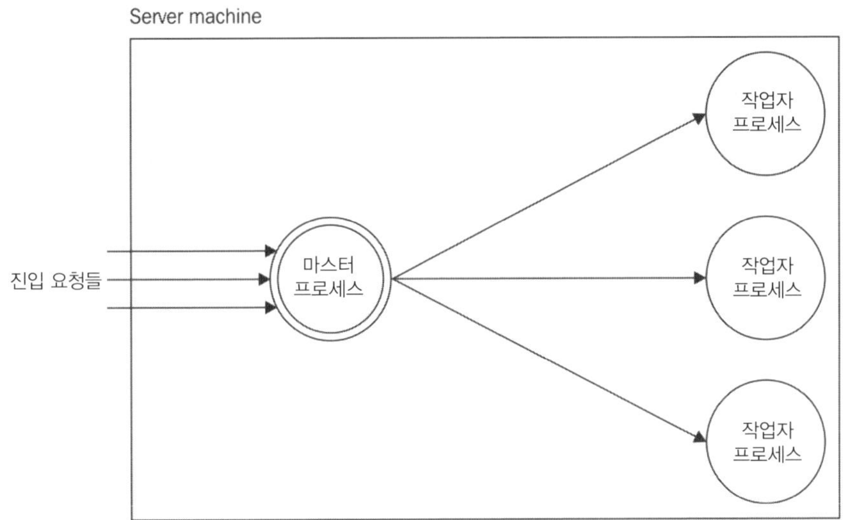

▲ 그림 12.2 클러스터 모듈 개요

마스터 프로세스는 확장하려는 애플리케이션의 인스턴스를 각각 나타내는 여러 프로세스(작업자)를 생성하는 역할을 합니다. 수신되는 각 연결은 복제된 작업자에 분산되어 부하를 분산시킵니다.

모든 작업자는 독립적인 프로세스이므로 이 접근 방식을 사용하여 시스템에서 사용 가능한 CPU 수만큼 작업자를 생성할 수 있습니다. 이 접근 방식은 Node.js 애플리케이션이 시스템에서 사용할 수 있는 모든 컴퓨팅 성능을 쉽게 활용할 수가 있습니다.

클러스터 모듈 동작에 대한 참고 사항

대부분의 시스템에서 클러스터 모듈은 명시적으로 라운드로빈 로드 밸런싱 알고리즘을 사용합니다. 이 알고리즘은 마스터 프로세스 내에서 사용되어 요청이 모든 작업자에게 균등하게 분산되도록 합니다. 라운드로빈 스케줄링은 Windows를 제외한 모든 플랫폼에서 기본적으로 활성화되며, cluster.schedulingPolicy 변수와 상수 cluster.SCHED_RR(라운드로빈) 혹은 cluster.SCHED_NONE(운영체제에 맡김) 설정하여 전역적으로 수정할 수 있습니다.

> 라운드로빈 알고리즘은 순환 방식으로 사용 가능한 서버에 부하를 고르게 분산시킵니다. 첫 번째 요청은 첫 번째 서버로 전달되고 두 번째 요청은 목록의 다음 서버로 전달됩니다. 목록의 끝에 도달하면 처음부터 다시 반복하여 시작됩니다. 클러스터 모듈에서 라운드로빈 로직은 기존 구현보다 약간 더 영리합니다. 실제로 주어진 작업자 프로세스에 과부하가 걸리지 않도록 하는 몇 가지 추가적인 동작으로 강화됩니다.

클러스터 모듈을 사용할 때 작업자 프로세스에서 server.listen()에 대한 모든 호출은 마스터 프로세스에 위임됩니다. 이를 통해 마스터 프로세스는 들어오는 모든 메시지를 수신하고 이를 작업자 풀에 배포할 수 있습니다. 클러스터 모듈은 대부분의 사용 사례에서 이 위임 프로세스를 매우 간단하게 만들어 주지만, 작업자 모듈에서 server.listen()을 호출하면 다음과 같이 예상한 대로 작동하지 않을 수 있는 몇 가지 주의 사항들이 존재합니다.

- server.listen({ fd }): 작업자가 특정 파일 설명자(file descriptor)를 사용하여 수신하는 경우(예: server.listen({fd:17})을 호출) 이 작업은 예상치 못한 결과를 만들어 낼 수 있습니다. 파일 설명자는 프로세스 수준에서 맵핑되므로 작업자 프로세스가 파일 설명자를 맵핑하면 마스터 프로세스와 동일한 파일과 일치하지 않습니다. 이 한계를 극복하는 한가지 방법은 마스터 프로세서에서 파일 설명자를 만든 후 작업자 프로세스에 전달하는 것입니다. 이런 식으로 작업자 프로세스는 마스터가 이해하는 파일 설명자를 사용하여 server.listen()을 호출할 수 있습니다.
- server.listen(handle): 작업자 프로세스에서 명시적으로 핸들 객체를 수신하면 작업자가 마스터 프로세스에 작업을 위임하는 대신 제공된 핸들을 직접 사용하게 됩니다.
- server.listen(0): server.listen(0)를 호출하면 일반적으로 서버가 임의의 포트에서 수신합니다. 그러나 클러스터에서 각 작업자는 server.listen(0)를 호출할 때마다 동일한 무작위 포트를 받습니다. 즉, 포트는 처음에만 무작위가 되고, 두 번째 호출부터 같은 포트를 받게 됩니다. 모든 작업자가 다른 임의의 포트에서 수신하도록 하려면 포트 번호를 직접 생성해야 합니다.

간단한 HTTP 서버 만들기

이제 예제 작업을 시작해 봅시다. cluster 모듈을 사용하여 복제 및 로드 밸런싱된 작은 HTTP 서버를 만들어 보겠습니다. 확장을 위해 사용할 것이므로 이 예에서는 기본 HTTP 서버만 있으면 됩니다.

따라서 다음 코드가 포함된 app.js 라는 파일을 생성해 보겠습니다.

```
import { createServer } from 'http'

const { pid } = process
const server = createServer((req, res) => {
  // CPU 집약적인 작업
  let i = 1e7;
  while (i > 0) { i-- }

  console.log(`Handling request from ${pid}`)
  res.end(`Hello from ${pid}\n`)
})

server.listen(8080, () => console.log(`Started at ${pid}`))
```

방금 만든 HTTP 서버는 **프로세스 식별자(PID)**가 포함된 메시지를 다시 보내 모든 요청에 응답합니다. 이것은 요청을 처리하는 애플리케이션의 인스턴스를 식별하는데 유용합니다. 이 버전은 애플리케이션에서 프로세스가 하나뿐이므로 응답과 로그에 표시되는 PID는 항상 동일합니다.

또한 실제 CPU 작업을 시뮬레이션 하기 위해 빈 루프를 1,000만 번 수행합니다. 그렇지 않으면 서버 부하가 거의 중요하지 않게 되며, 실행할 벤치마크에서 결론을 도출하기가 매우 어렵습니다.

> 여기서 만든 앱 모듈은 일반적인 웹 서버를 위한 단순한 추상화입니다. 단순성을 위해 Express 또는 Fastify와 같은 웹 프레임워크를 사용하지 않지만 원하는 웹 프레임워크를 사용하여 이 예제를 자유롭게 다시 작성해도 됩니다.

이제 평소와 같이 애플리케이션을 실행하고 브라우저 또는 curl을 사용하여 http://localhost:8080에 요청을 보내 모든 것이 예상대로 작동하는지 확인할 수 있습니다.

서버가 한 프로세스에서 처리할 수 있는 초당 요청을 측정할 수도 있습니다. 이를 위해 autocannon(nodejsdp.link/autocannon)과 같은 네트워크 벤치 마킹 도구를 사용할 수 있습니다.

```
npx autocannon -c 200 -d 10 http://localhost:8080
```

앞의 명령은 10초 동안 200개의 동시 연결로 서버에 부하를 줍니다. 참고로 지금 사용 중인 컴퓨터에서 얻은 결과(Node.js v14를 사용하는 2.5GHz 쿼드코어 Intel Core i7)는 초당 300 트랜잭션 정도입니다.

이 장에서 수행할 부하 테스트는 의도적으로 간단하고 최소한의 참조 및 학습 목적으로만 제공됩니다. 이 결과들은 우리가 분석하는 다양한 기술의 성능에 대한 100% 정확한 평가를 제공할 수 없습니다. 실제 운영 목적의 애플리케이션을 최적화하려는 경우, 변경 후 항상 자체 벤치 마크를 실행해야 합니다. 여기서 설명할 다양한 기술 중에서 일부는 특정 애플리케이션에 대해 다른 기술보다 더 효과적일 수 있습니다.

이제 간단한 테스트 웹 애플리케이션과 몇 가지 참고할만한 벤치 마크가 있으므로 애플리케이션의 성능을 개선하기 위한 몇 가지 기술을 테스트를 진행해 보겠습니다.

클러스터 모듈을 통한 확장

클러스터 모듈을 사용하여 애플리케이션을 확장하도록 app.js를 업데이트하겠습니다.

```
import { createServer } from 'http'
import { cpus } from 'os'
import cluster from 'cluster'

if (cluster.isMaster) {                                    // (1)
  const availableCpus = cpus()
  console.log(`Clustering to ${availableCpus.length} processes`)
  availableCpus.forEach(() => cluster.fork())
} else {                                                   // (2)
  const { pid } = process
  const server = createServer((req, res) => {
    let i = 1e7; while (i > 0) { i-- }
    console.log(`Handling request from ${pid}`)
    res.end(`Hello from ${pid}\n`)
  })
```

```
  server.listen(8080, () => console.log(`Started at ${pid}`))
}
```

보시다시피, 클러스터 모듈을 사용하는 데는 많은 노력이 필요하지 않습니다. 무슨 일을 수행했는지 분석해 보겠습니다.

1. 커맨드라인으로 app.js를 실행하면 실제로 마스터 프로세스가 실행됩니다. 이 경우 cluster.isMaster 변수는 true로 설정되고 우리가 해야 할 유일한 작업은 cluster.fork()를 사용하여 현재 프로세스를 포크하는 것입니다. 앞의 예에서는 사용 가능한 모든 처리 능력을 활용하기 위해 시스템의 논리적인 CPU 코어 수만큼 많은 작업자를 시작시킵니다.
2. master 프로세스에서 cluster.fork()를 실행하면 현재 모듈(app.js)이 다시 실행되지만 이번에는 작업자 모드(cluster.isWorker가 true로 설정되고 cluster.isMaster가 false로 설정됨)에서 실행됩니다. 애플리케이션이 작업자로 실행되면 실제 작업을 처리할 수 있습니다. 이 경우 작업자는 새로운 HTTP 서버를 시작시킵니다.

각 워커는 자체 이벤트 루프, 메모리 공간 및 로드 된 모듈이 있는 다른 Node.js 프로세스라는 점을 기억하는 것이 좋습니다.

클러스터 모듈의 사용은 반복 패턴을 기반으로 하므로 애플리케이션의 여러 인스턴스를 매우 쉽게 실행할 수 있습니다.

```
if (cluster.isMaster) {
  // fork()
} else {
  // do work
}
```

내부적으로 cluster.fork() 함수는 child_process.fork() API를 사용하므로 master와 worker 간에 사용 가능한 통신 채널도 존재하게 됩니다. worker 프로세스는 cluster.workers 변수에서 액세스 할 수 있으므로, 모든 프로세스에 메시지를 브로드캐스팅 하는 것은 다음 코드라인과 같이 간단합니다.

```
Object.values(cluster.workers).forEach(worker => worker.send('Hello from
the master'))
```

이제 클러스터 모드에서 HTTP 서버를 실행해 봅시다. 시스템에 둘 이상의 코어가 있는 경우 마스터 프로세스에서 여러 작업자가 차례로 시작되는 것을 볼 수 있습니다. 예를 들어 논리 코어가 4개인 시스템에서 터미널은 다음과 같아야 합니다.

```
Started 14107
Started 14099
Started 14102
Started 14101
```

이제 http://localhost:8080 URL을 사용하여 서버에 다시 연결하려고 하면 각 요청이 다른 PID를 가진 메시지를 반환한다는 것을 알 수 있습니다. 이는 이러한 요청이 다른 작업자에 의해 처리되었음을 의미합니다. 부하가 이들 사이에 분산됩니다.

이제 서버 부하 테스트를 다시 시도해보겠습니다.

```
npx autocannon -c 200 -d 10 http://localhost:8080
```

이렇게 하면, 여러 프로세스에 걸쳐 애플리케이션을 확장하여 얻은 성능 향상을 발견할 수 있습니다. 참고로 지금 사용 중인 머신에서는 약 3.3배의 성능 향상을 보여주었습니다. (기존에 초당 300 트랜잭션을 처리할 수 있던 성능이 확장 이후 초당 1,000 트랜잭션을 처리할 수 있게 되었습니다.)

클러스터 모듈의 탄력성 및 가용성

작업자는 모두 별도의 프로세스이므로 다른 작업자에게 영향을 주지 않고 프로그램의 필요에 따라 없애거나 다시 생성할 수 있습니다. 일부 작업자가 아직 살아있는 한 서버는 계속 연결을 수락할 것입니다. 살아있는 작업자가 없으면 기존 연결이 끊어지고 새 연결이 거부됩니다. Node.js는 작업자 수를 자동으로 관리하지 않습니다. 또한 자체 요구사항에 따라 작업자 풀을 관리하는 것은 애플리케이션의 책임입니다.

이미 언급했듯이 애플리케이션을 확장하면 특히 오작동이나 충돌이 발생하더라도 특정 수준의 서비스를 유지할 수 있는 다른 장점이 있습니다. 이 속성은 **복원력**이라고도 하며, 시스템 가용성에 기여합니다.

동일한 애플리케이션의 여러 인스턴스를 시작함으로써 중복된 시스템을 생성합니다. 이것은 다시 말해, 어떤 이유로든 한 인스턴스가 다운되더라도 다른 인스턴스가 요청을 처리할 준비가 되어 있음을 의미합니다. 이 패턴은 클러스터 모듈을 사용하여 구현하는 것이 매우 간단합니다. 어떻게 작동하는지 보도록 합시다.

이전 섹션의 코드를 시작점으로 삼아 시작합니다. 특히 임의의 시간 간격 후에 충돌이 발생하도록 app.js 모듈을 수정해 보겠습니다.

```
// ...
} else {
  // Inside our worker block
  setTimeout(
    () => { throw new Error('Ooops') },
    Math.ceil(Math.random() * 3) * 1000
  )
  // ...
```

이 변경으로 인해 서버는 1초에서 3초 사이의 임의의 시간 후에 오류와 함께 종료됩니다. 실제 상황에서 외부 도구를 사용하여 요청을 모니터링하지 않는 한 결국 애플리케이션이 요청 처리를 중지하게 됩니다. 모니터링을 통해 상태를 확인하고 자동으로 다시 시작시킬 수는 있습니다. 그러나 인스턴스가 하나만 있는 경우 애플리케이션 시작 시간으로 인해 다시 시작되는 사이에 무시할 수 없는 지연이 발생할 수 있습니다. 이는 다시 시작하는 동안에는 애플리케이션을 사용할 수 없음을 의미합니다. 대신 여러 인스턴스가 존재하면 작업자 중 하나가 실패하더라도 수신 요청을 처리할 수 있는 백업 프로세스가 항상 존재하게 됩니다.

클러스터 모듈을 사용하면 오류 코드로 종료되는 것을 감지하는 즉시 새로운 작업자를 생성하면 됩니다. 이를 고려하여 app.js를 수정해 보겠습니다.

```
// ...
if (cluster.isMaster) {
  // ...
  cluster.on('exit', (worker, code) => {
    if (code !== 0 && !worker.exitedAfterDisconnect) {
      console.log(
        `Worker ${worker.process.pid} crashed. ` +
        'Starting a new worker'
      )
      cluster.fork()
    }
  })
} else {
```

```
    // ...
  }
```

앞의 코드는 마스터 프로세스가 'exit' 이벤트를 수신하자마자 프로세스가 의도적으로 종료되었는지 또는 오류로 인해 종료되었는지 확인합니다. 상태 코드와 작업자가 마스터에 의해 명시적으로 종료되었는지 여부를 나타내는 worker.exitedAfterDisconnect 플래그를 확인하여 이를 수행합니다. 오류로 인해 프로세스가 종료되었음을 확인하면 새로운 작업자를 시작합니다. 충돌된 작업자가 교체되는 동안 다른 작업자는 여전히 요청을 처리할 수 있으므로 애플리케이션의 가용성에 영향을 주지 않습니다.

이 가정을 테스트하기 위해 autocannon을 사용하여 서버에 다시 스트레스를 줄 수 있습니다. 스트레스 테스트가 완료되면 출력의 다양한 측정 항목 중에 실패 횟수가 표시됩니다. 우리의 경우 다음과 같습니다.

```
[...]
8k requests in 10.07s, 964 kB read
674 errors (7 timeouts)
```

이 결과는 약 92% 가용성에 해당합니다. 이 결과는 실행 중인 인스턴스의 수와 테스트 중에 충돌하는 횟수에 따라 크게 달라질 수 있지만 솔루션 작동 방식에 대한 좋은 지표를 제공해야 한다는 것을 명심하십시오. 앞의 수치는 애플리케이션이 지속적으로 충돌하고 있음에도 불구하고 8,000건 이상의 요청에서 실패한 요청 건이 단지 674건뿐임을 말해줍니다.

방금 만든 예제 시나리오에서 대부분의 실패한 요청은 충돌 중에 이미 설정된 연결이 중단됨으로써 발생합니다. 안타깝게도 이러한 유형의 오류를 방지하기 위해 할 수 있는 작업은 거의 없습니다. 특히 충돌로 인해 애플리케이션이 종료되는 경우에는 더욱 그렇습니다. 그럼에도 불구하고 우리의 솔루션은 잘 작동하고 있음이 입증되었으며, 자주 충돌이 발생하는 애플리케이션의 가용성치고는 전혀 나쁜 것이 아닙니다!

다운타임 제로 재시작

운영 환경의 서버에서 새 버전을 릴리즈하려는 경우 Node.js를 다시 시작해야 하는 상황이 있을 수 있습니다. 따라서 이 시나리오에서도 여러 인스턴스를 사용하면 애플리케이션의 가용성을 유지하는데 도움이 될 수 있습니다.

애플리케이션을 업데이트하기 위해 의도적으로 다시 시작해야 하는 경우 애플리케이션이 다시 시작되고 요청을 처리할 수 없는 작은 간격이 있습니다. 이는 개인 블로그를 업데이트하는 경우에는 허용될 수 있지만 **SLA(Service-Level Agreement, 서비스 수준 계약)**가 있는 전문 애플리케이션이나 지속적인 배포 프로세스의 일부로 매우 자주 업데이트되는 애플리케이션에 대해서는 옵션으로도 생각할 수 없습니다. 해결책은 **다운타임 없이 재시작**을 구현하는 것입니다. 여기서 애플리케이션의 코드는 가용성에 영향을 주지 않고 업데이트됩니다.

클러스터 모듈을 사용하면 이것은 매우 쉬운 작업입니다. 패턴에는 한 번에 하나씩 작업자를 다시 시작하는 것이 포함됩니다. 이러한 방식으로 나머지 작업자는 계속해서 애플리케이션 서비스를 운영하고 유지할 수 있습니나.

이 새로운 기능을 클러스터된 서버에 추가해 보겠습니다. 우리가 해야 할 일은 마스터 프로세스가 실행할 새로운 코드를 추가하는 것이 전부입니다.

```
import { once } from 'events'
// ...
if (cluster.isMaster) {
  // ...
  process.on('SIGUSR2', async () => {                    // (1)
    const workers = Object.values(cluster.workers)
    for (const worker of workers) {                      // (2)
      console.log(`Stopping worker: ${worker.process.pid}`)
      worker.disconnect()                                // (3)
      await once(worker, 'exit')
      if (!worker.exitedAfterDisconnect) continue
      const newWorker = cluster.fork()                   // (4)
      await once(newWorker, 'listening')                 // (5)
    }
  })
} else {
  // ...
}
```

다음은 앞의 코드 블록이 작동하는 방식입니다.

1. 작업자의 재시작은 SIGUSR2 신호를 수신할 때 트리거됩니다. 여기서는 비동기 작업을 수행해야 하므로 이벤트 핸들러를 구현하기 위해 비동기 함수를 사용하고 있음에 주의하십시오.
2. SIGUSR2 신호가 수신되면 cluster.workers 객체의 모든 값을 반복합니다. cluster.workers 내의 모든 요소는 작업자 풀에서 현재 활성화된 작업들의 객체입니다.

3. 각각의 작업자에 대해 가장 먼저 하는 일은 worker.disconnect()를 호출하여 작업자를 정상적으로 중지시키는 것입니다. 다시 말해 작업자가 현재 요청을 처리하고 있을 경우 작업이 완료된 후 중단됩니다.
4. 종료한 프로세스가 종료되면 새로운 작업자를 생성할 수 있습니다.
5. 다음 작업자를 다시 시작하기 전에 새 작업자가 준비되고 새로운 연결을 수신할 때까지 대기합니다.

우리 프로그램은 Unix 시그널을 사용하기 때문에 Windows 시스템에서 제대로 작동하지 않습니다(Linux용 Windows 하위 시스템을 사용하지 않는 경우). 시그널은 솔루션을 구현하는 가장 간단한 메커니즘입니다. 그러나 이것이 유일한 것은 아닙니다. 실제로 다른 접근 방식에는 소켓, 파이프 또는 표준 입력에서 오는 명령을 수신하는 것이 포함됩니다.

이제 애플리케이션을 실행한 다음 SIGUSR2 시그널을 전송하여 다운타임 없는 재시작을 테스트해 볼 수 있습니다. 그러나 먼저 마스터 프로세스의 PID를 얻어야 합니다. 다음 명령은 실행 중인 모든 프로세스 목록에서 이를 식별하는데 유용할 수 있습니다.

```
ps -af
```

마스터 프로세스는 노드 프로세스들의 부모여야 합니다. 찾고 있는 PID가 있으면 시그널을 보낼 수 있습니다.

```
kill -SIGUSR2 <PID>
```

이제 애플리케이션의 출력이 다음과 같이 표시되어야 합니다.

```
Restarting workers
Stopping worker: 19389
Started 19407
Stopping worker: 19390
Started 19409
```

autocannon을 다시 사용하여 작업자를 다시 시작하는 동안 애플리케이션의 가용성에 큰 영향을 미치지 않는지 확인할 수 있습니다.

pm2(nodejsdp.link/pm2)는 클러스터 기반의 작은 유틸리티로 로드 밸런싱, 프로세스 모니터링, 제로 다운타임 재시작 및 기타 기능들을 제공합니다.

12-2-2 상태 저장 통신 다루기

클러스터 모듈은 애플리케이션 상태가 다양한 인스턴스 간에 공유되지 않는 상태 저장이 필요한 통신에서는 제대로 작동하지 않습니다. 이는 동일한 상태값을 가진 세션에 속하는 다른 요청이 잠재적으로 애플리케이션의 다른 인스턴스에 의해 처리될 수 있기 때문입니다. 이는 클러스터 모듈에만 국한된 문제는 아니지만 일반적으로 모든 종류의 상태가 저장되지 않은 로드 밸런싱 알고리즘에 적용됩니다. 예를 들어 그림 12.3에 설명된 상황을 고려해 봅시다.

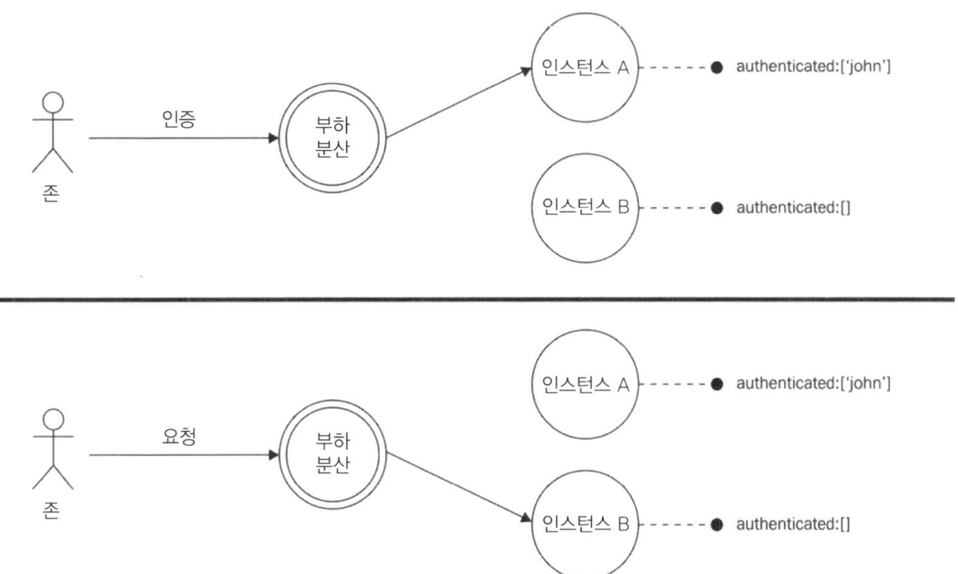

▲ 그림 12.3 로드 밸런서 뒤에 있는 상태 저장 애플리케이션의 문제

사용자 John은 처음에 자신을 인증하기 위해 애플리케이션에 요청을 보내지만 처리 결과는 로컬(예: 메모리)에 등록되므로 인증요청을 수신한 애플리케이션의 인스턴스(인스턴스 A)만이 John의 인증 정보를 가지고 있습니다. 처리 결과, 성공적으로 인증됩니다. 이제 John이 새로운 요청을 보낼 때 로드 밸런서는 실제로 John의 인증 정보를 가지지 않은 다른 애플리케이션 인스턴스로 이를 전달할 수 있고 그렇게 되면 요청을 거부합니다. 방금 설명한 애플리케이션은 그대로 확장할 수 없습니다. 하지만 운 좋게도 이 문제를 해결하기 위해 적용할 수 있는 두 가지 손쉬운 해결책이 있습니다.

여러 인스턴스에 상태 공유

상태 저장 통신을 사용하여 애플리케이션을 확장해야 하는 첫 번째 옵션은 모든 인스턴스에서 상태를 공유하는 것입니다.

예를 들어 PostgreSQL(nodejsdp.link/postgresql), MongoDB(nodejsdp.link/mongodb), 또는 CouchDB(nodejsdp.link/couchdb)와 같은 데이터베이스 같은 공유 데이터 저장소를 사용하여 쉽게 달성할 수 있으며, 더 좋은 방식으로 Redis(nodejsdp.link/redis) 또는 Memcached(nodejsdp.link/memcached) 같은 메모리 저장소를 사용할 수도 있습니다.

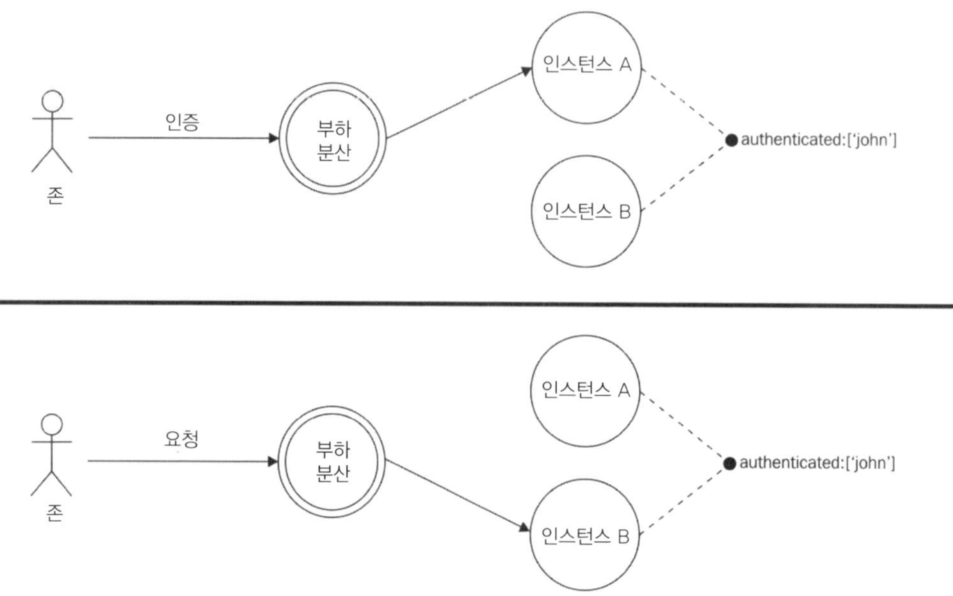

▲ 그림 12.4 공유 데이터 저장소를 사용하는 로드 밸런서 뒤의 애플리케이션

통신상태에 대해 공유 저장소를 사용하는 유일한 단점은 이 패턴을 적용하려면 코드들의 상당량을 리팩토링해야 할 수 있다는 것입니다. 예를 들어, 통신 상태를 기존 라이브러리를 사용하고 있을 수 있으므로 공유 저장소를 사용하도록 이 라이브러리를 설정, 교체 또는 다시 구현하는 방법을 파악해야 합니다.

예를 들어 애플리케이션의 확장성을 개선하는데 너무 많은 변경이 필요하거나 주어진 시간 제약으로 인해 리팩토링이 불가능한 경우, 영향도가 덜한 솔루션인 **고정 로드 밸런싱(고정 세션)**을 생각할 수 있습니다.

고정 로드 밸런싱

상태 저장 통신을 지원해야 하는 또 다른 대안은 로드 밸런서가 세션과 관련된 모든 요청을 항상 동일한 애플리케이션 인스턴스로 라우팅하도록 하는 것입니다. 이 기술을 **고정 로드 밸런싱**이라고도 합니다.

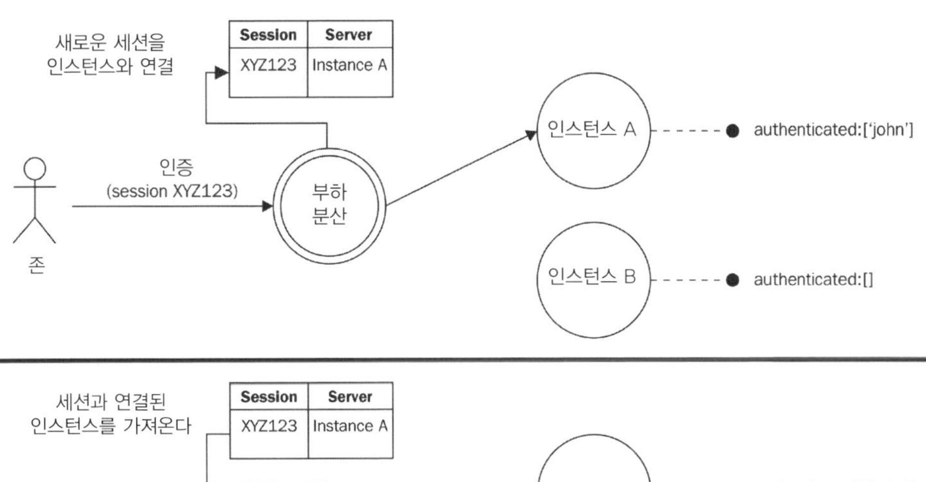

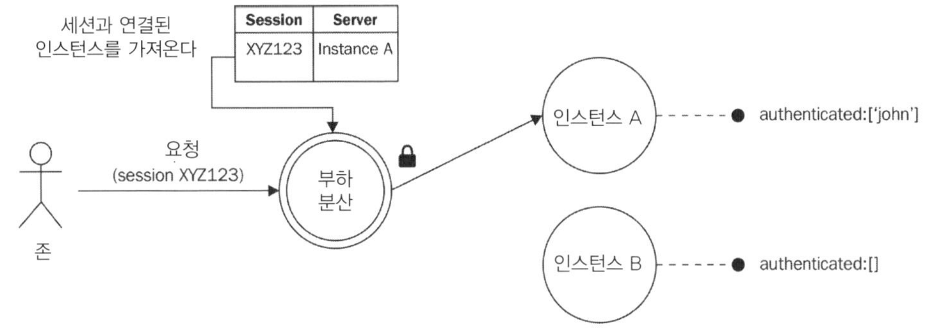

▲ **그림 12.5 고정 로드 밸런서가 작동하는 방식**

그림 12.5에서 볼 수 있듯이 로드 밸런서가 새 세션과 관련된 요청을 수신하면 로드 밸런싱 알고리즘에 의해 선택된 하나의 특정 인스턴스로 맵핑을 생성합니다. 다음에 로드 밸런서가 동일한 세션에서 요청을 수신하면 로드 밸런싱 알고리즘을 우회하여 이전에 세션과 연결된 애플리케이션 인스턴스를 선택합니다. 방금 설명한 특정 기술에는 요청과 관련된 세션 ID 검사가 포함됩니다(일반적으로 애플리케이션 또는 로드 벨런서 자체의 쿠키에 포함됨).

상태 저장 연결을 단일 서버에 연결하는 더 간단한 대안은 요청을 수행하는 클라이언트의 IP 주소를 사용하는 것입니다. 일반적으로 IP는 요청을 수신할 애플리케이션의 인스턴스를 나타내는 ID를 생성하는 해시 함수에 전달됩니다. 이 기술은 로드 밸런서가 연결과 관련된 정보를 저장할 필요가 없다는 장점이 있습니다. 그러나 다른 네트워크로 로밍할 때와 같이 자주 IP를 변경하는 장치에서는 제대로 동작하지 않습니다.

고정 로드 밸런싱은 클러스터 모듈에서 기본적으로 지원되지 않지만 sticky-session(nodejsdp.link/sticky-session)이라는 npm 라이브러리로 추가할 수 있습니다.

고정 로드 밸런싱의 한 가지 큰 문제는 애플리케이션의 모든 인스턴스가 동일하고 다른 인스턴스들이 작동을 멈춘 다른 인스턴스를 대체할 수 있다는 다중 시스템의 장점 대부분을 무효화시킨다는 사실입니다. 이러한 이유로 항상 고정 로드 밸런싱을 피하고 공유 저장소에서 세션 상태를 유지하는 애플리케이션을 만드는 것이 좋습니다.

또 가능한 경우 상태 저장 통신이 전혀 필요하지 않은 애플리케이션을 만들 수도 있습니다. 예를 들어 요청 자체에 상태를 포함하는 것입니다.

고정 로드 밸런싱이 필요한 라이브러리의 실제 예시로는 Socket.IO(nodejsdp.link/socket-io)를 생각해 볼 수 있습니다.

12-2-3 역방향 프록시 확장

클러스터 모듈은 매우 편리하고 사용하기 쉽지만 Node.js 웹 애플리케이션을 확장해야 하는 유일한 옵션은 아닙니다. 전통적인 기술들이 고가용성 운영 환경에서 더 많은 제어와 성능을 제공하기 때문에 더 선호됩니다.

클러스터 사용에 대한 대안은 서로 다른 포트 또는 머신에서 실행되는 동일한 애플리케이션의 여러 독립 실행형 인스턴스를 시작한 다음, 역방향 프록시(또는 게이트웨이)를 사용하여 해당 인스턴스들에 대한 접근을 제공하여 트래픽을 분산하는 것입니다. 이 구성에서는 작업자 집합에 요청을 배포하는 마스터 프로세스가 없지만 동일한 컴퓨터(다른 포트 사용)에서 실행되거나 네트워크 내의 다른 컴퓨터에 분산되어 있는 별개의 프로세스로 구성된 프로세스의 집합이 있습니다. 애플리케이션에 단일 액세스 포인트를 제공하기 위해 클라이언트와 애플리케이션 인스턴스 사이에 배치되는 역방향 프록시를 사용할 수 있습니다. 역방향 프록시를 사용하면 요청이 있으면 이를 대상 서버로 전달하여 그 결과를 요청자에게 반환할 수 있습니다. 이 시나리오에서 역방향 프록시는 로드 밸런서로도 사용되어 애플리케이션 인스턴스 간에 요청을 분산합니다.

역방향 프록시와 정방향 프록시의 차이점에 대한 명확한 설명은 nodejsdp.link/forward-reverse에서 Apache HTTP 서버 문서를 참조하세요.

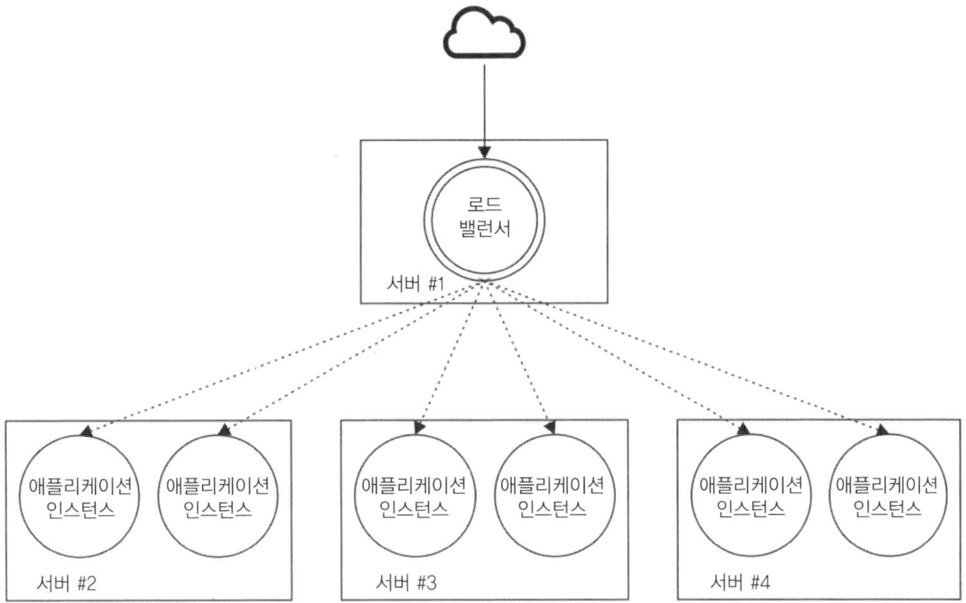

▲ 그림 12.6 로드 밸런서 역할을 하는 역방향 프록시가 있는 일반적인 다중 프로세스, 다중 시스템의 구성

Node.js 애플리케이션의 경우 클러스터 모듈 대신 이 접근 방식을 선택해야 하는 많은 이유가 있습니다.

- 역방향 프록시는 여러 프로세스뿐만 아니라 여러 시스템에 부하를 분산할 수 있습니다.
- 시장에서 가장 널리 사용되는 역방향 프록시는 바로 고정 로드 밸런싱을 지원합니다.
- 역방향 프록시는 프로그래밍 언어 또는 플랫폼에 관계없이 사용 가능한 모든 서버로 요청을 라우팅할 수 있습니다.
- 보다 강력한 로드 밸런싱 알고리즘을 선택할 수 있습니다.
- 많은 역방향 프록시는 URL 재작성, 캐싱, SSL 종료 지점, 보안 기능(예: 서비스 거부 보호)과 같은 추가적인 강력한 기능과 정적 파일 제공과 같이 사용할 수 있는 완전한 웹 서버의 기능을 제공합니다.

즉, 필요한 경우 클러스터 모듈을 역방향 프록시와 쉽게 결합할 수도 있습니다. 예를 들어 클러스터를 사용하여 단일 시스템 내에서 수직으로 확장한 다음, 역방향 프록시를 사용하여 여러 노드에서 수평으로 확장할 수 있습니다.

패턴

역방향 프록시를 사용하여 서로 다른 포트 또는 시스템에서 실행되는 여러 인스턴스에 걸쳐 애플리케이션 부하의 균형을 조정합니다.

역방향 프록시를 사용하여 로드 밸런서를 구현할 수 있는 많은 옵션이 존재합니다.

다음은 가장 많이 사용되는 솔루션의 목록입니다.

- **Nginx**(nodejsdp.link/nginx): 비차단 I/O 모델을 기반으로 구축된 웹 서버, 역방향 프록시 및 로드 밸런서입니다.
- **HAProxy**(nodejsdp.link/haproxy): TCP/HTTP 트래픽을 위한 빠른 로드 밸런서입니다.
- **Node.js 기반 프록시**: Node.js에서 직접 역방향 프록시와 로드 밸런서를 구현하기 위한 많은 솔루션이 존재합니다. 나중에 보게 되겠지만 이것은 장점과 단점이 존재합니다.
- **클라우드 기반 프록시**: 클라우드 컴퓨팅 시대에 로드 밸런서를 서비스로 활용하는 것은 드문 일이 아닙니다. 이는 최소한의 유지 관리가 필요하고 일반적으로 확장성이 높으며 때로는 주문형 확장성을 위해 동적 구성을 지원하기 때문에 편리할 수 있습니다.

이 장의 다음 몇 섹션에서는 Nginx를 사용하여 샘플 설정을 알아봅니다. 나중에 Node.js만 사용하여 자체 로드 밸런서를 만들어 볼 것입니다!

Nginx를 사용한 로드 밸런싱

역방향 프록시의 작동 방식에 대한 아이디어를 제공하기 위해 이제 Nginx를 기반으로 확장 가능한 아키텍처를 만들 것입니다. 하지만 먼저 Nginx를 설치해야 합니다. nodejsdp.link/nginx-install의 지침에 따라 이를 수행할 수 있습니다.

최신 Ubuntu 시스템에서는 sudo apt-get install nginx 명령을 사용하여 Nginx를 빠르게 설치할 수 있습니다. macOS에서는 brew(nodejsdp.link/brew)를 사용할 수 있습니다. 명령어는 brew install nginx입니다. 다음 예제의 경우 작성 당시 사용 가능한 최신 버전인 Nginx(1.17.10)를 사용합니다.

cluster를 사용하여 서버에 여러 인스턴스를 시작시키지 않을 것이므로 커맨드라인 인자(command-line argument)를 사용하여 수신 포트를 지정할 수 있도록 애플리케이션 코드를 약간 수정해야 합니다. 이를 통해 서로 다른 포트에서 여러 인스턴스를 시작할 수 있습니다. 예제 애플리케이션(app.js)의 기본 모듈을 살펴보겠습니다.

```
import { createServer } from 'http'

const { pid } = process
const server = createServer((req, res) => {
  let i = 1e7; while (i > 0) { i-- }
  console.log(`Handling request from ${pid}`)
  res.end(`Hello from ${pid}\n`)
})
```

```
const port = Number.parseInt(
  process.env.PORT || process.argv[2]
) || 8080
server.listen(port, () => console.log(`Started at ${pid}`))
```

이 버전과 웹 서버의 첫 번째 버전의 유일한 차이점은 여기에서 PORT 환경 변수 또는 커맨드 라인 인자를 통해 포트 번호를 설정할 수 있다는 것입니다. 이는 서버의 여러 인스턴스를 시작하고 서로 다른 포트에서 수신할 수 있기를 바라기 때문에 필요합니다.

cluster 없이 사용할 수 없는 또 다른 중요한 기능은 충돌 시 자동 재시작입니다. 다행히도 전담 관리자, 즉 애플리케이션을 모니터링하고 필요한 경우 다시 시작하는 외부 프로세스를 사용한다면 쉽게 해결할 수 있습니다. 다음은 몇 가지 선택 가능한 사항들입니다.

- **forever**(nodejsdp.link/forever) 또는 **pm2**(nodejsdp.link/pm2)와 같은 Node.js 기반의 관리자
- **systemd**(nodejsdp.link/systemd) 또는 **runit**(nodejsdp.link/runit)과 같은 OS 기반 모니터
- **monit**(nodejsdp.link/monit) 또는 **supervisord**(nodejsdp.link/supervisord)와 같은 고급 모니터링 솔루션
- **Kubernetes**(nodejsdp.link/kubernetes), **Nomad**(nodejsdp.link/nomad) 또는 **Docker Swarm**(nodejsdp.link/swarm)과 같은 컨테이너 기반 런타임

이 예에서는 forever를 사용할 것인데, 이는 우리가 사용하기에 가장 간단하고 직접적인 도구입니다. 다음 명령을 실행하여 전역적으로 설치할 수 있습니다.

```
npm install forever -g
```

다음 단계는 서로 다른 포트에서 forever에 의해 관리될 네 개의 애플리케이션 인스턴스를 시작하는 것입니다.

```
forever start app.js 8081
forever start app.js 8082
forever start app.js 8083
forever start app.js 8084
```

다음 명령을 사용하여 시작된 프로세스 목록을 확인할 수 있습니다.

```
forever list
```

forever stopall을 사용하여 이전에 forever로 시작된 모든 Node.js 프로세스를 중지할 수 있습니다. 또는 forever stop <id>를 사용하여 forever 목록에 표시된 프로세스에서 특정 프로세스를 중지할 수 있습니다.

이제 Nginx 서버로 로드 밸런서를 구성할 차례입니다.

먼저 작업 경로에 최소한의 환경설정 파일을 만들어야 합니다. nginx.conf라고 하겠습니다.

Nginx를 사용하면 동일한 서버 인스턴스 후방에서 여러 애플리케이션을 실행할 수 있으므로 일반적으로 Unix 시스템에서 /usr/local/nginx/conf, /etc/nginx 또는 /etc/nginx 또는 /usr/local/etc/nginx 아래에 있는 글로벌 설정 파일을 사용하는 것이 더 일반적입니다. 여기서는 작업 폴더에 설정 파일을 저장함으로써 보다 간단한 접근 방식을 취합니다. 이 데모에서는 로컬에서 하나의 애플리케이션만 실행하고자 하기 때문에 괜찮지만, 실제 운영환경에서는 권장되는 모범사례를 따르는 것이 좋습니다.

다음으로 nginx.conf 파일을 작성하고 Node.js 프로세스에 대해 작동하는 로드 밸런서를 위해 필요한 최소한의 구성을 적용해 보겠습니다.

```
daemon off;                                         ## (1)
error_log /dev/stderr info;                         ## (2)

events {                                            ## (3)
  worker_connections 2048;
}

http {                                              ## (4)
  access_log /dev/stdout;

  upstream my-load-balanced-app {
    server 127.0.0.1:8081;
    server 127.0.0.1:8082;
    server 127.0.0.1:8083;
    server 127.0.0.1:8084;
  }

  server {
    listen 8080;

    location / {
      proxy_pass http://my-load-balanced-app;
    }
```

```
    }
  }
```

이 구성에 대해 함께 살펴보겠습니다.

1. daemon off 설정을 사용하면 현재 권한이 없는 사용자를 사용하여 Ngixn를 독립 실행형 프로세스로 실행할 수 있으며 현재 터미널의 포그라운드(foreground)에서 프로세스를 계속 실행할 수 있습니다 (Ctrl+C를 사용하여 종료할 수 있음).
2. error_log(및 나중에 http 블록에서 access_log)를 사용하여 오류를 스트리밍하고 로그를 표준 출력과 표준 오류로 각각 전송하므로 터미널에서 바로 실시간으로 로그를 읽을 수 있습니다.
3. event 블록을 통해 Nginx에서 네트워크 연결을 관리하는 방법을 설정할 수 있습니다. 여기서는 Nginx 작업자 프로세스에서 열 수 있는 최대 동시 연결 수를 2,048개로 설정합니다.
4. http 블록을 사용하면 주어진 애플리케이션에 대한 구성을 정의할 수 있습니다. 업스트림 my-load-balanced-app 섹션에서는 네트워크 요청을 처리하는데 사용되는 백엔드 서버 목록을 정의합니다. 서버 섹션에서는 listen 8080을 사용하여 서버가 포트 8080에서 수신하도록 지시하고 마지막으로 proxy_pass를 설정합니다. 이 지시문은 Nginx가 이전에 정의한 서버 그룹(my-load-balanced-app)에 요청을 전달하도록 합니다.

됐습니다! 이제 다음 명령으로 설정 파일을 사용하여 Nginx를 시작하면 됩니다.

```
nginx -c ${PWD}/nginx.conf
```

이제 시스템이 가동되고 실행된 후, 요청을 수락하고 Node.js 애플리케이션의 4개 인스턴스에서 트래픽의 균형을 맞출 준비가 되었습니다. 브라우저에 http://localhost:8080 주소를 치기만 하면 Nginx 서버가 트래픽을 어떻게 분산하는지 확인할 수 있습니다. autocannon을 사용하여 이 애플리케이션의 부하 테스트를 다시 시도할 수 있습니다. 여전히 하나의 로컬 컴퓨터에서 모든 프로세스를 실행하고 있기 때문에 결과는 cluster 모듈을 사용한 접근 방식의 버전을 벤치마킹했을 때 얻은 결과와 크게 다르지 않아야 합니다.

이 예에서는 Nginx를 사용하여 트래픽 부하를 분산하는 방법을 보여주었습니다. 단순함을 위해 모든 것을 로컬 컴퓨터의 서비스로 올렸지만, 그럼에도 불구하고 여러 원격 서버에 애플리케이션을 배포할 준비를 하는 데는 훌륭한 연습이 되었을 것입니다. 여러 원격 서버에 애플리케이션을 배포하기 위해서는 기본적으로 다음 레시피를 따라야 합니다.

1. Node.js 애플리케이션을 실행하는 n개의 백엔드 서버를 프로비저닝합니다(forever와 같은 서비스 모니터로 여러 인스턴스를 실행하거나 클러스터 모듈을 사용하여 실행).

2. Nginx가 설치된 로드 밸런서 시스템과 트래픽을 n개의 백엔드 서버로 라우팅하는 데 필요한 모든 설정을 프로비저닝 합니다(역자 주: 소프트웨어를 시스템에 설치 배포하고 필요한 구성 셋팅 작업을 해서 실행 가능하도록 준비하는 걸 프로비저닝이라고 함). 모든 서버의 모든 프로세스는 네트워크에 있는 다양한 머신의 해당 주소를 사용하여 Nginx 설정 파일의 upstream 블록에 나열되어야 합니다.
3. 공개 IP와 공개 도메인 이름을 사용하여 인터넷에서 로드 밸런서를 공개적으로 사용할 수 있도록 합니다.
4. 브라우저 또는 autocannon과 같은 벤치마킹 도구를 사용하여 로드 밸런서의 공개 주소로 트래픽을 보냅니다.

위 절차들을 간단히 하기 위해 클라우드 제공 업체 관리 인터페이스를 통해 서버를 부팅하고 SSH를 사용하여 로그인해서 이러한 모든 단계를 수동으로 수행할 수 있습니다. 또는 **Terraform**(nodejsdp.link/terraform), **Ansible**(nodejsdp.link/ansible) 및 **Packer**(nodejsdp.link/packer)와 같은 코드로 인프라를 작성하여 이러한 작업을 자동화할 수 있는 도구를 사용할 수도 있습니다.

이 예에서는 미리 정의된 수의 백엔드 서버를 사용했습니다. 다음 섹션에서는 일련의 동적 백엔드 서버들로 트래픽 부하를 분산할 수 있는 기술을 살펴보겠습니다.

12-2-4 동적 수평 확장

최신 클라우드 기반 인프라의 중요한 장점 중 하나는 현재 또는 예측된 트래픽을 기반으로 애플리케이션의 용량을 동적으로 조장할 수 있다는 것입니다. 이를 **동적 확장**이라고도 합니다. 이 방법을 제대로 구현하면 애플리케이션의 가용성과 응답성을 유지하면서 IT 인프라 비용을 크게 줄일 수 있습니다.

아이디어는 간단합니다. 애플리케이션이 최대 트래픽으로 인해 성능 저하를 경험하는 경우 새 서버를 생성합니다. 마찬가지로 할당된 리소스가 제대로 활용되지 않는 경우, 일부 서버를 종료하여 실행 중인 인프라 비용을 줄일 수 있습니다. 일정에 따라 확장 작업을 수행하기로 결정할 수도 있습니다. 예를 들어 하루 중 특정 시간 동안 트래픽이 더 적다는 것을 알고 있다면 일부 서버를 종료하고 사용량이 많은 시간 직전에 다시 시작할 수 있습니다. 이러한 메커니즘을 사용하려면 로드 밸런서가 항상 현재 네트워크 토폴로지를 최신 상태로 유지하고 어느 서버가 작동 중인지 알고 있어야 합니다.

서비스 레지스트리(Service registry) 사용

이 문제를 해결하는 일반적인 패턴은 실행중인 서버와 이들이 제공하는 서비스를 추적하는 서비스 레지스트리라는 중앙 저장소를 사용하는 것입니다.

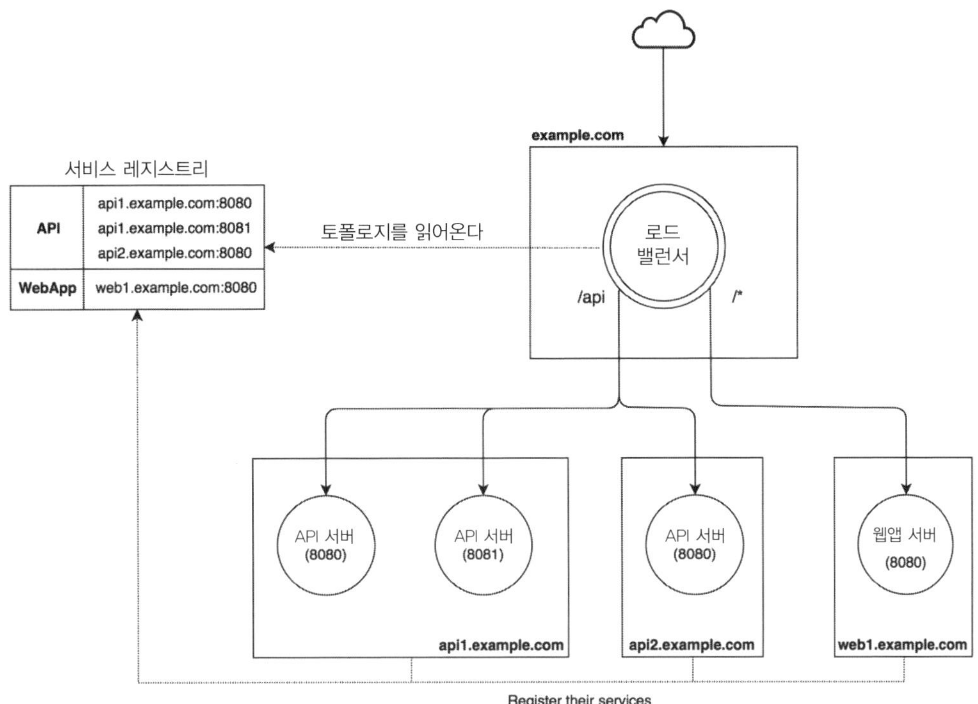

▲ 그림 12.7 서비스 레지스트리를 사용하여 동적으로 구성된 전면에 로드 밸런서가 있는 멀티 서비스 아키텍처

그림 12.7의 아키텍처는 **API**와 **웹 애플리케이션(WebApp)**이라는 두 가지 서비스가 있다고 가정합니다. 서비스 인스턴스들은 여러 서버에 분산되어 하나 이상 존재할 수 있습니다.

example.com에 대한 요청이 수신되면 로드 밸런서는 요청 경로의 앞부분(prefix)을 확인합니다. 앞부분이 /api인 경우, 요청을 API 서비스들 중 지금 사용할 수 있는 인스턴스 중 한군데로 전달함으로써 부하를 분산시킵니다. 그림 12.7에는 api1.example.com 서버에서 실행되는 두 개의 인스턴스와 api2.example.com에서 실행되는 한 개의 인스턴스가 있습니다. 경로 앞부분(prefix)이 다른 모든 요청들은 웹 애플리케이션 서비스들 중 사용 가능한 인스턴스 가운데 한 곳으로 전달하여 부하를 분산시킵니다. 그림에서 web1.example.com 서버는 하나의 WebApp 인스턴스로 실행되고 있습니다. 로드 밸런서는 서비스 레지스트리로부터 모든 서버에서 실행 중인 서버 및 서비스 인스턴스들의 목록을 가져옵니다.

이것이 완전히 자동으로 동작하려면 각각의 애플리케이션 인스턴스가 온라인 상태가 되는 순간 서비스 레지스트리에 자신을 등록하고, 중지되면 등록을 취소해야 합니다. 이러한 방식으로 로드 밸런서는 네트워크에서 사용 가능한 서버 및 서비스에 대한 최신 정보를 항상 유지할 수 있습니다.

패턴(서비스 레지스트리)

중앙 저장소를 사용하여 시스템에서 사용 가능한 서버 및 서비스에 대한 최신 정보를 항상 유지시키십시오.

이 패턴은 트래픽 부하를 분산하는 데 유용하지만 실행중인 서버에서 서비스 인스턴스를 분리할 수 있다는 추가적인 장점이 있습니다. 서비스 레지스트리 패턴은 네트워크 서비스에 적용된 서비스 로케이터 디자인 패턴의 구현으로 볼 수 있습니다.

http-proxy와 Consul을 사용한 동적 로드 밸런서 구현

동적 네트워크 인프라를 지원하기 위해서는 **Nginx** 또는 **HAProxy**와 같은 역방향 프록시를 사용할 수 있습니다. 자동화된 서비스로 자신들의 설정 정보를 갱신한 후에, 로드 밸런서가 변경된 정보를 가져가도록 수정하는 것이 우리가 할 일입니다. Nginx의 경우 다음 명령으로 이를 수행할 수 있습니다.

```
nginx -s reload
```

클라우드 기반의 솔루션을 가지고 동일한 결과를 얻을 수 있지만, 우리가 선호하는 플랫폼을 사용할 수 있는 세 번째 더 익숙한 대안이 존재합니다.

우리 모두 Node.js가 모든 종류의 네트워크 애플리케이션을 만들기 위한 훌륭한 도구라는 것을 알고 있으며, 이 책 전체에서 말했듯이 이것이 바로 핵심 설계 목표 중 하나입니다. 그렇다면 Node.js만 사용하여 로드 밸런서를 구축하는 것은 어떨까요? 이것은 우리에게 훨씬 더 많은 자유도와 힘을 줄 것이며, 이제 살펴볼 서비스 레지스트리를 사용한 동적 로드 밸런싱과 같은 모든 종류의 패턴이나 알고리즘을 사용자 정의 로드 밸런서에 바로 구현할 수 있습니다. 또한 이 연습을 통해 Nginx 및 HAProxy와 같은 상용 제품들이 실제로 작동하는 방식을 훨씬 더 잘 이해할 수 있습니다.

이 예에서는 **Consul**(nodejsdp.link/consul)을 서비스 레지스트리로 사용하여 그림 12.7에서 본 멀티 서비스 아키텍처를 구체화합니다. 이를 위해 주로 세 개의 npm 패키지를 사용합니다.

- http-proxy (nodejsdp.link/http-proxy): Node.js에서 역방향 프록시/로드 밸런서 생성을 단순화합니다.
- portfinder (nodejsdp.link/portfinder): 시스템에서 사용 가능한 포트를 찾습니다.
- consul (nodejsdp.link/consul-lib): Consul과 상호 작용합니다.

먼저 서비스를 구현해 보겠습니다. 지금까지는 cluster와 Nginx를 테스트하기 위해 사용한 것과 같은 간단한 HTTP 서버였지만, 이번에는 각 서버가 시작되는 순간 서비스 레지스트리에 자신의 정보를 등록하려 합니다.

코드의 형태를 한번 봅시다(app.js).

```
import { createServer } from 'http'
import consul from 'consul'
import portfinder from 'portfinder'
import { nanoid } from 'nanoid'

const serviceType = process.argv[2]
const { pid } = process

async function main () {
  const consulClient = consul()

  const port = await portfinder.getPortPromise()             // (1)
  const address = process.env.ADDRESS || 'localhost'
  const serviceId = nanoid()

  function registerService () {                              // (2)
    consulClient.agent.service.register({
      id: serviceId,
      name: serviceType,
      address,
      port,
      tags: [serviceType]
    }, () => {
      console.log(`${serviceType} registered successfully`)
    })
  }

  function unregisterService (err) {                         // (3)
    err && console.error(err)
    console.log(`deregistering ${serviceId}`)
    consulClient.agent.service.deregister(serviceId, () => {
      process.exit(err ? 1 : 0)
    })
  }
```

```
    process.on('exit', unregisterService)                  // (4)
    process.on('uncaughtException', unregisterService)
    process.on('SIGINT', unregisterService)

    const server = createServer((req, res) => {            // (5)
      let i = 1e7; while (i > 0) { i-- }
      console.log(`Handling request from ${pid}`)
      res.end(`${serviceType} response from ${pid}\n`)
    })

    server.listen(port, address, () => {
      registerService()
      console.log(`Started ${serviceType} at ${pid} on port ${port}`)
    })
  }

  main().catch((err) => {
    console.error(err)
    process.exit(1)
  })
```

앞의 코드에서는 주의해야 할 부분이 있습니다.

1. 먼저 portfinder.getPortPromise()를 사용하여 시스템에서 사용 가능한 포트를 찾습니다(기본적으로 portfinder는 포트 8000에서 검색을 시작합니다). 또한 사용자가 환경 변수 ADDRESS를 사용하여 주소를 설정할 수도 있습니다. 끝으로 nanoid(nodejsdp.link/nanoid)를 사용하여 이 서비스를 식별하기 위해 임의의 ID를 생성합니다.
2. 다음으로, 레지스트리에 새 서비스를 등록하기 위해 consul 라이브러리를 사용하는 registerService() 함수를 선언합니다. 서비스 정의에는 id(서비스에 대한 고유 식별자), name(서비스를 식별하는 일반 이름), address 및 port(서비스에 액세스하는 방법을 식별하기 위함), tag(선택 사항인 태그들의 배열)라는 여러 가지 속성들이 필요합니다.
3. 이 시점에서 우리는 Consul에 방금 등록한 서비스를 제거할 수 있는 unregisterService()라는 함수를 정의합니다.
4. unregisterService()를 정리 함수로 사용하여 (의도적 또는 실수로) 프로그램이 종료되었을 때 서비스가 Consul에서 등록 해제됩니다.
5. 마지막으로 portfinder에서 발견한 포트와 현재 서비스에 대해 설정된 주소에서 서비스용 HTTP 서버를 시작합니다. 서버가 시작되면 registerService() 함수를 호출하여 서비스 검색을 위해 등록합니다.

이 스크립트를 사용하여 다양한 유형의 애플리케이션을 시작하고 등록할 수 있습니다.

이제 로드 밸런서를 구현할 차례입니다. loadBalancer.js라는 새 모듈을 만들어 보겠습니다.

```
import { createServer } from 'http'
import httpProxy from 'http-proxy'
import consul from 'consul'

const routing = [                                            // (1)
  {
    path: '/api',
    service: 'api-service',
    index: 0
  },
  {
    path: '/',
    service: 'webapp-service',
    index: 0
  }
]

const consulClient = consul()                                // (2)
const proxy = httpProxy.createProxyServer()

const server = createServer((req, res) => {
  const route = routing.find((route) =>                      // (3)
    req.url.startsWith(route.path))
  consulClient.agent.service.list((err, services) => {       // (4)
    const servers = !err && Object.values(services)
      .filter(service => service.Tags.includes(route.service))

    if (err || !servers.length) {
      res.writeHead(502)
      return res.end('Bad gateway')
    }

    route.index = (route.index + 1) % servers.length         // (5)
    const server = servers[route.index]
    const target = `http://${server.Address}:${server.Port}`
    proxy.web(req, res, { target })
  })
```

```
})

server.listen(8080, () => {
  console.log('Load balancer started on port 8080')
})
```

다음은 Node.js 기반의 로드 밸런서를 구현한 방법입니다.

1. 먼저 로드 밸런서 경로를 정의합니다. 라우팅 배열의 각 항목에는 맵핑된 경로에 도착하는 요청을 처리하는 데 사용되는 서비스가 포함되어 있습니다. Index 속성은 주어진 서비스의 요청을 **라운드로빈**하는데 사용됩니다.
2. 레지스트리에 액세스할 수 있도록 consul 클라이언트를 인스턴스화해야 합니다. 다음으로 http-proxy 서버를 인스턴스화합니다.
3. 서버의 요청 핸들러에서 가장 먼저 하는 일은 라우팅 테이블에서 URL을 찾는 것입니다. 결과는 서비스 이름이 포함된 설명자(descriptor)입니다.
4. consul로부터 요청을 처리하는 데 필요한 서비스를 구현한 서버의 목록을 받습니다. 이 목록이 비어 있거나 검색의 오류가 있는 경우 클라이언트에 오류를 반환합니다. Tags 속성을 사용하여 사용 가능한 모든 서비스를 필터링하고 현재 서비스 유형을 구현하고 있는 서버의 주소를 찾습니다.
5. 마침내 요청을 대상으로 라우팅할 수 있습니다. 라운드로빈 방식에 따라 목록에서 다음 서버를 가리키도록 route.index를 갱신합니다. 그런 다음 인덱스를 사용하여 목록에서 서버를 선택하고 요청(req) 및 응답(res) 객체와 함께 proxy.web()으로 전달합니다.

이제 Node.js와 서비스 레지스트리만 사용하여 로드 밸런서를 구현하는 것이 얼마나 간단한지, 그리고 그렇게 함으로써 얼마나 많은 유연성을 가질 수 있는지 분명해졌습니다.

구현을 단순하게 유지하기 위해 일부 재미있는 최적화를 위한 기회를 의도적으로 생략했습니다. 예를 들어, 이 구현에서 우리는 모든 단일 요청에 대해 등록된 서비스 목록을 얻기 위해 consul을 조회하고 있습니다. 이는 특히 로드 밸런서가 높은 빈도로 요청을 수신하는 경우 상당한 오버헤드가 생길 수 있습니다. 서비스 목록을 캐시하고 정기적으로(예: 10초마다) 새로 고치는 것이 더 효율적입니다. 또 다른 최적화로는 cluster 모듈을 사용하여 로드 밸런서의 여러 인스턴스를 실행하고 머신에서 사용 가능한 모든 코어에 로드를 분산하는 것입니다.

이제 시스템을 사용해 볼 준비가 되었으나 먼저 nodejsdp.link/consul-install의 공식 문서에 따라 Consul 서버를 설치하겠습니다.

이렇게 하면 다음과 같은 간단한 명령으로 개발 컴퓨터에서 Consul 서비스 레지스트리를 시작할 수 있습니다.

```
consul agent -dev
```

이제 로드 밸런서를 시작할 준비가 되었습니다(forever를 사용하여 애플리케이션의 충돌이 발생하면 재시작을 보장합니다).

```
forever start loadBalancer.js
```

이제 로드 밸런서에 의해 노출된 일부 서비스에 접근하려고 하면 아직 서버를 시작하지 않았기 때문에 HTTP 502 오류가 반환됨을 알 수 있습니다. 직접 시도해 보십시오.

```
curl localhost:8080/api
```

앞의 명령은 다음 출력을 반환해야 합니다.

```
Bad Gateway
```

예를 들어 두 개의 api-service와 하나의 webapp-service처럼 서비스의 일부 인스턴스를 생성하면 상황이 바뀝니다.

```
forever start --killSignal=SIGINT app.js api-service
forever start --killSignal=SIGINT app.js api-service
forever start --killSignal=SIGINT app.js webapp-service
```

이제 로드 밸런서가 자동으로 새 서버를 확인하고 요청을 분배하기 시작합니다. 다음 명령으로 다시 시도해봅시다.

```
curl localhost:8080/api
```

위의 명령은 이제 다음과 같은 반환을 해야 합니다.

```
api-service response from 6972
```

forever에서 관리하는 인스턴스들을 조회하고 일부를 중지하려면 forever list 및 forever stop 명령을 사용할 수 있습니다. 실행중인 모든 인스턴스를 중지하려면 forever stopall 명령을 사용할 수 있습니다. 전체 애플리케이션에 어떤 일이 발생하는지 확인하기 위해 api-service의 실행중인 인스턴스 중 하나를 중지해 보시겠습니까?

이를 다시 실행하면 이제 다른 서버에서 요청이 서로 다른 서버에 균등하게 분배되고 있음을 확인하는 메시지를 수신해야 합니다.

```
api-service response from 6979
```

이 패턴의 장점은 직접적이라는 것입니다. 이제 인프라를 수요에 따라 또는 일정에 따라 동적으로 확장할 수 있으며, 로드 밸런서는 추가적인 노력 없이 새로운 설정으로 자동 조정됩니다.

Consul은 기본적으로 localhost:8500에서 사용 가능한 편리한 웹 UI를 제공합니다. 서비스가 등록되거나 등록 취소될 때 서비스가 어떻게 표시되고 사라지는지 확인하려면 이 예제를 실행하는 동안 확인해보십시오.

Consul은 또한 등록된 서비스를 모니터링하는 상태 확인 기능을 제공합니다. 이 기능을 예제에 통합하여 인프라를 장애에 더욱 탄력적으로 대응하도록 만들 수 있습니다. 실제로 서비스가 상태 확인에 응답하지 않으면 레지스트리에서 자동으로 제거되므로 더 이상 트래픽을 수신하지 않습니다. 이 기능을 어떻게 구현할 수 있는지 궁금하다면 nodejsdp.link/consul-checks에서 Checks에 대한 공식 문서를 확인하시기 바랍니다.

이제 로드 밸런서 및 서비스 레지스트리를 사용하여 동적 로드 밸런싱을 수행하는 방법을 알았으므로 피어 투 피어 로드 밸런싱과 같은 몇 가지 흥미로운 대체적인 접근 방식을 살펴보겠습니다.

12-2-5 피어 투 피어 로드 밸런싱

복잡한 내부 네트워크 아키텍처를 인터넷과 같은 공용 네트워크에 노출하려는 경우, 역방향 프록시를 사용하는 것은 거의 필수입니다. 이는 외부 애플리케이션이 쉽게 사용하고 신뢰할 수 있는 단일 접근 포인트를 제공하여 복잡성을 숨기는데 사용됩니다. 그러나 내부용으로만 서비스를 확장해야 하는 경우에는 훨씬 더 많은 유연성과 제어를 가지고 움직일 수 있습니다.

서비스 B에 의존하여 기능을 구현하는 서비스 A가 있다고 가정해 보겠습니다. 서비스 B는 여러 머신에 확장되어 있고 내부 네트워크에서만 사용할 수 있습니다. 지금까지 배운 것은 서비스 A가 로드 밸런서를 통해서 서비스 B에 연결하여 서비스 B를 서비스하는 모든 서버에 트래픽을 분산한다는 것이었습니다.

그러나 대안이 있습니다. 그림에서 로드 밸런서를 제거하고 클라이언트(서비스 A)가 직접 요청을 배포할 수 있습니다. 이제 클라이언트에서 요청의 로드 밸런싱을 직접 담당하게 됩니다. 이는 서비스 A가 서비스 B를 노출하는 서버에 대한 세부 정보를 알고 있는 경우에만 가능하며 내부 네트워크에서는 일반적으로 알려진 정보입니다. 이 접근 방식을 통해 우리는 본질적으로 **피어 투 피어 로드 밸런싱**을 구현합니다.

그림 12.8은 방금 설명한 두 가지 대안을 비교합니다.

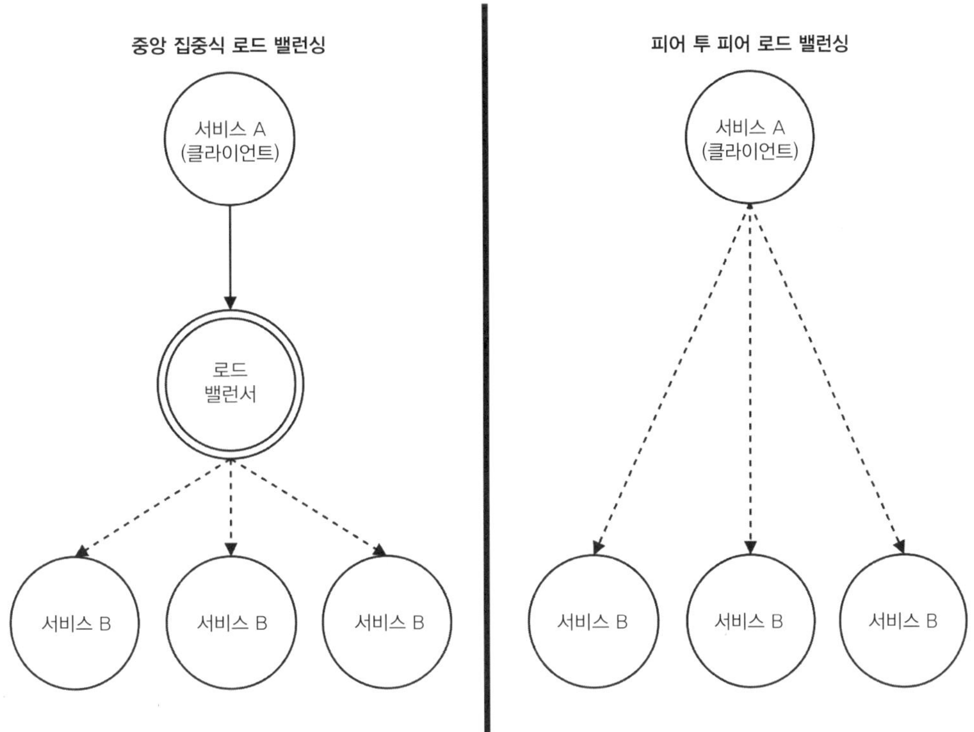

▲ 그림 12.8 중앙 집중식 로드 밸런싱과 피어 투 피어 로드 밸런싱

이것은 병목 현상이나 단일한 장애 지점 없이 실제로 분산된 통신을 가능하게 하는 매우 간단하고 효과적인 패턴입니다. 그 외에도 다음과 같은 속성이 있습니다.

- 네트워크 노드를 제거하여 인프라의 복잡성이 감소합니다.
- 메시지가 하나의 노드를 통해 이동하므로 더 빠른 통신이 가능합니다.
- 로드 밸런서가 처리할 수 있는 성능에 따라 제한되지 않으므로 확장성이 개선됩니다.

반면에 로드 밸런서를 제거하면 실제로 기본 인프라의 복잡성이 드러납니다. 또한 각 클라이언트는 로드 밸런싱 알고리즘을 구현하고 인프라에 대한 정보를 최신 상태로 유지하는 방법을 구현해야 더 잘 동작하게 됩니다.

피어 투 피어 로드 밸런싱은 다음 장에서 사용할 ZeroMQ(nodejsdp.link/zeromq) 라이브러리에서 광범위하게 사용되는 패턴입니다.

다음 섹션에서는 HTTP 클라이언트에서 피어 투 피어 로드 밸런싱을 구현한 예제를 보여줄 것입니다.

여러 서버에 요청을 분산할 수 있는 HTTP 클라이언트 구현

Node.js만 사용하여 로드 밸런서를 구현하고 들어오는 요청을 현재 사용이 가능한 서버에 분산하는 방법을 이미 알고 있으므로 클라이언트 측에서 동일한 메커니즘을 구현하는 것이 크게 다르지 않을 것입니다. 실제 우리가 해야 할 일은 클라이언트 API를 감싸서 로드 밸런싱 메커니즘으로 보강하는 것입니다. 다음 모듈(balancedRequest.js)을 잘 살펴보십시오.

```
import { request } from 'http'
import getStream from 'get-stream'

const servers = [
  { host: 'localhost', port: 8081 },
  { host: 'localhost', port: 8082 }
]
let i = 0

export function balancedRequest (options) {
  return new Promise((resolve) => {
    i = (i + 1) % servers.length
    options.hostname = servers[i].host
    options.port = servers[i].port

    request(options, (response) => {
      resolve(getStream(response))
    }).end()
  })
}
```

앞의 코드는 매우 간단하며 설명이 거의 필요하지 않습니다. 라운드로빈 알고리즘을 사용하여 사용 가능한 서버 목록에서 선택한 서버로 요청할 호스트명과 포트를 재정의하도록 원본

http.request API를 감쌌습니다. 단순화를 위해 모듈 get-stream(nodejsdp.link/get-stream)을 사용하여 버퍼에 전체 응답 본문인 응답 스트림(stream)을 담았습니다.

그런 다음 새로 감싸진 API를 사용할 수 있습니다(client.js).

```
import { balancedRequest } from './balancedRequest.js'

async function main () {
  for (let i = 0; i < 10; i++) {
    const body = await balancedRequest({
      method: 'GET',
      path: '/'
    })
    console.log(`Request ${i} completed:`, body)
  }
}

main().catch((err) => {
  console.error(err)
  process.exit(1)
})
```

앞의 코드를 실행하려면 제공된 샘플 서버의 두 인스턴스를 시작시켜야 합니다.

```
node app.js 8081
node app.js 8082
```

그 다음에는 방금 만든 클라이언트 애플리케이션을 실행합니다.

```
node client.js
```

각 요청이 다른 서버로 전송되어 이제 전용 로드 밸런서 없이도 분산이 가능함을 확인할 수 있습니다!

이전에 만든 래퍼에 대한 명백한 개선 사항은 서비스 레지스트리를 클라이언트에 직접 통합하고 서버 목록을 동적으로 가져오는 것입니다.

다음 섹션에서는 컨테이너 및 컨테이너 오케스트레이션 분야에 대해 살펴보고, 이 분야에서 런타임이 어떻게 많은 확장성의 소유권 문제를 해결하는지 살펴볼 것입니다.

12-2-6 컨테이너를 사용한 애플리케이션 확장

이 섹션에서는 Kubernetes와 같은 컨테이너 및 컨테이너 오케스트레이션 플랫폼을 사용하는 것이 로드 밸런싱, 탄력적인 확장, 고가용성 등과 같은 확장 문제의 대부분을 기본 컨테이너 플랫폼에 위임하여 어떻게 더 간단한 Node.js 애플리케이션을 만들 수 있도록 돕는지 보여드리겠습니다.

컨테이너 및 컨테이너 오케스트레이션 플랫폼은 이 책의 범위를 벗어난 매우 광범위한 주제입니다. 이러한 이유로 여기서는 Node.js를 사용하여 이 기술을 시작하는 데 필요한 몇 가지의 기본 예제만 제공하려고 합니다. 궁극적으로 우리의 목표는 Node.js 애플리케이션을 실행하고 확장하기 위한 새로운 최신 패턴을 탐색하도록 장려하는 것입니다.

컨테이너란?

OCI(Open Container Initiative, nodejsdp.link/opencontainers)에 의해 표준화된 **컨테이너**, 특히 **Linux 컨테이너**는 "코드와 모든 종속성을 패키지화하여 애플리케이션이 하나의 컴퓨팅 환경이 아닌 다른 컴퓨팅 환경에서도 빠르고 안정적으로 실행되도록 하는 소프트웨어의 표준 단위"로 정의됩니다.

즉, 컨테이너를 사용하면 책상의 로컬 개발 랩톱에서 클라우드의 프로덕션 서버에 이르기까지 다양한 컴퓨터에서 애플리케이션을 원활하게 패키징하고 실행할 수 있습니다.

이식성이 매우 뛰어난 것 외에 컨테이너로 실행되는 애플리케이션은 실행 시 오버헤드가 매우 적다는 장점이 있습니다. 실제로 컨테이너는 운영체제에서 직접 네이티브 애플리케이션을 실행하는 것만큼 빠르게 실행됩니다.

간단히 말해서 컨테이너는 Linux 운영체제에서 직접 격리된 프로세스를 정의하고 실행할 수 있는 표준 소프트웨어 단위로 볼 수 있습니다.

이식성과 성능 측면에서 컨테이너는 **가상 머신**과 비교할 때 큰 발전으로 간주됩니다. 응용 프로그램에 대한 OCI 호환 컨테이너를 만들고 실행하는 데는 여러 가지 방법과 도구가 있습니다. 가장 인기있는 것은 **Docker**(nodejsdp.link/docker)입니다.

공식 문서(nodejsdp.link/docker-docs)에서 운영체제에 대한 지침에 따라 시스템에 Docker를 설치할 수 있습니다.

Docker로 컨테이너 생성 및 실행

간단한 웹 서버 애플리케이션(app.js)을 약간 변경하여 다시 작성해 보겠습니다.

```
import { createServer } from 'http'
import { hostname } from 'os'

const version = 1
const server = createServer((req, res) => {
  let i = 1e7; while (i > 0) { i-- }
  res.end(`Hello from ${hostname()} (v${version})`)
})
server.listen(8080)
```

이 웹 서버의 이전 버전과 비교하면, 여기서는 시스템의 호스트 이름과 애플리케이션 버전을 사용자에게 반환합니다.

```
Hello from my-amazing-laptop.local (v1)
```

이 애플리케이션을 컨테이너로 실행하는 방법을 살펴보겠습니다. 가장 먼저 해야 할 일은 프로젝트를 위한 package.json 파일을 만드는 것입니다.

```
{
  "name": "my-simple-app",
  "version": "1.0.0",
  "main": "app.js",
  "type": "module",
  "scripts": {
    "start": "node app.js"
  }
}
```

애플리케이션을 Docker에 담으려면 두 단계의 프로세스를 따라야 합니다.

- 컨테이너 이미지 빌드
- 이미지에서 컨테이너 인스턴스 실행

애플리케이션의 **컨테이너 이미지**를 생성하려면 Dockerfile을 정의해야 합니다. 컨테이너 이미지(또는 Docker 이미지)는 실제 패키지이며 OCI 표준을 따릅니다. 여기에는 모든 소스 코드와 필요한 종속성이 포함되어 있으며 애플리케이션을 실행하는 방법을 설명하여 정의해야 합니다. **Dockerfile**은 애플리케이션의 컨테이너 이미지를 만드는데 사용되는 빌드 스크립트를 정의하는 파일(실제로 Dockerfile이라고 함)입니다. 이제 설명은 이만하고 애플리케이션용 Dockerfile을 작성해보겠습니다.

```
FROM node:14-alpine
EXPOSE 8080
COPY app.js package.json /app/
WORKDIR /app
CMD ["npm", "start"]
```

이 Dockerfile은 매우 짧지만 여기에는 흥미로운 내용이 많이 있으므로 하나씩 살펴보겠습니다.

- FROM node:14-alpine은 사용할 기본 이미지를 나타냅니다. 기본 이미지를 사용하면 기존 이미지의 "위에" 빌드할 수 있습니다. 우리의 이 경우에는 Node.js 버전 14가 이미 포함된 이미지에서 시작합니다. 즉, Node.js를 컨테이너 이미지에 패키징하는 방법을 설명하는 것에 대해 걱정할 필요가 없습니다.
- EXPOSE 8080은 애플리케이션이 포트 8080에서 TCP 연결을 수신할 것임을 Docker에 알립니다.
- COPY app.js package.json /app/은 app.js와 package.json 파일을 컨테이너 파일 시스템의 /app 폴더에 복사합니다. 컨테이너는 격리되어 있으므로 기본적으로 호스트 운영체제와 파일을 공유할 수 없습니다. 따라서 프로젝트 파일에 액세스하고 실행할 수 있도록 컨테이너에 프로젝트 파일을 복사해야 합니다.
- WORKDIR /app은 컨테이너의 작업 디렉터리를 app으로 설정합니다.
- CMD ["npm", "start"]는 이미지에서 컨테이너를 실행할 때 애플리케이션을 시작하기 위해 실행할 명령을 지정합니다. 여기서는 npm start를 실행하고 있으며, 이는 package.json에 지정된 대로 노드 app.js를 실행합니다.

이제 Dockerfile을 사용하여 다음 명령으로 컨테이너 이미지를 만들 수 있습니다.

```
docker build
```

이 명령은 현재 작업 디렉터리에서 Dockerfile을 찾고 실행하여 이미지를 만듭니다.

이 명령의 출력은 다음과 같아야 합니다.

```
Sending build context to Docker daemon 7.168kB
Step 1/5 : FROM node:14-alpine
---> ea308280893e
Step 2/5 : EXPOSE 8080
---> Running in 61c34f4064ab
Removing intermediate container 61c34f4064ab
---> 6abfcdf0e750
Step 3/5 : COPY app.js package.json /app/
---> 9d498d7dbf8b
Step 4/5 : WORKDIR /app
---> Running in 70ea26158cbe
Removing intermediate container 70ea26158cbe
---> fc075a421b91
Step 5/5 : CMD ["npm", "start"]
---> Running in 3642a01224e8
Removing intermediate container 3642a01224e8
---> bb3bd34bac55
Successfully built bb3bd34bac55
```

이전에 node:14-alpine 이미지를 사용한 적이 없는 경우(또는 최근에 Docker 캐시를 삭제한 경우), 이 컨테이너 이미지의 다운로드를 나타내는 추가적인 정보도 표시됩니다.

마지막 해시는 컨테이너 이미지의 ID입니다. 다음 명령을 사용하여 컨테이너의 인스턴스를 실행하는데 사용할 수 있습니다.

```
docker run -it -p 8080:8080 bb3bd34bac55
```

이 명령은 기본적으로 Docker에게 "대화형 모드"(백그라운드로 이동하지 않음을 의미함)에서 이미지 bb3bd34bac55의 이미지 애플리케이션을 실행하라는 명령으로, 컨테이너의 포트 8080이 호스트 머신(운영체제)의 포트 8080에 매핑됩니다.

이제 localhost:8080에서 애플리케이션에 접근할 수 있습니다. 따라서 curl을 사용하여 웹 서버에 요청을 보내면 다음과 유사한 응답을 받아야 합니다.

```
Hello from f2ffa85c8ff8 (v1)
```

호스트 이름이 다르다는 것에 유의하십시오. 모든 컨테이너가 기본적으로 기본 운영체제의 대부분의 리소스에 접근할 수 없는 샌드박스 환경에서 실행되기 때문입니다.

이제 컨테이너가 실행 중인 터미널 창에서 Ctrl + C 를 눌러 컨테이너를 중지할 수 있습니다.

이미지를 빌드할 때 -t 플래그를 사용하여 결과 이미지에 태그를 지정할 수 있습니다. 태그는 컨테이너 이미지를 식별하고 실행하기 위해 생성된 해시보다 직관적인 대안으로 사용할 수 있습니다. 예를 들어, 컨테이너 이미지 hello-web.v1을 호출하려면 다음 명령을 사용할 수 있습니다.

```
docker build -t hello-web:v1 .
docker run -it -p 8080:8080 hello-web:v1
```

태그를 사용할 때 [이미지 이름:버전]의 일반적인 형식을 따르는 것이 좋습니다.

Kubernetes란?

방금 컨테이너를 사용하여 Node.js 애플리케이션을 실행했습니다. 만세! 이것이 엄청난 성과처럼 보이지만 수박 겉핥기에 불과합니다. 컨테이너의 진정한 힘은 더 복잡한 애플리케이션을 빌드할 때 나옵니다. 예를 들어, 여러 독립 서비스로 구성된 애플리케이션을 만들 때 여러 클라우드 서버에 배포하고 조정해야 하는 경우입니다. 이 상황에서 Docker 만으로는 더 이상 충분하지 않습니다. 클라우드 클러스터에서 사용 가능한 머신을 통해 실행중인 모든 컨테이너 인스턴스를 조율할 수 있는 더 복잡한 시스템이 필요합니다. 컨테이너 오케스트레이션 도구가 필요한 것입니다.

컨테이너 오케스트레이션 도구에는 다음과 같은 여러 가지 책임이 있습니다.

- 여러 클라우드 서버(노드)를 하나의 논리적 클러스터로 결합할 수 있으며, 여기서 모든 노드에서 실행되는 서비스의 가용성에 영향을 주지 않고 동적으로 노드를 추가 및 제거할 수 있습니다.
- 다운타임이 없는지 확인합니다. 컨테이너 인스턴스가 중지되거나 상태 확인에 응답하지 않으면 자동으로 다시 시작됩니다. 또한 클러스터의 노드가 실패하면 해당 노드에서 실행 중인 워크로드가 자동으로 다른 노드로 마이그레이션 됩니다.
- 서비스 검색 및 로드 밸런싱을 구현하는 기능을 제공합니다.
- 데이터가 필요에 따라 지속될 수 있도록 내구성이 있는 스토리지에 대한 오케스트레이션된 접근을 제공합니다.
- 다운타임 없는 애플리케이션의 자동 롤아웃(rollouts) 및 롤백(rollback)을 제공할 수 있습니다.
- 민감한 데이터 및 설정 관리 시스템을 위한 보안 저장 공간을 제공합니다.

가장 인기있는 컨테이너 오케스트레이션 시스템 중 하나인 Kubernetes(nodejsdp.link/kubernetes)는 원래 2014년에 Google에서 오픈 소스로 제공했습니다. Kubernetes라는 이름은 그리스어 "κυβερνήτης"에서 유래되었으며, "조타수" 또는 "조종사"라는 의미지만, "총독", 보다 일반적으로 "지휘자"라는 의미가 있습니다. Kubernetes는 대규모 클라우드에서 워크로드를 실행하는 Google 엔지니어의 수년간의 경험을 집약한 것입니다.

그 특징 중 하나는 "최종 상태"를 정의하고 오케스트레이터가 클러스터에서 실행되는 서비스의 안정성을 방해하지 않고 원하는 상태에 도달하는 데 필요한 일련의 단계를 파악할 수 있도록 선언적으로 구성힌 시스템입니다.

Kubernetes 구성의 전체 개념은 "객체" 개념을 중심으로 이루어집니다. 객체는 클라우드 배포의 요소로 추가, 제거 및 구성 변경이 가능합니다. Kubernetes 객체의 좋은 예는 다음과 같습니다.

- 컨테이너화된 애플리케이션
- 컨테이너 리소스(CPU 및 메모리 할당, 영구 저장소, 네트워크 인터페이스 또는 GPU와 같은 장치에 대한 접근)
- 애플리케이션 동작에 대한 정책(다시 시작 정책, 업그레이드, 내결함성)

Kubernetes 객체는 일종의 "의도 기록(record of intent)"입니다. 즉 클러스터에서 생성한 후에 Kubernetes는 객체의 상태를 지속적으로 모니터링(필요한 경우 변경)하여 정의된 기대치를 준수하는지 확인합니다.

Kubernetes 클러스터는 일반적으로 kubectl(nodejsdp.link/kubectl-install)라는 커맨드 라인 도구를 통해 관리됩니다.

개발, 테스트 및 프로덕션 목적으로 Kubernetes 클러스터를 만드는 방법에는 여러 가지가 있습니다. Kubernetes 시험을 시작하는 가장 쉬운 방법은 minikube(nodejsdp.link/minikube-install)라는 도구로 쉽게 만들 수 있는 로컬 단일 노드 클러스터를 사용하는 것입니다.

다음 섹션에서 샘플 컨테이너화된 앱을 로컬 Kubernetes 클러스터에 배포할 것이므로 kubectl과 minikube를 시스템에 설치해야 합니다.

Kubernetes에 대해 배우는 또 다른 좋은 방법은 공식 대화형 튜토리얼(nodejsdp.link/kubernetestutorials)을 사용하는 것입니다.

Kubernetes에서 애플리케이션 배포 및 확장

이 섹션에서는 로컬 minikube 클러스터에서 간단한 웹 애플리케이션을 실행합니다. 따라서 kubectl 및 minikube가 올바르게 설치되고 시작되었는지 확인하십시오.

> macOS 및 Linux 환경에서는 minikube start 및 eval $(minikube docker-env)를 실행하여 작업 환경을 초기화해야 합니다. 두 번째 명령은 현재 터미널에서 docker 및 kubectl을 사용할 때 로컬 Minikube 클러스터와 상호 작용하는지 확인합니다. 여러 터미널을 여는 경우 모든 터미널에서 eval $(minikube docker-env)를 실행해야 합니다. 또한 minikube 대시보드를 실행하여 클러스터의 모든 객체를 시각화하고 상호 작용할 수 있는 편리한 웹 대시보드를 실행할 수 있습니다.

가장 먼저 해야 할 일은 Docker 이미지를 빌드하고 의미있는 이름을 지정하는 것입니다.

```
docker build -t hello-web:v1 .
```

환경을 올바르게 설정한 경우 hello-web 이미지를 로컬 Kubernetes 클러스터에서 사용할 수 있습니다.

> 로컬 개발에는 로컬 이미지를 사용하는 것으로 충분합니다. 프로덕션 환경으로 이동할 준비가 되었다면 Docker Hub(nodejsdp.link/docker-hub), Docker registry(nodejsdp.link/docker-registry), Google Cloud Container Registry(nodejsdp.link/gc-container-registry) 또는 Amazon Elastic Container Registry(nodejsdp.link/ecr)와 같은 Docker 컨테이너 레지스트리에 이미지를 게시하는 것이 가장 좋습니다. 이미지를 컨테이너 레지스트리에 게시한 후에는 매번 해당 이미지를 다시 빌드할 필요 없이 애플리케이션을 다른 호스트에 쉽게 배포할 수 있습니다.

Kubernetes 배포 만들기

이제 Minikube 클러스터에서 이 컨테이너의 인스턴스를 실행하려면 다음 명령을 사용하여 배포 본(Kubernetes 객체)을 만들어야 합니다.

```
kubectl create deployment hello-web --image=hello-web:v1
```

그러면 다음과 같은 출력이 생성됩니다.

```
deployment.apps/hello-web created
```

이 명령은 기본적으로 Kubernetes에 hello-web:v1 컨테이너의 인스턴스를 hello-web이라는 애플리케이션으로 실행하도록 지시합니다.

다음 명령을 사용하여 배포가 실행 중인지 확인할 수 있습니다.

```
kubectl get deployments
```

다음과 같은 출력이 생성됩니다.

```
NAME        READY   UP-TO-DATE   AVAILABLE   AGE
hello-web   1/1     1            1           7s
```

이 테이블은 기본적으로 hello-web 배포가 활성화되어 있고 할당된 하나의 pod가 있음을 나타냅니다. **pod**는 동일한 Kubernetes의 기본 단위이며, 동일한 Kubernetes 노드에서 함께 실행해야 하는 컨테이너 집합을 나타냅니다. 동일한 pod의 컨테이너에는 스토리지 및 네트워크와 같은 공유 리소스가 있습니다. 일반적으로 pod에는 컨테이너가 하나만 포함되어 있지만, 이러한 컨테이너가 긴밀하게 결합된 애플리케이션을 실행하는 경우 pod에 둘 이상의 컨테이너가 표시되는 것은 드문 일이 아닙니다.

다음 명령으로 클러스터에서 실행중인 모든 pod를 나열할 수 있습니다.

```
kubectl get pods
```

이 명령은 다음과 유사한 내용을 출력합니다.

```
NAME                         READY   STATUS    RESTARTS   AGE
hello-web-65f47d9997-df7nr   1/1     Running   0          2m19s
```

이제 로컬 머신에서 웹 서비스에 접근할 수 있게 하려면 배포를 expose해야 합니다.

```
kubectl expose deployment hello-web --type=LoadBalancer --port=8080
minikube service hello-web
```

첫 번째 명령은 Kubernetes에 모든 컨테이너의 포트 8080에 연결하여 hello-web 앱의 인스턴스를 expose하는 LoadBalancer 객체를 생성하도록 지시합니다. 두 번째 명령은 로컬 주소를 가져와 로드 밸런서에 접근할 수 있도록 하는 minikube의 도우미 명령입니다. 이 명령은 브라우저 창을 열 것이므로 이제 브라우저에서 컨테이너의 응답을 볼 수 있습니다.

```
Hello from hello-web-65f47d9997-df7nr (v1)
```

Kubernetes 배포 확장

이제 애플리케이션이 실행되고 접근할 수 있게 되었으므로, 실제로 Kubernetes의 일부 기능을 시험해 보겠습니다. 예를 들어, 하나가 아닌 5개의 인스턴스를 실행하여 애플리케이션을 확장하는 것은 어떨까요? 실행은 간단합니다.

```
kubectl scale --replicas=5 deployment hello-web
```

이제 kubectl get deployments가 다음 상태를 보여줘야 합니다.

```
NAME READY UP-TO-DATE AVAILABLE AGE
hello-web 5/5 5 5 9m18s
```

그리고 kubectl get pods는 다음과 같이 생성되어야 합니다.

```
NAME                          READY   STATUS    RESTARTS   AGE
hello-web-65f47d9997-df7nr    1/1     Running   0          9m24s
hello-web-65f47d9997-g98jb    1/1     Running   0          14s
hello-web-65f47d9997-hbdkx    1/1     Running   0          14s
hello-web-65f47d9997-jnfd7    1/1     Running   0          14s
hello-web-65f47d9997-s54g6    1/1     Running   0          14s
```

지금 로드 밸런서를 사용하려고 하면 트래픽이 사용 가능한 인스턴스에 분산될 때 다른 호스트 이름이 표시될 가능성이 있습니다. 예를 들어 로드 밸런서 URL에 대해 autocannon으로 부하 테스트를 실행하여 로드 밸런서에 부하를 가하면 더욱 분명해질 것입니다.

Kubernetes 롤아웃

이제 Kubernetes의 또 다른 기능인 롤아웃을 사용해 보겠습니다. 새로운 버전의 앱을 출시하려면 어떻게 해야 할까요?

app.js 파일에서 const version=2를 설정하고 새 이미지를 만들 수 있습니다.

```
docker build -t hello-web:v2 .
```

이 시점에서 실행 중인 모든 pod를 이 새로운 버전으로 업그레이드 하려면 다음 명령을 실행해야 합니다.

```
kubectl set image deployment/hello-web hello-web=hello-web:v2 —record
```

이 명령의 출력은 다음과 같아야 합니다.

```
deployment.apps/hello-web image updated
```

모든 것이 예상대로 작동한다면 이제 브라우저 페이지를 새로 고침 해서 다음과 같은 내용을 볼 수 있습니다.

```
Hello from hello-web-567b986bfb-qjvfw (v2)
```

V2 플래그가 존재합니다.

방금 뒤에서 일어난 일은 Kubernetes가 컨테이너를 하나씩 교체하여 새 버전을 출시하기 시작했다는 것입니다. 컨테이너가 교체되면 실행 중인 인스턴스가 정상적으로 중지됩니다. 이렇게 하면 컨테이너가 종료되기 전에 현재 진행중인 요청을 완료할 수 있습니다.

이것으로 작은 Kubernetes 튜토리얼이 끝났습니다. 여기서 배울 수 있는 점은 Kubernetes와 같은 컨테이너 오케스트레이터 플랫폼을 사용할 경우, 여러 인스턴스로 확장하거나 소프트 롤아웃 및 애플리케이션의 재시작을 처리하는 것과 같은 문제를 애플리케이션이 신경쓸 필요가 없기 때문에 코드를 매우 간단하게 유지할 수 있다는 것입니다. 이것이 이 접근 방식의 중요한 장점입니다.

물론 이런 단순함은 공짜로 제공되지 않습니다. 오케스트레이션 플랫폼을 배우고 관리해야 하는 비용이 지불됩니다. 프로덕션 환경에서 소규모 애플리케이션을 실행하는 경우에는 Kubernetes와 같은 컨테이너 오케스트레이터 플랫폼을 설치하고 관리해야 하는 복잡성과 비용을 초래할 가치가 없을 것입니다. 그러나 매일 수백만 명의 사용자에게 서비스를 제공하는 경우, 이러한 강력한 인프라를 구축하고 유지하는 것은 상당한 가치가 있습니다.

또 다른 흥미로운 점은 Kubernetes에서 컨테이너를 실행할 때 컨테이너가 "일회용"으로 간주되는 경우가 많다는 것입니다. 이는 기본적으로 언제든지 종료하고 다시 시작할 수 있음을 의미합니다. 이것은 관련 없는 세부적인 사항처럼 보일 수 있지만, 실제로 이 동작을 고려하고 애플리케이션을 가능한 상태 비저장으로 유지해야 합니다. 실제로 컨테이너는 기본적으로 로컬 파일 시스템의 변경 사항을 유지하지 않으므로 일부 영구적인 정보를 저장해야 할 때마다 데이터베이스나 영구 볼륨 같은 외부 저장소 메커니즘에 의존해야 합니다

이전 예제에서 방금 실행한 컨테이너에서 시스템을 정리하고 minikube를 중지하려면 다음 명령을 사용하면 됩니다.

```
kubectl scale --replicas=0 deployment hello-web
kubectl delete -n default service hello-web
minikube stop
```

이 장의 다음 및 마지막 부분에서는 모놀리식 애플리케이션을 분리된 마이크로서비스 집합으로 분해하는 몇 가지 흥미로운 패턴을 살펴보겠습니다. 이것은 모놀리식 애플리케이션을 구축했는데 확장성 문제로 고통받게 될 경우 매우 중요합니다.

12-3 복잡한 애플리케이션 분해

지금까지 이 장에서 우리는 주로 스케일 큐브의 X축에 대한 분석을 집중했습니다. 부하를 분산하고 애플리케이션을 확장하고 가용성을 향상시키는 가장 쉽고 즉각적인 방법을 확인했습니다. 다음 섹션에서는 애플리케이션을 기능 및 서비스별로 **분해**하여 크기를 조정하는 스케일 큐브의 Y축에 중점을 둘 것입니다. 우리가 배우게 될 이 기술을 사용하면 애플리케이션의 용량뿐만 아니라 가장 중요한 복잡성도 확장할 수 있습니다.

12-3-1 모놀리식 아키텍처

모놀리식이라는 용어는 애플리케이션의 모든 서비스가 상호 연결되어 거의 구분할 수 없는 모듈성이 없는 시스템을 떠올리게 만듭니다.

그러나 항상 그렇지만은 않습니다. 종종 모놀리식 시스템은 고도로 모듈화된 아키텍처와 내부 컴포넌트 간에 좋은 수준의 디커플링을 가지고 있습니다.

완벽한 예로는 **모놀리식 커널**이라는 범주의 일부인 LinuxOS 커널입니다(생태계 및 Unix 철학과 완벽하게 반대됨). Linux에는 시스템이 실행되는 동안에도 동적으로 로드 및 언로드할 수 있는 수천 개의 서비스와 모듈이 존재합니다. 그러나 이들은 모두 커널 모드에서 실행됩니다. 즉, 이들 중 하나에서 오류가 발생하면 전체 OS가 다운될 수 있습니다(커널 패닉을 본 적이 있습니까?). 이 접근 방식은 운영체제의 핵심 서비스만 커널모드에서 실행되고 나머지는 일반적으로 각각의 고유한 프로세스가 있는 사용자 모드에서 실행되는 마이크로 커널 아키텍처와 반대입니다. 마이크로 커널 접근 방식의 가장 큰 장점은 구성 서비스 중 하나의 문제로 인해 전체 시스템의 안정성에 영향을 주지 않고 격리된 상태에서 충돌이 발생할 가능성이 높다는 것입니다.

커널 설계에 대한 Torvalds-Tanenbaum 논쟁은 아마도 컴퓨터 과학 역사상 가장 유명한 불꽃 튀는 쟁점 중 하나일 것입니다. 논쟁의 주요 포인트 중 하나는 정확히 모놀리식 대 마이크로 커널 디자인에 대한 것입니다. nodejsdp.link/torvalds-tanenbaum에서 웹 버전의 토론 내용(원래 Usnet에 공개되었음)을 찾을 수 있습니다.

30년이 넘은 이러한 디자인 원칙이 오늘날의 완전히 다른 환경에서도 적용될 수 있다는 것은 놀랍기만 합니다. 현대의 모놀리식 애플리케이션은 모놀리식 커널과 비슷합니다. 컴포넌트 중 하나라도 실패하면 전체 시스템이 영향을 받습니다. 즉, Node.js 용어로 번역하면 모든 서비스가 동일한 코드 베이스의 일부이며 (복제되지 않은 경우) 단일 프로세스에서 실행됩니다.

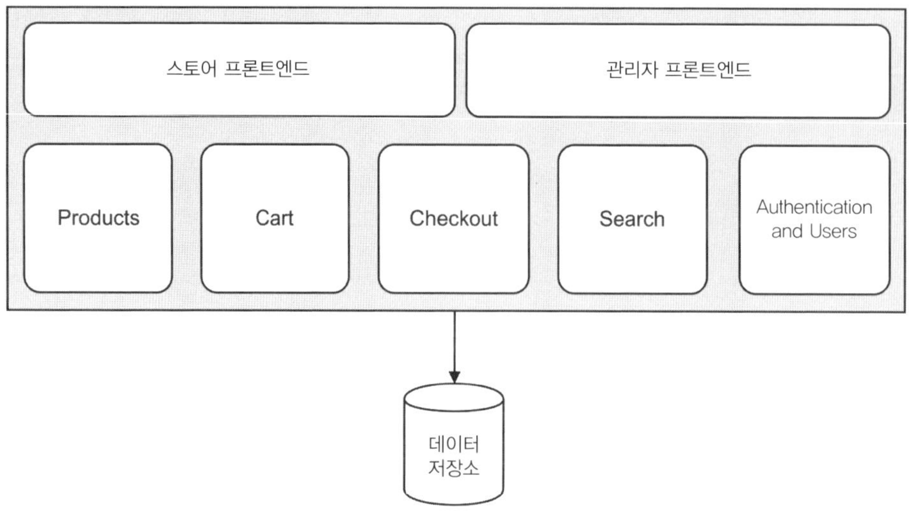

▲ 그림 12.9 모놀리식 아키텍처의 예

그림 12.9는 일반적인 전자상거래 애플리케이션의 아키텍처를 보여줍니다. 구조는 모듈 식입니다. 하나는 메인 스토어 용이고 다른 하나는 관리 인터페이스 용입니다. 내부적으로 우리는 애플리케이션에 의해 구현된 서비스를 명확하게 분리했습니다. 각 서비스는 Products, Cart, Checkout, Search와 Authentication and Users와 같은 애플리케이션 비즈니스 로직이 특정 부분을 담당합니다. 그러나 모든 모듈이 동일한 코드 베이스의 일부이며 단일 애플리케이션의 일부로 실행되기 때문에 앞의 아키텍처는 모놀리식입니다. 컴포넌트 중 하나에 오류가 발생하면 전체 온라인 상점이 다운될 수 있습니다.

이러한 유형의 아키텍처의 또 다른 문제는 모듈 간의 상호 연결성입니다. 모듈들이 모두 동일한 애플리케이션 내에 존재한다는 사실은 개발자가 모듈 간의 상호 작용과 연결을 구축하는 것을 매우 간단하게 만듭니다. 예를 들어, 제품을 구매할 때의 사용자 시나리오를 생각해봅시다. Checkout 모듈은 Product 객체의 가용성을 업데이트해야 하는데, 두 모듈이 동일한 애플리케이션에 있을 경우 개발자가 Product 객체에 대한 참조를 획득하여 직접 사용 가능 여부를 업데이트하는 것은 너무나 간단한 작업입니다. 내부 모듈 간의 낮은 결합을 유지하는 것은 모놀리식 애플리케이션에서 매우 어렵습니다. 부분적으로는 모듈 간의 경계가 항상 명확하거나 적절하게 적용되지 않기 때문입니다.

높은 결합은 종종 애플리케이션의 성장에 주요 장애물 중의 하나이며, 복잡성 측면에서 확장성을 방해합니다. 사실, 복잡한 종속성 그래프는 시스템의 모든 부분이 책임이 되고 제품의 전체 수명 동안 유지되어야 하며 모든 컴포넌트가 젠가 나무 블록과 같으므로, 모든 변경 사항을 신중하게 평가해야 함을 의미합니다. 그들 중 하나를 이동하거나 제거하면 전체 타워가 무너질 수 있습니다. 이로 인해 프로젝트의 복잡성 증가에 대처하기 위한 빌드 규칙 및 개발 프로세스가 수립되는 경우가 많습니다.

12-3-2 마이크로서비스 아키텍처

이제 우리는 커다란 애플리케이션을 작성하기 위해 Node.js에서 가장 중요한 패턴을 공개할 것입니다. 그것은 바로 "커다란 애플리케이션을 만들지 마십시오"입니다. 이것은 사소한 문장처럼 들리겠지만 소프트웨어 시스템의 복잡성과 용량을 모두 확장하는 매우 효과적인 전략입니다. 그렇다면 커다란 애플리케이션을 작성하는 대안은 무엇일까요? 해답은 스케일 큐브의 Y축에 있습니다. 서비스 및 기능에 따른 분해 및 분할입니다. 개념은 애플리케이션을 필수 컴포넌트로 분해하여 별도의 독립적인 애플리케이션을 만드는 것입니다. 이는 사실상 모놀리식 아키텍처의 반대입니다. 이것은 우리가 책의 시작 부분에서 논의한 유닉스 철학과 Node.js의 원칙과 완벽하게 일치합니다. 특히 "각 프로그램은 한 가지 역할만 잘 하도록 만들어라."라는 모토에도 부합합니다.

오늘날 **마이크로서비스 아키텍처**는 이러한 유형의 접근 방식에 대한 주요 참조 패턴으로, 일련의 자체적인 서비스가 대규모 단일 애플리케이션을 대체합니다. 접두사 "마이크로(micro)"는 서비스가 가능한 한 작아야 하지만 항상 합리적인 한도 내에 있어야 함을 의미합니다. 단 하나의 웹 서비스만 노출하는 수백 개의 서로 다른 애플리케이션으로 아키텍처를 만드는 것이 반드시 좋은 선택이라고 오해하지는 마십시오. 실제로 서비스가 얼마나 작거나 커야 하는지에 대한 엄격한 규칙은 없습니다. 마이크로서비스 아키텍처 설계에서 중요한 것은 크기가 아닙니다. 대신 주로 느슨한 결합, 높은 응집력 및 통합 복잡성과 같은 다양한 요인의 집합입니다.

마이크로서비스 아키텍처의 예

이제 마이크로서비스 아키텍처를 사용하는 모놀리식 전자상거래 애플리케이션의 모습을 살펴봅시다.

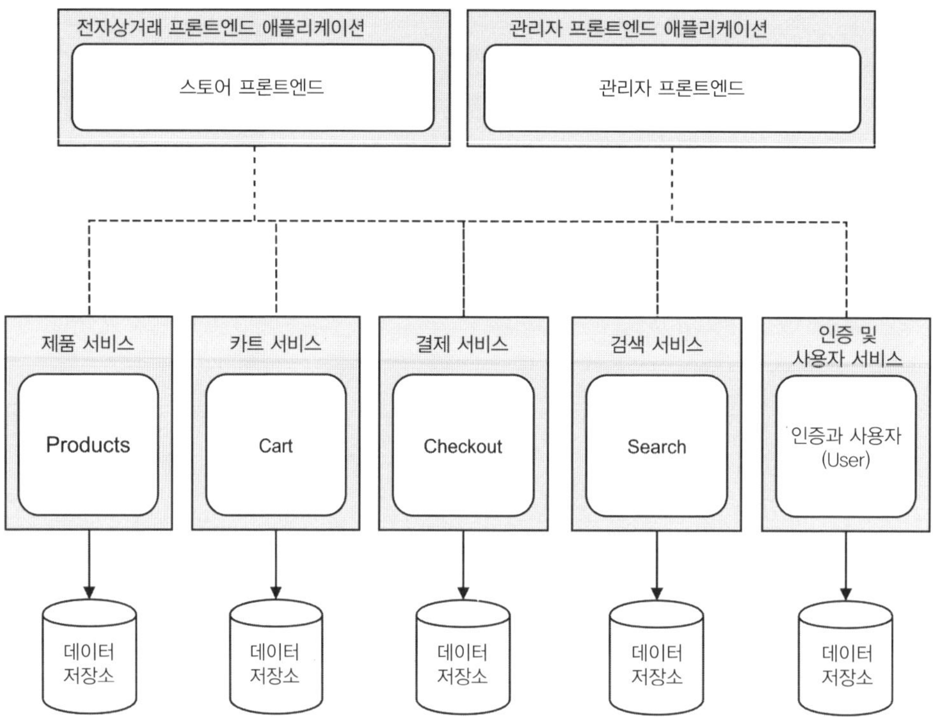

▲ 그림 12.10 마이크로서비스 패턴을 사용한 전자상거래 시스템의 구현 예

그림 12.10에서 볼 수 있듯이 전자상거래 애플리케이션의 각 기본 컴포넌트는 이제 자체 데이터베이스와 함께 자체 컨텍스트가 존재하는 자립적이고 독립적인 엔티티입니다. 실제로 이들은 모두 관련된 일련의 서비스들을 노출하고 있는 독립적인 애플리케이션들입니다.

서비스의 **데이터 소유권**은 마이크로서비스 아키텍처의 중요한 특성입니다. 이것이 적절한 격리 및 독립 수준을 유지하기 위해 데이터베이스도 분할해야 하는 이유입니다. 고유한 공유 데이터베이스를 사용하면 서비스가 함께 작동하는 것이 훨씬 쉬워집니다. 그러나 이것은 또한 서비스(데이터 기반) 간의 결합을 유도하여 서로 다른 애플리케이션을 갖는 몇몇 장점들을 무효화 합니다.

모든 노드를 연결하는 점선은 전체 시스템이 완전히 동작하려면 어떤 식으로든 정보를 교환하고 통신해야 함을 알려 줍니다. 서비스가 동일한 데이터베이스를 공유하지 않기 때문에 전체 시스템의 일관성을 유지하기 위해 더 많은 통신이 필요합니다. 예를 들어 Checkout 서비스는 가격 및 배송 제한과 같은 Products에 대한 일부 정보를 알아야 하며, 동시에 결제 완료 시 제품의 가용성과 같은 Products 서비스에 저장된 데이터를 업데이트해야 합니다. 그림 12.10에서 우리는 일반적으로 노드가 통신하는 방식을 나타내려고 했습니다. 확실히 가장 인기있는 전략은 웹 서비스를 사용하는 것이지만, 나중에 살펴보겠지만 이것이 유일한 옵션은 아닙니다.

패턴(마이크로서비스 아키텍처)

여러 개의 소규모 독립형 서비스를 만들어 복잡한 애플리케이션을 분할합니다.

마이크로서비스의 장단점

이 섹션에서는 마이크로서비스 아키텍처 구현의 장점과 단점을 알아볼 것입니다. 앞으로 보게 되겠지만 이 접근 방식은 애플리케이션 개발 방식에 급진적인 변화를 가져와 확장성과 복잡성에 대한 인식을 혁신할 수 있을 것으로 기대되지만, 다른 한편으로는 사소하지 않은 과제를 야기합니다.

Martin Fowler가 마이크로서비스에 대해 정말 좋은 글을 썼습니다. 이 글은 nodejsdp.link/microservices 에서 읽을 수 있습니다.

모든 서비스는 소모품이다

각 서비스가 고유한 애플리케이션 컨텍스트에 존재하는 주요 기술적 이점은 충돌이 전체 시스템에 전파되지 않는다는 것입니다. 목표는 더 작고 변경하기 쉬우며 처음부터 다시 빌드할 수도 있는 진정한 독립적인 서비스들을 만드는 것입니다. 예를 들어 전자상거래 애플리케이션의 **Checkout** 서비스가 심각한 버그로 인해 갑자기 충돌이 발생하는 경우, 나머지 시스템은 계속 정상적으로 작동해야 합니다. 일부 기능이 영향을 받을 수는 있습니다. 예를 들면, 제품을 구매할 수는 없지만 나머지 부분은 계속 동작합니다.

또한 컴포넌트를 구현하는데 사용한 데이터베이스나 프로그래밍 언어가 설계상 좋은 결정이 아니었다는 것을 갑자기 깨달았다고 생각해봅시다. 모놀리식 애플리케이션에서는 전체 시스템에 영향을 주지 않고 변경하기 위해 할 수 있는 작업이 거의 없습니다. 대신 마이크로서비스 아키텍처에서는 다른 데이터베이스 또는 플랫폼을 사용하여 전체 서비스를 처음부터 더 쉽게 다시 구현할 수 있으며, 새로운 구현이 나머지와 동일한 인터페이스를 유지하는 한 나머지 시스템은 이를 인식하지 못할 것입니다.

플랫폼 및 언어 간의 재사용성

커다란 모놀리식 애플리케이션을 여러 개의 작은 서비스로 분할하면 훨씬 쉽게 재사용할 수 있는 독립적인 단위를 만들 수 있습니다. **Elasticsearch**(nodejsdp.link/elasticsearch)는 재사용 가능한 검색 서비스의 좋은 예입니다. **ORY**(nodejsdp.link/ory)는 마이크로서비스 아키텍처에 쉽게 통합할 수 있는 완전한 인증 및 권한 부여 서비스를 제공하는 재사용 가능한 오픈 소스 기술의 또 다른 예입니다.

마이크로서비스 접근 방식의 주요 장점은 정보 숨김 수준이 일반적으로 모놀리식 애플리케이션에 비해 훨씬 높습니다. 이는 상호 작용이 일반적으로 웹 API 또는 메시지 브로커와 같은 원격 인터페이스를 통해 발생하기 때문에 가능합니다. 때문에 구현의 세부 정보를 훨씬 쉽게 숨기고 서비스 구현 또는 배포 방식의 변경으로부터 클라이언트를 보호할 수 있습니다. 예를 들어 웹 서비스를 호출만 하는 클라이언트는 인프라가 확장되는 방식, 사용하는 프로그래밍 언어, 데이터 저장에 사용하는 데이터베이스 등으로부터 보호됩니다. 모든 결정은 시스템의 나머지 부분에 잠재적인 영향없이 필요에 따라 재검토 및 조정할 수 있습니다.

애플리케이션을 확장하는 방법

스케일 큐브로 돌아가보면 마이크로서비스는 Y축을 따라 애플리케이션을 확장하는 것과 동일하므로 이미 여러 머신에 부하를 분산하기 위한 솔루션입니다. 또한 마이크로서비스를 큐브의 다른 2차원과 결합하여 애플리케이션을 더욱 확장할 수 있다는 사실을 잊지 말아야 합니다. 예를 들어, 각 서비스를 복제하여 더 많은 트래픽을 처리할 수 있으며 흥미로운 점은 독립적으로 확장할 수 있어 더 나은 리소스 관리가 가능하다는 것입니다.

이 시점에서 마이크로서비스가 우리의 모든 문제에 대한 해결책처럼 보일 것입니다. 그러나 이는 사실이 아닙니다. 마이크로서비스를 사용하여 직면하는 과제를 한번 살펴보겠습니다.

마이크로서비스의 과제

관리할 노드가 많을수록 통합, 배포 및 코드 공유 측면에서 복잡성이 증가합니다. 기존 아키텍처의 일부 문제들을 해결하지만 많은 새로운 문제들을 불러 일으킵니다. 서비스가 상호 작용하게 하려면 어떻게 해야 할까요? 이렇게 많은 수의 애플리케이션을 배포, 확장 및 모니터링해야 할 때, 어떻게 온전성을 유지할 수 있을까요? 서비스간에 코드를 공유하고 재사용하려면 어떻게 해야 할까요?

다행히 클라우드 서비스와 최신 DevOps 방법론은 이러한 질문에 대한 해답을 제공할 수 있으며 Node.js를 사용하면 많은 도움이 될 수 있습니다. 모듈 시스템은 서로 다른 프로젝트 간에 코드를 공유할 수 있는 완벽한 동반자입니다. Node.js는 마이크로서비스 아키텍처와 같은 분산 시스템의 노드가 될 수 있도록 만들어졌습니다.

다음 섹션에서는 마이크로서비스 아키텍처에서 서비스를 관리하고 통합하는데 도움이 될 수 있는 몇 가지 통합 패턴을 소개하겠습니다.

12-3-3 마이크로서비스 아키텍처의 통합 패턴

마이크로서비스의 가장 어려운 문제 중 하나는 모든 노드를 연결하여 공동작업을 수행하는 것입니다. 예를 들어, 전자상거래 애플리케이션의 Cart 서비스는 추가할 Products가 없으면 거의 의미가 없으며, 구매할 제품 목록(Cart)이 없으면 Checkout 서비스가 소용없습니다. 이미 언급했듯이 다양한 서비스 간의 상호 작용을 필요로 하는 다른 요소도 있습니다. 예를 들어, Search 서비스는 사용 가능한 Products를 알아야 하며 정보를 최신 상태로 유지해야 합니다. 구매가 완료되면 Product의 가용성에 대한 정보를 업데이트해야 하는 Checkout 서비스에 대해서도 마찬가지입니다.

통합 전략을 설계할 때, 시스템의 서비스 간에 어떤 결합을 도입할지를 고려하는 것도 중요합니다. 분산 아키텍처를 설계할 때는 로컬에서 모듈이나 하위 시스템을 설계할 때 사용하는 관행과 원칙이 포함된다는 사실을 잊어서는 안됩니다. 따라서 서비스의 재사용 및 확장성과 같은 속성도 고려해야 합니다.

API 프록시

우리가 보여줄 첫 번째 패턴은 클라이언트와 일련의 원격 API들 간의 통신을 프록시하는 서버인 **API 프록시**(일반적으로 **API 게이트웨이**라고도 함)를 사용하는 것입니다. 마이크로서비스 아키텍처에서 이것의 주된 목적은 여러 API 엔드포인트에 단일 액세스 포인트를 제공하는 것이지만, 로드 밸런싱, 캐싱, 인증 및 트래픽 제한을 제공할 수도 있으며, 이 모든 기능은 견고한 API 솔루션을 구현하는데 매우 유용한 것입니다.

이 패턴은 http-proxy 및 consul을 사용하여 사용자정의 로드 밸런서를 만들었을 때 이 장에서 이미 사용중인 패턴이므로 새로운 패턴은 아닙니다. 그 예에서는 로드 밸런서가 두 개의 서비스만 노출했습니다. 서비스 레지스트리 덕분에 URL 경로를 서비스와 서버 목록에 매핑할 수 있었습니다. API 프록시는 동일한 방식으로 작동합니다. 본질적으로 역방향 프록시이며 종종 API 요청을 처리하도록 특별히 구성된 로드 밸런서이기도 합니다. 그림 12.11은 이러한 솔루션을 전자상거래 애플리케이션에 적용하는 방법을 보여줍니다.

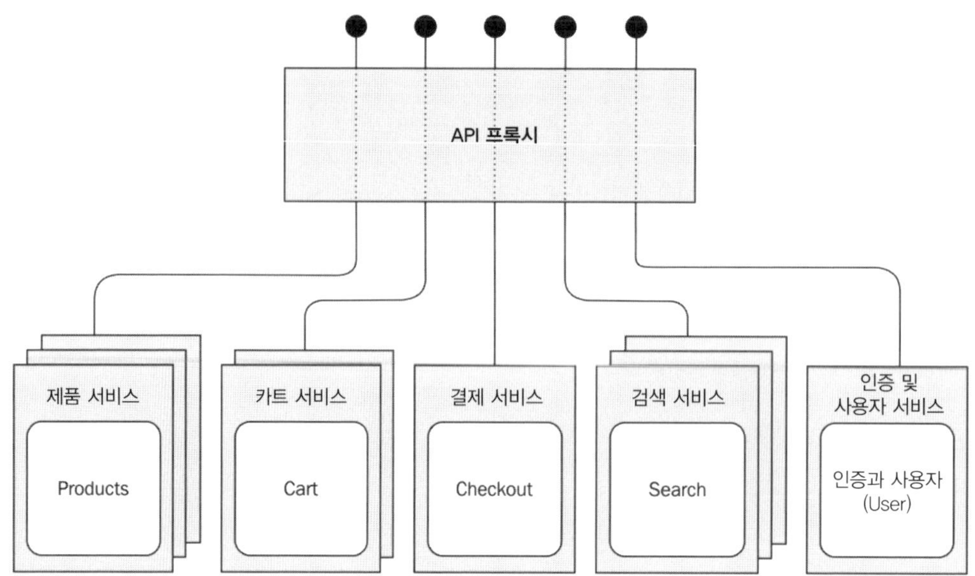

▲ 그림 12.11 전자상거래 애플리케이션에 API 프록시 패턴을 사용한 예

앞의 다이어그램에서 API 프록시가 기본 인프라의 복잡성을 어떻게 숨길 수 있는지 명확히 보여야 합니다. 이는 특히 각 서비스가 여러 시스템에 걸쳐 확장된 경우, 노드 수가 많을 수 있는 마이크로서비스 인프라에서 매우 편리합니다. 따라서 API 프록시에 의해 달성된 통합은 의미 메커니즘이 없기 때문에 구조적인 것일 뿐입니다. 복잡한 마이크로서비스 인프라에 대한 접근이 편리한 단일 뷰를 제공하는 것입니다.

API 프록시 패턴은 본질적으로 시스템에 존재하는 서로 다른 모든 API에 대한 연결의 복잡성을 추상화하므로, 다양한 서비스를 자유롭게 재구성할 수 있습니다. 요구사항이 변경되면 기존 마이크로서비스를 둘 이상으로 분할하거나 반대로 비즈니스 컨텍스트에서 둘 이상의 서비스를 함께 결합할 수도 있습니다. 두 경우 모두 API 프록시 패턴을 사용하면 데이터에 접근하는 업스트림 시스템에 영향을 미치지 않고 필요한 모든 변경을 수행할 수 있습니다.

시간이 지남에 따라 아키텍처를 점진적으로 변경할 수 있는 능력은 현대 분산 시스템에서 매우 중요한 특성입니다. 이 광범위한 주제에 대한 더 깊은 연구가 필요하다면 《Building Evolutionary Architectures》라는 책을 추천합니다.

- nodejsdp.link/evolutionary-architectures

API 오케스트레이션

다음에 설명할 패턴은 서비스 집합을 통합하고 구성하는 가장 자연스럽고 명시적인 방법이며, 이를 **API 오케스트레이션**이라고 합니다.

Netflix API 엔지니어링 부사장인 Daniel Jacobson은 블로그 글(nodejsdp.link/orchestration-layer)에서 다음과 같이 API 오케스트레이션을 정의합니다.

> *"API **오케스트레이션 계층(OL: Orchestration Layer)**은 일반적으로 모델링된 데이터 요소 및(또는) 기능을 취하여 대상 개발자 또는 애플리케이션을 위한 보다 구체적인 수단을 제공하는 추상화 계층이다."*

"일반적으로 모델링된 요소 및(또는) 기능"은 마이크로서비스 아키텍처의 서비스 설명(service description)과 완벽하게 일치합니다. 그 개념은 특정 애플리케이션에 특정한 새로운 서비스를 구현하기 위해 이러한 비트들과 조각들을 연결하는 추상화를 만드는 것입니다.

전자상거래 애플리케이션을 사용하는 예를 살펴보겠습니다. 그림 12.12를 참조하십시오.

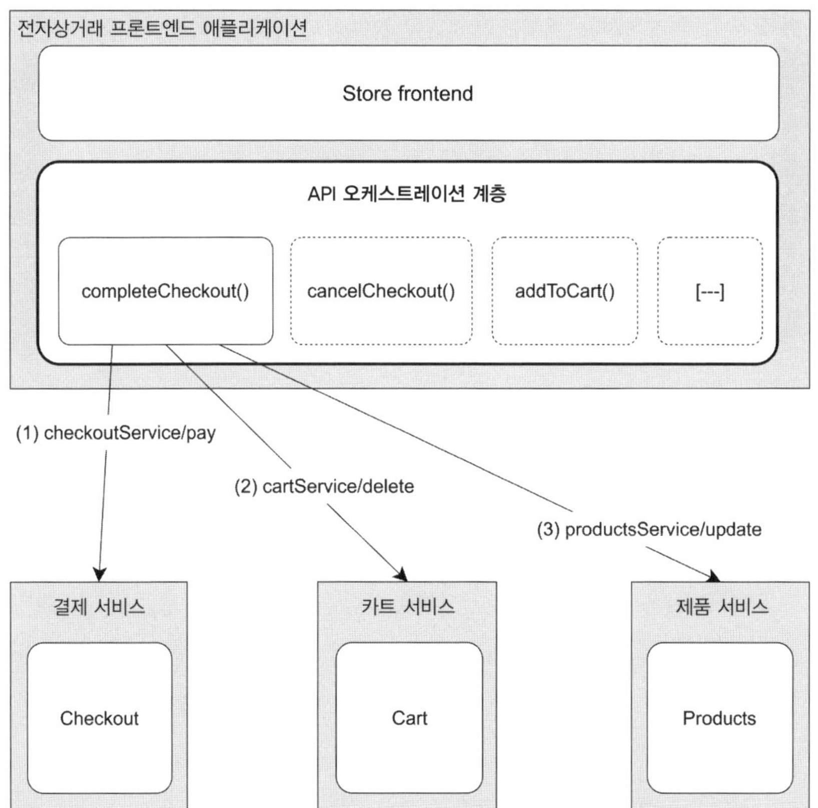

▲ 그림 12.12 여러 마이크로서비스와 상호 작용하기 위한 오케스트레이션 계층의 사용 예

그림 12.12는 **Store frontend** 애플리케이션이 오케스트레이션 계층(API Orchestration Layer)을 사용하여 기존 서비스를 구성하고 조정하여 더 복잡하고 구체적인 기능을 만드는 방법을 보여줍니다. 설명된 시나리오는 고객이 결제가 끝날 때 지불 버튼을 클릭하는 순간 호출되는 가상의 completeCheckout() 서비스를 예로 들어 설명합니다.

이 그림은 completeCheckout()이 서로 다른 세 단계로 구성된 복합 연산으로 구성된 것을 보여줍니다.

1. 먼저 checkoutService/pay를 호출하여 거래를 완료합니다.
2. 결제가 완료되면 Cart 서비스에 상품을 구매했으며 장바구니에서 제거할 수 있음을 알려야 합니다. cartService/delete를 호출하여 이를 수행합니다.
3. 또한 결제가 완료되면 방금 구매한 상품의 재고 여부를 업데이트합니다. 이는 productsService/update를 통해 수행됩니다.

보시다시피, 우리는 세 가지 다른 서비스의 세 가지 연산을 가지고, 전체 시스템을 일관된 상태로 유지하기 위해 서비스를 조정할 수 있는 새로운 API를 만들었습니다.

API 오케스트레이션 계층에서 수행하는 또 다른 일반적인 작업은 **데이터 집계**, 즉 서로 다른 서비스의 데이터를 단일 응답으로 결합하는 것입니다. Cart에 포함된 모든 제품을 나열하려 한다고 가정해 봅시다. 이 경우 오케스트레이션은 Cart 서비스에서 제품 ID 목록을 검색한 다음, 제품 서비스에서 제품에 대한 전체 정보를 검색해야 합니다. 서비스를 결합하고 조정할 수 있는 방법은 무한하지만 기억해야 할 중요한 패턴은 여러 서비스와 특정 애플리케이션 간의 추상화 역할을 하는 오케스트레이션 계층의 역할입니다.

오케스트레이션 계층은 추가적인 기능 분할을 위한 좋은 후보입니다. 실제, **API 오케스트레이터**라는 이름을 사용하는 전용 독립 서비스로 구현하는 것이 매우 일반적입니다. 이 관행은 마이크로서비스 철학과 완벽하게 일치합니다.

그림 12.13은 우리 아키텍처의 추가적인 개선을 보여줍니다.

이전 그림에 표시된 것처럼, 독립형 오케스트레이터를 생성하면 마이크로서비스 인프라의 복잡성에서 클라이언트 애플리케이션(이 경우에는 Store frontend)을 분리하는데 도움이 될 수 있습니다. 이는 API 프록시와 유사하지만 중요한 차이점이 있습니다. 오케스트레이터는 다양한 서비스의 의미 통합을 수행하고 단순한 프록시가 아닌 기본 서비스에 의해 노출된 것과 다른 API를 노출하기도 합니다.

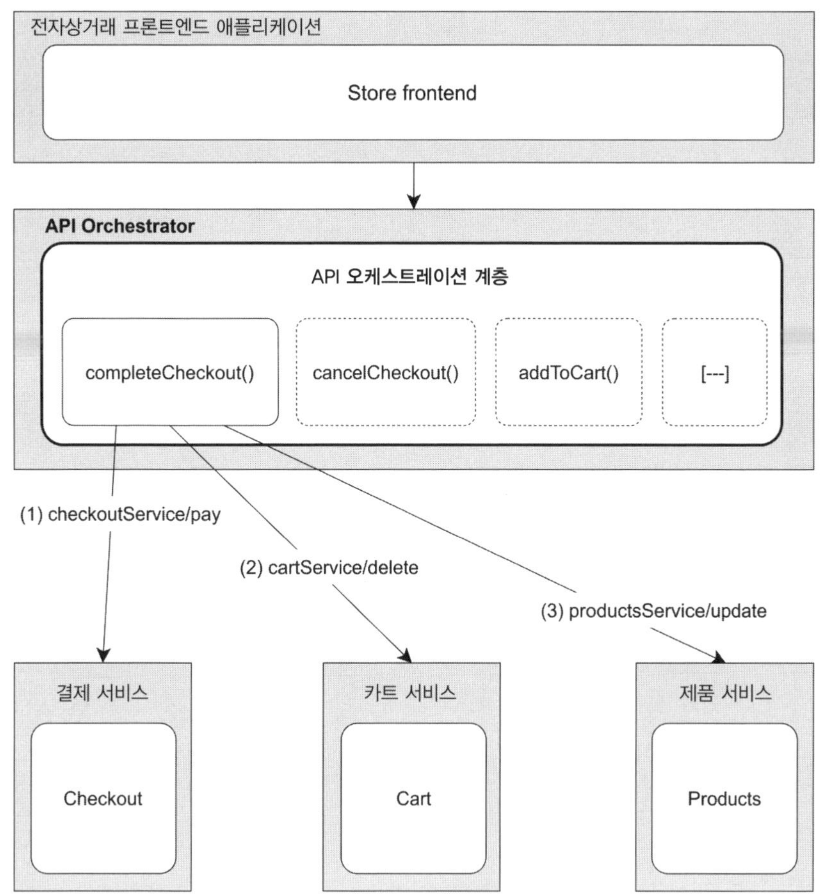

▲ 그림 12.13 전자상거래 예제를 위한 API 오케스트레이터 패턴 적용

메시지 브로커와의 통합

오케스트레이터 패턴은 다양한 서비스를 명시적으로 통합하는 메커니즘을 제공했습니다. 여기에는 장단점이 있습니다. 설계, 디버그 및 확장이 쉽지만 안타깝게도 기본 아키텍처와 각 서비스의 작동 방식에 대한 완전한 지식이 있어야 합니다. 우리가 아키텍처 노드 대신 객체에 대해 이야기한다면, 오케스트레이터는 너무 많은 것을 이해하고 수행하는 **God 객체**라는 안티 패턴이 될 것입니다. 이는 일반적으로 높은 결합, 낮은 응집력 그리고 무엇보다도 중요한 높은 복잡성을 야기합니다.

지금 보여드릴 패턴은 서비스 전반에 걸쳐 전체 시스템의 정보를 동기화하는 책임을 분산시키기 위한 것입니다. 그러나 최종적으로 하고 싶은 마지막 일은 서비스간의 직접적인 관계를 만드는 것입니다. 그렇게 한다면, 노드 간의 상호 연결 수가 증가함에 따라 높은 결합과 시스템의 복잡성은 더욱 증가합니다. 따라서 서비스간의 직접적인 관계를 만들되, 구성된 모든 서비스를 분리된 상태로 유지해야 합니다. 모든 서비스는 시스템에 나머지 서비스들 없이도 혹은 새로운 서비스 및 노드와 결합해도 잘 작동할 수 있어야 합니다.

이에 대한 해결책은 메시지 수신자로부터 발신자를 분리할 수 있는 시스템인 메시지 브로커를 사용하여 중앙 집중식의 발행(Publish)/구독(Subscribe) 패턴을 구현하는 것입니다. 이 패턴에 대해서는 "13장. 메시징과 통합 패턴"에서 자세히 설명합니다. 그림 12.14는 이것이 전자상거래 애플리케이션에 적용된 방법의 예를 보여줍니다.

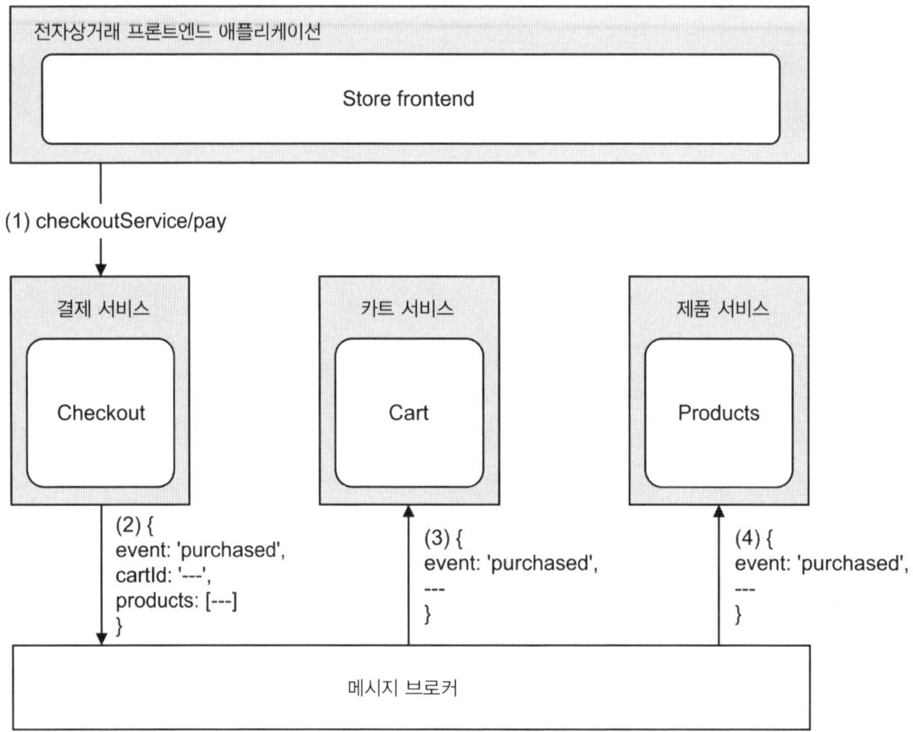

▲ 그림 12.14 메시지 브로커를 사용하여 전자상거래 애플리케이션에서 이벤트 배포

그림 12.14에서 볼 수 있듯이 프론트엔드 애플리케이션인 Checkout 서비스의 클라이언트는 다른 서비스와의 명시적인 통합을 수행할 필요가 없습니다.

Checkout 프로세스를 완료하고 고객으로부터 돈을 받기 위해 checkoutService/pay를 호출하기만 하면 됩니다. 모든 통합 작업은 백그라운드에서 이루어집니다.

1. Store frontend는 Checkout 서비스에서 checkoutService/pay 작업을 호출합니다.
2. 작업이 완료되면 Checkout 서비스가 이벤트를 생성하여 작업의 세부 정보, 즉 cartId 및 방금 구입한 제품 목록을 첨부합니다. 이벤트가 메시지 브로커에 게시됩니다. 이 시점에서 Checkout 서비스는 메시지를 받을 곳을 알지 못합니다.

3. Cart 서비스는 브로커에 가입되어 있으므로 Checkout 서비스에서 방금 게시(Publish)한 이벤트를 받게 됩니다. Cart 서비스는 메시지에 포함된 ID로 식별된 장바구니(카드)를 데이터베이스에서 제거함으로써 반응합니다.
4. 제품 서비스도 메시지 브로커에 가입되어있으므로, 동일한 구매 이벤트를 받습니다. 그런 다음 이 새로운 정보를 기반으로 데이터베이스를 업데이트하여 메시지에 포함된 제품의 재고를 조정합니다.

이 전체 프로세스는 오케스트레이터와 같은 외부 엔티티의 명시적인 개입 없이 발생합니다. 지식을 전파하고 정보를 동기화하는 책임은 서비스 자체에 분산되어 있습니다. 각 서비스가 통합의 자체 부분을 담당하기 때문에 전체 시스템의 처리 절차를 이해해야 하는 서비스가 존재하지 않습니다.

메시지 브로커는 서비스를 분리하고 상호 작용의 복잡성을 줄이는데 사용되는 필수 요소입니다. 또한 영구 메시지 대기열 및 메시지 순서 보장과 같은 다른 흥미로운 기능을 제공할 수도 있습니다. 이에 대해서는 다음 장에서 자세히 설명하겠습니다.

요약

이 장에서는 용량과 복잡성이 모두 확장되는 Node.js 아키텍처를 설계하는 방법을 배웠습니다. 우리는 애플리케이션의 확장이 단순히 더 많은 트래픽을 처리하고 응답시간을 빠르게 만들기 위해서 적용하는 것이 아니라 더 나은 가용성과 장애 허용성을 원할 때 적용할 수 있는 관례임을 확인했습니다. 또한 이 속성들이 동일한 범주에 있음을 확인하였고 조금 이른 시점에 확장하는 것이 적은 리소스를 사용해 손쉽게 확장이 가능한 Node.js에서는 나쁜 관례가 아님도 알 수 있었습니다.

스케일 큐브는 애플리케이션을 세 가지 차원으로 확장할 수 있음을 알려주었습니다. 이 장에서는 가장 중요한 두 가지 차원인 X축과 Y축에 중점을 두어 두 가지 필수 아키텍처 패턴, 즉 로드 밸런싱과 마이크로서비스를 발견할 수 있었습니다. 이제 동일한 Node.js 애플리케이션의 여러 인스턴스를 시작하는 방법, 트래픽을 분산하는 방법, 장애 허용 및 무중단 재시작 같은 다른 목적을 가지고 이 설정을 활용할 수 있어야 합니다. 또한 동적 및 자동확장 인프라 문제를 처리하는 방법도 분석했습니다. 이를 통해 서비스 레지스트리가 이러한 상황에 실제로 유용할 수 있다는 것을 알게 되었습니다. 일반 Node.js 그리고 Nginx와 같은 외부 로드 밸런서, Consul과 같은 서비스 검색 시스템을 사용하여 이러한 목표를 달성하는 방법을 배웠습니다. 또한 Kubernetes의 기본적인 사항들도 배웠습니다.

이 시점에서, 우리는 이전보다 훨씬 더 두려움 없이 확장성 문제를 해결할 수 있는 매우 실용적인 몇 가지 접근 방식을 이해하고 있어야 합니다.

그러나 복제 및 로드 밸런싱은 스케일 큐브의 한 차원만 다루기 때문에 분석을 다른 차원으로 옮겨 마이크로서비스 아키텍처로 애플리케이션을 서비스별로 분할하는 것이 무엇을 의미하는지 자세히 살펴보았습니다. 우리는 마이크로서비스가 어떻게 프로젝트 개발 및 관리 방식을 완전히 혁신하여 부하를 자연스럽게 분산하고 복잡성을 분할하는지 살펴보았습니다. 그러나 이는 또한 대규모 모놀리식 애플리케이션을 구축하는 방법에서 일련의 서비스를 통합하는 방법으로 복잡성을 이동시키는 것일 뿐이라는 사실을 알게 되었습니다. 이 마지막 측면에 맞추어, 이 장의 마지막 섹션에서 일련의 독립적인 서비스를 통합하기 위한 몇 가지 아키텍처 솔루션을 보여주었습니다.

이 책의 다음 장과 마지막 장에서는 복잡한 분산 아키텍처를 구현할 때 유용한 고급 통합 기술 외에도 이 장에서 논의한 메시지 패턴을 분석하여 Node.js 디자인 패턴의 기나긴 여정을 끝내게 될 것입니다.

연습

12.1 확장 가능한 도서관:

"10장. 웹 애플리케이션을 위한 범용 JavaScript"에서 만든 도서관 애플리케이션을 이 장에서 배운 내용을 기반하여 다시 한번 살펴보십시오. 원래 구현을 더 확장할 수 있을까요? 몇 가지 아이디어로는, 클러스터 모듈을 사용하여 서버의 여러 인스턴스를 실행하고 실수로 죽을 수도 있는 작업자를 다시 시작하여 오류를 처리하도록 하는 것입니다. 또는 Kubernetes에서 전체 애플리케이션을 실행하는 것은 어떨까요?

12.2 Z축 탐구:

이 장에서는 여러 인스턴스에서 데이터를 분할하는 방법에 대한 예를 보여주지 않았지만 스케일 큐브의 Z축을 따라 확장성을 달성하는 애플리케이션을 구축하는 데 필요한 모든 패턴을 살펴보았습니다. 이 연습문제에서는 이름이 주어진 문자로 시작하는(임의로 생성된) 작가의 목록을 가져올 수 있는 REST API를 빌드해야 합니다.

Faker(nodejsdp.link/faker)와 같은 라이브러리를 사용하여 무작위 작가들의 샘플을 생성한 다음 이 데이터를 다른 JSON 파일(또는 다른 데이터베이스)에 저장하여 데이터를 세 개의 다른 그룹으로 분할합니다. 예를 들면, A-D, E-P 및 Q-Z라는 세 그룹이 있을 수 있습니다. Ada는 첫 번째 그룹에, Peter는 두 번째 그룹에, Ugo는 세 번째 그룹에 들어갑니다.

이제 모든 그룹에 대해 하나 이상의 웹 서버의 인스턴스를 실행할 수 있지만, 이름이 주어진 문자로 시작하는 모든 사람을 검색할 수 있도록 하나의 공용 API 엔드포인트(예: /api/people/byFirstName/{letter})만 노출해야 합니다.

HINT 로드 밸런서를 사용하여 가능한 모든 문자들을 해당 문자를 담당하는 그룹 인스턴스의 백엔드로 매핑시킬 수 있습니다. 또는 매핑 로직을 인코딩하고 그에 따라 트래픽을 리다이렉션하는 API 오케스트레이션 계층을 만들 수 있습니다. 여기에 더하여, 서비스 검색 도구와 결합하여 동적 로드 밸런싱을 적용해서 더 많은 트래픽을 수신하는 그룹이 수요에 따라 확장할 수 있도록 만들어 보십시오.

12.3 음악 사이트:

Spotify 또는 Apple Music과 같은 서비스의 아키텍처를 설계해야 한다고 생각해 봅시다. 이 장에서 설명하는 몇 가지 원칙을 적용하여 이 서비스를 마이크로서비스의 집합으로 설계할 수 있을까요? Node.js로 이 아이디어의 최소 버전을 실제로 구현할 수 있다면, 여러분의 성취감은 이루 말할 수 없을 것입니다. 그래서 이것이 차세대 스타트업 아이디어로 판명되고 여러분을 백만장자로 만든다면? 혹시 그렇게 되면 이 책의 저자와 역자들에게 감사의 마음을 가져주십시오. :)

CHAPTER 13

메시징과 통합 패턴

- ✔ 메시징 시스템의 기초
- ✔ 발행/구독 패턴
- ✔ 작업 배포(Task distribution) 패턴
- ✔ 요청(Request)/응답(Reply) 패턴

확장성이 시스템 배포에 관한 것이라면 통합은 시스템들을 연결하는 것입니다. 이전 장에서 우리는 애플리케이션을 배포하는 방법을 배웠고 이를 여러 프로세스와 시스템에 분할했습니다. 이것이 제대로 작동하려면 배포된 모든 프로세스들이 어떤 방식으로든 통신함으로써 통합되어야 합니다.

분산 애플리케이션을 통합하는 두 가지 주요 기술이 있는데, 하나는 공유 스토리지를 중앙의 중재자(coordinator)와 정보 관리자로 사용하는 것이고, 다른 하나는 메시지를 사용하여 시스템 노드들에게 데이터, 이벤트 및 명령을 전파하는 것입니다. 이 마지막 옵션은 분산 시스템을 확장할 때 실제로 차이를 만들며, 이 주제를 매우 재미있고 복잡하게 만드는 이유이기도 합니다.

메시지는 소프트웨어 시스템의 모든 계층에서 사용됩니다. 우리는 인터넷에서 통신하기 위해 메시지를 교환합니다. 파이프를 사용하여 다른 프로세스에 정보를 보내기 위해 메시지를 사용할 수도 있습니다. 직접적인 함수 호출(명령 패턴)의 대안으로 애플리케이션 내에서 메시지를 사용할 수도 있으며, 장치 드라이버는 메시지를 사용하여 하드웨어와 통신할 수도 있습니다. 컴포넌트와 시스템 간에 정보를 교환하는 방법으로 사용되는 개별적이고 구조화된 데이터를 메시지로 볼 수 있습니다. 그러나 분산 아키텍처를 다룰 때 **메시징 시스템**이라는 용어는 네트워크를 통한 정보 교환을 용이하게 하는 솔루션, 패턴 및 아키텍처의 특정 부류를 설명하는데 사용됩니다.

앞으로 살펴보겠지만, 이러한 유형의 시스템은 몇 가지 특징들이 이런 유형의 시스템을 특정 짓습니다. 브로커(broker) 혹은 피어 투 피어(peer-to-peer) 구조를 사용하거나, 요청/응답 메시지 교환 또는 단방향 통신 유형을 사용하거나, 큐를 사용하여 메시지를 보다 안정적으로 전달할 수 있습니다.

요약하자면 이 장에서는 다음 주제에 대해 알아볼 것입니다.

- 메시징 시스템의 기본사항
- 발행/구독(Publish/Subscribe) 패턴
- 작업 배포 패턴 및 파이프라인
- 요청/응답 패턴

기본부터 시작하겠습니다.

13-1 메시징 시스템의 기초

메시지 및 메시징 시스템에 대해 이야기할 때 고려해야 할 네 가지 기본 요소가 있습니다.

- 단방향 혹은 요청/응답 교환과 같은 통신방향
- 내용을 결정하는 메시지의 목적
- 컨텍스트 안(동기식) 또는 컨텍스트 밖(비동기식)으로 송수신할 수 있는 메시지 타이밍
- 직접 또는 브로커를 통해 발생할 수 있는 메시지 전달 유형

다음 섹션에서는 이러한 측면을 공식화하여 이후 논의를 위한 기반을 제공할 것입니다.

13-1-1 단방향 대 요청/응답 패턴

메시징 시스템에서 가장 기본적인 측면은 통신의 방향이며, 종종 메시지의 의미도 결정합니다.

가장 간단한 통신 패턴은 메시지가 소스에서 대상으로 한 방향으로 푸시되는 것입니다. 이것은 간단한 상황으로 많은 설명이 필요하지 않습니다.

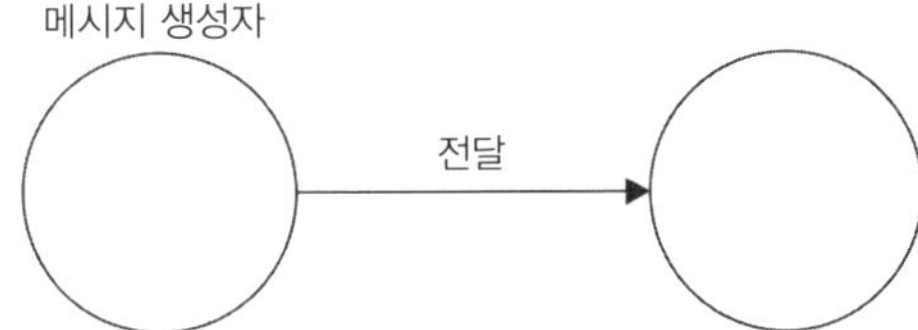

▲ 그림 13.1 단방향 통신

단방향 통신의 일반적인 예는 WebSocket을 사용하여 연결된 브라우저에 메시지를 보내는 이메일 또는 웹 서버 혹은 일련의 작업자에게 작업을 배포하는 시스템입니다.

단방향 통신의 반대편에는 한 방향의 메시지가 항상 반대 방향의 메시지와 한 쌍을 이루는 요청/응답 교환 패턴이 있습니다. 이 메시지 교환 패턴의 전형적인 예는 웹 서비스를 호출하거나 데이터베이스에 쿼리를 보내는 것입니다. 다음 다이어그램은 이 간단하고 잘 알려진 시나리오를 보여줍니다.

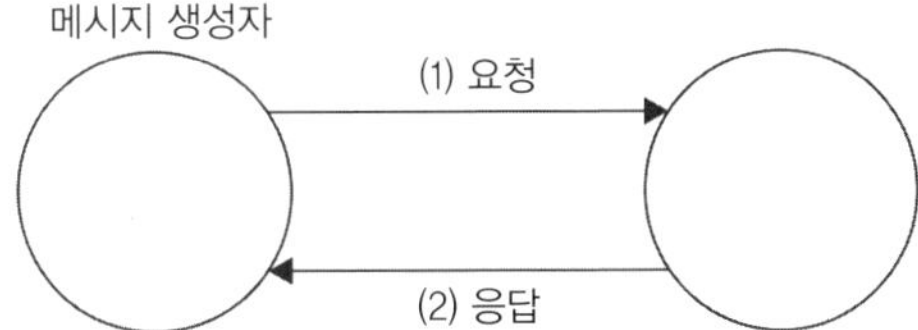

▲ 그림 13.2 요청/응답 메시지 교환 패턴

나중에 살펴볼 내용인데, 요청/응답 패턴을 구현하는 것이 사소하게 보일 수 있겠지만 통신 채널이 비동기적이거나 여러 노드를 포함하는 경우 더 복잡해집니다. 다음 다이어그램에 표시된 예를 보십시오.

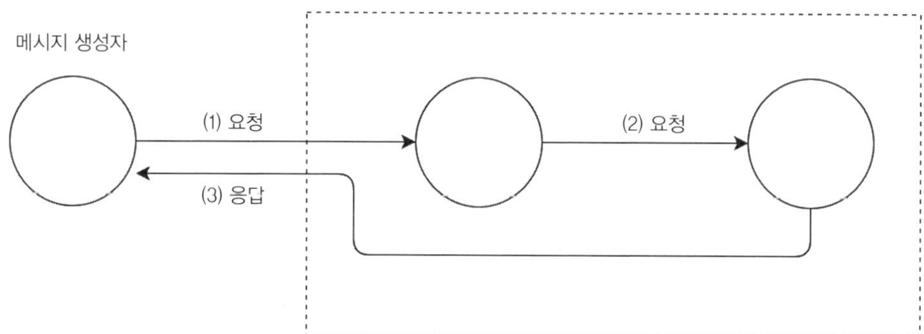

▲ 그림 13.3 멀티노드 요청/응답 통신

그림 13.3에 표현된 예시를 통해 일부 요청/응답 패턴의 복잡성을 더 잘 이해할 수 있을 것입니다. 각각의 두 노드 사이의 통신 방향을 고려하면 확실히 단방향 통신이라고 말할 수 있습니다. 그러나 전체 관점에서 메시지 생성자는 요청을 보낸 후 해당 요청에 대한 다른 노드가 보낸 응답도 수신합니다. 이와 같은 상황에서 요청/응답 패턴과 순수 단방향 루프의 차이점은 요청과 응답 사이의 관계로, 이것은 메시지 생성자에 달려있습니다. 응답은 일반적으로 요청과 동일한 컨텍스트에서 처리됩니다.

13-1-2 메시지 유형

메시지는 본질적으로 서로 다른 소프트웨어 컴포넌트들을 연결하는 수단이며, 그렇게 하는 데에는 여러 가지 이유가 있습니다. 다른 시스템이나 컴포넌트가 보유한 일부 정보를 얻거나 원격으로 작업을 실행하거나, 일부 피어(peer)들에게 방금 무엇인가가 발생했음을 알리기 위한 것일 수 있습니다.

메시지 내용도 통신의 이유에 따라 달라집니다. 일반적으로 목적에 따라 세 가지 유형의 메시지를 식별할 수 있습니다.

- 명령(Command) 메시지
- 이벤트(Event) 메시지
- 문서(Document) 메시지

명령 메시지

명령 메시지는 본질적으로 직렬화된 명령 객체이므로, 이미 익숙할 것입니다("9장. 행위 디자인 패턴"의 명령 섹션에서 이에 대해 배웠습니다).

이러한 유형의 메시지의 목적은 수신자에서의 작업 또는 작업의 실행을 트리거하는 것입니다. 이를 가능하게 하려면 명령 메시지에 작업을 실행하는 데 필요한 필수 정보가 포함되어야 합니다. 여기에는 일반적으로 작업의 이름과 인자의 목록이 포함됩니다. 명령 메시지는 **원격 프로시저 호출(RPC)** 시스템, 분산 컴퓨팅을 구현하는데 사용되거나, 간단하게는 어떤 데이터를 요청하는데 사용할 수 있습니다. RESTful HTTP 호출은 명령의 간단한 예입니다. 각 HTTP 요청 메서드(HTTP Verb)는 특정 의미를 가지며 정확한 작업과 연결됩니다. GET은 리소스의 검색, POST는 새로운 데이터의 생성, PUT/PATCH는 업데이트, DELETE는 삭제 작업을 말합니다.

이벤트 메시지

이벤트 메시지는 무엇인가 발생했음을 다른 컴포넌트에 알리는데 사용됩니다. 일반적으로 이벤트 유형과 컨텍스트, 주제 또는 관련된 행위자와 같은 세부 정보도 포함됩니다.

웹 개발 시 예를 들면, WebSocket을 활용하여 서버에서 클라이언트로 알림을 보내 시스템 상태의 일부 데이터나 변경 사항을 전달할 경우 이벤트 메시지를 사용합니다.

이벤트는 시스템의 모든 노드를 동일한 페이지에 머물 수 있도록 하므로, 분산 애플리케이션에서 매우 중요한 메커니즘입니다.

문서(Document) 메시지

문서 메시지는 주로 컴포넌트들과 머신들 사이에 데이터 전송을 위한 것입니다. 일반적인 예로는 데이터베이스 쿼리 결과를 전송하는데 사용되는 메시지입니다.

문서 메시지를 명령 메시지(데이터를 포함할 수도 있음)와 구분하는 주요 특징은 메시지에 데이터로 수행할 작업을 수신자에게 알려주는 정보가 포함되어 있지 않다는 것입니다. 반면에 문서 메시지와 이벤트 메시지의 중요한 차이점은 발생한 특정 사건과의 연관성이 없다는 것입니다. 명령 메시지에 대한 응답은 일반적으로 요청된 데이터 또는 작업 결과만 포함하므로 문서 메시지입니다.

이제 메시지의 의미를 분류하는 방법을 알게 되었으므로, 메시지를 교환하는데 사용되는 통신 채널의 의미에 대해 알아보겠습니다.

13-1-3 비동기 메시징, 큐 및 스트림

이 책의 이 시점에서는 비동기 작업의 특정에 대해 이미 알고 있을 것입니다. 그렇다면, 동일한 원칙이 메시징과 커뮤니케이션에도 적용될 수 있다는 것을 알게 될 것입니다.

동기식 통신은 전화 통화와 비교할 수 있습니다. 두 피어(peer)는 동시에 동일한 채널에 연결되어야 하며, 실시간으로 메시지를 교환해야 합니다. 일반적으로 다른 사람에게 전화를 걸려면 다른 전화기가 필요하거나 진행중인 통신을 종료하고 새로운 통화를 시작해야 합니다.

비동기 통신은 SMS와 유사합니다. 즉, 우리가 보내는 순간 수신자가 네트워크에 연결될 필요가 없습니다. 즉시 또는 일정 시간이 지난 후에 응답을 받거나 전혀 응답을 받지 못할 수 있습니다. 여러 수신자에게 차례로 SMS를 보내고 순서에 상관없이 응답(있는 경우)을 받을 수도 있습니다. 요컨대, 더 적은 리소스를 사용하여 더 나은 병렬 처리를 할 수 있습니다.

비동기 통신의 또 다른 중요한 특징은 메시지를 저장한 다음, 가능한 한 빨리 또는 나중에 전달할 수 있다는 것입니다. 수신자가 너무 바빠서 새 메시지를 처리할 수 없거나 메시지 수신을 보장해야 하는 경우에 유용할 수 있습니다. 메시징 시스템에서는 다음 다이어그램과 같이 메시지의 생성자와 소비자 간의 통신을 중재하는 컴포넌트인 **메시지 대기열**을 사용하여 이를 가능하게 하며, 메시지가 대상으로 전달되기 전에 메시지를 저장합니다.

▲ 그림 13.4 메시지 큐

어떤 이유로든 소비자에 문제가 생기거나 네트워크 연결이 끊어지거나 속도가 느려지는 경우 메시지는 대기열에 누적되어 소비자가 다시 온라인 상태가 되는 즉시 발송됩니다. 대기열은 생산자에 위치하거나 (피어 투 피어 아키텍처에서) 생산자와 소비자로 분할되거나 통신을 위한 미들웨어 역할을 하는 전용 외부 시스템(**브로커**)에 있을 수 있습니다.

메시지 대기열과 비슷하지만 동일하지 않은 또 다른 데이터 구조는 **로그**입니다. 로그는 추가적인 전용 데이터 구조로 내구성이 있으며, 메시지가 도착할 때 또는 해당 기록에 액세스하여 읽을 수 있습니다. 메시징 및 통합 시스템의 맥락에서 이것을 **데이터 스트림**이라고도 합니다.

큐와 비교하면, 스트림에서 메시지는 검색되거나 처리될 때 제거되지 않습니다. 이렇게 하면 소비자는 메시지가 도착할 때 메시지를 검색하거나 언제든지 스트림에 질의를 통해 메시지를 검색할 수 있습니다. 즉, 스트림은 메시지에 액세스할 때 더 많은 자유를 제공하는 반면, 큐는 일반적으로 소비자에게 한번에 하나의 메시지만을 노출합니다. 가장 중요한 것은 하나 이상의 소비자가 스트림을 공유할 수 있다는 것입니다. 이때 서로 다른 접근 방식을 사용하여 메시지(동일한 메시지라도)에 액세스할 수 있습니다.

그림 13.5는 메시지 큐의 구조와 비교한 스트림의 구조에 대한 개념을 보여줍니다.

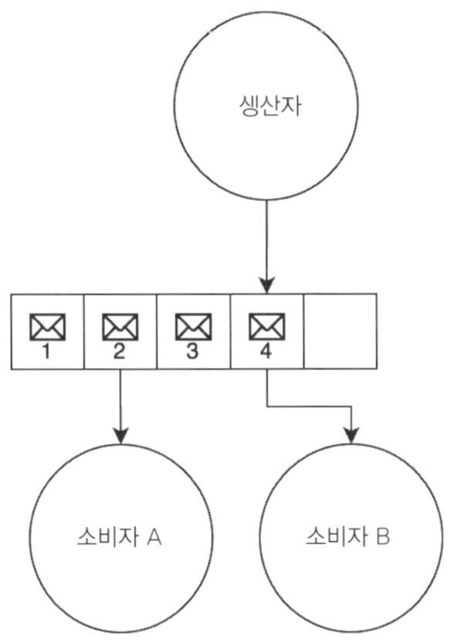

▲ 그림 13.5 스트림

이 장의 뒷부분에서 두 가지 접근 방식을 모두 사용하여 샘플 애플리케이션을 구현할 때 대기열과 스트림의 차이를 더 잘 이해할 수 있을 것입니다.

메시징 시스템에서 고려해야 할 마지막 기본 요소는 시스템의 노드가 서로 연결되는 방식으로 직접 또는 중개자를 통해 연결될 수 있다는 것입니다.

13-1-4 피어 투 피어 또는 중개자 기반의 메시징

메시지는 **피어 투 피어** 방식 또는 **메시지 브로커**(중개자)라고 하는 중앙 집중식 중개시스템을 통해 수신자에게 전달될 수 있습니다. 브로커의 주요 역할은 발신자로부터 메시지 수신자를 분리하는 것입니다. 다음 다이어그램은 두 가지 접근 방식의 아키텍처 차이를 보여줍니다.

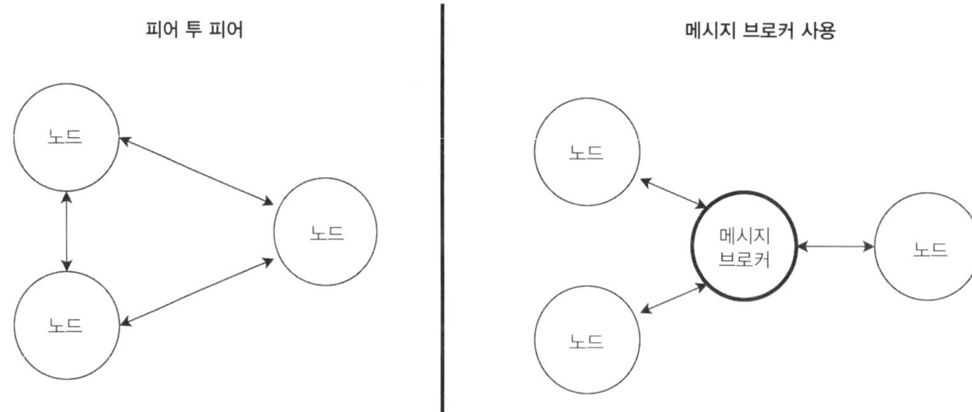

▲ 그림 13.6 피어 투 피어 통신과 메시지 중개 비교

피어 투 피어 아키텍처에서 모든 노드는 수신자에게 메시지를 전달할 책임이 있습니다. 이는 노드가 수신자의 주소와 포트를 알아야 하며, 프로토콜과 메시지 형식도 알아야 함을 의미합니다. 브로커는 방정식에서 이러한 복잡성을 제거합니다. 각 노드는 완전히 독립적일 수 있으며, 세부 정보를 직접 알지 못해도 지정되지 않은 수의 피어와 통신할 수 있습니다.

브로커는 서로 다른 통신 프로토콜 간의 연결자 역할을 할 수도 있습니다. 예를 들어 널리 사용되는 **RabbitMQ 브로커**(nodejsdp.link/rabbitmq)는 **AMQP(Advanced Message Queuing Protocol)**, **MQTT(Message Queue Telemetry Transport)** 및 **STOMP(Simple/Streaming Text Orientated Messaging Protocol)**를 지원하는데, 다양한 메시징 프로토콜을 사용하는 여러 애플리케이션을 활성화하고 있습니다.

> MQTT(nodejsdp.link/mqtt)는 특히 기계 간 통신(예: 사물 인터넷)을 위해 설계된 경량 메시징 프로토콜입니다. AMQP(nodejsdp.link/amqp)는 독점 메시징 미들웨어에 대한 오픈 소스 대안으로 설계된 보다 복잡한 메시징 프로토콜입니다. STOMP(nodejsdp.link/stomp)는 "HTTP school of design"에서 가져온 가벼운 텍스트 기반 프로토콜입니다. 세 가지 모두 애플리케이션 계층의 프로토콜이며 TCP/IP를 기반으로 합니다.

분리 및 상호 운용성 측면에서의 장점 외에도 브로커는 많은 브로커가 바로 지원하는 광범위한 메시지 패턴을 언급하지 않고도 영구 대기열, 라우팅, 메시지 변환 및 모니터링과 같은 추가적인 기능을 제공할 수 있습니다.

물론 피어 투 피어 아키텍처를 사용하여 이러한 모든 기능을 구현하는데 방해가 되는 기술적 한계는 없지만 불행히도 훨씬 더 많은 노력이 필요합니다. 그럼에도 불구하고 브로커 대신 피어 투 피어 접근 방식을 선택하는 데는 다음과 같은 다른 이유가 있을 수 있습니다.

- 브로커를 제거하여 시스템에서 단일 장애 지점을 제거합니다.
- 브로커는 확장(Scaled)되어야 하지만 피어 투 피어 아키텍처에서는 애플리케이션의 단일 노드만 확장하면 됩니다.
- 중개자 없이 메시지를 교환하면 통신 대기 시간을 크게 줄일 수 있습니다.

피어 투 피어 메시징 시스템을 사용하면 특정 기술, 프로토콜 또는 아키텍처에 얽매이지 않기 때문에 훨씬 더 많은 유연성과 힘을 가질 수 있습니다.

이제 메시징 시스템의 기본 사항을 알았으므로 가장 중요한 메시징 패턴 몇 가지를 살펴보겠습니다. 발행/구독 패턴부터 시작하겠습니다.

13-2 발행/구독 패턴

발행/구독(종종 Pub/Sub로 축약됨)은 아마도 가장 잘 알려진 단방향 메시징 패턴일 것입니다. 분산된 관찰자(Observer) 패턴이므로, 이미 익숙할 수 있습니다. 관찰자(Observer)의 경우와 마찬가지로 특정 범주의 메시지 수신에 대한 관찰을 등록하는 일련의 구독자들이 있습니다.

반면, 게시자는 모든 관련 구독자에게 배포되는 메시지를 생성합니다. 그림 13.7은 Pub/Sub 패턴의 두 가지 중요한 변형을 보여줍니다. 첫 번째는 피어 투 피어 아키텍처를 기반으로 하고 두 번째는 브로커를 사용하여 통신을 중재합니다.

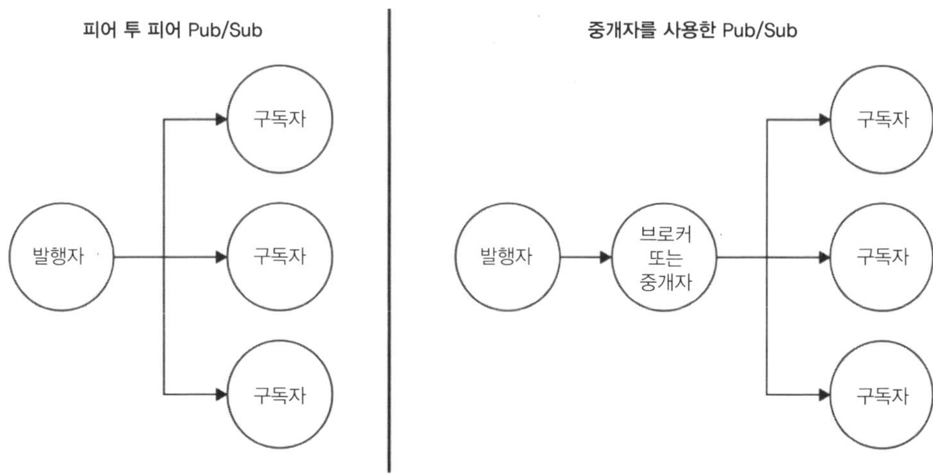

▲ 그림 13.7 발행/구독 메시지 패턴

Pub/Sub를 특별하게 만드는 것은 게시자는 메시지 수신자가 누구인지 미리 알지 못한다는 것입니다. 앞서 말했듯이 특정 메시지를 수신하기 위해 관찰을 등록해야 하는 것은 구독자이며, 게시자가 지정되지 않은 수의 수신자들과 작업할 수 있도록 합니다. 즉, Pub/Sub 패턴의 양면이 느슨하게 결합되어있어 진화하는 분산 시스템의 노드를 통합하는데 이상적인 패턴입니다.

브로커가 있으면 가입자가 브로커와만 상호 작용하고 어떤 노드가 메시지 게시자인지 알지 못하기 때문에 시스템 노드 간의 분리가 더욱 향상됩니다. 나중에 살펴보겠지만 브로커(중개자)는 메시지 대기열 시스템을 제공하여 노드 간 연결 문제가 있는 경우에도 안정적인 메시지의 전달을 보상할 수 있습니다.

이제 이 패턴을 보여주는 예제를 살펴보겠습니다.

13-2-1 간단한 실시간 채팅 애플리케이션 만들기

Pub/Sub 패턴이 분산 아키텍처를 통합하는데 어떻게 도움이 되는지에 대한 실제 예를 보여주기 위해 이제 순수 WebSocket을 사용하여 매우 기본적인 실시간 채팅 애플리케이션을 만들 것입니다. 그런 다음 여러 인스턴스를 실행하여 확장하고 마지막으로 메시징 시스템을 사용하여 모든 서버 인스턴스 간의 통신 채널을 구축하겠습니다.

서버 측 구현

이제 한번에 한 단계씩 진행해봅시다. 먼저 기본 채팅 애플리케이션을 만든 다음 여러 인스턴스로 확장해 보겠습니다.

일반적인 채팅 애플리케이션의 실시간 기능을 구현하기 위해 순수한 Node.js로 WebSocket을 구현한 ws 패키지(nodejsdp.link/ws)를 사용합니다. Node.js에서 실시간 애플리케이션을 구현하는 것은 매우 간단하며 우리가 작성할 코드는 이 가정을 확인해 줄 것입니다. 따라서 index.js라는 파일에 채팅 애플리케이션의 서버 측 코드를 생성해 보겠습니다.

```
import { createServer } from 'http'
import staticHandler from 'serve-handler'
import ws from 'ws'

// 정적인 파일들을 서비스함
const server = createServer((req, res) => {                // (1)
  return staticHandler(req, res, { public: 'www' })
})
```

```
const wss = new ws.Server({ server })                         // (2)
wss.on('connection', client => {
  console.log('Client connected')
  client.on('message', msg => {                               // (3)
    console.log(`Message: ${msg}`)
    broadcast(msg)
  })
})

function broadcast (msg) {                                    // (4)
  for (const client of wss.clients) {
    if (client.readyState === ws.OPEN) {
      client.send(msg)
    }
  }
}

server.listen(process.argv[2] || 8080)
```

이것으로 끝입니다! 이것이 채팅 애플리케이션의 서버 측 컴포넌트를 구현하는 데 필요한 모든 것입니다. 다음은 이것의 작동 방식입니다.

1. 먼저 HTTP 서버를 생성하고 모든 요청을 특수 핸들러(nodejsdp.link/serve-handler)로 전달합니다. 그러면 www 디렉터리에서 모든 정적 파일을 처리합니다. 이는 애플리케이션의 클라이언트 측 리소스(예: HTML, JavaScript 및 CSS 파일)에 액세스하는 데 필요합니다.
2. 그런 다음 WebSocket 서버의 새 인스턴스를 만들고 기존 HTTP 서버에 연결합니다. 다음으로 연결 이벤트에 대한 이벤트 리스너를 연결하여 들어오는 WebSocket 클라이언트 연결 수신을 시작합니다.
3. 새 클라이언트가 서버에 연결할 때마다 들어오는 메시지를 수신하기 시작합니다. 새로운 메시지가 도착하면 연결된 모든 클라이언트에 이를 브로드캐스트합니다.
4. broadcast() 함수는 send() 함수를 호출하여 서버에서 클라이언트로 메시지를 보내는데, 서버가 아는 연결된 모든 클라이언트에 대해 반복합니다.

이것이 Node.js의 마법입니다! 물론 우리가 방금 구현한 서버는 매우 최소화되고 기초적인 모양이지만, 앞으로 볼 수 있듯이 잘 동작할 것입니다.

클라이언트 측 구현

다음으로, 채팅 애플리케이션의 클라이언트 측을 구현할 때입니다. 이것은 기본적으로 JavaScript 코드가 있는 최소한의 HTML 페이지로 구성된, 또 다른 컴팩트하고 단순한 코드로 만들 수 있습니다. 다음과 같이 www/index.html라는 파일에 이 페이지를 생성해 보겠습니다.

```
<!DOCTYPE html>
<html>
  <body>
    Messages:
    <div id="messages"></div>
    <form id="msgForm">
      <input type="text" placeholder="Send a message" id="msgBox"/>
      <input type="submit" value="Send"/>
    </form>
    <script>
      const ws = new WebSocket(
        `ws://${window.document.location.host}`
      )
      ws.onmessage = function (message) {
        const msgDiv = document.createElement('div')
        msgDiv.innerHTML = message.data
        document.getElementById('messages').appendChild(msgDiv)
      }
      const form = document.getElementById('msgForm')
      form.addEventListener('submit', (event) => {
        event.preventDefault()
        const message = document.getElementById('msgBox').value
        ws.send(message)
        document.getElementById('msgBox').value = ''
      })
    </script>
  </body>
</html>
```

방금 만든 HTML 페이지는 많은 주석이 필요하지 않은 간단한 웹 개발입니다. 기본 WebSocket 객체를 사용하여 Node.js 서버에 대한 연결을 초기화한 다음 서버에서 메시지를 수신하여 도착하면 새로운 div 엘리먼트에 표시합니다. 또한 메시지를 보내기 위해서는 form 안에서 간단한 텍스트 상자와 버튼을 사용합니다.

채팅 서버를 중지하거나 다시 시작할 때 WebSocket 연결이 닫히고 클라이언트가 자동으로 다시 연결을 시도하지 않습니다(프로덕션 등급의 애플리케이션이라면 고려해야 함). 즉, 연결을 다시 설정하려면 서버를 다시 시작한 후 브라우저를 새로 고쳐야 합니다(또는 다시 연결 메커니즘을 구현합니다. 여기서는 간략히 생략함). 또한 이 초기 버전의 앱에서 클라이언트는 서버에 연결되지 않은 동안 보낸 메시지는 무시합니다.

채팅 애플리케이션 실행 및 확장

바로 애플리케이션을 실행해봅시다. 다음 명령을 사용하여 서버를 시작할 수 있습니다.

```
node index.js 8080
```

그런 다음, 두 개의 브라우저 탭 혹은 두 개의 다른 브라우저를 열어 http://localhost:8080를 가리키고 채팅을 시작합니다.

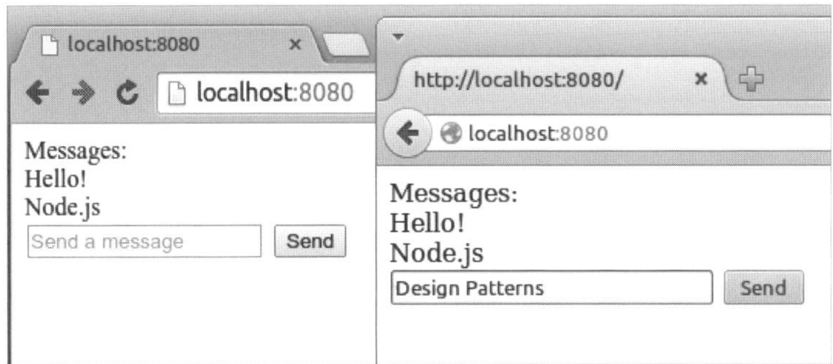

▲ 그림 13.8 동작 중인 채팅 예시 애플리케이션

이제 여러 인스턴스를 시작하여 애플리케이션을 확장하려고 할 때 어떤 일이 발생하는지 확인해 봅시다. 다른 포트에서 다른 서버를 시작해보겠습니다.

```
node index.js 8081
```

원하는 결과는 두 개의 서로 다른 서버에 연결된 두 개의 서로 다른 클라이언트가 채팅 메시지를 교환할 수 있어야 한다는 것입니다. 불행히도 이것은 현재 구현에서는 불가능한 일입니다. http://localhost:8081에 대한 브라우저 탭을 열어 이를 테스트할 수 있습니다.

실제 애플리케이션에서는 로드 밸런서를 사용하여 인스턴스에 부하를 분산하겠지만, 이 예시에서는 로드 밸런서를 사용하지 않습니다. 이를 통해 직접적인 방식으로 각 서버 인스턴스에 연결하여 다른 인스턴스와 상호 작용할 수 있는 방법을 확인할 수 있을 것입니다.

한 인스턴스에서 채팅 메시지를 보내면 메시지를 로컬로만 브로드캐스트하여 해당 특정 서버에 연결된 클라이언트에만 배포합니다. 실제로 두 서버는 서로 통신하지 않습니다. 우리는 이것들을 통합할 필요가 있습니다. 그리고 그 방법을 다음에서 보게 될 것입니다.

13-2-2 Redis를 간단한 메시지 브로커로 사용하기

매우 빠르고 유연한 인 메모리 데이터 구조의 저장소인 **Redis**(nodejsdp.link/redis)를 도입하여 가장 일반적인 Pub/Sub 구현에 대한 분석을 시작하겠습니다. Redis는 종종 데이터베이스 또는 캐시 서버로 사용되지만, 많은 기능 중 중앙 집중식 Pub/Sub 메시지 교환 패턴을 구현하도록 특별히 설계된 명령어 한 쌍이 있습니다.

Redis의 메시지 브로커 기능은 (의도적이지만) 매우 간단하고 기본적입니다. 특히 고급 메시지 지향 미들웨어의 기능과 비교하면 더욱 그렇습니다. 그러나 이것이 인기의 주된 이유입니다. 종종 Redis는 캐시 서버나 세션 데이터 저장소로 사용되는 기존 인프라에서도 사용이 가능합니다. 속도와 유연성 덕분에 분산 시스템에서 데이터를 공유하는데 매우 널리 사용되고 있습니다. 따라서 이런 경우 프로젝트에서 Pub/Sub 브로커가 필요하게 되면 가장 간단하고 즉각적인 선택으로 전용 메시지 브로커의 설치와 유지보수가 필요 없는 Redis를 재사용하는 것입니다.

이제 Redis를 메시지 브로커로 사용하는 단순성과 강력함을 보여주는 예제를 살펴보겠습니다.

이 예제는 기본 포트에서 수신 대기하는 Redis 설치가 필요합니다. 자세한 내용은 nodejsdp.link/redis-quickstart에서 찾을 수 있습니다.

우리의 행동 계획은 Redis를 메시지 브로커로 사용하여 채팅 서버를 통합하는 것입니다. 각 인스턴스는 클라이언트에서 받은 모든 메시지를 브로커에 게시하는 동시에 다른 서버 인스턴스에서 오는 모든 메시지를 구독합니다. 보시다시피 아키텍처의 각 서버는 구독자이자 게시자입니다. 다음 다이어그램은 확보하려는 아키텍처의 형태를 보여줍니다.

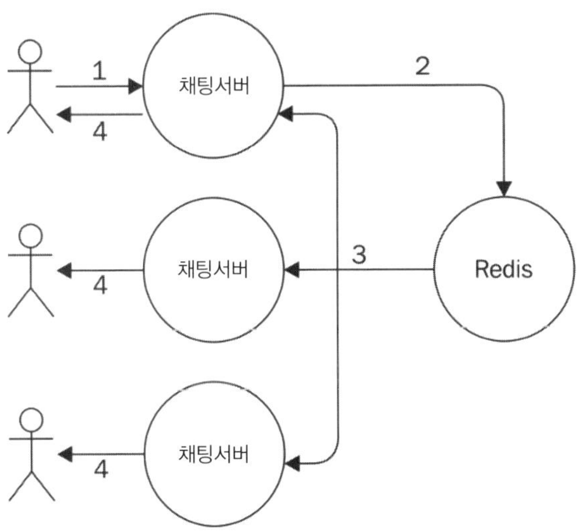

▲ 그림 13.9 채팅 애플리케이션의 메시지 브로커로 Redis를 사용하는 예

그림 13.9에 설명된 아키텍처를 기반으로 메시지의 여정을 다음과 같이 요약할 수 있습니다.

1. 메시지가 웹 페이지의 텍스트 상자에 입력되고 연결된 채팅 서버 인스턴스로 전송됩니다.
2. 그런 다음 메시지가 브로커에 게시됩니다.
3. 브로커는 모든 구독자에게 메시지를 발송합니다. 우리 아키텍처에서는 채팅 서버의 모든 인스턴스가 될 것입니다.
4. 각 인스턴스에서 연결된 모든 클라이언트로 메시지가 배포됩니다.

이것이 어떻게 작동하는지 실제로 봅시다. Pub/Sub 로직을 추가하여 서버의 코드를 수정해 보겠습니다.

```
import { createServer } from 'http'
import staticHandler from 'serve-handler'
import ws from 'ws'
import Redis from 'ioredis'                                  // (1)

const redisSub = new Redis()
const redisPub = new Redis()

// 정적인 파일들을 서비스함
const server = createServer((req, res) => {
  return staticHandler(req, res, { public: 'www' })
})
```

```
const wss = new ws.Server({ server })
wss.on('connection', client => {
  console.log('Client connected')
  client.on('message', msg => {
    console.log(`Message: ${msg}`)
    redisPub.publish('chat_messages', msg)                    // (2)
  })
})

redisSub.subscribe('chat_messages')                           // (3)
redisSub.on('message', (channel, msg) => {
  for (const client of wss.clients) {
    if (client.readyState === ws.OPEN) {
      client.send(msg)
    }
  }
})

server.listen(process.argv[2] || 8080)
```

원래 채팅 서버에 대한 변경 사항은 강조 표시되었습니다. 새로운 구현이 작동하는 방식은 다음과 같습니다.

1. Node.js 애플리케이션을 Redis 서버에 연결하기 위해, 사용 가능한 모든 Redis 명령을 지원하는 완전한 Node.js 클라이언트인 ioredis(nodejsdp.link/ioredis) 패키지를 사용합니다. 다음으로 서로 다른 두 개의 연결을 인스턴스화 합니다. 하나는 채널 구독에 사용되고 다른 하나는 메시지를 게시하는데 사용됩니다. 연결이 구독자 모드로 설정되면 구독과 관련된 명령만 사용할 수 있기 때문에, Redis에 두 개의 연결이 필요합니다. 즉, 메시지를 게시하려면 두 번째 연결이 필요합니다.
2. 연결된 클라이언트로부터 새로운 메시지가 수신되면 chat_messages 채널에 메시지를 게시합니다. 서버가 동일한 채널을 구독하고 있으면서(잠시 후 보게 될) 메시지를 클라이언트에게 직접 브로드캐스트하지 않으므로 Redis를 통해 다시 돌아올 것입니다. 그러나 응용 프로그램의 요구 사항에 따라 메시지를 즉시 브로드캐스트 한 후, Redis에서 수신한 것들 중 현재 서버 인스턴스에서 발신했던 메시지들을 무시해야 할 수도 있습니다. 우리는 이것을 여러분에게 연습문제로 남겨 놓겠습니다.
3. 앞서 말했듯이, 서버도 chat_messages 채널에 가입해야 하므로 해당 채널에 게시된 모든 메시지(현재 서버 인스턴스 또는 다른 채팅 서버 인스턴스에 의한)를 수신하도록 리스너를 등록합니다. 메시지가 수신되면 현재 WebSocket 서버에 연결된 모든 클라이언트에게 메시지를 브로드캐스트합니다.

이러한 몇 가지 변경 사항만으로도 시작시킬 수 있는 모든 채팅 서버의 인스턴스들을 통합할 수 있습니다. 이를 증명하기 위해 애플리케이션의 여러 인스턴스를 시작시켜 봅시다.

```
node index.js 8080
node index.js 8081
node index.js 8082
```

그런 다음 여러 브라우저 탭을 각 인스턴스에 연결하고 한 인스턴스에 보내는 메시지가 다른 인스턴스에 연결된 모든 클라이언트에서 성공적으로 수신되는지를 확인할 수 있습니다.

축하합니다! Pub/Sub 패턴을 사용하여 분산된 실시간 애플리케이션의 여러 노드들을 통합하였습니다.

Redis를 사용하면 "chat.nodejs"와 같은 문자열로 식별되는 채널을 게시하고 구독할 수 있습니다. 또한 globstyle("*") 패턴을 사용하여 여러 채널 (예: chat. *)과 일치하는 구독을 정의할 수도 있습니다.

13-2-3 ZeroMQ로 피어 투 피어 Pub/Sub

브로커가 있으면 메시징 시스템의 아키텍처를 상당히 단순화할 수 있습니다. 그러나 어떤 경우에는 이것이 최선의 해결책이 아닐 수도 있습니다. 여기에는 짧은 지연시간이 매우 중요하거나 복잡한 분산 시스템을 확장할 때 단일 장애 지점의 존재가 옵션이 아닌 모든 상황이 포함될 것입니다. 브로커 사용에 대한 대안은 물론 피어 투 피어 메시징 시스템을 구현하는 것입니다.

ZeroMQ 소개

우리 프로젝트가 P2P 아키텍처에 적합한 후보라면, 생각해 볼만한 가장 좋은 솔루션 중 하나는 **ZeroMQ**입니다(nodejsdp.link/zeromq, zmq 또는 ØMQ라고도 함). ZeroMQ는 다양한 메시징 패턴을 구축하기 위한 기본 도구를 제공하는 네트워킹 라이브러리입니다. 저 수준으로 매우 빠르며 최소한의 API를 가지고 있지만 원자 메시지, 부하분산, 대기열 등과 같은 견고한 메시징 시스템을 만들기 위한 모든 기본 구성요소들을 제공합니다. 프로세스 내 채널(inproc://), 프로세스 간 통신(ipc://), PGM 프로토콜(pgm:// 또는 epgm://)을 사용한 멀티 캐스트와 같은 다양한 유형의 전송 방식을 지원합니다. 물론 TCP(tcp://)는 기본입니다.

ZeroMQ의 기능 중 Pub/Sub 패턴을 구현하는 도구를 찾을 수 있습니다. 구독 패턴은 우리의 예시에서 확실히 필요한 요소입니다. 이제 우리가 할 일은 채팅 애플리케이션의 아키텍처에서 브로커(Redis)를 제거하고 ZeroMQ의 Pub/Sub 소켓을 활용하여 다양한 노드가 피어 투 피어 방식으로 통신하도록 하는 것입니다.

ZeroMQ 소켓은 가장 일반적인 메시징 패턴을 구현하는데 도움이 되는 추가적인 추상화를 제공하는 네트워크 소켓으로 간주할 수 있습니다. 예를 들어 Pub/Sub, 요청/응답 또는 단방향 푸시 통신을 구현하도록 설계된 소켓을 찾을 수 있습니다.

채팅 서버를 위한 P2P 아키텍처 설계

아키텍처에서 브로커를 제거할 때 채팅 서버의 각 인스턴스는 게시된 메시지를 수신하기 위해 사용 가능한 다른 인스턴스에 직접 연결해야 합니다. ZeroMQ에는 이러한 목적을 위해 특별히 설계된 Pub/Sub의 두 가지 유형의 소켓이 있습니다. 일반적인 패턴은 PUB 소켓을 로컬 포트에 바인딩하여 SUB 유형의 소켓에서 들어오는 구독 요청의 수신을 시작하는 것입니다.

구독에서는 연결된 SUB 소켓에 전달되는 메시지를 지정하는 필터가 있을 수 있는데, 필터는 단순 이진 버퍼(문자열일 수도 있음)이며 메시지의 시작 부분(**이진 버퍼**이기도 함)과 매칭시킵니다. 메시지가 PUB 소켓을 통해 전송되면 연결된 모든 SUB 소켓으로 브로드캐스트되지만 구독 필터가 적용된 후에만 전송됩니다. 필터는 TCP와 같은 연결된 프로토콜이 사용되는 경우에만 게시자 측에 적용됩니다.

다음 다이어그램은 분산된 채팅 서버 아키텍처에 적용된 패턴을 보여줍니다(단순성을 위해 인스턴스가 두 개만 존재함)

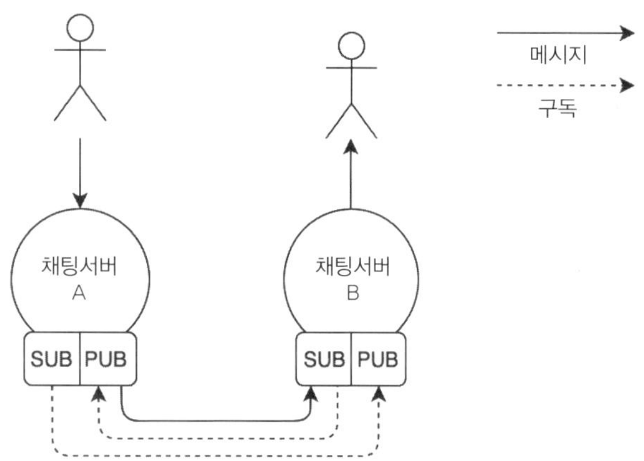

▲ 그림 13.10 ZeroMQ PUB/SUB 소켓을 사용하는 채팅 서버 메시징 아키텍처

그림 13.10은 채팅 애플리케이션의 두 인스턴스가 있을 때 정보의 흐름을 보여 주지만, 동일한 개념을 N개의 인스턴스에 적용할 수도 있습니다. 이 아키텍처에서 필요한 모든 연결을 설정할 수 있으려면, 각 노드가 시스템의 다른 노드를 알고 있어야 함을 알 수 있습니다. 또한 구독(subscriptions)이 SUB 소켓에서 PUB 소켓으로 이동하는 동안 메시지가 반대 방향으로 이

동하는 방식을 보여줍니다.

ZeroMQ PUB/SUB 소켓 사용

채팅 서버를 수정하여 ZeroMQ PUB/SUB 소켓이 실제로 어떻게 작동하는지 살펴보겠습니다.

```
import { createServer } from 'http'
import staticHandler from 'serve-handler'
import ws from 'ws'
import yargs from 'yargs'                                          // (1)
import zmq from 'zeromq'

// 정적인 파일들을 서비스함
const server = createServer((req, res) => {
  return staticHandler(req, res, { public: 'www' })
})

let pubSocket
async function initializeSockets () {
  pubSocket = new zmq.Publisher()                                  // (2)
  await pubSocket.bind(`tcp://127.0.0.1:${yargs.argv.pub}`)

  const subSocket = new zmq.Subscriber()                           // (3)
  const subPorts = [].concat(yargs.argv.sub)
  for (const port of subPorts) {
    console.log(`Subscribing to ${port}`)
    subSocket.connect(`tcp://127.0.0.1:${port}`)
  }
  subSocket.subscribe('chat')

  for await (const [msg] of subSocket) {                           // (4)
    console.log(`Message from another server: ${msg}`)
    broadcast(msg.toString().split(' ')[1])
  }
}

initializeSockets()

const wss = new ws.Server({ server })
wss.on('connection', client => {
```

```
    console.log('Client connected')
    client.on('message', msg => {
      console.log(`Message: ${msg}`)
      broadcast(msg)
      pubSocket.send(`chat ${msg}`)                           // (5)
    })
  })

  function broadcast (msg) {
    for (const client of wss.clients) {
      if (client.readyState === ws.OPEN) {
        client.send(msg)
      }
    }
  }

  server.listen(yargs.argv.http || 8080)
```

앞의 코드는 우리 애플리케이션의 로직이 약간 더 복잡해졌음을 명확하게 보여주지만, 우리가 P2P Pub/Sub 패턴을 구현하고 있다는 점을 생각해본다면 그리 복잡한 것은 아닙니다. 어떻게 작동하는지 한번 살펴보겠습니다.

1. 두 개의 새 패키지를 가져옵니다. 먼저 커맨드라인 인자를 파싱하는 yargs(nodejsdp.link/yargs)를 가져옵니다. 명명된 인자를 쉽게 받아들이려면 이것이 필요합니다. 둘째, ZeroMQ용 Node.js 클라이언트인 zeromq 패키지(nodejsdp.link/zeromq)를 가져옵니다.
2. initializeSockets() 함수에서 즉시 게시자 소켓을 만들고 커맨드라인 인자인 --pub에 지정된 포트에 바인딩합니다.
3. 구독자(Subscriber) 소켓을 만들고 이를 애플리케이션의 다른 인스턴스의 게시자(Publisher) 소켓에 연결합니다. 대상 게시자 소켓의 포트는 커맨드라인의 인자인 --sub 로 지정합니다(둘 이상일 수 있음). 그런 다음 채팅을 필터로 제공하여 실제 구독을 생성합니다. 즉, chat을 필터로 제공하여 실제 구독을 생성합니다. 다시 말해, chat으로 시작하는 메시지만 수신합니다.
4. subSocket은 비동기 반복가능자이므로 for await...of 루프를 사용하여 구독자(Subscriber) 소켓에 도착하는 메시지를 수신하기 시작합니다. 우리가 수신하는 모든 메시지에서 접두사 chat을 제거한 다음 실제 페이로드를 현재 WebSocket 서버에 연결된 모든 클라이언트에 broadcast() 합니다.
5. 현재 인스턴스의 WebSocket 서버에서 새로운 메시지를 받으면 연결된 모든 클라이언트로 브로드캐스트하지만 게시자(Publisher) 소켓을 통해 게시하기도 합니다. 우리는 chat을 접두사로 사용하고 그 뒤에 공백을 두어 chat을 필터로 사용하는 모든 구독(subscriptions)에 메시지가 게시되도록 합니다.

이제 P2P Pub/Sub 패턴을 사용하여 통합된 간단한 분산 시스템을 만들었습니다!

실행해 봅시다. 게시자 및 구독자 소켓을 올바르게 연결하여 세 개의 애플리케이션 인스턴스를 시작합니다.

```
node index.js --http 8080 --pub 5000 --sub 5001 --sub 5002
node index.js --http 8081 --pub 5001 --sub 5000 --sub 5002
node index.js --http 8082 --pub 5002 --sub 5000 --sub 5001
```

첫 번째 명령은 포트 8080에서 수신 대기하는 HTTP 서버로 인스턴스를 시작하고 해당 게시자(Publisher) 소켓을 포트 5000에 바인딩한 후, 다른 두 인스턴스의 게시자 소켓이 수신 대기하는 포트 5001 및 5002에 연결합니다. 다른 두 명령은 비슷한 방식으로 동작합니다.

먼저, 구독자 소켓이 게시자 소켓에 대한 연결이 설정되지 않아도 ZeroMQ는 문제가 없다는 것을 알 수 있습니다. 예를 들어, 첫 번째 명령이 실행될 때 포트 5001 및 5002에서 수신 대기 중인 게시자 소켓이 없어도 ZeroMQ는 오류를 발생시키지 않습니다. 그 이유는 ZeroMQ가 장애에 대한 복원력이 뛰어나도록 만들어졌으며, 기본적인 연결 재시도 메커니즘을 구현하고 있기 때문입니다. 또한 이 기능은 노드가 중단되거나 재시작될 경우 특히 유용합니다. 게시자 소켓에도 이러한 로직이 적용됩니다. 구독이 없는 경우 모든 메시지를 삭제하지만 계속 작동합니다.

이때 브라우저를 사용하여 시작한 서버 인스턴스에 연결하여 메시지가 모든 채팅 서버로 제대로 전파되는지 확인할 수 있습니다.

앞의 예에서는 인스턴스 수와 주소를 미리 알고 있는 정적 아키텍처를 가정했습니다. 인스턴스를 동적으로 연결하기 위해 "12장. 확장성과 아키텍처 패턴"에 설명된 대로 서비스 레지스트리를 도입할 수 있습니다. ZeroMQ를 사용하여 여기에서 설명한 것과 동일한 기본요소로 브로커를 구현할 수 있다는 점도 중요합니다.

13-2-4 큐를 통한 안정적인 메시지 전달

메시징 시스템에서 중요한 추상화는 **메시지 큐(MQ: Message Queue)**입니다. 메시지 대기열을 사용하면 메시지의 발신자와 수신자가 통신을 설정하기 위해 동시에 활성화되어 연결될 필요가 없습니다. 큐 시스템이 메시지를 수신하는 대상이 메시지를 수신할 때까지 메시지를 저장하기 때문입니다. 이 동작은 구독자가 메시징 시스템에 연결되어 있는 동안에만 메시지를 수신할 수 있는 발사 후 망각(fire-and-forget) 패러다임과는 반대입니다.

모든 메시지를 수신하지 않을 때 보낸 메시지를 포함하여 항상 안정적으로 수신할 수 있는 구독자를 **영구 구독자**(durable subscriber)라고 합니다.

메시징 시스템에서 **전달의 의미**는 세 가지 범주로 요약할 수 있습니다.

- **최대 한 번**: 실행 후 삭제라고도 하며 메시지가 지속되지 않고 전달이 확인되지 않습니다. 이는 수신기가 충돌하거나 연결이 끊어지는 경우 메시지가 손실될 수 있음을 의미합니다.
- **적어도 한 번**: 메시지가 한번 이상 수신되도록 보장되지만, 예를 들어 발신자에게 수신을 알리기 전에 수신자가 충돌하는 경우 중복이 발생할 수 있습니다.
- **정확히 한 번**: 가장 안정적인 전달을 의미합니다. 메시지가 한 번만 수신되도록 보장합니다. 이로 인해 메시지 전달을 확인하는데 더 느리고 데이터 집약적인 메커니즘이 수반됩니다.

메시징 시스템이 "적어도 한 번" 또는 "정확히 한 번" 전달이라는 의미를 달성할 수 있는 경우 영구 가입자가 존재하며, 이를 위해 시스템은 메시지 큐를 사용하여 가입자가 연결이 끊어져 있는 동안 메시지를 쌓아놔야 합니다. 큐는 메모리에 저장되거나 디스크에 유지되어 큐 시스템이 다시 시작되거나 장애가 발생하는 경우에도 메시지를 복구할 수 있습니다.

다음 다이어그램은 메시지 큐가 지원하는 영구 구독자를 그래픽적으로 보여줍니다.

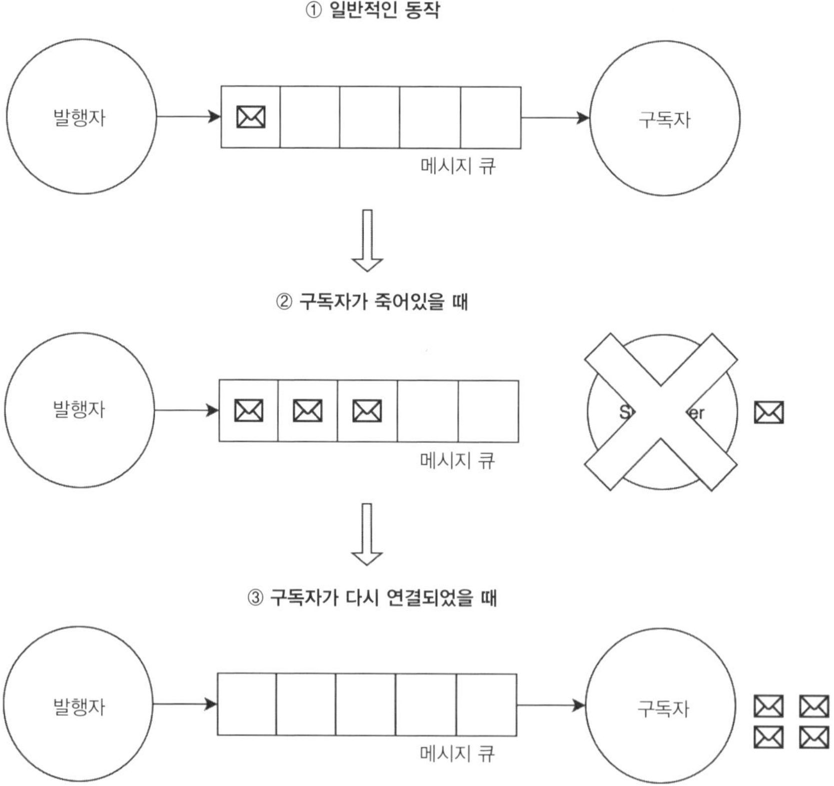

▲ 그림 13.11 큐로 지원되는 메시징 시스템의 동작 예

그림 13.11은 메시지 큐가 영구 구독자(Durable Subscriber) 패턴을 구현하는데 어떻게 도움이 되는지 보여줍니다. 보시다시피 정상적인 작업(①) 동안 메시지는 메시지 큐를 통해 게시자에서 구독자로 이동합니다. 장애나 오작동 또는 단순히 계획된 유지보수로 인해 구독자가 오프라인 상태가 되면(②) 게시자가 보낸 모든 메시지가 메시지 큐에 안전하게 저장되고 누적됩니다. 이후 가입자가 다시 온라인 상태가 되면(③) 큐에 축적된 모든 메시지가 가입자에게 전송되므로 메시지가 손실되지 않습니다.

영구 구독자 패턴은 아마도 메시지 큐에 의해 활성화할 수 있는 가장 중요한 패턴일 것입니다. 그러나 이장 의 뒷부분에서 볼 수 있듯이 완진히 유일한 패턴은 아닙니다.

다음으로, 나머지 장에서 메시지 큐 예제를 구현하기 위해 사용할 프로토콜인 AMQP에 대해 알아볼 것입니다.

AMQP 소개

메시지 큐는 일반적으로 은행 시스템, 항공 교통 관리 및 제어 시스템, 의료 애플리케이션 등과 같은 미션크리티컬 애플리케이션을 포함하여 메시지가 손실되면 안 되는 상황에서 사용됩니다. 이는 일반적으로 일반적인 엔터프라이즈급 메시지 큐가 방탄 프로토콜(bulletproof protocol)과 영구 저장소를 활용하여 오작동이 있는 경우에도 메시지 전달을 보장하는 매우 복잡한 소프트웨어라는 것을 의미합니다. 이러한 이유로 엔터프라이즈 메시징 미들웨어는 수년 동안 Oracle 및 IBM과 같은 거대 기술 기업의 특권이었으며, 각각은 일반적으로 고유한 프로토콜을 구현하여 강력한 고객 종속을 초래하였습니다. 다행히도 AMQP, STOMP 및 MQTT와 같은 개방형 프로토콜의 성장 덕분에 메시징 시스템이 주류가 된지 수 년이 지났습니다. 나머지 장에서는 AMQP를 대기열 시스템의 메시징 프로토콜로 사용할 것이므로 적절히 소개하겠습니다.

AMQP는 많은 메시지 대기열 시스템에서 지원하는 개방형 표준 프로토콜입니다. 공통 통신 프로토콜을 정의하는 것 외에도 라우팅, 필터링, 큐잉, 안정성 및 보안이 적용된 모델을 제공합니다.

다음 다이어그램은 모든 AMQP 컴포넌트를 한눈에 보여줍니다.

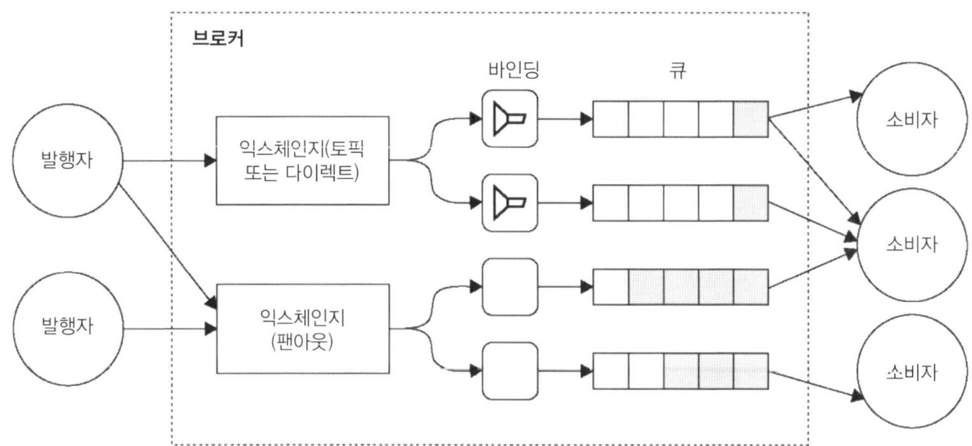

▲ 그림 13.12 AMPQ 기반 메시징 시스템의 예

그림 13.12에서 볼 수 있듯이 AMQP에는 세 가지 필수 컴포넌트가 있습니다.

- **큐(Queue)**: 클라이언트가 사용하는 메시지를 저장하는 데이터 구조입니다. 큐의 메시지는 하나 이상의 소비자에게 푸시(Push) 또는 풀(Pull) 됩니다. 여러 소비자가 동일한 대기열에 연결된 경우 메시지 간에 로드 밸런싱이 이루어집니다. 큐는 다음 중 하나일 수 있습니다.
  - **영구(Durable)**: 브로커가 다시 시작되면 대기열이 자동으로 생성됨을 의미합니다. 영구 대기열이라고 해서 그 내용도 보존된다는 것을 의미하지 않습니다. 실제로 지속성(persistent)으로 표시된 메시지만 디스크에 저장되고 재시작 시 복원됩니다.
  - **독점(Exclusive)**: 대기열이 하나의 특정 가입자 연결에만 바인딩된다는 것을 의미합니다. 연결이 닫히면 큐(대기열)가 삭제됩니다.
  - **자동삭제(Auto-delete)**: 마지막 구독자가 연결을 끊을 때 대기열이 삭제됩니다.
- **익스체인지(Exchange)**: 메시지가 게시되는 곳입니다. 익스체인지는 구현하는 알고리즘에 따라 메시지를 하나 이상의 큐로 라우팅합니다.
  - **다이렉트 익스체인지(Direct exchange)**: 전체 라우팅 키(예: chat.msg)를 일치시켜 메시지를 라우팅합니다.
  - **토픽 익스체인지(Topic exchange)**: 라우팅 키와 일치하는 glob-like 패턴을 사용하여 메시지를 배포합니다(예: chat.#은 chat으로 시작하는 모든 라우팅 키와 일치함).
  - **팬아웃 익스체인지(Fanout exchange)**: 제공된 라우팅 키를 무시하고 연결된 모든 대기열에 메시지를 브로드캐스트합니다.
- **바인딩(Binding)**: 익스체인지와 큐 사이의 링크입니다. 또한 익스체인지에서 도착하는 메시지를 필터링하는 데 사용되는 라우팅 키 또는 패턴을 정의합니다.

이러한 컴포넌트는 브로커에 의해 관리되며 생성 및 조작을 위한 API를 제공합니다. 브로커에 연결할 때 클라이언트는 브로커와 통신 상태를 유지하는 역할을 하는 연결을 추상화한 **채널**을 만듭니다.

AMQP에서는 '독점(exclusive)' 큐 또는 '자동삭제(auto-delete)' 큐를 제외한 생성한 모든 유형의 큐로 영구 구독자 패턴을 얻을 수 있습니다.

AMQP 모델은 지금까지 사용한 메시징 시스템(Redis 및 ZeroMQ) 보다 훨씬 더 복잡합니다. 그러나 기본 Pub/Sub 메커니즘을 사용하여 확보하기 어려운 일련의 기능들과 신뢰성 수준을 제공합니다.

RabbitMQ 웹 사이트 nodejsdp.link/amqp-components에서 AMQP 모델에 대한 자세한 소개를 확인할 수 있습니다.

AMQP 및 RabbitMQ를 사용하는 영구 구독자

이제 영구 구독자 및 AMQP에 대해 배운 내용을 연습하고 간단한 예를 들어보겠습니다. 메시지를 잃지 않는 것이 중요한 일반적인 시나리오는 마이크로서비스 아키텍처의 여러 서비스를 동기화 상태로 유지하려는 경우입니다(이전 장에서 이 통합 패턴에 대해 이미 설명했습니다). 브로커를 사용하여 모든 서비스를 동일한 페이지에서 유지하려면 정보를 잃지 않는 것이 중요합니다. 그렇지 않으면 일관성이 없는 상태가 될 수 있습니다.

채팅 애플리케이션에 대한 히스토리 서비스 설계

이제 마이크로서비스 접근 방식을 사용하여 소규모 채팅 애플리케이션을 확장해 보겠습니다. 클라이언트가 연결될 때 서비스를 질의하고 전체 채팅 기록을 검색할 수 있도록 데이터베이스 내에 채팅 메시지를 유지하는 히스토리 서비스를 추가해 보겠습니다. RabbitMQ 브로커(nodejsdp.link/rabbitmq)와 AMQP를 사용하여 히스토리 서비스를 채팅 서버와 통합할 것입니다.

다음 다이어그램은 이 서비스의 아키텍처를 보여줍니다.

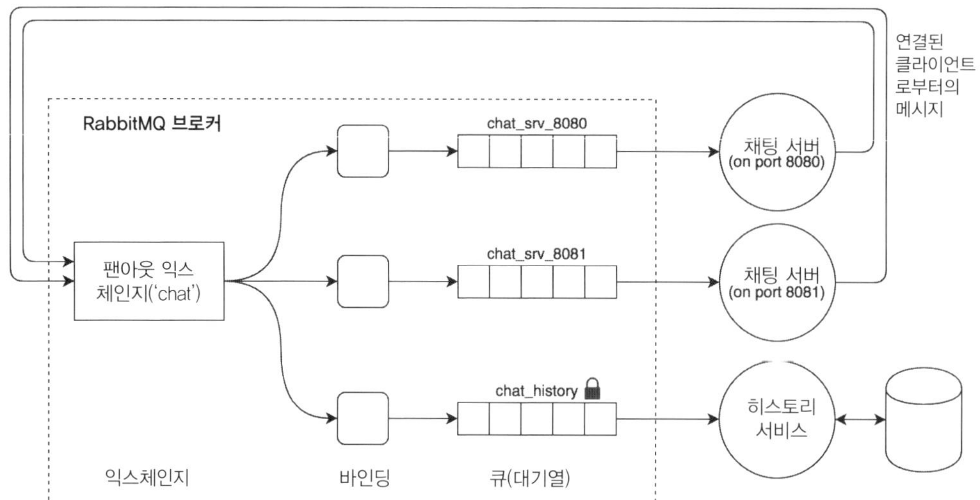

▲ 그림 13.13 AMQP 및 히스토리 서비스를 사용하는 채팅 애플리케이션의 아키텍처

그림 13.13에서 볼 수 있듯이 단일 팬아웃 익스체인지(fanout exchange)를 사용합니다. 복잡한 라우팅 로직이 필요하지 않으므로 시나리오에는 그보다 더 복잡한 익스체인지(exchange)가 필요하지 않습니다. 다음으로 채팅 서버의 각 인스턴스에 대해 각각 하나의 대기열을 생성합니다.

채팅 서버를 위해 생성된 대기열은 채팅 서버가 오프라인일 때 놓친 메시지를 수신하는 데는 관심이 없기 때문에 독점(Exclusive) 유형의 큐입니다. 히스토리 서비스는 이러한 메시지들까지 모두 수신할 것이며, 최종적으로는 저장된 메시지에 대해 더 복잡한 쿼리를 구현할 수도 있습니다. 이것은 우리의 채팅 서버가 영구 가입자가 아니며, 연결이 종료되는 즉시 큐가 제거된다는 것을 의미합니다. 대신 히스토리 서비스는 메시지를 잃어버리지 않습니다. 그렇지 않으면 히스토리 서비스의 목적을 달성할 수 없을 것입니다. 따라서 히스토리 서비스를 위해 만들려는 큐는 내구성이 있어야 하므로 서비스가 연결 해제된 동안 게시된 모든 메시지가 큐에 유지되고 다시 온라인 상태가 되면 전달해야 합니다.

여러분에게 이제 익숙할 LevelUP을 사용하여 히스토리 서비스의 저장 엔진으로 사용하고 amqplib 패키지(nodejsdp.link/amqplib)를 사용해 AMQP 프로토콜을 사용하여 RabbitMQ에 연결할 것입니다.

다음 예제에서는 기본 포트에서 수신 대기하는 작동 중인 RabbitMQ 서버가 필요합니다. 자세한 내용은 nodejsdp.link/rabbitmq-getstarted에서 공식 설치 가이드를 참조하십시오.

AMQP를 사용하여 히스토리 서비스 구현

이제 히스토리 서비스를 구현해 봅시다! historySvc.js 모듈에서 구현되는 독립형 애플리케이션(일반적으로 마이크로서비스)을 만들 것입니다. 이 모듈은 두 부분으로 구성됩니다. 하나는 클라이언트에 채팅 기록을 보여주는 HTTP 서버와 채팅 메시지를 캡처하여 로컬 데이터베이스에 저장하는 AMQP 소비자(consumer)입니다.

다음 코드에서 이것을 어떻게 구현할 수 있는지 보겠습니다.

```
import { createServer } from 'http'
import level from 'level'
import timestamp from 'monotonic-timestamp'
import JSONStream from 'JSONStream'
import amqp from 'amqplib'

async function main () {
  const db = level('./msgHistory')

  const connection = await amqp.connect('amqp://localhost')  // (1)
  const channel = await connection.createChannel()
  await channel.assertExchange('chat', 'fanout')              // (2)
  const { queue } = channel.assertQueue('chat_history')       // (3)
  await channel.bindQueue(queue, 'chat')                      // (4)

  channel.consume(queue, async msg => {                       // (5)
    const content = msg.content.toString()
    console.log(`Saving message: ${content}`)
    await db.put(timestamp(), content)
    channel.ack(msg)
  })

  createServer((req, res) => {
    res.writeHead(200)
    db.createValueStream()
      .pipe(JSONStream.stringify())
      .pipe(res)
  }).listen(8090)
}

main().catch(err => console.error(err))
```

AMQP에는 모델의 모든 구성요소를 만들고 연결하는 데 필요한 약간의 설정이 필요하다는 것을 바로 알 수 있습니다.

1. 먼저 AMQP 브로커(여기서는 RabbitMQ)와 연결을 설정합니다. 그런 다음 통신 상태를 유지하는 세션과 유사한 채널을 만듭니다.
2. 다음으로 chat이라는 익스체인지를 설정합니다. 이미 언급했듯이 팬아웃 익스체인지입니다. assertExchange() 명령은 익스체인지 브로커에 존재하는지 확인합니다. 그렇지 않으면 익스체인지가 생성됩니다.
3. 또한 chat_history라는 큐를 만듭니다. 기본적으로 큐는 영구성이 있으므로(durable) 영구 구독자를 지원하기 위해 추가적인 옵션을 전달할 필요가 없습니다.
4. 다음으로 큐를 이전에 만든 익스체인지에 바인딩합니다. 여기에서는 익스체인지가 팬아웃 유형이므로 다른 특정 옵션(예: 라우팅 키 또는 패턴)이 필요하지 않기 때문에 필터링을 수행하지 않습니다.
5. 마지막으로 방금 만든 큐에서 오는 메시지를 수신할 수 있습니다. 단조로운 타임 스탬프를 키(nodejsdp.link/monotonic-timestamp 참조)로 사용하여 수신한 모든 메시지를 LevelDB 데이터베이스에 저장하여 메시지를 날짜별로 정리합니다. 또한 메시지가 데이터베이스에 성공적으로 저장된 후에만 channel.ack(msg)를 사용하여 모든 메시지를 확인응답하는 부분도 주의할 부분입니다. 브로커가 ACK(확인응답)을 받지 못하면 메시지는 다시 처리될 수 있도록 대기열에 보관됩니다.

명시적으로 확인응답(acknowledgments)을 보내는 것에 관심이 없다면 {noAck: true} 옵션을 channel.consume() API에 전달할 수 있습니다.

채팅 애플리케이션을 AMQP와 통합하기

AMQP를 사용하여 채팅 서버를 통합하려면 히스토리 서비스에서 구현한 것과 매우 유사하지만 설정에 대한 약간의 변경이 필요합니다. 따라서 AMQP를 도입하여 새로운 index.js 모듈이 어떤 모습인지 살펴보겠습니다.

```
import { createServer } from 'http'
import staticHandler from 'serve-handler'
import ws from 'ws'
import amqp from 'amqplib'
import JSONStream from 'JSONStream'
import superagent from 'superagent'

const httpPort = process.argv[2] || 8080

async function main () {
  const connection = await amqp.connect('amqp://localhost')
```

```
const channel = await connection.createChannel()
await channel.assertExchange('chat', 'fanout')
const { queue } = await channel.assertQueue(                 // (1)
  `chat_srv_${httpPort}`,
  { exclusive: true }
)
await channel.bindQueue(queue, 'chat')
channel.consume(queue, msg => {                               // (2)
  msg = msg.content.toString()
  console.log(`From queue: ${msg}`)
  broadcast(msg)
}, { noAck: true })

// 정적인 파일들을 서비스함
const server = createServer((req, res) => {
  return staticHandler(req, res, { public: 'www' })
})

const wss = new ws.Server({ server })
wss.on('connection', client => {
  console.log('Client connected')

  client.on('message', msg => {
    console.log(`Message: ${msg}`)
    channel.publish('chat', '', Buffer.from(msg))             // (3)
  })

  // 이력 조회 서비스
  superagent                                                  // (4)
    .get('http://localhost:8090')
    .on('error', err => console.error(err))
    .pipe(JSONStream.parse('*'))
    .on('data', msg => client.send(msg))
})

function broadcast (msg) {
  for (const client of wss.clients) {
    if (client.readyState === ws.OPEN) {
      client.send(msg)
    }
  }
}
```

```
    server.listen(httpPort)
  }

  main().catch(err => console.error(err))
```

보시다시피, AMQP는 코드를 좀 더 장황하게 만들지만 이제 여러분은 이미 대부분의 코드에 익숙해 있어야 합니다. 다음과 같이 코드에는 알아야 할 몇 가지 측면이 존재합니다.

1. 앞서 언급했듯이 채팅 서버는 지속적인 구독자일 필요는 없습니다. 발사 후 망각(fire-and-forget) 패러다임이면 충분합니다. 따라서 대기열을 만들 때 {exclusive: true} 옵션을 전달하여 대기열이 현재 연결에 독점되므로 채팅 서버가 종료되는 즉시 삭제됩니다.
2. 이전에 언급했던 것과 같은 이유로 큐에서 메시지를 읽을 때 확인응답을 다시 보낼 필요가 없습니다. 따라서 작업을 더 용이하게 하기 위해 큐에서 메시지를 소비하기 시작할 때 {noAck: true} 옵션을 전달합니다.
3. 새 메시지를 게시하는 것도 매우 간단합니다. 팬아웃 익스체인지를 사용하고 있으므로 수행할 라우팅이 없기 때문에 대상 익스체인지(chat)와 라우팅 키를 지정하기만 하면 됩니다. 이 경우에는 비어있습니다('').
4. 이 버전의 채팅 서버의 또 다른 특징은 히스토리 마이크로서비스 덕분에 이제 사용자에게 전체 채팅의 히스토리를 제공할 수 있다는 것입니다. 히스토리 마이크로서비스에 질의를 하고 새로운 연결이 설정되면 바로 모든 과거의 메시지를 클라이언트에 전송하여 이를 수행합니다.

이제 새롭게 개선된 채팅 애플리케이션을 실행할 수 있습니다. 이를 위해 먼저 RabbitMQ가 컴퓨터에서 로컬로 실행되고 있는지 확인한 다음, 세 개의 다른 터미널에서 두 개의 채팅 서버와 히스토리 서비스를 시작하겠습니다.

```
node index.js 8080
node index.js 8081
node historySvc.js
```

이제 시스템, 특히 히스토리 서비스가 다운타임 시 작동하는 방식을 관찰해 봅시다. 히스토리 서버를 중지하고 채팅 애플리케이션의 웹 UI를 사용하여 메시지를 계속 보내면 히스토리 서버가 다시 시작될 때 그 동안 놓친 모든 메시지를 바로 수신하는 것을 볼 수 있습니다. 이것은 영구 구독자 패턴이 어떻게 작동하는지 보여주는 완벽한 예시입니다!

> 마이크로서비스 접근 방식을 통해 시스템의 컴포넌트들 중 하나인 히스토리 서비스 없이도 큰 문제없이 동작한다는 것은 흥미로운 부분입니다. 일시적인 기능 감소(사용 가능한 채팅 기록 없음)가 있긴 하지만 사람들은 여전히 실시간으로 채팅 메시지를 교환할 수 있습니다. 훌륭합니다!

13-2-5 스트림을 통한 안정적인 메시징

이 장의 시작 부분에서 메시지 대기열의 가능한 대안이 스트림이라고 언급했었습니다. 두 패러다임은 범위가 비슷하지만 메시징에 대한 접근 방식이 근본적으로 다릅니다. 이 섹션에서는 Redis Streams를 활용하여 채팅 애플리케이션을 구현함으로써 스트림의 힘을 목격할 것입니다.

스트리밍 플랫폼의 특징

시스템 통합의 맥락에서 **스트림**(또는 log)은 순서가 지정되고 추가전용(append-only)인 영구적 데이터 구조입니다. 스트림의 맥락에서 더 적절하게 **레코드**라고 하는 메시지는 항상 스트림의 끝에 추가되며 큐와 달리 소비될 때 자동으로 삭제되지 않습니다. 본질적으로 이 특성은 스트림을 메시지 브로커보다는 데이터 저장소와 더 유사하게 만듭니다. 데이터 저장소와 마찬가지로 스트림은 질의를 통해서 과거 레코드들을 검색하거나 특정 레코드에서 시작하여 재생하도록 할 수 있습니다.

스트림의 또 다른 중요한 특징은 스트림은 레코드를 소비자가 가져온다는 것입니다. 이는 본질적으로 소비자가 압도당하지 않고 자신이 처리할 수 있을 만큼 데이터를 가져와 처리하도록 할 수 있습니다.

이러한 기능을 기반으로 스트림을 사용하면 스트림에서 데이터가 손실되지 않으므로 안정적인 메시지 전달을 즉시 구현할 수 있습니다(물론, 여전히 데이터를 명시적으로 제거하거나, 선택적으로 보존 기간 후에 삭제하도록 할 수 있음). 실제로 그림 13.14에서 볼 수 있듯이 소비자가 장애가 발생하면 나중에 중단된 지점부터 스트림을 읽기만 하면 됩니다.

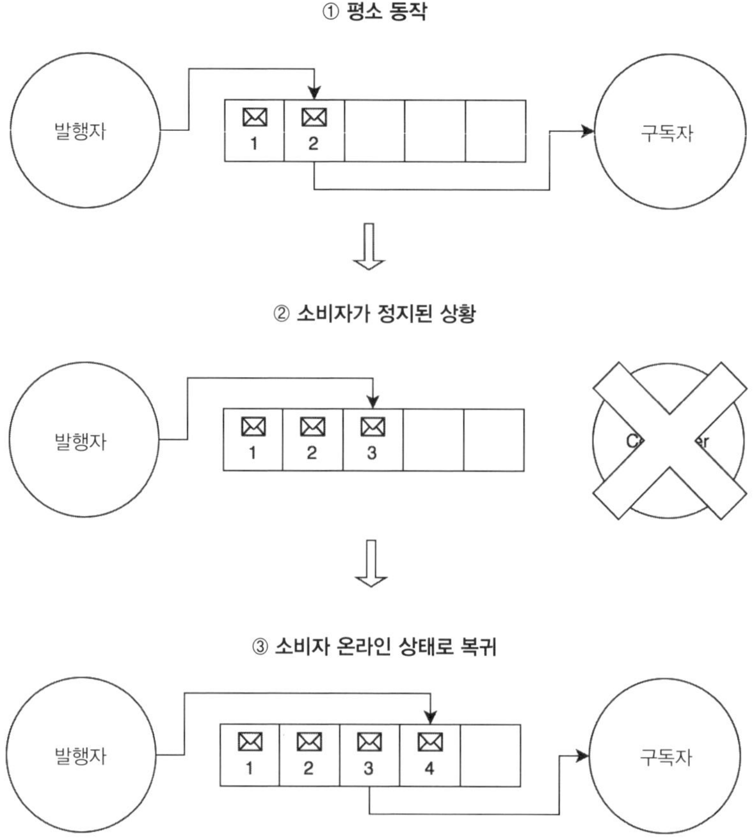

▲ 그림 13.14 스트림을 통한 안정적인 메시지 전달

그림 13.14에서 볼 수 있듯이 평소 동작(①) 중에서 소비자는 생산자가 추가하는 스트림의 레코드를 즉시 처리합니다. 소비자가 장애 또는 예정된 유지보수로 인해 사용할 수 없게 되는 경우(②) 생산자는 계속해서 정상적으로 스트림에 레코드를 추가합니다. 소비자가 다시 온라인 상태가 되면(③), 이전에 처리하고 남은 지점부터 레코드 처리를 시작합니다. 이 메커니즘의 중요한 측면은 매우 단순하고 기본적이지만 소비자가 작동할 수 없는 상황에도 메시지가 손실되지 않도록 하는데 매우 효과적이라는 것입니다.

스트림 대 메시지 대기열

지금까지 살펴본 것처럼 많은 차이점이 있지만 메시지 대기열과 스트림 간에는 많은 유사점이 있습니다. 그렇다면 언제 메시지 대기열을 사용하고 언제 메시지 스트림을 사용해야 할까요?

스트림의 확실한 사용 사례는 소비자가 메시지를 일괄 처리 방식으로 처리하거나 과거 메시지의 상관관계를 찾아야 할 수도 있는 순차적인 데이터를 처리해야 하는 경우입니다. 또한 최신 스트리밍 플랫폼을 사용하면 초당 기가바이트의 데이터를 수집하고 데이터를 분산하여 여러 노드에서 데이터를 처리할 수 있습니다.

메시지 대기열과 스트림은 데이터 전달의 신뢰성이 보장되어야 하는 경우라 하더라도 Pub/Sub 패턴을 구현하는데 사용할 수 있습니다. 그러나 메시지 대기열은 고급 메시지 라우팅을 제공하고 서로 다른 메시지에 대해 서로 다른 우선순위를 가지게 할 수 있기 때문에 복잡한 시스템의 작업을 통합하는데 더 적합합니다(스트림에서 레코드의 순서는 항상 유지됨).

나중에 보게 되겠지만, 표준 아키텍처에서는 메시지의 우선 순위와 고급 라우팅 메커니즘 덕분에 메시지 큐가 더 적합할 수 있지만, 둘 다 작업 배포 패턴을 구현하는데 사용할 수도 있습니다.

Redis Streams를 사용하여 채팅 애플리케이션 구현

이 책을 집필할 당시 가장 인기있는 스트리밍 플랫폼은 Apache Kafka(nodejsdp.link/kafka)와 Amazon Kinesis(nodejsdp.link/kinesis)입니다. 그러나 더 간단한 작업의 경우 **Redis Streams**라는 log 데이터 구조를 구현한 Redis를 다시 사용할 수 있습니다.

다음 코드 샘플에서는 채팅 애플리케이션을 변경하여 Redis Streams가 작동하는 모습을 볼 것입니다. 메시지 대기열을 통해 스트림을 사용하는 즉각적인 이점은 채팅 방에서 교환된 메시지의 기록을 저장하고 검색하기 위해 전용 컴포넌트에 의존할 필요없이 필요할 때마다 스트림에 질의를 할 수 있다는 것입니다. 보시다시피, 이는 애플리케이션의 아키텍처를 많이 단순화하기 때문에, 최소한 매우 간단한 사용 사례에서는 스트림이 메시지 큐보다 더 좋은 선택입니다.

이제 몇 가지 코드를 살펴보겠습니다. Redis Streams를 사용하도록 채팅 애플리케이션의 index.js를 수정하겠습니다.

```
import { createServer } from 'http'
import staticHandler from 'serve-handler'
import ws from 'ws'
import Redis from 'ioredis'

const redisClient = new Redis()
const redisClientXRead = new Redis()

// 정적인 파일들을 서비스함
const server = createServer((req, res) => {
  return staticHandler(req, res, { public: 'www' })
})

const wss = new ws.Server({ server })
```

```
wss.on('connection', async client => {
  console.log('Client connected')

  client.on('message', msg => {
    console.log(`Message: ${msg}`)
    redisClient.xadd('chat_stream', '*', 'message', msg)     // (1)
  })

  // Load message history
  const logs = await redisClient.xrange(                     // (2)
    'chat_stream', '-', '+')
  for (const [, [, message]] of logs) {
    client.send(message)
  }
})

function broadcast (msg) {
  for (const client of wss.clients) {
    if (client.readyState === ws.OPEN) {
      client.send(msg)
    }
  }
}

let lastRecordId = '$'

async function processStreamMessages () {                    // (3)
  while (true) {
    const [[, records]] = await redisClientXRead.xread(
      'BLOCK', '0', 'STREAMS', 'chat_stream', lastRecordId)
    for (const [recordId, [, message]] of records) {
      console.log(`Message from stream: ${message}`)
      broadcast(message)
      lastRecordId = recordId
    }
  }
}

processStreamMessages().catch(err => console.error(err))

server.listen(process.argv[2] || 8080)
```

항상 그렇듯이 애플리케이션의 전체 구조는 동일하게 유지되었습니다. 변경된 것은 애플리케이션의 다른 인스턴스와 메시지를 교환하는데 사용한 API입니다.

이러한 API를 더 자세히 살펴보겠습니다.

1. 분석하려는 첫 번째 명령은 xadd입니다. 이 명령은 스트림에 새 레코드를 추가하며, 연결된 클라이언트에서 새 채팅 메시지가 도착할 때 이 레코드를 사용하여 새 채팅 메시지를 추가합니다. 다음 인자를 xadd에 전달합니다.
   a. 스트림의 명칭입니다. 이 경우에는 chat_stream입니다.
   b. 레코드의 ID입니다. 우리의 경우에는 Redis가 ID를 생성하도록 요청하는 특수 ID인 별표(*)를 제공합니다. 이것은 보통 우리가 바라는 것인데, ID는 레코드의 사전적인 순서를 보존하기 위해 단순해야 하고, Redis가 우리를 위해 이것을 관리합니다.
   c. 다음으로 따라오는 것이 키-값 쌍의 목록입니다. 우리의 경우 msg(클라이언트로부터 받은 메시지) 값의 'message'라는 키만 지정합니다.
2. 이것은 스트림 사용의 가장 흥미로운 측면 중 하나입니다. 채팅 내역을 검색하기 위해 스트림의 과거 레코드를 질의합니다. 이름에서 알 수 있듯이 지정된 두 ID 내에서 스트림의 모든 레코드를 검색할 수 있도록 xrange 명령을 사용합니다. 우리의 경우 가능한 가장 낮은 ID와 가능한 가장 높은 ID를 나타내는 특수 ID '-'(빼기)와 '+'(더하기)를 사용합니다. 이것은 본질적으로 현재 스트림에 있는 모든 레코드를 검색한다는 것을 의미합니다.
3. 새 채팅 애플리케이션의 마지막 흥미로운 부분은 새 레코드가 스트림에 추가되기를 기다리는 부분입니다. 이를 통해 각 애플리케이션 인스턴스는 대기열에 추가되는 새로운 채팅 메시지를 읽을 수 있으며 통합에 필수적인 부분입니다. 이 작업을 위해 무한 루프와 xread 명령을 사용하는데 다음의 인자들을 제공합니다.
   a. BLOCK은 새로운 메시지가 도착할 때까지 호출을 차단한다는 것을 의미합니다.
   b. 다음으로 해당 명령이 일정 시간이 지나면 단순히 null을 반환하도록 타임아웃을 지정합니다. 0은 영원히 기다리겠다는 것을 의미합니다.
   c. STREAMS는 Redis에 우리가 읽고자 하는 스트림의 세부 사항을 지정할 것임을 알려주는 키워드입니다.
   d. chat_stream은 읽고자 하는 스트림의 이름입니다.
   e. 마지막으로 새로운 메시지 읽기를 시작하려는 레코드 ID(lastRecordId)를 제공합니다. 처음에는 $(달러 기호)로 설정되는데, 이는 현재 스트림에서 현재 가장 높은 ID를 나타내는 특수 ID 기호이며, 기본적으로 현재 스트림에 있는 마지막 레코드 이후에 스트림 읽기를 시작해야 합니다. 첫 번째 레코드를 읽은 후 마지막으로 읽은 레코드 ID로 lastRecordId 변수를 업데이트합니다.

이전 예제에서 우리는 영리하게 구조분할 구문(destructuring instructions)을 사용했습니다. 예를 들어, 다음 코드를 보십시오.

```
for (const [, [, message]] of logs) {...}
```

이 명령은 다음과 같이 확장될 수 있습니다.

```
for (const [recordId, [propertyId, message]] of logs) {...}
```

그러나 우리는 recordId와 propertyId를 얻는 데는 관심이 없기 때문에 단순히 구조분할 구문에서 제외합니다. for...of 루프와 결합된 특정 구조분할은 xrange 명령에서 반환된 데이터의 구문을 분석하는데 필요합니다. 이 경우에는 다음과 같은 형식입니다.

```
[
  ["1588590110918-0", ["message", "This is a message"]],
  ["1588590130852-0", ["message", "This is another message"]]
]
```

Xread의 반환값을 구문 분석하기 위해 유사한 원칙을 적용했습니다. 반환값에 대한 자세한 설명은 해당 지침의 API 설명서를 참조하십시오.

xadd 명령과 레코드 ID 형식에 대한 자세한 내용은 nodejsdp.link/xadd의 공식 Redis 문서에서 확인할 수 있습니다. Xread 명령은 nodejsdp.link/xread에서 상세 내용을 볼 수 있는데, 상당히 복잡한 인자 목록과 반환값도 있습니다. 또한 nodejsdp.link/xrange에서 xrange에 대한 문서를 확인할 수 있습니다.

이제 두 개의 서버 인스턴스를 다시 시작하고 애플리케이션을 테스트하여 새로운 구현이 어떻게 동작하는지 확인할 수 있습니다.

채팅 히스토리를 관리하기 위한 전용 컴포넌트에 의존할 필요가 없다는 사실은 이미 언급했었습니다. 다만 xrange를 사용하여 스트림에서 과거의 레코드들을 검색하기만 하면 됩니다. 스트림의 이러한 면은 명시적으로 삭제하지 않는 한 메시지가 손실되지 않기 때문에 기본적으로 신뢰할 수 있기 때문입니다.

xdel 명령(nodejsdp.link/xdel)이나 xtrim 명령(nodejsdp.link/xtrim) 또는 xadd의 MAXLEN 옵션(nodejsdp.link/xadd-maxlen)을 사용하여 스트림에서 레코드를 제거할 수 있습니다.

이것으로 Pub/Sub 패턴에 대한 탐색을 마칩니다. 이제 메시징 패턴의 또 다른 중요한 범주인 작업 배포 패턴을 살펴볼 것입니다.

13-3 작업 배포(Task distribution) 패턴

"11장. 고급 레시피"에서 비용이 많이 드는 작업을 여러 로컬 프로세스에 위임하는 방법을 배웠습니다. 이는 효과적인 접근 방식이었지만 단일 머신의 한계를 넘어 확장할 수 없으므로, 이 섹션에서는 네트워크의 모든 곳에 위치한 원격 작업자를 사용하여 분산형 아키텍처에서 유사한 패턴을 어떻게 사용할 수 있는지 알아보겠습니다.

이 개념은 여러 컴퓨터에 작업을 분산시킬 수 있는 메시징 패턴을 갖는 것입니다. 이러한 작업은 개별 작업 청크 또는 분할 정복(divide and conquer) 접근 방식을 사용하는 더 큰 작업 분할의 일부일 수 있습니다.

다음 다이어그램에 표시된 논리적 아키텍처를 살펴보면 익숙한 패턴을 인식할 수 있습니다.

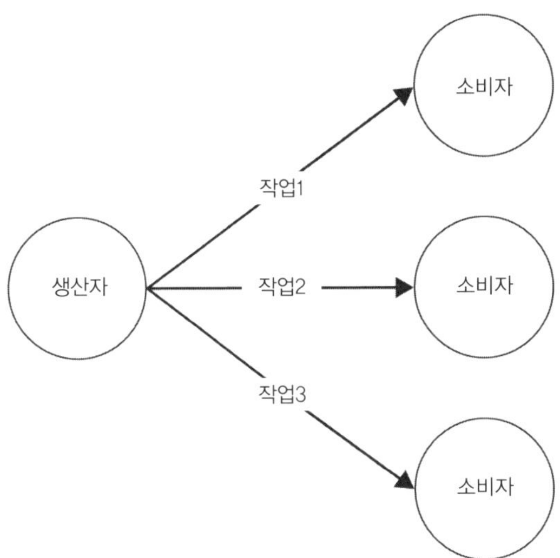

▲ 그림 13.15 일련의 소비자들에게 작업 분배

그림 13.15의 다이어그램에서 볼 수 있듯이 Pub/Sub 패턴은 이러한 유형의 애플리케이션에 적합하지 않습니다. 여러 작업자가 작업을 받는 것을 원치 않기 때문입니다. 대신 필요한 것은 각 메시지를 다른 소비자(이 경우 작업자(**worker**)라고도 함)에게 전달하는 로드 밸런서와 유사한 메시지 배포 패턴입니다. 메시징 시스템 용어에서 이 패턴은 "**경쟁 소비자**", "**팬아웃 배포**" 또는 "**벤틸레이터**"라고도 합니다.

이전 장에서 살펴본 HTTP 로드 밸런서와 한가지 중요한 차이점은 여기에서 소비자가 더 적극적인 역할을 한다는 것입니다. 실제로 나중에 살펴보겠지만 대부분의 경우 소비자에게 연결하는 것은 생산자가 아니라 새 작업을 받기 위해 작업 생산자 또는 작업 대기열에 연결하는 소비자 자신입니다. 이는 생산자를 수정하거나 서비스 레지스트리를 채택하지 않고도 작업자 수를 원활하게 늘릴 수 있기 때문에, 확장 가능한 시스템에서 큰 이점이 있습니다.

또한 일반 메시징 시스템에서는 생산자와 작업자 사이에 요청/응답 통신이 반드시 필요한 것은 아닙니다. 대신, 대부분의 경우 선호되는 접근 방식은 단방향 비동기 통신을 사용하는 것이므로 더 나은 병렬 처리 및 확장이 가능합니다. 이러한 아키텍처에서 메시지는 잠재적으로 항상 한 방향으로 이동하여 다음 다이어그램과 같이 **파이프라인**을 생성할 수 있습니다.

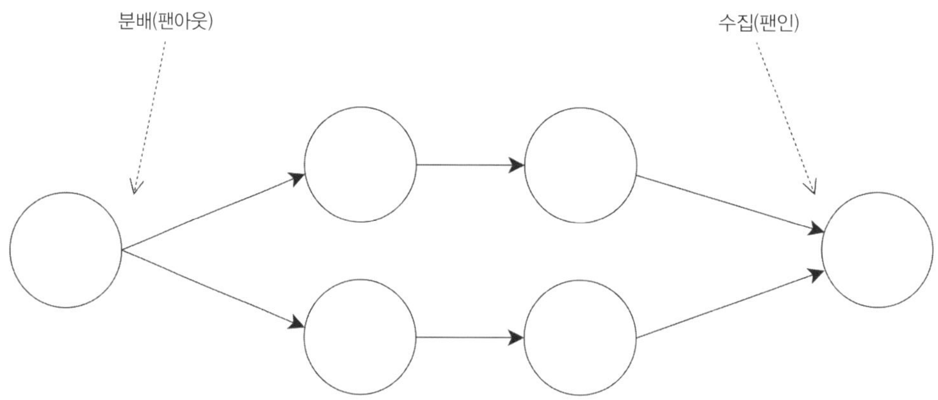

▲ 그림 13.16 메시징 파이프라인

파이프라인을 사용하면 동기식 요청/응답 통신의 오버헤드 없이 매우 복잡한 처리의 아키텍처를 구축할 수 있으므로 흔히 지연시간이 줄어들고 처리량이 높아집니다. 그림 13.16에서는 메시지가 작업자 집합(팬아웃)에 분산되고 다른 처리 장치로 전달된 다음 일반적으로 **싱크**(sink)라고 하는 단일 노드로 수집되는 방식을 볼 수 있습니다.

이 섹션에서는 가장 중요한 두 가지 변형인 피어 투 피어와 브로커 기반을 분석하여 이러한 종류의 아키텍처 컴포넌트에 초점을 맞추겠습니다.

파이프라인과 태스크 분배 패턴의 조합을 병렬 **파이프라인**이라고도 합니다.

13-3-1 ZeroMQ Fanout/Fanin 패턴

우리는 P2P 분산 아키텍처를 구축하기 위한 ZeroMQ의 일부 기능을 이미 살펴보았습니다. 이전 섹션에서는 실제로 PUB 및 SUB 소켓을 사용하여 단일 메시지를 여러 소비자에게 배포했으며 이제 PUSH 및 PULL이라는 다른 소켓 쌍을 사용하여 병렬 파이프라인을 구축하는 방법을 살펴보겠습니다.

PUSH/PULL 소켓

직관적으로 PUSH 소켓은 메시지를 보내기 위해 만들어졌고, PULL 소켓은 받기 위해 만들어졌다고 말할 수 있습니다. 사소한 조합으로 보일 수 있지만 단방향 통신 시스템을 구축하는데 완벽한 몇 가지의 추가 기능이 존재합니다.

- 둘 다 연결 모드 또는 바인드 모드에서 작동할 수 있습니다. 즉, PUSH 소켓을 생성하고 로컬 포트에 바인딩한 후 PULL 소켓에서 들어오는 연결을 수신하거나, 그 반대로 하여 PULL 소켓이 PUSH 소켓에서 들어오는 연결을 수신할 수 있습니다. 메시지는 항상 PUSH에서 PULL로(동일한 방향으로) 이동하며, 다를 수 있는 것은 단지 누가 연결을 초기화하는가 뿐입니다. 바인드 모드는 작업 생산자 및 싱크(sink)와 같은 내구성이 있어야 하는 노드에 가장 적합하며, 연결 모드는 작업자와 같은 임시 노드에 적합합니다. 이를 통해 더 안정적이고 내구성이 있어야 하는 노드에 영향을 주지 않고 임시 노드의 수를 임의로 변경할 수 있습니다.
- 단일 PUSH 소켓에 여러 개의 PULL 소켓이 연결된 경우 메시지는 모든 PULL 소켓에 고르게 분배됩니다. 실제로 로드 밸런싱이 됩니다(피어 투 피어 로드 밸런싱). 반면에 여러 PUSH 소켓에서 메시지를 수신하는 PULL 소켓은 공정 대기열 시스템을 사용하여 메시지를 처리합니다. 즉, 모든 소스(인바운드 메시지에 적용되는 라운드로빈)에서 균등하게 사용됩니다.
- 연결된 PULL 소켓이 없는 PUSH 소켓을 통해 전송된 메시지는 손실되지 않습니다. 대신 노드가 온라인 상태가 되어 메시지를 가져가기를 시작할 때까지 대기열에 추가됩니다.

이제 ZeroMQ가 기존 웹 서비스와 어떻게 다른지, 왜 분산 메시징 시스템을 구축하기 위한 완벽한 도구인지 이해하기 시작했을 것입니다.

ZeroMQ로 분산 해시썸(hashsum) 크래커(cracker) 만들기

이제 방금 설명한 PUSH/PULL 소켓의 속성을 확인하기 위해 샘플 애플리케이션을 만들 차례입니다.

간단하고 흥미로운 애플리케이션은 해시썸 크래커입니다. 해시썸 크래커란, 무차별 대입 방식을 사용하여 주어진 알파벳의 모든 가능한 일련의 변형들에서 해시썸(예: MD5 또는 SHA1)을 구하면서 주어진 해시썸이 생성된 원래의 문자열을 찾는 시스템입니다.

> 해시썸 암호는 크래킹이 매우 쉽기 때문에 일반 해시썸을 사용하여 암호화하지 마십시오. 대신 bcrypt(nodejsdp.link/bcrypt), scrypt(nodejsdp.link/scrypt), PBKDF2(nodejsdp.link/pbkdf2) 또는 Argon2(nodejsdp.link/argon2)와 같은 특수 목적 알고리즘을 사용하십시오.

애플리케이션의 경우 다음과 같은 일반적인 병렬 파이프라인을 구현하려고 합니다.

- 작업을 생성하고 여러 작업자에게 배포하는 노드
- 다중 작업자 노드(실제 계산이 발생하는 위치)
- 모든 결과를 수집하는 노드

방금 설명한 시스템은 다음 아키텍처를 사용하여 ZeroMQ에서 구현할 수 있습니다.

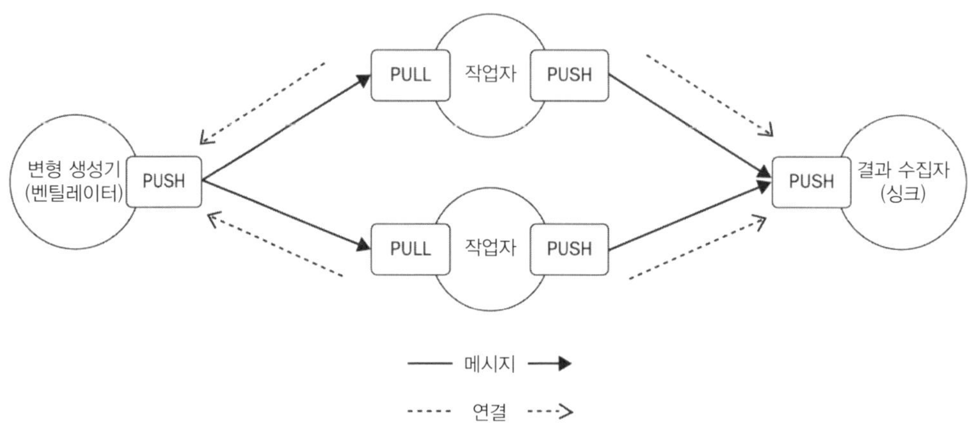

▲ 그림 13.17 ZeroMQ를 사용한 일반적인 파이프라인의 아키텍처

우리 아키텍처에는 벤틸레이터가 주어진 알파벳의 문자 변형 간격을 생성합니다(예:'aa'에서 'bb'까지의 문자 간격에는 'aa', 'ab', 'ba', 'bb' 변형이 포함됩니다). 그리고 그 간격을 작업으로 작업자에게 분배합니다. 그런 다음 각 작업자는 주어진 간격의 모든 변형에 대한 해시썸을 계산하여 입력으로 제공된 해시썸과 각 결과 해시썸의 일치 여부를 판별합니다. 일치하는 항목이 있으면, 결과가 결과 수집기 노드(싱크)로 전송됩니다.

우리 아키텍처의 내구성있는 노드(영구 노드)는 벤틸레이터(ventilator)와 싱크(sink)이고 일시적 노드는 작업자가 됩니다. 즉, 각 작업자는 PULL 소켓을 벤틸레이터에 연결하고 PUSH 소켓을 싱크에 연결하면, 벤틸레이터나 싱크에서 매개 변수를 변경하지 않고도 원하는 만큼의 작업자를 시작하고 중지할 수 있습니다.

생산자 구현

변동 구간을 표현하기 위해서 색인화된 N-ary(n 항) 트리를 사용할 것입니다. 각 노드에 정확히 n개의 자식 트리가 있고, 각 자식은 주어진 알파벳의 n개 요소 중 하나이며, 각 노드에 너비 우선(breadth-first) 순서로 색인을 할당한다고 가정하면, 알파벳 [a, b]에 따라 다음과 같은 트리를 얻을 수 있습니다.

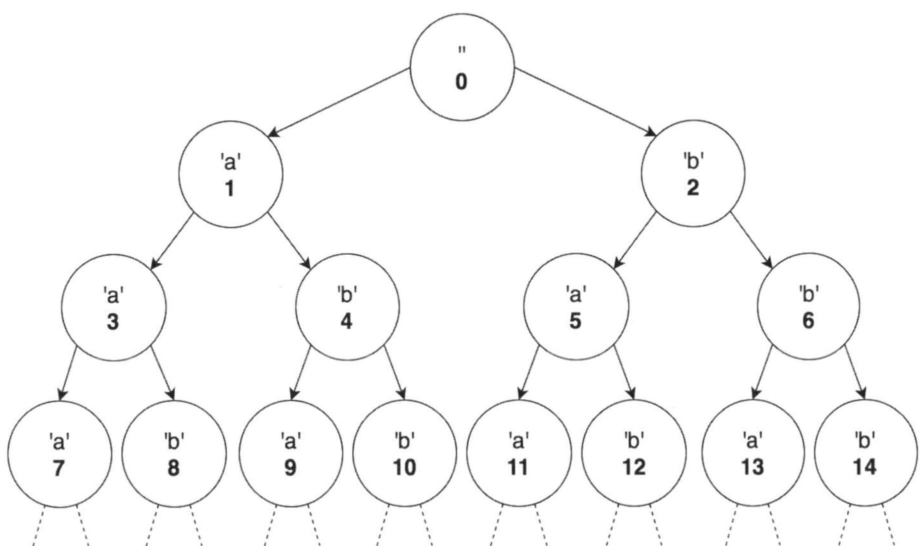

▲ 그림 13.18 알파벳 a,b에 대한 색인 N-ary 트리

그런 다음 루트에서 주어진 색인으로 트리를 순회하여 만들어진 변형에 발견된 노드의 요소를 추가하면 인덱스에 해당하는 변형을 얻을 수 있습니다. 예를 들어, 그림 13.18의 트리에서 13에 해당하는 변형은 'bba'가 됩니다.

indexed-string-variation 패키지(nodejsdp.link/indexed-string-variation)를 활용하여 n-ary 트리의 주어진 색인에 대한 변형을 계산하는 데 도움을 줄 것입니다. 이 작업은 작업자에서 수행되므로 벤틸레이터에서 해야 할 일은 작업자에게 제공할 인덱스 범위를 생성하는 것입니다. 그러면 해당 범위로 표시되는 모든 문자들의 변형이 만들어집니다.

이제 필요한 이론은 어느 정도 설명했으므로 배포할 작업을 생성하는 컴포넌트(generateTask.js)를 구현하여 시스템의 구축을 시작하겠습니다.

```
export function * generateTasks (searchHash, alphabet,
  maxWordLength, batchSize) {
  let nVariations = 0
  for (let n = 1; n <= maxWordLength; n++) {
    nVariations += Math.pow(alphabet.length, n)
  }
  console.log('Finding the hashsum source string over ' +
    `${nVariations} possible variations`)

  let batchStart = 1
  while (batchStart <= nVariations) {
```

```
    const batchEnd = Math.min(
      batchStart + batchSize - 1, nVariations)
    yield {
      searchHash,
      alphabet: alphabet,
      batchStart,
      batchEnd
    }

    batchStart = batchEnd + 1
  }
}
```

generateTasks() 제너레이터는 1부터 시작하여 batchSize 크기의 정수 간격을 생성합니다(빈 변형에 해당하는 트리의 루트인 0은 제외). 그리고 주어진 알파벳과 제공된 최대 단어 길이(maxLength)에 대해 가능한 가장 큰 인덱스(nVariations)에서 끝납니다. 그런 다음 작업에 대한 모든 데이터를 객체에 담아 호출자에게 전달합니다(yield).

더 긴 문자열을 생성하려면, JavaScript로 관리할 수 있는 최대 정수가 현재 Number.MAX_SAFE_INTEGER의 값인 2^{53-1}승이므로 색인을 나타내기 위해 BigInt(nodejsdp.link/bigint)로 전환해야 할 수 있습니다. 매우 큰 정수를 사용하면 변형 생성기의 성능에 부정적인 영향을 미칠 수 있습니다.

이제 모든 작업자에 작업을 배포하는 생산자의 로직(producer.js 파일)을 구현해야 합니다.

```
import zmq from 'zeromq'
import delay from 'delay'
import { generateTasks } from './generateTasks.js'

const ALPHABET = 'abcdefghijklmnopqrstuvwxyz'
const BATCH_SIZE = 10000

const [, , maxLength, searchHash] = process.argv

async function main () {
  const ventilator = new zmq.Push()                         // (1)
  await ventilator.bind('tcp://*:5016')
  await delay(1000) // wait for all the workers to connect
```

```
  const generatorObj = generateTasks(searchHash, ALPHABET,
    maxLength, BATCH_SIZE)
  for (const task of generatorObj) {
    await ventilator.send(JSON.stringify(task))              // (2)
  }
}

main().catch(err => console.error(err))
```

너무 많은 변형을 생성하지 않도록 제너레이터는 영어 알파벳의 소문자만 사용하고 생성되는 단어의 크기에 제한을 설정합니다. 이 제한(maxLength)은 일치시킬 해시썸(searchHash)과 함께 커맨드라인 인자로 제공됩니다.

우리가 가장 살펴봐야 할 부분은 작업자에게 작업을 배포하는 방법입니다.

1. 먼저 PUSH 소켓을 만들고 작업자의 PULL 소켓이 작업을 수신하기 위해 연결되는 로컬 포트 5016에 바인딩합니다. 그런 다음 모든 작업자가 연결될 때까지 1초를 대기합니다. 작업자가 이미 실행 중인 동안 생산자가 시작되면 작업자가 타임 기반 재연결 알고리즘으로 인해 잠시 후에 연결할 수 있기 때문인데, 이렇게 되면 첫 번째 연결 작업자가 대부분의 작업을 받아갈 수 있습니다.
2. 생성된 각 작업에 대해 문자열을 지정하고 ventilator 소켓의 send() 함수를 사용하여 작업자에게 보냅니다. 연결된 각 작업자는 라운드로빈 방식으로 다른 작업을 받게 됩니다.

작업자 구현

이제 작업자를 구현해 보겠습니다. 먼저 들어오는 작업을 처리하는 컴포넌트를 생성해봅시다(ProcessTask.js 파일).

```
import isv from 'indexed-string-variation'
import { createHash } from 'crypto'

export function processTask (task) {
  const variationGen = isv.generator(task.alphabet)
  console.log('Processing from ' +
    `${variationGen(task.batchStart)} (${task.batchStart}) ` +
    `to ${variationGen(task.batchEnd)} (${task.batchEnd})`)

  for (let idx = task.batchStart; idx <= task.batchEnd; idx++) {
    const word = variationGen(idx)
    const shasum = createHash('sha1')
```

```
      shasum.update(word)
      const digest = shasum.digest('hex')

      if (digest === task.searchHash) {
        return word
      }
    }
  }
```

processTask() 함수의 로직은 매우 간단합니다. 주어진 범위에서 인덱스를 반복한 다음 각 인덱스에 해당하는 변형 문자들(word)을 생성합니다. 다음으로 word에 대한 SHA1 체크썸을 계산하고 task로 전달된 searchHash와 일치 여부를 검사합니다. 두 다이제스트가 일치하면 소스 word를 호출자에게 반환합니다.

이제 작업자(worker.js)의 기본 로직을 구현할 수 있습니다.

```
import zmq from 'zeromq'
import { processTask } from './processTask.js'

async function main () {
  const fromVentilator = new zmq.Pull()
  const toSink = new zmq.Push()

  fromVentilator.connect('tcp://localhost:5016')
  toSink.connect('tcp://localhost:5017')

  for await (const rawMessage of fromVentilator) {
    const found = processTask(JSON.parse(rawMessage.toString()))
    if (found) {
      console.log(`Found! => ${found}`)
      await toSink.send(`Found: ${found}`)
    }
  }
}

main().catch(err => console.error(err))
```

앞서 말했듯이 작업자는 아키텍처에서 일시적인 노드를 나타내므로 소켓은 들어오는 연결을 수신하는 대신 원격 노드에 연결해야 합니다. 우리는 두 개의 소켓을 만드는데 이것이 작업자에서 할 일입니다.

- 작업을 받기 위해 벤틸레이터에 연결되는 PULL 소켓
- 결과를 전파하기 위해 싱크에 연결되는 PUSH 소켓

이 외에도 작업자가 수행하는 작업은 매우 간단합니다. 수신된 모든 작업을 처리하고 일치하는 항목이 발견되면 toSink 소켓을 통해 결과 수집기에 메시지를 보냅니다.

결과 수집기 구현

예를 들어, 결과 수집기(싱크)는 작업자에서 수신한 메시지를 콘솔에 간단히 출력하는 매우 기본적인 프로그램입니다. Collector.js 파일의 내용은 다음과 같습니다.

```
import zmq from 'zeromq'

async function main () {
  const sink = new zmq.Pull()
  await sink.bind('tcp://*:5017')

  for await (const rawMessage of sink) {
    console.log('Message from worker: ', rawMessage.toString())
  }
}

main().catch(err => console.error(err))
```

결과 수집기(생산자)도 본 아키텍처 내에서 영구 노드이므로 작업자의 PUSH 소켓에 명시적으로 바인딩하는 대신 PULL 소켓을 바인딩한다는 것이 중요합니다.

애플리케이션의 실행

이제 애플리케이션을 시작할 준비가 되었습니다. 작업자 두 개와 결과 수집기를 시작해 보겠습니다(각각 다른 터미널)

```
node worker.js
node worker.js
node collector.js
```

그런 다음 생산자를 시작하여 생성할 단어의 최대 길이와 일치시킬 SHA1 체크썸을 지정합니다. 다음은 명령의 예시입니다.

```
node producer.js 4 f8e966d1e207d02c44511a58dccff2f5429e9a3b
```

앞의 명령이 실행되면 생산자는 작업을 생성하고 일련의 작업자들에 작업을 배포하기 시작합니다. 우리는 생산자에게 4개의 소문자로 가능한 모든 단어를 생성하도록 지시하고 있습니다(알파벳이 소문자로만 구성되어 있기 때문). 또한 찾아야 할 단어에 해당하는 SHA1 체크썸도 제공합니다.

계산 결과가 있는 경우, 결과 수집 애플리케이션의 터미널에 나타납니다.

ZeroMQ에서 PUSH/PULL 소켓의 저수준 특성과 특히 메시지 확인응답(acknowledgments)이 안돼서 노드가 충돌하면 처리하던 모든 작업이 손실됩니다. ZeroMQ 위에 사용자 정의 확인응답 메커니즘을 구현할 수 있지만 이는 여러분을 위한 연습문제로 남겨두겠습니다.

이 구현의 또 다른 제한 사항은 일치 항목이 발견되어도 작업자가 작업 처리를 중단하지 않는다는 사실입니다. 이 기능은 논의 중인 패턴에 가능한 한 초점을 맞춘 예제를 만들기 위해 의도적으로 제외된 로직입니다. 이 '정지' 메커니즘도 추가적으로 연습해 볼 수 있을 것입니다.

13-3-2 AMQP의 파이프라인 및 경쟁 소비자

이전 섹션에서는 병렬 파이프라인을 피어 투 피어 컨텍스트에서 구현하는 방법을 보았습니다. 이제 RabbitMQ를 사용하여 브로커 기반 아키텍처를 적용한 이 패턴에 대해 알아보겠습니다.

점대점(Point-to-point) 통신 및 경쟁 소비자(Competing consumers)

피어 투 피어 구성에서 파이프라인은 상상해보기가 매우 간단한 개념입니다. 하지만 중간에 메시지 브로커를 사용하면 시스템의 다양한 노드 간의 관계를 이해하기가 조금 더 어렵습니다. 브로커 자체가 통신의 중개자 역할을 하며 종종 누가 연결되어 있는지 알지 못합니다. 예를 들어 AMQP를 사용하여 메시지를 보낼 때 메시지를 대상으로 직접 전달하지 않고, 대신 익스체인지로 전달한 다음 대기열로 전달합니다. 마지막으로 브로커는 익스체인지, 바인딩 및 대상 큐에 정의된 규칙에 따라 메시지를 라우팅할 위치를 결정합니다.

AMQP와 같은 시스템을 사용하여 파이프라인 및 작업 분배 패턴을 구현하려면 각 메시지가 한 명의 소비자만 수신하도록 해야 하지만, 익스체인지가 잠재적으로 둘 이상의 대기열에 바인딩될 경우 이것은 보장할 수 없습니다. 다른 해결책은 익스체인지를 모두 우회하여 메시지를 대상 큐에 직접 보내는 것입니다. 이렇게 하면 하나의 큐만 메시지를 수신하도록 할 수 있습니다. 이 통신 패턴을 **점대점**(point-to-point)이라고 합니다.

일련의 메시지들을 단일 대기열에 직접 보낼 수 있게 되면 이미 작업 배포 패턴의 절반을 구현한 것이나 다름없습니다. 실제로 다음 단계는 자연스럽게 진행됩니다. 여러 소비자가 동일한 대기열에서 수신 대기하는 경우 메시지는 팬아웃 배포 패턴에 따라 메시지가 균등하게 배포됩니다. 이미 언급했듯이 메시지 브로커의 맥락에서 이것은 **경쟁 소비자 패턴**으로 더 잘 알려져 있습니다.

이제 AMQP를 사용하여 간단한 해시썸 크래커를 다시 구현할 것이므로 이전 섹션에서 논의한 피어 투 피어 접근 방식과의 차이점을 이해할 수 있을 것입니다.

AMQP를 사용한 해시썸 크래커 구현

우리는 방금 익스체인지에 대해 메시지가 일련의 소비자들에 멀티캐스트 되는 브로커 지점인 반면, 큐는 메시지가 로드 밸런싱되는 장소라는 것을 배웠습니다. 이 지식을 염두해두고 이제 AMQP 브로커(이 경우 RabbitMQ) 위에 무차별 대입(brute-force) 해시썸 크래커를 구현해 보겠습니다. 다음 그림은 구현하려는 시스템의 개요를 보여줍니다.

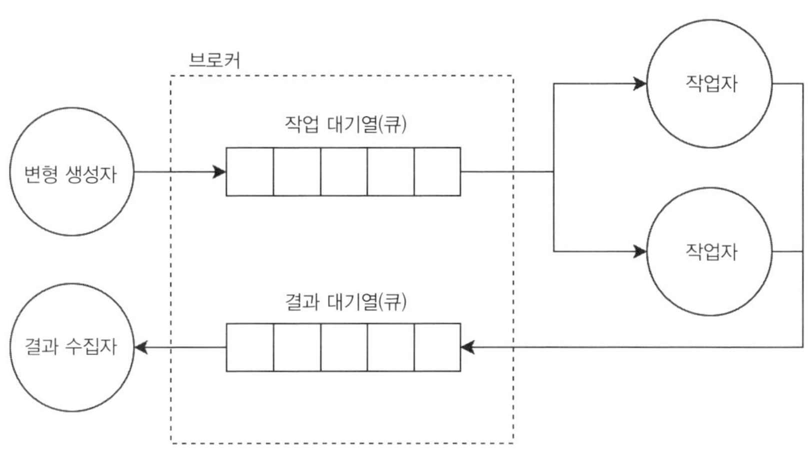

▲ 그림 13.19 메시지 큐 브로커를 사용한 작업 분배 구조

살펴본 것처럼, 일련의 작업을 여러 작업자에게 분산하려면 단일 대기열을 사용해야 합니다. 그림 13.19에서는 이를 작업 대기열이라고 했습니다. 작업 대기열의 다른 쪽에는 경쟁 소비자인 작업자 집합이 있습니다. 즉, 각 작업자는 대기열에서 다른 메시지를 받습니다. 그 결과 여러 작업이 서로 다른 작업자에서 병렬로 실행됩니다.

작업자가 생성한 결과는 결과 대기열이라고 하는 다른 큐에 게시된 다음, 실제로 싱크와 동일한 결과 수집자에서 사용됩니다. 전체 아키텍처에서 우리는 어떤 익스체인지도 사용하지 않고 메시지를 대상 큐로 직접 전송하여 점대점 통신 유형을 구현합니다.

생산자 구현

생산자(producer.js 파일)에서부터 이러한 시스템을 구현하는 방법을 살펴보겠습니다.

```
import amqp from 'amqplib'
import { generateTasks } from './generateTasks.js'

const ALPHABET = 'abcdefghijklmnopqrstuvwxyz'
const BATCH_SIZE = 10000

const [, , maxLength, searchHash] = process.argv

async function main () {
  const connection = await amqp.connect('amqp://localhost')
  const channel = await connection.createConfirmChannel()    // (1)
  await channel.assertQueue('tasks_queue')

  const generatorObj = generateTasks(searchHash, ALPHABET,
    maxLength, BATCH_SIZE)
  for (const task of generatorObj) {
    channel.sendToQueue('tasks_queue',                        // (2)
      Buffer.from(JSON.stringify(task)))
  }

  await channel.waitForConfirms()
  channel.close()
  connection.close()
}

main().catch(err => console.error(err))
```

보시다시피 익스체인지나 바인딩이 없기 때문에 AMQP 기반 애플리케이션의 설정이 훨씬 간단해집니다. 그러나 몇 가지 주의할 사항이 있습니다.

1. 표준 채널을 만드는 대신 confirmChannel을 만듭니다. 이는 일부 추가 기능이 있는 채널을 생성하기 때문에 필요합니다. 특히 나중에 코드에서 브로커가 모든 메시지의 수신을 확인할 때까지 기다리는 waitForConfirms() 함수를 제공합니다. 이것은 모든 메시지가 로컬 대기열에서 발송되기 전에 애플리케이션이 브로커에 대해 연결을 너무 빨리 닫는 것을 방지해 줍니다.

2. 생산자의 핵심은 실제로 새로운 channel.sendToQueue() API입니다. 이름에서 알 수 있듯이 이것은 익스체인지나 라우팅을 우회하여 메시지를 대기열(이 예에서는 tasks_queue)로 직접 전달하는 API입니다.

작업자 구현

task_queue의 다른 쪽에는 들어오는 작업을 수신하는 작업자가 존재합니다. AMQP를 사용하도록 기존 worker.js 모듈의 코드를 수정해 보겠습니다.

```
import amqp from 'amqplib'
import { processTask } from './processTask.js'

async function main () {
  const connection = await amqp.connect('amqp://localhost')
  const channel = await connection.createChannel()
  const { queue } = await channel.assertQueue('tasks_queue')

  channel.consume(queue, async (rawMessage) => {
    const found = processTask(
      JSON.parse(rawMessage.content.toString()))
    if (found) {
      console.log(`Found! => ${found}`)
      await channel.sendToQueue('results_queue',
        Buffer.from(`Found: ${found}`))
    }

    await channel.ack(rawMessage)
  })
}

main().catch(err => console.error(err))
```

이 새로운 작업자는 메시지 교환과 관련된 부분을 제외하고는 이전 섹션에서 ZeroMQ를 사용하여 구현한 것과 매우 유사합니다. 앞의 코드에서 먼저 tasks_queue라는 큐에 대한 참조를 얻은 다음 channel.consume()을 사용하여 들어오는 작업을 수신하는 방법을 볼 수 있습니다. 그런 다음 일치하는 항목이 발견될 때마다 결과를 results_queue를 통해 수집기에 다시 보내는데, 점대점 통신을 사용합니다. 메시지가 완전히 처리된 후 channel.ack()를 사용하여 모든 메시지에 응답 확인을 하는 방식도 봐줄만한 부분입니다.

여러 작업자가 시작되면 모두 동일한 대기열에서 수신 대기하므로 메시지가 그들 사이에서 부하의 분산이 시작되게 됩니다(경쟁 소비자).

결과 수집기 구현

결과 수집기는 콘솔에 수신된 메시지를 간단히 출력하는 모듈입니다. 다음과 같이 collector.js 파일에서 구현됩니다.

```
import amqp from 'amqplib'

async function main () {
  const connection = await amqp.connect('amqp://localhost')
  const channel = await connection.createChannel()
  const { queue } = await channel.assertQueue('results_queue')
  channel.consume(queue, msg => {
    console.log(`Message from worker: ${msg.content.toString()}`)
  })
}

main().catch(err => console.error(err))
```

애플리케이션 실행

이제 우리의 새로운 시스템을 시험해볼 준비가 되었습니다. 먼저 RabbitMQ 서버가 실행 중인지 확인한 다음 두 작업자를(두 개의 별도 터미널에서) 시작시킵니다. 두 작업자는 모두 동일한 큐(tasks_queue)에 연결되어 모든 메시지가 둘 사이에서 부하 분산을 하게 됩니다.

```
node worker.js
node worker.js
```

그런 다음 수집기 모듈을 실행한 후에, 생산자 모듈을 실행할 수 있습니다(단어의 최대 길이와 크래킹할 해시를 제공).

```
node collector.js
node producer.js 4 f8e966d1e207d02c44511a58dccff2f5429e9a3b
```

이를 통해 AMQP를 사용하여 메시지 파이프라인과 경쟁 소비자 패턴을 구현했습니다.

AMQP 기반 해시썸 크래커의 새로운 버전은 모든 작업을 실행하고 일치하는 항목을 찾는데 약간 더 오랜 시간이 걸립니다(ZeroMQ 기반의 버전에 비해). 이는 보다 낮은 수준의 피어 투 피어 접근 방식과 비교하여 브로커가 실제로 어떻게 부정적인 성능 영향을 줄 수 있는지에 대한 실제 사례입니다. 그러나 AMQP를 사용하면 ZeroMQ 구현에 비해 훨씬 더 많은 것을 바로 사용할 수 있다는 것을 잊지 마십시오. 예를 들어, AMQP 구현을 사용하면 작업자가 충돌해도 처리 중이던 메시지가 손실되지 않고 결국 다른 작업자에게 전달됩니다. 따라서 애플리케이션에 사용할 올바른 접근 방식을 선택할 때는 항상 더 큰 그림을 봐야 합니다. 작은 지연은 시스템의 전반적인 복잡성이 크게 증가하거나 일부 중요한 기능이 부족한 것과 비교할 때 아무런 의미가 없을 수 있습니다.

이제 작업 분배 패턴을 구현하기 위한 또 다른 브로커 기반 접근 방식을 고려해보겠습니다. 이번에는 Redis Streams를 기반으로 구축할 것입니다.

13-3-3 Redis Stream을 사용한 작업 배포

ZeroMQ 및 AMQP를 사용하여 작업 배포(Task Distribution) 패턴을 구현하는 방법을 확인하였으니 이제 Redis Streams를 활용하여 이 패턴을 구현할 수 있는 방법을 살펴보겠습니다.

Reis 소비자 그룹

코드를 살펴보기 전에 Redis Streams를 사용하여 작업 배포 패턴을 구현할 수 있는 Redis의 중요한 기능에 대해 먼저 배워야 합니다. 이 기능을 **소비자 그룹**(consumer groups)이라고 하며 Redis Streams 위에 경쟁 소비자 패턴(유용한 액세서리 추가 포함)을 구현한 것입니다.

소비자 그룹은 이름으로 식별되는 상태 저장 엔티티이며 이름으로 식별되는 일련의 소비자들로 구성됩니다. 그룹의 소비자가 스트림을 읽으려고 하면, 라운드로빈 설정으로 레코드를 받게 됩니다.

각 레코드는 명시적으로 응답확인(acknowledged)되어야 합니다. 그렇지 않으면 레코드가 보류(pending) 상태로 유지됩니다. 각 소비자는 다른 소비자의 레코드를 명시적으로 요구하지 않는 한 자신의 보류 중인 레코드에만 접근할 수 있습니다. 이는 소비자가 레코드를 처리하는 동안 문제가 발생하는 경우에 유용합니다. 소비자가 다시 온라인 상태가 되면 가장 먼저 해야 할 일은 보류 중인 레코드 목록을 검색하고 스트림에서 새 레코드를 요청하기 전에 이것을 처리하는 것입니다. 그림 13.20은 소비자 그룹이 Redis에서 작동하는 방식을 다이어그램으로 보여주고 있습니다.

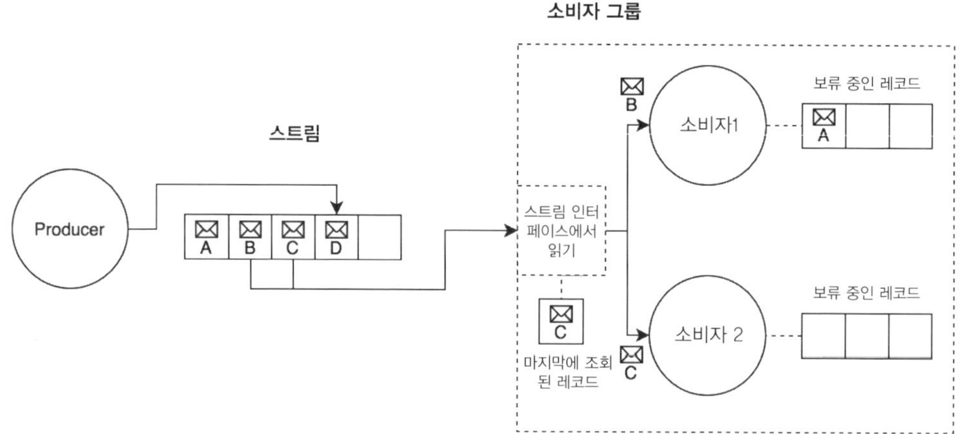

▲ 그림 13.20 Redis Stream 소비자 그룹

그룹의 두 소비자가 스트림에서 읽으려고 할 때 어떻게 두 개의 다른 레코드(소비자 1의 경우 B, 소비자 2의 경우 C)를 받는지 확인할 수 있습니다. 소비자 그룹은 또한 마지막으로 검색된 레코드(레코드 C)의 ID를 저장하므로, 연속적인 읽기 작업에서 소비자 그룹은 다음에 읽을 레코드가 무엇인지 알 수 있습니다. 또한 소비자 1이 아직 처리 중이거나 처리할 수 없는 레코드인 보류 중인(pending) 레코드(A)가 있는지도 확인할 수 있습니다. 소비자 1은 자신에게 할당된 보류 중인 모든 레코드를 다시 처리하도록 재시도 알고리즘을 구현할 수 있습니다.

Redis 스트림은 여러 소비자 그룹을 가질 수 있습니다. 이렇게 하면 동일한 데이터에 여러 유형의 처리를 동시에 적용할 수 있습니다.

이제 해시썸 크래커를 구현하기 위한 Redis의 소비자 그룹에 대해 방금 배운 내용을 실습해보겠습니다.

Redis Streams를 사용한 해시썸 크래커 구현

Redis Streams를 사용한 해시썸 크래커의 아키텍처는 앞선 AMQP 예제의 아키텍처와 매우 유사합니다. 사실, 우리는 두 개의 다른 스트림(AMQP 예제에서 큐였음)을 가질 것입니다. 하나는 처리할 작업을 보관하고 다른 스트림(tasks_stream)은 작업자에 의해 소비된 결과를 보관하는 스트림(results_stream)입니다.

그런 다음 소비자 그룹을 사용하여 tasks_stream의 작업을 애플리케이션의 작업자에게 배포합니다(우리 작업자는 소비자입니다).

생산자 구현

생산자(producer.js 파일)를 구현하는 것으로 시작하겠습니다.

```
import Redis from 'ioredis'
import { generateTasks } from './generateTasks.js'

const ALPHABET = 'abcdefghijklmnopqrstuvwxyz'
const BATCH_SIZE = 10000
const redisClient = new Redis()

const [, , maxLength, searchHash] = process.argv

async function main () {
  const generatorObj = generateTasks(searchHash, ALPHABET,
    maxLength, BATCH_SIZE)
  for (const task of generatorObj) {
    await redisClient.xadd('tasks_stream', '*',
      'task', JSON.stringify(task))
  }

  redisClient.disconnect()
}

main().catch(err => console.error(err))
```

보시다시피 새로운 producer.js 모듈의 구현에는 새로운 것이 없습니다. 사실 우리는 스트림에 레코드를 추가하는 방법을 이미 잘 알고 있습니다. 우리가 할 일은 "스트림을 통한 안정적인 메시징" 섹션에서 설명한 대로 xadd()를 호출하는 것입니다.

작업자 구현

다음으로, 소비자 그룹을 사용하여 Redis Stream과 상호 작용할 수 있도록 작업자를 조정해야 합니다. 이것은 모든 아키텍처의 핵심입니다. 여기서 볼 수 있듯이 우리는 소비자 그룹과 그들의 기능을 활용합니다.

```
import Redis from 'ioredis'
import { processTask } from './processTask.js'
```

```
const redisClient = new Redis()
const [, , consumerName] = process.argv

async function main () {
  await redisClient.xgroup('CREATE', 'tasks_stream',         // (1)
    'workers_group', '$', 'MKSTREAM')
    .catch(() => console.log('Consumer group already exists'))

  const [[, records]] = await redisClient.xreadgroup(         // (2)
    'GROUP', 'workers_group', consumerName, 'STREAMS',
    'tasks_stream', '0')
  for (const [recordId, [, rawTask]] of records) {
    await processAndAck(recordId, rawTask)
  }

  while (true) {
    const [[, records]] = await redisClient.xreadgroup(       // (3)
      'GROUP', 'workers_group', consumerName, 'BLOCK', '0',
      'COUNT', '1', 'STREAMS', 'tasks_stream', '>')
    for (const [recordId, [, rawTask]] of records) {
      await processAndAck(recordId, rawTask)
    }
  }
}

async function processAndAck (recordId, rawTask) {           // (4)
  const found = processTask(JSON.parse(rawTask))
  if (found) {
    console.log(`Found! => ${found}`)
    await redisClient.xadd('results_stream', '*', 'result',
      `Found: ${found}`)
  }

  await redisClient.xack('tasks_stream', 'workers_group', recordId)
}

main().catch(err => console.error(err))
```

좋습니다. 새로운 작업자 코드에서는 많은 절차들이 존재합니다. 따라서 한번에 한 단계씩 분석해 보겠습니다.

1. 소비자 그룹을 사용하기 전에 먼저 소비자 그룹이 존재해야 합니다. 다음의 매개변수로 호출하는 xgroup 명령으로 이를 수행할 수 있습니다.
   a. 'CREATE'는 소비자 그룹을 만들 때 사용하는 키워드입니다. 실제로 xgroup 명령을 사용하면 다른 하위 명령을 사용하여 소비자 그룹을 삭제하거나 소비자를 제거하거나, 읽은 레코드의 ID를 업데이트할 수도 있습니다.
   b. 'tasks_stream'은 읽으려는 스트림의 이름입니다.
   c. 'workers_group'은 소비자 그룹의 이름입니다.
   d. 네 번째 인수는 소비자 그룹이 스트림에서 레코드의 소비(처리)를 시작해야 하는 레코드의 ID를 나타냅니다. '$'(달러 기호) 사용은 소비자 그룹이 현재 스트림에 있는 마지믹 레코드의 ID에서 스트림 읽기를 시작해야 함을 의미합니다.
   e. 'MKSTREAM'은 Redis가 스트림이 존재하지 않는 경우 생성하도록 지시하는 추가 매개변수입니다.
2. 다음으로 현재 소비자가 처리해야 할 모든 보류 중인 레코드를 읽습니다. 이는 애플리케이션의 갑작스러운 중단(예: 장애)으로 인해 이전 소비자의 실행에서 남은 레코드들입니다. 동일한 소비자(동일한 이름)가 마지막 실행 중에 오류 없이 제대로 종료된 경우, 이 목록은 비어있을 가능성이 높습니다. 이미 언급했듯이 각 소비자는 자신의 보류 중인 레코드에만 액세스할 수 있습니다. Xreadgroup 명령에 다음 인자들을 사용하여 목록을 조회합니다.
   a. 'GROUP', 'workers_group', consumerName은 필수 트리오로서, 커맨드라인에서 읽은 소비자그룹 이름('workers_group')과 소비자의 이름(consumerName)을 지정합니다
   b. 그런 다음 'STREAMS', 'tasks_stream'으로 읽고 싶은 스트림을 지정합니다.
   c. 끝으로, 읽기를 시작해야 하는 ID인 마지막 인자를 '0'으로 지정합니다. 기본적으로 첫 번째 메시지부터 현재 소비자에게 속한 모든 보류 중인 메시지를 읽으려 시도합니다.
3. 그런 다음 xreadgroup()에 대한 또 다른 호출이 있지만 이번에는 완전히 다른 의미를 가집니다. 이번의 경우에는 실제로 스트림에서 새로운 레코드에 대한 읽기를 시작합니다(소비자의 히스토리에 액세스하지 않음).
   a. xreadgroup()의 이전 호출에서와 같이 'GROUP', 'workers_group', consumerName, 이 세 가지 인자를 사용하여 읽기 작업에 사용할 소비자 그룹을 지정합니다.
   b. 그런 다음 빈 목록을 반환하는 대신 현재 사용 가능한 새 레코드가 없으면 호출이 차단되어야 함을 나타냅니다. 우리는 'BLOCK', '0' 라는 두 가지의 인자로 이를 수행합니다. 마지막 인자는 결과가 없을 경우 함수가 반환되는 타임아웃을 나타내는데, '0'는 무기한 대기를 원한다는 것을 의미합니다.
   c. 다음 두 인수 'COUNT'와 '1'은 Redis에게 호출당 하나의 레코드를 가져오려 한다는 것을 알립니다.
   d. 다음으로 'STREAMS', 'tasks_stream'으로 읽고자 하는 스트림을 지정합니다.
   e. 마지막으로 특수 ID '>'(~보다 크다)를 사용하여 이 소비자 그룹에서 아직 조회하지 않은 레코드들을 가져오려 한다는 것을 알립니다.

4. 끝으로, processAndAck() 함수에서 일치하는 항목이 있는지 확인하고 있을 경우, results_stream에 새 레코드를 추가합니다. 마지막으로 xreadgroup()에 의해 반환된 레코드에 대한 모든 처리가 완료되면 Redis xack 명령을 호출하여 레코드가 성공적으로 소비되었음을 확인함으로써, 현재 소비자의 보류 목록에서 레코드를 제거합니다.

휴우! Worker.js 모듈에서 많은 일이 벌어졌습니다. Redis 명령에 사용된 많은 양의 인자를 제외하면 크게 복잡하지 않을 것입니다.

Redis Streams, 특히 소비자 그룹에 대해 알아야 할 사항이 훨씬 더 많기 때문에 이 예제는 빙산의 일각이라는 사실에 놀라워할 수도 있습니다. 자세한 내용은 nodejsdp.link/redis-streams 에서 Streams에 대한 공식 Redis의 소개를 확인하십시오.

이제 이 새로운 버전의 해시썸 크래커를 시험해볼 준비가 되었습니다. 몇 개의 작업자를 시작하겠습니다. 하지만 이번에는 이들에게 이름을 지정해야 합니다. 이 이름은 소비자 그룹에서 작업자를 식별하는 데 사용됩니다.

```
node worker.js workerA
node worker.js workerB
```

그런 다음 이전 예제에서 했던 것처럼 수집기(collector)와 생산자(producer)를 실행할 수 있습니다.

```
node collector.js
node producer.js 4 f8e966d1e207d02c44511a58dccff2f5429e9a3b
```

이것으로 작업 분배 패턴에 대한 탐험을 마쳤습니다. 이제 요청/응답 패턴을 자세히 살펴볼 때입니다.

13-4 요청(Request)/응답(Reply) 패턴

단방향 통신은 병렬성과 효율성 측면에서 큰 이점을 제공할 수 있지만, 이것 만으로는 우리에게 필요한 모든 통합 및 통신 문제들을 해결할 수 없습니다. 때로는 오래된 요청/응답 패턴이 작업을 위한 완벽한 도구일 수가 있습니다. 그러나 우리가 가진 모든 것이 비동기 단방향 채널인 상황일 수 있습니다. 따라서 단방향 채널에서 요청/응답 방식으로 메시지를 교환할 수 있는 추상화를 만드는 데 필요한 다양한 패턴과 접근 방식을 알아야 할 필요가 있습니다. 이것이 우리가 이제 배울 내용입니다.

13-4-1 상관 식별자

우리가 배울 첫 번째 요청/응답 패턴은 **상관 식별자(Correlation Identifier)**라고 하며 단방향 채널 위에 요청/응답의 추상화를 만들기 위한 기본 블록을 말합니다.

이 패턴은 각 요청을 식별자로 표시하고, 수신자에 의해 응답(response)에 첨부됩니다. 이렇게 하면 요청 전송자가 두 메시지를 상호 연결하고 응답을 적절한 처리자(handler)에게 반환할 수 있습니다. 이는 단방향 비동기 채널의 맥락에서 메시지가 언제든지 어느 방향으로든 이동해야 하는 문제를 자연스럽게 해결합니다. 다음 다이어그램의 예를 살펴보겠습니다.

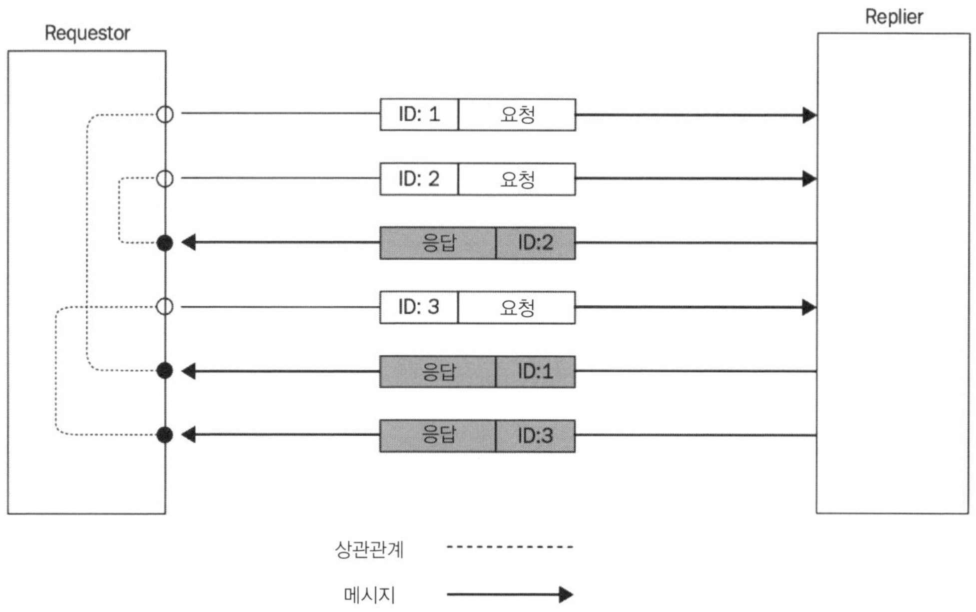

▲ 그림 13.21 상관 식별자를 사용한 요청/응답 메시지 교환

그림 13.21에 설명된 시나리오는 상관관계 ID를 사용하여 각 응답이 다른 순서로 전송되고 수신되는 경우에도 각 응답을 적절한 요청과 매칭시키는 방법을 보여줍니다. 일단, 다음 예제를 살펴보기 시작하면 이 방법이 훨씬 더 명확해질 것입니다.

상관관계 식별자를 사용하여 요청/응답의 추상화 구현

이제 가장 간단한 유형의 단방향 채널을 선택하여 예제 작업을 시작하겠습니다. 지금 살펴볼 채널은 점대점(시스템의 두 노드를 직접 연결)이면서 전이중(fully duplex, 메시지가 양방향으로 이동 가능)입니다.

이 간단한 채널 부류를 예로 들자면, WebSocket을 들 수 있습니다. WebSocket은 서버와 브라우저 사이에 점대점 연결을 설정하고 메시지는 모든 방향으로 이동할 수 있습니다. 또 다른 예는 child_process.fork()를 사용하여 자식 프로세스가 생성될 때 생성되는 통신 채널입니다("11장. 고급 레시피"에서 이미 이 API를 만났었습니다). 이 채널 역시 부모를 자식 프로세스와만 연결하고 메시지를 모든 방향으로 이동할 수 있기 때문에 비동기식, 점대점 및 전이중 방식입니다. 이것은 아마도 이 부류의 가장 기본적인 채널일 것이므로 다음 예제에서 사용할 것입니다.

다음 애플리케이션 목표는 부모 프로세스와 자식 프로세스 사이에 생성된 채널을 감싸기 위해 추상화를 만드는 것입니다. 이 추상화는 각 요청을 상관 식별자로 자동 표시한 다음, 응답을 대기중인 요청 핸들러 목록에서 수신한 응답의 ID로 매칭시켜 요청/응답의 통신 채널을 제공해야 합니다.

"11장. 고급 레시피"에서 부모 프로세스는 child.send(message)를 사용하여 자식에게 메시지를 보낼 수 있는 반면, child.on('message', callback) 이벤트 핸들러를 사용하여 메시지를 받을 수 있음을 기억하십시오.

비슷한 방식으로 자식 프로세스는 process.send(message)를 사용하여 부모 프로세스에 메시지를 보내고, process.on('message', callback)을 사용하여 메시지를 받을 수 있습니다.

이것은 부모 프로세스에서 사용 가능한 인터페이스 채널이 자식에서 사용 가능한 것과 동일하다는 것을 의미합니다. 이를 통해 채널의 양쪽 끝에서 사용할 수 있는 공통의 추상화를 만들 수 있습니다.

요청(request)의 추상화

새로운 요청을 보내는 부분을 고려하여, 그 추상화를 구현해 보겠습니다. createRequestChannel.js라는 새로운 파일을 만들고 다음 내용을 작성합니다.

```
import { nanoid } from 'nanoid'

export function createRequestChannel (channel) {              // (1)
  const correlationMap = new Map()
```

```
  function sendRequest (data) {                              // (2)
    console.log('Sending request', data)
    return new Promise((resolve, reject) => {
      const correlationId = nanoid()

      const replyTimeout = setTimeout(() => {
        correlationMap.delete(correlationId)
        reject(new Error('Request timeout'))
      }, 10000)

      correlationMap.set(correlationId, (replyData) => {
        correlationMap.delete(correlationId)
        clearTimeout(replyTimeout)
        resolve(replyData)
      })

      channel.send({
        type: 'request',
        data,
        id: correlationId
      })
    })
  }

  channel.on('message', message => {                         // (3)
    const callback = correlationMap.get(message.inReplyTo)
    if (callback) {
      callback(message.data)
    }
  })

  return sendRequest
}
```

다음은 요청의 추상화가 동작하는 방식입니다.

1. createRequestChannel()은 입력 채널을 감싸서 요청을 보내고 응답을 받는데 사용되는 sendRequest() 함수를 반환하는 팩토리입니다. 이 패턴의 비밀은 나가는 요청과 응답 핸들러 간의 연관성을 저장하는 correlationMap 변수에 있습니다.

2. sendRequest() 함수는 새 요청을 보내는데 사용됩니다. 이 작업은 nanoid 패키지(nodejsdp.link/nanoid)를 사용하여 상관 ID(상관 식별자)를 생성하고 메시지의 유형(type)을 지정할 수 있는 객체로 감쌉니다. 그런 다음 상관 ID 및 응답 데이터를 호출자에게 리턴하는 핸들러(내부에서 resolve()를 사용)가 correlationMap에 추가되어 나중에 상관 ID로 핸들러를 검색할 수 있게 됩니다. 또한 매우 간단한 요청 타임아웃을 처리하는 로직이 구현되어 있습니다.
3. 팩토리가 호출될 때 수신 메시지에 대한 리스닝도 시작합니다. 상관 ID(inReplyTo 속성에 포함된)가 correlationMap에 포함된 ID와 일치하면 방금 응답받았음을 알 수 있으므로 연결된 응답 핸들러에 대한 참조를 가져와서 메시지에 포함된 데이터로 핸들러를 실행합니다.

이것이 createRequestChannel.js 모듈에 대한 것입니다. 다음 부분으로 넘어갑시다.

응답 추상화

전체 패턴을 구현하는 것은 나중에 신경쓰기로 하고, 일단 요청 채널(request channel)의 상대편인 응답 채널(reply channel)이 어떻게 작동하는지 살펴보겠습니다. 응답 핸들러를 감싸기 위한 추상화가 구현될 createReplyChannel.js 라는 다른 파일을 만들어 보겠습니다.

```
export function createReplyChannel (channel) {
  return function registerHandler (handler) {
    channel.on('message', async message => {
      if (message.type !== 'request') {
        return
      }

      const replyData = await handler(message.data)       // (1)
      channel.send({                                       // (2)
        type: 'response',
        data: replyData,
        inReplyTo: message.id
      })
    })
  }
}
```

createReplyChannel() 함수는 새로운 응답 핸들러를 등록하는데 사용되는 또 다른 함수를 반환하는 팩토리입니다. 새로운 핸들러가 등록되면 다음과 같은 일이 발생합니다.

1. 새 요청을 받으면 메시지에 포함된 데이터를 전달하여 즉시 핸들러를 호출합니다.
2. 핸들러가 작업을 완료하고 응답을 반환하면, 응답데이터와 메시지 유형, 상관 ID(inReplyTo 속성)를 객체로 감싼 후 다시 채널에 전달합니다.

이 패턴의 놀라운 점은 Node.js에서는 매우 쉽게 만들 수 있다는 것입니다. 모든 것이 이미 비동기이기 때문에, 단방향 채널 위에 만들어진 비동기 요청/응답 통신은 다른 비동기 작업과 크게 다르지 않습니다. 특히 구현의 세부사항을 감추는 추상화를 만드는 경우에는 더욱 그렇습니다.

전체 요청/응답 주기

이제 새로운 비동기 요청/응답 추상화를 사용해볼 준비가 되었습니다. replier.js라는 파일에 샘플 응답자(replier)를 만들어 보겠습니다.

```
import { createReplyChannel } from './createReplyChannel.js'

const registerReplyHandler = createReplyChannel(process)

registerReplyHandler(req => {
  return new Promise(resolve => {
    setTimeout(() => {
      resolve({ sum: req.a + req.b })
    }, req.delay)
  })
})

process.send('ready')
```

요청 이후 일정 시간(요청에 지정되어 있음) 후에 결과를 반환합니다. 이를 통해 응답 순서가 요청을 보낸 순서와 다를 수 있는지 확인하고, 만들어진 패턴이 동작하는지 확인할 수 있습니다. 모듈의 마지막 줄은 요청을 수락할 준비가 되었음을 나타내는 메시지를 부모 프로세스로 보냅니다.

이 예제를 완성하기 위한 마지막 단계는 requestor.js라는 파일에 요청자를 만드는 것입니다. 이 파일에는 child_process.fork()를 사용하여 응답자를 시작시키는 작업도 존재합니다.

```
import { fork } from 'child_process'
import { dirname, join } from 'path'
import { fileURLToPath } from 'url'
import { once } from 'events'
import { createRequestChannel } from './createRequestChannel.js'

const __dirname = dirname(fileURLToPath(import.meta.url))
```

```
async function main () {
  const channel = fork(join(__dirname, 'replier.js'))         // (1)
  const request = createRequestChannel(channel)

  try {
    const [message] = await once(channel, 'message')        // (2)
    console.log(`Child process initialized: ${message}`)
    const p1 = request({ a: 1, b: 2, delay: 500 })          // (3)
      .then(res => {
        console.log(`Reply: 1 + 2 = ${res.sum}`)
      })

    const p2 = request({ a: 6, b: 1, delay: 100 })          // (4)
      .then(res => {
        console.log(`Reply: 6 + 1 = ${res.sum}`)
      })

    await Promise.all([p1, p2])                             // (5)
  } finally {
    channel.disconnect()                                    // (6)
  }
}

main().catch(err => console.error(err))
```

요청자는 응답자(1)를 시작한 다음, 해당 참조를 createRequestChannel() 에 전달합니다. 그런 다음 하위 프로세스가 사용 가능할 때까지(2) 기다렸다가 몇 가지 샘플 요청(3)(4)을 실행합니다. 마지막으로 두 요청이 완료될 때까지(5) 기다린 다음, 채널 연결을 끊고(6) 하위 프로세스가 정상적으로 종료되도록 합니다.

샘플을 사용해 보려면 requestor.js 모듈을 실행하면 됩니다. 출력은 다음과 유사합니다.

```
Child process initialized: ready
Sending request { a: 1, b: 2, delay: 500 }
Sending request { a: 6, b: 1, delay: 100 }
Reply: 6 + 1 = 7
Reply: 1 + 2 = 3
```

이는 요청/응답 메시징 패턴의 구현이 완벽하게 동작하고 응답이 전송 또는 수신 순서와 관계

없이 해당 요청과 올바르게 연결되어 있음을 확인할 수 있습니다.

이 섹션에서 논의한 기술은 단대단 채널이 있을 때 훌륭하게 동작합니다. 그러나 다중 채널 또는 대기열이 있는 더 복잡한 아키텍처가 있다면 어떻게 될까요? 그것이 우리가 다음에 보게 될 것입니다.

13-4-2 반환 주소(return address)

상관 식별자는 단방향 채널 위에 요청/응답 통신을 생성하기 위한 기본 패턴입니다. 그러나 메시징 아키텍처에 둘 이상의 채널 또는 대기열이 있거나, 잠재적으로 둘 이상의 요청자가 있을 수 있는 경우에는 충분하지 않습니다. 이러한 상황에서는 상관 ID 외에도 응답자가 요청의 원래 보낸 요청자에게 응답을 보낼 수 있도록 하는 정보로 **반환 주소**도 알아야 합니다.

AMQP에 반환 주소 패턴 구현

AMQP 기반 아키텍처의 영역에서 반환 주소는 요청자가 응답의 수신을 기다리는(listening) 대기열입니다. 응답은 하나의 요청자만이 수신해야 합니다. 따라서, 대기열은 비공개로 다른 소비자 간에 공유되지 않는 것이 중요합니다. 이러한 속성에서, 우리는 요청자의 연결 범위를 지정하는 임시 대기열이 필요하며 응답자가 응답을 전달하려면 반환 대기열과 점대점 통신을 설정해야 한다는 것을 추측해 볼 수 있습니다.

다음 다이어그램은 이 시나리오의 예를 보여줍니다.

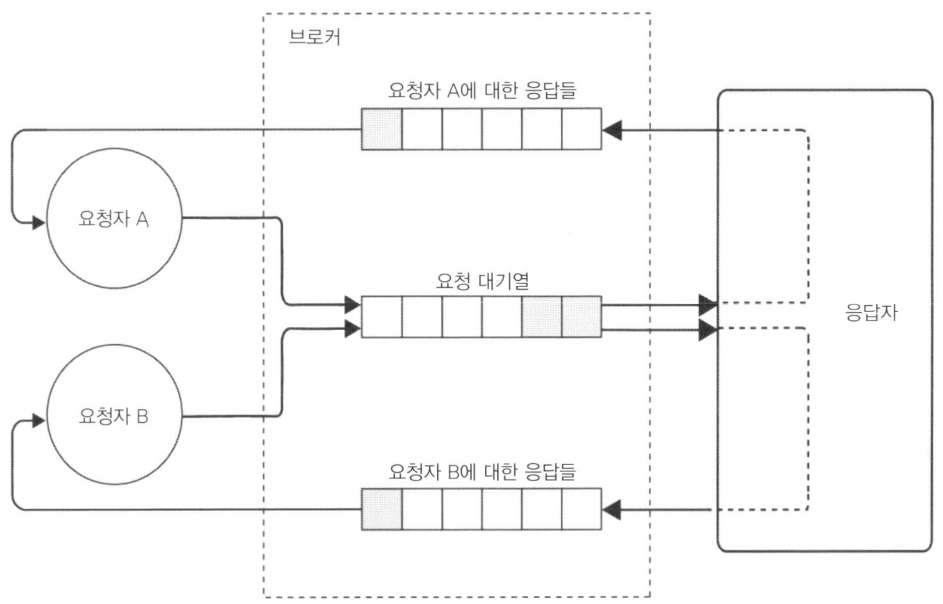

▲ 그림 13.22 AMQP를 사용한 요청/응답 메시징 아키텍처

그림 13.22는 각 요청자가 자신의 요청에 대한 응답을 처리하기 위한 자체 개인 대기열을 갖는 방법을 보여줍니다. 모든 요청들은 단일 대기열로 전송된 다음 이를 응답자가 처리합니다. 응답자는 요청에 지정된 반환 주소 정보를 사용하여 올바른 응답 대기열로 처리 결과를 라우팅합니다.

실제로 AMQP 위에 요청/응답 패턴을 만들려면, 응답자가 응답 메시지가 전달되어야 하는 위치를 알 수 있도록 메시지 속성에 응답 대기열의 이름을 지정하기만 하면 됩니다.

요청의 추상화 구현

이론상으로 매우 간단해 보이므로, 실제 애플리케이션에서 이를 구현하는 방법을 살펴보겠습니다. 이제 AMQP 위에 요청/응답 추상화를 구축해 보겠습니다. RabbitMQ를 브로커로 사용할 것이지만 호환 가능한 AMQP 브로커라면 사용할 수 있습니다. amqpRequest.js 모듈에 구현된 요청 추상화부터 시작해보겠습니다. 설명을 더 쉽게 하기 위해 코드를 한번에 한 부분씩 보여드리겠습니다.

```
export class AMQPRequest {
  constructor () {
    this.correlationMap = new Map()
  }
  //...
```

앞의 코드에서 볼 수 있듯이 상관 식별자(Correlation Identifier) 패턴을 다시 사용할 것이므로 메시지 ID와 해당 핸들러 간의 연결을 유지하기 위한 맵이 필요합니다.

그런 다음 AMQP 연결 및 해당 객체를 초기화하는 함수가 필요합니다.

```
async initialize () {
  this.connection = await amqp.connect('amqp://localhost')
  this.channel = await this.connection.createChannel()
  const { queue } = await this.channel.assertQueue('',        // (1)
    { exclusive: true })
  this.replyQueue = queue

  this.channel.consume(this.replyQueue, msg => {              // (2)
    const correlationId = msg.properties.correlationId
    const handler = this.correlationMap.get(correlationId)
    if (handler) {
```

```
      handler(JSON.parse(msg.content.toString()))
    }
  }, { noAck: true })
}
```

여기서 주의해야 할 부분은 응답을 보관하는 대기열을 만드는 방법입니다(1). 특이한 점은 이름을 지정하지 않는다는 것입니다. 즉, 임의의 이름이 선택됩니다. 이 외에도 대기열은 배타적이므로 현재 활성 AMQP 연결에 바인딩되어 연결이 닫힐 때 제거됩니다. 여러 대기열에 대한 라우팅이나 배포가 필요하지 않으므로, 대기열을 익스체인지에 바인딩할 필요가 없습니다. 즉, 메시지가 응답 대기열에 직접 전달되어야 합니다. 함수(2)의 두 번째 부분에서는 replyQueue 메시지를 소비하기 시작합니다. 여기에서 수신 메시지의 ID를 correlationMap에 있는 ID와 일치시키고 연관된 핸들러를 호출합니다.

다음으로 새로운 요청을 보내는 방법을 살펴보겠습니다.

```
send (queue, message) {
  return new Promise((resolve, reject) => {
    const id = nanoid()                                    // (1)
    const replyTimeout = setTimeout(() => {
      this.correlationMap.delete(id)
      reject(new Error('Request timeout'))
    }, 10000)

    this.correlationMap.set(id, (replyData) => {           // (2)
      this.correlationMap.delete(id)
      clearTimeout(replyTimeout)
      resolve(replyData)
    })

    this.channel.sendToQueue(queue,                        // (3)
      Buffer.from(JSON.stringify(message)),
      { correlationId: id, replyTo: this.replyQueue }
    )
  })
}
```

send() 함수는 요청 대기열의 이름과 보낼 메시지를 입력으로 받습니다. 이전 섹션에서 배웠듯이 상관 ID(1)를 생성하고 이를 처리하여 호출자에게 응답으로 반환하는 핸들러(2)에 연결해야 합니다. 마지막으로, correlationId 및 replyTo 속성을 메타 데이터로 지정하여 메시지(3)를 보냅니다. 실제로 AMQP에서는 기본 메시지와 함께 소비자에게 전달할 일련의 속성(또는 메타데이터)들을 지정할 수 있습니다. 메타 데이터 객체는 sendToQueue() 함수의 세 번째 인수로 전달됩니다.

메시지를 보내기 위해 channel.publish() 대신 channel.sendToQueue() API를 사용하고 있다는 점에 유의하십시오. 지금 살펴보는 건 익스체인지를 사용한 Pub/Sub 분배 패턴이 아닌, 목적지의 대기열로 바로 전달되는 기본적인 점대점(point-to-point) 통신이기 때문입니다.

AMPQRequest 클래스의 마지막 부분은 연결과 채널을 닫는데 사용되는 destroy() 함수를 구현하는 곳입니다.

```
  destroy () {
    this.channel.close()
    this.connection.close()
  }
}
```

여기까지 amqpRequest.js 모듈이었습니다.

응답 추상화 구현

이제 amqpReply.js라는 새로운 모듈에서 응답 추상화를 구현할 시간입니다.

```
import amqp from 'amqplib'

export class AMQPReply {
  constructor (requestsQueueName) {
    this.requestsQueueName = requestsQueueName
  }

  async initialize () {
    const connection = await amqp.connect('amqp://localhost')
    this.channel = await connection.createChannel()
    const { queue } = await this.channel.assertQueue(        // (1)
      this.requestsQueueName)
    this.queue = queue
  }
```

```
  handleRequests (handler) {                                    // (2)
    this.channel.consume(this.queue, async msg => {
      const content = JSON.parse(msg.content.toString())
      const replyData = await handler(content)
      this.channel.sendToQueue(                                 // (3)
        msg.properties.replyTo,
        Buffer.from(JSON.stringify(replyData)),
        { correlationId: msg.properties.correlationId }
      )
      this.channel.ack(msg)
    })
  }
}
```

AMQPReply 클래스의 initialize() 함수에서 들어오는 요청을 수신할 큐를 만듭니다(1). 이 목적을 위해 단순 영구 대기열(durable queue)을 사용할 수 있습니다. handleRequests() 함수(2)는 새로운 응답을 보내기 위한 요청 핸들러를 등록하는데 사용됩니다. 응답을 보낼 때(3)는 channel.sendToQueue()를 사용하여 메시지의 replyTo 속성(반환 주소)에 지정된 큐에 메시지를 직접 게시합니다. 또한 응답을 수신한 요청자가 응답 메시지를 해당 요청과 매칭시킬 수 있도록 응답에 correlationId를 설정하였습니다.

요청자와 응답자의 구현

시스템을 시험해보기 위한 모든 것이 준비되었습니다. 먼저 샘플 요청자와 응답자 쌍을 만들어 새로 구현한 추상화 모듈을 사용하는 방법을 살펴보겠습니다.

Replier.js 모듈부터 시작하겠습니다.

```
import { AMQPReply } from './amqpReply.js'

async function main () {
  const reply = new AMQPReply('requests_queue')
  await reply.initialize()

  reply.handleRequests(req => {
    console.log('Request received', req)
    return { sum: req.a + req.b }
  })
```

```
}

main().catch(err => console.error(err))
```

우리가 만든 추상화를 통해 상관 ID와 반환 주소를 처리하는 모든 메커니즘을 숨길 수 있다는 것을 확인해 봅시다. 해야 할 일은 요청받을 대기열의 이름('requests_queue')을 지정하여 새로운 reply 객체를 초기화하는 것입니다. 나머지 코드는 간단합니다. 실제로 샘플 응답자는 입력으로 받은 두 숫자의 합계를 간단히 계산하고 결과를 객체로 반환합니다.

반대편에는 requestor.js 파일에 구현된 예제 요청자가 있습니다.

```
import { AMQPRequest } from './amqpRequest.js'
import delay from 'delay'

async function main () {
  const request = new AMQPRequest()
  await request.initialize()

  async function sendRandomRequest () {
    const a = Math.round(Math.random() * 100)
    const b = Math.round(Math.random() * 100)
    const reply = await request.send('requests_queue', { a, b })
    console.log(`${a} + ${b} = ${reply.sum}`)
  }

  for (let i = 0; i < 20; i++) {
    await sendRandomRequest()
    await delay(1000)
  }

  request.destroy()
}

main().catch(err => console.error(err))
```

샘플 요청자는 1초 간격으로 20개의 임의의 요청을 requests_queue 대기열에 보냅니다. 이 경우에도 우리의 추상화가 완벽하게 작동하여 비동기 요청/응답 패턴의 구현 뒤에 있는 모든 세부 사항을 신경쓸 필요가 없다는 것이 흥미롭습니다.

이제 시스템을 시험해 보려면 replier 모듈과 두 개의 요청자 인스턴스를 실행하면 됩니다.

```
node replier.js
node requestor.js
node requestor.js
```

요청자가 게시한 일련의 작업들이 응답자에게 도착하여 처리가 완료되면 올바른 요청자에게 응답이 보내지는 것을 볼 수 있을 것입니다.

이제 우리는 다른 실험을 할 수도 있습니다. 응답자가 처음 시작되면 영구 대기열이 생성되며, 이는 응답자를 중지한 후 다시 실행해도 요청이 손실되지 않는다는 것을 의미합니다. 모든 메시지는 응답자가 다시 시작될 때까지 대기열에 저장됩니다!

애플리케이션 구현 방식에 따라 요청은 10초 후에 타임아웃됩니다. 따라서 응답이 요청자에게 제시간에 도달하기 위해서는 응답자는 제한된 다운타임 시간(10초)만이 허락됩니다.

AMQP를 사용하여 공짜로 얻을 수 있는 또 다른 좋은 기능은 응답자가 즉시 확장 가능하다는 것입니다. 이 가정을 테스트하기 위해서 두 개 이상의 응답자 인스턴스를 시작하고 요청 간에 부하가 분산되는 것을 볼 수 있을 것입니다. 이는 요청자가 시작할 때마다 동일한 영구 대기열에 자신을 리스너로 추가함으로써 결과적으로 브로커가 큐의 모든 소비자에 걸쳐 메시지를 로드 밸런싱하기 때문에 가능합니다(경쟁 소비자 패턴을 기억하시나요?). 멋지군요!

ZeroMQ는 REQ/REP라는 요청/응답 패턴을 구현하기 위한 한 쌍의 소켓을 가지고 있지만 동기식(한번에 하나의 요청/응답)입니다. 보다 정교한 기술을 사용하면 보다 복잡한 요청/응답 패턴이 가능합니다. 자세한 내용은 nodejsdp.link/zeromq-reqrep에서 공식 가이드를 읽을 수 있습니다. 반환 주소가 있는 요청/응답 패턴은 Redis Streams에서도 가능하며 AMQP로 구현한 시스템과 매우 유사합니다. 우리는 이것을 연습문제로 남겨두겠습니다.

요약

이 장의 끝에 도달했습니다. 여기서는 매우 중요한 메시징 및 통합 패턴과 이들이 분산 시스템 설계에서 수행하는 역할을 배웠습니다. 이제 가장 중요한 세 가지 유형의 메시지 교환 패턴인 게시/구독(Publish/Subscribe), 작업(Task), 분산(Distribution) 및 요청/응답(Request/Response) 패턴에 능숙해야 하며, 피어 투 피어 아키텍처 위에 구현하거나 브로커를 사용하여 구현할 수 있어야 합니다. 각 패턴과 아키텍처의 장단점을 분석한 결과 브로커(메시지 큐 또는 데이터 스트림 구현)를 사용하면 적은 노력으로 안정적이고 확장 가능한 애플리케이션을 구현할 수 있지만, 유지보수 및 확장에 필요한 시스템을 하나 이상 확보해야 하는 비용이 존재합니다. 또한 ZeroMQ를 사용하여 아키텍처의 모든 측면을 완전히 제어할 수 있는 분산 시스템을 구축하고 고유한 요구 사항에 맞게 세부 속성들을 조정할 수 있는 방법을 배웠습니다.

궁극적으로 두 가지 접근 방식 모두 기본 채팅 애플리케이션부터 수백만 명의 사용자가 사용하는 웹 규모의 플랫폼에 이르기까지 모든 유형의 분산 시스템을 구축하는 데 필요한 도구들을 제공합니다.

이 장은 이 책의 마지막 장입니다. 이제 프로젝트에 적용할 수 있는 패턴과 기술로 가득 찬 일련의 도구들이 여러분의 지식 창고에 존재해야 합니다. 또한 Node.js 개발이 작동하는 방식, 장점과 약점이 무엇인지 더 깊이 이해하고 있어야 합니다. 이 책을 통해 여러분은 많은 뛰어난 개발자들이 개발한 수많은 패키지와 솔루션으로 작업할 수 있는 기회를 가질 수 있었습니다. 결국 참여자가 모두 무언가를 돌려주는 역할을 하는 커뮤니티는 Node.js가 가진 가장 아름다운 특징입니다.

우리의 작은 공헌이 여러분에게 도움이 되었기를 바랍니다. 이제 여러분이 돌려줄 결과물을 기다리고 있겠습니다. 감사합니다.

*Mario Casciaro*와 *Luciano Mammino*

연습

13.1 스트림을 사용한 히스토리 서비스:

Redis Stream을 사용한 게시/구독 예제에서는 모든 메시지 기록이 스트림에 저장되었기 때문에 히스토리 서비스가 필요하지 않았습니다. 이제 히스토리 서비스를 구현하여 모든 수신 메시지를 별노의 데이터베이스에 저장하고, 새로운 클라이언트가 연결될 때 채팅 내역을 검색할 수 있게 만들어 봅시다.

HINT 히스토리 서비스는 재시작 시 검색된 마지막 메시지의 ID를 기억해야 합니다.

13.2 멀티 룸 채팅:

여러 개의 채팅을 지원할 수 있도록 이 장에서 만든 채팅 애플리케이션 예제를 수정합니다. 또한 애플리케이션은 클라이언트가 연결할 때마다 메시지 히스토리를 표시해야 합니다.

13.3. 작업 중지:

일치 항목이 발견되면 모든 노드에서 계산을 중지하도록 필요한 로직을 추가하여 이 장에서 구현한 해시썸 크래커 예제를 업데이트하십시오.

13.4 ZeroMQ로 신뢰할 수 있는 작업 처리:

ZeroMQ로 해시썸 크래커 예제를 보다 안정적으로 만드는 메커니즘을 구현합니다. 이미 언급했듯이 이 장에서 본 구현은 작업자가 충돌하면 처리하던 모든 작업이 손실됩니다. 피어 투 피어 대기열 시스템 및 응답확인(acknowledgment) 메커니즘을 구현하여 메시지가 최소 한 번 처리되도록 합니다(가정할 수 없는 처리 작업으로 인한 오류 제외).

13.5 데이터 수집기:

시스템에 연결된 모든 노드에 요청을 보내는데 사용할 수 있는 추상화를 만들고 이러한 노드들에서 받은 모든 응답의 집계를 반환합니다.

HINT 게시/응답을 사용하여 요청을 보내고 단방향 채널을 사용하여 응답을 다시 보낼 수 있습니다. 우리가 배운 기술들의 조합을 사용하십시오.

연습

13.6 작업자 상태 CLI:

연습 13.5에 정의된 데이터 수집기 컴포넌트를 사용하여 호출 시 해시썸 크래커 애플리케이션의 모든 작업자의 현재 상태(예를 들어, 처리중인 데이터, 일치 항목을 찾았는지 여부 등)를 표시하는 커맨드라인 인터페이스 애플리케이션을 구현합니다.

13.7 작업자 상태 UI:

일치 항목이 발견되면 실시간으로 보고할 수 있는 웹 UI를 통해 해시썸 크래커 애플리케이션의 작업자 상태를 노출하는 웹 애플리케이션(클라이언트에서 서버로)을 구현합니다.

13.8 사전 초기화 대기열:

AMQP 요청/응답 예제에서 initialize() 함수가 비동기라는 사실을 처리하기 위해 지연된 시작 패턴을 구현했었습니다. 이제 "11장. 고급 레시피"에서 배운 것처럼 사전 초기화 대기열을 추가하여 해당 예제를 리팩토링합시다.

13.9 Redis Stream을 사용한 요청/응답:

Redis Streams 위에 요청/응답 추상화를 구현합니다.

13.10 Kafka:

여러분이 아직도 만족하지 못한다면, Redis Streams 대신 Apache Kafka(nodejsdp.link/kafka)를 사용하여 이 장의 모든 관련 예제들을 다시 구현해 보십시오.

Index

한글

영문

Node.js
디자인 패턴 바이블

1판 1쇄 발행 2021년 5월 20일
1판 2쇄 발행 2022년 9월 16일

저　자 | Mario Casciaro, Luciano Mammino
역　자 | 김성원, 곽천웅
발 행 인 | 김길수
발 행 처 | (주)영진닷컴
주　소 | 서울시 금천구 가산디지털1로 128
STX-V타워 4층 영진닷컴 기획1팀
대표팩스 | (02) 867-2207
등　록 | 2007. 4. 27. 제16 - 4189호

ISBN 978-89-314-6428-3
http://www.youngjin.com